Bremische Kirchengeschichte im 19. und 20. Jahrhundert

Bremische Kirchengeschichte im 19. und 20. Jahrhundert

Herausgegeben von
Andreas Röpcke

Mit Beiträgen von
Hans-Georg Aschoff, Almuth Meyer-Zollitsch,
Hilke Nielsen, Karl H. Schwebel und
Karl Heinz Voigt

Verlag H. M. Hauschild GmbH, Bremen
1994

Auf dem Umschlag und S. 2:
Kruzifix von Ernst Barlach in St. Remberti

© 1994 bei der Bremischen Evangelischen Kirche
Buchgestaltung: Gernot Braatz, Bremen
Gesamtherstellung: H. M. Hauschild GmbH, Bremen

ISBN: 3-929 902-53-2

Zum Geleit

Mit dem vorliegenden Band stellt sich das Handbuch für Bremische Kirchengeschichte als ein ökumenisches Werk der Öffentlichkeit vor. Inmitten einer kirchenkritischen Zeit wird mit der Herausgabe dieses Kompendiums ein wichtiges Zeichen gesetzt. Die protestantische wie auch die katholische Kirche müssen sich vielen gesellschaftlichen Anfragen stellen. Ein Verständnis für spezifische kirchliche Geschichte ist häufig nicht mehr vorhanden.
Kirche lebt nicht zuletzt aus ihrer und mit ihrer Tradition. In ihrer jeweiligen institutionellen Gestaltung und in ihrem Verständnis des Glaubens verdankt sich die Kirche der „Wolke der Zeugen" (Hebräer 12, V. 1) — das sind die Mütter und Väter des Glaubens. Eine lebendige Auseinandersetzung mit dem Erbe der Tradition ist auch erforderlich, um sich den neuen Herausforderungen der Gegenwart zu stellen. Kirchengeschichte ist damit keine Form der Vergangenheitsbewältigung, sondern ein Aufnehmen der Anfragen, die das Evangelium Jesu Christi an die Menschen aller Zeiten gestellt hat und stellt. Viele Entwicklungen von Gesellschaft und Kirche werden durch ihre Einordnung in geschichtliche Prozesse besser verständlich werden. Maßstäbe für die Beurteilung gegenwärtiger Phänomene mögen im Lichte der Kirchengeschichte zurechtgerückt werden. Die über 1200jährige Geschichte christlicher Kirchen in Bremen ist Anlaß für Dankbarkeit gegenüber dem Gewordenen und gegenüber dem, den die Kirche als ihren Herrn bekennt.
Wir danken dem Herausgeber, Herrn Dr. Röpcke, und den Autorinnen und Autoren für ihre umfangreiche Arbeit. Dem Handbuch für Bremische Kirchengeschichte wünschen wir viele interessierte Leserinnen und Leser.

Der Kirchenausschuß
der
Bremischen Evangelischen Kirche

Katholischer Gemeindeverband
in
Bremen

Inhaltsverzeichnis

	Seite
Vorwort des Herausgebers	11

Die Bremische Evangelische Kirche 1800—1918
Von Karl H. Schwebel

		Seite
Einleitung		15
I.	Johann Smidt und die Verfassung der Bremischen Evangelischen Kirche	19
II.	Die Kirchengemeinden	30
	1. In der Stadt	30
	2. Im Landgebiet	37
III.	Die kirchliche Versorgung und Bautätigkeit	41
IV.	Die Geistlichen und ihre theologischen Richtungsstreitigkeiten	66
	1. Der aufklärerische Rationalismus	66
	2. Der neupietistische Biblizismus	68
	3. Der „Bremer Kirchenstreit" und weitere Richtungskämpfe	76
	4. Theologischer Radikalismus	82
	5. Gemäßigter Liberalismus	94
	6. Entschiedene Orthodoxie	98
V.	Innergemeindliche Arbeit	100
	1. Gottesdienst	101
	2. Armenpflege und Wohltätigkeit	127
	3. Gemeindliche Vereine und Kreise	130
	4. Kirche und Schule	135
	5. Kirche und Presse	139
VI.	Außergemeindliche Arbeit	146
	1. Verein für Innere Mission	147
	2. Die äußere Mission	151
	3. Bremische Bibelgesellschaft	156
	4. Evangelische Diakonissenanstalt Bremen	157
	5. Vereinskrankenhaus vom Roten Kreuz	159
	6. Jünglingsverein	160
	7. Gustav-Adolf-Hauptverein und Evangelischer Bund	161
VII.	Bremens Kirchlichkeit	163
Schluß		171

Die Bremische Evangelische Kirche 1918—1953
Von Almuth Meyer-Zollitsch

I.	Das Ende des Ersten Weltkrieges und die Anfänge der Weimarer Republik	177
	1. Staat und Kirche im Umbruch	177
	2. Die Gründung der Bremischen Evangelischen Kirche (BEK)	180
II.	Schwerpunkte des kirchlichen Lebens in der Weimarer Republik	185
	1. Die institutionelle Entfaltung der bremischen Landeskirche	185
	2. Liberale und „positive" Positionen in den Gemeinden	187
	3. Kirchenneubauten und neue Gemeinden	194
	4. Aufschwung der Kirchenmusik	198
	5. Die Kirche in der ideologischen Defensive	198
III.	Die Republik in der Krise	204
	1. Die politischen Kräfteverhältnisse in der Hansestadt ...	204
	2. Neue Fronten in der Kirche	205
IV.	Das Jahr 1933	209
	1. Die nationalsozialistische Machtübernahme — Neue Perspektiven für die Kirche	209
	2. Auf dem Weg zur Reichskirche	215
	3. Die Verdrängung der Kirche aus sozialen Wirkungsfeldern	219
V.	Das Scheitern der Reichskirche und die Formierung der Bekennenden Kirche	224
	1. Massive Gleichschaltungspolitik: NS-Regierung und Deutsche Christen Hand in Hand	224
	2. Die Synode von Barmen am 30./31. Mai 1934 und ihre Wirkung	228
	3. Die Dahlemer Synode am 19./20. Oktober 1934: Alleinvertretungsanspruch der Bekennenden Kirche	235
VI.	Die Kirche im NS-Staat 1934—1939: Von der Reglementierung zur verschärften Repression	243
	1. Die Ära der Kirchenausschüsse	243
	2. Die Bremische Evangelische Kirche unter Landesbischof Weidemann	246
	3. Weidemanns deutschchristliche Reformbewegung „Kommende Kirche"	254

     4. Kirchenmusik in Bremen 258
     5. Entkonfessionalisierung des öffentlichen Lebens
        1936—1938 261
VII. Staat und Kirche im Zweiten Weltkrieg 264
     1. „Burgfriede" in der Kirchenpolitik? 264
     2. Das Schweigen der Kirche zum Mord am jüdischen
        Volk 268
     3. Der Sturz von Landesbischof Weidemann 272
     4. Die Zerstörung der Kirchen im Bombenkrieg 277
VIII. Die evangelische Kirche zwischen Restauration
     und Erneuerung 279
     1. Die Bremische Evangelische Kirche unter der
        amerikanischen Besatzungsregierung 279
     2. Die Wiederherstellung der „Glaubens-, Gewissens-
        und Lehrfreiheit" 288
     3. Der Wiederaufbau der zerstörten Kirchen 294
     4. Musica sacra auf neuen Wegen 298
     5. Die BEK und ihre Gemeinden: Probleme und
        Herausforderungen 299
     6. Die evangelische Kirche auf dem Weg zu einem
        neuen Selbstverständnis 312

Die katholische Kirche in Bremen im 19. und 20. Jahrhundert
Von Hans-Georg Aschoff

I.   Die katholische Kirche Bremens im 19. Jahrhundert 319
     1. Die rechtliche Lage in der Zeit des Vormärz 319
     2. Die „Affäre Laurent" 329
     3. Die katholische Schule im Vormärz 335
     4. Die rechtliche Entwicklung nach 1848 336
     5. Die katholischen Geistlichen 339
     6. Die Gründung neuer Pfarreien 344
     7. Katholisches Vereinswesen und karitative Einrichtungen 349
     8. Die katholischen Kirchengemeinden in der Umgebung
        Bremens 359
II. Die Zeit zwischen den Weltkriegen 367
     1. Die kirchliche Entwicklung während der Weimarer
        Republik 367
     2. Die Zeit des Nationalsozialismus 377
III. Die Zeit nach 1945 388
     1. Der Ausbau des Gemeindesystems 388

2. Schulpolitische Probleme 398
3. Seelsorgliche Probleme 402

Die Evangelisch-methodistische Kirche in Bremen 407
Von Karl Heinz Voigt

Bibliographie zur bremischen Kirchengeschichte im 19. und 20. Jahrhundert
Von Hilke Nielsen

Vorbemerkung 437
I. Bibliographie 438
II. Register der Personen, Gemeinden und Institutionen 476

Konfessionelle Statistik

1. Die konfessionelle Entwicklung 1864—1987 479
2. Die Religionsgesellschaften und Weltanschauungsgemeinschaften in den Gebietsteilen des Landes Bremen bei den Volkszählungen 1910 und 1925 482
3. Die Religionsgesellschaften und Weltanschauungsgemeinschaften im Lande und in der Stadt Bremen am 16. Juni 1933 483

Zusammenstellung der in den Jahren 1900 bis 1951 entstandenen Kirchen- und Kapellenbauten 484

Abkürzungsverzeichnis 485

Bildquellennachweis 486

Indices

1. Personennamen 487
2. Orts- und Ländernamen 497
3. Kirchen und Gemeinden 501
4. Sachbegriffe 505

Zu den Autoren 512

Vorwort des Herausgebers

Das im Jahre 1987 durch die Rückbesinnung auf „1200 Jahre Kirche in Bremen" geweckte Interesse an Bremens Kirchengeschichte gab dem Gedanken Nahrung, in Form eines Handbuches eine solide Informationsquelle zur Verfügung zu stellen für die Entwicklung der christlichen Kirche in Bremen von den Anfängen bis an die Schwelle der Gegenwart. Die Bremische Evangelische Kirche und die Katholische Kirche in Bremen fanden sich als Träger eines Vorhabens zusammen, das eine von einem Autorenteam erarbeitete Überblicksdarstellung in drei Bänden vorsah. Ein Band soll das Mittelalter behandeln, ein Band die sogenannte frühe Neuzeit, das 16.—18. Jahrhundert. Der Band, der die jüngere Geschichte umfaßt, wird hiermit vorgelegt. Ihm kommt besondere Bedeutung zu, weil zusammenfassende Darstellungen dieses Zeitabschnitts der bremischen Kirchengeschichte bislang fehlten: Otto Veecks 1909 erschienene „Geschichte der Reformierten Kirche Bremens", bis heute ein Standardwerk, schließt mit der Eingliederung der lutherischen Domgemeinde zu Beginn des 19. Jahrhunderts und geht nur noch kursorisch auf die theologischen Auseinandersetzungen im weiteren Verlauf des Jahrhunderts ein. Otto Werras Studie „Die katholische Kirche in Bremen seit der Kirchenspaltung", 1950 erschienen, reicht bis an das Ende des 19. Jahrhunderts. Es war für ein Handbuch also allerhand Neuland zu beackern — eine schwierige Aufgabe für die Autoren.

In kirchlichen Kreisen Bremens wird gern — und im übrigen zu Recht! — damit kokettiert, daß es mit Bremens kirchlichem Leben seine besondere Bewandtnis habe. Diese Kirchengeschichte reiht sich ein. Sie wählt einen konfessionsübergreifenden, ökumenischen Ansatz. Sie koppelt bewußt das Mittelalter, in dem alle Christen Bremens unter einem kirchlichen Dach lebten, zusammen mit der Zeit danach, in der das nicht der Fall war. Und doch blieben sie Menschen in einer Stadt, die sich als Christen verstanden und verstehen. Die in dieser Kirchengeschichte zum Ausdruck kommende Zusammenarbeit zwischen den Konfessionen ist auch heute noch keineswegs selbstverständlich, sie ist eher eine „Bremer Besonderheit", die eine Hervorhebung verdient. Es gibt in Bremen eine seit Jahren sehr rührige „Ökumenische Initiative", deren Arbeit durch einen besoldeten Mitarbeiter von der Bremischen Evangelischen Kirche gestützt wird. Seit 1972 wird in Bremen der Weltgebetstag von evangelischen, evangelisch-methodistischen und katholischen Frauen gemeinsam vorbereitet und gefeiert. In gewissem, historischem Sinne versteht sich diese

Kirchengeschichte auch als „ökumenische Initiative", die aufzeigt, daß aus der konfessionellen Konfrontation ein friedliches Nebeneinander und gutnachbarliches Miteinander werden können.

Da die evangelische Kirche in Bremen im behandelten Zeitraum eine deutlich dominierende Rolle spielt, ist es legitim, ihrer Geschichte am meisten Raum zu geben und aus ihr die Zäsuren für die zeitliche Begrenzung des Bandes herzuleiten. Einschneidend am Beginn des 19. Jahrhunderts war die Übernahme des Domes in stadtbremische Hoheit 1803 mit der Folge, daß die große lutherische Domgemeinde in die vom reformierten Bekenntnis geprägte evangelische Kirche Bremens integriert werden mußte und deren Charakter veränderte. Als zeitlicher Schlußpunkt sollte der Beitritt der BEK zur EKD im Jahre 1953 gelten, doch sind besonders im katholischen, aber auch im evangelischen Bereich einige Entwicklungslinien über diese Zeitgrenze hinaus gezogen worden.

Bremen war Ausgangspunkt und Basis für die Ausbreitung des Methodismus in Mitteleuropa. Nicht das war jedoch ausschlaggebend dafür, die Evangelisch-methodistische Kirche mit einem Beitrag in den Band einzubeziehen, während andere in der Stadt vertretene christliche Glaubensgemeinschaften fehlen. Maßgebliches Kriterium war hier der Rechtsstatus: Bis 1953 war neben den beiden großen christlichen Kirchen Deutschlands nur noch die methodistische eine anerkannte Körperschaft öffentlichen Rechts in Bremen. In der Folgezeit wurde das dann bald anders.

Zugunsten der Lesbarkeit der Darstellung wurde auf einen wissenschaftlichen Anmerkungsapparat verzichtet. Literaturhinweise am Ende der Kapitel geben an, woher im wesentlichen die verarbeiteten Informationen stammen bzw. wo weitere zum behandelten Thema zu finden sind. Das Literaturverzeichnis am Schluß faßt die in den einzelnen Beiträgen benutzten Werke zusammen und wird als kompaktes Hilfsmittel für die weitere Arbeit an der bremischen Kirchengeschichte des 19. und 20. Jahrhunderts hoffentlich von Nutzen sein.

Alle Autoren des Bandes gehören den Kirchen an, über die sie schreiben, doch ist die kritische Distanz zum Gegenstand der Darstellung naturgemäß verschieden groß. Eine — doch immerhin denkbare — Einflußnahme der Auftraggeber auf die Textgestaltung etwa im Sinne einer kirchlichen Vorzensur hat es nicht gegeben und war nie im Gespräch.

Der Herausgeber ist der Bremischen Evangelischen Kirche und der Katholischen Kirche in Bremen zu Dank verpflichtet für die große Aufgeschlossenheit, die sie dem Projekt einer neuen Kirchengeschichte entgegenbrachten. Er dankt für vielfältige freundliche Hilfestellung besonders den Leihgebern von Bildvorlagen, die z. T. große Geduld aufbringen mußten. Unter den Rat- und Leihgebern namentlich hervorgehoben seien

Prof. em. Dr. Herbert Schwarzwälder, Bremen, Dr. Diether Koch, Bremen, und Herr Colberg vom Archiv der Bremischen Evangelischen Kirche, deren Hilfe für den vorliegenden Band besonders wichtig war. Dank gebührt auch den Autorinnen und Autoren für ihre Arbeit und den offenen, kooperativen Stil, in dem die Druckfassung entstehen konnte. Es sei mir erlaubt, hier besonders Karl H. Schwebel zu würdigen, der unter Zurückstellung anderer Vorhaben das Manuskript noch mit einer Energieleistung zum Abschluß brachte, das Erscheinen des Buches aber nun nicht mehr erlebt.

Möge diese Bremische Kirchengeschichte auf ihre Weise ihren Dienst tun.

Die Bremische Evangelische Kirche 1800—1918

Von Karl H. Schwebel †

Einleitung

„Die Geistlichkeit ist in Bremen nicht, wie an so vielen andern Orten, ein Gegenstand des Tadels und des Widerwillens. Freimüthige, helldenkende, humane Männer machen den größten Theil derselben aus, und Liebe und Vertrauen schlingt hier das schönste Band um Prediger und Gemeinde ... Der Bremer fodert von seinem Prediger mehr das Humane, als das Amtsmäßige. Denn steife Orthodoxie ist hier längst in Kirchen, Häusern und äußern Zeichen selten geworden", so liest man im Jahre 1800 im vierten Band von Johann Smidts „Hanseatischem Magazin".
Ob dies von einem jungen Theologen gezeichnete Glanzbild einer freien Kirche, der aus dem aufgeklärten 18. Jahrhundert das später so formulierte Prinzip der Glaubens-, Gewissens- und Lehrfreiheit überkommen war, der damaligen Lebenswirklichkeit entsprach oder eher eine auch durch die Kirchenpolitik eines langen Lebens vom Staatsmann Smidt nicht zu realisierende Utopie war, sei dahingestellt. Soviel aber bleibt unbestreitbar: Wenn die durch eine jahrhundertelange eigenwillige Geschichte geprägte bremische Kirche vielleicht nicht ideal war, so war sie doch jedenfalls originell.
Die bremische evangelische Kirche an der Wende vom 18. zum 19. Jahrhundert präsentiert sich als eine reformierte Staatskirche, die in ihrem Bekenntnis zwar dem Heidelberger Katechismus folgte, sich nach ihrer Verfassungsstruktur aber von den rein lutherischen Landeskirchen Nordwestdeutschlands nicht grundlegend unterschied, da sie keine Spur der im Calvinismus üblichen selbständigen presbyterial-synodalen Ordnung mit strenger Kirchenzucht aufwies, sondern vielmehr mit dem *jus reformandi* und Summepiskopat des Rates obrigkeitlicher Einwirkung weiten Spielraum gewährte.
Bei den Kirchengemeinden handelte es sich insgesamt noch um die mit dem Pfarrerwahlrecht privilegierten Kirchspiele der Altstadt Unser Lieben Frauen, St. Martini, St. Ansgarii und St. Stephani. Hinzu kamen die Gemeinden der Neustadt St. Pauli (1639) und der Vorstadt St. Remberti (1596) und St. Michaelis (1700), die erst später das Pfarrerwahlrecht er-

hielten, sowie die des Landgebiets, wo der Rat die Prediger noch auswählte und berief. Der Dom gehörte noch gar nicht zu Bremen.
Als einzige Instanz zwischen sich und den Gemeinden hatte der weitgehend vollmächtige Rat auf die Dauer nur das sogenannte Venerandum oder Geistliche Ministerium geduldet, ein Kollegium, bestehend aus den reformierten Geistlichen an den Kirchen der Altstadt, Neustadt und Vorstadt, das in Fragen der Lehre kompetent und insoweit auch den Landpredigern übergeordnet war. Allen Versuchen des Ministeriums allerdings, sich zu einer umfassenden geistlichen Behörde zu entwickeln, hatte der Rat von jeher energisch entgegengewirkt, ja, im Gegenteil alles darangesetzt, dessen Macht nach Kräften zu schmälern. Aber Einfluß und Ansehen des Ministeriums waren wenigstens insofern ungemindert geblieben, als es immer noch seine neu eintretenden Mitglieder auf seine den Grundsätzen der Augsburgischen Konfession folgenden *Leges* (Gesetze) verpflichtete und damit sowie durch die Achtung auf die Kirchenzucht die Funktion eines Glaubenswächters ausübte. Das Ministerium examinierte und ordinierte u. a. die Kandidaten der Theologie, verlangte eine Probepredigt vor der Aufnahme neuer Mitglieder, unterstützte den Rat auf dessen Verlangen durch theologische Gutachten oder durch Teilnahme an den Kirchenvisitationen auf dem Lande und übermittelte ihm Beschwerden über Mißstände oder Nöte im kirchlichen Leben Bremens. Erst im Jahre 1845, als der Senat dem Ministerium verbot, Mitglieder wegen Irrlehre auszuschließen, und seit 1848, als er ihm ferner untersagte, seinen neu aufzunehmenden Mitgliedern vorweg die Unterzeichnung einer Verpflichtung auf die noch geltenden Bekenntnisschriften abzuverlangen, also das Bekenntnis innerhalb gewisser Grenzen freigab, sollte er die Leitung der Kirche einschließlich der letztinstanzlichen Entscheidung von Lehrfragen ganz in die Hand bekommen.
Die vier altstädtischen Gemeinden hatten, wie erwähnt, schon in reformatorischer Zeit das Recht eigenständiger Wahl und Berufung ihrer Pfarrer, ein Privileg, das ihnen allerdings 1815 durch den von Smidt veranlaßten Entzug des Vokationsrechtes erheblich beschnitten wurde. Die Wahl geschah durch die sogenannten Konvente, keine echten Vertretungskörperschaften, sondern nur eine Art oligarchischer Gremien, in denen eine herausgehobene Minderheit der Gemeindegenossen so etwas wie Selbstverwaltung übte, z. B. in der Wahl ihrer Prediger. Die Verwaltung der Gemeinde geschah durch die ebenfalls von ihr gewählten Bauherren. Diese Bauherren-Verfassung war aber alles andere als demokratisch, denn indem der Rat noch das ganze 19. Jahrhundert hindurch das herkömmliche Recht genoß, daß in denjenigen Gemeinden, in deren Sprengel eines seiner Mitglieder wohnte, diesem das Amt des Bauherrn zukam, war er stets

über alle Vorgänge an der Basis wohl informiert und konnte seinen Einfluß, wie bei der Aufstellung der Kandidatenlisten, so überhaupt auch allgemein dahin geltend machen, daß die innergemeindliche Demokratie nicht übermäßig ins Kraut schoß. Erst 1901 erklärte der Senat auf eine Anfrage der mit einer Verfassungsrevision beschäftigten St.-Ansgarii-Gemeinde, daß er auf die Ausübung seines dort wie auch an St. Stephani, St. Michaelis und am Dom noch bestehenden Vorzugsrechtes keinen Wert mehr lege. Aufs Ganze gesehen gab die in den Gemeinden maßgebende Honoratiorenaristokratie ihr Streben nach weitgehender Autonomie und Selbständigkeit gegenüber dem Kirchenregiment des Senats nie auf, was dieser, soweit seine obrigkeitliche Herrschaftsposition nicht bedroht wurde, im allgemeinen weitherzig tolerierte.
Neben den Bauherren einflußreich in den altstädtischen Gemeinden waren die Diakonien, die sich durch Kirchenkollekten und Haussammlungen um die 1779 in ein bürgerliches Armeninstitut umgewandelte Hausarmenpflege kümmerten und das Armenhaus an der Großenstraße verwalteten.
Was die Geistlichen anlangt, so kamen durch die Wahl der Gemeinden nicht selten bedeutende Persönlichkeiten nach Bremen, die mit der von ihnen vertretenen Richtung das kirchliche Leben weithin in ihrem Sinne prägten. Die Kanzel wurde zur Kultstätte des hohen Predigeramtes, dessen Primat zu einer pastoralen Orientierung der gesamten Kirche führte, ungeachtet des internen Einflusses der Bauherrenverfassung. Indem bedeutende Kanzelredner interessierte Gebildete aus der ganzen Stadt in ihre Gotteshäuser lockten, bahnten sie schon von ferne die geistige Überwindung des Lokalgemeindeprinzips und strengen Pfarrzwanges an, die für die bremische Kirche der zweiten Hälfte des 19. Jahrhunderts charakteristisch werden sollte.
Das Landgebiet war seit dem Reformationsjahrhundert auf Grund der bischöflichen Rechte des Rates ebenfalls reformiert mit der kuriosen Ausnahme des Dorfes Seehausen, das als einziges hatte lutherisch bleiben müssen, weil hier die Grafen von Hoya das Patronatsrecht über die Kirche besessen hatten. Die Landgeistlichen unterstanden einem strengen Regiment des Rates, der sie durch einen Herrn aus seiner Mitte in alljährlichen Visitationen der Kirchen und Schulen überprüfen und auch an Konventen und Generalsynoden des Venerandum Ministerium teilnehmen ließ. Berufen wurden sie ohne Mitwirkung ihrer Gemeinden allein durch den Rat, examiniert und ordiniert durch das Ministerium. Von kirchlicher Selbstverwaltung konnte auf dem Lande also keine Rede sein.
Wenn auch der Bremer Rat sein ursprüngliches *jus reformandi* im aufgeklärten 18. Jahrhundert nicht mehr strikt ausübte, war er doch traditio-

nell reformiert gesinnt und suchte möglichst zu verhindern, daß Katholiken nach Bremen zuwanderten und gar hier das Bürgerrecht erwarben. So hatte er dem kaiserlichen Residenten und den von ihm nachgezogenen Jesuiten auch nie den Wunsch nach einem eigenen Kirchengebäude erfüllt, sondern mit Rücksicht auf den Kaiser nur geduldet, daß der Resident in der Kapelle seines Hauses für seine Familie und Bediensteten katholische Gottesdienste abhalten ließ.
Es ist ein merkwürdiger Auswuchs des Konfessionalismus, daß sich Reformierte und Lutheraner, aller Aufklärung ungeachtet, damals so unfreundlich gegenüberstanden wie gegen Ausgang des 19. Jahrhunderts noch die Protestanten und Katholiken. Jedenfalls nahm der Rat sehr übel auf, was er aber nicht aufhalten konnte, daß immer mehr Zuwanderer aus dem weiteren lutherischen Umland Bremens in der Stadt das Bürgerrecht erwarben. So kam es, daß die Lutheraner, die gegen die Mitte des 18. Jahrhunderts die Reformierten zuerst an Zahl übertroffen hatten, dies Verhältnis gegen das Jahrhundertende hin auf ein Übergewicht von zwei zu eins zu ihren Gunsten ausbauten.
Angesichts eines solchen, sich ins 19. Jahrhundert hinein fortsetzenden Entwicklungsdrucks konnte der Rat seine herkömmliche Repressionspolitik gegen die Lutheraner — zum Beispiel sie von allen öffentlichen Ämtern auszuschließen — auf die Dauer nicht durchhalten. 1802 wurde zum ersten Mal seit über einem Jahrhundert wieder einer von ihnen, Dr. Friedrich Horn, der Freund Johann Smidts, zum Senator gewählt. Unheimlich mußte es dem Senat in der Tat sein, daß die erdrückende Mehrheit seiner Bürger im St.-Petri-Dom allsonntäglich unter der Kanzel von Predigern saß, die vom lutherischen Stader Konsistorium der hannoverschen Landeskirche berufen worden waren und für einen fremden Souverän, den König von Großbritannien, im Kirchengebet den Segen des Allmächtigen erflehten. Die Lösung dieser konfessionellen Frage sollte dann mehrere Jahrzehnte lang zum Hauptproblem der im folgenden darzustellenden Kirchenpolitik des Bremer Senats werden.

Was die Quellen zur älteren bremischen Kirchengeschichte anlangt, so befinden sich, da es sich um eine dem obrigkeitlichen Regiment unterstehende Staatskirche handelte, die aus deren Verwaltung erwachsenen Akten heute im Staatsarchiv Bremen, während die Überlieferung der Gemeinden, soweit sie den Zweiten Weltkrieg überstand, bei diesen selber archiviert ist. Darüber hinaus verwahrt das Archiv der seit 1920 staatsfreien Bremischen Evangelischen Kirche einige ältere Materialien. In dem staatlichen Archivgut hat die Kirchenverwaltung des Senats ihren Niederschlag gefunden in den Bestandsgruppen 2 - T.0. — T.4 (Ratsarchiv) und

3 - K.l. (Senatsregistratur), die im Quellenverzeichnis summarisch zitiert werden. Im Staatsarchiv Bremen befinden sich ferner ein bedeutender Bestand der Norddeutschen Mission sowie ein Bestandsverzeichnis der Gemeindearchive auf dem Stand der 1960er Jahre. Die ältere Überlieferung der Gemeinden am Südostrand und im Norden Bremens, die erst 1939 Teil des bremischen Staatsgebiets wurden, wird im Niedersächsischen Staatsarchiv Stade verwahrt. Diese Gemeinden sind hier — da der Hannoverschen Landeskirche zugehörig — weitgehend unberücksichtigt geblieben.

Aus der heranzuziehenden kirchengeschichtlichen Literatur sind besonders ergiebig die seit 1954 erscheinende Reihe „Hospitium Ecclesiae. Forschungen zur bremischen Kirchengeschichte" sowie die Habilitationsschrift von Otto Wenig über Rationalismus und Erweckungsbewegung in Bremen.

I. Johann Smidt und die Verfassung der Bremischen Evangelischen Kirche

„Die Kirche, die eine unsichtbare ist, darf nie in die Erscheinung treten, sondern nur Kirchen, wenn wir den Geist des Protestantismus aufrecht erhalten und unseren Staat nicht zu einem katholischen constituiren wollen", so schrieb Bürgermeister Smidt im Mai 1828 an seinen in Heidelberg studierenden Sohn Heinrich. Diesen Standpunkt präzisierte er 1854/55, gegen Ende seines Lebens, noch einmal in zwei polemischen Denkschriften, in denen es heißt, „eine einheitliche Bremische protestantische Kirche hat es nie gegeben, sondern nur bremische kirchliche Gemeinden lutherischer, reformierter und gemischter Färbung. Jedes Bestreben, eine gemeinsame Bremische protestantische Kirche sichtbar darzustellen, hat Gefahren des Aufkeimens eines hierarchischen Regiments herbeigeführt." Das war, kirchengeschichtlich gesehen, gewiß eine grobe Vereinfachung, denn in Bremen konnte, wie eingangs erwähnt, zumindest bis zum Ende des 18. Jahrhunderts offensichtlich nur von einer reformierten Landeskirche die Rede sein. Aber es war kein Unberufener, der hier leichtfertig daherredete, sondern ein theologisch gebildeter Kirchenpolitiker, der sozusagen sein Programm entwickelte, das er während des halben Jahrhunderts seiner Mitgliedschaft im Senat befolgte und das während der zweiten Jahrhunderthälfte in der Bremer Kirche bis zu ihrer Trennung vom Staat nachgewirkt hat.

Der bremische Theologensohn Johann Smidt (1773—1857), der im Frühjahr 1792 die Universität Jena bezog, um Theologie und Philosophie zu studieren, ließ sich dort durch Paulus in seinem schon aus der Heimat mitgebrachten aufklärerischen Rationalismus bestärken, durch Reinhold mit dem Geiste der Kantischen Philosophie erfüllen, den der Smidt sehr nahe stehende Fichte durch das eigene hochfliegende Ideengut bereicherte. Hier übernahm der junge Student der Gottesgelehrtheit Luthers Unterscheidungslehre von der unsichtbaren Kirche, d. h. der nur Gott als dem Allwissenden erkennbaren echten Christengemeinschaft der wahrhaft reinen Gläubigen, und der sichtbaren, d. h. äußerlich verfaßten, organisierten Volkskirche, wie sie sich in ihren starren, hierarchisch gegliederten Institutionen, nicht selten selbstgefälligen Dienern am Wort und gläubigen oder gleichgültigen, jedenfalls gehorsamspflichtigen einfachen Mitgliedern täglich in ihrer Unvollkommenheit präsentierte. Indem Smidt dementsprechend in seinem lebenslangen Haß gegen jede Form „katholischer" Hierarchie die evangelische Kirche auf das volle, vielseitige Leben der allerdings obrigkeitlich überwachten christlichen Gemeinde beschränken wollte, wußte er sich eins mit der jahrhundertealten autoritären Kirchenpolitik des Bremer Rates, der, nicht gewillt, seinen Einfluß auf das Kirchenvolk eingrenzen zu lassen, die Bildung von neuen geistlichen Ober- und Mittelbehörden konsequent vermied und dem vorhandenen geistlichen Kollegium, dem Venerandum Ministerium, auf die Dauer eine Kompetenz nach der anderen entzog. Der nach Abschluß seiner Studien 1798 zum Professor der Philosophie am altersschwachen Gymnasium Illustre berufene, zwei Jahre später überraschend in den Senat gewählte Smidt durfte also hoffen, seinen analogen kirchenpolitischen Überzeugungen an höchster Stelle nachhaltig Geltung zu verschaffen.
Dieser traditionellen eingleisigen Ratspolitik sollten sich allerdings bald erhebliche Schwierigkeiten in den Weg stellen. Die aus der Französischen Revolution und dem gewalttätigen Wirken Napoleons herrührenden Erschütterungen und territorialen Veränderungen im alten Deutschen Reich brachten es nämlich mit sich, daß gemäß dem Reichsdeputationshauptschluß von 1803 Kurhannover sein seit langem gespanntes Verhältnis zur Reichsstadt Bremen entschärfte und dieser neben einigen umliegenden Dörfern auch seine innerstädtischen Besitzungen, d. h. den Dom mit seinen Annexen, abtrat. Damit war der Bremer Rat, bisher kirchliche Leitungsinstanz von etwa 10 000 Reformierten, nunmehr auch mit einem Schlage geistliches Oberhaupt von an die 20 000 Lutheranern.
Im Hinblick auf seine lutherischen Bürger hatte der Rat am 4. Oktober 1639 mit dem Erzbischof Friedrich anläßlich der Wiedereröffnung des Gottesdienstes im Dom einen Vertrag geschlossen, den sog. Stader Ver-

gleich, in dem festgelegt wurde, daß die Domprediger keine Pfarrechte besäßen, keine Eheschließungen, außer bei Fremden, vornehmen und die Kinder von Lutheranern in deren Häusern zwar taufen dürften, doch mit der Maßgabe, daß in letzterem Falle die Stolgebühren an den reformierten Pfarrer des Wohnsitzkirchspiels zu zahlen seien. Da konnten sich die Lutheraner also für nicht viel mehr als die Seelsorge an ihre streitbaren Domprediger halten.

Was war hier nun zu tun? Sollten etwa zwei evangelische Kirchen unter dem gemeinsamen Summepiskopat des Senats in Bremen nebeneinander bestehen, was wegen der politischen und sozialen Diskriminierung der ständig wachsenden lutherischen Bevölkerungsmehrheit nicht unbedingt friedliche Nachbarschaft verhieß?

Smidt war anderer Meinung. Als Etatist, d.h. Verfechter der allseitigen staatlichen Prärogative, zu der gut die Beschränkung des kirchlichen Lebens auf isolierte und zum geschlossenen Widerstand gegen den Staat unfähige Einzelgemeinden paßte, sah er die Gefahr drohen, daß ein übermächtiges lutherisches „Domtum", statt sich der Autorität des Senats zu beugen, diesem vielmehr den Gehorsam aufkündigte und durch Anstiftung neuer Konfessionskämpfe die Grundfesten des staatlichen und gesellschaftlichen Lebens in Bremen erschütterte.

Um dem zuvorzukommen, faßte Smidt den Plan, die Massen der Lutheraner nach dem Grundsatz *divide et impera* aufzuspalten und sie durch Einrichtung lutherischer Pfarrstellen in den reformierten Parochien ihres Wohnsitzes fortan voll zu integrieren, so daß der Dom letztendlich auf eine bloße Predigtkirche reduziert worden wäre. Die für dieses Verfahren erforderlichen Mittel sollten aus dem von Hannover übereigneten Strukturfonds für die lutherischen kirchlichen Einrichtungen in Bremen genommen werden. Da Smidt sich im Senat durchsetzte, wurde mit Einverständnis des Konvents der St.-Ansgarii-Gemeinde dort 1804 tatsächlich die Stelle eines lutherischen dritten Predigers ausgeschrieben, der die im Kirchspiel ansässigen Lutheraner hinfort kirchlich versorgen sollte. Deren Beteiligung an der Pfarrwahl war indes angesichts der Gegenpropaganda des Domes minimal, denn Smidt hatte nicht mit dem erbitterten Widerstand des alten Dompredigers Johann David Nicolai und der Domdiakonie gerechnet, die in den folgenden Jahren alles daran setzten, die Pläne Smidts zu durchkreuzen — ein Machtkampf, der als „Nicolaischer Kirchenstreit" in die bremische Geschichte eingegangen ist.

Im Zuge dieser Auseinandersetzungen kam es im November 1810 über die am Dom anstehenden Predigerwahlen zu einer Aussprache zwischen Nicolai und Smidt, die aber bei wahrlich unterkühlter Atmosphäre — der Senator hatte den Prediger in ungeheiztem Zimmer empfangen, was dieser in der Niederschrift ausdrücklich vermerkt — zu keinerlei Annäherung der Standpunkte führte. Ortwin Rudloff hat in seiner Einleitung zur Edition dieses Gesprächsprotokolls in Anlehnung an die Forschungen Klaus Schlaichs erläutert, daß die Meinungsverschiedenheiten beider Theologen auf der Unvereinbarkeit ihrer kirchenrechtlichen Überzeugungen beruhten. Danach war Smidt, wie auch die eingangs gebrachten Zitate belegen, ein Vertreter des sog. rationalen Territorialismus, der das Kirchenregiment des Landesherrn aus dessen Territorialhoheit ableitete *(cuius regio, eius religio)*. Indem vornehmlich Pietismus und Rationalismus im Einklang mit Luthers Auffassung eine Individualisierung der Mensch-Gott-Beziehungen und eine Spiritualisierung der Kirche zu einer unsichtbaren Gemeinschaft der nur Gott erkennbaren wahren Gläubigen betrieben hatten, konnte der äußerlich verfaßten Kirche und ihrer orthodoxen Geistlichkeit kein eigenständiges Recht gegenüber dem souveränen Staat zukommen. Darum wertete und behandelte Smidt die Geistlichen mit der Zeit immer mehr als weisungsabhängige Beamte, „Staatsdiener", wie es zuerst in dem Berufungsschreiben des Senats für Pastor Mallet nach St. Stephani 1827 hieß. Demzufolge mußte es Cornelius Rudolf Vietor 1854 erleben, daß in seiner Berufung zum Pastor an Unser Lieben Frauen der ihm anstößige Satz stand, man rechne auf Vietors willige Befolgung der im bremischen Freistaat vom Senat vermöge seiner Bischofsrechte zu treffenden Anordnungen. Auftauchende Bedenken beschwichtigte der Senat mit der Erklärung, die Ausübung des Episkopalrechtes sei nur im Rahmen des allgemeinen deutschen und des bremischen Kirchenrechts zu verstehen.

Im Gegensatz zu Smidt war der Domprediger Nicolai ein Anhänger des sog. Kollegialismus, der die Kirche als ein Kollegium auffaßte, verstanden als ein autonomer Verein freier Christenmenschen mit dem Recht eigenständiger Bekenntnisfestlegung, Lehrbefugnis und Vermögensverwaltung ohne Eingriffsberechtigung des Staates.

Diese Grundsätzlichkeit im unterschiedlichen Kirchenverständnis beider Parteien hat zu einer ungewöhnlichen Erbitterung und Langwierigkeit des Nicolaischen Kirchenstreites geführt, der erst nach fast drei Jahrzehnten remis ausgegangen ist. Die Zeit hatte dabei insofern für die „Domianer" gearbeitet, als der Senat Ende 1810 auf die Nachricht von der Inkorporation Bremens in das französische Kaiserreich, um das Kirchenvermögen vor den raffgierigen Franzosen zu retten, den Strukturfonds größtenteils den von ihm neu ernannten Bauherren zur Verwaltung ausgehändigt hatte, während der Rest der St.-Pauli-Gemeinde für eine künftig dort einzurichtende lutherische Pfarrstelle zu treuen Händen übergeben worden war.

Johann David Nicolai, Domprediger 1781—1825

Johann Smidt als Senator, 1811

Der 1830 geschlossene Vergleich des Senats mit der durch ein Rechtsgutachten des angesehenen Göttinger Rechtsprofessors Carl Friedrich Eichhorn in ihrem Widerstand noch bestärkten Domdiakonie sah dann so aus, daß der Dom nunmehr als eine echte Parochie mit allen Rechten zu kirchlichen Amtshandlungen für alle die Lutheraner der ganzen Stadt, die sich zu ihm halten wollten, vom Senat anerkannt wurde, aber keinen Lokalsprengel wie die alten reformierten Parochien zugewiesen erhielt.
Damit war die Idee einer einheitlichen evangelischen Kirche Bremens zwar gerettet, aber als ein Neues in diese das kirchenrechtliche Prinzip des Personalgemeindewesens eingeführt, das der Senat 1860 durch die Obrigkeitliche Ordnung den stadtbremischen Pfarrverband betreffend auf die übrigen Gemeinden ausdehnte. Indem diese Ordnung unter grundsätzlicher Beibehaltung der alten Lokalsprengel deren Bewohnern freistellte, sich durch einfache Willenserklärung einer anderen Gemeinde anzuschließen, sich „zu ihr zu halten", wurde der dem liberalen Zeitgeist entsprechende religiöse Individualismus durch absolute kirchliche Freizügigkeit begünstigt. Zugleich aber kam ein Element der Unsicherheit in das Baugefüge des bremischen Kirchenwesens, das die kirchliche Versorgung der vor allem durch Zuwanderung wachsenden Bevölkerung in den folgenden Jahrzehnten nicht eben erleichtern sollte.

Dennoch ging den Bürgern ihr vermeintlicher Anspruch auf absolute kirchliche Freizügigkeit so sehr in Fleisch und Blut über, daß sie auch die letzten vom Senat in der Ordnung von 1860 noch gesetzten bürokratischen Bremsklötze gegen willkürliches Wandern von einer Gemeinde zur anderen aus dem Wege geräumt wissen wollten. So kam es 1909 zu dem Bürgerschaftsbeschluß, der den Senat zur Novellierung der zum Teil tatsächlich nicht mehr zeitgemäßen Bestimmungen von 1860 aufforderte. Der Senat entsprach dem Wunsch und ließ den Entwurf einer Neufassung der Ordnung ausarbeiten, aber zum Abschluß ist die Angelegenheit damals offenbar nicht mehr gekommen.

Auch nach Smidts Tod (1857) blieb die zu seiner Zeit so sehr erweiterte evangelische Kirche Bremens ohne einen administrativen oder synodalen Mittelbau zwischen den Gemeinden und der zur Ausübung des obrigkeitlichen *jus circa sacra* (äußere Kirchenhoheit über die Religionsgesellschaften im Staat) und *jus in sacris* (innere Kirchenhoheit auf Grund des Episkopalrechtes) bald nach der Franzosenzeit eingerichteten Kommission des Senats für die kirchlichen Angelegenheiten. Es hat das ganze Jahrhundert hindurch immer wieder einmal Versuche gegeben, diesem von mancher Seite als Mißstand empfundenen Mangel abzuhelfen. So regte das Geistliche Ministerium zu Beginn der den Befreiungskriegen folgenden jahrzehntelangen und am Ende nicht ohne Mitschuld Smidts gescheiterten politischen Verfassungsverhandlungen zwischen Senat und Bürgerschaft bei der Kirchlichen Senatskommission 1814 auch den Erlaß einer Bremischen Kirchenordnung an und legte dieser auf ihr Ersuchen den voll ausgearbeiteten Entwurf einer solchen Ordnung vor. Darin war u. a. von der Berufung einer Synode die Rede, in welcher die Kommissare des Senats, das Ministerium, je ein Bauherr der Stadtgemeinden sowie die Pfarrer der Landgemeinden samt je zwei Kirchenjuraten vertreten sein sollten. Da diese Kirchenordnung die Episkopalrechte des Senats in manchen Stücken erheblich einschränkte, fand sie dort begreiflicherweise wenig Gegenliebe. Der als Bundestagsgesandter in Frankfurt weilende Smidt schrieb unter dem 28. September 1816 an Syndikus Schoene, den Vorsitzer der vom Senat niedergesetzten Prüfungskommission: „Soviel sehe ich schon beym ersten Durchlesen, daß das Ganze radikal wird umgearbeitet werden müssen und fast kein Artikel so stehen bleiben kann. Da übrigens Ministeriales sich 2 Jahre Zeit genommen haben, um eine Sache, die sie vollkommen zu verstehen vorgeben, auszuarbeiten, so können sie es nicht übel deuten, wenn wir ... zur Prüfung uns eine gleiche Zeit nehmen." Smidt setzte demgemäß von Frankfurt her alle Hebel in Bewegung, um die Angelegenheit auf die lange Bank zu schieben und so mit der Zeit zu Fall zu bringen, was ihm vollauf gelang.

Es war auch ganz in Smidts Sinne, wenn der Senat 1824 das Ministerium, das die Gemeinden wegen der Einrichtung des Abendmahls angesprochen hatte, dahingehend rügte: „Auch kann es der Senat nicht unbemerkt lassen, daß es mit der hiesigen Kirchenverfassung unverträglich sey, daß das Venerandum Ministerium Vorschläge an einzelne oder mehrere hiesige Pfarrgemeinden gelangen lasse, und daß von diesen dergleichen Vorschläge als solche in Berathung gezogen werden." Das Ministerium sollte sich also ja nicht einfallen lassen, etwa als Mittelinstanz zwischen Senat und Pfarrgemeinden aufzutreten.

Der Senat hatte es nach dem vollberechtigten Eintritt des Domes in die bremische Kirche mit reformierten, lutherischen und seit dem Aufkommen der konfessionellen Unionsbewegung im Anschluß an das Reformationsjubiläum 1817 auch mit einer Reihe unierter Gemeinden zu tun. Deren Mitglieder, durch das Theologengezänk der 1840er Jahre geistlich aufgeregt und durch das Scheitern der Verfassungsverhandlungen infolge des hinhaltenden Widerstandes des Senats politisch revolutionär gestimmt, durften es erleben, daß die im Anschluß an die Märzrevolution entstandene bremische demokratische Verfassung von 1849 dem Senat nur das *jus circa sacra,* also die Bestimmung über die äußeren Kirchenverhältnisse, beließ, das Episkopalrecht aber zwischen ihm und der Bürgerschaft teilte. Sie mußten es jedoch auch hinnehmen, daß die noch unter Mitwirkung des alten Smidt entstandene konservative Verfassung von 1854 in ihrem § 57 d dem Senat wieder die „Ausübung der Rechte des Staats in kirchlichen Angelegenheiten, sowie des protestantischen Episcopalrechts in herkömmlicher Weise, unbeschadet der bestehenden Rechte der kirchlichen Gemeinden" zuerkannte. Die 1854 erfolgte Fixierung der herkömmlichen Gemeindefreiheiten in der bremischen Kirche hat dennoch den Senat in seinem Anspruch auf die Bestimmung des Bekenntnisstandes durch die Gesamtkirche wie auch in seiner gegebenenfalls verfassungsändernden Kirchenverwaltungspraxis nicht beirren können. In dieser Verfassungsform hat sich der Summepiskopat des Senats als die einzige übergreifende Klammer der wegen theologischer Richtungsverschiedenheiten oft recht isoliert voneinander lebenden Gemeinden in der Bremer Kirche bis zur Revolution von 1918 erhalten. Der Senat hat das ihm auf Grund von § 57 d der Verfassung zustehende Kirchenregiment auch stets durch sorgfältige Wahrnehmung seines Genehmigungsrechtes für Konventsbeschlüsse in Sachen Lehre, Verfassungsgebung oder Vermögensverwaltung gegenüber den Gemeinden zur Geltung gebracht.

An Versuchen, das weite Vakuum zwischen Kirchenregiment und Gemeinden auszufüllen, hat es auch weiterhin nicht gefehlt. Angeregt durch

die Einflüsse des 1852 in Bremen abgehaltenen Evangelischen Kirchentages der Altgläubigen oder, wie man sie hier nannte, der „Orthodoxen", aber auch durch die Debatten in der Bremischen Bürgerschaft über die Formulierung des § 57 d der Verfassung, petitionierten 1852 und 1853 das Geistliche Ministerium, einige orthodoxe Gemeinden und die Landprediger an den Senat wegen Konstituierung einer kirchlichen Behörde, während die Bürgerschaft eine solche mehrheitlich ablehnte. Dem entsprach auch der Senat in seiner Mitteilung vom 27. Juni 1853 an die Bürgerschaft, in der es heißt: „Der Senat hat den Petenten zugesichert, daß er nach Beendigung der Verfassungsverhandlungen auch diesem so hoch wichtigen Gegenstande seine volle Aufmerksamkeit zuzuwenden beabsichtige, und wird daher nicht unterlassen, die angeregte Frage einer gründlichen Prüfung nach allen Seiten hin zu unterziehen." Als die Frage in der Folge im Senat kontrovers diskutiert wurde, faßte der alte Smidt 1856, nicht lange also vor seinem Tode, seine kirchenpolitischen Auffassungen noch einmal zusammen in der als Manuskript gedruckten Flugschrift: „Bedarf die Commission des Senats für kirchliche Angelegenheiten der Zuordnung eines aus einigen Predigern beider protestantischen Confessionen gebildeten Kirchenraths?" Seine Argumentation, analog seinem eingangs zitierten Verständnis von Kirche, gipfelte in einem eindeutigen Nein. Dem hatte der Senat damals nichts entgegenzusetzen.
Der Punkt blieb indes unvergessen. Als im Jahre 1868 einige altgläubige Mitglieder der Martini-Gemeinde sich beim Senat über ihren ultrafreisinnigen neuen Prediger Moritz Schwalb bitter beklagten, griffen mehrere gleichgesinnte Angehörige des Ministeriums den Fall auf und ersuchten den Senat unter Hinweis auf dessen fünfzehn Jahre zuvor gegebene Zusage um Einrichtung dieser Kirchenbehörde. Die Senatskommission, obschon gegen eine administrative oder synodale Kirchenordnung nicht grundsätzlich ablehnend eingestellt, hielt diese aber angesichts der liberalen Grundstimmung der öffentlichen Meinung zur Zeit für ganz inopportun, und der Senat folgte ihr, indem er die Petenten mit Konklusum vom 19. Juni 1868 ablehnend beschied.
Die Idee der Reform lebte dennoch in den 1870er Jahren weiter, nunmehr durch Änderung der Stoßrichtung auf eine Synode hin eine demokratische Eingrenzung des Senats erstrebend, gegen die sowohl die um das „Bremer Kirchenblatt" gescharten Positiven als auch die durch das „Norddeutsche Protestantenblatt" vertretenen Liberalen nichts einzuwenden gehabt hätten.
Nachdem zuerst angeknüpfte Kontakte von Vertretern beider Parteien zu einem Mißerfolg geführt hatten, griff 1874 der liberale Domprediger Frickhöffer die Sache erneut auf mit seiner Flugschrift „Zur Verfassung

der Bremischen Kirche. Ein Wort zur Verständigung an unsere Gemeinden". Er führte darin die Reformbedürftigkeit der Kirche auf die oft eigensinnig behauptete Isolierung der Gemeinden zurück. Deren Folge sei „das allmähliche Erlöschen eines kirchlichen Bewußtseins, indem der Gemeindeindependentismus nothwendig zum individuellen Independentismus führen mußte", der vielfach auch das Gemeindebewußtsein zerstöre. Als Heilmittel gegen diese Zersetzungskrankheit schlug Frickhöffer nicht, wie es 1853 gefordert worden war, die Einrichtung einer obersten Kirchenbehörde (Konsistorium), sondern die einer Synode vor, gegen deren unter Umständen freiheitsbeschränkende Beschlüsse die Gemeinden durch ein Vetorecht vor Majorisierung geschützt werden sollten.

Die Domgemeinde nahm die Gedanken ihres Predigers bereitwillig auf und regte bei den übrigen Gemeinden der Stadt die Bildung einer Versammlung von Delegierten nur der Stadtgemeinden an, die unter Ausklammerung aller Lehre und Bekenntnis berührenden Fragen über die äußere Ordnung der Kirche angehende Gegenstände ohne das Recht bindender Beschlüsse beraten sollte. Es handelte sich also um keine gesetzgebungsbefugte förmliche Synode, sondern nur um eine beratende Körperschaft.

Nach zweijährigen Verhandlungen in und unter den Gemeinden kam es 1876 tatsächlich zur Annahme des Statuts und zur Konstituierung der sogenannten Bremischen Kirchenvertretung, die allerdings die Gemeinden des Landgebiets und der beiden Hafenstädte Bremerhaven und Vegesack nicht einbegriff. Trotz ihrer bewußt beschränkten Kompetenzen hatte sich in positiven Gemeinden der Widerstand dagegen geregt, daß, wie es aus St. Pauli, St. Stephani und Unser Lieben Frauen zu hören war, durch die gemeinsame Mitgliedschaft beider entgegengesetzter Parteien von der bremischen Kirche „jede noch so ungläubige Richtung als eine berechtigte anerkannt werde". Diese Intoleranz hatte allerdings in St. Stephani den Protest von zwei Pastoren und zwei Bauherren provoziert, die warnend erklärten: „Die Verwerfung des Statuts wäre der erste Schritt zur Auflösung unserer Volkskirche, der erste Schritt zum Separatismus und zur Sektiererei." St. Stephani und auch St. Pauli gaben aber ihre Zustimmung nur unter dem Vorbehalt ausdrücklicher Wahrung ihres positiven Bekenntnisstandes, eine Vorbedingung, die der Senat indes als kirchenrechtlich unverbindlich zurückwies.

Solche Quertreibereien waren begreiflicherweise kein gutes Omen für die Bremer Kirchenvertretung, die im November 1876 mit der ersten Sitzung der I. Session unter dem Vorsitz des Dombauherrn Bürgermeister Grave ihre Arbeit aufnahm, um sich fortan alljährlich mit gemeindeübergreifenden Fragen wie Zivilehe, Religionsunterricht in den Schulen, Trauungen,

Konfirmationen, Beerdigungen, Armenpflege der Diakonien u.a.m. zu beschäftigen.
Große Erfolge hatte die Kirchenvertretung noch nicht aufzuweisen, als ihre Tätigkeit 1881/82 durch den Austritt der positiven Gemeinden auf die eines Rumpfparlaments reduziert wurde. Da der Stephani-Konvent seinen Beschluß mit verletzenden Angriffen auf die liberalen Gemeinden motiviert hatte, erteilte ihm der Senat im März 1882 auf Vorschlag Senator Dr. Ehmcks eine ernstliche Rüge, die er auf die dagegen eingereichte Beschwerde mit der Erklärung begründete: „Gegen den Versuch, ... sich zum Richter über den Glauben anderer bremischer protestantischen Gemeinden aufzuwerfen, ist die erteilte Rüge gerichtet. Diese zu verfügen, hat der Senat sich zur Wahrung der Rechte der bremischen Kirchengemeinden verpflichtet erachtet." Das war im Sinne Smidts gesprochen.
Im Senat tauchte damals nach dem Scheitern der Kirchenvertretung der Gedanke auf, sie durch eine Synodalverfassung zu ersetzen, und die kirchliche Kommission wurde angewiesen, sich gutachtlich darüber zu äußern. Diese war uneins: Die Senatoren Mohr und Lürman verneinten die Existenz einer Landeskirche in Bremen und sprachen dem Senat daher das Recht ab, den Gemeinden eine Synodalordnung zu oktroyieren. Senator Ehmck dagegen leitete die Landeskirche schon aus der Episkopalgewalt des Senats ab und war für eine Synode, aber nicht jetzt, sondern erst später. So faßte der Senat denn auf Empfehlung der Kommission Anfang 1883 den Beschluß, die Angelegenheit zu vertagen — *ad calendas Graecas,* wie sich erweisen sollte.
Die Kirchenvertretung, nunmehr nur noch aus den Gemeinden St. Petri, St. Ansgarii, St. Martini, St. Remberti und St. Michaelis bestehend und somit einseitig liberal zusammengesetzt, hat ihre Arbeit schlecht und recht bis 1920 fortgesetzt. An Versuchen, die Positiven zum Wiedereintritt zu bewegen, hat es nicht gefehlt. 1902 kam es beispielsweise zu solchen mehrere Jahre andauernden Verhandlungen, die aber wieder an der ablehnenden Haltung von St. Stephani scheiterten. Nur die Friedensgemeinde ließ sich 1905 nicht abhalten von der Rückkehr in die Kirchenvertretung, die mit Einschluß von Hastedt und Gröpelingen/Walle, die mittlerweile durch die Stadterweiterung aus Land- zu Stadtgemeinden geworden waren, fortan insgesamt acht Gemeinden, auch weiterhin ohne das Landgebiet und die Hafenstädte, umfaßte.
Die Kirchenvertretung hat in Anbetracht ihrer engen Kompetenzgrenzen keine schlechte Arbeit geleistet, beispielsweise das zum Reformationsjubiläum 1917 erschienene neue Bremische Kirchengesangbuch auf den Weg gebracht wie auch das immer dringlicher werdende und eventuell nur durch eine Kirchensteuer zu lösende Problem der kirchlichen Versorgung

Bremens oder des kirchlichen Frauenstimmrechts diskutiert, wiewohl noch nicht lösen können. Das Niemandsland zwischen Summepiskopat und Gemeinden auszufüllen, war sie zu schwach. Obwohl manche Mitglieder des Senats in der Nachfolge Smidts weiterhin die Existenz einer bremischen Landeskirche in Zweifel zogen, wies ihnen der Senatssyndikus Dr. Künkler 1914 in einem langen kirchenrechtlichen Gutachten aus Anlaß der Beratung eines Kirchenaustrittsgesetzes historisch tiefgreifend nach, daß daran überhaupt nicht zu zweifeln sei. Diese Auffassung übernahm auch der Senat in dem Entwurf seiner auch wohl von Künkler verfaßten Mitteilung an die Bürgerschaft, in der er präzisiert, „daß diese Bremische evangelische Kirche, die reformierten Bekenntnisses ist, auch die drei lutherischen Gemeinden, die St. Petri Domkirche, Seehausen und die Kreuzkirche in Bremerhaven, umfaßt". In dieser Überzeugung hat der Senat auch 1920 sein durch das Fehlen jeden gesamtkirchlichen Organs zwischen seiner Kommission für die kirchlichen Angelegenheiten und den Gemeinden charakterisiertes Kirchenregiment an die fortan vom Staat getrennte Bremische Evangelische Kirche übergeben, in der die jahrhundertealte geistliche Lebensgemeinschaft der Gemeinden für ihren weiteren Zusammenhalt gesorgt hat.

Dieser Entwicklung im kirchlichen Selbstverständnis des Senats im Vergleich mit der Ära Smidt entprach auch seine Haltung zur sogenannten Eisenacher Konferenz. Anfang 1852 hatte das württembergische evangelische Konsistorium in Stuttgart zu regelmäßigen jährlichen Konferenzen der Kirchenleitungen aufgerufen und auch Bremen zur Teilnahme aufgefordert. Smidt aber hatte Überlastung des Senats mit Verfassungsverhandlungen vorgeschützt und abgelehnt, indes um Mitteilung der jeweiligen Verhandlungsergebnisse gebeten. Dies distanzierte Verhältnis dauerte ein Vierteljahrhundert bis 1878. Nachdem Hamburg im Vorjahre der nach ihrem ständigen Tagungsort Eisenach benannten Konferenz beigetreten war — Lübeck war von Anfang an dabei —, entschloß sich der Bremer Senat auf Anraten der Kirchlichen Kommission ebenfalls dazu und ernannte den als besonnen geltenden Domprediger Frickhöffer zum bremischen Vertreter. Die informative Verbindung mit Eisenach, die seit 1903 noch durch den engeren Zusammenschluß der Landeskirchen zum Deutschen Evangelischen Kirchenausschuß gestrafft war, blieb bis 1920 erhalten.

Literatur:
Meyer, Smidt (o. J.). — Rotermund, Dom (1829). — Thumsener, Kirchengewalt (1837). — Kühtmann, Nicolaischer Kirchenstreit (1880). — Friedberg, Verfassungsrecht (1888). — Veeck, Geschichte (1909). — Bippen, Smidt (1921). — Tilemann, Herkömmliches Recht (1953). — Weygoldt, Ministerium (1962). — Bergemann, Staat und Kirche (1963). — Heyne, Smidt (1967). — Schlaich, Kollegialtheorie (1969). — Heyne, Verfassungsgeschichte (1971).

II. Die Kirchengemeinden

1. *In der Stadt*

Bürgermeister Johann Smidt, zeitlebens ein Etatist in der Verfechtung der bischöflichen Vorrechte des Senats in der Kirche, hatte sich, wie eingangs erwähnt, gegen Ende seines Lebens in seinem Kampfeseifer gegen die in Aussicht genommene Einrichtung eines Kirchenrates in Bremen zu dem gewagten Satz gesteigert: „Eine einheitliche Bremische protestantische Kirche hat es nie gegeben, sondern nur bremische kirchliche Gemeinden lutherischer, reformierter und gemischter Färbung." Indem Smidt den Gemeinden den Charakter als Kirche zuerkannte, zog er das Fazit eines halben Entwicklungsjahrhunderts, das unter seiner gestalterischen Mitwirkung in Bremen abgelaufen war. Als er 1800 in den Senat eintrat, konnte eigentlich nur von Kirchspielen einer reformierten Kirche die Rede sein, die wegen des Fehlens bestimmter calvinistischer Charakteristika der Kirchenverfassung (Presbyterium) von der lutherischen Kirche nicht so weit entfernt war.

Diese Gemeinden waren insofern vom Staat weitgehend unabhängig, als sie alle ihre Ausgaben, z. B. für die Besoldung der Prediger und anderen Bediensteten, allein aus ihrem eigenen Vermögen zu bestreiten hatten. Im übrigen aber regierte der Rat kräftig in sie hinein, denn er hatte nach einer Feststellung des Syndikus Post von 1793 nach dem Herkommen zu bestimmen über öffentliche Gebetsfeiern, Betstunden, anzustellende Litaneien und Fasten, Fest- und Feiertage, Einrichtung der Predigten, Katechisationen und mehrerer anderer zur Litanei gehöriger Gegenstände.

Von einem besonderen Zusammengehörigkeitsgefühl innerhalb einer bestimmten Gemeinde, geschweige denn einem Gemeindepartikularismus war damals noch wenig zu spüren. Man konnte es höchstens in den vier altstädtischen Traditionsgemeinden suchen, die schon in der Reformationszeit als einzige auch das Pfarrerwahlrecht besaßen. Die Predigerwahl war aber dem Rat anzuzeigen, der den Gewählten bestätigte und berief. Wie die Predigerwahl durch den Konvent, so unterlagen auch alle übrigen Beschlüsse der Gemeindevertretung der nachträglichen Genehmigung durch den Senat.

Die Gemeinden St. Michaelis und St. Remberti in der Vorstadt sowie St. Pauli in der Neustadt sollten diese begrenzten altstädtischen Freiheiten erst viel später erhalten. Die Mitglieder von St. Michaelis erlangten 1816 zunächst das Recht der beschränkten Pfarrerwahl, indem ihnen erlaubt wurde, aus drei ihnen von der senatorischen Inspektion vorgeschlagenen wahlfähigen Kandidaten den ihnen zusagenden Seelsorger zu wählen, der dann vom Senat bestätigt wurde. Seit 1827 waren auch die lutherischen Einwohner des Kirchspiels wahlberechtigt. Als sich die Gemeinde 1842 eine neue Kirchenordnung nach dem Muster der altstädtischen Verfassungen — also mit größerer Freiheit — erbat, dauerte es sieben Jahre, bis sie diese 1849 endlich mit freier Wahl der Prediger, Bauherren und Diakonen durch den Konvent vom Senat zugestanden erhielt.

In St. Remberti war es schon 1826 unter Verwendung eines Drittels des 1810 vom Senat dafür zurückgestellten Domstrukturfonds zur Anstellung eines lutherischen Predigers und 1842 nach der Trennung von Stift und Gemeinde zu einer selbständigen Gemeindeordnung gekommen.

Die St.-Pauli-Gemeinde reichte dem Senat 1824 einen schon drei Jahre zuvor beschlossenen Verfassungsentwurf zur Bestätigung ein, der aber bei der Kirchlichen Kommission liegen blieb, bis diese 1826 den Zeitpunkt gekommen sah, zwei Drittel der 1810 zurückgestellten und von den Bauherren von St. Pauli verwalteten Domstrukturmittel zur Einrichtung einer lutherischen Predigerstelle zu verwenden. 1829 bestätigte der Senat die neue Verfassung der vereinigten reformierten und lutherischen Gemeinde zu St. Pauli, in der die Rechte und Vermögensanteile beider gleichberechtigten Konfessionen noch streng getrennt waren. Das konfessionelle Nebeneinander in der Gemeinde funktionierte bis Ende der 1860er Jahre, als die positive Partei, verschreckt durch den Übergang von St. Martini ins Lager des radikalen Freisinns, eine Verfassungsrevision mit Verpflichtung der Prediger auf die Bekenntnisschriften verlangte und die neue Kirchenordnung 1870 auch durchsetzte, allerdings erst nach dem Rücktritt der widerstrebenden Bauherren und Diakone und unter Verzicht auf den vom Senat gestrichenen Paragraphen über die Bekenntnisverpflichtung der Prediger. Diese Verfassung hielt dann wieder fast ein Menschenalter bis zu der Revision von 1899, in der beide Konfessionen, nunmehr zu einer Einheit verschmolzen, sich nur als evangelische Gemeinde bezeichneten und auch als solche empfanden.

Der Dom, von Haus aus die Predigtkirche der Lutheraner, hatte seine Geistlichen vom hannoverschen Konsistorium in Stade erhalten und wurde, obwohl sich Selbstbewußtsein und *esprit de corps* seiner Anhänger durch den Nicolaischen Kirchenstreit enorm entwickelt hatten, doch erst 1830 durch den Ausgleich mit dem Senat von diesem als kirchenrechtlich konstituierte Gemeinde anerkannt, worauf er wie eine Altstadtgemeinde behandelt wurde, ohne freilich wie diese einen Lokalsprengel zu erhalten.

Die 1817 und 1854 in den Hafenstädten Vegesack und Bremerhaven neu gegründeten vereinigten evangelisch-lutherischen und reformierten, d. h. unierten Gemeinden mußten sich als überkonfessionelle Zusammenschlüsse erst konsolidieren, was in Bremerhaven, wie die 1860 einsetzende Abspaltung der dann 1865 vom Senat anerkannten, streng lutherischen Gemeinde zur Kreuzkirche von der vereinigten evangelischen Gemeinde, der heutigen Bürgermeister-Smidt-Gedächtniskirche, beweist, ziemlich mißlingen sollte.

Für die Entwicklung der alten Parochien aus bloßen Lokalsprengeln zu echten Kirchengemeinden als Zentren gleichgerichteter geistlicher Kräfte bedurfte es des Antriebs bedeutender theologischer Persönlichkeiten, die durch die ausstrahlende Macht ihrer religiösen Überzeugung und die Gewalt ihres Wortes die Menschen ergriffen, um sich sammelten und zu festen Glaubensgemeinschaften zusammenführten. Zwar hatten alte Rationalisten wie der Domprediger Nicolai ihren gemeindebildenden Einfluß auf ihr Kirchenvolk noch weniger der Wirkung ihrer Predigt als vielmehr der ihres Feldgeschreis im Kampf gegen den Bremer Senat zu verdanken gehabt. Aber ein anderer Diener am Wort, der seit 1802 an St. Pauli im Geiste der Erweckungsbewegung wirkende Biblizist Gottfried Menken, zog so viele fromme Gottesdienstbesucher aus anderen Kirchspielen an, daß die Bauherren von St. Martini, die den sonntäglichen Menschenstrom auf der Weserbrücke mit neidischen Augen beobachteten, ihn 1811 bei St. Pauli abwarben und auf die eigene Kanzel holten.

Indem sich in den folgenden Jahrzehnten der Vorgang der theologischen Richtungsausprägung, sei es in alter konfessioneller Form, sei es in moderner Unterscheidung von Altgläubigen („Orthodoxen") und Liberalen, durch die Aktivität der Prediger überall in den Gemeinden vollzog, wurden diese zu Sammlungszentren gleichgesinnter Anhänger der jeweiligen Richtung. 1837 genehmigte der Senat auf das Ersuchen der Bauherren von Unser Lieben Frauen, daß diejenigen in ihrem Kirchspiel ansässigen Lutheraner, die erklären würden, sich der Gemeinde anschließen zu wollen, dies tun dürften, womit sie aber die Befugnis zur Ausübung kirchlicher Rechte in anderen Gemeinden einbüßten.

Die Obrigkeitliche Ordnung den stadtbremischen Pfarrverband betreffend von 1860 war im allgemeinen verursacht durch die zunehmende Disparität der Pfarrsprengel infolge der Verschiebung des Bevölkerungsdrucks aus der sich entleerenden Altstadt in die ständig wachsende Vorstadt, insbesondere aber durch eine Petition aus ihrem Kirchspiel fortgezogener Mitglieder von St. Ansgarii. Die kirchliche Freizügigkeit als die kirchenrechtliche Konsequenz der demographischen Entwicklung schuf ihrerseits noch mächtige Impulse, die die Polarisierung des Kirchenvolkes, seine Sammlung in gemeindlichen Richtungshochburgen und die Heftigkeit der Parteikämpfe begünstigten. Indem die nach dem grundsätzlich beibehaltenen Lokalgemeindeprinzip in den Kirchspielen ansäs-

sige, zum Teil gleichgültige, ja unkirchliche Mehrheit sich nun nach dem Personalgemeindeprinzip um eine Minorität theologisch äußerst richtungsbewußter Extraneer erweiterte, konnte es gar nicht ausbleiben, daß die letzteren mit der Zeit den beherrschenden Einfluß in der Gemeinde erlangten und deren kirchenpolitischen Kurs bestimmten.
Ein Beispiel dafür ist die St.-Martini-Gemeinde, unter ihren Predigern Menken und Treviranus eine Hochburg altgläubiger Frömmigkeit, die 1867 durch die Wahl des ultraliberalen Pastors Schwalb in das Lager des Freisinns überschwenkte. Solche Erfahrungen oder gar das Erschrecken über das auf die gesellschaftliche Unterschicht gestützte Wirken des Pastors Dulon an Unser Lieben Frauen 1848 bis 1852 konnten die Führungskräfte der theologischen Richtungen nur darin bestärken, ihre Machtpositionen in den Gemeinden möglichst abzusichern. Das geschah zunächst einmal durch Abweisung zu befürchtender subversiver demokratischer Tendenzen, welche die herkömmliche Oligarchie der Oberschicht in den Gemeinden hätten erschüttern können.
Einen guten Einblick in diese Verhältnisse gewährt eine Nachricht von 1830 aus dem Liebfrauenkirchspiel über den übermächtigen Einfluß der gerade dort besonders zahlreichen Honoratioren in dem für die Pastorenwahl zuständigen Ausschuß. Dieser gliederte sich in die sogenannte geistliche Bank aus Predigern, Bauherren und Diakonen und die weltliche Bank der Honoratioren, d. h. derjenigen, die einen bürgerlichen Rang vor den gemeinen Bürgern hatten und zu denen die Mitglieder des Senats, des Kollegiums der Elterleute des Kaufmanns, der Doktoren der Rechte und der Medizin gehörten. Es konnte tatsächlich schon von einer „Honoratiorenkirche" die Rede sein, wenn, wie erwähnt, die Senatoren in ihren Wohnsitzgemeinden geborene Bauherren waren, wenn der Zugang zu den Konventen von der Vorbedingung des Bürgerrechtsbesitzes und der Zahlung besonderer Beiträge zu den Gemeindefinanzen abhing und die bis 1878 auch für die bürgerliche Armenpflege zuständigen Diakonien sich praktisch durch Kooptation ergänzten, indem sie nämlich nur ihnen genehme Kandidaten zur Wahl durch den Konvent vorschlugen.
Solche Abwehr demokratischer Tendenzen war von rechts bis links die Devise. Noch 1913, als wegen des Notstandes in der kirchlichen Versorgung Bremens über die Einführung einer Kirchensteuer verhandelt wurde, erklärten die Domprediger Schluttig (positiv), Hartwich (liberal) und Mauritz (radikal) unisono, daß „die Kirchensteuervorlage die allerernstesten Gefahren mit sich bringt für die gegenwärtigen, geschichtlich gewordenen, der Bremer Eigenart durchaus entsprechenden, von allen kirchlichen Richtungen und religiösen Strömungen wertgehaltenen Gemeindeverhältnisse, denn sie würde, zum Gesetz erhoben, nach unserer

Überzeugung über kurz oder lang das allgemeine kirchliche Wahlrecht zur Folge haben, welches für die Eigenart der bremischen Gemeinden nicht unbedenklich ist, und sie würde vielleicht sogar künftig behufs kirchlicher Versorgung die Parochialeinteilung herbeiführen, die erst recht der bremischen Art zuwider ist, da sie dem Einzelnen die Freiheit raubt, sich seine Gemeinde zu wählen".

Dieser Demokratiefurcht steht die Tatsache gegenüber, daß eine Reihe von städtischen Gemeinden beider Richtungen, angefangen mit Hastedt 1902, sich unter dem Einfluß der seit der Jahrhundertwende propagandistisch immer aktiver werdenden Frauenbewegung dazu aufrafften, entgegen der Empfehlung des Apostels Paulus an die Korinther den Frauen ein freilich zum Teil nur beschränktes Stimmrecht in den Konventen oder Kirchenvorständen einzuräumen.

Hastedt hatte diese Bewegung paradoxer Weise dadurch ausgelöst, daß der Kirchenvorstand, als die politische Landgemeinde 1902 in die Stadt eingegliedert und damit anstatt der bisher geltenden Kirchlichen Gemeindeordnung für das Landgebiet von 1889 eine städtische Gemeindeverfassung erforderlich wurde, bei der Formulierung der Voraussetzungen für die Konventsfähigkeit das Wort „männlich" bewußt ausließ, um sich dadurch die Beiträge begüterter Frauen an die Kirchenkasse zu erhalten. Indem die Senatskommission für die kirchlichen Angelegenheiten die neue Hastedter Kirchenordnung damals so genehmigte, weil sie die eigenmächtige demokratische Novellierung des bremischen Kirchenrechts von unten her übersehen hatte, blieb ihr, als sie 1906 ihr Versehen erkannte, nichts anderes übrig, als dem kirchlichen Frauenstimmrecht in Bremen widerstrebend seinen Lauf zu lassen.

Der war allerdings schleppend genug. Im Winter 1902/03 scheiterte in St. Ansgarii ein von Pastor Dr. Portig unterstützter Versuch von Reformfreunden, das Frauenstimmrecht in die Neufassung der Gemeindeordnung von 1903 aufzunehmen, am Einspruch des Kirchenvorstandes. Erst 1920 sollte es hier zu einer liberalen Lösung kommen.

In der Friedensgemeinde waren sowohl Pastor Funcke als auch Pastor Zauleck entschiedene Anhänger des Frauenstimmrechts. Zauleck ließ sich im April 1905 von der Frauengruppe der Inneren Mission zu einem Vortragsabend gewinnen, für den er seine „Thesen über die Einführung des kirchlichen Frauenstimmrechts in Bremen" vorweg im „Bremer Kirchenblatt" veröffentlichte. Die aus der heftigen Diskussion des Zauleckschen Vortrages entstandene Erregung in der Öffentlichkeit wurde vom Vorstand des seit einigen Jahren bestehenden Bremer Vereins für Frauenstimmrecht und seine zahlreiche Anhängerschaft in der bürgerlichen Oberschicht Bremens alsbald zu einem Aufruf zur Unterzeichnung einer

Petition an die Bremische Kirchenvertretung benutzt. Diese gab sie im Juni 1905 zur Beratung und Stellungnahme an die Gemeinden weiter. Hier ist sie dann im Hin und Her der Meinungen versickert.
Insgesamt war das Echo dürftig. Die Friedensgemeinde brachte es in ihrer revidierten Verfassung von 1908 soweit, wenigstens bei Pastorenwahlen den selbständigen Frauen von über 30 Lebensjahren eine verklausulierte Mitbestimmung einzuräumen. Erst 1919 erlangten sie die volle Konventsberechtigung und 1920 auch den Zutritt zum Kirchenvorstand.
Die Domgemeinde gewährte 1908 einer beschränkten Zahl weiblicher Mitglieder das Recht auf Mitwirkung bei der Predigerwahl, schloß sie aber von jedem Gemeindeamt ausdrücklich aus. Bei dem hinhaltenden Widerstand der konservativen Kräfte, vor allem der Domdiakonie, gegen das Frauenstimmrecht sollte es noch Jahrzehnte dauern, bis sich die Frauen in St. Petri die volle Gleichberechtigung erkämpft hatten.
Die neue Gemeindeordnung von St. Michaelis räumte bestimmten Frauen 1909 die Mitwirkung bei den Predigerwahlkonventen ein. Hier machte erst die Verfassung von 1965 keinen Unterschied der Geschlechter bei der Konventsberechtigung mehr.
Die St.-Martini-Gemeinde gewährte in ihrer Verfassung von 1911 den Frauen völlige Gleichberechtigung, mit Ausnahme der Wählbarkeit in die Ämter der Bauherren und der Diakonen.
Die neue Kirchenordnung für Unser Lieben Frauen von 1911 ließ 24 weibliche Gemeindemitglieder am Konvent teilnehmen und gewährte zweien von ihnen Sitz im Kirchenvorstand. Seit 1912 waren drei Frauen auch in dem für Predigerwahlen zuständigen Gemeindeausschuß vertreten. Erst seit der Verfassung von 1922 sind beide Geschlechter gleichberechtigt.
St. Remberti gewährte in seiner revidierten Ordnung von 1912 den Frauen unter gewissen Bedingungen die Konventsfähigkeit, fünf von ihnen Sitz im Kirchenvorstand und zehn im Gemeindeausschuß, ein Zahlenverhältnis, das in der Verfassung von 1922 noch verbessert wurde. In St. Pauli setzte sich das Frauenstimmrecht gegen hinhaltenden Widerstand erst 1921 durch. Auch an St. Jakobi und in St. Stephani mußten die Frauen noch zwei Jahre länger auf ihre Gleichberechtigung warten. Die zögerliche Entwicklung des Frauenstimmrechts in den kirchlichen Gemeinden Bremens ist hier als Beispiel verstanden und dargestellt für das retardierte Demokratieverständnis in der bremischen evangelischen Kirche überhaupt, das sich auch auf manchen anderen Gebieten der kirchlichen Verfassungsgeschichte geltend machte.
Es versteht sich beispielsweise, daß die in den einzelnen Gemeinden herrschenden Eliten sich bemühten, die von ihnen vertretene theologische Richtung auch durch Festlegung in den seit dem 19. Jahrhundert immer

mehr üblich werdenden schriftlichen Gemeindekirchenordnungen zu sanktionieren und gegen alle Gefahren eines Umsturzes hieb- und stichfest zu machen — und das, obwohl der Senat 1845 erklärt hatte, es gebe keine Glaubensgerichte in Bremen. Als die traditionell altgläubige St.-Stephani-Gemeinde, die nie einen Umschwung zum Freisinn erlebt hat, dem Senat 1850 zwecks kirchenrechtlich vorgeschriebener Bestätigung den Entwurf einer neuen, bekenntnismäßig eindeutig gebundenen Satzung vorlegte, erteilte dieser im Januar 1851 zwar die Genehmigung, es findet sich in der Senatsverfügung aber der warnende Satz: „Bei dieser Prüfung [des Antrages] war davon auszugehen, daß eine einzelne Gemeinde dieser Stadt, welche immer nur als ein Glied der reformierten Kirche des Bremischen Freistaats betrachtet werden kann, keinerlei Recht hat, auch nur für sich als Gemeinde und für ihre Prediger, noch viel weniger aber für ihre einzelnen Genossen besondere Normen des Glaubens und der Lehre aufzustellen, und daß dem Senate kraft seines Oberaufsichtsrechtes über die Kirche die Pflicht obliegt, jeder Ausübung eines solchen Rechts entschieden entgegenzutreten."

Wenn der Senat in der Folge auch die Grenzen des Bekenntnisses der bremischen Kirche sehr weit in Richtung auf den theologischen Freisinn vorschob, so griff er doch, wenn er sie überschritten glaubte, noch nach der Jahrhundertwende gegen die Übertreter regulierend ein. Das geschah zum Beispiel dadurch, daß er die radikalen Pastoren zum Austritt aus Haeckels atheistischem Monistenbund oder den Domprediger Mauritz zur Wiederholung seiner kirchenrechtlich ungültigen Taufhandlungen veranlaßte.

Im Zeichen des Personalgemeindeprinzips kam, wie erwähnt, begreiflicherweise alles auf das gruppenbildende Wirken überragender Diener am Wort an. Als die St.-Martini-Gemeinde 1866 bis auf 77 Mitglieder samt Familien heruntergekommen war, hieß es, sie werde aber wieder wachsen, „wenn der künftige Prediger durch seine Geistesgaben und Persönlichkeit neue Genossen gewinnt". Das ist Schwalb sicher gelungen, wenn er auch durch seinen radikalen Freisinn altgläubige Gemeindemitglieder verschreckte und teilweise zur Abwanderung veranlaßte. Die gegenläufige Bewegung vollzog sich unter dem im Volksbildungswesen aktiven Kalthoff und dem sich zur Sozialdemokratie haltenden Felden, als sich St. Martini der Arbeiterbewegung öffnete.

Waren mehrere Geistliche an einer Gemeinde tätig, hing alles von ihrer Friedensliebe ab, um die Einmütigkeit der Gemeinde zu gewährleisten. Andererseits verlief die Entwicklung wie in St. Stephani, wo der scharf orthodoxe Pastor Tiesmeyer gegen zwei Amtsbrüder 1882 im Konvent den Austritt der Gemeinde aus der Kirchenvertretung durchfocht, was das

„Deutsche Protestantenblatt" zu der Bemerkung bewog: „Der traurige Eifer, mit dem Pastor Tiesmeyer an der Spaltung der beiden Richtungen in der bremischen Kirche arbeitet, hat einen Triumph davongetragen." Es gab aber auch ganz andere Beispiele toleranten Zusammenlebens, wie sie etwa die große Domgemeinde bot. Sie sorgte für den inneren Frieden, indem sie durch Anstellung von Predigern aller drei theologischen Hauptrichtungen jedem ihrer Mitglieder die Möglichkeit schuf, sich an den Seelsorger und Kanzelredner seiner Wahl zu halten. Indem die freiheitliche Verfassungswirklichkeit der Gemeinden durch das tolerante Kirchenregiment des Senats garantiert wurde, festigte sich jenes geistliche Lebensprinzip, das noch heute, lange nach der Trennung von Staat und Kirche, unter dem Namen der Glaubens-, Gewissens- und Lehrfreiheit in der Bremischen Evangelischen Kirche als das Palladium gemeindlichen Zusammenlebens gehütet wird.

2. *Im Landgebiet*

Im Landgebiet bestanden seit alters die unter Einfluß des Rates reformierten Landgemeinden samt dem wegen des Patronatrechts der Grafen von Hoya lutherisch gewordenen Seehausen. Hier konnte, wie erwähnt, von Anbeginn an von kirchlicher Freiheit keine Rede sein. Scharf diszipliniert worden waren die Landprediger schon durch die noch im 16. Jahrhundert obsolet gewordene Kirchenordnung von 1534, in der es heißt, „de kerkheren up den doerpen ... scholen des jars ins edder twie visitert werden, umme tho vornemen wat se leren ... unde me schal en dat grass nemen, so se de schape nicht weiden willen". Eingesetzt durch den Rat, unterstanden sie der Aufsicht durch dessen zwei Visitatoren. Deren Amt wurde seit den 1770er Jahren durch Hinzuziehung eines Mitgliedes des Venerandum Ministerium erweitert, seit der Jahrhundertwende aber nur noch selten an Ort und Stelle mit einem solennen Gastmahl abgehalten, sondern zumeist bürokratisch von der Stadt aus wahrgenommen. 1822, als Bürgermeister Smidt es übernahm, wurde es in Oberinspektion für die Kirchen und Schulen im Gebiet umbenannt.
Die Landgeistlichen erwiesen ihre theologische Qualifikation durch eine Probepredigt vor dem sie auch ordinierenden Ministerium, die der Senat aber in seinem Bestreben, das Ministerium zu entmachten, 1827 abschaffte, so daß die Verbindung mit der Stadtgeistlichkeit lockerer wurde. Erhalten blieben die schon seit dem Ende des 16. Jahrhunderts bestehenden alljährlichen Kolloquien der Landprediger mit dem Ministerium, das ihnen als Bedingung für die Zulassung dazu nach Verlesung seiner *Leges*

durch die *Quaestiones* (Fragen) die Verpflichtung auf die Bibel, das Apostolische Glaubensbekenntnis, die *Confessio Augustana* und den Heidelberger Katechismus abverlangte. Der Isolierung untereinander hatten die Landprediger schon selber dadurch entgegenzuwirken gesucht, daß sie sich 1823 zur sogenannten Pastoral-Konferenz zusammenschlossen, die, wiewohl kein Verfassungsorgan, ihnen jedoch bis zur Trennung von Staat und Kirche auch dazu dienen konnte, ihren Gesamtwillen gegenüber dem Kirchenregiment zu artikulieren.

Das Innenleben der Landgemeinden wurde von jahrhundertealtem Herkommen bestimmt. Hier gab es, wie eingangs dargestellt, eine Kirchensteuer in dem Sinne, daß die Gemeindegenossen nach dem sogenannten Baufuße, d. h. nach der Größe ihres Grundbesitzes, zu den Lasten von Kirche und Schule beizusteuern hatten. Die Einnahmen der Kirchenkasse setzten sich 1811 nach einem der französischen Verwaltung Bremens gegebenen Renseignement zusammen u. a. aus den Landzinsen der Kirchenmeier, Zinsen von belegtem Kapital, Vermietung der Kirchenstellen, Sammlungen an den hohen Festtagen Ostern, Pfingsten und Weihnachten sowie aus der skurrilen Gebühr für das Passieren einer fremden Leiche durch den Ort. Sie dienten teilweise für die Besoldungen und für Bau und Besserung an Kirche und Schule. Die Gelder für das Armenwesen kamen auf ähnliche Weise zusammen. Die Rechnungsführung oblag dem Pfarrer und den Kirchenjuraten unter obrigkeitlicher Aufsicht. Es konnte nicht ausbleiben, daß die alte Klasseneinteilung in Bauern, Köter, Brinksitzer und Häuslinge sich auch in der Verteilung des jeweiligen Gewichtes in der Selbstverwaltung der Gemeinde geltend machte, d. h. daß der dickste Bauer auch das größte Wort führte.

Die Vermögensverhältnisse der Landprediger waren insofern in einem für das heutige Empfinden eher entwürdigenden Zustand, als sie auf einem Stückwerk der verschiedenartigsten, oft auch dubiosen Einkünfte beruhten. Seitdem die Pfarre in der mittelalterlichen Kolonisationszeit auch mit einem Landlos bedacht worden war, hatte der Kirchherr dieses in Eigenbewirtschaftung mit Hilfe der bäuerlichen Hand- und Spanndienste unter dem Pflug gehabt, eine Einrichtung, die im 19. Jahrhundert längst der Vergangenheit angehörte und der Verpachtung der Pfarrländereien Platz gemacht hatte, so daß sich einige hier und da erhaltene Naturalgefälle recht antiquiert ausnahmen.

So setzten sich beispielsweise um 1870 die jährlichen Bezüge des Pastors von Oberneuland zusammen aus rund 200 Talern vom verpachteten Kirchenland, knapp 20 Talern aus Meierzinsen, 26 Talern von 40 Vierteln Roggen und 6 Talern von 600 Eiern, ferner aus 115 Talern aus der Kirchenkasse, einer Zulage von 100 Talern aus der Kasse der Kirchlichen

Kommission des Senats, 120 Talern Vergütung für die Führung der Zivilstandsregister und ca. 450 Talern aus Stolgebühren. Letztere wiederum gliederten sich in verschieden hohe Taxen für Taufen, Proklamationen, Kopulationen, Konfirmationen und Beerdigungen. In Fortfall gekommen war 1844 bereits die sehr rustikale Einrichtung und die dafür gewährte Vergütung, daß obrigkeitliche Verordnungen, Verkäufe von „Mo- und Immobilien" und Vieh allsonntäglich vom Pastor von der Kanzel abgekündigt wurden. Alle Posten zusammengezählt, ergaben damals für den Oberneulander Pfarrer eine Jahreseinnahme von insgesamt gut tausend Talern.

Bei so buntscheckiger Einkommensstaffelung wird begreiflich, daß die Landprediger nichts von ihren Stolgebühren missen mochten. Man versteht es auch, daß die Kirchliche Kommission noch 1892 einem Bürger auf Anfrage bestätigte, es herrsche im Landgebiet nach wie vor strikter Pfarrzwang, d. h. bei Trauerfeierlichkeiten und anderen geistlichen Amtshandlungen in Arsten-Habenhausen und anderswo sei nur der Ortsgeistliche zuständig, wenn er nicht ein sogenanntes Dimissoriale (Entlassungsschein) für einen anderen Geistlichen abgebe. Auch in letzterem Falle ständen ihm aber allein die Gebühren zu. Der Ortspfarrer sei nicht nur berechtigt, sondern sogar verpflichtet, unbefugt bei Trauerfeiern mitwirkenden fremden Geistlichen die Kirche zu verschließen und das Geläute zu versagen.

Der auf das Landgebiet ausstrahlende Einfluß der Märzrevolution von 1848 und der demokratischen bremischen Verfassung von 1849 brachte es mit sich, daß auch die ländlichen Kirchengemeinden unter ausdrücklicher Bezugnahme darauf eine Reform ihrer Verfassung in schriftlich formulierten Satzungen verlangten. So die Gemeinde Walle/Gröpelingen, die es freilich hinnehmen mußte, daß der Senat im Juni 1849 ihren Satzungsentwurf nur mit der Auflage bestätigte, daß sie im Punkt der Steuerpflicht die nach der Kritik in der Gemeindeversammlung „alte, unbillige und verkehrte Vertheilungsweise nach dem Baufuße, die doch gänzlich veraltet und in sich morsch" sei, beibehalte. Auch in Huchting sorgte der Senat im September 1850 für die Erhaltung dieses konservativen Steuersystems. In Oberneuland wiederum, wo neben den Bauern viele Honoratioren der Stadt begütert waren, griff man im Entwurf einer Kirchenordnung nach dem städtischen freien Pfarrerwahlrecht. Die Petenten erhielten auch die Zusicherung, „daß der Senat, wenn er auch nicht einer einzelnen Landgemeinde ohne weiteres das Wahlrecht der Stadtgemeinden zu übertragen beabsichtigt, doch keineswegs abgeneigt ist, den Landgemeinden eine wesentliche Teilnahme an der Wahl ihrer Beamten einzuräumen und über die Art und Weise dieser Teilnahme demnächst mit Abge-

ordneten der Landgemeinden in Beratung zu treten". Vorerst blieb es bei dem Kompromiß, daß die Gemeinde ihre Prediger, Küster und Lehrer aus drei ihnen von der Behörde vorgeschlagenen Kandidaten wählte. Ein derartiger Modus wurde 1856 auch Walle/Gröpelingen zugebilligt.
Die Bewegung setzte sich fort. Die Landprediger hatten sich 1857 mit dem Ministerium zu halbjährigen gemeinsamen Sitzungen zwecks Erörterung kirchlicher Probleme zusammengeschlossen, eine Vereinigung beider Richtungen, die sich nach einem Jahrzehnt ersprießlicher Arbeit leider über den Streit um das Auftreten des radikal freisinnigen Pastors Schwalb wieder auflösen sollte. 1857 beschloß nun diese Konferenz der Landprediger und Ministerialen eine Kommission niederzusetzen, die den Entwurf einer allgemeinen kirchlichen Landgemeindeordnung ausarbeiten sollte. Der fertige Entwurf wurde der Kirchlichen Kommission ein Jahr später vorgelegt. Der Senat bestätigte ihn trotz des Protestes der Oberneuländer, die lieber bei ihrer demokratischen Ordnung von 1850 bleiben wollten, unter gewissen Änderungen zur Stärkung des Kirchenvorstandes gegenüber der Gemeindeversammlung im Mai 1860 (Obrigkeitliche Bekanntmachung, eine kirchliche Gemeindeordnung für das Landgebiet betreffend). Danach wurde den Landleuten zunächst nur das Recht der Pfarrerwahl aus einer ihnen von der Kirchlichen Kommission präsentierten Vorschlagsliste zugestanden.
Diese konservative Tendenz verkörperte sich auch in der nach langen Verhandlungen zustande gekommenen revidierten Kirchlichen Gemeindeordnung für das Landgebiet vom 18. Januar 1889, in der die ausgeuferte, oft demagogisch aufgehetzte Gemeindeversammlung durch einen zahlenmäßig begrenzten Kirchenausschuß ersetzt wurde. Die Senatskommission verzichtete damals bei den Pfarrerwahlen auf ihr Kandidatenpräsentationsrecht zugunsten des erweiterten Kirchenausschusses, behielt sich aber die Berufung und Einführung des Gewählten vor. Die laufenden Geschäfte der Gemeinde erledigte der Kirchenvorstand unter Vorsitz des Pfarrers.
Mit dieser Rechtsordnung hatte man sich abzufinden, auch jener Hasenbürer Bauer, der 1890 seine Beisteuer zum Umbau der Seehauser Kirche ablehnte, weil der kleine Mann in der Gemeinde viel zu viele Rechte habe und eigenmächtig über den Geldbeutel der Besitzenden verfüge, eine Auffassung, von der Senator Ehmck den vorgeladenen Michael Kohlhaas nur mit Mühe abbringen konnte. Kritik kam erst wieder 1912 anläßlich der Seehauser Pastorenwahl durch verschiedene Leserbriefe in den „Bremer Nachrichten" auf, die auch auf die Bremische Bürgerschaft übergriff. Als diese unter Führung der Liberalen den Senat aufforderte, den mündig gewordenen Gemeindemitgliedern mehr Einfluß auf die Wahl der Pastoren

und der Kirchenvorstände einzuräumen, wies der Senat dies Verlangen als einen Eingriff in seinen nur ihm allein vorbehaltenen Zuständigkeitsbereich im Februar 1913 energisch zurück.

Literatur:
Zu II.1
Menken, Kirche zu Vegesack (1821). — Rotermund, Domkirche (1829). — Petri, Kreuzkirche (1863). — Petri, Einweihung der Kreuzkirche (1863). — Halenbeck, Geschichte (1874). — Iken, St. Pauli (1882). — Veeck, Gedenkblätter (1900). — Schnackenberg, Kreuzkirche (1911). — Wort zur Kirchensteuer (1912). — Zauleck, Kirchensteuer (1912). — Steilen, Kirche zu Vegesack (1921). — Steilen, Geschichte (1926). — Sachau, Vereinigte Gemeinde zu Bremerhaven (1931). — Smidt-Gedächtniskirche (1955). — Schulz, St. Pauli (1957). — Schomburg, St. Remberti (1961). — St. Remberti (1962). — Stein, Klassizismus II (1965), S. 392—396 und 514—518. — Schwebel, Smidts Kirchenpolitik (1974). — Bachmann, Frauenstimmrecht (1975). — Smidt-Gedächtniskirche (1980). — Dillschneider, St. Pauli (1982). — Heitmann, Abraham bis Zion (1985).
Zu II.2
Kohlmann, Seehausen (1846). — Iken, Kirchenordnung von 1534 (1891), S. 88. — Iken, Kirchen- und Schulvisitationen (1895). — Veeck, Geschichte (1909), S. 262—266.

III. Die kirchliche Versorgung und Bautätigkeit

Die seelsorgerliche Betreuung der Bevölkerung setzte eine ausreichende kirchliche Versorgung voraus, d. h. die Bereitstellung einer der Einwohnerzunahme entsprechenden Zahl von Geistlichen, Hilfspersonal, kirchlichen Gebäuden wie auch der für die praktische Gemeindearbeit notwendigen Haushaltmittel. Hier hat der bremische Senat, der als Kirchenoberhaupt im 19. Jahrhundert das alleinige Recht auf Pfarrstellenerrichtung und Gemeindegründung grundsätzlich in Anspruch nahm, versagt, indem er diese ureigene Aufgabe der Gesamtkirche allein der Initiative der Gemeinden überließ, die in ihrer Finanzkraft großenteils recht beschränkt waren. Weil die hier und da mehr zufällig begonnene Arbeit auch noch durch die theologischen Richtungskämpfe überschattet und erschwert wurde, konnte es nicht ausbleiben, daß die eingerissenen schlimmen Verhältnisse am Ende zu einem wahren kirchlichen Notstand führten.
So stellte beispielsweise Pastor Otto Veeck in einer Broschüre über die kirchliche Versorgung Bremens 1912 die Situation von 1810 mit etwa 30 000 evangelischen Einwohnern der von 1910 mit einer evangelischen Bevölkerung von ca. 210 000 gegenüber. Damals hielten die etwa 18 000 Lutheraner sich zumeist an die vier Domprediger, während die ungefähr

12 000 Reformierten von sieben Stadt- und Vorstadtgemeinden versorgt wurden, von denen Unser Lieben Frauen zwei, St. Martini zwei, St. Ansgarii drei, St. Stephani drei, St. Pauli zwei, St. Remberti einen, St. Michaelis einen Pastoren hatten.

Der Großstadtbevölkerung von 1910 standen demgegenüber insgesamt nur gut 30 evangelische Geistliche zur Verfügung. Nach der kirchlichen Statistik hatte beispielsweise der Dom bei etwa 62 000 Mitgliedern fünf Prediger, St. Stephani mit Wilhadi bei über 34 000 Mitgliedern ebenfalls fünf, St. Pauli mit Zion bei rund 28 000 Mitgliedern vier Geistliche, während das Verhältnis von Seelsorgern zur Seelenzahl bei St. Ansgarii mit 2 : 5200 und Unser Lieben Frauen mit 2 : 5800 am günstigsten war.

Nach dem Jahrbuch für Bremische Statistik von 1912 gab es 1910 für 14 Pfarrgemeinden an gottesdienstlichen Räumen in Bremen 16 Kirchen, 2 Kapellen, 18 andere Räume, 10 sonstige in Gebrauch von Staats- und Kommunalanstalten, 9 von Stiftungen und Vereinen.

Es herrschte eine Situation des Mangels. Wie erwähnt, sind die Pläne, zur Behebung des kirchlichen Notstandes in Bremen eine Kirchensteuer einzuführen, damals noch gescheitert und erst ein Jahrzehnt später unter dem Druck der Inflation realisiert worden.

Für das beginnende 19. Jahrhundert ist für die reformierte Bevölkerung Bremens noch von dem Zustande ausreichender kirchlicher Versorgung auszugehen. Anders stand es bei den Lutheranern, die für die Seelsorge auf die wenigen Domprediger angewiesen waren. Es wurde oben dargestellt, daß nach dem Übergang des Domes an Bremen die Bildung einer Mammutgemeinde St. Petri auf Betreiben Smidts durch die Schaffung lutherischer Pfarrstellen an den reformierten Stadtkirchen verhindert werden sollte. Damit wurde schon 1804 an St. Ansgarii der Anfang gemacht, nachdem zwei Jahre zuvor der Plan, eine vakante Pfarrerstelle an St. Pauli mit einem Lutheraner zu besetzen, gescheitert war, worauf es hier erst 1829 zur Anstellung eines lutherischen Geistlichen kommen sollte, wie drei Jahre vorher schon an St. Remberti.

Die unter dem Einfluß des Reformationsjubiläums von 1817 erstarkte Unionsbewegung, die auf das Zusammenleben beider evangelischer Konfessionen in jeweils einer und derselben Kirchengemeinde hinauslief, paßte in das Konzept von Smidts gegen die „Domianer" gerichteter Kirchenpolitik. Smidt begrüßte es daher, daß sich Reformierte und Lutheraner Vegesacks am Reformationstage 1817 zu einer evangelisch-christlichen Gemeinde zusammenschlossen. Nur vier Jahre später konnte diese schon ihr neu erbautes Gotteshaus, eine Saalkirche, einweihen. Sie erwies sich indes rasch als zu klein für den aufstrebenden Ort, nachdem die Kirchspielsgenossen aus ihrer alten Verbindung mit Blumenthal und Lesum ge-

Die Kirche in Vegesack

löst und auch die Lesumbroker nach Vegesack umgepfarrt worden waren. So kam es denn schon 1832 zu einem von dem Architekten J. E. Polzin entworfenen Erweiterungsbau, der nun auch einen Glockenturm erhielt. Im Dorfe Horn schlossen sich 1822 ebenfalls beide Konfessionen zu einer vereinigten evangelischen Gemeinde zusammen.
In der Stadt Bremen war es der lutherische Prediger an St. Ansgarii Johann Bernhard Dräseke, der mit einer Denkschrift über „Bremens kirchliche Erneuerung" die Konfessionsvereinigung propagierte und danach die kirchliche Versorgung der Bevölkerung verbessern wollte durch eine Neuaufteilung der Pfarrsprengel und Zuweisung eines eigenen Kirchspiels in der Alt-, Neu- und Ostertorsvorstadt an den Dom als einer der nunmehr fünf „Hauptgemeinden". Obwohl die reformierten Gemeindekonvente dem Plan zustimmten, lehnten ihn die Domprediger unter dem Einfluß des alten Nicolai ab mit dem pathetischen Bekenntnis: „Wir wollen lutherische Pastoren der lutherischen Domgemeinde seyn und bleiben, als solche leben und sterben."
War damit der Unionsgedanke 1823 in Bremen vorerst gescheitert, so hat dieser Mißerfolg Smidt doch nicht gehindert, ihn später bei der Gründung der vereinigten evangelischen Gemeinde in Bremerhaven wieder aufzunehmen. Bei der ersten Predigerwahl kam auf Druck Smidts 1855

der freisinnige Pastor Wolf mit auf den Wahlaufsatz, der dann auch gewählt wurde und an der Großen Kirche, der heutigen Bürgermeister-Smidt-Gedächtniskirche, als Seelsorger erfolgreich gewirkt hat, es aber dennoch nicht verhindern konnte, daß sich die altgläubigen Kreise abspalteten und mit der Kreuzkirche als Mittelpunkt eine eigenständige kirchliche Gemeinde bildeten.

Bei der Großen Kirche war übrigens im ersten Bauabschnitt das Mißgeschick eingetreten, daß die Fundamente sich für das aufgehende Mauerwerk als zu schwach erwiesen und der Rohbau 1847 abgerissen werden mußte. 1853 bis 1855 konnte die Arbeit wieder aufgenommen werden, und der Bremer Architekt Simon Loschen errichtete hier in Backsteinbauweise eine sehr schöne, dreischiffige überwölbte neugotische Hallenkirche mit Seitenemporen, deren etwa 76 m hoher Westturm 1870 eine durchbrochene Helmspitze von rotem Sandstein erhielt und zum weithin sichtbaren Wahrzeichen Bremerhavens wurde.

Auch in der zweiten Jahrhunderthälfte haben sich Gemeinden, wie etwa die neu errichtete Friedensgemeinde, von vornherein als „evangelisch" verstanden.

Die Domgemeinde entwickelte sich seit ihrer kirchenrechtlichen Anerkennung 1830 für ein Jahrhundert als Personalgemeinde ohne Parochiesprengel weiter. Hier sollte die Pflicht zur seelsorgerlichen Betreuung einer ständig wachsenden Zahl von Gemeindegenossen zu einer erheblichen Belastung der Geistlichen führen. Eine Behinderung war aber auch die räumliche Beengung in dem 1829 mit gut 1800, zumeist vermieteten Sitzen ausgewiesenen Kircheninnern, über das Bauherr Gerhard Meyer damals an Senator Albers schrieb, die Frühpredigten würden nur von solchen Personen besucht, die keinen Stand bezahlen könnten, während andere zu zweien oder dreien einen Stand gemietet hätten, dazu „die unzählbaren Unverschämten, die sich eindringen und jeden Platz als den ihrigen betrachten". Es versteht sich, daß diese zu sozialer Diskriminierung führende, aber zur Gemeindefinanzierung noch unentbehrliche Kirchenstuhlvermietung später, als andere Mittel verfügbar wurden, überall abgeschafft wurde.

Durch die auch das Umland mit erfassende, immer mehr zunehmende Besiedlung und Ausdehnung der Vorstädte mußten die Kirchspielsgrenzen der Stadt gegenüber den Landgemeinden hin und wieder neu festgelegt werden, doch blieb die alte Einteilung in der ersten Jahrhunderthälfte im großen und ganzen erhalten. Dann aber setzte mit dem Aufkommen der Industrie ein unaufhaltsames Bevölkerungswachstum ein, in den Vorstädten schossen die typisch bremischen Einfamilienreihenhäuser empor, Arbeitersiedlungen drängten sich an der Peripherie und in den bisher rein

Die Bürgermeister-Smidt-Gedächtniskirche („Große Kirche") in Bremerhaven

agrarischen, industrienahen Dörfern, kurz, es entstand durch die Zuwanderung einer kirchlich zumeist entwurzelten neuen Einwohnerschaft für die alten Gemeinden die Aufgabe, dies Vakuum durch seelsorgerliches Wirken mit geistlichem Leben zu füllen.

Die Dringlichkeit dieses Problems ermißt, wer sich den Bevölkerungsanstieg Bremens vorstellt von etwa 50 000 um 1850 auf das Doppelte um 1870 bis zu — zum Teil bedingt durch Eingemeindungen — 280 000 Seelen um 1920. Die besonderen Schwierigkeiten ergaben sich auch daraus, daß die zugewanderte Industriearbeiterschaft in der Regel ganz unkirchlich, wenn nicht gar ausgesprochen kirchenfeindlich eingestellt war, getreu der Kampfparole, das Bündnis von Thron und Altar zu zerbrechen. Unter diesen der Kirche Entwöhnten war also, sofern man den Anspruch, Volkskirche zu sein, nicht aufgeben wollte, zunächst einmal Missionsarbeit zu leisten.

Es zeigte sich, daß die theologisch positiv eingestellten Kreise in der Stadt am ehesten bereit waren, sich der klar erkannten großen Aufgabe zu stellen. Im Oktober 1867 hielt Pastor C. R. Vietor von Unser Lieben Frauen in der Konferenz der Ministerialen und Landprediger einen Vortrag über den durch die kirchliche Unterversorgung entstandenen Notstand in der bremischen Kirche und schlug zu dessen Behebung die Gründung neuer Pfarrgemeinden auf dem Wege freier Liebestätigkeit vor, und zwar in der Steintorsvorstadt (vom Dobben bis Hastedt), im westlichen Teil der Stephanitorsvorstadt und am Buntentorsteinwege. Genau in diese Richtung sollten in der Tat die gemeindlichen Wachstumsspitzen vorangetrieben werden.

Das erste Betätigungsfeld der Orthodoxen war das zum Sprengel der St.-Remberti-Gemeinde gehörende Dorf Hastedt, das sich um die Jahrhundertmitte zu einem kirchlich kaum betreuten Industriearbeiterflecken von etwa 3000 Seelen entwickelt hatte. Hier sorgten einflußreiche Freunde des Vereins für Innere Mission schon 1860 für die vorübergehende Einstellung eines württembergischen Kandidaten und nach ihm des aus Bremen stammenden Pastors Ernst Achelis, dem seit 1862 auch eine von einem Kirchbauverein errichtete, von dem Architekten Wilhelm Weyhe entworfene bescheidene Kirche mit gebogener Holzdecke zur Verfügung stand. Die Stolgebühren für die von ihm vollzogenen kirchlichen Amtshandlungen mußte Achelis freilich an die Pastoren von St. Remberti abführen. Die Senatskommission verfügte zwar 1868 die Gründung einer eigenen vereinigt-evangelischen Gemeinde in Hastedt, doch unter Gewährung eines Optionsrechtes für die Einwohner, bei ihrer angestammten, über die entschädigungslose Gegengründung in ihrem Sprengel verärgerten Remberti-Gemeinde zu verbleiben, wofür sich auch die Mehrheit aus-

Kirchliche Versorgung und Bautätigkeit 47

Die Friedenskirche an der Humboldtstraße

sprach. Es sollte eine Zeitlang dauern, bis diese sich nach Hastedt umgewöhnte, was vor allem geschah, nachdem die Gemeinde zum Mißvergnügen ihrer Gründer 1888 in das liberale Lager übergegangen war.
Das Kirchspiel St. Remberti mußte in diesen Jahren noch eine zweite Fremdgründung in seinem Sprengel hinnehmen. Auch diesmal war es wieder der Verein für Innere Mission, der schon seit 1863 durch die aus seiner Mitte hervorgegangene „Commission für die Osterthorsvorstadt" einen Bruder aus Wicherns Hamburger Rauhem Haus hier als Stadtmissionar Evangelisationsarbeit tun ließ. Seit 1866 kam auch ein Kandidat der Theologie hinzu, der Bibelstunden in der Kinderbewahranstalt an der Feldstraße hielt. Einer von ihnen, Pastor Otto Funcke, der zugleich Inspektor der Inneren Mission sein sollte, was sich aber in dieser Zweigleisigkeit auf die Dauer nicht durchhalten ließ, arbeitete von vornherein energisch auf eine Gemeindebildung hin. So konnte schon Ende 1869 an der Humboldtstraße ein neues, so gar nicht pompöses, aber recht zweckentsprechendes Gotteshaus, die Friedenskirche, eingeweiht werden. Es handelte sich dabei um einen von dem Architekten Simon Loschen entworfenen und von Johann Rippe errichteten neugotischen Backsteinbau mit quadratischem, durch vier Stützen geteilten Innenraum, mit viereckigem Chor, Holzdecke und Vierungsturm. Nachdem ein Dotationsfonds zur finanziellen Ausstattung der neuen, als reine Personalgemeinde geplanten „evangelischen" Friedensgemeinde gesammelt und ihr vom Verein für Innere Mission auch das Kirchengebäude übertragen worden war, konnte sie mit Pastor Funcke als Prediger im Mai 1872 kirchenrechtlich konstituiert werden.
Auch in der Südervorstadt war der Verein für Innere Mission tätig, diesmal im Kirchspiel der ihm glaubensverwandten St.-Pauli-Gemeinde. Hier konnte der Verein 1876 die am Kirchweg neu errichtete St.-Jakobi-Kirche einweihen, einen von Architekt Johann Rippe entworfenen neugotischen Backsteinbau mit etwa 460 Sitzplätzen und einem ca. 45 m hohen Westturm. Der Geistliche — seit 1879 Pastor Gustav Volkmann — wurde aber zunächst in enger Abhängigkeit von St. Pauli gehalten, bis ein bescheidener Dotationsfonds gesammelt war. Darauf konnte der Senat 1884 die Konstituierung der Jakobi-Gemeinde verfügen, der fünf Jahre später auch Arsten als erweitertes Tätigkeitsfeld zugewiesen wurde.
Für die Betreuung des bis 1890 auf eine zumeist aus Arbeitern bestehende Bevölkerung von etwa 8000 Seelen angewachsenen Stadtteils diesseits des Buntentorfriedhofes war seit 1888 ein dritter Prediger an St. Pauli tätig. Ihm diente als Keimzelle einer neuen Gemeinde die 1875 neu erbaute, inzwischen auch als Gemeindehaus für vielfältige volksmissionarische Aktivitäten genutzte Kinderbewahranstalt an der Gastfeldstraße, wo eine

Die Jakobikirche in der Südervorstadt

Die Zionskirche, zerstört 1942

Lehrerin mit Gehilfin, zwei Diakonissen und der Stadtmissionar wohnten. Hilfestellung leistete dabei anstatt des Vereins für Innere Mission nunmehr der als Zusammenschluß der positiv eingestellten Kreise Bremens gegründete Evangelische Verein. Seiner Initiative war es mit zu verdanken, daß die Mittel zusammenkamen, um die neue Zionskirche an der Kornstraße zu errichten, die, 1894 eingeweiht, fürs erste noch im Eigentum der St.-Pauli-Gemeinde verbleiben mußte und erst 1947 selbständig werden sollte. Der Dotationsfonds für die Besoldung des Geistlichen der als „evangelisch" deklarierten Zions-Gemeinde kam schon im Verlauf von fünf Jahren zusammen, wiederum mit tatkräftiger Unterstützung des Evangelischen Vereins.

In der Hohentorsvorstadt hatte sich bis 1890 ebenfalls eine Mischbevölkerung mit erheblichem proletarischem Anteil angesammelt, in der es um die kirchliche Versorgung wenig gut bestellt war. Als Mittelpunkt für die hier zu leistende harte Arbeit wurde 1893 mit einem von den Geschwistern Kulenkampff gestifteten Kapital ein Haus an der Hohentorsheerstraße erworben, das nach ihnen „Johann-Heinrich-Stift" hieß. Mit Hilfe dieser schon 1893 mit dem Recht der juristischen Person ausgestatteten Stiftung ging bald darauf der Stadtmissionar Palm ans Werk, unterstützt von dem christlich-sozial eingestellten baltischen Baronsehepaar von

Die Christuskirche in Woltmershausen

Uexküll. Sie arbeiteten Pastor Ernst Boche vor, der seit 1907 am Hohentor seine Tätigkeit aufnahm, von vornherein tatkräftig um die Bildung einer neuen eigenen Gemeinde bemüht. Ihm kam zu Hilfe, daß sich der Evangelische Verein seit 1906 laut einer damals veröffentlichten Denkschrift ausdrücklich der Bekämpfung des kirchlichen Notstandes durch Einwerbung von Mitteln zur Finanzierung neu einzurichtender Pfarrerstellen annahm und daß die dem Verein richtungsverwandte St.-Pauli-Gemeinde die Nutznießerin dieser Aktion wurde. 1907 konnte ein Grundstück an der Hohentorsheerstraße erworben werden, auf dem 1909 das Pastorenhaus, 1912 das Gemeindehaus, aber erst 1932, verursacht durch Krieg und Inflation, die Hohentorskirche entstanden. Es sollte aber noch bis 1947 dauern, ehe sich, wie die Filiale Zion, so auch Hohentor endgültig von St. Pauli trennte.

Schon 1876 wurde ein eingemeindeter Teil von Woltmershausen der St.-Pauli-Gemeinde angeschlossen. Hier machte sich aber erst seit Anfang der 1890er Jahre das Streben nach kirchlicher Selbständigkeit bemerkbar. Aus dem Ertrag einer 1893 von der Senatskommission für die kirchlichen Angelegenheiten für alle Gemeinden genehmigten Hauskollekte wurden auch schon ein Prediger angestellt und ein Pfarrhaus nebst kleinem Kirchensaal errichtet. Erst als 1901 Teile von Woltmershausen und Rablinghausen in die Stadt einbezogen worden waren, konnte vor allem mit dem

Zuschuß der sich auflösenden politischen an die kirchliche Gemeinde Woltmershausen dort 1906 die neue Christuskirche, ein von den Architekten Abbehusen und Blendermann entworfener überwölbter Bau in Kreuzform, eingeweiht werden.

Rechts der Weser hatte sich vor allem die von ihrem großen Leitstern Friedrich Mallet im Geiste positiver Altgläubigkeit erleuchtete St.-Stephani-Gemeinde mit dem Problem der kirchlichen Versorgung der in der westlichen Vorstadt und darüber hinaus in Walle und Gröpelingen ständig wachsenden Industriearbeiterbevölkerung auseinanderzusetzen. Dabei erwies sich die Integrationskraft der Gemeinde als so stark, daß sie die neuen Arbeitsgebiete, entgegen dem Verlangen der Senatskommission nach Auspfarrungen, auf die Dauer in ihrer Obhut behielt. Im Vergleich mit anderen Gemeinden war St. Stephani besonders finanzkräftig durch den Verkauf der Stephanikirchenweide 1871 und 1883 sowie des Melkerplatzes an den bremischen Staat, der das Gelände für die Anlage des Freihafens benötigte. Mit einem Zuschuß aus der Kirchenkasse und weiteren Spenden der Gemeindemitglieder konnte an der Nordstraße die von Johann Rippe als kreuzförmiger neugotischer Backsteinbau mit 800 Sitzplätzen entworfene Wilhadikirche errichtet und 1878 eingeweiht werden, deren endgültige Fertigstellung und Ausstattung noch bis 1888 auf sich warten lassen sollte. Ein Pastorat mit Lehrsälen folgte fünf Jahre später, so daß der eigens für die Arbeit an dieser Stelle 1894 von Stephani eingestellte dritte Prediger gut gerüstet war und daran gehen konnte, eine Tochtergemeinde um sich zu sammeln. Das gelang dem unermüdlich tätigen Pastor Cornelius Rudolf Vietor so hervorragend, daß ihm schon 1898 zur Unterstützung der neu gewählte Pastor Tiefenthal beigegeben werden mußte. Dieser richtete sein Hauptaugenmerk auf den westlichen Randbezirk des Kirchspiels und schaffte es, gestützt auf die Vorarbeit eines Stadtmissionars, durch unermüdliche Sammeltätigkeit als „Bettler Gottes" in einem Jahrzehnt, daß an der Elisabethstraße, wo zuvor schon ein Pfarrhaus mit Lehrsaal entstanden war, die ebenfalls von Johann Rippe als Saalbau in neugotischen Formen entworfene Immanuelkapelle gebaut und 1908 eingeweiht werden konnte. Sie war ein sowohl für den Gottesdienst als auch für Gemeindeabende verwendbarer Mehrzweckbau, bestens geeignet für das vielseitige Wirken des ebenfalls äußerst tatkräftigen und in der Behandlung der Arbeiterbevölkerung geschickten Pastors Tiefenthal. Damit war die jahrzehntelange Dreieinigkeit St. Stephani — Wilhadi — Immanuel geschlossen, ein Verband, der sich formalrechtlich erst 1946 durch Verselbständigung der beiden Tochtergemeinden auflösen sollte, ohne daß damit freilich die geistige Verwandtschaft mit der Muttergemeinde verloren ging.

Die Wilhadikirche im Bremer Westen, zerstört 1944

Die Immanuelkapelle an der Elisabethstraße, erbaut 1908

Auch in das Findorffviertel, das zum Sprengel der durch den Bau einer neuen Kirche um die Jahrhundertwende stark belasteten liberalen St.-Michaelis-Gemeinde gehörte, griff St. Stephani über mit dem Ziel der Sammlung einer neuen positiven Personalgemeinde. Da die Energie aber vornehmlich nach Nordwesten in Richtung Walle/Gröpelingen ausstrahlte, blieb es zunächst bei der Ansetzung eines Stadtmissionars in dem 1898 noch vom Verein für Innere Mission bereitgestellten Vereinshause an der Sommerstraße, bis dann 1914 der Evangelische Verein die Mittel für die Anstellung eines neuen Predigers und drei Jahre später für den Bau eines Pfarrhauses an der Admiralstraße hergab.

Die St.-Michaelis-Kirche am Doventor, zerstört 1944

Die St.-Michaelis-Gemeinde, deren Konvent schon 1888 einen damals noch vom Kirchenvorstand als voreilig zurückgewiesenen Beschluß über einen Kirchenneubau gefaßt hatte, ließ 1899—1900 am Doventor anstelle ihres dort seit 1700 stehenden kleinen Gotteshauses eine von dem Berliner Architekten Jürgen Kröger entworfene schöne neue Backsteinkirche in gotischem Stil, angelegt als kreuzförmiger überwölbter Zentralbau mit einem viereckigen Turm an der Straßenecke, errichten.
Dadurch wohl finanziell überanstrengt, schaffte sie es — obwohl Pastor Veeck, allein auf sich gestellt, einen hoffnungslosen Kampf gegen völlige Überlastung führte — erst in jahrelanger Sammeltätigkeit, ein bescheidenes Kapital zusammenzubringen, mit dem seit 1911 ein Hilfsprediger besoldet werden konnte. Es war dies der sehr umtriebige Pastor Dr. Busch, der zur positiven Richtung hin Brücken schlagen wollte, sich jedenfalls deren Methoden der Öffentlichkeitsarbeit bediente, dadurch aber in ein unüberbrückbares Zerwürfnis mit seinem Primarius Veeck geriet, so daß er 1914 Bremen enttäuscht wieder verließ. Das „Bremer Kirchenblatt" kommentierte diesen Vorgang wie folgt: „Damit geht dann wohl ein lehrreiches Zwischenstück in der Bremer kirchlichen Entwicklung zu Ende, nämlich der Versuch, den Arbeitsmethoden positiven Gemeindelebens im kirchlichen Liberalismus Bremens Bürgerrecht zu verschaffen." Mittelpunkt der Arbeit im Findorffviertel wurde das Gemeindehaus an der Landshuter Straße. Es konnte später von der 1934 neu gegründeten Martin-Luther-Gemeinde übernommen werden, die aber erst 1961 ein eigenes Gotteshaus erhalten sollte.
Nachdem der Evangelische Verein so bedeutende Erfolge dabei hatte, neue Zentren kirchlicher Arbeit ins Leben zu rufen, zugleich aber die deutliche Tendenz erkennen ließ, die Neugründungen auf die Dauer an die positive Richtung zu fesseln, konnte es nicht ausbleiben, daß die Liberalen zum Gegenschlag ausholten. So kam es, da der Evangelische Verein die Mitarbeit an einer überparteilichen Organisation abgelehnt hatte, 1907 zur Bildung des Liberalen Kirchlichen Ausschusses, hinter dem der Protestantenverein stand.
Der Gegensatz beider Parteien steigerte sich zu offener Auseinandersetzung über die kirchliche Versorgung der in die Stadt eingemeindeten Dörfer Gröpelingen und Walle, die seit alters zwei Kirchen, aber nur einen, in Gröpelingen ansässigen Prediger besaßen. Hier hatte schon der Verein für Innere Mission durch Ansammlung eines Dotationsfonds dafür gesorgt, daß der bisherige Hilfsprediger in Walle 1889 als ordentlicher Pfarrer einer nunmehr selbständigen Gemeinde Walle eingeführt werden konnte.

Als die Gemeinde Gröpelingen auf Empfehlung ihres altgläubigen Pastors Ordemann im Frühjahr 1907 beschloß, sich der Hilfe des Evangelischen Vereins für die Einstellung eines Hilfspredigers für den Ortsteil Oslebshausen zu bedienen und auf dessen Bedingung der Wahl nur eines positiv eingestellten Kandidaten, der dem Verein alljährlich einen Tätigkeitsbericht vorzulegen hätte, einzugehen, erhob sich in der Öffentlichkeit, in der Presse und der Bremischen Bürgerschaft ein Sturm der Entrüstung. Obwohl der Verein auf Intervention der Senatskommission auf diesen als mittelalterliche Simonie verschrienen „Verkauf des freien Wahlrechts gegen Geld" verzichtete, kam es doch zur Wahl des positiven Pastors Mallow zur großen Enttäuschung der liberalen Partei in der Gemeinde, die dann die Oberhand gewann. Sie bewog den Liberalen Kirchlichen Ausschuß 1911, seinerseits die Mittel für einen freisinnigen Hilfsgeistlichen bereitzustellen und kündigte dem Evangelischen Verein und Pastor Mallow abrupt das Vertragsverhältnis auf. Sodann wurde ein liberaler Mann, Pastor Coorssen, gewählt. Die Senatskommission brachte schließlich durch ihre Vermittlung einen Kompromiß zustande dahingehend, daß Mallow vorerst blieb — er ging erst 1913 von Bremen weg — und daß die Gottesdienste in der Gröpelinger Kirche zur einen Hälfte von Ordemann und Mallow, zur anderen von Coorssen wahrgenommen wurden. Für den letzteren errichtete die Gemeinde 1914 ein neues Pfarrhaus an der Gröpelinger Heerstraße, eine neue Kirche in Oslebshausen konnte sie aber erst 1929 einweihen.

Angesichts so würdelosen Parteienstreits ist es nur zu begreiflich, daß besonnene Männer dazu aufriefen, den kirchlichen Notstand endlich übergemeindlich zentral zu bekämpfen. Andererseits ist es unverständlich, daß das in den Jahren vor Ausbruch des Ersten Weltkrieges von der Kirchenvertretung und 1910 durch ein großes Referat von Pastor Veeck eingeleitete Vorhaben, die Not durch die Einführung einer Kirchensteuer zu lindern, an Parteigeist und Demokratiefurcht scheitern mußte. So blieb das große Unternehmen der kirchlichen Versorgung in der alten Staatskirche leider bis zuletzt Stückwerk. Natürlich taten die Gemeinden aus eigener Kraft und mit fremder Unterstützung, wie berichtet, das Ihre dazu. So wurden neben den geschilderten umfassenden Aktionen an vielen Stellen Einzelmaßnahmen getroffen, wie Anstellung von Hilfspredigern oder bessere Ausstattung der Emeriten- und Witwenkassen. Auch hielt man, wo keine Wachstumsspitzen in fremde Kirchspiele vorgetrieben wurden, dort vereinzelt Sonntagsgottesdienste ab, so etwa der Dom in der westlichen und östlichen Vorstadt, St. Remberti in Schwachhausen.

Auf dem Gebiet des Bauwesens war man, wie gezeigt, bemüht, dem Neubedarf an kirchlichen Gebäuden zu genügen, aber zugleich auch den

Die St.-Remberti-Kirche im Remberti-Viertel, zerstört 1942

überkommenen Bestand an historischen Bauten zu erhalten und zu verbessern oder da, wo das Alte nicht erhaltenswert schien, wertvolles Neues, meist im Stil der Neugotik, an die Stelle zu setzen. Hier konnten finanzkräftige Gemeinden natürlich am meisten tun. So ließ die St.-Remberti-Gemeinde, auf Anregung ihres Pastors Nagel seit 1862 mit Neubauplänen beschäftigt, 1869 bis 1871 an der Stelle ihres abgerissenen alten Gotteshauses von dem Architekten Heinrich Müller eine dreischiffige neugotische Hallenkirche erbauen. Gleichzeitig entstand, wie erwähnt, 1867 bis 1869 der Backsteinbau der neuen Friedenskirche an der Humboldtstraße. Von den Kirchenbauten in Vegesack und Bremerhaven sowie in St. Michaelis war ebenfalls die Rede. Richtungweisend für den historischen Grundzug der sakralen evangelischen Architektur dieser Zeit wurde das sog. Eisenacher Regulativ von 1861, das der Neugotik stark das Wort redete.

Die St.-Stephani-Kirche erhielt 1856 ihren spitzen neugotischen Turm von 78 m Höhe. Ferner war es für St. Stephani Herzenssache, einen Großteil der aus den Landverkäufen an den Staat erhaltenen Gelder in den Jahren 1889 bis 1891 auf den Umbau und die Verschönerung ihres ehrwürdigen alten Gotteshauses zu verwenden.

Das hervorragendste Beispiel aber bietet die St.-Petri-Domgemeinde in den 1890er Jahren, die, angefeuert durch den unermüdlichen und opferwilligen Einsatz ihres Bauherrn, des reichen Petroleumkaufmanns Franz Schütte, finanziell gerüstet durch den Verkauf ihrer Ländereien in der Pauliner Marsch durch eine eigens zu diesem Zweck von Schütte gegründete Domlandgesellschaft, wie auch weiterhin unterstützt durch zahlreiche Stiftungen ihrer Mitglieder, ihr im Lauf der Jahrhunderte arg mitgenommenes altes Gotteshaus durch die Baumeister Max Salzmann und Ernst Ehrhardt restaurieren und zu dem repräsentativen Prachtbau unserer Tage ausgestalten ließ. Das für die Stadtsilhouette markanteste Bauelement schuf die Wiederherstellung der beiden Türme, bestehend aus der Neuaufrichtung des 1638 eingestürzten südlichen Glockenturmes und der Umgestaltung des vom Zahn der Zeit mitgenommenen Nordturmes mit seiner welschen Haube. Die neuen 98 m hohen Zwillingstürme mit ihren achtseitigen Helmpyramiden, deren Kupferbelag in hellgrüner Patina strahlt, wurden zum Wahrzeichen der Stadt. Die Hinzufügung eines romanischen Vierungsturmes bedingte im Innern die erhebliche Verstärkung der Vierungspfeiler, leider auf Kosten des künstlerischen Gesamteindrucks. Wenn auch die dem Historismus entsprechenden erheblichen Veränderungen der überkommenen Bausubstanz zu mancherlei kunsthistorischer Kritik Anlaß gaben, so ist doch unbestreitbar, daß die Restaurierung nicht nur einen ehrwürdigen mittelalterlichen Sakralbau

Der St.-Petri-Dom nach der großen Restaurierung, um 1904

vor dem weiteren Verfall gerettet, sondern in der harmonischen Verbindung von Alt und Neu ein architektonisches Gesamtwerk geschaffen hat, auf das die Bremer Bürger mit Recht stolz sind.

Im Landgebiet mußte eine Reihe alter und nicht mehr genügender Kirchen größeren Zweckbauten weichen. In Horn war schon 1823 nach Abriß des mittelalterlichen Gotteshauses eine Saalkirche mit Ostturm neu entstanden, die 1886 und 1894 in eine dreischiffige Säulenbasilika mit Holzdecke und Emporen in den Seitenschiffen umgebaut wurde. Die Gemeinde Oberneuland ließ sich 1859 bis 1860 von Heinrich Müller eine geräumige neugotische Backsteinkirche erbauen. Einen ähnlichen, von den Architekten Deetjen und Gildemeister entworfenen neugotischen Backsteinbau mit pyramidaler Turmspitze erhielt Kirchhuchting 1878/79. In Grambke bekam die alte Dorfkirche 1864 einen neuen Glockenturm vorgesetzt, und in Borgfeld geschah dasselbe, noch dazu 1896 ein völliger Umbau der Kirche.

Die Erkenntnis, daß sich die Kirchlichkeit eines Christenmenschen nicht in gelegentlichen Gottesdienstbesuchen erschöpfen dürfe, sondern in reger Anteilnahme am inneren Leben der Gemeinde manifestieren müsse,

Die Horner Kirche

hatte Pastor Mallet von St. Stephani nicht nur schon 1834 zur Gründung des Jünglingsvereins, sondern auch danach zur Unterstützung aller kirchlichen Zwecken dienenden Vereinigungen in seiner Gemeinde veranlaßt. Es war daher eine große Hilfe für Mallet, als 1857 sieben begüterte Kaufleute aus den in der Gemeinde einflußreichen großbürgerlichen Familien der Vietor, Lahusen, Stoevesandt und Noltenius, offenbar angeregt durch das Vorbild schon bestehender weltlicher Vereinsheime, das Kapital für den Bau des sehr geräumigen St.-Stephani-Gemeindehauses, eines massi-

Die St.-Johannis-Kirche in Oberneuland, erbaut 1859 von Heinrich Müller

Die St.-Georgs-Kirche in Kirchhuchting

Das Gemeindehaus von St. Stephani, zerstört 1944

gen neugotischen Backsteinbaus, stifteten, in dem eine Kapelle, Lehrsäle für die Prediger, Veranstaltungsräume, ein Altersheim und Wohnungen für die Gemeindeschwestern und andere Bedienstete untergebracht wurden. Es ist aber bezeichnend für den Fraktionsgeist dieser Jahre, daß die der bibelgläubigen Richtung anhängenden Stifter, wohl noch verschreckt durch das unruhevolle Wirken eines Dulon in Unser Lieben Frauen, das neue Haus der Gemeinde nur solange überlassen wollten, wie sie dem alten Glauben treu bleibe.

Das Beispiel von St. Stephani machte Schule. 1889 erwarb die Diakonie von Unser Lieben Frauen mit Spendenmitteln in der Gartenstraße (heute Kolpingstraße) ein Grundstück neben dem dort schon bestehenden Pastorat und ließ darauf ein Gemeindehaus erbauen. In dessen Erdgeschoß befanden sich ein Lehrsaal für die Konfirmanden sowie ein Raum für den Näh- und Flickverein der Gemeinde und die Nähschule für arme Mädchen. Im Obergeschoß wurde ein Versammlungslokal für sogenannte Gemeindeabende, den in der Gemeinde soeben erst gegründeten Männer- und Jünglingsverein sowie ein Übungsraum für den Kirchenchor und den Knabengesangschor eingerichtet.

Ärmere Gemeinden hatten bescheidenere Mittelpunkte, wie St. Pauli, wo 1893 mit einem durch Sammlungen zusammengebrachten Kapital ein Gemeindehaus, ein schlichter Backsteinbau mit neugotischem Fenstergiebel, errichtet werden konnte. Daß nicht die Kirche, sondern ein einfaches Haus als Keimzelle einer neu zu sammelnden Gemeinde das Primäre war, wurde oben am Beispiel von Zion und Hohentor gezeigt. Die allseitige Erkenntnis der Nützlichkeit dieser neuen Einrichtung führte dazu, daß sich mit der Zeit mehr oder weniger alle Stadtgemeinden ein derartiges Haus beschafften, wo das gesellige Leben und karitative Wirken aufblühten, je nachdem ein von der seelsorgerlichen Aufgabe der praktischen Theologie im Rahmen der Volkskirche begeisterter und darüber hinaus charismatisch beseelter Geistlicher seine Kirchspielsgenossen zu einer wahren und lebenslang verbindenden religiösen Gemeinschaft zusammenzuschließen verstand. Das heutige Gemeindezentrum, ein Vielzweckbau für die verschiedensten kirchlichen Aktivitäten, steht am Ende dieser Entwicklung.

Literatur:
Denkmale (1876). — Wilhadikirche (1878). — Anfänge der Wilhadikirche (1878). — Iken, St. Pauli (1882). — Veeck, Gedenkblätter für die Michaelisgemeinde (1900). — Hoops, Grambke und Büren (1905). — Büttner, Unser Lieben Frauen (1908). — Weingart, Borgfeld (1908). — Zauleck, Kirchensteuer (1912). — BB (1912) (Salzmann, Schütte). — Kirchensteuer (1912). — Massolle, Oberneuland (1927). — Ordemann, Gröpelingen (1927, 1970). — Friedenskirche Bremen (1930). — Dettmann, Ansgariikirche (1934). — Prüser, St. Stephanikirche (1940), S. 538—543 (Gemeindehaus). — Bessell, Innere Mission (1949). — Boche, Hohentorsgemeinde (1949). — Mallow, Gröpelingen/Oslebshausen (ca. 1952). — Müller, Zionsgemeinde (1955). — Fliedner, St. Ansgarii (1957). — Immanuel-Kapelle (1958). — St. Martini (1960). — St. Michaelis-Luther (1961). — Schomburg, St. Remberti (1961). — NDB 5 (1961) (Funcke). — Schwebel, Kirchliche Versorgung (1961). — Stein, Romanische . . . Baukunst (1962) (Dom, St. Stephani). — Schulz, Hastedter Kirche (1962). — Burger, St. Jakobi (1962) (Altes Gemeindehaus). — St. Remberti (1962). — Stein, Klassizismus II (1965) (Friedenskirche, St. Jakobikirche, St. Remberti-Kirche). — Bodensieck, Borgfeld (1965, 1972). — Stein, Dorfkirchen (1967) (Grambke, Horn, Kirchhuchting, Oberneuland). — Schulz, Friedenskirche (1969). — BB (1969) (Boche, Ordemann, Pröhl, Tiefenthal, v. Uexküll). — Grambker Kirche (1972). — Wilhadi-Kirche (1978). — St. Georg Kirchhuchting (1979). — Ammann, Oberneuland (1980). — Christuskirche Woltmershausen (1981). — Dillschneider, St. Pauli (1982). — Hastedter Kirche (1987). — Wortmann, Baumeister (1988). — Hoffmann, Dom (1989). — Kramer, Immanuel (1990).

IV. Die Geistlichen und ihre theologischen Richtungsstreitigkeiten

Das im Vorstehenden beschriebene äußere Gehäuse der bremischen Kirche soll nun durch die zwangsläufig skizzenhafte Vorstellung von Geistlichen, die als Einzelne für das Ganze stehen, mit religiösem Leben erfüllt werden. Erreger und Befruchter dieses Lebens sind oft bedeutende Persönlichkeiten als Vertreter verschiedener theologischer Richtungen, die in den Gemeinden durch ihr Charisma einen auf sie eingeschworenen Kreis von Anhängern um sich scharen und Traditionen begründen. Die im folgenden zu schildernden Diener am Wort waren auf engem Raum im Gegen- und Miteinander ihres Wirkens überindividuelle Repräsentanten eines reichen kirchlichen Gemeindelebens.

1. *Der aufklärerische Rationalismus*

Auszugehen ist davon, daß um 1800 die alte dogmatische Orthodoxie auf den meisten Kanzeln verdrängt war von jungen, fortschrittsgläubigen Predigern, die einen von der Aufklärung beflügelten theologischen Rationalismus vertraten. Zu ihnen gehörte auch der junge Theologe und Philosophieprofessor Johann Smidt. Man lebte der freudigen Hoffnung, die Offenbarung im Sinne Kants in das Reich des Vernünftigen einordnen zu können. Die noch Luther tief bewegenden Begriffe wie Sünde, Buße, Gerechtigkeit, Erlösung, Gnade wurden von den Rationalisten verdrängt durch das von überschäumendem Zukunftsoptimismus getragene Bewußtsein von der Kirche als einer der fortschreitenden Vervollkommnung und Glückseligkeit der Menschen schon auf Erden dienenden moralischen Anstalt.

Die namhaftesten Vertreter der rationalistischen Richtung in Bremen waren bei den Reformierten Johann Jacob Stolz (1753—1821), Johann Caspar Häfeli (1754—1811) und Johann Ludwig Ewald, bei den Lutheranern Johann David Nicolai (1742—1826). Auf Ewald sei hier näher eingegangen.

Johann Ludwig Ewald

Johann Ludwig Ewald (1747—1822), südlich von Frankfurt/Main gebürtig, verkörperte den theologischen Rationalismus, indem er, den elementaren lutherischen Dualismus von Sünde und Erlösung beiseiteschiebend, sich in aufklärerischem Fortschrittsglauben voller Optimismus ganz auf die moralische Erziehungskraft der Religion verließ. „Frohsinn und Religion,

Johann Ludwig Ewald, Pastor an St. Stephani 1796—1805

J. H. Bernhard Dräseke, Pastor an St. Ansgarii 1814—1832

ein heiliges Band", war bezeichnenderweise der Titel einer seiner Schriften. Mit Kants „Religion innerhalb der Grenzen der bloßen Vernunft" ließ sich auch Ewalds Religiosität umgrenzen, hat er doch nicht von ungefähr 1790 eine Veröffentlichung „Über die Kantische Philosophie, mit Hinsicht auf die Bedürfnisse der Menschheit" erscheinen lassen, zugleich mit der kleinen Schrift „Über Volksaufklärung, ihre Gränzen und Vortheile, den menschlichsten Fürsten gewidmet".
Daß ein solcher, an Pestalozzi geschulter und mit diesem in ständigem Gedankenaustausch stehender theologischer Reformpädagoge, als er 1796 seinen Posten als Hofprediger in Detmold mit dem eines zweiten Pastors an St. Stephani vertauschte, angesichts des elenden bremischen Volksbildungswesens alsbald den Versuch machte, sein Ideengut in Bremen in die Praxis umzusetzen, nimmt nicht wunder, zumal er in seinem Amtsbruder Häfeli einen gleichgesinnten Mitstreiter fand.
Da Obrigkeit und Kirchengemeinden sich ihnen versagten, richteten beide im Dezember 1798 eine „Vorstellung an Bremens patriotische und edelgesinnte Bürger, die Errichtung einer Bürgerschule betreffend". Es fand

sich in der Tat ein Kreis privater Mäzene, der die Mittel für ein mehrjähriges Bestehen dieser Versuchsschule hergab. Sie interessiert in unserem Zusammenhang nur dadurch, daß ihr Lehrplan unter Verzicht auf jeden eigentlichen Religionsunterricht, der den Predigern überlassen blieb, nur einen katechismusfreien Biblischen Geschichtsunterricht einführte.
Dieses Beispiel eines allzu kurzlebigen Schulversuchs machte damals auf Johann Smidt offenbar doch einen so tiefen Eindruck, daß er 1823 bei der Einrichtung der allgemeinbildenden bremischen Staatsschule den in Ewalds und Häfelis erster Bürgerschule praktizierten bekenntnisfreien Biblischen Geschichtsunterricht zum Leitbegriff der religiösen Jugenderziehung erhob.
Indem in der Folge die Smidtsche Ordnung fortlebte, daß die Staatsschule nur das lieferte, was nach dem Amtsdeutsch von 1878 das „Minimalmaß des religiösen Unterrichts- und Memorierstoffes" hieß, entwickelte sie sich zu einer spezifisch bremischen Einrichtung. Noch laut Artikel 32 der bremischen Verfassung von 1947 sind die allgemeinbildenden öffentlichen Schulen Bremens Gemeinschaftsschulen mit bekenntnismäßig nicht gebundenem Unterricht in Biblischer Geschichte auf allgemein christlicher Grundlage. Diese außergewöhnliche Regelung mußte im Grundgesetz gar durch eine Sonderbestimmung (Art. 141) abgesichert werden.
So hatten Häfeli und Ewald, welch letzterer schon 1805 von Bremen weg als Professor der Theologie nach Heidelberg berufen wurde, mit ihrem allzu kurzfristigen pädagogischen Reformversuch doch eine anderthalb Jahrhunderte dauernde, für die bremische Kirchengeschichte sehr bedeutsame Nachwirkung.

2. *Der neupietistische Biblizismus*

Wie sich in der Geistesgeschichte eine dominante Oberströmung niemals absolut durchzusetzen pflegt, so hatte sich auch neben dem scheinbar allbeherrschenden Rationalismus bei den Stillen im Lande eine pietistische Unterströmung fortgesetzt, die in den Erschütterungen der Jahrhundertwende zu starker Neubelebung in einem frommen biblizistischen Supranaturalismus führte und in die Erweckungsbewegung einmündete. Die Bibel wird dem Erweckten zum unanfechtbaren Dokument offenbarter ewiger Religionswahrheiten und zur Quelle des Glaubens an den persönlichen Schöpfer und Weltenlenker, der sich dem Gläubigen als Vater in Gnaden zuwendet. Es ist bemerkenswert, daß sich die neue Bewegung auch in Bremen mehrere Kanzeln zu erobern versteht, wie an einigen Beispielen gezeigt werden soll.

Johann Heinrich Bernhard Dräseke

Der 1814 in die ein Jahrzehnt zuvor von Smidt neu geschaffene dritte — lutherische — Pfarrstelle an St. Ansgarii berufene Braunschweiger Johann Heinrich Bernhard Dräseke (1774—1849) ist hier einleitend als Vertreter eines Übergangstypus zwischen Rationalismus und Supranaturalismus zu nennen. Er hatte die braunschweigische Landesuniversität Helmstedt als eingefleischter Rationalist und Neologe verlassen, war aber in seinen beiden ersten Pfarren zu einem rationalen Supranaturalismus und Biblizismus fortgeschritten, so daß er sich mit seinen Amtsbrüdern Menken und Treviranus von St. Martini gut vertrug. Ärger hatte dagegen der Bremer Senat mit ihm, da Dräseke im patriotischen Überschwang der Freiheitskriege und danach im Zeichen der reaktionären Karlsbader Beschlüsse durch freiheitliche Parolen in einer seiner Predigten einen solchen Anstoß bei den Regierungen in Wien, Berlin und Hannover erregte, daß ihn auf deren Beschwerden hin die Zensurkommission des Senats Ende 1819 zum Schweigen bringen mußte, womit hinfort sein politisches Wirken beendet war. Dräsekes tatkräftiger Einsatz für die Union der beiden protestantischen Konfessionen seit 1817 scheiterte am Widerstand des Domes, wie oben dargestellt wurde.

Von nachhaltiger Wirkung war dagegen Dräsekes Tätigkeit als begnadeter, von freimaurerischer Logenethik beflügelter Kanzelredner, der, wenn es in Bremen hieß: „He stigt up", seine große St.-Ansgarii-Kirche ebenso mit andächtigen Zuhörern zu füllen wußte wie Menken das Gotteshaus von St. Martini. Die meisten dieser Predigten waren im Druck nachzulesen und hatten dadurch eine nachhaltige Wirkung im Publikum. Es gab daher nur einhelliges Bedauern, als Dräseke 1832, von dem preußischen König Friedrich Wilhelm III. als Generalsuperintendent und Bischof nach Magdeburg berufen, Bremen wieder verließ, nicht ohne zuvor vom Senat als Scheidegruß mit dem Ehrenbürgerrecht der Stadt beschenkt worden zu sein.

Gottfried Menken

Eindeutiger als Dräseke paßte in die Kategorie des Biblizismus der eine ganz andere Theologie als die beiden Schweizer Rationalisten Stolz und Häfeli vertretende tagenbare Gottfried Menken (1768—1831), der bedeutendste Bremer Prediger der ersten Jahrhunderthälfte. Aufgewachsen in einem frommen pietistischen Elternhause, zeitweilig auch berührt vom Mystizismus Jacob Böhmes, wußte er mit dem an der Universität Jena, die er 1788 bezog, vorherrschenden Rationalismus und Kantianismus nichts anzufangen, wandte sich vom gängigen theologischen Lehrbetrieb weitgehend ab und gemäß Herders Wort: „Das beste Studium der Gottesgelehrsamkeit ist Studium der Bibel" der individuellen Beschäftigung mit der Heiligen Schrift zu, die ihm zur alleinigen Richtschnur von Glauben und Lebensweise wurde.

In Duisburg, wohin Menken 1790 übersiedelte, festigte sich dieser Biblizismus auch in der Weise, daß er die symbolischen Schriften der Kirchenlehre hinfort nur insoweit gelten ließ, wie sie mit der Schrift als dem geoffenbarten Gotteswort übereinstimmten. Seine unwissenschaftliche, buchstäbliche Auffassung der Bibel führte ihn teilweise zu phantastischen Vorstellungen, wie sie sich 1793 in der anonym veröffentlichten Schrift „Beitrag zur Dämonologie" durch die eingehende Lehre vom Teufel und den Dämonen niederschlugen, die den Rationalisten natürlich ein Greuel war.

In seiner Offenbarungslehre beeinflußt von dem alten schwäbischen Theologen Johann Albrecht Bengel, führte Menken die Weltgeschichte auf die Überlieferung der allein in der Bibel niedergelegten göttlichen Offenbarung zurück, außerhalb deren es keine Wahrheit für den Christen geben könne. Dagegen aber erweise sich die Geschichte als Abfall des sündigen Menschen von Gott: „Was ist die Weltgeschichte anders als die Geschichte des immerwährenden Widerstrebens der Menschen gegen Gott und der darauf erfolgten furchtbaren Plagen."

Zu letzteren zählte Menken auch die Greuel der Französischen Revolution, die ihn zu dem Urteil führten: „Alle Revolutionen sind gegen das Reich Gottes", ein Beispiel für die konservative Welt- und Geschichtsauffassung der biblischen Orthodoxie des Neupietismus.

Menkens Reich-Gottes-Lehre ist beeinflußt durch die Vorstellung von den vier Universalmonarchien des Buches Daniel, von denen die vierte, die römische, nach dem Glauben der Zeit ihre Fortsetzung im Deutschen Reich gefunden haben sollte. Die fünfte Universalmonarchie war, so glaubte Menken, das zweitausend Jahre andauernde Weltreich Gottes, das, ausklingend in den Untaten des Antichrist und allgemeinem Unglauben samt Christenverfolgung, in die zweite Auferstehung, jüngstes Gericht und Eingang in das ewige Reich überleitet. Emanuel Hirsch äußert sich in seiner Geschichte der neueren evangelischen Theologie über diese chiliastischen Vorstellungen sehr kritisch: „Das ist ‚vollbiblische' Eschatologie! ... Die alttestamentliche Religion wird bei Menken Herr über das Evangelium. Christlicher Glaube ist bei Menken in der Tat nichts als theokratischer Messianismus im Sinne spätjüdischer Schriftauslegung ... Dies ist nicht Evangelium, sondern klares, reines Altes Testament."

Gottfried Menken, Pastor an
St. Pauli und St. Martini
1802—1825

Georg G. Treviranus, Pastor in
Mittelsbüren und an St. Martini
1811—1866

Ähnlich verhält es sich mit Menkens Versöhnungslehre von dem Gott der prüfenden, der errettenden und der belohnenden Gerechtigkeit, der nur den verstockten Sünder von seiner Gnade ausschließt. Nach Hirsch legt Menken hier das Gottesbild der Psalmen seiner Versöhnungslehre zugrunde, kurz, er ebnet das Neue Testament in das Alte ein und faßt den Glauben als ein Werk, das im Verein mit der Buße zur Sündenvergebung und zur Heiligung des reuigen Menschen führt.

Es versteht sich, daß Menken bei so ausgesprochen biblizistischen Ansichten neben Beifall einer gleichgesinnten Minderheit Kritik bei der rationalistisch eingestellten Mehrheit fand, sowohl in seiner ersten Pfarrstelle Wetzlar als auch in Bremen, wohin er 1802 als zweiter Prediger an St. Pauli berufen worden war. Doch fand Menken mit seinem in die Breite wirkenden „Versuch einer Anleitung zum eigenen Unterricht in den Wahrheiten der heiligen Schrift" (1805), mit seinen die Bibel nach analytischer Methode auslegenden Predigten, die er auch in mehrfachen Homiliensammlungen veröffentlichte, mit der Innigkeit seines Gebets und seiner liebevollen seelsorgerlichen Betreuung der Mühseligen und Beladenen sowohl an St. Pauli als auch an St. Martini, wohin er 1811 überwechselte, eine immer noch wachsende Gemeinde. Es wurde daher in Bremen weithin bedauert, daß Menken wegen zunehmender Kränklichkeit schon 1825 vom Senat seine ehrenvolle Emeritierung erbat und erhielt. Noch lange nach seinem Tod 1831 hat dieser sehr eigenständige Vorläufer der Erweckungsbewegung in Bremen die altgläubigen Kreise nachhaltig beeinflußt.

Georg Gottfried Treviranus

Es war ein Glück für den die Stille und das eingezogene Leben liebenden Menken, daß er 1814 an St. Martini einen theologisch gleichgesinnten Amtsbruder in Georg Gottfried Treviranus (1788—1868) erhielt, der äußerst kontaktfreudig, betriebsam und geschickt im Umgang mit Menschen war, nach Wicherns Urteil „Kopf und Hand und Fuß", also ein Mann der Praxis, der in die Welt paßte. Aus dem bremischen Kaufmannsberuf zum Theologiestudium überwechselnd, hatte er die Universitäten Göttingen und Tübingen besucht und sich besonders an letzterer mit dem Geist biblischer Frömmigkeit erfüllt, wenn er auch kein echter „Menkenit" in dem Sinne wurde, daß er sich wie jener eigenmächtig über manche Lehre der Kirche hinweggesetzt hätte.

Von Mittelsbüren/Grambke an die kleine St.-Martini-Gemeinde versetzt, hatte er seinen kränkelnden Primarius oft zu vertreten, konnte indes den Höhenflug von dessen begeisternden Predigten nicht erreichen. Dafür aber entwickelte er, über die engen Gemeindegrenzen hinausgreifend, durch sein Organisationstalent auf dem Gebiet des kirchlichen Vereinswesens als Gründer, Leiter oder verantwortlicher Mitarbeiter karitativer Gesellschaften sein Leben lang eine äußerst fruchtbare Tätigkeit. Es lag ganz in Menkens Sinne, daß er mit diesem zusammen und einigen anderen Pastoren und zwei Senatoren schon bald nach seinem Amtsantritt 1815 die Bremer Bibelgesellschaft gründete und ihr fortan als Sekretär und Bibliothekar diente. Auch in dem 1819 entstandenen Missionsverein, der 1835 in der Norddeutschen Missionsgesellschaft aufging, war er tätig und seit 1850 Präsident.

Als Folge von Treviranus' Freundschaft mit Johann Hinrich Wichern, dem Gründer des Rauhen Hauses bei Hamburg, der auf dem ersten deutschen evangelischen Kirchentag in Wittenberg 1848 den Anstoß zur Gründung des Centralausschusses für Innere Mission gegeben hatte, kam es 1849 zu entsprechenden Vorträgen Wicherns in Bremen, die in die Bildung eines selbständigen Vereins für Innere Mission einmündeten. Auch hier übernahm Treviranus den Vorsitz dieser sich im Gegensatz zur äußeren Mission den sozialen und religiösen Nöten der Mitmenschen im Inlande widmenden Bewegung.

Nimmt man hinzu, daß Treviranus noch in zahlreichen anderen karitativen Gesellschaften verantwortlich mitwirkte und seit Menkens Emeritierung 1825 ganz allein jahrzehntelang als Primarius die Last des Dienstes in seiner allerdings nicht großen Gemeinde trug, so hätte man ihm wünschen mögen, daß bei seinem Ausscheiden 1866 sein Wunsch nach einem gleichgesinnten Nachfolger in Erfüllung gegangen wäre. Er mußte es aber hinnehmen, daß seine abtrünnige Gemeinde, uneingedenk ihres alten frommen Seelsorgers, mit Moritz Schwalb, einem getauften Juden aus Paris, einen radikal „Neugläubigen" wählte.

Friedrich Ludwig Mallet

In dem Dreigestirn der großen Eiferer für den Glauben Menken, Treviranus, Mallet war der erstere der friedfertigste, der mittlere schon weit beherzter, der letztere aber, deutscher Patriot und begeisterter Freiheitskämpfer von 1813, der bei weitem aggressivste.
Friedrich Ludwig Mallet (1792—1865), gebürtig aus Braunfels bei Wetzlar, wurde, da er früh vaterlos geworden war, von dem dortigen, aus Bremen stammenden Pastor Hermann Müller (1774—1839) als Pflegesohn aufgezogen und von diesem nach Bremen mitgenommen, als er 1809 Pastor an St. Stephani wurde. Der junge Mallet, zum Theologen herangebildet in Herborn und im altgläubigen Tübingen, wo er Mitglied der Burschenschaft „Teutonia" war, erfüllte sich ganz mit dem Geiste seines Pflegevaters, der zusammen mit Gottfried Menken „Vater" der bremischen Erweckungsbewegung wurde.
Zunächst seit 1816 Hilfsprediger und ein Jahr später Pastor an St. Michaelis, wurde Mallet 1827 ebenfalls Prediger an St. Stephani. Hier erhielt er nach dem Tode Hermann Müllers 1839 in dessen Neffen Ludwig Müller (1800—1864) einen gleichgesinnten Amtsbruder, so daß St. Stephani nach dem Ableben des einen milden Rationalismus vertretenden Pastors Ludwig Pletzer († 1837) zu einer Hochburg altgläubiger Frömmigkeit aufstieg. Denn auch Mallet war ein begnadeter Prediger, der, wenn er auch nicht an Menkens Tiefsinn oder Dräsekes hohen, manchmal allerdings etwas selbstgefälligen Kanzelton heranreichte, mit seiner innigen, bibelgläubigen Rede den Gebildeten wie den einfachen Mann anzuregen und zu begeistern wußte, so daß auch seine Kirche stets überfüllt war.
Zudem brach in Mallet das feurige Temperament seiner französischen Vorfahren mit leidenschaftlicher Angriffslust überall dort durch, wo er als Unglauben oder Unmoral geißeln zu müssen meinte, was eigentlich nur Freigeist und Lebensgenuß war. So stieß denn auch seine Deutung des

großen Hamburger Brandes 1842 als Strafe Gottes für die Sünden der Einwohner weithin auf Unverständnis und Entrüstung. Was Wunder auch, daß die Angegriffenen gegen den unbequemen Moralprediger zurückschlugen, wie beispielsweise die Schauspieler des von ihm kritisierten Bremer Theaters, die ihn als Tartuffe verhöhnten.
Schon 1832 mußte es Mallet erleben, daß Senator Schumacher im Senat namens der Zensurkommission einen für das von Mallet gegründete Kampfblatt „Der Kirchenbote" bestimmten Aufsatz verlas, in dem er sich herausgenommen hatte, ein obrigkeitliches Proklam wegen des Buß- und Bettages „auf eine so unangemessene als unanständige und namentlich auch eines Lehrers des Göttlichen Wortes höchst unwürdige Weise zu critisiren". Auf Schumachers Frage, ob dem Manuskript das Imprimatur zu erteilen sei, lehnte der Senat dies ab und überließ es dem Referenten, dem Pastor Mallet bei passender Gelegenheit „das Ungeziemende seiner Schreibart zu Gemüthe zu führen und alles Ernstes zu verweisen".
Dennoch geriet Mallet während des Paniel-Krummacherschen Kirchenstreites 1841 wegen seines „Kirchenboten" erneut in Schwierigkeiten, als die Bauherren von St. Ansgarii sich über dessen maßlose Angriffe bei Bürgermeister Smidt beschwerten. Smidt redete Mallet ins Gewissen und erstattete, als er sich uneinsichtig zeigte, einen langen eigenhändigen Bericht an den Senat, worauf dieser mit Beschluß vom 6. Oktober 1841 Mallet warnte, „daß er sich, wie überhaupt, so auch besonders bei der Redaction gedachter Wochenschrift, jeder unberufenen Einmischung in die Verhältnisse anderer hiesiger Gemeinden, sowie aller das zwischen denselben und ihren Seelsorgern bestehende wechselseitige Vertrauen störenden Verunglimpfungen bei Vermeidung schärferen Einsehens aufs sorgfältigste zu enthalten habe".
Die Rüge konnte Mallets Kampfgeist indes nicht brechen. So mußte er es denn hinnehmen, als er Ende 1844 als derzeitiger Direktor des Venerandum Ministeriums dieses bewog, den liberalen Pastor Nagel von St. Remberti wegen Unglaubens auszuschließen, daß der Senat auf Smidts Veranlassung am Ende durch das bekannte Konklusum vom 30. Juli 1845 diesen Ausschluß aufhob, weil, „da sogenannte Glaubensgerichte im Bremischen Freistaate ordnungsmäßig nicht bestehen, es auch keiner Behörde gestattet sei, sich eigenmächtig dazu aufzuwerfen".
Einen ähnlichen Dämpfer erhielt Mallet vom Senat, als er 1851 aus Protest gegen den revolutionären Pastor Rudolph Dulon von Unser Lieben Frauen seinen Austritt aus dem Ministerium erklärte, „weil ich nicht mehr Mitglied eines Collegiums sein kann, in welchem die göttliche Wahrheit und die teuflische Lüge gleiche Berechtigung haben ...". Der Senat annullierte durch Konklusum vom 13. Oktober 1851 Mallets Aus-

Friedrich L. Mallet, Pastor an St. Michaelis und St. Stephani 1817—1865

tritt, da die Teilnahme an den Sitzungen des Ministeriums eine mit der Annahme der Berufung verbundene Zwangsverpflichtung darstelle: der Bremer Geistliche als Staatsdiener, wie es Johann Smidt sah, wie es Mallet als Feind des Staatskirchentums aber stets so entschieden ablehnte — eine Haltung, die die künftige Trennung von Staat und Kirche um Jahrzehnte vorwegnahm.

Von diesen Rückschlägen abgesehen, konnte Mallet doch infolge des guten Einvernehmens mit seinen Gemeindegenossen, dem älteren und dem

jüngeren Müller, seinem Freunde Treviranus von St. Martini, mit denen und einigen anderen altgläubigen Amtsbrüdern er seit den 1830er bis zu den 1860er Jahren im „kleinen Dienstag", einem allwöchentlich tagenden Pastorenkränzchen, zu fruchtbarem theologischem Abendgespräch beisammen war, einen starken Einfluß im Sinne der Erweckungsbewegung innerhalb und außerhalb der Gemeinde ausüben.
An manchen Vereinsgründungen von Treviranus wirkte Mallet maßgeblich mit, und auf ihn selber ging 1833/34 die Gründung des Jünglingsvereins zurück, eines Vorläufers des heutigen Christlichen Vereins Junger Menschen. Sein Sinn für Öffentlichkeitsarbeit erhellt aus seiner Gründung zweier kirchlicher Zeitschriften seiner Richtung, des schon mehrfach als der Obrigkeit anstößig erwähnten „Kirchenboten" (1832—1847) und der „Bremer Post" (1856—1860). Auch hat Mallet für die dauerhafte „orthodoxe" Ausrichtung seiner Gemeinde dadurch gesorgt, daß er das Mißvergnügen des Senats über die Umtriebe des revolutionären Pastors Dulon mit Hilfe seines gleichgesinnten Bauherrn Johann Carl Vietor dazu nutzte, 1850 die Verankerung des Bekenntnisses in einer revidierten Gemeindeverfassung wesentlich zu verstärken und deren obrigkeitliche Bestätigung durchzusetzen. Dagegen konnte die Kirchliche Kommission, die sich Dulons 1852 durch ein theologisches Lehrzuchtverfahren entledigte, nicht gut einen Einspruch einlegen, zumal auch Mallet sich mit seinem ausgesprochen konservativen, gegen jeglicherlei Volkssouveränität und Demokratie gerichteten Politikverständnis durchaus auf der Linie des Senats bewegte.
Mögen Mallets Kirchenkämpfe manchmal einen zwiespältigen Eindruck hinterlassen haben, soviel ist unbestreitbar: Sein Vorbild, geprägt durch ein halbes Jahrhundert erfolgreicher Predigt und Seelsorge, hat leuchtend nachgewirkt. Friedrich Prüser bemerkt zu Recht, Mallet habe „die Stephanigemeinde gestaltet, nicht nur für die Zeit seines Lebens, sondern weit darüber hinaus bis in unsere Tage".

3. *Der „Bremer Kirchenstreit" und weitere Richtungskämpfe*

Die bisherige Schilderung einiger bedeutender Zentren der „Orthodoxie" darf nicht zu der Annahme verführen, als hätte der theologische Rationalismus in Bremen das Feld geräumt, vielmehr behauptete er zumeist seine Positionen, so am Dom, an St. Ansgarii und St. Remberti. Ja, er fühlte sich dem modernen Geist der historischen Bibelkritik, wie er sich in David Friedrich Strauß' „Leben Jesu" manifestiert hatte, oder der Fortschrittsgläubigkeit der sprunghaft voranschreitenden Naturwissenschaften so kongenial, daß er eine neue Vitalität, ja Aggressivität erlangte, die für die liberale und radikale Theologie der zweiten Jahrhunderthälfte kennzeichnend werden sollte. Einen Vorgeschmack künftiger unfriedlicher Verhältnisse boten die Auseinandersetzungen der 1840er Jahre, die mit den Namen Paniel und Nagel verbunden sind. Mit Rücksicht darauf, daß sie in Wenigs Werk über „Rationalismus und Erweckungsbewegung in Bremen" ausführlich dargestellt sind, können sie hier in gedrängter Kürze behandelt werden.

Carl Friedrich Wilhelm Paniel

Carl Friedrich Wilhelm Paniel (1803—1856), ein Pfarrerssohn aus Mannheim, der sich in Heidelberg den Rationalismus des Altmeisters Professor H.E.G. Paulus, einst Smidts Lehrer in Jena, zu eigen gemacht hatte, wurde 1839 zum Prediger an St. Ansgarii berufen. Hier wirkte neben dem die lutherische Pfarrstelle innehabenden Rationalisten Moritz Rothe als Primarius der schon bejahrte, einer milden Orthodoxie anhangende Parabeldichter Friedrich Adolf Krummacher (1767—1845), mit dem gut auszukommen war. Zum Streit kam es aber, als dieser sich 1840 wegen Kränklichkeit zweimal bei der Sonntagspredigt von seinem zu Besuch in Bremen weilenden Sohn Friedrich Wilhelm Krummacher aus Elberfeld, einem Erweckungsprediger und scharfen Rationalistengegner, vertreten ließ. Denn dieser benutzte die Gelegenheit, eine heftige Philippika gegen den verhaßten Rationalismus zu halten, indem er auf diesen das Anathema bezog, das der Apostel Paulus in seinem Brief an die Galater gegen diejenigen schleudert, die jenen ein anderes Evangelium predigen, als sie von Paulus empfangen haben (Galater 1,8 und 9).

Diese „Verfluchungspredigt" Krummachers führte in freisinnigen Kreisen Bremens zu großer Erregung und Gegenschriften. Sie rief auch Paniel auf den Plan, der in drei Predigten die Verfluchungen durch pharisäische Ketzerrichter als unchristlich zurückwies und mit dem aufklärerischen Elan des überzeugten Rationalisten den von Vernunft und Tugend gestützten Glauben als den wahren Leitfaden eines christlichen Lebenswandels verherrlichte. Aus dem folgenden hin und her wogenden Broschürenkampf ragt das 22 Unterschriften tragende sogenannte „Bekenntnis bremischer Pastoren" hervor, das aber den Schönheitsfehler hatte, daß es von Mallet als dem Direktor des Ministeriums drei Pastoren, Paniel, Rothe und Capelle — letzterer ein gemäßigter Rationalist von Unser Lieben Frauen — nicht zur Unterzeichnung vorgelegt worden war. Paniels Beschwerde und Bitte an Bürgermeister Smidt, zu erlauben, daß die drei Betroffenen sich wegen des sie entehrenden Ausschlusses von dem „Bekenntnis" vorerst vom Ministerium fernhielten, wurde freilich abgelehnt.

Carl F. W. Paniel, Pastor an St. Ansgarii 1839—1856   *C. A. Wilhelm Nagel, Pastor an St. Remberti 1842—1864*

Als der Broschürenkrieg 1842 schließlich erlosch, endete er nur in einem Scheinfrieden, der schon zwei Jahre später ein neues Aufflackern des Feuers zur Folge hatte, das diesmal der Rationalist Pastor Nagel von St. Remberti entfachte.

Wilhelm Nagel

Carl August Wilhelm Nagel (1805—1864) aus Halle/Saale, Sohn eines bei den dortigen Franckeschen Stiftungen beschäftigten Arztes, studierte Theologie an der Universität seiner Vaterstadt, wo er sich mit dem dort herrschenden Geist des Rationalismus erfüllte. Später kam der Einfluß der Bibelkritik eines David Friedrich Strauß hinzu. Nachdem Nagel 1839 in St. Ansgarii seinem Mitbewerber Paniel unterlegen war, wurde er 1842 in der Vorstadtgemeinde St. Remberti, die soeben erst auf ihren Wunsch vom Rembertihospital getrennt und mit eigenem Pfarrerwahlrecht verselbständigt worden war, zum reformierten Prediger gewählt. Sein Amtsbruder in der lutherischen Pfarrstelle war hier der gebürtige Bremer Pastor Adolf Toel (1805—1864), der der positiven Richtung zuneigte. Wissenschaftsgläubig bemüht, „die Religion auf das Bewußtsein des Menschen, als auf ihre Basis zurückzuführen, selbst mit Gefahr, sie von dem buchstäblichen Worte der Bibel loszulösen", wobei er „das heiligste Recht des Menschen, das des geistigen Fortschritts, zu vertreten" glaubte,

Karikatur auf den Streit um Nagel, 1844: Bürgermeister Smidt hält an Nagel fest, unterstützt von der Presse, während die als Schafe und Füchse dargestellten Pastoren Pauli (Unser Lieben Frauen), Mallet (St. Stephani), Toel (St. Remberti), Müller (St. Stephani) und Treviranus (St. Martini) Nagel niederzureißen suchen

nahm Nagel wie andere bremische Pastoren als Gast an der 22. Versammlung deutscher Naturforscher und Ärzte teil, die im Sommer 1844 von Bürgermeister Smidt in Bremen organisiert worden war. Angeregt durch einen Vortrag über einen nordamerikanischen Schädelfund, der die Abstammung des Menschen von Adam widerlegen sollte, ließ er sich dazu hinreißen, im Sonntagsblatt der „Weser-Zeitung" einen anonymen Aufsatz, betitelt „Einiges über den Einfluß der Naturwissenschaften auf Religion und Volksbildung überhaupt", zu veröffentlichen, dem er, als er Widerspruch erfuhr, noch einen zweiten Artikel folgen ließ.

Da Nagel im Verlauf der um sich greifenden Kontroverse sein durchsichtiges Inkognito selber lüftete, sah er sich mit dem Ministerium konfrontiert, ganz abgesehen davon, daß sein Amtsbruder Toel durch seine auf Matthäus 18,6 bezogene „Mühlsteinpredigt" das persönliche Verhältnis schwer belastet hatte. Es kam zu einer stürmischen Sitzung, in der das Ministerium am 18. November 1844 unter Mallets Vorsitz für Nagels Ausschluß wegen Verletzung der von ihm bei seiner Aufnahme anerkannten *Leges* votierte.

In dem nun wieder in der Öffentlichkeit aufflammenden Meinungsstreit erbat Nagel, unterstützt durch eine Eingabe seiner Gemeinde, den Schutz des Senats. Smidt lud daraufhin als Vorsitzer der Kirchlichen Kommission die Mitglieder des Ministeriums vor und nötigte ihnen durch eine scharfe Strafpredigt fürs erste ein Friedensgelöbnis ab. Am Ende stand dann das schon erwähnte Senatskonklusum vom 30. Juli 1845, das den Ausschluß Nagels annullierte, da in Bremen keine Glaubensgerichte bestünden. Der Senat hatte das Ministerium damit endgültig entmachtet, Nagel aber einen gewissen Spielraum verschafft, den dieser fortan, ohne besonderen Anstoß zu erregen, in Ruhe durch Predigt und Schriftstellerei ausfüllte.

Rudolph Dulon

Der von Paniel und Nagel in der bremischen Kirche entfachte Wind sollte sich mit Rudolph Dulon zum Sturm verstärken, der den Bestand des Stadtstaates zeitweilig zu gefährden schien.
Christoph Joseph Rudolph Dulon (1807—1870), Sohn eines preußischen Postdirektors in Stendal, aus einer ursprünglich französisch-schweizerischen Familie des Wallis, studierte Theologie an der Landesuniversität Halle, die er mit dem Weltbild eines aufklärerischen Rationalisten verließ. Wenn sich diese Einstellung vorübergehend auch lockerte und Dulon sich in der Zeit seiner Examina, wohl auch mit Rücksicht auf das prüfende Konsistorium, einem milden Supranaturalismus näherte, so driftete er doch seit seiner Wahl zum Prediger der deutsch-reformierten Gemeinde in Magedeburg 1843 immer mehr nach links in einen rationalistischen Radikalismus ab, indem er zum Beispiel die Bekenntnisse der Kirche, die Lehre von der Trinität und der Erbsünde als schriftwidrig ablehnte. Je mehr er mit der Gruppe der „Protestantischen Freunde" — gemeinhin „Lichtfreunde" genannt — gegen die in Preußen überhandnehmende Orthodoxie mit immer radikaleren rationalistischen Meinungen sympathisierte, desto mehr entfremdete er sich dem bildungsbürgerlichen Kern seiner Magdeburger Gemeinde und geriet mit dem ihm disziplinarische Maßregeln androhenden Konsistorium in Konflikt. Daher war er eines Teils wohl froh, vermöge seiner von der liberalen Partei etwas manipulierten Wahl zum Prediger an Unser Lieben Frauen 1848 den Ort finsterer preußischer Unterdrückung mit der hanseatischen Herberge einer Kirche absoluter Freiheit, wie er wähnte, vertauschen zu können.
So schwamm er denn auf der Woge der Märzrevolution und hoffte in schwärmerischem Überschwang, durch die in der Tat große Macht seines die Massen faszinierenden und unter seine Kanzel lockenden Wortes mitzuhelfen, das Reich Gottes auf Erden auszubreiten. Es konnte nicht ausbleiben, daß ihn sein antiautoritäres Demokratieverständnis in die Arme

der Politiker trieb, als mit dem Erlaß der ersten demokratischen Verfassung Bremens 1849 und der Konstituierung eines regulären Parlaments, der Bremischen Bürgerschaft, die Möglichkeit kollektiver Machtentfaltung durch Parteien gegeben war.
Als Vertreter der Linken zog Dulon im April 1849 in die neue Bürgerschaft ein, wirkte hier aktiv mit, besonders in der ihn sein Leben lang interessierenden Schulpolitik, und wurde durch seine zahlreichen Volksreden zum Liebling der Massen.
Im März 1850 übernahm Dulon die Redaktion der ein Jahr zuvor gegründeten „Tageschronik" und schuf sich bald darauf ein eigenes Organ, den „Wecker. Ein Sonntagsblatt zur Beförderung des religiösen Lebens", mit dem er die Orthodoxie, den gemäßigten Rationalismus und den Atheismus bekämpfte. Indem er in schrankenlosem Subjektivismus den Offenbarungsglauben ablehnte, sich selber zum Richter über die Bibel aufwarf und den transzendenten Weltenlenker nur noch als pantheistischen Gott der Immanenz gelten ließ, stieß er neben den Altgläubigen auch die liberalen Kreise seiner Gemeinde, die ihn ja geholt hatten, vor den Kopf, ganz zu schweigen von dem geradezu entsetzten Ministerium.
Das Ministerium, vom Senat einst gezwungen, die Nagelsche Häresie hinzunehmen, fühlte sich schon durch Dulons Antrittspredigt, noch mehr aber in der Folge durch seine polemischen Schriften herausgefordert. Am 1. Juli 1851 zeigte Mallet seinen Austritt an, der allerdings durch Senatskonklusum vom 13. Oktober 1851 für null und nichtig erklärt wurde, weil mit seinen Amtspflichten unvereinbar.
Indes war Dulons Stern im Sinken. Durch die politische Rückwärtswende in Deutschland waren die 48er Bewegung abgeebbt, die Frankfurter Nationalversammlung auseinandergelaufen und der Bundestag als Repräsentation der alten Mächte restauriert. Die von der Weser an den Main herüberschallenden politischen Mißtöne erweckten in Frankfurt Unwillen und drohten, den Bremern eine Bundesexekution auf den Hals zu ziehen. Zwar war Dulon politisch ausgeschaltet, als im Mai 1852 eine neue Bürgerschaft zusammentrat, aber als Kirchenmann noch genau so unbeirrt und aggressiv. Um ihn loszuwerden, entschloß sich der Senat, gedrängt durch Smidt, 1851 zu dem bedenklichen Schritt, ihn durch ein Lehrzuchtverfahren zu stürzen, zu dem man die Heidelberger Theologenfakultät aufforderte. Da diese Dulons Aktivitäten in Wort und Schrift tatsächlich als christentumsfeindlich aburteilte, auch dem Senat das Recht zusprach, den Übertreter abzusetzen, wurde Dulon durch Senatskonklusum vom 1. März 1852 von seinem Amt suspendiert und da er, getragen von der Zustimmung der Volksmassen, jeden Widerruf ablehnte, am 19. April 1852 entlassen. Weil ihm der Senat jeglicherlei Amtshandlung untersagte

und mit dem Verbot des „Weckers" — die „Tageschronik" war schon vorher eingegangen — alle Einnahmen abschnitt, ihm auch ein politisches Verfahren androhte, entwich Dulon heimlich nach dem englischen Helgoland, um von dort im September 1853 über England mit seiner Familie nach Amerika auszuwandern, wo er sich als Schulmann schlecht und recht über Wasser hielt und 1870 verstarb.
Rudolph Dulon war in der Verbindung von Theologie und Politik eine einzigartige Erscheinung in der Bremer Kirchenszene seiner Zeit. Es charakterisiert ihn, daß er, verleitet durch den zeitgeschichtlich revolutionären Moment seines Auftretens in Bremen, das Ziel seines sozialistischen Gottesstaates auf Erden auch mit politischen Machtmitteln erreichen zu können glaubte. Bei aller Anerkennung des Mutes, unter Berufung auf sein Gewissen gegen alle Widerstände zu den Ergebnissen seiner fortschreitenden theologischen Erkenntnis in der Öffentlichkeit zu stehen und sie zu propagieren, muß man über seine Naivität staunen, mit der er beharrlich glaubte, den Bekenntnisstand einer historisch gewachsenen Landeskirche wie der bremischen ungestraft beiseite schieben zu können. Mit dem Mut des Berserkers, unbändig und ungebärdig zugleich, wollte er den dunklen religiösen Schutt der Vergangenheit wegräumen und dem lichten Neuen, wie er es sah, einen Weg bahnen. Selbstherrlich und selbstgefällig, verlor er am Ende den Blick für die Wirklichkeit und scheiterte — in gewissem Sinne eine tragische Gestalt.

4. *Theologischer Radikalismus*

Moritz Schwalb

Mit diesem ebenfalls freisinnigen Theologen sind wir in der bremischen Kirchengeschichte nun um zwei Jahrzehnte vorangeschritten, die revolutionäre Unruhe von 1848 ist fast vergessen. Die konservative Verfassung von 1854 und die lockere Kirchenleitung des Senats räumen den Gemeinden, wie es scheint, einen ausreichenden Freiheitsspielraum ein. So nimmt das kirchliche Leben Bremens unter günstigen äußeren Bedingungen seine ungestörte Entwicklung.
Aber die Herausforderung der Naturwissenschaften und die Einflüsse der bibelkritischen Theologie gewinnen doch auch im Bereich der religiösen Überzeugungen immer mehr die Herrschaft über die Geister, so daß der Rationalismus, der im Zeichen der Erweckungsbewegung vom Supranaturalismus beiseitegeschoben worden war, wieder an Boden gewinnt und in der liberalen Theologie, wie sie etwa vom Protestantenverein vertreten wird, seine moderne Gestalt annimmt.

Chr. J. Rudolph Dulon, Pastor an Unser Lieben Frauen 1848—1852

Moritz Schwalb, Pastor an St. Martini 1867—1894

Es wurde erwähnt, daß der Vormarsch des Liberalismus zum Leidwesen des alten Treviranus auch die St.-Martini-Gemeinde ergriff, die 1867 mit Moritz Schwalb (1833—1916) einen radikalen Freigeist zu seinem Nachfolger wählte. Die nur noch aus 77 Familien bestehende Gemeinde bevorzugte auf Empfehlung von zwei liberalen Heidelberger Professoren vor dem auf Vorschlag von Treviranus auf den Wahlaufsatz gelangten orthodoxen Bremer Pastor Achelis den getauften Juden Moritz Schwalb, der als Sohn eines Goldschmiedes in Paris aufgewachsen und schon als Jugendlicher unter dem Einfluß eines evangelischen Predigers zum Christentum konvertiert war. Sein Theologiestudium an den Universitäten Straßburg, Heidelberg und Tübingen bewirkte in ihm eine Wendung von der pietistischen zur rationalistischen Glaubensrichtung. Zuletzt Hilfsprediger in Straßburg, wo er 1866 auch mit einer Dissertation über Luther den theologischen Doktorgrad erwarb, folgte er dem Ruf nach Bremen, wo ihn das Ministerium im September 1867 ohne besondere Bekenntnisverpflichtung aufnahm.

Im Januar 1868 entwickelte Schwalb vor der Bremer Öffentlichkeit sozusagen sein Programm mit einem im Protestantenverein gehaltenen Vortrage, betitelt „Der alte und der neue Glaube an Christus", den er auch in Druck gab. Darin befinden sich u. a. die Sätze: „Der Christus des neuen Glaubens ist nicht Gott, sondern Mensch, wahrer, bloßer Mensch

... Er sprach nie von sich selbst als von einem persönlich präexistierenden, aus der unsichtbaren Welt in die sichtbare herübergekommenen Wesen ... Die als seine Thaten erzählten Wunder sind theils natürliche Wirkungen des Zutrauens, das er in seinen Anhängern erweckt hatte, theils fromme, unbewußt gedichtete Mythen oder allegorisch gemeinte Legenden. Er ist am Kreuze gestorben, nicht als ein übernatürlicher sich selbst opfernder, oder von Gott dem Vater geopferten Priester, sondern als ein Märtyrer der religiösen Wahrheit. Auferstanden ist er, insofern er bei Gott und in der Menschheit ewig lebt ... Gen Himmel ist er nicht aufgefahren, denn einen für eine solche Auffahrt geeigneten Himmel giebt es seit Copernicus nicht mehr."

Solch ungehemmter neugläubiger Freigeist dieses „halben Franzosen" mußte von den Orthodoxen geradezu als Herausforderung empfunden werden und rief auch in Bremen eine seit den Tagen Dulons nicht mehr gekannte Aufregung der Öffentlichkeit hervor. Fünf Gemeindemitglieder richteten eine Beschwerdeschrift an den Senat, abschriftlich auch an das Ministerium, in dem es darüber begreiflicherweise zu einer Kontroverse kam, das sich aber wegen seiner Uneinigkeit nicht geschlossen, sondern nur mit seinen altgläubigen Mitgliedern an den Senat wandte. In der „Weser-Zeitung" veröffentlichten über zwanzig positive Geistliche eine Protesterklärung gegen Schwalb, in der sie aus „einem solchen unerhörten, alle Schranken der Mässigung überschreitenden Angriff auf die christlichen Heilsthatsachen ... einen Nothstand der bremischen Kirche" ableiteten. Und wenn auch die Bauherren von St. Martini sich mit einer Gegenerklärung hinter ihren Prediger stellten, so meinte Pastor Henrici von St. Stephani doch fragen zu müssen, ob, wenn solcher Unglaube sich auf einer bremischen Kanzel äußern dürfe, die Kirche dann nichts anderes mehr sei als ein Sprechsaal, wo jeder seine Stimme erheben dürfe, der durch eine zufällige Mehrheit von Gemeindemitgliedern dazu erwählt worden sei. Kurz, es wurde wieder die Frage nach dem Wesen der Kirche gestellt, und es ist bezeichnend, daß in diesem Zusammenhang auch erneut die Bitte um die Einrichtung einer synodalen Verfassung an den Senat erging. Der Senat aber beurteilte den Zeitpunkt dafür als denkbar ungeeignet und wies die Beschwerdeführer aus der Gemeinde und dem Ministerium ab.

Schwalb, ungemaßregelt, konnte weiter ein Vierteljahrhundert lang Gottes Wort, so wie er die Bibel verstand, vor einer wachsenden freisinnigen Gemeinde verkündigen. Ende 1888 schockierte er die Altgläubigen noch einmal durch einen Vortrag im Protestantenverein über „Menschenverehrung und Menschenvergötterung", in dem er Jesus von Nazareth, der sich selber für den Christus, den Messias gehalten habe, als „wahren

Gott und wahren Menschen", wie ihn Luthers Katechismus und die Bekenntnisschriften der evangelischen Kirche lehrten, ablehnte und erklärte: „Wir aber glauben, daß Jesus ein wahrer, ein wirklicher und eben deshalb ein bloßer Mensch war." Der Rezensent dieses Vortrages im „Deutschen Protestantenblatt" hielt dafür, es könne dem „Protestantenverein oder seinen Wortführern nicht in den Sinn kommen, die geschichtlich unhaltbaren, pädagogisch verwerflichen, der Pietät entbehrenden, gegen die Person Jesu gerichteten Sätze irgendwie vertreten zu wollen". Schwalb trat daraufhin aus dem Protestantenverein und dem Kreise der Mitarbeiter des Protestantenblatts aus und stand damit fortan unter Bremens Geistlichen ganz allein. Nicht von ungefähr schieden die orthodoxen Gemeinden vor allem unter Hinweis auf ihn wieder aus der Bremischen Kirchenvertretung aus.

Schwalb aber ging unbeirrt seinen Weg, getreu den Hauptaufgaben des Geistlichen, wie er sie verstand: Predigen, Beten und Studieren. Glühend, geistsprühend, ein großer Kanzelredner, oft auch aggressiv, so gegen den antisemitischen christlich-sozialen Hofprediger Stoecker, zog er vor allem Männer an, unter ihnen wiederum viele Volksschullehrer, denen er wie sein Nachfolger Kalthoff das geistige Rüstzeug geliefert hat, das sie schließlich zum Kampf gegen den Religionsunterricht in der Schule befähigen sollte. Die Frauen waren mehr von der Tiefe und Innigkeit seines Gebets berührt, wie Minna Popken, eine langjährige Zuhörerin und Freundin Schwalbs, in ihrem Erinnerungsbuch „Im Kampf um die Welt des Lichtes" ausführt. Alle aber bewunderten Schwalb wegen seiner Gelehrsamkeit und Bibelkenntnis.

Dennoch aber hat Otto Veeck wohl recht in seinem Urteil: Schwalb war „mehr ein Prediger des himmlischen Jehovas als des Gottes und Vaters Jesu Christi", er sah in Jesus nur „den Juden unter palästinensischen Juden seiner Zeit, einen Rabbi unter den Rabbinern seiner Umgebung, einen Schüler und Erben der Propheten, einen gewaltigen, wenn auch meist sanft auftretenden Reformator des Judentums, einen großartigen Träumer".

Nachdem Schwalb so in einer vom Senat geschützten Sphäre religiöser Freiheit seine Christus und das Christentum relativierenden, eher auf den alttestamentlichen Jehovah ausgerichteten Lehren fast ein Menschenalter lang verkündet hatte, zog er sich 1894 nach Heidelberg, 1908 von dort nach Straßburg zurück. Sein einsamer Lebensabend, mehr dem eines frommen alten Rabbi als dem eines seines Erlösers harrenden christlichen Predigers gleichend, endete 1916 in Königsfeld/Schwarzwald.

Albert Kalthoff

Albert Kalthoff (1850—1906), Moritz Schwalbs Amtsbruder und Nachfolger, war in gewissem Sinne ein Fortsetzer und Vollender des Werkes seines Vorgängers, indem sich bei ihm nämlich der von jenem noch anerkannte historische Jesus von Nazareth zu einem schemenhaften Christos-Mythos des römischen Proletariats verflüchtigte.
Dazu bedurfte es allerdings eines langen Entwicklungsweges. Als Sohn eines Färbereibesitzers im frommen Wuppertal war Kalthoff erst durch das Theologiestudium in Berlin und Halle zum entschiedenen Freisinn gelangt. Als er ihn auch im sogenannten „Fall" Hoßbach gegenüber den kirchlichen Oberbehörden provokativ hervorkehrte, wurde er vom Konsistorium der Provinz Brandenburg 1878 seines Amtes als Pfarrer einer kleinen brandenburgischen Landgemeinde enthoben. Er ging nach Berlin, wo er sich als geistlicher Leiter eines Protestantischen Reformvereins, redend und schreibend, mühselig durchschlug. Hier schon findet sich in einer Schrift über Wort und Sakrament die auf spätere Entwicklungsstufen Kalthoffs vorausdeutende Bemerkung zu Markus 16, nach der modernen Theologie gehörten alle Vorfälle zwischen Ostern und Pfingsten nicht der eigentlichen Geschichte Jesu, sondern dem christlich-religiösen Sagenkreise an. Die Worte des Textes seien möglicherweise gar keine Aussprüche Jesu, sondern nur aus dem Bewußtsein der ersten Gemeinde dem Meister in den Mund gelegte Äußerungen.
Aus wirtschaftlicher Bedrängnis erlöste Kalthoff 1884 die Berufung als Pfarrer der deutsch-schweizerischen Gemeinde Rheinfelden bei Basel, eine Stelle, die er vier Jahre später mit dem Amt eines zweiten Predigers an St. Martini in Bremen vertauschte. Rechte Entfaltungsmöglichkeit fand er hier freilich erst, seitdem sein Primarius Schwalb 1894 in den Ruhestand getreten war. Die Kalthoff noch beschiedenen zwölf Lebensjahre sollten die geistig ertragreichsten seines kurzen Lebens werden.
Kalthoff war ein nobler Charakter, gebildet, belesen, musikalisch und mathematisch begabt, aber ein unruhiger, suchender und grübelnder, rastlos fortschreitender Geist, der die Denkweisen seiner jeweiligen Entwicklungsstufen freimütig an seine Gemeinde weitergab und sie gegen Widerspruch hartnäckig verteidigte.
Seine Predigten über den von ihm verehrten Schleiermacher (1895/96) zeigen ihn noch ganz auf der Linie des Protestantenvereins, an dessen Zeitschrift er auch mitarbeitete. Mit der Gründung des Bildungsvereins „Lessing" auf die geistige Förderung des Arbeiterstandes bedacht, näherte er sich beim theoretischen Studium der sozialen Frage immer mehr der Position des historischen Materialismus und damit der Sozial-

demokratie, ohne freilich deren Mitglied zu werden. Seine Gemeinde machte diese Entwicklung in der Weise mit, daß die Zahl der liberalen Bürgerlichen in ihr immer kleiner, die der sozialistischen Arbeiter und radikalen Volksschullehrer immer größer wurde. Auf sie gemünzt war und ihnen gefiel in Kalthoffs Reden „An der Wende des Jahrhunderts" (1898), in denen er noch an der Geschichtlichkeit Jesu festhielt, die Aussage, daß Gott als „ein demokratischer Gott, ein Gott des Volkes, ein Gott aller Menschen" gepredigt werden müsse. Sprechen nicht auch die Eigentumsstempel des „Verbandes der Fabrik-, Land-, Hilfsarbeiter und Arbeiterinnen Deutschlands", des „Centralverbandes der Werftarbeiter Deutschlands" und der „Arbeiter-Zentralbibliothek Bremen", die sich nacheinander auf dem Titelblatt des Exemplars im Staatsarchiv Bremen finden, für die Attraktivität des Kalthoffschen Buches und seiner Ideen in Arbeiterkreisen?
Getragen von dieser Woge des „modernen Christentums", brach Kalthoff schließlich 1902 mit seiner Schrift „Das Christusproblem. Grundlinien zu einer Sozialtheologie" alle Brücken zum „Jesuanismus" der liberalen Theologie völlig ab, indem er auch die Existenz des historischen Jesus leugnete und das Christentum auf einen nach Palästina projizierten Messiasmythos kommunistisch lebender jüdisch-christlicher Bruderschaften im Rom des Kaisers Trajan reduzierte. Es versteht sich, daß eine solche Revolution der kirchlichen Lehre, die Kalthoff 1904 noch durch die nachgeschobene Veröffentlichung über „Die Entstehung des Christentums" zu stützen suchte, sowohl bei der wissenschaftlichen Forschung als auch bei den Positiven und Liberalen auf schärfste Ablehnung stieß. Nur Kalthoffs Amtsbrüder Mauritz vom Dom und Steudel von St. Remberti, welch letzterem es bei der Lektüre des Christusproblems „wie Schuppen von den Augen gefallen" war, hielten zu ihm. Diese von den übrigen Theologen und dem Protestantenverein ausgegrenzte Dreiergruppe galt fortan als die „Radikalen" in Bremen. Kalthoff, Mitinitiator und Vorsitzender auch des der Volksbildung verschriebenen Goethe-Bundes in Bremen, suchte hier nicht zuletzt dem organisierten Pazifismus im Geiste Bertha von Suttners den Boden zu bereiten, indem er sich 1903 aktiv an der Gründung einer Ortsgruppe der Deutschen Friedensgesellschaft beteiligte, die mit einem von ihm und Steudel mitunterzeichneten Zeitungsaufruf an die Öffentlichkeit trat.
Hatte Kalthoff die Gegner 1905 schon insofern besonders gereizt, als er die Forderung der vielfach marxistisch-atheistisch eingestellten Bremer Volksschullehrer nach Abschaffung des Religionsunterrichts an der Schule unterstützte, so trieben die drei Radikalen die Spannung noch dadurch auf den Höhepunkt, daß sie 1906 dem von dem Jenaer Natur-

philosophen Ernst Haeckel gegründeten Monistenbund beitraten, einer bunten Sammlung teils atheistischer, teil pantheistischer Immanenz anhangender Gruppen. Kalthoff wurde sogar Vorsitzender. Die allgemeine Entrüstung in Bremen rief eine Beschwerde des Ministeriums sowie von zahlreichen anderen Geistlichen und Laien an den Senat hervor, die aber durch Kalthoffs plötzlichen Tod im Mai 1906 stecken blieb. Steudel und Mauritz traten dann erst Anfang 1907 auf den Druck der Kirchlichen Kommission hin „unter Wahrung ihres monistischen Standpunktes" aus „taktischen Gründen" aus dem Monistenbund aus.

Albert Kalthoff, der bedeutendste Kopf des radikalen Dreigestirns, blieb noch lange nach seinem vorzeitigen Tod in der Erinnerung seiner Mitbürger lebendig.

Friedrich Steudel

Der aus schwäbischer Theologenfamilie stammende, in Tuttlingen geborene Friedrich Eduard Steudel (1866—1939) war dem engen Pietismus seines Elternhauses längst entwachsen, als er nach dem Theologiestudium in Halle 1892 Pfarrer im württembergischen Weinsberg wurde. Nach nur vier Jahren wegen Verstoßes gegen die Agendenvorschrift entlassen, wurde er 1897 als Nachfolger Kradolfers an die Bremer St.-Remberti-Gemeinde gewählt, die ihm bis zu seinem Ausscheiden 1933 bereitwillig folgte auf seinem Wege in ein dogmenfreies „modernes" Christentum, für das er nach Kalthoffs Vorbild schließlich auch den geschichtlichen Jesus von Nazareth ablehnte.

1906 soll Steudel nach einem Artikel der „Bremer Nachrichten" in einem Vortrag in Berlin vor der „Deutschen Liga für weltliche Schule und Moralunterricht" erklärt haben, zwischen der christlichen Weltanschauung und der modernen Weltanschauung — die er vertrat — bestehe eine unüberbrückbare Kluft. Auch wußte das „Bremer Kirchenblatt" ebenfalls 1906 zu berichten, das Hannoversche Landeskonsistorium habe sich beim Bremer Senat darüber beschwert, daß ein Kind aus Ahausen auf Wunsch der Eltern von Steudel nach nur zweistündiger Unterweisung und ohne Abendmahl konfirmiert worden sei. Der Senat habe diesem daraufhin seine Mißbilligung einer solchen Art von Schnellkonfirmation ausgesprochen.

Daß Steudels offener Bruch mit der kirchlichen Tradition bei den Konservativen auf schärfste Ablehnung stieß, versteht sich. Er ließ sich durch solche Anfeindungen aber nicht beirren, 1908 sein Werk „Die Religion im Lichte der monistischen Weltanschauung" herauszubringen. Steudel, nach Bürgermeister Paulis Worten „unser enfant terrible", brauchte noch

Albert Kalthoff, Pastor an St. Martini 1888—1906 *Friedrich E. Steudel, Pastor an St. Remberti 1897—1933*

eine Beschwerde des Oberkirchenrats in Schwerin über einen von ihm im dortigen Monistenbund gehaltenen Vortrag über „Christentum und Monismus", um sich auf Drängen der Kichlichen Kommission und seines Verwaltenden Bauherrn im Februar 1909 zu der Erklärung herbeizulassen, daß er in Zukunft keine öffentlichen Reden mehr halten werde, die den Anschein erwecken könnten, er sei ein Propagandist des Monistenbundes.

Dieses sein Religionsverständnis, das er an seine Gemeinde weitergab, erhellt am besten aus einem Brief vom 30. März 1905, den er an den Herausgeber des Protestantenblattes, den Hastedter Pastor Reinhold Emde, schrieb: „Die christliche Idee ist — insofern sie eben die Idee der ewigen Gottesabhängigkeit ist — etwas in ihrer Aufnahme ins Zeitbewußtsein ewig Wandlungsfähiges und immer neue Formen Schaffendes, und darum müssen wir offen bekennen, das Religiöse in der Einkleidung der dualistisch, geo- und anthropozentrisch, eschatologisch denkenden neutestamentlichen Schriftsteller ist für uns zu fremd, zu entlegen, zu fossil, als daß es noch eine zentrale, eine konstitutive Bedeutung für uns in Anspruch nehmen könnte. Der einerseits wahrhaft und tief Religiöse unserer Zeit und andererseits wahrhaft in der modernen Welterkenntnis Wurzelnde hat uns darum mehr zu sagen, hat — falls die Offenbarung

Gottes in steter Entwicklung begriffen ist — einen höheren Offenbarungswert für uns, als der erst umständlich zu exegesierende Schriftsteller des Neuen Testaments und der auf der mittelalterlichen Weltanschauung stehende Verfasser des 16. Jahrhunderts."

Oscar Mauritz

Aus einem frommen Elternhause stammend, Sohn eines Kaufmanns in Duisburg, ging Oscar Heinrich Mauritz (1867—1958) während des theologischen Studiums in Bonn, Tübingen und Berlin zur liberalen Richtung über. Er vertrat sie auch während seiner Amtszeit 1889 bis 1892 als Hilfsprediger am Bremer Dom und als Pfarrer der deutsch-protestantischen Gemeinde in Manchester 1892 bis 1896. Noch seine Gastpredigt im Dom am Nikolaustage 1896 zeigt ihn auf der Ebene des Protestantenvereins, wenn er auch die Geschichtlichkeit Jesu zwar noch anerkannte, aber seine Göttlichkeit, seine Wundertätigkeit oder die Auferstehung des Fleisches schon bestritt. Gegen den Rat des positiven Dompredigers Schluttig 1897 vom Domkonvent in sein geistliches Amt gewählt, das er bis zu seiner Emeritierung 1946 fast ein halbes Jahrhundert lang wahrnahm, sah sich Mauritz von der freigeistigen Gemeindemehrheit getragen und von mächtigen Gönnern wie dem Bauherrn Franz Schütte unterstützt.
So entwickelte sich Mauritz unter dem Einfluß seiner neuen Gesinnungsfreunde Kalthoff und Steudel zum Anhänger und schwärmerischen Verkündiger einer undogmatischen Gläubigkeit pantheistischer Immanenz, die er auch im Monistenbund vertreten sah. So sollte er laut Stenogramm (!) eines Lehrers — er sprach stets ohne Manuskript in begeisternder freier Rede — in seiner Weihnachtspredigt 1902 gesagt haben: „Wir sind Menschen der Wissenschaft; für uns ist der christliche Glaubensapparat nicht mehr der Gegenstand, an dem wir unser religiöses Gefühl deuten, denn unser religiöses Gefühl hat ihn ausgestoßen."
Solche Maßlosigkeiten von Mauritz, zu denen auch seine Agitation gegen das Abendmahl gehörte, hatten seine liberalen Kollegen bereits zur Aufforderung zur Amtsniederlegung veranlaßt, die er aber ablehnte. Sein Primarius Schenkel, von Senator Ehmck dazu befragt, äußerte, Mauritz „besitze nur mäßige wissenschaftliche, zumal theologische Bildung, habe viel Goethe und besonders Nietzsche und andere moderne Schriftsteller gelesen und werde durch diese beeinflußt. Er sei aber in seinen Vorstellungen nicht klar, habe ein Gefallen an glänzenden Schlagworten und an dem Beifall der Menge, durch den er sich hinreißen lasse ... Er nehme jetzt unter seinen Kollegen am Dom und unter den übrigen Geistlichen eine ganz isolierte Stellung ein."

Zu einem regelrechten „Fall" der bremischen Kirchengeschichte steigerte sich Mauritzens „modernes Heidentum", wie die Positiven in- und außerhalb Bremens es nannten, im Jahre 1905, als sich die Bremer Pastoralkonferenz der Altgläubigen über seine Taufpraxis beim Senat beschwerte. Dieser gab bei seiner Vernehmung durch die Kirchliche Kommission auch zu, seit Jahren nicht die exakte trinitarische Formel verwandt und nach anderen Fassungen neuerdings mit den Worten getauft zu haben: „Ich taufe dich im Aufblick zu Gott dem Alleinen, in dem wir leben, weben und sind, welchen die christliche Kirche als Vater, Sohn und heiliger Geist bekennt." Der Senat rügte dies als einen Verstoß gegen das Kirchenrecht, der die Taufen ungültig mache, und der Verwaltende Bauherr der Domgemeinde wies Mauritz an, die von 1900 bis 1905 vollzogenen Taufen nunmehr in gültiger Form zu wiederholen. Dazu fand sich der gedemütigte Geistliche auch bereit.

Natürlich griff nun die Presse den Fall auf, und die Bremische Bürgerschaft bedauerte, „daß in heutiger aufgeklärter Zeit die Aufnahme in die christliche Kirche noch an das Aussprechen dieser Formel geknüpft sein soll, über deren Bedeutung selbst unter den Theologen völlig widersprechende Ansichten herrschen und die dem religiösen Empfinden weiter Kreise unserer evangelischen Bevölkerung nicht mehr entspricht". Sie ersuchte den Senat, bei den übrigen deutschen Kirchenregierungen darauf hinzuwirken, daß neben der trinitarischen Formel auch andere, modernere Fassungen zugelassen würden. Der Senat aber, eingedenk seines episkopalen Alleinentscheidungsrechts in dieser Sache, hütete sich wohl vor einer solchen Demarche bei der Eisenacher Kirchenkonferenz, die schon 1865 die Anwendung der vollen neutestamentlichen Formel für die Taufe zwingend vorgeschrieben hatte. Da er andererseits aber die von manchen vorgeschlagene nachträgliche Legalisierung der ungültigen Taufen auf dem Verordnungswege als außer seiner Macht stehend abwies, begann Mauritz mit seiner umstrittenen Wiedertaufaktion, die wohl bald ins Stocken geraten ist, denn noch Ende 1914 teilte das Sekretariat der Domgemeinde der Senatskommission mit, von den 650 für ungültig erklärten Taufen seien bislang erst 317 wiederholt worden. Danach steht also zu befürchten, daß fast die Hälfte der betroffenen Täuflinge ihren Lebensweg ohne gültigen Taufschein gewandelt ist.

Gewiß war dieser peinliche, für den Spaltungseffekt der theologischen Richtungsstreitigkeiten aber sehr charakteristische Fall dem Einvernehmen unter den Dompredigern und dem Ansehen der bremischen Kirche nicht eben dienlich. Und doch hielten die begeisterten Anhänger treu zu Mauritz, ja, auch im Senat genoß er Sympathien, wie seine milde disziplinarische Behandlung zeigt, nach den Worten Senator Hildebrands „im

Oscar H. Mauritz, Dompastor 1889—1892, 1897—1946

Emil J. Felden, Pastor an St. Martini 1907—1933

Hinblick auf die, wenn auch mit manchen Unklarheiten gemischte, doch echte Religiosität, die aus vielen Worten dieses . . . Geistlichen spricht".

Emil Felden

Der nach dem kurzen Zwischenspiel des Lic. Lipsius 1907 auf die Kanzel Kalthoffs gestiegene Pfarrer einer freireligiösen Gemeinde in Mainz Emil Jakob Felden (1874—1959) stand, was die Radikalität seiner theologischen Richtung anlangt, seinem Vorgänger nicht nach, war aber mit seiner weniger auf das Wissenschaftliche als auf das Schriftstellerische ausgerichteten Begabung, zu der noch eine politische Ader hinzukam, von ihm sehr verschieden. Als Elsaß-Lothringer hatte er zum Studium der Theologie seine Landesuniversität Straßburg besucht, die er als Freund Albert Schweitzers und Freigeist verließ. Er war Anhänger einer dogmenfreien „persönlichen Religiosität" und traf sich mit seinem unpersönlichen, auf Leben und Natur zielenden Gottesbegriff mit dem Monismus der Radikalen im toleranten Bremen, wo er keine „Kompromisse im Interesse seines Amtes" zu schließen brauchte. Sein Rezept war: „Man streife das kirchlich-dogmatische Zeitkleid ab, hole den Kern heraus und gebe ihm ein zeitgemäßes Kleid, und wir haben, was wir suchen!"

In Bremen wurde er vom Ministerium, nachdem er sich für einen gegen die Positiven und Liberalen gerichteten herabsetzenden Artikel im moni-

Konfirmationsschein von Pastor Mauritz, St.-Petri-Dom, 1916

stischen „Blaubuch" über „Freireligiösentum und Protestantismus" entschuldigt hatte, mit kühler Reserve aufgenommen. Seine Position nahm er fortan auf dem äußersten linken Flügel ein, nachdem er die Liberalen noch 1907 mit dem „Kirchlicher Liberalismus und Radikalismus" betitelten Heft 3 der von Steudel und Lipsius herausgegebenen „Bremer Flugschriften" herausgefordert hatte.

In Bremen belebte sich auch wieder Feldens Neigung zur Politik, die ihn schon 1904 in die Stellung des Chefredakteurs des führenden „Elsässer Tageblatts" in Colmar und in Verbindung damit zur allerdings gescheiterten Kandidatur für den Reichstag gebracht hatte. Hier schwenkte er noch weiter nach links und wandte sich der Sozialdemokratie zu, die er später während der Weimarer Zeit auch in der Bremischen Bürgerschaft und im Reichstag vertreten sollte.

Im Zuge dieser politischen Aktivitäten, die sich überdies in häufigen auswärtigen Vorträgen Feldens äußerten, setzte sich die schon unter Kalthoff eingeleitete Entwicklung dahin fort, daß die letzten bürgerlichen Elemente die Gemeinde St. Martini verließen, welche sich nun als fast einheitliche Arbeitergemeinde darstellte.

All dies vollzog sich wegen der Isolierung der kirchlichen Gruppen gegeneinander ohne großes Aufsehen, wenn auch Felden des öfteren im positiven Lager Anstoß erregte, etwa durch Auftreten in auswärtigen Monistenveranstaltungen oder besonders durch einen „Der Gottesgedanke und die Kinder" betitelten Aufsatz in der sozial-religiösen Monatsschrift „Die Tat". Darin hatte er darüber berichtet, daß von den 410 seiner wohl meist aus dem Arbeitermilieu kommenden Katechumenen und Konfirmanden 370 in einer zu Beginn des Predigerunterrichts von ihm veranstalteten Abstimmung erklärten, es gebe keinen Gott, während sie am Ende des Kursus einräumten, daß man von einem „Gott" wohl sprechen dürfe. Die sozialdemokratische „Bremer Bürgerzeitung" nannte dies ironisch „ein sehr erfreuliches Resultat", und die „Bremer Nachrichten" provozierten durch den Nachdruck des Feldenschen Artikels eine Flut von Entgegnungen und Angriffen bis hin zur Meinung der katholischen „Kölnischen Volkszeitung", Bremen sei die „Stadt der ungläubigen Pastoren".

Felden setzte sich früh für die Trennung von Staat und Kirche ein und leistete aktive Vorarbeit für die Bremische Kirchenverfassung von 1920.

5. *Gemäßigter Liberalismus*

Es versteht sich, daß neben der radikalen auch die gemäßigt freisinnige Richtung des Theologieverständnisses in Bremen weiterblühte.

Carl Julius Burggraf

Ein besonderes Glanzlicht dieses bremischen Liberalismus war Carl Julius Burggraf (1853—1917), der von 1883 bis zu seinem allzufrühen Tod Prediger an St. Ansgarii war. Während des Theologiestudiums in seiner Vaterstadt Berlin Schüler des auf eine Verbindung von Religion und Philosophie abzielenden liberalen Systematikers Otto Pfleiderer, hat er noch in späteren Jahren bekannt: „Ich vertrete unentwegt den Altliberalismus, wie ihn mir in der Jugend Pfleiderers spekulative Theologie vermittelt, wie er in mir freilich eine Ergänzung und Fortbildung gefunden hat. . ."
Diese Ergänzung und Fortbildung floß aus Burggrafs sehr vertieftem Studium der deutschen Klassiker Schiller und Goethe, dessen Ertrag sich auch in literarischen Veröffentlichungen niederschlug. Die Liebe zum deutschen Idealismus weckte sein „Streben, eine innere Verbindung zu finden von Kirche und Kunst, von Religion und Kultur, von Bibel und deutschem Volkstum".
Das Schillerjubiläum 1905 brachte ihn auf den Gedanken, das „Gotteswort aus Dichters Mund" im Gottesdienst in einem Zyklus von Schillerpredigten zu behandeln. Sie sollten, wie er in seinem Bericht an die Senatskommission ausführte, „nicht literaturgeschichtliche und ästhetische Betrachtungen sein, sondern im Dichterworte die Verkündigung Christi und seines Evangeliums" predigen, was Senator Dr. Ehmck mit der Randglosse „Gut!" zensierte. Schiller sollte uns als „Prophet Gottes. . . über die zeitlich und durch die jüdische und griechische Volksart bedingten Schranken der Bibel hinwegführen zum Erfassen des heutigen und germanisch gerichteten Christentums". Mit Billigung der Senatskommission, aber kritisiert von den Altgläubigen, führte Burggraf seine mit Schillerthemen („Maria Stuart" am Karfreitag!) angereicherten, aber sonst regulären Gottesdienste durch und ließ ihnen später auch noch Carolath- und Goethepredigten folgen.
Daß ein solcher idealistischer, für ein „deutsches Christentum" schwärmender, feuriger Geist mit dem Monismus der Radikalen nichts anzufangen wußte, ist begreiflich. Um diesen zu bekämpfen, gründete Burggraf eine eigene Zeitschrift, die 1906/07 zuerst erscheinenden „Bremer Beiträge zum Ausbau und Umbau der Kirche", deren beide letzten Jahrgänge 1909/10 und 1911 in „Deutsches Christentum" umbenannt wurden. Wenn Burggraf allerdings in seinem glühenden Reformeifer von Bremen meinte, „hier ist die Kirche des konsequenten Protestantismus, hier besteht in der Kirche das ungehemmte Recht des deutschen Individualismus", dann ließ er dabei außer acht, daß er zwar mit seinem Anflug von religiöser

Deutschtümelei eine ansehnliche Schar von Anhängern und Verehrern unter seiner Kanzel versammelte, aber bei den Altgläubigen auf scharfen, bei den Mitgliedern des Protestantenvereins, den er verließ, auf reservierten Widerstand stieß.
So konnte denn das positive „Bremer Kirchenblatt" 1911 von Burggraf behaupten, er nehme „eine Stellung ganz für sich im Bremer Kirchenleben" ein. Dennoch läßt sich sagen, daß sowohl Burggraf als auch Kalthoff die bremische Kirchengeschichte wohl noch um manche neuen Aspekte bereichert haben würden, wenn ihnen ein längeres Leben beschieden gewesen wäre.

Otto Veeck

Otto Veeck (1860—1923), reformierter Prediger an St. Michaelis, war ein typischer Vertreter der gemäßigt liberalen „Protestantenvereinstheologie" in Bremen. Aus dem damals noch oldenburgischen Fürstentum Birkenfeld stammend, erfüllte er sich an den Universitäten Straßburg, Heidelberg und Jena mit dem Geist des Altliberalismus, dem er sein Leben lang treu blieb. Daneben gab er aber auch seiner Neigung zur Geschichte weiten Raum, die nachmals in zahlreichen historischen Veröffentlichungen ihren Niederschlag finden sollte.
Nach jahrelanger Tätigkeit in zwei Birkenfelder Pfarren 1890 vom Konvent der St.-Michaelis-Gemeinde zum Nachfolger des an den Dom berufenen Pastors Bock gewählt, sammelte er in der wachsenden westlichen Vorstadt durch treue Seelsorge und seine Geist und Gemüt der „kleinen Leute" ansprechenden schlichten Predigten eine lebendige Gemeinde um sich und erreichte es, daß 1900 ein Neubau der Michaeliskirche eingeweiht werden konnte.
In Bremen setzte Veeck seine kirchenpolitische Aktivität fort im Zweigverein des Deutschen Protestantenvereins, dessen Vorsitz er von 1898 bis 1907 innehatte und dessen Veröffentlichungsorgan, das „Deutsche Protestantenblatt", er mit seinem Amtsbruder Pastor Reinhold Emde in Hastedt gemeinsam redigierte. Sich gegen Radikale und Orthodoxe entschieden abgrenzend, verfolgte er unbeirrt einen gemäßigten Mittelkurs. So versuchte er 1910, durch ein Referat über die kirchliche Versorgung Bremens in der Bremischen Kirchenvertretung die Parteien durch die Zusammenarbeit bei der Behebung des kirchlichen Notstandes zu versöhnen, stieß u. a. wegen der panischen Furcht mancher Gemeindeeliten vor den demokratisierenden Folgen der als Hilfsmittel von ihm vorgeschlagenen Kirchensteuer damals aber noch auf unüberwindlichen Widerstand.

C. Julius Burggraf, Pastor an St. Ansgarii 1883—1912

Otto Veeck, Pastor an St. Michaelis 1891—1921

Es ist erstaunlich, daß Veeck neben seiner seelsorgerlichen und praktischen kirchenpolitischen Arbeit noch Zeit zu wissenschaftlicher Betätigung fand, deren bedeutendstes Zeugnis seine 1909 vorgelegte „Geschichte der Reformierten Kirche Bremens" ist.

Rudolf Schramm

Die lutherische Ausprägung des entschieden liberalen Protestantismus in Bremen war der Domprediger Rudolf Schramm. Als der Domkonvent 1875 den Konsistorialrat und Hofprediger in Arolsen Dr. phil. Karl Rudolf Schramm (1837—1890) zum Prediger wählte, tat er das in der berechtigten Überzeugung, damit einen hervorragenden Vertreter des modernen kirchlichen Freisinns für die Gemeinde zu gewinnen. Schramm, aus der Mark stammend, hatte in Berlin und Erlangen Theologie und Philosophie studiert und den philosophischen Doktorgrad erworben. Über die Vermittlungstheologie war er zum freien Protestantismus gekommen, den er auch in Bremen auf der Linie des Protestantenvereins vertrat. Hochgebildet, geistreich, mächtig des Wortes und der Schrift, sammelte er eine zahlreiche Gemeinde um sich, die seine in folgenden Sätzen zusammengefaßte orthodoxiefeindliche theologische Richtung teilte: „Eine Religion,

die im offenen Zwiespalt lebt mit der Wissenschaft und Weltanschauung des Jahrhunderts, eine Kirche, welche die Zukunft verdammt und ihr ins Gesicht schlägt, kann keine Zukunft haben. Religion und Wissenschaft in völliger Harmonie, das ist das Ziel, dem wir nachtrachten, dessen Erreichung wir für möglich und für hoch notwendig halten."
Es ist begreiflich, daß der schriftstellerisch hochbegabte Schramm diesen Standpunkt bei seinem kämpferischen Temperament auch in zahlreichen, oft satirischen Veröffentlichungen, wie beispielsweise seinen „Briefen moderner Dunkelmänner", zu vertreten wußte. In seiner „Einleitung in das Verständnis der Bibel und in die Kirchengeschichte für obere Schulklassen" suchte er den freien Protestantismus auch der Jugend nahezubringen.
Bei aller, oft verletzender Schärfe ging Schramm in seinem Modernismus indes nie soweit, Christus wie später Kalthoff als Person ganz zu eliminieren, sondern im Gegenteil, er bekannte sich ausdrücklich und mit Hingabe zum historischen Jesus von Nazareth: „Jesus Christus ist es, der wahre Menschensohn, der Jesus der Geschichte, nicht der Christus-Gott der Kirchenlehre; dieser geschichtliche Christus und sein Geist ist mit uns, auf ihn berufen wir uns, für ihn treten wir ein, denn das reine ursprüngliche und wahre Christentum ist an sich die Reformation der Kirche, welche wir herbeiwünschen." Das war auch der Tenor eines Schrammschen Vortrages auf dem nordwestdeutschen Protestantentag in Kiel 1884 über „Die Grenzen der Lehrfreiheit", die „nicht durch die Dogmatik, sondern durch die religiös-sittliche Grundwahrheit des Evangeliums Jesu gezogen werden müssen".

6. Entschiedene Orthodoxie

Wenn auch die Liberalen und Radikalen durch ihre Auseinandersetzungen in der Öffentlichkeit das Feld zu behaupten schienen, so ließen sich die seit den 1850er Jahren in den sog. Pastoral- oder Quartal-Konferenzen zusammengeschlossenen dreißig altgläubigen Stadtgeistlichen Bremens dadurch nicht im mindesten in ihrer Aktivität einschüchtern. Für das ungebrochene kräftige Weiterblühen des positiven Christentumsverständnisses in Bremen stehe hier das Leben und Wirken Otto Funckes.

Otto Funcke

Schon bei der Entstehung der Friedensgemeinde wurde oben ihres ersten Predigers Otto Julius Funcke (1836—1910) gedacht. Geboren in Wülfrath, hatte er in Halle, Tübingen und Bonn Theologie studiert und war fortan

Otto J. Funcke, Pastor an der Friedenskirche 1868—1904

Fr. A. Paul Zauleck, Pastor an der Friedenskirche 1875—1912

ein entschiedener Vertreter der positiven Richtung. Nach einigen Jahren als Pastor in Holpe wurde er 1867 von dem Bremer Verein für Innere Mission als Inspektor berufen, zugleich mit der Aufgabe, in der östlichen Vorstadt zu predigen. Der Schwerpunkt der Arbeit verlangte aber einen alleinigen vollen Einsatz für die stets wachsende neue Gemeinde.

Funcke war ein treuer Seelsorger und zugleich ein bedeutender Volksschriftsteller, der sich bei aller Unbedingtheit seines Standpunktes einen großen Anhängerkreis zu verschaffen wußte. Zugleich grenzte er sich aber unversöhnlich gegen die Liberalen ab. Schon 1869 erklärte er: „Wir sagen es offen: Keine Alliance mit der Richtung des Protestantenvereins!" 1886 reizte er den liberalen Domprediger Waldemar Sonntag zu der Streitschrift „Anti-Funcke", nachdem letzterer in einer Versammlung in Berlin die traurigen Kirchenverhältnisse Bremens angeprangert hatte, wo „jeder Pastor seine eigene Religion" habe. Denn: „Alle möglichen Glaubensrichtungen in einer Kirche zu dulden, wie die Protestantenvereinler, das ist keine Toleranz, das ist Charakterlosigkeit." Als die „Bremer Nachrichten" diesen Vorfall aufgriffen, kam es zu einer Kontroverse von Zuschriften, an der sich auch Funcke selber beteiligte.

Solche Querelen paßten in das Stimmungsbild, das 1882 durch den Austritt der altgläubigen Gemeinde aus der Bremischen Kirchenvertretung entstanden war, und es ist bezeichnend, daß der Wiedereintritt der Friedensgemeinde erst nach der Emeritierung Funckes (1904) unter dem Einfluß seines langjährigen Amtsbruders Pastor Paul Zauleck 1905 erfolgte. Mit seinem scharf orthodoxen Glaubensverständnis gelang es Funcke aber, unterstützt von dem in der Seelsorge unermüdlichen Zauleck, die im liberalen Rembertikirchspiel entstandene neue Friedenskirche zu einem dauerhaften Zentrum der positiven Richtung auszubauen.

Literatur:
Rotermund, Lexikon I (1818) (Ewald, Häfeli, Stolz). — Menken, Schriften (1858). — Gildemeister, Menken (1861). — Meurer, Mallet (1866). — Post, Kirchenglaube (1868). — ADB 5 (1877) (Dräseke). — Tiesmeyer, Treviranus (1879). — ADB 20 (1884) (Mallet). — ADB 21 (1885) (Menken). — Bippen, Vorzeit (1885), S. 154—174 (Dräseke). — ADB 23 (1886) (Nagel). — ADB 23 (1886) (Nicolai). — Iken, Dulon (1894). — Weiss, Kirchengeschichte (1896). — Kalthoff, Wende (1898). — RE 5 (1898) (Dräseke). — RE 12 (1903) (Mallet, Menken), — Hoenig, Protestantenverein (1904). — Titius, Radikalismus (1908). — Veeck, Geschichte (1909). — Steudel, Christusmythe (1910). — BB (1912) (Dräseke, Dulon, Ewald, Funcke, Häfeli, Kalthoff, Krummacher, Mallet, Menken, Nagel, Paniel, Schramm, Stolz, Treviranus). — RE Erg.Bd. (1913) (Funcke). — Brem. Jb. 25 (1914) (Burggraf), 26 (1917) (Schwalb), 29 (1924) (Veeck). — Entholt, Volksschulwesen (1928) (Bürgerschule). — Tidemann, Dulon (1931, 1933). — Prüser, Stephanikirche (1940). — Entholt, Revolution 1848 (1951). — Schulz, Kirchentage (1954). — NDB 4 (1959) (Dräseke). — Schwebel, Kirche und Kultur (1960). — Goebel, F. W. Krummacher (1961). — Schulz, Stolz (1962). — Schäfer, Treviranus (1963, 1964). — Wenig, Rationalismus (1966) (Dräseke, Dulon, Krummacher, Mallet, Menken, Nagel, Paniel, Treviranus). — Hirsch, Theologie 5 (1968) (Menken). — BB (1969) (Bock, Burggraf, Emde, Felden, Mauritz, Schwalb, Steudel, Veeck). — Heyne, Menken (1969). — Schäfer, Dräseke (1969). — Langen, Veeck (1969). — Voigt, Treviranus (1973). — Rudloff, Dom, Franzosenzeit (1978). — Schwebel, Liberalismus (1978). — Mai, Pietismus (1979). — Kulke, Dulon (1985). — Norzel-Weiß, Felden (1988). — Donat, Kalthoff (1988). — Donat, Felden (1989). — Hannover, Kalthoff (1989). — Rudloff, Predigten (1989). — v. Zobeltitz, St. Stephani (1990).

V. Innergemeindliche Arbeit

Eine sehr positive Schilderung des kirchlichen Lebens im Bremen des 19. Jahrhunderts gibt der liberale Dompredigter Pastor Heinrich Frickhöffer 1882 in der Einführungsrede für seinen Amtsbruder Waldemar Sonntag. Es heißt darin: „Hier ist keine Bekenntnisformel, die ein Zwangsgesetz schafft und Gelegenheit gäbe, unsere Freiheit auszukundschaften, die Einigkeit im Geiste zu stören und ehrliche Überzeugungen zu drücken, Prediger zu maßregeln und Gemeinden zu quälen. Hier gilt nicht der Buchstabe einer alten Kirchenordnung des 16. Jahrhunderts mehr als die Überzeugung der lebendig gegenwärtigen Gemeinde. Hier gibt es keine

liturgischen Formeln, die der Prediger zu beobachten gezwungen wäre, keine Lehrbücher, die ihm für den Unterricht befohlen sind, keine Vorschriften, die den Kirchendienst mit unnützen Formalitäten belasten und in erzwungene Gleichförmigkeit einschnüren. Hier gibt es keine Hierarchie von Behörden und Beamten, um von oben herunter zu regieren. Die Gemeinde regiert sich selbst durch ihre freigewählten Organe nach einer öffentlich anerkannten, selbstgeschaffenen Verfassung, die nach Geist und Buchstaben heilig gehalten wird von der Pflichttreue, dem Rechtssinn, der Opferwilligkeit, der wahren Pietät gegen die von den Vätern ererbten Einrichtungen. . ."
Wie das bei solchem Milieu notwendigerweise stark pastoral bestimmte kirchliche Gemeindeleben sich im einzelnen gestaltete, wird im folgenden darzustellen sein.

1. *Gottesdienst*

Glocken

Der Sonntag als Tag des Herrn wurde altem Herkommen gemäß am Sonnabend eingeläutet, und auch am Sonntagmorgen riefen die Glocken die Gläubigen zum Gottesdienst. Die markanteste Unterbrechung der Sonntagsstille trat so ein, wenn alle Glocken der auf engem Raum vereinigten Stadtkirchen ihr mächtiges Geläut zusammen gen Himmel und weit ins Land erschallen ließen.
Besonders erfreut war die Domgemeinde, daß sie in dem restaurierten Nordturm neben den bisherigen zweien eine von einem Gemeindemitglied geschenkte dritte Glocke aufhängen lassen konnte, so daß der Dom nicht mehr hinter den übrigen Kirchen zurückstand. Man wollte aber mehr, nämlich im Südturm eine ganz neue, weit mächtigere Glocke anbringen, für die man sich die Stadt als Stifterin dachte. Der Staatsarchivar Dr. von Bippen griff den Gedanken in einem Bericht an die Kirchliche Kommission auf, da die neue Glocke wohl häufiger zu patriotischen städtischen als zu kirchlichen Festen geläutet werden würde: „Die Glocke ist das ausdrucksvollste Bindemittel zwischen der kirchlichen und der bürgerlichen Gemeinde. Die ganze Stadt hat ein Interesse an ihrem Wohlklange." Der Senat ließ sich überzeugen, S. M. der Kaiser stiftete zwei im Kriege 1870/71 erbeutete französische Bronzekanonen, die Bürgerschaft bewilligte im Oktober 1892 die vom Senat beantragten 25 000 Mark, und im Mai 1893 schloß man mit dem Glockengießer Otto in Hemelingen den Lieferungsvertrag über die neue „Brema" von 7250 kg Gewicht, die „in größter Klangfülle bequem von zwölf Mann geläutet werden" sollte. Als

Inschriften erhielt sie laut Vorschlag der eigens niedergesetzten „Kommission wegen der Domglocke" 1894 den Spruch vom ehemaligen Brückentor „Conserva domine hospitium ecclesiae tuae" und die vom Dichtermaler Arthur Fitger beigesteuerten Verse „Brema heiß' ich/Gott preiß' ich/Mein Erz, im Krieg erbeutet/Zu Friedensfeiern läutet/Sei jedem, der mich hört/Friede im Herzen beschert".

Die Aussicht auf die Wirkung der im Werden begriffenen „Brema" war wohl mit der Anlaß, daß der Senat im Dezember 1893 zuerst den Antrag der Domgemeinde genehmigte, zu Silvester ab Mitternacht zehn Minuten lang das Neue Jahr mit vollem Geläut zu begrüßen, was dann zur Tradition wurde.

Sonntagsheiligung

Der vom Pfarrer als Exeget der Bibel und Verkündiger des Wortes gehaltene Gottesdienst gebot die Heiligung des Sonntags, und diese wiederum hatte die Einhaltung der Sonntagsruhe zur Voraussetzung. So hatte es schon die Kirchenordnung von 1534 gefordert. Im Zeitalter der Christlichkeit des Staates sah sich daher die Obrigkeit nicht selten veranlaßt, durch Polizeivorschriften der Entweihung der Sonn- und Feiertage vorzubeugen. So auch der Bremer Rat. Nach zahlreichen früheren Proklamen erließ er 1797 wegen der wieder eingerissenen Mißachtung der Sonn- und Festtagsfeier erneut eine solche Verordnung, „damit nicht die Vernachlässigung und Herabwürdigung des Äußeren der Religion in Leichtsinn gegen alle Gottesverehrung übergehe und die Sittenlosigkeit unserer Nachkommenschaft zur natürlichen gewissen Folge habe". Arbeit und Lustbarkeiten wurden nur zu gewissen Stunden außerhalb der Kirchzeiten erlaubt. Diese Regelung blieb noch nach der Franzosenzeit, allerdings in der novellierten Fassung von 1815, ein Jahrhundert lang in Geltung. 1851 wagte es der eben erst gegründete Verein für Innere Mission unter seinem Präses Pastor Treviranus in einem „Zum Zeugniß" überschriebenen Flugblatt, den Senat in verletzender Form wegen Duldung der vom Schützenverein und Sängerbund begangenen Sonntagsentheiligung anzugreifen, erntete dafür aber nur eine ernste Rüge. 1881 wurde die alte Verordnung über die Sonntagsfeier durch eine entsprechende Vorschrift für das Landgebiet ergänzt.

Dann nahm sich die Bremische Kirchenvertretung der Sache an und beantragte auf den Bericht einer von ihr niedergesetzten Kommission Ende 1885 beim Senat die Revision der bisherigen Bestimmungen. Der Senat hatte zuvor eine Rundfrage des Reichsamts des Innern wegen der dem Reichstag vorliegenden Anträge auf Änderung des § 105 der Reichsgewerbeordnung im Sinne einer weiteren Beschränkung der Sonntagsruhe zu beantworten gehabt. Die Initiative der Kirchenvertretung führte zu dem Vorschlag einer sehr liberalen Regelung in einer Mitteilung des Senats an die Bürgerschaft, die aber Ende 1886 jede Neuerung ablehnte, weil die bisherigen Bestimmungen den Verhältnissen völlig entsprächen. Der Senat begrüßte daher die Novellierung der Reichsgewerbeordnung und übernahm 1892 die Regelung, welche die Arbeit in Kontoren und Werkstätten an Sonn- und Festtagen von 7 bis 10 und von 12 bis 14 Uhr erlaubte. Übertretungen wurden strafrechtlich geahndet. Trotzdem gab es auch in der Folge vergebliche kirchliche Bestrebungen nach absoluter Sonntagsruhe gegen den Widerstand der Handelskammer als Vertreterin der Wirtschaftsinteressen.

Gottesdienstzeiten

Der Gegensatz der Auffassungen von Kirche und Wirtschaft insoweit lag in der Natur der Sache, denn, entsprechend dem konfessionellen Dualismus, waren die Gottesdienste in Bremen seit alters sehr zahlreich und mannigfaltig. Zwar waren die Zeiten vorbei, als die Dienstboten noch frühmorgens um 5 Uhr Joachim Neander, den Dichter des Kirchenliedes „Lobe den Herren", als „Fivenprediger" auf der Kanzel von St. Martini hörten. Aber noch in den 1880er Jahren beispielsweise fanden im Dom sonntags vier Gottesdienste statt, im Sommer um 7, 9, 12 und 14 Uhr, im Winter um 9, 12, 14 und 17 Uhr. Die Zahl wurde, entsprechend dem spärlichen Kirchenbesuch, nach und nach reduziert und das Gewicht dann auf den um 10.15 Uhr beginnenden Hauptgottesdienst gelegt. In den anderen Gemeinden vollzog sich eine ähnliche Entwicklung. Indem man sich bemühte, durch Anpassung der Anfangszeiten an den sonntäglichen Arbeitsschluß um 10 Uhr allen Gemeindemitgliedern die Teilnahme am Hauptgottesdienst zu ermöglichen, kam es zu einer erheblichen Uneinheitlichkeit der Besuchszeiten. Ferner hört man in verschiedenen Gemeinden von der Verlegung von Frühgottesdiensten auf den Abend oder von der Einrichtung ganz neuer Abendgottesdienste besonders im Winterhalbjahr.

Gottesdienstordnung: Liturgie, Predigt, Gebet

Mannigfaltig waren in Bremen auch die Formen des Gottesdienstes. Der evangelische Prediger betrat die Kanzel nicht mehr in der sogenannten Schaube, der seit der Reformationszeit üblichen mantelartigen Amtstracht von Geistlichen und Gelehrten, sondern in dem 1811 durch Kabinettsordre König Friedrich Wilhelms III. in Preußen eingeführten schwarzen Talar, der sich im Laufe des 19. Jahrhunderts sowohl bei Reformierten als auch bei Lutheranern durchsetzte. Am Halse schmückte ihn auch anstatt der noch in den hanseatischen Schwesterstädten üblichen tellerartigen Krause das schlichte Beffchen, bestehend aus zwei weißen Leinenstreifen, die bei den Reformierten in der Mitte zusammengenäht, bei den Lutheranern locker gelassen waren und in der Form eines auf den Kopf gestellten V auseinanderstrebten.

Daß sich die Zwietracht der protestantischen Konfessionen selbst bis in die einst von Luther als Adiaphora, d. h. Nebensächlichkeiten, angesehenen Fragen der liturgischen Gewänder erstreckte, zeigt ein Vorfall aus dem Jahre 1817. Aus Anlaß des Reformationsjubiläums hatten die reformierten Prediger vor, eine neue Amtstracht einzuführen, aber der Senat wollte das nur unter der Bedingung genehmigen, daß sich auch der Dom beteilige, ließ indes, als von dort ein schroffes Nein herüberschallte — auch eine Reaktion auf Smidts Assimilierungspolitik —, den Dingen ihren Lauf. Und das, obwohl der Senat das *jus liturgicum* für sich beanspruchte und neue Geistliche in ihrem Berufungsschreiben eigens darauf hinwies, daß er von ihnen die Befolgung seiner liturgischen Anordnungen erwarte. Schon 1790 hatte das Venerandum Ministerium dem Rat eine von ihm ausgearbeitete Gottesdienstordnung oder Liturgie, wie man damals sagte, samt neuen liturgischen Formularen präsentiert, eine vom Rat niedergesetzte Kommission hatte diese aber für zu weitschweifig befunden, „so daß sie dadurch mehr moralischen Abhandlungen als würklichen Lithurgischen Formeln gleich kommen". Die Kommission hatte sich bei ihren Beratungen viel Zeit gelassen und war nach einer Anmahnung des Ministeriums vom Rat 1792 an die Erledigung der Sache erinnert worden, „worauf sie liegen geblieben".

Auch in der Folge blieb die Gottesdienstordnung wie im ganzen evangelischen Deutschland sehr uneinheitlich. Daher kam es aus triftigem Grund 1852 in Bremen auf dem zumeist von Altgläubigen besuchten Deutschen Evangelischen Kirchentage zu einem Hauptreferat über die Einrichtung des Hauptgottesdienstes, in dem der Redner auf dessen Vereinheitlichung drang und für die Wiedereinführung der alten, zumeist aufgegebenen Perikopenordnung, des Glaubensbekenntnisses und besonders des Abendmahls in den sonntäglichen Vollgottesdienst plädierte, ohne daß freilich damals so weitreichende Vorschläge Konsequenzen gehabt hätten. Es blieb alles beim alten.

Die streng reformierte Tradition beschränkte sich auf Kirchengesang, Predigt, Gebet und Segen. Das war etwa herkömmlich in St. Ansgarii und St. Remberti, die ursprünglich überhaupt keinen liturgischen Altardienst

kannten. So äußerte sich auch Pastor Manchot, Prediger an St. Remberti und Mitgründer des Bremer Protestantenvereins, 1868 zu seinem Amtsbruder Kradolfer durchaus liturgiefeindlich dahin, „daß die Predigt mit Recht die Hauptstelle im protestantischen Gottesdienst erhalten habe. Denn so erweckt und nährt sie das religiös-sittliche Leben aller zu wahrer Heiligung. Die priesterliche Darstellung des Heiligen zu verehren, dazu will und soll aber keine protestantische Gemeinde sich versammeln."
Demgegenüber hatte sich der lutherische Dom in Wahrung alten katholischen Kulturerbes eine reichhaltige Eingangs- und Schlußliturgie bewahrt. Noch 1892 sprach der Domorganist und Leiter des 1856 gegründeten Domchores, Musikdirektor Professor Karl Reinthaler, mit den Predigern ab, daß der Hauptgottesdienst um 10.15 Uhr durch Kirchengesang, Gebet mit Schriftverlesung, Motette und Gemeindegesang, alles insgesamt von etwa 15 Minuten Dauer, eingeleitet und darauf etwa um 10.30 Uhr mit der Predigt fortgesetzt werden solle.
Die nicht nur den Verstand, sondern auch das Gemüt besonders ansprechende lutherische Gottesdienstweise übte auf die Dauer einen solchen weitgestreuten Einfluß aus, daß auch in den reformierten Gemeinden eine „Liturgische Bewegung" wie weithin in Deutschland entstand, die von herkömmlicher calvinistischer Strenge und Nüchternheit wegstrebte.
In der Diskussion über diese Frage waren die Meinungen, auch der Geistlichen, anfangs allerdings sehr geteilt. Nachdem der Konvent von Unser Lieben Frauen noch 1883 einen Antrag des Kirchenvorstandes auf Einführung einer Liturgie abgelehnt hatte, beschloß er dementgegen 1891 eine sehr umfassende liturgische Umgestaltung der Gottesdienste, die teils auf Widerstand stieß, bei der Mehrheit der Gemeindemitglieder aber großen Anklang fand.
St. Pauli folgte 1898 mit der Einführung einer liturgischen Gottesdienstordnung und Abendmahlsfeier. Pastor Julius Burggraf erklärte, er habe bei seinem Amtsantritt an St. Ansgarii (1883) keinerlei Liturgie vorgefunden und nicht lange danach einen kurzen Altardienst eingeführt. Aber noch 1928 plante die Gemeinde, „die unter allen Umständen im Interesse der Belebung des kirchlichen Sinnes der Gemeindemitglieder eine modernen Bedürfnissen entsprechende Neugestaltung ihres Kultus durch Einführung einer Liturgie vorzunehmen entschlossen" war, zur Aufnahme des Kirchenchores eine Erweiterung der Orgelempore, stieß dabei aber bei der Kommission zur Erhaltung kunsthistorischer Denkmale auf Ablehnung.
Die bremische Gottesdienstordnung blieb insgesamt sehr uneinheitlich: Während etwa St. Stephani, die Friedenskirche und manche anderen Gemeinden die Liturgie als zu fester Ordnung zusammengefügte Lesungen,

Gebete und Gesänge übernahmen, und die Landpredigerkonferenz ihre Mitglieder dazu ermunterte, lehnten andere dies ab, wie z.B. St. Remberti, St. Martini oder St. Michaelis, wo der lehrhafte Charakter des Gottesdienstes mit der freien Gestaltung der Predigt fernerhin im Mittelpunkt blieb. Der Meinungsstreit ging weiter, derart, daß manche Gegner der Liturgie erst zum Predigtbeginn in die Kirche kamen. Die Frage blieb offen und wurde noch nach dem Zweiten Weltkrieg in der Bremischen Evangelischen Kirche lebhaft diskutiert.

Für Predigt und Lesung waren die Perikopen, die Reihe feststehender Bibeltexte, nur fakultativ, nicht obligatorisch in Gebrauch, und die freie Textwahl durch die Geistlichen überwog, was der schlesische Pfarrer O. F. Wehrhan, der 1842 in seinem Buch „Norddeutsche Reise" einen Besuch in Bremen beschrieb, kritisierte. Auch die Predigt selber wandelte sich vom mehr Erbaulichen zum Sachlichen. Der Domprediger Pastor Frickhöffer sagte beispielsweise 1890 am Sarge seines Amtsbruders Schramm, dieser habe sich bemüht, den modernen Zug in der neueren Kanzelberedsamkeit zur Geltung zu bringen, indem er das Alltägliche in das Licht einer höheren Beleuchtung erhob und, unbedenklich alte Formen verlassend, redete, wie Gott es ihm auszusprechen gebot. Schon Pastor Wehrhan war 1841 unangenehm überrascht gewesen, in Bremen von den reformierten Geistlichen keine synthetischen Predigten, sondern nur Homilien, analytische Kanzelreden, bloße Paraphrasen eigentlich, zu hören, in denen sozusagen ein demokratisches Wesen gewaltet habe.

Das Kirchengebet konnte einerseits das frommer Eingebung entspringende, von Herzen kommende und zu Herzen gehende ursprüngliche Wort des Predigers sein, andererseits hatte es als Kanzelfürbitte für die Obrigkeit, den Senat und seit 1871 Kaiser und Reich auch gleichsam offizielle Bedeutung. Der allem Byzantinismus abholde Senat dämpfte allerdings alle Anregungen aus Berlin auf Übernahme durch königlichen Erlaß in Altpreußen eingeführter Kanzelfürbitten, wie 1901 für das während des Boxeraufstandes in China und 1904 in Südwestafrika gegen die aufständischen Eingeborenen kämpfende deutsche Expeditionskorps, durch Weitergabe des allerhöchsten Wunsches an die Gemeinden, die damit nach Gutdünken verfahren konnten.

Kirchengesang, Gesangbuch

Wesentlicher aktiver Beitrag der Gemeinde zum Gottesdienst war seit alters der nach Aussage Bürgermeister Christian Abraham Heinekens nicht selten in „ein blökendes Gekreisch ausgeartete" Kirchengesang, oft, wie schon 1818 in St. Ansgarii, sodann auch im Dom, durch eigens bestellte

Vorsänger oder Kantoren, zumeist die Leiter der Kirchspielsschulen, aus hergebrachter Schläfrigkeit zu frischem Leben auferweckt. Er mußte, um die Aufmerksamkeit der Kirchgänger für das Eigentliche wachzuhalten, in wohldurchdachter Dosierung in den Wortgottesdienst eingefügt werden, damit die Leute nicht im Schlußchoral bei dem Vers „Auf empor mit Adlersflügeln" vorzeitig von ihren Plätzen aufsprangen und aus der Kirche eilten.

Unentbehrliche Stütze des Gemeindegesangs war das Kirchengesangbuch, seit Martin Luthers Zeiten der Inbegriff evangelischer geistlicher Musikkultur. Auf diesem Gebiet herrschte in Deutschland eine extreme Zersplitterung, derart, daß nach Verdrängung des kernigen reformatorischen Liedguts in zahlreichen von barockem Schwulst und aufklärerischer Afterweisheit strotzenden Gesangbüchern das hymnologisch hochwertige Erbe überwuchert und verdrängt war. Auf dem Bremer Kirchentag von 1852 hatte ein Referent in Erkenntnis dieses Mißstandes den Weg zu einem gesamtdeutschen Einheitsgesangbuch zu eröffnen versucht, indem er die Versammlung zum Beschluß über die Herausgabe von 150 Kernliedern brachte, die in allen regional sonst völlig verschiedenen Gesangbüchern identisch sein sollten. Daraufhin hat zwar tatsächlich die Eisenacher Konferenz schon 1854 durch eine Kommission solche „Hundertfünfzig Kernlieder" veröffentlichen lassen, doch sollte dieses Beispiel erst nach Jahrzehnten Wirkung zeigen.

In Bremen, wo der Rat in Gesangbuchfragen die obrigkeitliche Zuständigkeit beanspruchte, gab es seit 1767 das reformierte, von rationalistischem Aufklärergeist geprägte „Neue Bremische Psalm- und Gesangbuch". Es blieb für das Landgebiet bis 1864 in Geltung, während es für die Stadtgemeinden in der Franzosenzeit 1813 unter dem Motto „Vernunft und Glaube" in revidierter Fassung als „Christliches Gesangbuch zur Beförderung öffentlicher und häuslicher Andacht" und 1864 in nochmals überholter Gestalt für Stadt und Land gemeinsam herauskam.

Die Domgemeinde benutzte ein 1778 erschienenes aufklärerisches Gesangbuch in seit 1807 verbesserten Auflagen zunächst weiter.

Die Senatskommission war für die Einführung eines revidierten bremischen Gesangbuchs in allen Gemeinden in Stadt und Land. Als die Domgemeinde ihrerseits 1867 für die Revision ihres als unmodern und vielfach geschmacklos empfundenen Gesangbuches eine Kommission niedersetzte, hätte das Ministerium gern eine reformierte Beteiligung an der Arbeit gesehen zwecks Herausgabe eines überkonfessionellen Werkes. Eine entsprechende Sondierung stieß aber beim Dom auf Ablehnung. Erst als dessen Editionskommission ihre Tätigkeit Ende 1872 abgeschlossen hatte und die reformierte Seite ihre Bitte auf Beteiligung mit kräftiger

Unterstützung durch die Senatskommission wiederholte, kam es zu kurzfristigen Verhandlungen, die auch zu schneller Einigung führten. Die Reformierten konnten noch die Aufnahme von 24 Liedern in das neue, im März 1873 herauskommende „Evangelische Gesangbuch der Bremischen Gemeinden" durchsetzen, das nunmehr 502 der 840 Nummern des alten Werkes umfaßte, eine Einbuße, die nach Meinung des „Bremer Kirchenblattes" nur ein Gewinn war.

Dies mit eingedruckten Melodien versehene, beide theologische Richtungen berücksichtigende, erste bremische Einheitsgesangbuch erntete auch außerhalb Bremens hohes Lob und wurde von allen Gemeinden alsbald eingeführt — mit Ausnahme von Bremerhaven und Wasserhorst, wo den Bauern, wie Senator Ehmck annahm, fürs erste das Geld noch zu fest in der Tasche saß.

Trotz dieser anfänglich allgemeinen Zustimmung machten sich schon nach einem Jahrzehnt doch wieder erneute Reformbestrebungen geltend, vor allem in der nach dem Exodus der Orthodoxen von den Liberalen beherrschten Bremer Kirchenvertretung. Sie setzten 1884 sogar eine Gesangbuchrevisionskommission ein, doch kam das Unternehmen alsbald zum Erliegen, nachdem der Kirchenvorstand des Domes es als „zur Zeit nicht opportun" abgelehnt hatte.

Erneut in Bewegung geriet die Angelegenheit erst im Mai 1908 durch einen Vortrag des Pastors Zauleck von der Friedensgemeinde in der Kirchenvertretung über die Reformbedürftigkeit des Gesangbuches. Dieses habe allzuviele wertlose unter Verzicht auf unentbehrliche Lieder aufgenommen, die Texte oft geschmacklos verschlimmbessert und die Zahl der Melodien so beschränkt, daß manchmal ein Oster- oder Pfingstchoral nach der Weise eines Weihnachtsliedes gesungen werden müsse. Diese von dem Korreferenten, dem liberalen Pastor Dr. Weiss von St. Remberti, bestätigte Kritik führte zu dem auch von allen positiven Nichtmitgliedern der Kirchenvertretung übernommenen Beschluß auf Bearbeitung eines neuen, die Fortschritte der hymnologischen Wissenschaft und die gottesdienstlichen Erfordernisse in gleicher Weise berücksichtigenden Gesangbuches. Ihm sollten vor allem die Vorschläge und Grundsätze Zaulecks zugrunde gelegt werden. Als Erscheinungstermin nahm man das Reformationsjubiläumsjahr 1917 in Aussicht.

In vier Kommissionen wirkten hervorragende Fachleute mit, die nur 270 Lieder aus dem alten Gesangbuch übernahmen und 335 neue aus vorzüglichem altem und modernem Liedergut hinzufügten, so daß das Werk insgesamt 605 Nummern umfaßte. Die Singweisen wurden durch starke Betonung des rhythmischen Gesangs verbessert. Einzigartig war die künstlerische Ausstattung des Buches, da unter der anregenden Lei-

Titelblatt des Bremer Gesangbuches von 1917, gestaltet von Willy Menz

tung Professor Kleinhempels, des Direktors des Gewerbe-Museums, namhafte Künstler wie u. a. Heinrich Vogeler und Willy Menz für den Entwurf des zum Teil mehrfarbigen Buchschmucks gewonnen wurden. Die Mühe so vieler Mitarbeiter sollte sich lohnen. Mit der wegen der Begleitumstände des Ersten Weltkrieges nicht ganz termingemäß fertiggestellten Gemeinschaftsleistung wurde nach dem Urteil des Straßburger Theologieprofessors und Führers der älteren Liturgischen Bewegung, D. Friedrich Spitta, ein Werk geschaffen, „das viele deutsche Gesangbücher hinter sich läßt und das von keinem übertroffen wird". So dachten auch die Bremer Gemeinden, die es 1918/19 einführten.

Die Entwicklung von der Vielfalt zur Einheit war in Bremen insofern nicht total, als der im Geist der Erweckungsbewegung wirkende Verein für die Verbreitung kleiner christlicher Schriften für seine volksmissionarischen Zwecke eine kleine Sammlung frommer geistlicher Gesänge herausgab, die unter dem Titel „Kleiner", später „Neuer Liederschatz" viele Auflagen erlebte und auch zum Teil in den Schulen Eingang fand. So stellte Emilie Brendel, die Leiterin einer höheren Töchterschule, u. a. daraus ein Schulgesangbuch von etwa 50 Liedern für ihr Institut zusammen, das den Ärger des Dombauherrn Franz Schütte über diese Konkurrenz zum allgemeinen Gesangbuch erregte. Seine Beschwerde an den Senat stieß aber Anfang 1888 auf Ablehnung bei der Unterrichtskommission mit der Begründung, das Werk der Schulvorsteherin sei nicht zu beanstanden, weil das (damalige) große Bremische Gesangbuch einerseits viele für die Schule unverwendbare Gesänge enthalte, während andererseits darin manche nur für Kinder geeignete Lieder fehlten.

Orgel, Kirchenchor, Kantorei

Die Stütze des Gemeindegesanges waren seit jeher eine gute Orgel und ein künstlerisch begabter Organist. Nicht alle Gemeinden waren so glücklich gewesen wie der Dom oder St. Stephani, denen der berühmte Meister Arp Schnitger in den 1690er Jahren eine neue Orgel gebaut hatte, von denen die des Domes bis Mitte des 19. Jahrhunderts erhalten blieb, während die andere 1754 einem Brand der Stephanikirche zum Opfer gefallen war. Im Dom, von dessen Turm seit 1737 allsonntäglich die Turmbläser den Gottesdienst weitschallend begleiteten, hielt sich die alte Tradition der Chor- und Instrumentalmusik unter Leitung der Domkantoren, die hauptamtlich Lehrer an der Lateinschule des Domes, dem Athenäum, waren. Sie bildeten aus sangesbegabten Schülern des Konvikts, wohl auch aus Kindern des St.-Petri-Waisenhauses, einen kleinen Chorus musicus, der zusammen mit den Instrumentalmusikern des Domes die Gottesdienste zu bereichern suchte. Nachdem der Domkantor Wilhelm Christian Müller die Dommusik noch über die politische Jahrhundertwende mit dem Übergang des Domes von Hannover auf die Stadt und die Franzosenherrschaft hinweggerettet hatte, erlag sie dann doch 1815 der Geldnot der Nachkriegszeit. Man begnügte sich damit, die Choräle an Festtagen von Pauken und Posaunen begleiten zu lassen. Doch gewann Müller in Wilhelm Friedrich Riem 1814 einen hervorragenden Domorganisten, der in seinem Antrittsjahr sogleich die „Singakademie" begründete und mit ihr die Chorgesangskultur Bremens reich befruchtete, was z. B. in der 1832 im Dom unter Riems Leitung aufgeführten Johannespassion von Bach zum Ausdruck kam.

Zu der eigentlichen Neugründung des Domchores kam es aber erst 1856 durch den Loewe-Schüler Heinrich Kurth, der damals zum Lehrer an der Domschule berufen worden war. Die Leitung dieses von ihm auf beachtliche Höhe geführten Klangkörpers aus anfangs nur zwölf besoldeten, von Schülern unterstützten Männern fiel nach Kurths Tode (1872) an Karl Reinthaler, der als Nachfolger des 1857 verstorbenen „alten Riem" nach Bremen gekommen war.

Allerdings, wenn Reinthaler auch selber Autor geistlicher Chorgesänge und eines „Bremischen Choralbuches" war, ja es sogar erreichte, daß das „Deutsche Requiem" von Johannes Brahms unter Stabführung des Komponisten am Karfreitag 1868 im Bremer Dom uraufgeführt wurde, so brachte doch erst sein Nachfolger in der Leitung des Domchores, der Domorganist Eduard Nößler (seit 1893), den Klangkörper durch Vergrößerung der Frequenz und Hereinnahme von Frauen für die Sopran- und Altstimmen anstelle der Domschüler und Waisenkinder zu jenem strahlend blühenden Leben, das ihn noch unter Richard Liesche (seit 1930) auszeichnen sollte.

Natürlich machte das Beispiel Schule, und nachdem St. Remberti schon 1871 mit der Gründung eines Gesangvereins vorangegangen war, hatten um die Jahrhundertwende auch die meisten reformierten oder unierten bremischen Gemeinden, entsprechend dem Fortschritt der Liturgischen Bewegung, ihren gemischten Kirchenchor, der an hohen Festtagen nicht selten durch Posaunenbläser und andere Instrumentalisten unterstützt wurde. So gab es an St. Stephani seit 1887 einen Kirchenchor, und an St. Pauli trug seit 1908 eine Kantorei zur Verschönerung des Gottesdienstes bei.

Kindergottesdienst

Neben die regulären traten die Sondergottesdienste. In einem Zeitalter, das der Jugend ihr Recht einzuräumen begann, gewann der Gottesdienst für Kinder Bedeutung. Sein Vorläufer war die aus England und den Vereinigten Staaten nach Deutschland eingeführte Sonntagsschule, die in Bremen — hier aber weniger Schule als Gottesdienst — seit der Jahrhundertmitte von einigen Pastoren und Stadtmissionaren der Inneren Mission in Kinderbewahranstalten oder Gemeindehäusern der Vorstädte gehalten wurde, so z. B. in St. Pauli 1880 in sechs Lokalen.

Eigentliche Kindergottesdienste kamen erst später auf. Man verfuhr dabei nach einem Gruppensystem, in dem die Kinder von freiwilligen Helfern nach Altersstufen getrennt unterrichtet wurden, worauf dann der geistliche Leiter die einzelnen Unterrichtsteile in einer allgemeinen Schlußkatechese durch Frage-und-Antwort-Methode zu einem kindgemäßen religiösen Gesamtbild zusammenfaßte. Besonders entwickelt wurde diese Form des Kindergottesdienstes durch Pastor Paul Zauleck von der Friedensgemeinde, der auch der Mitherausgeber des Sonntagsblatts „Für unsere Kinder" war und später zwei Bände eigener Kinderpredigten „Vom lieben Heiland" veröffentlichte. Dank seiner unermüdlichen, anfeuernden Arbeit wurden beispielsweise 1892 schon fast 4000 Kinder des Sonntags an den Kirchgang gewöhnt, bezeichnenderweise übrigens damals noch fast ausschließlich in orthodoxen Gemeinden.

Festgottesdienste, Sondergottesdienste

Es versteht sich, daß die Gottesdienste sich an den im Dom ebenso wie in den reformierten Kirchen bis 1805 sogar an drei, fortan nur an zwei Tagen gefeierten hohen Festen Weihnachten, Ostern und Pfingsten zur Ehre Gottes und Erbauung der Gläubigen durch besondere liturgische und musikalische Prachtentfaltung auszeichneten. Ende 1863 bat der Verwaltende Bauherr des Domes den Präsidenten des Senats um die Genehmigung, das Weihnachtsfest künftig am Heiligen Abend von 16 bis 16.30 Uhr einläuten lassen zu dürfen, und 1908 hört man zum ersten Mal von einer Christvesper nachmittags in Unser Lieben Frauen mit Tannenbaum im Schmuck brennender Kerzen, von einem Knabenchor gesungenen Weihnachtsliedern und einer Ansprache Pastor Groscurths. 1912 führte St. Michaelis am Nachmittag des 24. Dezember, zunächst „versuchsweise", einen liturgischen Gottesdienst ein. St. Stephani und die anderen Gemeinden folgten.

Von der Einführung einer Silvesterpredigt um 17 Uhr ist 1858 am Dom die Rede, und 1874 weiß das „Bremer Kirchenblatt" zu berichten, Silvestergottesdienste würden mehr und mehr als Bedürfnis empfunden, und die meisten Kirchen der Stadt, zum Teil auch des Landgebiets, seien deshalb zu Abendgottesdiensten geöffnet, bei denen großer Zudrang herrsche. In St. Michaelis gab es freilich erst seit 1912 an Silvester einen Abendgottesdienst, an den sich versuchsweise ein solcher am Neujahrstage anschloß.

Besonders feierlich wurde eine Jahrhundertwende begrüßt. Den 1. Januar 1801 hatte man noch lediglich durch einen doppelten Gottesdienst in den Kirchen der Alt- und Neustadt sowie eine Abendmusik in Unser Lieben Frauen hervorgehoben. Im Dezember 1899 faßte dagegen der Bundesrat auch mit Bremens Stimme auf Antrag Preußens den einstimmigen Beschluß, daß diesmal der 1. Januar 1900 als Jahrhundertanfang gelten solle. Und das, schreibt Bremens Vertreter Bürgermeister Pauli aus Berlin, „obgleich verständiger Weise kein Zweifel darüber obwalten kann, daß der von Preußen gefaßte Beschluß rechnerisch verkehrt ist, da ein Jahrhundert nicht mit 99, sondern erst mit 100 Jahren abgeschlossen ist." Nach Senator Ehmck, dem Federführenden der Kirchlichen Kommission, sollte das Silvestergeläut, das ohnehin schon überall eingebürgert sei, von 0 Uhr bis 0.15 Uhr von allen Kirchtürmen erschallen, während der Dom es nach Wunsch seines Bauherrn Franz Schütte noch eine Viertelstunde länger fortsetzen wollte, um das „mehrfacher Modulation fähige Geläute seiner sechs Glocken zur Geltung zu bringen". Im übrigen sollten die Pastoren auf das Ereignis in ihren Silvester- und Neujahrspredigten besonders eingehen.

Der Reformation gedachte man in den Gemeinden zunächst an sehr verschiedenen Terminen. Die Kirchenvertretung nahm sich daher schon in ihrer ersten Session 1876 dieser Anomalie an und empfahl dem Senat, einheitlich den 31. Oktober, wenn dieser ein Sonntag sei, sonst den nächsten Sonntag für die Gedenkfeiern zu bestimmen. Der Senat griff die Anregung 1877 durch Erlaß an alle Prediger der Stadt und des Gebiets auf.

Das Dreihundertjahr-Gedenken der Reformation steigerte sich 1817 zu einer machtvollen Demonstration evangelischen Selbstbewußtseins. Das vom Senat dazu am 17. Oktober 1817 beschlossene Proklam atmete so recht den Geist Johann Smidts, wenn es darin etwa heißt, mit Luthers Tat habe der Protestantismus den Kampf begonnen für seinen allgemeinen Grundsatz, „daß keine Gewalt und keine Satzung den Menschen das Recht nehmen könne, immer fortzuschreiten in der Erkenntniß und der Aneignung der Wahrheit". Und weiter: „Heilige und erhebende Empfin-

dungen müssen die Brust eines jeden beleben, der in dem Glück der Menschheit einen Gegenstand der innigsten Theilnahme erkennt, bei der Erinnerung, daß vor dreihundert Jahren der Tag erschien, ... wo die Evangelische Christenheit erlöset wurde von der Verpflichtung zum blinden Glauben an die Ansprüche einer für unfehlbar ausgegebenen Kirche." Freiheit eines Christenmenschen, aufgeklärt und glücklich!
An dem Bericht des Dompredigers Rotermund über den Verlauf der dreitägigen Jubelfeier im Dom ist bemerkenswert, daß der vorsichtige Senat durch seinen Syndikus Schoene dem Primarius Nicolai und Pastor Rotermund in einer Vorbesprechung aufgegeben hatte, für die sechs Festpredigten Textvorschläge einzureichen, aus denen der Senat dann die ihm passend erscheinenden Stellen auswählte, während die reformierten Geistlichen die freie Wahl haben sollten. Das Kirchengebet nach der Predigt blieb großzügigerweise „der Willkühr der Prediger überlassen".
Eingeleitet am 30. Oktober durch das Geläut aller Glocken von 4 bis 5 Uhr nachmittags, das am Haupttage, dem 31. Oktober 1817, von 7 bis 8 Uhr wiederholt wurde, begannen die Feierlichkeiten morgens mit der Frühpredigt von 5.30 Uhr bis 7 Uhr. Dann zogen um 7.15 Uhr die vier Domprediger „von mehreren tausend Kindern begleitet, ... in feierlicher Procession nach dem Osterthore durch die Bucht- und Sandstraße. Beim Waisenhause schlossen sich die Waisen an diesen Zug an, welcher dann nach der Bischofsnadel zu, links am Ende des Domshofes, umbog und sich mitten durch denselben, unter Gesang, durch die Thüre unter dem Thurm in die Domkirche begab". Der Gottesdienst, bei soviel Jugend zweifellos ein fröhliches Spektakel, zeichnete sich, der Situation entsprechend, durch viel Gesang und Altardienst aus. Zur Nachmittagspredigt ging es noch einmal in Prozession. Am nächsten Tage fand eine Nachfeier mit Abendmahlsvorbereitung und der Einweihung eines neuen Altars statt, und am folgenden Sonntag wurden vier Gottesdienste mit Abendmahl gehalten.
Den Abend des 1. November verschönte die Aufführung von Händels „Messias" im Dom. „Da der mächtigste Hebel der Reformation die Deutsche Bibel-Übersetzung Luthers war, indem durch diese dem Deutschen Volke die bis dahin ausländisch verbrämte Lehre Christi im eigenen lebendigen Worte vor das Gemüth geführt und ihm das freie Aneignen der darin enthaltenen Wahrheiten möglich gemacht wurde", hatte der Senat bestimmt, daß der Reinertrag des Konzerts der nicht lange zuvor gegründeten Bremischen Bibelgesellschaft zufließen sollte.
Bedenkt man, daß auch die reformierten Gemeinden das Reformationsjubiläum, wenn auch nicht ganz so überschwenglich wie die Lutheraner, mit gefeiert haben, so läßt sich leicht ermessen, daß damals die ganze

Stadt Bremen tagelang im Zeichen Dr. Martin Luthers gestanden haben muß. Zugleich versteht sich, daß die Vierhundertjahr-Feier 1917 wegen der Kriegsnot sehr viel schlichter und stiller begangen wurde.
Zur vierhundertsten Wiederkehr von Martin Luthers Geburtstag am 10. November 1883, einem Sonnabend, gab es morgens Choralblasen von mehreren Kirchtürmen und Feiern in den Schulen, sodann um 17 Uhr einen liturgischen Festgottesdienst im Dom. Von Glockengeläut von 16 bis 17 Uhr und am nächsten, Luthers Tauftag, von 8 bis 9 Uhr angekündigt, wurden der Gedenkgottesdienst in allen Kirchen gefeiert und eine Beckensammlung zugunsten des Bremer Hauptvereins der Gustav-Adolf-Stiftung für notleidende evangelische Diasporagemeinden durchgeführt.
Die nationale Aufbruchstimmung nach dem Sieg über Napoleon fand auch in Bremer Kirchen ihren Widerhall. 1815 gab es eine Gedenkfeier am Jahrestag der Völkerschlacht bei Leipzig mit einer patriotischen Predigt von Dräseke, und bis 1854 wurden aus diesem Anlaß zumindest die Glocken geläutet. Der 50. Jahrestag 1863 erhielt durch einen Festgottesdienst wieder sakrale Weihe.
Mit dem im Deutsch-Französischen Kriege vom Senat für den 27. Juli 1870 angesetzten außerordentlichen Bettag sollte Gottes Hilfe für den Endsieg über den „Erbfeind" erfleht werden. Martialischen Charakter hatte demgemäß die bis zum Ende der wilhelminischen Ära zur Erinnerung an den Tag der Kapitulation der Armee Mac Mahon und der Gefangennahme Kaiser Napoleons III. alljährlich begangene Sedanfeier. So hielt zum Beispiel am Nachmittag des 2. September 1910 der Bremer Garnisonspfarrer Groscurth, Pastor primarius von Unser Lieben Frauen, im Dom die Festpredigt, die von Darbietungen des Domchores und der Regimentsmusik zeitgemäß eingerahmt wurde. An einem solchen militärischen Spektakel wie auch an dem Glockengeläut anläßlich von Schlachtensiegen sollten die Menschen später freilich nach schrecklichen Kriegsnöten wenig Geschmack mehr finden. Ebenso wirkt es heutzutage fast makaber, daß der Kaiser durch Allerhöchsten Erlaß für den 5. August 1914 einen außerordentlichen Bettag anordnete, an dem sein Volk sich versammeln sollte „in ernster Feier zur Anrufung Gottes, daß er mit uns sei und unsere Waffen segne", ein Erlaß, dem sich der Bremer Senat durch eine entsprechende Verordnung anschloß.
Buß- und Bettage gab es im protestantischen Deutschland seit barocken Zeiten infolge der Willkür absolut regierender kirchlicher Obrigkeiten über das Jahr verstreut in Hülle und Fülle. In Bremen wurden 1805 die früheren monatlichen Bußtage durch eine Verordnung des Senats unter Koppelung mit dem Erntedankfest zu einem einzigen allgemeinen Dank-, Buß-

und Bettag am Mittwoch vor Michaelis zusammengelegt. Der Tag wurde dafür aber laut eines Ratsproklams von 1806 besonders feierlich begangen. Nachmittags zuvor durch ein einstündiges Geläut aller Glocken angekündigt, fanden am Festtage selber morgens und abends Gottesdienste statt, die wieder von je einstündigem Glockenklang begleitet waren. Handel und Wandel, lärmender Arbeitsverkehr, Musik und Tanz wie auch bis drei Uhr nachmittags der Ausschank von Getränken und das Feilhalten von Waren wurden verboten und im übrigen die Einwohner aufgefordert, den Tag würdig zu begehen.

Daran sollte es allerdings in der Folge nicht selten fehlen. Der „wahre Scandal", daß die Leute, anstatt in die Kirchen zu strömen, „geflissentlich davonliefen" und den neuen Festtag dank der engen Grenzen des Stadtgebiets nicht selten zu Ausflügen ins Grüne im Hannöverschen oder Oldenburgischen mißbrauchten — ähnlich den Gebräuchen am heutigen „Vatertag" —, führte auf die Dauer zu einem solchen öffentlichen Ärgernis, daß der Senat 1874 nach Befragung des Geistlichen Ministeriums und des Dompredigerkollegiums die Sache in die Hand nahm. Indes kam es doch erst nach langen diplomatischen Demarchen hin und her dazu, daß die Bürgerschaft auf Antrag des Senats im November 1892 den Beschluß fassen konnte, den Bußtag in Anlehnung an die neueste preußische Regelung auf Mittwoch vor dem letzten Trinitatis-Sonntag im November zu verlegen. Eine Senatsverordnung stellte ihn unter den üblichen strengen gesetzlichen Festtagsschutz, der öffentliche Belustigungen wie Theateraufführungen verbot.

Das Erntedankfest, das wegen seiner Bindung an die Erntezeit nicht mit dem Bußtag verlegt werden konnte, wurde auf die Initiative der Kirchenvertretung 1891 nach preußischem Vorbild auf den Sonntag nach Michaelis angesetzt und von immer zahlreicheren Gemeinden gefeiert.

Einen ersten Anstoß zur Nachahmung gaben die abendlichen Passionsgottesdienste an den Mittwochabenden vor Ostern, die 1872 in St. Pauli ins Leben gerufen wurden.

Die Einführung einer kirchlichen Feier zum Gedächtnis der Toten in einigen Gemeinden nahm die Bremische Kirchenvertretung 1877 auf Antrag von Domprediger Frickhöffer zum Anlaß, den letzten Sonntag im Kirchenjahr allgemein als Totensonntag vorzuschlagen. Da drei Gemeinden — St. Martini, St. Stephani und die Friedenskirche — das ablehnten, blieb die Einrichtung eines „Totenfestes" fürs erste noch den Einzelgemeinden überlassen, es pendelte sich in der Folge aber doch auf den von der Kirchenvertretung vorgeschlagenen Termin ein.

Als eine Art von lockerem Sondergottesdienst könnte man auch die Bibelstunden oder Bibelbesprechungsstunden bezeichnen, die seit der Jahrhundertmitte ähnliche in der Zeit des Pietismus z. B. von dem Martinigeistlichen Undereyck und seiner Ehefrau abgehaltene, aber in der nachfolgenden Epoche des Rationalismus eingegangene Konventikel und Katechisationen in veränderter Form wieder aufnahmen. Bezeichnenderweise blieb diese Einrichtung fast ausschließlich auf die positiven Gemeinden beschränkt.

Abendmahl

Der Gottesdienst setzte sich aus Wort und Sakrament zusammen, wobei letzteres seit evangelischer Zeit nur noch aus Abendmahl und Taufe bestand. Das heilige Abendmahl als kultische Handlung wurde in den bremischen Gemeinden gemäß ihrer Konfession nach reformiertem oder lutherischem Verständnis gefeiert, und zwar in der Regel im Anschluß an einen Hauptgottesdienst. Vorausgegangen war der eigentlichen Abendmahlsfeier ein Beichtgottesdienst am Abend zuvor, später auch am Sonntag selber. Auf dem Evangelischen Kirchentag in Bremen 1852 von einigen Lutheranern vertretene Tendenzen, den Beichtgottesdienst zur Privatbeichte zu steigern, wurden u.a. von den anwesenden Bremer Predigern Mallet und Treviranus als katholisierend und antireformiert erfolgreich bekämpft.
Das Formular der Abendmahlsfeiern unterschied sich in den Gemeinden; bei den Reformierten brach man das Brot, bei den Lutheranern wurden meist Oblaten gereicht. Die 1898 vom St.-Pauli-Konvent angenommene Abendmahlsordnung war der preußischen Agende nachgebildet und deutete den Sinn der Kommunion als durch den Kreuzestod Christi gestifteten Bund der Gnade und Versöhnung.
Auf dem Lande war es üblich, daß die Bauern ihr Beichtopfer auf den Altar legten, doch wurde dieser der Würde der sakralen Handlung wenig angemessene Brauch später abgeschafft, ebenso wie 1824 in St. Pauli die Sitte, daß der Pastor bei der Vorbereitung jeden Kommunikanten einzeln ansprach, worauf dieser ihm die Geldgebühr bar in die Hand drückte.
Bei der sogenannten Wandelkommunion, d.h. dem Herantreten an den Altar, bestand seit 1893 im Dom keine Trennung der Abendmahlsgäste nach Geschlechtern mehr. Um die Jahrhundertwende gab es noch eine weitere Neuerung: Hygienesinn und Bazillenfurcht weckten eine Bewegung zum Einzelkelch hin. Auf die Initiative von Pastor Weiss wurde an St. Remberti im Winter 1902/03 der Gruppenkelch in der Form eingeführt, daß die Kommunikanten nicht mehr insgesamt an den Altar traten, sondern in Gruppen in den Bänken verblieben und von sechs kleinen Ein-

zelaltären mit je acht Kelchen im Mittelgang der Kirche von den beiden Predigern Brot und Wein erhielten. Daß Abstinente, die das Abendmahl nur unter einerlei Gestalt genießen wollten, den Kelch weiterreichen konnten, führte auf positiver Seite zu dem Vorwurf des Katholizismus gegen Pastor Weiss.
Vom Gruppenkelch zum Einzelkelch war es nur ein Schritt. 1904 führte ihn St. Ansgarii auf Anregung von Pastor Burggraf ein, St. Martini folgte 1905 und St. Michaelis 1906, andere boten den Einzelkelch fakultativ an. In der konfessionell gemischten Friedensgemeinde war es den Geistlichen nach der Ordnung von 1905 freigestellt, das Abendmahl wahlweise nach reformiertem oder lutherischem Formular auszuteilen. 1906 beschloß der Konvent, daß die Geistlichen fürs erste bei den üblichen 18 jährlichen Abendmahlsfeiern bei der einen Hälfte weiterhin den Gesamtkelch, bei der anderen Einzelkelche verwenden sollten. Die Domgemeinde hatte die Frage des Einzelkelchs schon 1894 erörtert, von dessen Einführung nach einem Gutachten des Kaiserlichen Gesundheitsamtes aber abgesehen. Da die Einzelkelchbewegung sich in der Folge wenig mehr ausbreitete, blieb es bei der Verschiedenheit der bremischen Abendmahlsbräuche.

Taufe

Das Sakrament der Taufe, das nach altgläubiger Überzeugung den Menschen von der Erbsünde freimachte, erlangte nach dem Kirchenrecht allein durch Aussprechen der trinitarischen Formel „Im Namen des Vaters und des Sohnes und des Heiligen Geistes" Gültigkeit. Der Akt der Aufnahme des Täuflings in die christliche Gemeinschaft durch die Taufe hatte im Laufe des 19. Jahrhunderts durch deren Verlegung aus der Kirche, zum Teil in die Amtszimmer der Pastoren, mehr noch in die Elternhäuser, an gemeindebildender Symbolkraft eingebüßt. Es wurde auch darüber geklagt, daß in der entkirchlichten Industriearbeiterbevölkerung das Kind oft nur von einem Elternteil zu schneller Taufe ins Pastorat getragen oder gar nicht getauft werde.
1876 kritisierte das „Bremer Kirchenblatt" das „Protestantenblatt" dafür, daß dieses in Verbindung mit einer vom Senat geplanten Verlautbarung über die Anmeldungen zum Konfirmandenunterricht nicht die Vorlage des Taufscheines, sondern nur die des Geburtsscheines dabei für notwendig erklärt habe. Ein Pastor könne nach Auffassung der Liberalen also bedenkenlos ungetaufte Kinder konfirmieren, und es würde demnach künftig in Bremen getaufte und ungetaufte Christen geben. Letzteren müßten die positiven Gemeinden dann allerdings die Abendmahlsgemeinschaft versagen.

1882 nahm sich die Kirchenvertretung der mit der Taufpraxis verbundenen Mißstände an, wobei es u. a. ebenfalls darum ging, ob die Vorlage des Taufscheins tatsächlich die Bedingung für die Zulassung zum Konfirmandenunterricht sein solle. Das veranlaßte Pastor Schwalb von St. Martini zu der Aussage, er werde ein vierzehnjähriges Kind nicht nur deshalb eigens taufen, damit es konfirmiert werden könne, was aber ja kirchenrechtlich notwendig war.

Um die Taufen in Bremen handelte es sich auch 1890 in einem Wortgefecht im preußischen Abgeordnetenhause zwischen dem Berliner Hofprediger Stoecker und dem Zentrumsführer Windthorst. Als Stoecker den Katholiken die von ihnen in Preußen vollzogenen Wiedertaufen evangelischer Christen vorwarf, kam aus dem Zentrum der Zuruf „Bremen!", worauf Stoecker einräumte: „Wenn in Bremen, wo Geistliche offen das Christenthum bestreiten dürfen, zum zweiten Male getauft würde, so könnte ich das begreifen, aber wir in Preußen haben feste Kirchenordnungen ..."

Die Berliner Attacke veranlaßte dreizehn altgläubige Bremer Pastoren zu dem Antrag an den Senat, die Taufpraxis aller Geistlichen auf ihre trinitarische Rechtmäßigkeit hin zu überprüfen und gegebenenfalls die erforderlichen Schritte zu tun, um die Ehre der bremischen Kirche wiederherzustellen. Senator Ehmck, Federführender der Kirchlichen Kommission, meinte dazu: „Es ist arg, daß der Hofprediger Stoecker sich herausnimmt, ... eine andere deutsche Landeskirche in solcher Weise anzugreifen", und schlug vor, im ablehnenden Senatsbescheid an die Petenten hervorzuheben, daß den bremischen Geistlichen für die Taufen die trinitarische Formel zwingend vorgeschrieben und auch nicht bekannt sei, daß davon abgewichen werde. Der Senat bedauerte allerdings, daß ein Teil der orthodoxen bremischen Prediger den Zwischenfall im preußischen Abgeordnetenhaus zu einem Feldzug gegen die liberalen Amtsbrüder benutze, erklärte den Petenten aber durch Konklusum vom 7. Juli 1890 sehr lakonisch, daß er keinen Anlaß zu kirchenregimentlichen Maßregeln sehe.

1894 beschwerte sich der freireligiöse Diakon Wedemeyer bei der Kirchlichen Kommission über Pastor Kalthoff von St. Martini, weil dieser seine ungetaufte Tochter nicht ohne Dispens des Senats konfirmieren wolle. Der über das Gesuch Bericht erstattende Senator Lürman erklärte aber eine Konfirmation ohne Taufe für sinnlos und rechtswidrig, es sei auch „so ein unsinniges Verlangen noch niemals gestellt" worden. Der Senat beschied den Pententen abschlägig. Ein Jahrzehnt später sollte er im oben behandelten Fall des radikalen Dompredigers Mauritz, der die trinitarische Taufformel durch ein Eigenfabrikat ersetzt hatte, zu einer recht strengen kirchenrechtlichen Entscheidung gelangen.

Konfirmation

Die Konfirmation, der religiöse Akt, durch den der junge evangelische Christ in die Abendmahlsgemeinschaft seiner Mitchristen aufgenommen wurde, hatte zur Voraussetzung, wie oben erwähnt, die Taufe, die gegebenenfalls nachzuholen war, ferner die Kenntnis der und das Bekenntnis zu den Glaubensdogmen der Kirche, vermittelt im allgemeinen durch die Unterweisung in der Schule und im besonderen durch den zweijährigen Predigerunterricht, der gegen die zu Anfang des 19. Jahrhunderts noch übliche, auf den Katechismus gestützte Vorbereitung schon eine erhebliche Verkürzung darstellte.

Es ist bezeichnend, daß die Kirchenvertretung seit ihrer ersten Session 1876 die Frage des sogenannten Biblischen Geschichtsunterrichts in der Schule aufgriff und an den Senat herantrat wegen der Feststellung des von der Schule für die Kirche vorzubereitenden Minimalmaßes des religiösen Unterrichts- und Memorierstoffes, das die Kinder bei Antritt des Predigerunterrichts beherrschen sollten. In der Tat sollte es 1878 zu einer solchen lehrplanmäßigen Zusammenstellung kommen. Dies war nicht allzuviel und paßte zu dem schon 1868 vom Ministerium und Dompredigerkollegium aus gegebener Veranlassung gefaßten Beschluß, niemand zur Konfirmation zuzulassen, der nicht zwei Jahre lang einen Predigerunterricht von je zwei Wochenstunden erhalten habe.

Dessen Einfügung in den Schulunterricht am Morgen mit der dadurch bedingten Spaltung des Lehrplans war jahrzehntelang ein Zankapfel zwischen Kirche und Schule. Denn es war schon ein Nachteil für die schulische Arbeit, wenn noch nach der Bekanntmachung der Senatskommission für das Unterrichtswesen über das Verhältnis des Predigerunterrichts zum Schulunterricht von 1909, die eine ältere Verordnung von 1874 ablöste, die Knaben montags und donnerstags um 11 Uhr zum Katechumenenunterricht und dienstags und freitags ebenfalls um 11 Uhr zum Konfirmandenunterricht in die Lehrsäle der Prediger zu entlassen waren, während die Mädchen auf die Nachmittage verwiesen wurden. Die Geistlichen waren in dieser Auseinandersetzung letzten Endes die Verlierer. Denn nachdem die Bremische Bürgerschaft zweimal, 1898 und 1914, seine Verkürzung auf ein Jahr erwogen hatte, wurde der Predigerunterricht 1919 durch einen Beschluß des Arbeiter- und Soldatenrats ganz und gar auf die Nachmittagsstunden abgedrängt.

Mit Rücksicht auf den damaligen Schulabgangstermin im Frühjahr wurden die Konfirmationen in aller Regel am Sonntag vor Ostern begangen. Für diese Feier gab es keine besondere Agende; um die Einsegnung der Kinder vor dem Altar rankte sich natürlich eine entsprechende Liturgie

Konfirmationsschein von St. Remberti, 1895

Konfirmationsschein der Friedenskirche, 1908

Konfirmationsschein von Unser Lieben Frauen, 1917

Konfirmationsschein von St. Remberti, 1912

mit Glaubensbekenntnis, Vaterunser und Segen. Ein Unsegen war in die häuslichen Feste eindringender Luxus durch üppige Gastereien, Kleidung und Geschenke. Gegen solche Veräußerlichung wandten sich schon 1877 die Bauherren der St.-Martini-Gemeinde und noch 1915 die zum Ministerium gehörenden Pastoren mit einem abmahnenden Aufruf an die Eltern der Konfirmanden, worin es u. a. hieß: „Je tiefer wir diese Festfeier erleben — denkend, sinnend, fühlend —, desto einfacher, anspruchsloser, sinniger und stiller wird sie sein" — Worte, die auch heutzutage noch wahr sind!

Trauung

Die kirchliche Kopulation begründete jahrhundertelang zugleich auch die bürgerliche Eheschließung. Das wurde anders, als die Franzosen die von ihnen erfundene Zivilehe mit der Eingliederung Nordwestdeutschlands in das napoleonische Kaiserreich 1811 auch in der *bonne ville de l'Empire* Bremen einführten. Es wurde ein Zivilstandsamt unter der Leitung des *Maire* eingerichtet, wo die Bürger Geburten, Eheschließungen und Sterbefälle in besonderen Zivilstandsregistern beurkunden lassen mußten. Der kirchliche Sinn der Bevölkerung war aber doch so stark, daß die Amtshandlungen der Taufe und Kopulation von den Geistlichen dennoch weiterhin inoffiziell begehrt und durch sie wie bisher in die fortgeführten Kirchenbücher eingetragen wurden.
Zum Ärger des Geistlichen Ministeriums behielt der nach der Befreiung Bremens vom Joch der Fremdherrschaft restaurierte Senat die französische Neuerung bei und bestimmte durch die Zivilstandsverordnung von 1816 über den Vollzug der Kopulationen, daß die Brautpaare vor der Eheschließung durch zweifachen sonntäglichen Anschlag ihrer Namen am Rathause — auf dem Lande an der Kirchentür — proklamiert werden müßten. Dann hatten die Verlobten vor dem Zivilstandsbeamten — im Landgebiet vor dem als solchem fungierenden und mit einer Sondervergütung bedachten Prediger — in Gegenwart von zwei Trauzeugen ihren Ehewillen zu Protokoll zu geben, worauf sie eine schriftliche Kopulationserlaubnis erhielten. Erst nach Vorlage dieser Bescheinigung durften die Prediger die kirchliche Trauung vornehmen, durch welche die Kopulation definitiv vollzogen wurde und „bürgerliche Gültigkeit und gesetzliche Kraft" erhielt. Wenngleich die Gemeinden zumeist auch an der kirchlichen Proklamation, die als Fürbitte und Segen aufgefaßt wurde, festhielten, so kann man in Bremen doch von so etwas wie einer halben Zivilehe sprechen.

Der Senat hatte schon 1814 durch eine Obrigkeitliche Verordnung über die Führung der Zivilstandsregister durch die analoge Bestimmung, die Prediger dürften auch Taufen erst nach Vorlage einer vom Zivilstandsbeamten ausgestellten Geburtsurkunde vollziehen, den Widerstand des Ministeriums geweckt. Jetzt verzichtete er 1816 zwar darauf, verlangte aber, daß die Prediger alle vier Wochen Listen der von ihnen getauften Kinder einreichten, und erklärte zugleich, daß Taufscheine hinfort nur noch kirchliche, keine bürgerliche Bedeutung mehr haben würden.

So blieben im großen und ganzen die Verhältnisse bis zur Einführung der eigentlichen Zivilehe durch das Deutsche Reich zum 1. Januar 1876. Da die Ehen fortan allein auf den Standesämtern mit zivilrechtlicher Gültigkeit geschlossen wurden, konnte für die Kirche nur der sakrale Akt ihrer nachträglichen Einsegnung übrig bleiben. Eine Delegiertenkonferenz der bremischen Stadtgemeinden beriet im Juni 1875 über die künftige Gestaltung der Trauungen. Sie schlug den Ersatz der Proklamation durch eine Fürbitte für die Eheleute am Sonntag nach der Trauung vor und entwarf ein neues Formular für die Einsegnungsfeier, das 1876 von den meisten Gemeindekonventen mit oder ohne trinitarischen Segenstext angenommen und von der Senatskommission bestätigt wurde. Die Gemeinden hatten in Zukunft hinzunehmen, daß sich manche Eheleute mit der Ziviltrauung begnügten, versagten solchen Personen aber das passive Wahlrecht für kirchliche Ehrenämter. Die Kirche hatte sich damit abzufinden, daß diese Zahl von nur zivil Getrauten ständig wuchs. So ließen beispielsweise schon 1877 in der Stadt Bremen von 958 Paaren nur 829 ihre Ehe evangelisch und 21 katholisch einsegnen.

Heikel war die Frage der Mischehen, vor denen bereits 1852 der Kirchentag in Bremen gewarnt hatte. Bei evangelisch-katholischen Verbindungen erregte es auf protestantischer Seite ein besonderes Ärgernis, daß die katholische Kirche ihre Erlaubniserteilung von der eidlichen Verpflichtung des nichtkatholischen Ehegatten zur katholischen Kindererziehung abhängig machte. Schon 1872 hatte der Senat solche Bedingungen für Ehekonsense als unzulässig erklärt, und 1887 urteilte die Kirchenvertretung Protestanten, die sich dieser vor dem bürgerlichen Gesetz nicht rechtswirksamen Erpressung unterwürfen, der Verleugnung ihres Glaubens schuldig.

Probleme warfen auch die Ehen von Christen mit Nichtchristen auf, da in Bremen noch die alte Vorstellung vorherrschte, daß im christlichen Staate eine christliche Ehe nur zwischen Getauften statthaft sei, also auch nicht zwischen Christen und Juden. 1867 verbot beispielsweise der Senat dem Pastor Nonweiler von St. Remberti, einen Oldenburger Juden mit einer Christin zu trauen, da die kirchliche Einsegnung von Ehen zwischen

Juden und Christen wie in Oldenburg, so in Bremen nicht gestattet sei. Als 1869 der Jude Aron mit der Bremer Reformierten Beta Albrecht kopuliert werden wollte, erhielt er von Senator Gröning als Zivilstandsbeamtem nunmehr zwar die Genehmigung, stieß aber bei Pastor Henrici von St. Stephani auf Ablehnung der nach dem noch geltenden bremischen Zivilstandsgesetz erforderlichen kirchlichen Proklamation.
Im Senat kam es anläßlich dieses Falles zu geteilten Meinungsäußerungen über die eventuelle Einführung einer Notzivilehe oder obligatorischen Zivilehe, doch führte die Diskussion wegen des Übertritts der Braut zum jüdischen Kultus zu keiner Grundsatzentscheidung mehr. Die Einführung der Zivilehe im Reich 1876 behob zwar solche kirchenrechtlichen Schwierigkeiten, als aber ein Jahr später die in Preußen zivilrechtlich geschlossene Ehe des kaiserlich-japanischen Gesandten mit einer pommerschen Adligen von Pastor Manchot in St. Remberti unter großem Gepränge kirchlich eingesegnet wurde, was nur in Bremen zulässig war, da bezeichnete das darüber entrüstete konservative „Bremer Kirchenblatt" diese Zeremonie als ein „schlechtes Theaterstück". Aber noch 1910 sollte ein Bremer Geistlicher eigens nach Bayern reisen, um mit Zustimmung des Ortspfarrers eine evangelische Christin mit einem Juden zu trauen. So hatten sich in Bremen die Auffassungen über christlich-jüdische Mischehen innerhalb eines halben Jahrhunderts doch erheblich gewandelt.

Trauerfeier, Feuerbestattung

Auch die Trauerfeiern mußten sich in Bremen wesentlich verändern, nachdem die französische Verwaltung die jahrhundertealte Beisetzung in den Kirchen und auf den Kirchhöfen aus Gründen der öffentlichen Hygiene verboten und die Anlage neuer Friedhöfe vor der Stadt beim Herden- und Doventore angeordnet hatte. Diese wurden 1875 aufgelassen, nachdem auf dem Riensberg und in Walle neue städtische Friedhöfe eröffnet worden waren, zu denen 1882 noch der Buntentorsfriedhof hinzukam. Die weite Entfernung der neuen Begräbnisstätten führte dazu, daß die herkömmliche Sitte des Trauergefolges vom Sterbehause bis zum Grabe verfiel und das Geleit sich „nach zerstreutem Wandern" schon am Eisenbahntunnel oder an der Stadtgrenze recht eilig und stillos auflöste.
Die Trauerfeiern in würdiger Form wiederaufzunehmen, appellierte dann die neue Bremische Kirchenvertretung bereits 1877 an die evangelische Bevölkerung: Man solle entweder eine kirchliche Trauerfeier im Sterbehause abhalten und die Teilnehmerschar sich danach entfernen, außer den nächsten Angehörigen, die den Verstorbenen dann allein zu Grabe

geleiteten; oder die Trauerfeiern sollten überhaupt nur in der Friedhofskapelle stattfinden mit anschließendem Gefolge bis zur Grabstätte. Die Gemeinden waren ebenso wie die Senatskommission mit dem Vorschlag der Kirchenvertretung sehr einverstanden, wenngleich die Deputation für die Friedhöfe skeptisch anmerkte, 1877 seien die Kapellen wegen der immer noch vorherrschenden Gewohnheit, die Toten vom Sterbehause aus zu beerdigen, insgesamt nur sechzehnmal in Anspruch genommen worden. Im Laufe der nächsten Jahrzehnte hat sich dieser Wandel der Sitte indes tatsächlich vollzogen. Etwas konservativer verlief die Entwicklung begreiflicherweise im Landgebiet, für das die Landpredigerkonferenz 1900 „Grundsätze für eine Friedhofsordnung in den Bremischen Landgemeinden" ausarbeitete.

Was die Frage der Feuerbestattung anlangt, so war in der Bremischen Bürgerschaft Anfang der 1870er Jahre, nachdem sich in Hamburg ein Verein für Leichenverbrennung gebildet hatte, bei den Beratungen über die neuen Friedhöfe auch von der Einrichtung von Krematorien gesprochen, aber kein Beschluß gefaßt worden. Das „Protestantenblatt" bezeichnete die Leichenverbrennung damals schon als vom kirchlich-religiösen Standpunkt aus unbedenklich, wenn auch manche konservativen Menschen sie nicht nur aus Rücksicht auf die seit urchristlichen und katholischen Zeiten geltende Vorschrift der Erdbestattung, sondern auch aus gefühlsmäßigen Motiven ablehnten.

In Bremen entstand zwei Jahrzehnte später als in Hamburg 1892 dann auch ein Verein für Feuerbestattung, und seinem Werben war es mit zu verdanken, daß 1907 auf dem Riensberger Friedhof das erste Bremer Krematorium eingeweiht und ein weiteres dann für einen neuen Friedhof projektiert wurde.

2. *Armenpflege und Wohltätigkeit*

Ausgangspunkt der Betrachtung in diesem Zusammenhang ist das seit 1779 bestehende Armeninstitut, 1791 „Reichs-Stadt Bremisches Armen-Institut" benannt, das auf die nominell durch die bremische Kirchenordnung von 1534, tatsächlich schon durch die Armenkiste für Unser Lieben Frauen von 1525 geschaffene Einrichtung der Diakonien zurückgeht. Diese blieben auf die älteren reformierten Kirchspiele der Alt-, Neu- und Vorstadt beschränkt, zu denen später noch der lutherische Dom und die eine oder andere Neugründung hinzutraten. Sie bestanden zumeist aus einem kleinen Kollegium jüngerer Kaufleute, das sich praktisch auf dem Wege der Kooptation selber ergänzte, ein herkömmliches Gewohnheitsrecht, das im liberalen und demokratischen 19. Jahrhundert nicht selten zum Stein des Anstoßes werden sollte. Ihre Aufgabe war es, in regelmäßigen Abständen von den Bürgern die für den Unterhalt der Armen subskribierten Beisteuern einzuziehen und andere milde Gaben einzusammeln. Diese samt den Erträgen der Klingelbeutel im Dom und der sogenannten Hochzeitsbüchsen wurden dann durch die aus vier Ratsherren und acht Institutsdiakonen — je vier aus beiden Konfessionen — bestehende Verwaltung des Armeninstituts an die sogenannten Hausarmen in der Stadt ausgekehrt.

In dem 1696 an der Großenstraße errichteten Armenhaus, das ebenfalls einer Administration von Diakonen unterstand, sorgte die praktische Anwendung des klösterlichen Lebensgesetzes *Ora et Labora* dafür, daß sich die Bewohner durch ihrer Hände Arbeit weitgehend selber erhielten. Um der mit protestantischem Arbeitsethos unvereinbaren Bettelei auf den Straßen zu begegnen, wurde 1779 im Alten Kornhause bei St. Martini, 1791 auf dem Teerhof ein Arbeitshaus eingerichtet, das 1830 einen erweiterten Neubau auf dem Brautwall erhalten sollte.

Die wesentliche Neuerung der 1791 durchgeführten Reform des Reichsstadtbremischen Armeninstituts bestand in der Einteilung der Stadt in Distrikte. Ein jeder von ihnen unterstand fortan einem Distriktsdiakon als Armenpfleger, der die Unterstützungsgesuche der Hilfsbedürftigen über den für den Bezirk zuständigen Institutsdiakon an die Session des Instituts zur endgültigen Entscheidung nach vorheriger Anhörung des Bittstellers weiterreichte. In dieser Form hat das bremische Armenwesen nach Überwindung der Franzosenzeit, in der die vom Präfekten von Arberg geplante Umwandlung des Armenhauses in ein Militärhospital oder eine Kaserne nur mit genauer Not verhindert worden war, im 19. Jahrhundert mit gewissen Änderungen noch jahrzehntelang fortbestanden.

Dadurch, daß junge kirchliche Ehrenbeamte ein bürgerliches Offizium wie die stadtbremische Armenpflege „aus patriotischer Verbindlichkeit" mit wahrnahmen, erlangten sie bei aller ihnen abverlangten Mühe und Arbeit auch eine Fülle von Einsichten und Erfahrungen auf dem Gebiet der Verwaltung, was sich vielen von ihnen als Sprungbrett für eine Karriere im kirchlichen wie bürgerlichen Leben sehr nützlich erweisen sollte.

Indem die Diakonien einerseits sich selber ergänzten oder den Konventen einen nur von ihnen ausgearbeiteten Wahlaufsatz vorlegten, andererseits kaum noch ihren öffentlichen Aufgaben ebenbürtige gemeindeinterne Funktionen zu erfüllen hatten, kam es zwangsläufig auf die Dauer, schon durch die Verschiedenheit des beteiligten Personenkreises, zu einer gewissen Entfernung, ja Entfremdung zwischen ihnen und den Führungskräften der Kirchenvorstände, obwohl diesen in der Regel zumindest einige Diakone angehörten.

Nicht nur die infolge des Bevölkerungswachstums seit den 1860er Jahren sich verschärfende Finanznot des Armeninstituts, sondern auch die im Zeichen des Liberalismus immer stärkere Tendenz, bisher von der Kirche erfüllte Pflichten, wie etwa das Schulwesen, auf den Staat zu übertragen und damit zugleich die „stockaristokratische Bürgerclique" der Diakone auszuschalten, führte 1871 zu einer Initiative der Bremischen Bürgerschaft wegen der Reform des Armeninstituts. Aus den jahrelangen kontroversen Verhandlungen ging am Ende 1878 eine neue, rein staatliche Organisationsform der stadtbremischen Armenpflege hervor, an der die Diakonien nicht mehr beteiligt waren. Die damit entfallende Einziehung der freiwilligen Bürgerbeiträge durch die Diakone wurde durch eine 1879 eingeführte staatliche Armensteuer als Zuschlag zur Einkommensteuer ersetzt.

Die von jahrhundertelanger „freiwilliger" Kärrnerarbeit befreiten Diakonien lösten sich nach anfänglich zwiespältiger Diskussion nicht auf, sondern widmeten sich fortan mit ganzer frischer Kraft der innergemeindlichen Armenpflege. Hier flossen die Einnahmen seit 1879 wieder etwas reichlicher, nachdem der Senat eine zwischen der Kirchenvertretung und der Direktion des Armenhauses getroffene Vereinbarung, die Abführung aller Erträge der sonntäglichen Beckensammlungen in den Kirchen auf vier Sonntage im Jahr zu beschränken, genehmigt hatte.

Indem die Diakonien nach dem Wegfall ihres außerkirchlichen Amtes, das ihnen eine gewisse Selbständigkeit gegenüber den Gemeinden gegeben hatte, nunmehr voll in diese integriert waren, hatten sie sich begreiflicherweise auch dem Kurs der dort vorherrschenden kirchlichen Richtung anzupassen. So erging es ihnen zum Beispiel in St. Pauli, wo früher sämtliche Diakone dem Kirchenvorstand angehörten. Nach der neuen Kirchenverfassung von 1879 wurden die acht Diakone künftig aus einem vom Kirchenvorstand endgültig aufgestellten Wahlaufsatz vom Konvent gewählt und für jedes Jahr nur jeweils vier von ihnen in den Kirchenvorstand abgeordnet. Damit war die Diakonie in der Hand der Gemeindemehrheit.

In allen Gemeinden wurde die Armen- und Krankenpflege zu einer immer wichtigeren Aufgabe der Diakonie, die ihnen, wo die Finanzkraft der Gemeinde es erlaubte, durch eine Gemeindeschwester — je nach Richtung eine Diakonisse oder Rotkreuzschwester — oder durch einen Gemeindehelfer, oft aus dem Rauhen Hause bei Hamburg stammend, erleichtert wurde. Es war wohl zuerst in St. Remberti, wo 1878 eine vom Vereinskrankenhaus gesandte Krankenpflegerin angestellt wurde. Es machte auch Sinn, wenn beispielsweise die beiden Prediger von Unser Lieben Frauen, die ja von Berufs wegen am meisten mit der Not in Berührung kamen, zu den mit Fürsorgefragen befaßten Sitzungen der Diakonie als Gäste geladen wurden. Nach ihren Statuten unterhielt die Liebfrauen-Diakonie eine Privatkasse, gewährte Beihilfen an Bedürftige zur Wiederherstellung ihrer Gesundheit und geordneter häuslicher Verhältnisse, vermittelte Arbeit und half auch sonst, wo es nur ging.

Ein im Januar 1880 ergangenes „Regulativ betr. die Verwaltung des Armenhauses und der mit demselben verbundenen Stiftungen etc." umriß den übergemeindlichen Geschäftskreis der Diakonien, der zum Beispiel bei der Verwaltung des Armenhauses aus achtzehn Diakonen bestand, davon je zwei aus den sieben reformierten Gemeinden und vier vom Dom. Zwei von ihnen erledigten die laufenden Amtsgeschäfte des Armenhauses, andere standen den Witwenhäusern der Gemeinden vor.

Ein ständiges Problem aller Gemeindediakonien blieb die Knappheit der Mittel, wenn auch die vorgeschriebene Ablieferung der Kirchspielsarmenfonds an die stadtbremische Armenpflege durch Vergleichsverhandlungen auf einen Teil und 1878 die Zahl der Beckensammlungen in den Kirchen zugunsten des Armenhauses auf jährlich vier beschränkt werden konnten. Erst 1896 gelang es, den sogenannten Konfessionstaler, den jede der vier altstädtischen reformierten Kirchspiele laut einem 1867 mit dem Armeninstitut getroffenen Abkommen im Betrage von jährlich 75 Talern Gold an dieses für Unterhalt und Pflege der Gemeindearmen in der Krankenanstalt zu zahlen hatte, durch Kapitalisierung abzulösen.

Das Armenhaus, dem modernen Zeitempfinden gemäß in Altenheim umbenannt, konnte 1912 aus der Großenstraße nach Tenever in einen großzügigen, von dem Bremer Architekten Georg Werner Heyberger inmitten des herrlichen Parks der Egestorff-Stiftung errichteten Neubau verlegt werden. Wenn auch dieser segensreichen Institution fortan gewiß nicht mehr der Ruch der Ärmlichkeit anhaftete, so galt doch in den Gemeinden, vor allem den finanzschwachen Neugründungen der Vorstädte, bei der Armen- und Krankenfürsorge — jetzt als Gemeindepflege bezeichnet — das Prinzip strenger Sparsamkeit, solange es noch keine Kirchensteuer gab. Nicht von ungefähr nannte Pastor Volkmann von St. Jakobi 1911 in der Kommission für die kirchliche Versorgung die Diakonie seiner jungen, unbegüterten Gemeinde einen „freiwilligen Bettelverein". Hier sollte erst in den nachinflationären zwanziger Jahren eine wesentliche Besserung eintreten.

3. *Gemeindliche Vereine und Kreise*

Der Primat des durch Wortverkündigung, Sakramentsverwaltung und Amtshandlungen (Kasualien) herausgehobenen geistlichen Amtes mit seinem deutlichen Gefälle zur Mehrzahl der Kirchspielsangehörigen hin sollte sich im Laufe des 19. Jahrhunderts durch die Entwicklung von der Pastorenkirche zur Volkskirche wesentlich abschwächen. Diese war dadurch bewirkt worden, daß von der Erweckungsbewegung erfaßte bedeutende Prediger und die von Johann Hinrich Wichern initiierte Innere Mission das Feuer der christlichen Liebestätigkeit auch in den Kirchengemeinden mächtig entfacht hatten. Ihre praktische Verwirklichung fand sie dort in einzelnen Gruppen oder Kreisen, die sich im Benehmen mit den Diakonien jeweils bestimmten sozialen Aufgaben widmeten, wie fürsorgende Arbeit an Kindern, Jugendlichen, Obdachlosen, Alten und Kranken und vieles andere mehr.

Aus der Gleichheit dieses humanitären Bemühens um den Mitmenschen und der Vertrautheit der Beteiligten untereinander erwuchs ein Gefühl der Gemeinschaft und der Zugehörigkeit zu einer bestimmten Gemeinde, ein unter Umständen Jahrzehnte, ja Generationen überdauerndes Heimatbewußtsein.

Pflanzstätten dieser Erneuerungsbewegung waren die, wie oben erwähnt, seit der Jahrhundertmitte immer zahlreicher entstehenden Gemeindehäuser. Voraussetzung für das volle Gelingen der Vitalisierung des Gemeindebewußtseins war allerdings, daß der Prediger sozusagen von der hohen Kanzel herabstieg und neben seinen pastoralen Amtspflichten im Gottesdienst durch „außergottesdienstliche Wortverkündigung", wie es im kirchlichen Amtsdeutsch hieß, die geistige Führung dieser von haupt- und ehrenamtlichen Mitarbeitern geleisteten Kreisarbeit übernahm. Wo dies mit Nachdruck und Hingabe geschah, ist an der inneren Lebendigkeit der Gemeinde und ihrer Aktivität nach außen direkt ablesbar, wie etwa das Beispiel von St. Stephani zeigt.

Es ist kein Zufall, daß es sich hier um eine der positiven Gemeinden handelt, waren diese doch den Liberalen in der Zeit und Breite solcher Gruppenarbeit weit voraus. Von Pastor Mallet ist oben berichtet worden, daß er als erster 1833/34 die Jugend in einem Jünglingsverein sammelte, der ein Vorbild für zahlreiche ähnliche, später im Verband der Bremer Jünglingsvereine zusammengeschlossene Gründungen abgab, zum Beispiel für den 1889 ins Leben gerufenen Männer- und Jünglingsverein „Eckart" in Unser Lieben Frauen. Ferner wurde oben berichtet, daß das 1857 von wohlhabenden Gemeindemitgliedern gestiftete große Gemeindehaus ein vorzüglich geeignetes Zentrum für die damaligen und späteren sozialen Aktivitäten von St. Stephani abgab.

Es ist eindrucksvoll zu beobachten, wie St. Stephani Wachstumsspitzen in den Westen seines Sprengels vorgetrieben und hier zunächst Wilhadi und danach Immanuel gegründet hat. Die letztere, gut dokumentierte

Gründung sei hier als Beispiel herangezogen. Wie erwähnt, hatte der als zweiter Prediger an Wilhadi 1898 eingestellte Pastor Paul Gerhard Tiefenthal das Kirchspielsgebiet an der Elisabethstraße, wo er bereits ein Pastorat mit Lehrsaal übernehmen konnte, als besonderes Arbeitsfeld zugewiesen erhalten und es binnen eines Jahrzehnts geschafft, dort auch den Bau der Predigtkapelle Immanuel durchzusetzen.

Daß es Tiefenthal als einem Mann von tiefer pietistischer Frömmigkeit und theologisch stockkonservativer Gesinnung gelang, unter einer kleinbürgerlich-proletarischen Bevölkerung überhaupt Fuß zu fassen und eine lebendige Gemeinde zu begründen, hatte er neben seiner missionarischen Überzeugungskraft und organisatorischen Begabung auch seiner Gattin zu verdanken, einer echten Pfarrersfrau alten Schlages, die ihm unermüdlich zuarbeitete und als Leiterin und Vertraute von mancherlei Kreisen zur „Mutter der Gemeinde" wurde. Sie ist ein hervorragendes Beispiel für die große Arbeitsleistung von Frauen in der alten bremischen Landeskirche, zugleich aber auch für das Unrecht, das ihnen lange Zeit durch die Vorenthaltung der Gleichberechtigung in den Gemeinden durch deren männliche Führungsschicht zugefügt wurde, wie die oben behandelte Geschichte des Frauenstimmrechts in Bremen beweist.

Tiefenthal entfaltete neben seinen üblichen Predigerpflichten wie Gottesdiensten, Abendmahlsfeiern, Taufen, Kindergottesdiensten, Konfirmandenunterricht, Trauungen usw. bald eine umfassende Gruppenarbeit. In Bibelstunden und Bibelbesprechstunden verstand er es kraft seines pädagogischen Geschicks, die Besucher nicht nur zum Zuhören, sondern zum Sprechen, d. h. zum Frage- und Antwortgespräch über biblische Texte anzuregen, so daß sich aus häufigem Zusammensein und geistigem Gedankenaustausch ein Gemeinschaftsgefühl, die Vorstufe eines Gemeindebewußtseins, entwickelte.

Der in der Muttergemeinde St. Stephani schon traditionelle Jünglings- und Männerverein wurde hier als Männer- und Jünglingsverein „Immanuel" ebenso ins Leben gerufen wie ein Jungfrauenverein „Maria", die beide durch Andachten, Singen, Diskussionen und Unterhaltung christlichen Sinn zu verbreiten suchten. Hinzu kam ein Männer- und Posaunenchor zur Unterstützung der Gottesdienste und eine Bibliothek zur Verbreitung guter Literatur. Alle diese Gruppentätigkeiten waren zusammengefaßt in einer Art Dachverband, dem Gemeindeverein, der den inneren Aufbau der neuen Gemeinde mit organisieren sollte. Das Zusammenspiel dieser und anderer Aktivitäten mit einer äußerst fleißigen Besuchstätigkeit des Pastors brachte es zuwege, daß sich die „Immanueler" auf die Dauer wie „eine große Familie" gegen kirchenfeindliche Angriffe von außen in ihrem „wilden" Westen gefeit fühlten.

Zu Immanuel nun ein Gegenstück von links der Weser, die Hohentorsgemeinde, wie sie sich nach der Schilderung durch ihren langjährigen ersten Geistlichen, Pastor Boche, darstellt. Die äußere Entstehungsgeschichte der Gemeinde wurde oben im Rahmen der kirchlichen Versorgung Bremens dargestellt. Hier war die Keimzelle, wie erwähnt, das 1893 begründete Johann-Heinrich-Stift an der Hohentorsheerstraße, von wo aus der Stadtmissionar Palm und das Ehepaar Baron von Uexküll als Vorläufer des 1907 eingetretenen Pastor Ernst Boche operierten. Man liest, daß das Johann-Heinrich-Stift für Sonntagsschule, die Vorstufe des Kindergottesdienstes, Bibelstunden, Jünglingsverein und Jungfrauenverein, Nähverein und Hohentors-Männerverein Platz bot. Dies Arbeitsgebiet erweiterte sich noch, nachdem seit 1912 statt des aufgegebenen Johann-Heinrich-Stiftes ein reguläres Gemeindehaus mit Sälen zur Verfügung stand, wo der seit 1911 bestehende Kirchenchor und der Männerchor sich im Gottesdienst hören lassen konnten, die Konfirmanden unterrichtet und Gemeindeabende veranstaltet wurden. Denn noch war ja keine Kirche da, die erst in der Nachkriegszeit gebaut wurde. Es zeigt sich hier ganz ähnlich wie in Immanuel, daß alle diese Aktivitäten wesentlich dazu beigetragen haben, ein Zusammengehörigkeitsgefühl unter den Bewohnern des Hohentorsviertels zu erzeugen, das die Grundlage für eine echte Gemeindebildung abgab.

Diese beiden Beispiele mögen hier ausreichen für die verallgemeinernde Feststellung, daß sich die Entwicklung hin auf einen wachsenden Anteil freiwilliger Laienmitarbeit in allen Gemeinden, den alten wie den neuen, grundsätzlich gleich vollzog, nur mit dem Unterschied, daß Tempo und Ausmaß, solange noch keine Kirchensteuer und innergemeindlicher Finanzausgleich Unterschiede in der Leistungsfähigkeit milderten, von Fall zu Fall voneinander abwichen.

Es lag in der Natur der Sache, daß sich diese Gemeindearbeit auf immer neue Gebiete ausdehnte. Der Sektor der Armen- und Krankenpflege war, wie oben dargestellt, herkömmlich weitgehend durch die Diakonien abgedeckt, denen die Gemeindeschwester oder der Gemeindehelfer zur Seite traten. In der Kinder- und Jugendfürsorge hatte zunächst die Sonntagsschule als Erziehungsmittel eine Rolle gespielt. Sie wurde abgelöst durch den eigentlichen Kindergottesdienst mit Gruppenarbeit von Laienhelfern und zusammenfassender Schlußpredigt des Pastors, ein kindertümliches Verfahren, das Pastor Zauleck von der Friedensgemeinde, eine weit über Bremen hinaus anerkannte Autorität auf diesem Gebiet, zur Meisterschaft entwickelt hat. Die als Mittel zur Unterstützung der arbeitenden Bevölkerung eingerichteten kirchlichen Kinderkrippen und Kindergärten wurden, je mehr der Bedarf wuchs, immer zahlreicher besucht. Die seit

alters bestehenden Waisenhäuser waren von Haus aus konfessionell ausgerichtet gewesen. Die Unterscheidung fiel 1877, als alle Mädchen im Haus an der Hutfilterstraße, alle Knaben im früher lutherischen St.-Petri-Waisenhaus am Domshof vereinigt wurden. Als das letztere Immobile an die Bremer Bank veräußert wurde, mußten die Kinder 1901 in einen Neubau an der Stader Straße umziehen, wohingegen das Mädchen-Waisenhaus 1904 nach Horn verlegt wurde.
Die Fürsorge für die Jugend zeigte sich darin, daß es in so manchen aktiven Gemeinden Jünglings- und Jungfrauenvereine gab, die auf sie bezogen waren und sich nach ihnen benannten. Auch die Männer- und Frauenkreise gehörten zum gewohnten Bild. Gemeindeabende stärkten das Zusammengehörigkeitsgefühl ebenso wie die Mitwirkung in den Kirchen- und Posaunenchören, die man häufig antrifft. Vortragszyklen mit nicht nur rein religiöser Thematik sollten volksbildend wirken. Kennzeichnend für die gemeinschaftsfördernde Wirkung solcher Vereine und Veranstaltungen ist ein 1911 erstatteter Bericht des Pastors Stöwesand von der Friedensgemeinde: „An den Diskussionsabenden des Männervereins beteiligen sich alle Kreise der Gemeinde, der Professor und Großkaufmann sitzt neben dem Handwerker und Fabrikarbeiter. In der lebhaften Debatte ergreifen auch einfache Leute das Wort. Es sind die anregendsten Abende für Pastoren und Laien. Der Verein ist infolgedessen im Wachsen begriffen." Vorbild für viele gemeindliche Arbeitsfelder war die von Johann Hinrich Wichern der Inneren Mission vorgeschriebene Aufgabenstellung. Daß sich diese seither durch den dauernden Wandel der Gesellschaft fortlaufend vielfältig erweitert hat, lehrt ein Blick in heutige Gemeindeblätter.
Klaus Dirschauer hat seine theologisch-gesellschaftswissenschaftliche „Altenstudie" nach deren Untertitel zugleich als eine „Standortbestimmung der Kirche" angelegt, indem er deren heutige Erscheinungsform aus den Vorstufen im 19. Jahrhundert ableitet. Die Entwicklung von der Pastorenkirche zur Volkskirche verlief über das Gemeindehaus und spätere Gemeindezentrum als Mittelpunkt einer sehr vielschichtigen Kreisaktivität, mit deren unaufhaltsamer Ausbreitung sich der Schwerpunkt des Gemeindelebens vom sonntäglichen Gottesdienst mit Sakramenten auf das diakonische Gemeinschaftswerk der Woche zu verlagern schien, in dem die aktiv beteiligten Personengruppen ihre religiöse Identität und seelische Stütze suchten und fanden. Dirschauer spricht sogar von der „geschichtlichen Polarität von Kirche und Gemeindehaus". Zugleich wurde diese Volkskirche von dem durch die Aufklärung forcierten und bis heute andauernden Säkularisierungsprozeß in der Kirche fortschreitend ausgehöhlt zu einer „sterbenden" Kirche, wie unten näher zu zeigen sein wird.

4. Kirche und Schule

Die christliche Schule hat auch in Bremen als Tochter der Kirche jahrhundertelang unter deren Leitung, wenn man so will: Kuratel gestanden. Beim Dom führte sie ihre Tradition schon auf mittelalterliche Zeiten zurück, bei den evangelischen Stadtgemeinden konnte man sich auf Luthers Ermahnungen und die Vorschriften der Kirchenordnung von 1534 beziehen. Neben die Kirchspielschulen traten durch die Schulreform Bürgermeister Johann Smidts seit 1823 die Staatsschulen, deren Zahl sich mit dem Anwachsen der Bevölkerung im Laufe des Jahrhunderts ständig vermehrte und die als „Freischulen" die Schulgeld erhebenden oder von mehr und mehr schwindenden Spenden lebenden „Geldschulen" der Gemeinden am Ende fast völlig ablösten.

Den ersten Schritt dahin machte die nach der Märzrevolution von 1848 neu gewählte Bremische Bürgerschaft mit der Niedersetzung eines Ausschusses zur Beratung einer Reform des Volksschulwesens, der durch eine Deputation — später „Konferenz" — von Lehrern unterstützt wurde. Das Ergebnis der gemeinsamen Verhandlungen lief vor allem auf die Forderung hinaus, daß das Volksschulwesen Staatssache werden müsse. Dieser Vorschlag wurde auch von der durch die demokratische Verfassung von 1849 gebildeten Schuldeputation aus fünf Senatoren und zehn Bürgerschaftsmitgliedern aufgegriffen und in den von ihr im Januar 1850 vorgelegten Schulgesetzentwurf als Leitsatz eingebaut. Der Verstaatlichungsplan stieß indessen auf den geschlossenen Widerstand und Protest sowohl der Gemeinden der Stadt, deren zehn Kirchspielschulen damals noch von 1177 Kindern besucht wurden, als auch des Landgebiets, wo es nur kirchliche Volksschulen gab.

Wenn auch die Bürgerschaft den Schulgesetzentwurf in einer tumultuarischen Sitzung im Februar 1850 mehrheitlich angenommen hatte, so lehnte ihn doch der Senat im Juni 1850 im wesentlichen ab, vor allem, was die allgemeine Einführung der Staatsschule durch Zwangsmaßnahmen anlangte. Die Bürgerschaft beharrte im März 1851 auf den Vorschlägen der Schuldeputation, der Senat versagte sich ihr erneut, mit der Begründung, er wolle erst den von den — durch die Gefahr für ihre Schulen mobilisierten — Kirchengemeinden in Aussicht gestellten Schulreformplan abwarten. Die Gemeinden — mit Ausnahme von St. Remberti — reichten dem Senat dann auch ihren „Entwurf einer Ordnung des stadtbremischen Volksschulwesens auf dem Grunde der kirchlichen Gemeindeverfassung" ein.

Es kam aber nicht mehr zu einer endgültigen Austragung des langwierigen Schulstreits zwischen Senat und Bürgerschaft, da die Zeit der Revolution darüber verstrich, der Senat im März 1852 die demokratische Bürgerschaft auflöste und auf Grund eines oktroyierten provisorischen Wahlgesetzes eine neue konservative Volksvertretung wählen ließ. Das in seine früheren Oberaufsichtsrechte wieder eingesetzte Scholarchat — 1885 in Senatskommission für das Unterrichtswesen umbenannt — legte dem Senat Ende 1852 eine Denkschrift über das Kirchspielschulwesen vor, nach deren Anleitung es zu Verhandlungen mit den Bauherren der Gemeinden ermächtigt wurde. Daraus ging schließlich die vom Senat beschlossene und von der Bürgerschaft gutgeheißene „Ordnung stadtbremischer Volksschulen auf dem Grunde der kirchlichen Gemeindeverfassung kraft Vereinbarung unter den betreffenden Gemeinden" vom 20. Oktober 1854 hervor, die Gedanken der „Ordnung" von 1851 wieder aufnahm. Die Gemeinden Unser Lieben Frauen, St. Martini, St. Ansgarii, St. Stephani und St. Pauli bildeten gemeinsam einen „Gemeindeschulverein", dem sich nachträglich 1866 noch St. Remberti, St. Michaelis und der Dom anschlossen. Den Gemeindeschulverein leitete ein aus Vertretern des Scholarchats und der Gemeinden konstituierter Schulrat, der zumal für die vom Staat zu leistenden Kostenzuschüsse von Bedeutung war. Die 1856 auf ein Jahrzehnt getroffene Regelung wurde 1866 um zehn Jahre verlängert.

Nunmehr zeigte es sich aber, daß das Zeitalter der Kirchspielschulen sich immer rascher seinem Ende zuneigte, weil die Gemeinden angesichts der wachsenden Schülerfrequenz mit dem Staat finanziell nicht mehr Schritt halten konnten. Seit 1876 traten sie nacheinander alle, die Liberalen bedenkenlos, die Altgläubigen bedauernd (bis auf St. Stephani, das bis zum Ende der Staatskirche durchhielt), mit dem Staat in schwierige Finanzverhandlungen ein wegen der Übernahme ihrer Schulen, zuletzt noch 1909 St. Pauli. Im Landgebiet hatte schon das Landschulgesetz vom 2. März 1889 die Schulen von den kirchlichen auf die bürgerlichen Gemeinden übertragen.

Was nun den eigentlichen Religionsunterricht an den bremischen Schulen angeht, so war er herkömmlicherweise gewiß nicht unterdimensioniert, aber, wie oben bei der Behandlung des Pastors Ewald ausgeführt, durch die Schulreform Bürgermeister Smidts auf den interkonfessionellen, sog. Biblischen Geschichtsunterricht reduziert worden, der den Schülern nur das für den Predigerunterricht notwendige Grundwissen vermitteln sollte. Diese von Ferdinand Donandt in seinen Entwurf einer Ordnung des bremischen Volksschulwesens aufgenommene Regelung wurde auch im April 1851 von der Schulkommission der bremischen Gemeinden gutgeheißen, da sie „Unterricht in Bibelkenntnis und biblischer Geschichte als genügende Vorbereitung für den von den Pastoren zu erteilenden Religionsunterricht erachte, andererseits in dem von den Lehrern in den Schulen erteilten Religionsunterricht eine Gefahr für die freie Willensbestimmung der Eltern in Beziehung auf die dogmatische Richtung der religiösen Überzeugung, die sie bei ihren Kindern entwickelt sehen möchten, erkannte".

Wurde also der Schule von der Kirche mit Vorbedacht nur wenig abverlangt, so war auch dies offenbar manchmal noch zu viel. Domprediger Pastor Merkel beklagte sich zum Beispiel 1859 bitter über den Mangel an religiösem Sinn seiner Konfirmanden und meinte, die Arbeit der Geistlichen könne erheblich erleichtert werden, „wenn in den Schulen etwas mehr Fleiß auf den Religionsunterricht verwendet würde". Pastor Vietor von Unser Lieben Frauen gab 1867 die Schuld an Bremens Unkirchlichkeit nicht nur den Predigern, sondern auch den Schulen, „aus denen die Kinder in oftmals kaum glaublicher Unwissenheit über christlich-religiöse Dinge in den Prediger-Unterricht kommen".

Hier konnte freilich auch das 1878 auf Initiative der Kirchenvertretung von einer Kommission von Geistlichen und Lehrern festgestellte „Minimalmaß des religiösen Unterrichts- und Memorirstoffes für die bremischen Schulen", das 1893 auch dem ersten Lehrplan für die Volksschulen zugrunde gelegt wurde, nicht viel bewirken, wenn sich die bremischen Volksschullehrer, wie es in den folgenden Jahrzehnten vielfach geschah, dem linken Freisinn zuwandten.

Im Zusammenhang mit dem Aufstand der jungen Lehrer gegen den orthodoxen autoritären Schulinspektor Köppe und der obrigkeitlichen Maßregelung einiger „Rädelsführer" äußerte im Mai 1905 eine zahlreich besuchte Lehrerversammlung ihre „Ansicht, daß der Religionsunterricht aus der Schule entfernt werden muß". Obwohl dieser „Bremer Schulstreit" hohe Wellen schlug und sogar die Bürgerschaft den Senat ersuchte, die Schuldeputation zu einem Bericht darüber anzuweisen, wie der Religionsunterricht in den Schulen abzuschaffen oder durch einen religiösen Geschichts- bzw. Sittenunterricht zu ersetzen sei, legte sich die Erregung der Öffentlichkeit mit dem Weggang Köppes, und der Biblische Geschichtsunterricht blieb ungeachtet einiger Reformansätze bestehen. Erst am 7. Januar 1919 erklärte der Ausschuß für Unterrichts- und Bildungswesen des revolutionären Arbeiter- und Soldatenrates Religionsunterricht und Morgenfeiern in den bremischen Schulen für abgeschafft. Für seine Wiedereinführung am 1. Februar 1921 bedurfte es dann einer im November 1920 ergangenen Entscheidung des Reichsgerichts.

Die Religionsfeindschaft des Arbeiter- und Soldatenrats war angesichts der kirchenpolitischen Verhältnisse in der Bevölkerung Bremens wirklich unangemessen und realitätsfremd, denn das durch Müller und Reddersens Erzählungen aus der biblischen Geschichte den Unterkläßlern beigebrachte Minimalmaß an bibelkundlichem Memorierstoff reichte beispielsweise nicht aus, um etwa die Konfirmanden des sozialdemokratischen Martinipastors Emil Felden daran zu hindern, sich in einer von diesem veranstalteten Abstimmung mehrheitlich dahin zu erklären, es gebe keinen Gott.

Angesichts der Tatsache, daß sich der Biblische Geschichtsunterricht in Bremen auf die Grundschule beschränkte, mochte es auch wenig sinnvoll erscheinen, nach einer „Schulbibel" zu rufen, die den Kindern das Buch der Bücher in einer gekürzten und für ihr Gemüt unanstößigen Fassung darbieten sollte. Dennoch trug Pastor Dr. Schwalb von St. Martini, ein bedeutender Biblizist, 1884 in einer Session der Bremischen Kirchenvertretung darauf an. Die Zustimmung war so allgemein, daß sich spontan eine Bibelkommission, zumeist aus liberalen Bremer Pastoren bestehend, zusammenfand. Da sie indes wegen anderweitiger Belastung ihrer Mitglieder nicht recht vorankam, trat sie durch Vermittlung des aus der Schweiz stammenden Pastors Kradolfer in Verbindung mit einer Gruppe von Schweizer Theologen, die ihrerseits an einer Kurzfassung der Bibel, hier für die Familie gedacht, an der Arbeit waren. Die Bremer haben dann auch allerhand Anregungen in die 1887 in Glarus erschienene „Familienbibel, Auszug aus der Heiligen Schrift für häusliche Erbauung und Unterricht" einbringen können.

Dennoch richteten 22 orthodoxe Bremer Prediger, als sich in der Öffentlichkeit eine günstige Stimmung für die Einführung dieser Glarner Familienbibel an Bremens Schulen zeigte, an den Senat das Gesuch, diese zu verbieten und mit einer Schulbibel bis zum Abschluß der Revision der das ganze evangelische Deutschland einenden Lutherbibel zu warten. Es kam dann im Mai 1888 zu einer scharfen Pressefehde zwischen Pastor Zauleck und der liberalen Bibelkommission der Kirchenvertretung. Zauleck hatte in einem Artikel der „Bremer Nachrichten" die inzwischen in manchen liberalen Lehrsälen eingeführte Glarner Familienbibel als „eine höchst oberflächliche und leichtfertige Arbeit" verurteilt. Die Bibelkommission wies das als eine „überaus dreiste Beleidigung" aufs schärfste zurück. Doch auch der Senat hatte Bedenken gegen die Einführung der Familienbibel.

Schon gar erschien es der orthodoxen Bremischen Bibelgesellschaft „wie ein nationales Unglück, wenn das Band, welches alle Glieder des deutschevangelischen Volkes an den gemeinsamen Text der Bibel, dieses besten unserer Volksbücher, haben, zerrissen werden sollte". Sie ergriff daher die Initiative und brachte durch einen Aufruf zur Bearbeitung einer Schulbibel auf Grund des Lutherschen Textes eine vierzigköpfige überregionale

Kommission von Geistlichen und Schulmännern beider Richtungen zusammen, davon aus Bremen allein vierzehn. Nachdem deren zahlreiche Subkommissionen die „Schulbibel" zügig fertiggestellt hatten, trug die Senatskommission für das Unterrichtswesen kein Bedenken, sie an allen öffentlichen Schulen Bremens zum 1. April 1895 anstelle der Vollbibel oder anderer Auszüge obligatorisch einzuführen. Auch die Kirchliche Kommission legte dann allen evangelischen Geistlichen Bremens nahe, in ihren Lehrsälen nur die im Verlag Morgenbesser für zwei Mark billig erhältliche Schulbibel zu verwenden. Allerdings stieß deren Aufnahme zum Teil auf Kritik, nicht allein in der streng altgläubigen St.-Stephani-Gemeinde, die an der Vollbibel festhalten wollte, sondern auch beim Dom, wo Pastor Sonntag die „sklavische Abhängigkeit von der ‚revidierten' Lutherbibel", Fehlerhaftigkeit und zu starkes Festhalten an veralteten und geschmacklosen Wendungen bemängelte und erklärte, er werde auch in Zukunft die Glarner Familienbibel in seinem Lehrsaal benutzen.
Die Kirchenvertretung urteilte im großen und ganzen positiv über die Schulbibel, wenn auch darauf hingewiesen wurde, daß manche bedenklichen textkritischen Abweichungen von der Lutherbibel beim Fortschreiten von deren Textrevision in einer zweiten Auflage noch abzuändern seien. Jedenfalls wurde die Benutzung der Schulbibel in den bremischen Schulen neben der bewährten Glarner Familienbibel empfohlen.

5. Kirche und Presse

So sehr heutzutage die modernen Medien — Presse, Funk und Fernsehen — das Geschehen in den Kirchen, sei es kritisch, sei es apologetisch, aus größter Nähe zu begleiten und kommentieren pflegen, so wenig war im 19. Jahrhundert von solcher Begleitung spürbar. Denn noch existierte ja allein erst die Presse, und sie war bekanntlich mit den großen politischen Problemen der Zeit weitgehend ausgelastet. In Bremen zumal, wo die Einheit der Kirche durch das über den Gemeinden waltende obrigkeitliche Regiment des Senats verkörpert wurde, konnte ein gesamtkirchliches Presseorgan nicht gut entstehen, weil es nach Lage der Dinge von der einzigen vorhandenen kirchlichen Zentralinstanz, der Senatskommission für die kirchlichen Angelegenheiten, hätte herausgegeben werden müssen. Die aber war viel zu regierungsnahe, als daß sie den Senat nicht weit mehr, als er wünschte, in die von ihr zu bewältigenden turbulenten kirchenpolitischen Auseinandersetzungen des Tages hineingezogen hätte. So sollte es denn erst in der staatsfreien Bremischen Evangelischen Kirche zu gemeindeübergreifenden gesamtkirchlichen Presseveröffentlichungen kommen, nach dem Ersten Weltkrieg zur „Bremer Kichenzeitung", nach dem Zweiten Weltkrieg zur „Einkehr". Daher blieb auch die publizistische Initiative in unserem Berichtszeitraum auf Einzelpersonen, Gruppen oder Gemeinden begrenzt, die aber teilweise recht produktiv waren. Ausgehend von den individuellen Meinungsäußerungen, ist der dichten Broschürenliteratur zu gedenken, die die *rabies theologorum* anspornte und vor allem den sogenannten „Bremer Kirchenstreit", aber auch spätere Glaubenskämpfe mit persönlichen Gehässigkeiten versalzte, was der objektiven Wahrheitsfindung nicht eben dienlich war.

Weit erhaben über dem lästigen Gewimmel solcher polemischer Eintagsfliegen stand natürlich die ebenfalls von persönlichem, aber ethisch geläutertem Überzeugungsdrang getragene Bemühung um die Herausgabe moralisch-theologischer Zeitschriften, die dem Leser den Weg zu einem gottseligen und damit glücklichen Leben weisen sollten.

Ein gutes Beispiel dafür ist die von Johann Ludwig Ewald von 1800 bis 1805 herausgegebene, anfangs in Nürnberg, dann in Leipzig verlegte „Christliche Monatsschrift zur Stärkung und Belebung des christlichen Sinns". Sie suchte und fand ihr „Publikum größtentheils in der mittleren Klasse des Bürgerstands", nicht nur in Bremen unter Pastoren und anderen Honoratioren, sondern auch auswärts, und dort sogar bei hohen Standespersonen.

Ewald, der Freund Pestalozzis und Gründer der ersten Bremer Bürgerschule, wollte den religiösen Sinn seiner Mitmenschen beleben, gegen Irreligiosität und Unsittlichkeit ankämpfen, aber nicht aggressiv, sondern mit konservativer Mäßigung, denn seine Monatsschrift sollte „nicht niederreißen, aufbauen, nicht trennen, vereinigen, nicht weh thun, sondern wohl thun". Diesem Ziel diente ein buntes Gemisch von Aufsätzen, Nachrichten aus aller Welt, Fragen und Antworten, Predigten, Rezensionen, Gedichten, Chorälen, zu dem zahlreiche Autoren, darunter auch einige Bremer Pastoren, beitrugen. Trotz dieser Vielseitigkeit von Inhalt und Leserschaft hat Ewalds Monatsschrift nur eine Lebensdauer von einigen Jahrgängen gehabt.

Im Gegensatz zu ihr waren die von dem lutherischen Prediger an St. Remberti, Adolph Toel, einem überzeugten Altgläubigen und im Kirchenstreit Gegner seines Amtsbruders Nagel, um 1850 herausgegebenen „Blicke in die Zeit nach der Schrift" eine Wochenschrift, nicht nur moralisch-religiös, sondern auch tagespolitisch orientiert, was besonders in dem Diskussionsstoff des regelmäßig aufgenommenen Abschnitts „Der Bote" zum Ausdruck kam.

Ein anderer Bote, der „Bremer Kirchenbote. Ein Sonntagsblatt", von Friedrich Mallet, Pastor an St. Stephani, mit Unterstützung seiner Freunde Treviranus und Toel von 1832 bis 1847 wöchentlich herausgegeben, zeigte

Titel des von Friedrich Mallet (St. Stephani) herausgegebenen Sonntagsblattes

als Titelvignette einen rüstigen Mann mit Wanderstab und -tasche, auf der Weserbrücke ausschreitend, hinter sich die Stadtfront und das Brückentor, mit der Inschrift „Hospitium Ecclesiae". Dieses Bild war so recht ein Symbol für das Bestreben Mallets, das in den Blättern seiner Zeitschrift niedergelegte rechtgläubige theologische Bildungsgut nicht nur seinen Mitbürgern, sondern darüber hinaus aller Welt mitzuteilen.
Nachdem Mallet den „Kirchenboten" 1847 krankheitshalber hatte aufgeben müssen, nahm er seine volksmissionarischen Bemühungen von 1848 bis 1850 mit dem nicht zuletzt gegen die Revolution kämpfenden „Bremer Schlüssel" und von 1856 bis 1860 mit der „Bremer Post" wieder auf, ent-

sprechend seiner Vorrede „An den Herrn Omnes in Ueberall", wo es heißt: „Ich fing mit einem Boten an und höre mit einer Post auf".
Was bei Mallet reine Glaubensinbrunst war, das war bei Dulon darüber hinaus noch politischer Bekehrungseifer. Hatte dieser sich in der 1849 gegründeten „Tageschronik", deren Redaktion er im März 1850 für eine Zeitlang übernahm, noch journalistisch besonders der Tagespolitik angenommen, so diente der im September 1850 von ihm ins Leben gerufene „Wecker. Ein Sonntagsblatt zur Beförderung des religiösen Lebens" dem religionspolitischen Kampf, unter anderem gegen die „rechtgläubigen Priester, die sich nicht scheuen, noch heute mit ihren Wahngebilden von der erbsündigen Menschheit, von der Rechtfertigung durch den Glauben, von dem Blute des gekreuzigten und begrabenen Gottes vor die denkende Menschheit hinzutreten".
Viel nobler im Ton und in der theologisch-philosophischen Höhenlage ansprechender für die bürgerliche Leserschaft bot sich ein halbes Jahrhundert später die von 1906 bis 1911 durch Julius Burggraf herausgegebene Zeitschrift dar, zunächst unter dem Titel „Bremer Beiträge zum Ausbau und Umbau der Kirche" erscheinend, später in „Deutsches Christentum" umbenannt, womit jeweils die oben charakterisierte Zielrichtung von Burggrafs Denken und Streben gekennzeichnet war.
Ebenso ließen das seit den 1840er Jahren vorhandene „Monatsblatt der Norddeutschen Missionsgesellschaft" wie auch das spätere Beiblatt dazu, der „Missionskinderfreund", und der „Missionsbote" schon im Titel den werbenden Anruf ihrer karitativen Gemeinschaft erkennen.
Ähnlich verhielt es sich mit dem von den Pastoren Tiesmeyer, Volkmann und Zauleck um die Jahrhundertwende herausgegebenen Blatt „Der Kindergottesdienst. Monatsschrift zur Förderung der gottesdienstlichen Pflege der Jugend" und der von Tiesmeyer und Zauleck allein betreuten Zeitschrift „Für unsere Kinder. Ein Sonntagsblatt für die christliche Kinderwelt".
Charakterisierten sich die bisher behandelten Presseorgane als individuelle Schöpfungen origineller Persönlichkeiten mit ausgeprägter Überzeugungskraft, so waren die in der zweiten Jahrhunderthälfte aufkommenden Gemeindeblätter nur als bloße Informationsquellen für den begrenzten Kreis der Mitglieder gedacht. So enthielt das „Gemeinde-Blatt. Organ des Kirchenvorstandes der St. Stephani-Gemeinde", für dessen Redaktion die Bauherren verantwortlich zeichneten, in den 1870er Jahren neben den Angaben über die Termine der Gottesdienste („Kirchenzettel") und Vereinsveranstaltungen sowie über die Ergebnisse der Beckensammlungen in aller Regel kurze erbauliche Betrachtungen aus der Feder eines der Prediger. Ähnlich verhielt es sich mit dem aus dersel-

Titel des von Ludwig Tiesmeyer (Wilhadi) und Paul Zauleck (Friedenskirche) herausgegebenen Sonntagsblattes

ben Zeit erhaltenen „St. Pauli-Gemeindeblatt", dem etwas jüngeren „St. Michaelis-Gemeindeblatt" und den „Kirchlichen Nachrichten aus der Gemeinde Unser Lieben Frauen".
Wollten diese Art Presseveröffentlichungen nicht mehr, als ihr schlichter Titel hergab, so stand hinter den beiden folgenden publizistischen Periodika, dem „Bremer Kirchenblatt" und dem „Norddeutschen Protestantenblatt", der propagandistische Überzeugungsdrang gegnerischer kirchlicher Parteiungen.
Am 1. Januar 1865 kam in Bremen zuerst das wöchentlich erscheinende „Bremer Kirchenblatt" heraus, am Kopf geschmückt mit dem Schlüsselwappen und der Legende „Erhalte Herr die Herberge Deiner Kirche", eine Devise, welche sich mit den Zielen: „Stärkung des alten Bibelglaubens, Kampf gegen Freigeist und Unglauben" der von den Pastoren Thikötter und Vietor sowie Missionsinspektor Zahn herausgegebenen Zeitschrift decken sollte. Es galt, die Altgläubigen zu sammeln und aus der Vereinzelung zu befreien, zumal die Tagespresse auf die Kirche nur selten und ungenügend einging und „. . . das publicistische Gebiet fast ganz beherrscht wird von denen, die das Wort Gottes nicht anerkennen wollen". Getreu seinem Wahlspruch hat das Kirchenblatt die Sache der positiven Richtung teils referierend, teils polemisch konsequent vertreten

und die Kontroversen ihrer Vorkämpfer nicht selten unversöhnlich mit verfochten, aber auch durch erbauliche homiletische Beiträge die friedlichen religiösen Gefühle seiner nicht sehr zahlreichen Leserschaft angesprochen.

Im wesentlichen mit diesem Aufgabenkreis hat das Blatt sechs Jahrzehnte lang in Bremen wirken können. Finanziell getragen wurde es seit der Jahrhundertwende von dem in den 1870er Jahren zur Förderung der Ziele und Einrichtungen der Altgläubigen und zum Kampf gegen den liberalen Protestantenverein entstandenen Evangelischen Verein. Ideelle Stützen der Zeitschrift waren außer dem Evangelischen Verein die Innere und die Norddeutsche Mission wie auch das Diakonissenhaus. Trotz dieser verhältnismäßig breiten Rückendeckung erlag das Blatt dem Todeshauch der Inflation, die das reiche Bremen verarmen ließ und wegen des allgemeinen Vermögensverfalls zahlreichen karitativen Institutionen das Ende ihrer oft langen, ehrenvollen Existenz brachte. Im Januar 1925 noch einmal wiederbelebt, mußte das „Bremer Kirchenblatt" nach drei Jahren mit seiner Ersetzung durch die kurzlebigen „Bremer kirchlichen Monatshefte" Ende 1928 sein Erscheinen einstellen.

Etwas länger, nämlich bis 1941, überlebte das fast gleichaltrige Gegenstück zum Kirchenblatt, das 1868 in Bremen gegründete „Norddeutsche Protestantenblatt", ab 1873 „Deutsches Protestantenblatt", seit 1902, dem Jahr seiner Vereinigung mit dem bisherigen Berliner Gemeindeblatt „Der Protestant", nur noch schlicht „Protestantenblatt — Wochenschrift für den deutschen Protestantismus" benannt. Nach seinem Titel charakterisierte sich schon das „Norddeutsche Protestantenblatt" eindeutig als Informations- und Kampforgan des 1863 in Frankfurt durch die Initiative prominenter liberaler Theologen der Universität Heidelberg ins Leben gerufenen Deutschen Protestantenvereins. Dieser wollte das Ideal des theologischen Freisinns in Deutschland verbreiten, für eine staats- und hierarchiefreie deutsche Nationalkirche, die nach dem Gemeindeprinzip aufgebaut sein sollte, und für die Union beider evangelischer Konfessionen werben, wie auch den unter Papst Pius IX. um sich greifenden römischen Ultramontanismus bekämpfen.

Der Frankfurter Gründung folgte bereits nach zwei Jahren 1865 die Entstehung des Bremer Zweigvereins, der schon 1868 in der Ansgariikirche den 3. Deutschen Protestantentag ausrichten konnte. Das starke Interesse der Bremer an der Vereinsarbeit — in den 1870er und 1880er Jahren war der hiesige Ortsverein der mitgliederstärkste in Deutschland — hatte zur Folge, daß der erste Herausgeber des Protestantenblattes, Pastor Manchot von St. Remberti, 1872 auch zum Generalsekretär des Gesamtvereins gewählt wurde. Auch als Manchot nach Hamburg überwechselte, zeich-

Titel des „Bremer Kirchenblattes", Organ der altgläubigen Richtung

neten weiterhin namhafte Bremer Theologen, so später die Pastoren Sonntag, Veeck und Emde, für das bei Schünemann gedruckte Blatt verantwortlich, so daß dadurch der Bremer Verein, auch nachdem seit der Fusion von 1902 ein Berliner Theologe in die Redaktion mit eingetreten war, im Rahmen des Hauptvereins stets einflußreich blieb.

Das Protestantenblatt, in überregionalen wie lokalen Bremer Theologenstreitigkeiten immer in vorderster Linie des bei aller Entschiedenheit maßvollen Freisinns gegen Orthodoxe, aber auch Radikale kämpfend, hat wie das Kirchenblatt seine Glanzjahre im Staatskirchentum der Kaiserzeit erlebt. Aber der Glanz verblaßte nach der Trennung von Staat und Kirche in der Zeit der Weimarer Republik, als andere religiöse Impulse, etwa durch die vom Freisinn und auch einem Teil der Orthodoxie abgelehnte dialektische Theologie Karl Barths, die Gemüter erregten, oder gar im nationalsozialistischen Regime, als ein Teil der Liberalen, verlockt durch das Ideal der Nationalkirche, den alten Programmpunkt des Protestantenvereins, ins Lager der dafür eintretenden „Deutschen Christen" einschwenkte.

Von der kirchlichen zur weltlichen Presse übergehend, ist von den Tageszeitungen zu berichten, daß sie theologische Fragen redaktionell zumeist nur aufgriffen, wenn sie ihnen auch politisch von Gewicht zu sein schienen, wie sich beim Mauritzschen Taufskandal oder der Diskussion über das Kirchenaustrittsgesetz zeigte. Als Forum für die Lesermeinungen war dagegen die Sprechsaalecke von besonderer Bedeutung. Hier taten sich vornehmlich die „Bremer Nachrichten" hervor, die sich im Laufe des 19. Jahrhunderts aus einer ursprünglich reinen Wochenschrift für Anzeigen und Informationen zu einer allgemeinen Tageszeitung des entschiedenen Freisinns gemausert hatten. Für die Oberschicht war dagegen die vornehme liberale „Weser-Zeitung" meinungsbildend, während die Arbeiterschaft der Linie ihres sozialdemokratischen Parteiblattes, der „Bremer Bürgerzeitung", folgte, deren Angriffe gegen die Kirche ebenso zahlreich wie bissig waren.

Literatur:
Menken, Reformation (1817). — Bippen, Armenpflege (1880). — Religionsunterricht (1905). — Bremer Schulstreit (1907). — Frauenverein von 1814 (1909). — BB (1912) (Müller, Riem). — Hartwich, Feuerbestattung (1913). — Petri, Liebfrauen-Diakonie (1925). — Entholt, Volksschulwesen (1928). — Piersig, Kindergottesdienst (1934). — Piersig, Orgeln im Dom (1939). — Bessell, Frick (1957). — Bloth, Reformpädagogik (1961) (Religionsunterricht). — Rüthnick, Domdiakonie (1963). — Kirchliche Zustände 1841/42 (1969) — BB (1969) (Groscurth, Nößler, Zauleck). — Hagener, Schulreform (1973). — Blum, Musikleben (1975). — Walte, Armenhaus (1979). — Schwarz, Kirchhöfe (1980). — Domchor (1981). — Hosp. Eccl. 13, Gesangbücher (1982). — St. Pauli-Kantorei (1983). — Kappner, Kirchenmusik (1987). — Dirschauer, Standortbestimmung (1987).

VI. Außergemeindliche Arbeit

„Lasset uns Gutes tun an jedermann, allermeist aber an des Glaubens Genossen", so hatte einst der Apostel Paulus die Galater ermahnt. Diesem Rufe treu, erweitert seither die Kirche ihre ureigentliche Aufgabe, den Gottesdienst, zum Dienst am Nächsten, um in christlicher Liebestätigkeit die Not des Mühseligen und Beladenen nicht nur äußerlich zu lindern, sondern ihn auch nach der Erkenntnis: „Die Pflege der armen Seele ist die Seele der Armenpflege" zu Christus, ihrem Herrn, hinzuführen.
Es ist klar, daß sich auf diesem weiten Felde Geistlichen und Laien die verschiedensten Möglichkeiten inner-, über- und außergemeindlicher Betätigung darboten. Daher beriet auch schon der Elberfelder Deutschevangelische Kirchentag 1851 über das Verhältnis des kirchlichen Amtes und der freien Vereinstätigkeit zueinander. Daß hingebungsvolle karitative Arbeit aufs freudigste und fruchtbarste in der Gemeinschaft von Gleichgesinnten geleistet wird, zeigte das Beispiel der Diakonien. Wo sie nicht tätig werden konnten, bot sich neben den auf mittelalterliche Tradition zurückgehenden wohltätigen Bruderschaften als Organisationsform weiten übergemeindlichen Wirkens der Verein an. Pastor Treviranus besaß, wie oben geschildert, ein außergewöhnliches Talent, seinen Mitmenschen von ihm erkannte Mißstände ins Bewußtsein zu rufen und sie zu derartigen Hilfsgemeinschaften zusammenzuschließen.

1. *Verein für Innere Mission*

Die wichtigste und umfassendste dieser Gesellschaften war der Verein für Innere Mission. Als geistige Frucht des im September 1848 in Wittenberg abgehaltenen und zumeist von Mitgliedern der altgläubigen Richtung besuchten ersten Deutschen evangelischen Kirchentages war Anfang 1849 in Berlin der „Central-Ausschuß für die innere Mission der deutschen evangelischen Kirche" ins Leben getreten. Nach einem Vortrage des in vorderster Reihe dieser Bewegung stehenden Pastors Johann Hinrich Wichern kam es schon 1849 in Bremen zur Gründung des Vereins für Innere Mission, dessen Vorsitz Wicherns Freund Treviranus übernahm und bis 1865 innehatte. Der bremische Verein mit Sitz im Haus „Concordia" am Ansgariikirchhof, wo noch eine Reihe anderer Gründungen untergebracht war, arbeitete im Benehmen mit dem Zentralausschuß und bereitete auch den Kongreß für Innere Mission vor, der 1852 in Verbindung mit dem Deutschen evangelischen Kirchentag in Bremen stattfand.

„Innere Mission ist Persönlichkeiten", nach diesem Motto haben Männer und Frauen aus bibelgläubigen Kreisen der bremischen Oberschicht jahrzehntelang ehrenamtliche Sozialarbeit allein getan, bis ein „Inspektor" sie von Berufs wegen unterstützte.

Die Arbeit wurde in „Sektionen" geleistet, von denen die schon 1848 auf dem Wittenberger Kongreß diskutierte, der Sonntagsfeier gewidmete, die erste war, ganz im Sinne Wicherns, der sich immer wieder für die Heiligung des Sonntags einsetzte.

Mit der Sektion für Stadtmission machte die Innere Mission ihrem Namen Ehre, indem sie 1855 in der Neustadt, 1860 in der Buntentorsvorstadt, 1862 in der Ostertorsvorstadt und 1865 in der westlichen Vorstadt je einen Bruder des Hamburger „Rauhen Hauses" als „Stadtmissionar" für die Evangelisation und Sozialarbeit unter der Bevölkerung einsetzte. Daß der von der Inneren Mission als ihr „Inspektor" nach Bremen berufene Kandidat der Theologie Otto Funcke, auf der Vorarbeit des Stadtmissionars fußend, in der Ostertorsvorstadt um die vom Verein dort errichtete Kirche die 1872 konstituierte Friedensgemeinde sammelte, wurde oben dargestellt. Auch die 1876 eingeweihte Jakobikirche vor dem Buntentor geht auf die Innere Mission zurück. Das von ihr errichtete Gemeindehaus an der Sommerstraße im Findorffviertel bezog 1899 ein zuvor am Buntentor tätig gewesener Stadtmissionar, aus dessen Vorarbeit sich die Luthergemeinde entwickeln sollte.

Von der Aktivität der Sektion für Volksschriften zeugten die auf Anregung des Wittenberger Kongresses von 1848 schon frühzeitig auch in Bremen eingerichteten Volksbibliotheken, am Ende vierzehn in allen Teilen der Stadt, die gute Literatur unentgeltlich an zahlreiche Benutzer ausliehen, eine Aufgabe, die nach ihnen von den Volksbüchereien wahrgenommen wurde.

Die Sektion für Lehrlinge betreute einen Lehrlingsverein, in dem Handwerkerlehrlinge an Sonntagabenden in Bibelkunde, Schreiben, Rechnen, Zeichnen und Geschichte weitergebildet wurden. Der Lehrlingsverein hatte sich 1850 von dem 1834 durch Pastor Mallet gegründeten Jünglingsverein abgespalten, in dem fortan die Handwerksgesellen dominierten und der später im Christlichen Verein Junger Männer aufging. Die Sektion bemühte sich aber auch um Jugendfürsorge schlechthin. Der traurige Mißstand der Jugendverwahrlosung schrie ohnehin nach Abhilfe. Schon 1829 hatte Pastor Pletzer von St. Stephani vorgehabt, mit einem ihm zugekommenen Legat eine Arbeitsschule auf dem Lande für verwahrloste Kinder, die nicht in Waisenhäuser aufgenommen werden konnten, zu gründen. Indes zerschlug sich sein Plan damals noch.

Bei der engen Freundschaft zwischen Wichern und Treviranus nimmt es nicht Wunder, daß der Bremer nach einem Vortrag des Hamburgers über sein seit 1834 bestehendes „Rauhes Haus" in Horn bei Hamburg den Aufruf zur Gründung eines derartigen Rettungshauses für verwahrloste Jungen auch in Bremen mit unterzeichnete und sein Leben lang Mitglied im Direktorium des 1847 eingeweihten Ellener Hofes war, dem 1869 in der Nähe auch ein entsprechendes Institut für Mädchen, der Hartmannshof, angegliedert wurde. Nachdem der besondere Förderer des Werkes, der Bremer Kaufmann Paul Isenberg (1837—1903), diesem ein Legat von 100 000 Goldmark hinterlassen hatte, führte es von 1903 bis 1947 den Namen „Verein Ellener Hof, Paul-Isenberg-Stiftung".

Das 1873 in der Neustadt zunächst von einem selbständigen Verein gegründete und betriebene Marthasheim zur Unterbringung junger Mädchen und ihrer Ausbildung zu Hausangestellten wurde zwar schon seit 1908 von Diakonen geleitet, aber erst 1921 von der Inneren Mission ganz übernommen. Es bot seitdem vielen heimatlosen Frauen und Mädchen Unterkunft und Verpflegung.

Für die preiswerte Unterbringung wandernder Handwerksgesellen hatte der Arzt Dr. Wilhelm Kulenkampff 1859 im Haus „Concordia" nach dem Vorbild der fünf Jahre zuvor in Bonn gegründeten ersten „Herberge zur Heimat" eine derartige Heimstätte geschaffen, die 1879 von der Inneren Mission übernommen wurde. Als dort Raumnot eintrat, erwarb der Verein zur Anlage einer zweiten Herberge 1900 ein Haus an der damaligen Georgstraße, jetzigen Bürgermeister-Smidt-Straße. Diese Unterkunftsstätte konnte durch Zukauf eines benachbarten größeren Hauses erweitert werden, in dem dann noch andere Dienste und seit 1905 auch die Ge-

schäftsstelle des 1901 eingestellten ersten hauptamtlichen Inspektors der Inneren Mission, Pastor Karl Büttner, sowie nach dessen Wahl zum Prediger an Unser Lieben Frauen 1905 auch die seines Nachfolgers Pastor Constantin Frick untergebracht waren. Die Anzahl der Herbergen zur Heimat nahm im übrigen derart zu, daß es um die Jahrhundertwende davon in Deutschland bereits an die 450 gab.
Wer nicht wie die Handwerksgesellen zu Fuß mit dem Wanderstabe, sondern mit der Eisenbahn in Bremen eintraf, der fand im Notfall bei der 1897 eingerichteten Bahnhofsmission Rat und Hilfe. Wer preiswerte Unterkunft benötigte, konnte an das 1908 in der Löningstraße vom Verein Marthasheim eröffnete und zunächst auch noch bewirtschaftete, später von der Inneren Mission übernommene christliche Familienhotel „Bremer Hospiz" verwiesen werden.
Gefährdete Frauen und Mädchen fanden in einer nach den Erfahrungen der Bahnhofsmission 1908 errichteten Zufluchtsstätte Unterschlupf.
Der zahlreichen im 19. Jahrhundert über Bremen nach Übersee reisenden Auswanderer nahm sich schon seit den 1830er Jahren der Verein zur Verbreitung kleiner christlicher Schriften und seit 1849 ein in Bremerhaven von Freunden der Inneren Mission begründetes großes Auswandererhaus an. Über die Erfahrungen mit dieser Auswandererfürsorge sprach Pastor Dreier aus Bremerhaven schon im September 1852 auf dem mit dem Deutschen evangelischen Kirchentag in Bremen verbundenen 4. Kongreß für die Innere Mission. Pastor Treviranus hielt das Korreferat über dieses Missionsgebiet, in das die Tagungsteilnehmer auf einer vom Senat gestifteten Dampfbootfahrt nach Bremerhaven selber Einblick nehmen konnten.
Nach der Verlegung der Auswandererabfertigung nach Bremen 1863 bestand in den 1870er Jahren hier zunächst ein kurzlebiges lutherisches Komitee für Auswanderer, in dem der Domprediger Petri und der lutherische Pastor Cuntz von St. Pauli tätig waren. 1881 nahm auf Anregung des damals wieder in Bremen tagenden Kongresses für Innere Mission der Bremer Verein diese Arbeit verstärkt auf und übertrug die Leitung der Abteilung Auswandererfürsorge Pastor Cuntz, der auch das Fachreferat darüber gehalten hatte. Cuntz erhielt bald darauf Unterstützung durch einen für diesen Fürsorgezweig eigens berufenen Auswanderermissionar, wieder einen Bruder des Rauhen Hauses, so daß er 1897 auf dem Bremer Kongreß über den guten Fortgang der Arbeit berichten konnte.
In Bremen, wo eine Auswandererschutzgesetzgebung schon 1866, lange vor dem Reichsgesetz von 1897, für geordnete Verhältnisse gesorgt hatte, bemühte sich Pastor Cuntz durch seinen „Ratgeber für Auswanderer nach den Vereinigten Staaten" um Aufklärung der Unwissenden. Cuntz

war auch als Ansprechstelle für auswanderungswillige Frauen und Mädchen genannt in einem 1898 vom Central-Ausschuß herausgegebenen warnenden Flugblatt gegen den Mädchenhandel, das die Senatskommission für die kirchlichen Angelegenheiten an die einzelnen Gemeinden weiterreichte.

Bremen erlebte seit 1905 eine Hochflut von Auswanderern, die besonders in den 1907 von dem Auswanderungsagenten Friedrich Mißler eröffneten „Bremer Auswandererhallen" im Findorffviertel bis zur Ausreise untergebracht wurden.

Über zehn Millionen Mark anvertrauter Gelder überwies die Auswanderermission von 1884 bis 1914 nach Übersee. Für Beratungen stand seit 1904 das Missionsbüro im Haus an der Georgstraße zur Verfügung. Hier wurde 1905 auch eine für Auswandererabschiedsgottesdienste benutzte Kapelle eingeweiht.

Im Vorstand des Evangelischen Hauptvereins für deutsche Aussiedler und Auswanderer in Witzenhausen war die Bremer Auswanderermission stets vertreten, zunächst durch Cuntz, dann durch Frick. Durch den Ersten Weltkrieg an dieser Arbeit gehindert, nahm die Innere Mission sie in Friedenszeiten unter ihrem Inspektor Pastor Bodo Heyne wieder auf.

Was die Mannschaften der zahlreichen in- und ausländischen Schiffe betrifft, die in den Häfen Bremens und Bremerhavens verkehrten, so wurden auch sie von einer besonderen Seemannsmission betreut, in deren Namen zum Beispiel die Mitglieder des Jünglingsvereins der Wilhadi-Gemeinde religiöse Traktate und Einladungen zu Gottesdiensten an die Seeleute verteilten. Eine besondere Aufgabe dieser Abteilung der Inneren Mission war die Einrichtung von Heimstätten für Seeleute in fremden Häfen. In Bremen bildete sich eigens ein Verein für Seemannsheime, dem im Mai 1896 auf Antrag des Senats an die Bürgerschaft mit deren Einverständnis durch die Behörde für den Wasserschout 200 000 Mark zur Verfügung gestellt wurden.

Die hier nur summarisch und in Auswahl darzustellende vielseitige und weit verzweigte Arbeit der Inneren Mission stützte sich, wie erwähnt, auf die treue und opferbereite Anhängerschaft bibelgläubiger Christen. Sie ließ Missionsinspektor Pastor Frick auch nicht im Stich, als er 1914, um der Not des Ersten Weltkrieges zu begegnen, im Benehmen mit Senator Hildebrand die „korporativen und persönlichen Hilfskräfte Bremens" im „Zentralhilfsausschuß des Roten Kreuzes" zu gemeinsamer Arbeit zusammenfaßte. Diese Leistung machte beim Zentral-Ausschuß für Innere Mission in Berlin auf die Dauer einen solchen nachhaltigen Eindruck, daß Frick — 1916 mit der Berufung in die Leitung des Diakonissenhauses und in die dritte Pfarrstelle an Unser Lieben Frauen aus dem Missionsdienst ausgeschieden — noch nach Ablauf zweier Jahrzehnte zum Präsidenten des Zentral-Ausschusses gewählt wurde, um die Innere Mission vermöge seines diplomatischen Verhandlungsgeschicks durch die gottlose Zeit äußerer nationalsozialistischer Bedrängnis hindurchzuretten. Ihr Überleben war ein Glücksfall für die Kirche, weil sie mit ihrem Geist und Modell karitativer und seelsorgerlicher Arbeit bis heute tief in das Innenleben der Gemeinden hineingewirkt hat.

2. *Die äußere Mission*

Norddeutsche Missionsgesellschaft

Die ältere Schwester der inneren war die äußere Mission, die entsprechend dem Missionsbefehl Christi an seine Jünger, allen Völkern das Evangelium zu bringen, ihre Sendboten ausschickte. Auf protestantischer Seite am frühesten in England mächtig, hatte der Missionsgedanke im 18. Jahrhundert auch auf dem Kontinent Wurzel geschlagen, wo es zuerst 1816 in Basel zur Stiftung einer Missionsgesellschaft kam. Ein junger Baseler Missionar, der auf der Reise nach London 1819 in Bremen Station machte, gab die Anregung, auch hier einen Missionsverein zu gründen. Der Gedanke zündete alsbald, zumeist in altgläubigen, der pietistischen Erweckungsbewegung verbundenen Kreisen des gehobenen Bürgertums, und noch im Dezember 1819 trat der Bremische Missionsverein unter dem Vorsitz von Bürgermeister Dr. Franz Tidemann ins Leben.

Die Neugründung fand allerdings nicht überall Beifall, da mancher befürchtete, die in die Mission fließenden Spendengelder würden daheim beim Armeninstitut fehlen. Ja, selbst der studierte Theologe Bürgermeister Johann Smidt äußerte sich im Februar 1820 in einem Brief an seine Frau Mine über die Neuigkeit: „Hermann [ein Sohn Smidts] schreibt mir über die Streitigkeit wegen einer in Bremen gestifteten Gesellschaft zur Heidenmission, worüber auch Aufsätze in der ‚Bremer Zeitung'. In Bremen ist immer Betriebsamkeit, und bei dem Mangel an einer würdigen Aufgabe läuft man dem ersten besten Wilden nach. Treviranus und Pastor Müller [von St. Stephani] gehören zu den ärgsten Schreiern auf der einen Seite, der alte Dr. Müller [Domkantor], der sich mit Gewalt wichtig machen will, auf der anderen Seite."

Der von Friedrich Ludwig Mallet, seit 1827 Pastor an St. Stephani, als Motor kräftig vorangetriebene Bremer Verein konnte gewisse lutherisch-reformierte Gegensätze ausgleichen und in den ersten Jahrzehnten seines Bestehens den Missionsgesellschaften in Basel, Berlin und Herrnhut regelmäßig Geldzuwendungen machen. Als sich 1836 mehrere Missionsvereine zu einer Norddeutschen Missionsgesellschaft zusammenschlossen, arbeitete der Bremer Verein so eng mit dieser zusammen, daß er, als die Hamburger Gründung, die bis 1849 bereits fünfzehn Missionare ausgebildet und ausgesandt hatte, sich wegen konfessioneller Differenzen als nicht mehr lebensfähig erwies, diese am 1. Januar 1851 übernahm und mitsamt ihrem Namen unter dem Vorsitz von Pastor Treviranus nunmehr von Bremen aus fortführte. In dieser Tätigkeit ließ die Bremer Gesellschaft sich auch durch den stadtweiten Schock über den 1851 aufgedeckten Betrug des Eltermanns Haase an verschiedenen milden Stiftungen, der als Rechnungsführer der Norddeutschen Mission auch diese um 8000 Taler geschädigt hatte, nicht beirren.

Von Bremen ausziehende, zunächst finanziell sehr dürftig ausgestattete Missionare hatten anfänglich Indien und Neuseeland zum Ziel. So wurde 1842 ein ins Land der Maori bestimmter Glaubensbote vom Geistlichen Ministerium ordiniert. Dann aber verlegte man das Aktionsfeld an die bereits von Hamburg aus missionierte, klimatisch sehr ungesunde und unruhige „Sklavenküste" Westafrikas, wo die Faktoreien des missionsfreundlichen Bremer Handelshauses Vietor Hilfe leisteten, wie denn überhaupt die Arbeit der Bremer auf die Dauer durch einen bewußten Kontakt und Gleichlauf von Afrikahandel und Afrikamission charakterisiert sein sollte. 1846 genehmigte der Senat auf Ansuchen von Pastor Treviranus die Ausreise von vier Missionszöglingen, davon zwei aus Bremen, die zuvor geprüft und nach bestandenem Examen in der Horner Kirche ordiniert werden sollten.

Seit 1862 wirkte der erste berufsmäßige Inspektor der Norddeutschen Mission, Franz Michael Zahn (1833—1900), in Bremen, ein weitblickender, gegen den Kolonialgedanken grundsätzlich kritisch eingestellter Mann mit hervorragendem Organisationstalent. Unter seiner Leitung tagten alle vier Jahre in Bremen in „Vietors Gartenhaus" am Kleinen Kaufmannsmühlenkamp die auf Zahns Initiative zur Kontinentalen Missions-Konferenz zusammengeschlossenen befreundeten Gesellschaften.

Durch Eigenmittel des Bremer Hauptvereins und die Beiträge zahlreicher Missionshilfsvereine im näheren und weiteren Umland Bremens und Hamburgs war die Norddeutsche Mission in der Lage, von 1875 bis 1914 42, vornehmlich in der Evangelischen Pilgermissions-Anstalt St. Chrischona bei Basel ausgebildete Missionare zu ordinieren und samt Schwestern, meist Diakonissen, nach Westafrika zu entsenden.

Hier konzentrierte sich ihre bisher auch im westlichen, britisch beherrschten Küstenland verrichtete Arbeit, nachdem Togo 1884 Schutzgebiet des Deutschen Reiches geworden war, vor allem auf die dort ansässigen

Gartenhaus Vietor, Kleiner Kaufmannsmühlenkamp; Stätte der 1.–11. Kontinentalen Missions-Konferenz

F. Michael Zahn, erster Inspektor der Norddeutschen Mission

Stämme der Ewe, in deren Land 1893 die Station Tove gegründet wurde. In die Ewe-Sprache übersetzte der Missionar Spieth auch die Bibel, ein zusammen mit einem afrikanischen Sprachgehilfen vollendetes großes Werk, das 1914 veröffentlicht wurde.

Der 1903 durch die Übernahme der binnenländischen Niederlassungen der sich auf Kamerun beschränkenden Baseler Gesellschaft beschleunigte Aufschwung der Norddeutschen Mission in der immer weiter erschlossenen Kolonie, in deren Hauptstadt Lome seit der Jahrhundertwende der Missionssitz in Togo war, manifestierte sich in folgenden Daten: Die Zahl der Hauptstationen wuchs von 1884 bis 1909 von zwei auf acht, der Nebenstationen von sieben auf 125, der Missionare von acht auf 25, der Gehilfen von 18 auf 190, der Christen von 350 auf 6731, der Schüler von 186 auf 5112.

Trotz der Spendenfreudigkeit Bremens, zu deren Anfeuerung sich in den Gemeinden Missionsausschüsse gebildet hatten, fehlte der Gesellschaft dann aber für diese gewaltig vermehrten Auf- und Ausgaben in den Jahren vor dem Ersten Weltkrieg so sehr das Geld zur Deckung von Defizit und Schulden, daß im Februar 1913 in einer nach Bremen einberufenen außerordentlichen Mitgliederversammlung allen Ernstes sogar erwogen wurde, ob die Gesellschaft in einer mächtigeren Organisation, etwa der Baseler, aufgehen solle. Die damals durch eine Zuwendung aus der Missions-Nationalspende zunächst noch behobene Not wuchs erneut durch den Ausbruch des Krieges, in dem einige Missionare und weiße Mitarbeiter in britische Gefangenschaft gerieten, das Missionswerk aber durch den wachsenden Einsatz farbiger Pastoren und Gehilfen gerettet wurde. Das war bereits ein Ansatz zu der in der Nachkriegszeit, als die ehemalige deutsche Kolonie in britische und französische Verwaltung übergegangen war, heranwachsenden togolesischen Nationalkirche.

Bekanntlich ist das von Mitarbeitern und Anhängern einst als „Reichgottesarbeit" empfundene Wirken der Mission heutzutage in das Zwielicht antikolonialistischer Kritik geraten. Man wirft ihr vor, den imperialistischen Kolonialmächten bei der Eroberung des dunklen Kontinents, der Unterjochung und Versklavung seiner Einwohner, der Vernichtung ihrer angestammten gesellschaftlichen und wirtschaftlichen Strukturen im Interesse von menschenfeindlicher Plantagenwirtschaft und ausbeuterischem kapitalistischem Großhandel Vor- und Zuarbeit geleistet zu haben. Zugegeben: Wohl gingen Handel und Mission in der Weltgeschichte oft gemeinsame Wege, aber: So sicher es ist, daß die Kolonialpolitik der europäischen Großmächte auf hegemonialem Weltherrschaftsstreben und der Ausbeutung fremder Wirtschaftskraft beruhte, so sicher ist es auch, daß die von der Glaubenskraft der Erweckungsbewegung getriebene Mission ihrem Ursprung und Wesen nach nur das Seelenheil des schwarzen Menschen und seine Hinführung zu Jesus Christus im Sinne hatte. Gewiß zwang die Ungunst der Verhältnisse oft zu mancherlei Kompromissen, so etwa dem, daß man, als sich die mißtrauischen Afrikaner anfangs wenig bekehrungsfreudig zeigten, Sklavenkinder freikaufte, sie taufte und zu dienstwilligen Arbeitern heranzog. So hatte die Ewe-Mission Ende 1864 erst 92 schwarze Gemeindeangehörige, darunter 54 freigekaufte Kinder, von denen manche freilich wieder entliefen. Es darf nicht Wunder nehmen, daß man einige angelernte Kräfte auch den stets hilfsbereiten Bremer Niederlassungen überließ, die einen „redlichen Handel" trieben und auf den einträglichen Schnapsverkauf an die Schwarzen verzichteten.

Auch ist einzuräumen, daß die Ausbildung von einheimischen Missionshelfern (Katecheten) lange an deren übergroßer Abhängigkeit von den Missionaren krankte. Stets gegenwärtig blieb ja das Überlegenheitsgefühl des weißen Mannes gegenüber dem Schwarzen, von den noch naiven Anfängen der Mission, wo es den angeblich unglücklichen, in grausamer Barbarei lebenden „armen Neger" aus den Fängen Satans zu retten und Jesus Christus wie auch der Zivilisation zuzuführen galt, bis hin zu den kolonial- und missionspolitischen Initiativen des Bremer Afrika-

Kaufmanns Johann Carl Vietor (1861—1934). Dieser im Vorstand der Norddeutschen Missionsgesellschaft einflußreiche hanseatische Unternehmer war bei Ausbruch des Krieges Chef einer, wie er glaubte und wünschte, in christlicher Handelsethik geführten Firma mit 38 Faktoreien in Togo und fünf an der Goldküste. Sein Ziel war es, die Afrikaner des Binnenlandes zu frommen Christen, aber auch zu tüchtigen Kleinbauern und zuverlässigen Lieferanten von Palmkernen und Baumwolle zu erziehen.
So ist denn wohl in aller Vorsicht mit Dieter Lenz das Fazit zu ziehen, daß die nachhaltige progressive und antikolonialistische missionstheologische Arbeit von Inspektor Franz Michael Zahn in Verbindung mit dem solidarischen Einsatz einer Gruppe von pietistisch bewegten Bremer Kaufleuten letzten Endes auf die unabhängige Ewe-Kirche mit eigenständiger Kultur hingeführt hat, die seit 1968 selbständige „Partnerkirche" einer Reihe norddeutscher „Trägerkirchen" ist.

Allgemeiner Evangelisch-protestantischer Missionsverein

Der Allgemeine Evangelisch-protestantische Missionsverein verdankt seine Entstehung einer Anregung des auch als Initiator der Glarner Familienbibel hervorgetretenen Pfarrers Buß in Glarus, der 1876 in einer gekrönten Preisschrift mit dem Hinweis, daß alle bisherige Mission vom Geiste der Altgläubigen geprägt sei, eine liberale Gegengründung gefordert hatte. Dazu kam es tatsächlich im Lutherjahr 1883 unter dem Protektorat des Großherzogs Karl Alexander von Sachsen-Weimar, und auf der konstituierenden Sitzung im Juni 1884 in Weimar wurde Pfarrer Buß zum Vorsitzer gewählt. Schon 1885 entsandte der Verein den aus dem Kanton Zürich stammenden Pfarrer D. Spinner für fünf Jahre nach Japan. 1891 gab es in Deutschland und der Schweiz über hundert Zweigvereine.
Der bremische Verein war, von Domprediger Dr. Schramm besonders propagiert, 1888 ins Leben getreten und nahm einen raschen Aufschwung unter Pastor Burggraf von St. Ansgarii, der Anfang 1891 wegen seiner Behauptung, nicht die Orthodoxen, sondern die Liberalen seien allein zur Mission fähig, mit dem Inspektor der Norddeutschen Mission, Michael Zahn, in den „Bremer Nachrichten" in eine längere Pressefehde geriet.
Dank der Aktivität der Bremer veranstaltete der Verein hier im Herbst 1891 seine 7. Jahresversammlung, wo Pfarrer D. Spinner mit dem Vortrag „Der Missionar unter Kulturvölkern, seine Ausrüstung und seine Thätigkeit" über seine fünfjährigen Erfahrungen im Umgang nicht mit heidni-

schen Naturvölkern, sondern mit gebildeten Andersgläubigen berichtete. Es war ihm gelungen, eine heidenchristliche Hongo-Gemeinde und eine „Theologische Lehranstalt zur Heranbildung eingeborener Prediger" zu gründen.
Das Hauptmissionsgebiet des Vereins blieb Japan. In dem schon anfangs anvisierten China zog man nach Erwerbung des deutschen Pachtgebiets Kiautschou 1897 alsbald auch dieses in die Tätigkeit mit ein. Wenn der Verein auch genau wie die Norddeutsche Mission in der Vorkriegszeit durch Geldnot und Schulden bedrückt wurde, so konnten seine Sendboten ihre Arbeit in Japan während der Kriegsjahre doch mit Einschränkungen fortsetzen.

Judenmission

Das Gegenstück zur Heidenmission, die Mission unter den Juden, die schon seit den 1820er Jahren in Berlin durch die „Gesellschaft zur Beförderung des Christentums unter den Juden" mit Erfolg betrieben wurde, entstand in Bremen 1911 mit dem als Zweigverein der Berliner Gesellschaft gegründeten „Bremer Verein für Judenmission" unter dem Vorsitz des Geistlichen der Krankenanstalt Pastor Daniel Forck. Im Zuge dieser Bestrebungen lag auch die Übersetzung des Neuen Testaments ins Hebräische durch den Leipziger Theologieprofessor Franz Delitzsch 1877. Das „Bremer Kirchenblatt", das zwar grundsätzlich die Evangelisationsarbeit als eine Pflicht der Christen gegenüber den Juden ansprach, beurteilte freilich die Aussichten des Vereins, seine Ziele in Bremen zu erreichen, mit Zurückhaltung.

3. *Bremische Bibelgesellschaft*

Mission, ob äußere oder innere, ist unmöglich ohne das geistige Rüstzeug der Bibel. Sie unter den Völkern zu verbreiten, war schon die Aufgabe der aus der Verbindung von August Hermann Francke mit dem Freiherrn von Canstein hervorgegangenen von Cansteinschen Bibelanstalt in Halle gewesen. Dem gleichen Zweck dienten nach dem Vorbild der 1804 entstandenen Britischen und Ausländischen Bibelgesellschaft in Deutschland gegründete Gesellschaften, von denen die Nürnberger 1804, die Stuttgarter 1812 und die Berliner 1814 ins Leben gerufen wurden.
Auch Bremen nahm sich an London ein Beispiel. Hier versammelte sich im März 1815 auf Veranlassung des Eltermanns Daniel Tidemann im Hause des Senators Vollmers eine Gruppe christlicher Männer aus Kreisen der Honoratiorenschaft, unter ihnen auch die Pastoren Menken, Mül-

ler und Treviranus. Man beschloß einen Aufruf zur Gründung einer Bremischen Bibelgesellschaft, der in der Hansestadt ein weites Echo fand und zum Eintritt zahlreicher zahlender Mitglieder führte.

Die Gesellschaft betrieb zunächst die Kolportage von Bibeln, stellte den Pfarrern seit 1836 Traubibeln zur Weitergabe an die von ihnen getrauten Brautpaare zur Verfügung, gab Bibeln an Hotels, soziale Stiftungen, Wanderarbeiter, Auswanderer und an die Besatzungen der Handels- und Kriegsflotte. Auch sorgte man für den Druck des von dem Missionar Schlegel in die Ewe-Sprache übersetzten Neuen Testaments, während man später bei der Drucklegung der Spiethschen Übersetzung der ganzen Bibel aus Mangel an Mitteln auf die Unterstützung durch die Britische Bibelgesellschaft in Stuttgart zurückgreifen mußte. Von der Initiative der Gesellschaft bei der Erstellung der Bremer Schulbibel in den 1890er Jahren wurde oben berichtet.

Im Ersten Weltkriege die Soldaten mit Neuen Testamenten und Bibelteilen zu beschenken, war eine gern erfüllte Aufgabe, nachdem die Niederlassung der Britischen Bibelgesellschaft in Berlin mit Kriegsausbruch ihre Tätigkeit eingestellt hatte.

Um die Versorgung Deutschlands in Zukunft allein in die Hand zu nehmen, beschlossen die deutschen Bibelgesellschaften auf einer nach Halle einberufenen Konferenz die Einsetzung eines ständigen Ausschusses, in dem auch Bremen vertreten war. Die Bibelgesellschaft ist noch heute, nach gut Eindreivierteljahrhundert ihrer Existenz, in Bremen nach Kräften um die Verbreitung und Wirkung des Buches der Bücher bemüht.

4. *Evangelische Diakonissenanstalt Bremen*

Seit einst Jesus Christus die Tat des barmherzigen Samariters mit dem Gebot: Tue desgleichen! erhöht hatte, gehört hingebungsvolle Krankenpflege zum Inbegriff christlicher Nächstenliebe. Aus den katholischen Zeiten des Mittelalters, in denen sich Klöster, Orden, Bruder- und Schwesternschaften solchem Liebesdienst widmeten, hatte der neuzeitliche evangelische Christenmensch die Krankenpflege in die Tradition seines Pflichtenkodex übernommen.

Gewiß hatte sich in Bremen die Obrigkeit der pflegebedürftigen Kranken angenommen, indem sie Ende des 17. Jahrhunderts ein Krankenhaus in der Neustadt und Mitte des 19. Jahrhunderts eine moderne Krankenanstalt an der heutigen St.-Jürgen-Straße errichtete. Dennoch fühlte sich 1867 ein Kreis Gleichgesinnter um den altgläubigen Pastor Henrici von St. Stephani, der als Rheinländer ein begeisterter Verehrer Pastor Fliedners war, des Begründers des Diakonissenmutterhauses von Kaiserswerth, berufen, in Bremen ein ähnliches Werk christlicher Krankenpflege zu gründen. Tatsächlich konnte schon 1868 mit inzwischen durch den Verein „Evangelische Diakonissenanstalt Bremen" eingeworbenen Spendenmitteln in einem Hause an der Fichtenstraße nahe dem Weserbahnhof das erste, noch bescheidene Diakonissenmutterhaus mit einer Frauenkrankenstation und zwei Probeschwestern unter Leitung einer Oberin eröffnet werden. Es folgten 1870 in einem hinzugekauften Gebäude eine Männerstation und nach Ausbruch des Deutsch-Französischen Krieges auch ein bescheidenes Lazarett.

Obwohl es anfangs in Bremen schwierig war, junge Mädchen für die Ausbildung als Diakonisse zu gewinnen — schon Henricis Vorgänger Mallet, von Fliedner hierzu aufgefordert, hatte dabei wenig Erfolg gehabt —, nahm die Bevölkerung der westlichen Vorstadt das Krankenhaus doch so bereitwillig an, daß ein großer Neubau erforderlich wurde, der 1879/80 auf einem Gelände an der Nordstraße in damals noch ganz ländlicher Umgebung entstand. 1903/04 erhielt er einen Erweiterungsbau und wuchs im Laufe der Zeit zu einem großen Gebäudekomplex zwischen Nordstraße und Hansastraße heran, der leider dem Zweiten Weltkrieg zum Opfer fallen sollte. Als Tochteranstalten kamen hinzu das von dem Kaufmann Ludwig Schrage in den 1880er Jahren als Heimstätte für genesende Frauen und Mädchen geschenkte Adelenstift in Oslebshausen, das auf ein Legat des früheren Schiffskochs Gottfried Reißmann zurückgehende Almatastift in Walle und zwei weitere Stiftungen in Stenum und Bremen-Lesum.

Die Zahl der vom Diakonissenmutterhaus Bremen ausgebildeten und von ihm betreuten Schwestern wuchs langsam, aber unaufhörlich: Ende 1917 waren es beispielsweise 162, davon 92 Diakonissen, 46 Novizen und 24 Probeschwestern. Der Dienst war weit gestreut: Als Schwestern in Krankenhäusern und Pflegeheimen, wie Kahrwegs Asyl für arme Sieche an der Nordstraße 1882 oder dem Almatastift 1891/92, sowie in den Kirchengemeinden Bremens und seines Umlandes waren Diakonissen bewährt und gesucht.

Besonders der Pflichtenkreis der Gemeindeschwestern wurde immer umfangreicher. Neben der täglichen Kärrnerarbeit der externen Krankenpflege machten sie beispielsweise Armenbesuche, sorgten für die Ausstattung von Konfirmanden, vermittelten Arbeitsstellen und Erholungsreisen, betreuten Fürsorgezöglinge, übernahmen die Reisebegleitung von Kranken bis in deren Kurheime, arrangierten Weihnachtsbescherungen, kurz, überall, wo in der Gemeinde soziale Not entstand und praktische Hilfeleistung erforderlich war, war die Gemeindeschwester als rechte Hand des Diakonen stets zur Stelle.

Das Diakonissenhaus an der Nordstraße, erbaut 1879/80

Kennzeichnend für die enge Zusammenarbeit kirchlicher und freier Institutionen bei der Bewältigung vielseitiger sozialer Hilfsaufgaben ist die Tatsache, daß Pastor Constantin Frick, seit 1905 Inspektor der Inneren Mission in Bremen, 1916 zum Vorsteher des Diakonissenhauses und gleichzeitig zum Prediger an Unser Lieben Frauen berufen wurde.

5. Vereinskrankenhaus vom Roten Kreuz

Es wäre merkwürdig gewesen, wenn sich die in Bremen allgegenwärtigen theologischen Richtungsunterschiede nicht auch im Krankenhauswesen manifestiert hätten. In der Tat provozierte der im Diakonissenhaus herrschende Geist bewußt altgläubiger Frömmigkeit die Liberalen zur Gründung eines eigenen „Vereins zur Ausbildung von Krankenpflegerinnen", der 1876 in der Neustadt an der Osterstraße das später „Willehadhaus vom Roten Kreuz" genannte Vereinskrankenhaus eröffnete. Pastor Kradolfer von St. Remberti und seit 1884 sein Amtsbruder und Nachfolger Dr. Weiss sorgten als Seelsorger für ein freisinniges Fluidum in der 1881 durch einen Anbau erweiterten Anstalt.

6. Jünglingsverein

Der Geist christlicher Nächstenliebe innerhalb und außerhalb der Gemeinden äußerte sich während des 19. Jahrhunderts in so zahlreicher Neugründung von Vereinigungen, daß hier nur einige von ihnen als Beispiele stellvertretend für manche anderen herausgegriffen werden konnten.
Als bemerkenswert für vielseitige pastorale Jugendarbeit sei hier noch einmal der oben schon erwähnte Bremer Jünglingsverein angeführt, der 1834 von Pastor Mallet als „Zufluchtsstätte für junge Leute vor dem Verderben des Wirtshauslebens" in einem Haus am Ansgariikirchhof gegründet worden war. Hier hatte anfangs vor der Tür eine johlende Menge: „Hurra, der Wasserclub!" gebrüllt und Steine in die Fenster geworfen, bis sie von der Polizei zerstreut wurde. Solche Belästigungen unterblieben dann.
Vorbild Mallets war eine ähnliche Einrichtung in Basel, und die ersten Mitglieder kamen aus den Reihen der Küper und Zigarrenmacher sowie aus dem seit einigen Jahren in Bremen blühenden „Missions-Jünglings-Verein". Nach anfänglicher Opposition in Handwerkerkreisen fanden die Angebote des Vereins: Bibelstunden, Unterricht im Schreiben, Lesen, Rechnen, Singen und Unterhaltung vor allem bei auswärtigen Gesellen wachsenden Zuspruch, zumeist bei den besinnlicheren Gewerken der Schuhmacher und Schneider, während die grobschlächtigeren Maurer und Zimmerleute sich in der Folge auch durch literarische Vorträge, Streichmusik und Posaunenchor nicht anlocken ließen.
Wenn auch der Jünglingsverein im Laufe der Jahrzehnte in den altgläubigen Kreisen nicht solche Förderung erfuhr, wie er gewünscht hätte, so erwies er sich doch als Pflanzschule, insofern aus dem Kreise seiner Mitglieder zwölf neue Vereine in Bremen gegründet wurden. Die Programme wurden immer vielgestaltiger. So trat beispielsweise 1913 noch eine kaufmännische Abteilung ins Leben, um jungen Kaufleuten Gelegenheit zur Weiterbildung zu bieten, obwohl es in Bremen seit 1855 bereits einen Christlichen Verein junger Kaufleute gab, der, wiewohl selbständig, sich im St.-Stephani-Gemeindehause versammelte.
In dem jahrzehntelang von Pastor Cornelius Rudolf Vietor geleiteten Verband evangelischer Jungmännervereine war der Jünglingsverein von 1834 das älteste und angesehenste Mitglied. Dennoch mußte er es hinnehmen, daß in Konkurrenz zu ihm 1909 auch hier einer jener immer zahlreicher in Deutschland verbreiteten Christlichen Vereine Junger Männer englischer Provenienz (YMCA) entstand, der sich, von Laien geleitet, eines moderneren Zugangs zum Evangelium rühmte und in Bremen auf die Dauer allein das Feld behaupten sollte.

7. Gustav-Adolf-Hauptverein und Evangelischer Bund

Abgeschlossen sei die hier nur mögliche kleine Auswahl außerkirchlicher, aber mit kirchlichem „Rückenwind" arbeitender karitativer Vereine durch die Skizzierung zweier Gründungen, die sich recht eigentlich die Erhaltung des reformatorischen Lebenswerkes Luthers und Calvins, wie auch die Abwehr des Ultramontanismus und der im 19. Jahrhundert von Rom neu belebten Gegenreformation zum Ziel gesetzt hatten: Gustav-Adolf-Verein und Evangelischer Bund.
1832 wurde zum Zweihundertjahr-Gedenken des Heldentodes des in der Schlacht bei Lützen gefallenen Schwedenkönigs Gustav II. Adolf in Leipzig ein nach diesem benannter Verein zur Förderung der evangelischen Diaspora gegründet, dem 1842 mit dem Wahlspruch von Galater 6, 10 der in ganz Deutschland tätige Evangelische Verein der Gustav-Adolf-Stiftung folgte. In Bremen kam es nach zweijährigen Bemühungen des Geistlichen Ministeriums um die Mitwirkung der lutherischen Domgeistlichkeit 1844 zur Gründung eines beide Konfessionen gemeinsam umfassenden Hauptvereins. Obwohl der Senat die offizielle Teilnahme aus politischen Gründen abgelehnt hatte, konnte sich doch schon zwei Jahre später Pastor Huntemann in Wasserhorst bei Bürgermeister Smidt dafür bedanken, daß er als Oberinspektor der Kirchen und Schulen im Gebiet bei dem Verein eine Zuwendung von 250 Talern für die Wasserhorster Kirchenkasse erwirkt habe.
Kräftigen Auftrieb erhielt der von zwölf Honoratioren, darunter allein fünf Pastoren, geleitete Bremer Hauptverein 1856 durch eine flammende Rede Pastor Mallets zur Enthüllung des Gustav-Adolf-Standbildes auf der Domsheide, das kurioserweise als Strandgut von den Helgoländern aus einem vor ihrer Insel gestrandeten, eigentlich nach Göteborg bestimmten Schiff geborgen und nach Bremen verkauft worden war. 1856 entstand zugleich auch ein Gustav-Adolf-Frauenverein. Die Beiträge und Spenden flossen reichlicher, die Gemeinden, wie 1864 Unser Lieben Frauen, wandten der Stiftung Erträge von Kollekten zu, aber dennoch mußte das „Bremer Kirchenblatt" 1909 kritisch anmerken, daß die jährlich von den Protestanten in Deutschland insgesamt aufgebrachten 2 Millionen Mark nur die Hälfte dessen ausmachten, was der Bonifatiusverein, die katholische Entsprechung zur Gustav-Adolf-Stiftung, von den so viel weniger zahlreichen Katholiken einsammelte.
Der 1886 in Erfurt „zur Wahrung der deutsch-protestantischen Interessen" gegen das Vordringen des Katholizismus gegründete Evangelische Bund erhielt schon zwei Jahre später in Bremen einen Hauptverein mit bald 500 Mitgliedern. Er stand dem Gustav-Adolf-Hauptverein treu zur Seite.

Besondere Popularität und Mitgliedervermehrung erlangte er 1910 durch die Empörung der deutschen Protestanten über die von Papst Pius X. erlassene, von heftigen Schmähungen gegen die Reformatoren und die evangelischen Christen strotzende Borromäus-Enzyklika, deren Veröffentlichung in Deutschland von der Kurie auf den Einspruch der preußischen Regierung hin untersagt wurde.

In Bremen veranstalteten der Evangelische Bund, der Protestantenverein und der Evangelische Verein eine Protestversammlung, was parallel dazu auch die Martini-Gemeinde tat: Endlich arbeiteten also alle drei theologischen Richtungen bei der Abwehr ihnen allen gemeinsam geltender Angriffe wieder einmal zusammen. Es wurde zur Erhaltung deutscher evangelischer Bildungsanstalten in katholischen Ländern ein Protestfonds begründet, in dessen Verwaltungsausschuß die Pastoren Groscurth von Unser Lieben Frauen, Zauleck von der Friedensgemeinde und Emde von der Hastedter Gemeinde eintraten. So hatte Pastor Groscurth, der den Bremer Hauptverein damals leitete, mit seinen fast 700 Mitgliedern eine bewußt evangelische Gemeinschaft hinter sich, die den Ultramontanismus, nicht aber das deutsche Katholikentum bekämpfen wollte.

Literatur:
Hasenkamp, Junge Kaufleute (1880). — Schröder, Handel und Mission (1909). — Schlunk, Norddt. Mission in Togo (1910, 1912). — BB (1912) (Cuntz, C. R. Vietor, Zahn). — Schlunk, Norddt. Mission (1913). — Noël, Bibelgesellschaft (1915). — Vietor, Missionsverein (1919). — Frick, Auswanderer-Mission (1931). — Heyne, Auswanderermission (1931). — Schmidt, Norddt. Mission (1936). — Schreiber, Bausteine (1936). — Schreiber, Heimatgeschichte (1936). — Thiel, Diakonissenanstalt (1938). — Diakonissenanstalt (1938). — Hammer, Norddt. Mission (1961). — Heyne, Auswanderung (1961). — Diakonissenhaus (1968).— BB (1969) (Büttner, Frick, Schreiber). — Ellener Hof (1971).— Müller, Bremen und Westafrika (1971, 1973). — Mai, Auswanderer (1972). — Mai, Auswandererfürsorge (1973). — Norddt. Mission (1986).— Ustorf, Mission (1986). — Ustorf, Missionsmethode Zahns (1989).

VII. Bremens Kirchlichkeit

Im September 1805 verfügte der Bremer Rat durch ein Proklam die Abschaffung einer Anzahl kirchlicher Feiertage, so jeweils des dritten Festtages zu Weihnachten, Ostern und Pfingsten, des Heilige-Drei-Könige-Tages und der monatlichen Dank-, Buß- und Bettage, welch letztere zu einem einzigen, am Mittwoch vor Michaelis zu begehenden, zusammengelegt wurden. Trotz dieser scheinbaren Minderung der Gottesdienstfreudigkeit steht in einer 1809 ergangenen Obrigkeitlichen Bekanntmachung zum Dank-, Buß- und Bettag zu lesen: „... so darf Ein Hochedler Hochweiser Rath mit Zuversicht hoffen, daß hier, wo Gott sey es gedankt! reiner Sinn für ächtes Christenthum und religiöse Andachts-Uebungen noch nicht erkaltet ist, ein Jeder die an jenem feyerlichen Tage ihm dargebotene Gelegenheit, jenen Sinn zu wecken und zu stärken, nicht versäumen werde".

Im Einklang mit dieser so hoffnungsfreudigen Erwartung des Bremer Senats sollte man annehmen, daß die im vorstehenden Kapitel summarisch geschilderten vielfältigen kirchlichen und privaten Bemühungen eines ganzen Jahrhunderts um das Seelenheil und leibliche Wohl so zahlreicher evangelischer Christenmenschen nicht ohne Wirkung oder wenigstens Widerhall geblieben wären. Indes, war eine solche Wirkung denn überhaupt sichtbar oder gar meßbar, wo doch schon Martin Luther die wahren Christen in einer unsichtbaren, Gott allein erkennbaren Kirche versammelt glaubte? Immerhin, auch die äußerlich verfaßte, sichtbare, die „Volkskirche" war und ist unersetzlich, weil der Christ seinen Gottesdienst nicht einsam im stillen Kämmerlein, sondern in Gemeinschaft mit anderen Glaubensgenossen, eben in der Gemeinde und in deren Vereinigung zu einem lebendigen Gesamtorganismus, der Kirche, darbringen soll und will.

Die Hinwendung zur Kirche, der Besuch ihrer Gottesdienste und Feste wie auch die Inanspruchnahme ihrer Amtshandlungen, kurz, die „Kirchlichkeit", schien doch als ein gewisser Maßstab für das innere Leben der Kirche gewertet zu werden, wie man aus den Reaktionen auf die kirchliche Statistik folgern möchte.

Hierum war es tatsächlich, aufs Ganze gesehen, im Bremen des 19. Jahrhunderts nicht eben glanzvoll bestellt. Im Oktober 1867 beklagte Pastor Vietor von Unser Lieben Frauen in einem Referat vor der Konferenz der Landprediger und Ministerialen die Unkirchlichkeit der Gemeinden, „bei deren großem Theile die Sitte des sonntäglichen Kirchenbesuches längst entschwunden" sei.

Wenn sowohl in orthodoxen als auch besonders in liberalen Gemeinden die ganze Zeit über unzureichenden Gottesdienstbesuch geklagt wurde, so ist dazu freilich zu bemerken, daß einmal traditionsgemäß mehrere Gottesdienste des Sonntags stattfanden, zum anderen, daß in der Altstadt jetzt viel zu kleine Gemeinden riesige mittelalterliche Kirchenräume füllen sollten, die noch dazu im Winter unbeheizbar waren — erst im Herbst 1844 wurde beispielsweise für die St.-Ansgarii-Kirche von Waltjen & Leonhard ein „Heizapparat" angeschafft. Ob er viel ausgerichtet hat, hört man nicht.

Anfang 1877 beschloß der Konvent der St.-Ansgarii-Gemeinde, die damals nur 210 konventsberechtigte Familien zählte, deren dreischiffige Hallenkirche aber gut tausend Personen Platz bot, während die Geistlichen in aller Regel nur vor einem Zehntel, darunter ein Dutzend Männer, predigten, die Zahl der sonntäglichen Gottesdienste im Sommerhalbjahr auf einen einzigen zu beschränken. In anderen Gemeinden wurden entsprechende Konsequenzen aus ähnlichen Entwicklungen gezogen. Demgegenüber konnte aber das „Bremer Kirchenblatt" 1913 darauf hinweisen, daß die allerdings große positive Liebfrauengemeinde beim sonntäglichen Hauptgottesdienst ohne die Garnison in der Regel 600 Besucher habe.

Als besonders wichtiges Indiz der Kirchlichkeit galt die Beteiligung am Abendmahl. Auch hier war ein langsames, aber andauerndes Absinken der Kommunikantenziffern festzustellen. Pastor Vietor von Unser Lieben Frauen beklagte schon 1867, daß in Bremen durchschnittlich auf acht Gemeindemitglieder jährlich nur ein Teilnehmer am Abendmahl komme. Domprediger Pastor Schluttig ermittelte 1890 aus einem alten Kirchenbuch von 1765 fast 12 000 Abendmahlsgäste des lutherischen Domes, während es 1889 bei 50 000 bis 60 000 Gemeindemitgliedern und 1000 Konfirmanden nur etwa 5000 Kommunikanten gegeben habe. In den reformierten Gemeinden verlief die Entwicklung nicht anders. St. Stephani hatte 1856 bei etwa 2000 Seelen an die 1500 Kommunikanten, 1876 war das Verhältnis 12 000 zu ca. 1400, 1906 31 000 zu ca. 2300, während es nach dem Satz von 1856 23 000, also das Zehnfache, hätte betragen müssen.

Nach der kirchlichen Statistik für 1910 war in Bremen insgesamt die Kommunikantenziffer nur noch 7 % und damit die niedrigste im ganzen evangelischen Deutschland (Schaumburg-Lippe ca. 75 %, Hannover 40 %), wobei es ein schwacher Trost war, wenn es hieß, daß viele aus dem Hannoverschen nach Bremen Zugezogene in ihre Heimat reisten, um das Abendmahl nach dem vertrauten lutherischen Ritus ihrer angestammten Landeskirche einzunehmen.

Es brachte auch nicht viel Erleichterung, daß man die Abendmahlsfeiern über das ganze Jahr verteilte und die besonderen Vorbereitungsgottesdienste („Beichten") an einem anderen Wochentage abschaffte. In manchen Gemeinden kam gerade noch ein Teil der Neukonfirmierten mit ihren Eltern zum Abendmahl, ein anderer gar nicht mehr.

Bei der Bewahrung kirchlicher Sitte hatten die altgläubigen gegenüber den freisinnigen Gemeinden einen deutlichen Vorsprung. So weist die Statistik von 1913 bei Unser Lieben Frauen eine Kommunikantenziffer von 16 %, der Friedensgemeinde von 10,5 % aus, während der Dom knapp 5 % und St. Martini gar nur knapp 2 % zu verzeichnen hatten. Es ist verständlich, daß die Kriegsjahre ein gewisses Wachstum der Werte mit sich brachten, aber gegen Ende des Krieges sackten sie wieder ab.

Der Rückgang der Kommunikantenziffern ging einher mit dem Abbröckeln der Taufpraxis in Bremen. So wurden 1906 von rund 7400 evangelisch geborenen Kindern nur etwa 6500 getauft. 1910 hatte die evangelische Landeskirche Bremens 224 000 Mitglieder = ca. 95 % der gesamten Bevölkerung. Nach der Statistik waren davon 87 % getauft.

Die Zahl der Konfirmanden betrug 1876 bei insgesamt 92 000 Evangelischen in Bremen gut 1500, 1911 bei fast 230 000 an die 3900. Auch hier machte sich, wohl auch wegen der antikirchlichen Propaganda der Freidenker und Sozialdemokraten, ein Rückgang bemerkbar. Im Frühjahr 1911 attackierte zum Beispiel die sozialdemokratische „Bremer Bürgerzeitung" die althergebrachte, aber darum tatsächlich nicht erfreuliche Sitte der Überreichung von Elternspenden durch die Konfirmanden an ihren Pastor in einem Artikel „Die Herren Pastoren und das Trinkgelderunwesen". Sie ermahnte die Eltern, auf die „leere Zeremonie" der Konfirmation zu verzichten, und zwar zugunsten der sog. „Jugendweihe". In der Tat nahmen in Bremen 1913 schon nicht weniger als 193 Kinder an einer solchen Weihefeier teil, die nicht viel mehr als eine Art von säkularisierter Konfirmation war.

Die kirchliche Kopulation, die als solche auch noch nach der Zivilstandsordnung von 1816 erst den vor dem Zivilstandsbeamten vollzogenen Trauakt vollständig rechtsgültig gemacht hatte, war seit der Einführung der reichsgesetzlichen Zivilehe 1876 kein Rechtsakt mehr, sondern nur noch die religiöse Einsegnung der von dem weltlichen Standesbeamten allein rechtskräftig vollzogenen Trauung. Das erwies sich als Freibrief für den kirchlichen Indifferentismus: 1910 ließen von je 100 standesamtlich getrauten Evangelischen nur noch 84 ihre Eheschließung vor dem Altar einsegnen, bei gemischtkonfessionellen Paaren waren es 60.

Bei den kirchlichen Beerdigungen betrug der Prozentsatz 78 auf je 100 Gestorbene.

Angesichts solcher Zahlen trug das „Bremer Kirchenblatt" 1914 Bedenken, ob die Annahme noch zu halten sei, daß die 12 000 bis 15 000 Einwohner Bremens, die sich laut Volkszählung vom 1. Dezember 1910 nicht mehr als christlich bezeichnet hatten, trotzdem bei Familienereignissen weiterhin die Dienste der Kirche in Anspruch nehmen würden.

In Bremen konnte also von einer gewissen Entkirchlichung im 19. Jahrhundert die Rede sein, sei es nun, daß sie sich als Lauheit und Indifferentismus, sei es gar als wirkliche Feindseligkeit manifestierte. Welches aber waren die Ursachen? Dazu ist zu bemerken, daß es sich hierbei um ein nicht monokausal, sondern nur multikausal zu erklärendes überregionales Phänomen handelt, dessen Vielschichtigkeit hier nicht ausgedeutet, höchstens angedeutet werden kann. Zunächst einmal ist davon auszugehen, daß die Wirkung des Christentums wie aller Religion auf den Menschen eine gewisse Empfänglichkeit von Geist und Gemüt voraussetzt.

Dennoch darf man nicht annehmen, daß der Bremer Rat im 18. Jahrhundert mit seinen mehrfachen Verordnungen „wider das freventliche Allegiren der Heiligen Schrift" und „wider die Verächter des göttlichen Wortes" schon moderne philosophische Atheisten im Auge gehabt habe. Auch würde damals zum Beispiel ein vom Ratsrichter wegen seines in der Trunkenheit begangenen gotteslästerlichen Fluchens zu einer Geldstrafe verurteilter Borgfelder Bauer, der trotz allem Aussaat und Ernte unter göttlichem Regiment wußte, sich schaudernd abgewandt haben, hätte er den Wahlspruch ehemaliger landwirtschaftlicher Produktionsgenossenschaften ostdeutscher Couleur gehört: Ohne Gott und Sonnenschein bringen wir die Ernte ein. Auf dem Lande herrschte hier nämlich zwar nicht eben moralische Sittenstrenge, dafür wohl aber strenge Sitte im Sinne von Einbindung in traditionsbestimmte gesellschaftliche Konvention, zu der auch die Kirchlichkeit damals noch gehörte.

In der Stadt hielt die Ober- und Mittelschicht der Bevölkerung, soweit sie der altgläubigen Richtung angehörte, in aller Regel noch treu zur Kirche, wenngleich die Gemeindevorstände auch hier und da eine gewisse Lässigkeit beim Kirchenbesuch tadelten. Die liberalen Evangelischen, soweit sie der Fahne des Protestantenvereins folgten, rühmten sich in hanseatischem Bürgerstolz ihrer Freiheit von orthodoxem Buchstabenglauben und katholisch-ultramontaner Gängelei, waren aber in der Mehrheit weniger geneigt, ihre Freiheit zu glaubensgemäßer Religionsausübung gemäß dem Jakobuswort: Seid aber Täter des Worts, und nicht Hörer allein! durch fleißige Teilnahme am Gemeindeleben zu praktizieren. Die Radikalen schließlich hielten sich bei aller Dogmenfeindlichkeit innerhalb der Kirche, indem sie den Begriff des evangelischen Christentums übermäßig dehnten. Sie mußten sich aber von ihren Gegnern vorwurfsvoll fragen las-

sen, ob sie nicht ehrlicher daran täten, die Kirche zu verlassen und eine freireligiöse Gemeinde zu begründen.
Nun hatte zwar das 19. Jahrhundert mit dem Wirken von Männern wie David Friedrich Strauß, Charles Darwin, Karl Marx, mit seiner Bibelkritik und seinem Fortschrittsglauben an Naturwissenschaft und Technik, um nur einiges zu nennen, naive Frömmigkeit nicht eben begünstigt und bei manchen Gebildeten zu einer gewissen Entkirchlichung geführt. Diese hatte aber, aufs Ganze gesehen, die Mehrheit des Bürgertums noch nicht voll erfaßt. Wenigstens blieb es standesgemäß, die kirchlichen Amtshandlungen der Geistlichen wie seit jeher in Anspruch zu nehmen. Wenn daher noch um die Jahrhundertwende in lustiger Gesellschaft die Pastoren Otto Funcke von der Friedensgemeinde, Johann Adolf Iken von St. Pauli, August Wilhelm Nagel von St. Remberti und Bernhard Loose von St. Michaelis in dem Refrain eines Scherzliedes mit folgenden Versen apostrophiert wurden:
    Unke, Punke,
    Pastor Funcke, valleri, vallera,
    Stieken, Fieken,
    Pastor Iken, valleri, vallera,
    Hagel, Kagel,
    Pastor Nagel, valleri, vallera,
    Schose, Pose,
    Pastor Loose, valleri, vallera!,
so machte sich in dieser Galgenliederkomik bestimmt keine grundsätzliche Kirchenfeindschaft Luft, eher noch ein gewisser gutmütiger Spott über vielleicht zuweilen allzu pastorales Gebaren geistlicher Respektspersonen.
Wie anders stand es nun aber beim vierten Stand, der Arbeiterschaft, die, nachdem sich die alte Handelsstadt Bremen seit der zweiten Jahrhunderthälfte der Industrie geöffnet hatte, in immer größerer Zahl hereinströmte, was mit den Jahren zu einer tiefgreifenden Wandlung der sozialen und politischen Strukturen führen sollte.
Es hat sich bekanntlich für die soziale Entwicklung Deutschlands als verhängnisvoll erwiesen, daß durch die Herausbildung von obrigkeitlich geführten Landeskirchen infolge und seit der Reformation durch das sogenannte Bündnis von Thron und Altar eine allzu starke Abhängigkeit der Kirche vom Staat entstand. Denn dadurch zog naturgemäß auch die Kirche die Feindschaft der auf Revolution oder Evolution der staatlichen Gewalten gerichteten emporstrebenden gesellschaftlichen Schichten auf sich. Kein Wunder auch, daß der Haß gegen die Institution auf den Inbegriff der von ihr vertretenen ethischen Werte, die Religion, übergriff, die

von Karl Marx mit dem bösen Wort, sie sei das Opium des Volkes, geschmäht wurde.
Die Kirchenferne der schon durch ihre überlange Arbeitszeit (1850 85, 1910 59 Wochenstunden!) zum sonntäglichen Gottesdienstbesuch nicht eben beflügelten Industriearbeitermassen entstand vor allem dadurch, daß diese, aus den familiären Bindungen an entlegene, meist noch kirchentreue bäuerliche Heimatgemeinden entlassen, nach ihrer Zuwanderung in oft weit entfernte Orte mit bunt zusammengewürfelter, landfremder und traditionsloser Mischbevölkerung nicht selten die Verwurzelung in einer neuen religiösen Gemeinschaft versäumten und nach vielleicht anfänglichem Bedauern über die innere Leere mit der Zeit in religiöse Gleichgültigkeit verfielen.
In aller Regel freilich wurde diese Leere durch die kirchenfeindliche Propaganda der Sozialdemokratie aufgefüllt, die, durch Bismarcks Sozialistengesetz 1878 unterdrückt und bis aufs Blut gereizt, alles andere als tolerant gegen die von ihr als Instrument des Klassenstaates bekämpfte Kirche eingestellt war. Wenn sie auch durch ihr Erfurter Programm 1891 die Religion zur Privatsache erklärt hatte und die Kirchen zu privaten Vereinigungen, die ihre Angelegenheiten vollkommen selbständig ordnen sollten, so stand hinter dieser scheinbaren Liberalität keine Distanzierung von der freidenkerischen Kirchenaustrittsbewegung, sondern das politische Ziel der Trennung von Kirche und Staat, das erst nachmals mit der Weimarer Verfassung des Reiches erreicht wurde.
In Bremen hatte zwar 1893 der ebenso orthodoxe wie freimütige Pastor Otto Funcke, durch seine Vorstadtgemeinde im Umgang mit kleinen Leuten erfahren, seine Amtsbrüder davor gewarnt, zu „Büttel der Kapitalisten" zu werden, denn „der Prediger des Evangeliums ist weder Arbeiterpastor noch Pastor der Besitzenden, er ist gleichmäßig da für alle". Und weiter: Ein Prediger dürfe die SPD nicht in Bausch und Bogen verdammen, er habe auch nicht für unbedingte Beibehaltung des Privateigentums einzutreten, denn das Christentum sei nicht an eine bestimmte Staats- und Gesellschaftsform gebunden.
Das waren ungewohnte Töne, die in einer hanseatischen Kaufmannsstadt, abgesehen von den Redakteuren der sozialdemokratischen „Bremer Bürgerzeitung", den Leuten, besonders in kirchlichen Kreisen, damals gar nicht wohlig in den Ohren klangen. Denn „die Kirche ist eine konservative Macht", erklärte der liberale Pastor Veeck in einem Aufsatz über die in Bremen sehr zögerliche Einführung des kirchlichen Frauenstimmrechts. Es wurde auch oben gezeigt, daß die zur Linderung der großen Not in der kirchlichen Versorgung vorgeschlagene Kirchensteuer in den Vorkriegsjahren vornehmlich deshalb zu Fall gebracht wurde, weil man

glaubte, mit ihr untrennbar verbunden sei die Einführung der innergemeindlichen Demokratie, welche die konservative Führungsschicht der Gemeinden keineswegs wollte.

Schon gar der Sozialismus erschien dem herkommenstreuen Bürger von damals als eine leibhaftige Ausgeburt des Satans, und als der vom historischen Materialismus nicht unbeeinflußte Albert Kalthoff 1894 in einer Veröffentlichung über „Christliche Theologie und sozialistische Weltanschauung" die Erklärung des Urphänomens Religion wie alles Geistigen überhaupt durch den wissenschaftlichen Sozialismus als einen Reflex des wirtschaftlichen Lebens erläuterte, mußte er sich von seinem liberalen Amtsbruder Domprediger Waldemar Sonntag drastisch vorhalten lassen, eine solche Deutung der Religion erniedrige diese zu einer „Art frommen Aufstoßens aus einem wohlgefüllten Magen".

Die bremische Sozialdemokratie aber wurde mit den Jahren immer stärker und in ihr die Kirchenfeindlichkeit. Ein vor der im Bau befindlichen St.-Jakobi-Kirche stehender Neustädter Zigarrenmacher soll sich schon 1876 dahin geäußert haben, er begreife nicht, wie man in unserer aufgeklärten Zeit noch derartige „Verdummungsmaschinen" errichten könne. Von dem Antrag der jungen, vom Sozialismus begeisterten Lehrer auf Abschaffung des Religionsunterrichts in den Volksschulen wurde oben berichtet. Man hört auch, daß Gewerkschaften Arbeiterfamilien durch Druck dazu nötigten, in Trauerfällen auf die Mitwirkung eines Geistlichen zu verzichten. Natürlich kritisierten die Sozialdemokraten die Beteiligung von Pastoren an Stoeckers Christlich-Sozialer Arbeiterpartei als proletariatsfeindlich, und 1909 kam die „Bremer Bürgerzeitung" zu dem Schluß: „Klassenbewußte Arbeiter können mit keiner Kirche mehr etwas zu tun haben".

Ebenfalls war der theologische Richtungsstreit sozusagen ein gefundenes Fressen für die antikirchlichen Propagandaredner. Die Sekten beispielsweise erhofften sich dadurch verstärkten Zulauf. So schrieb „Der Bibel-Forscher", das Organ der Zeugen Jehovahs, 1914: „Sich widersprechende Behauptungen von seiten der geistlichen Würdenträger haben dargetan, daß die letzteren nicht unfehlbar sind und daß niemand von ihnen inspiriert war ..." Der sozialdemokratische Abgeordnete Waigand sah sich in der Debatte der Bremischen Bürgerschaft über das geplante Kirchenaustrittsgesetz 1913 zu der Bemerkung veranlaßt: „Wir hören in Bremen sehr oft von Pastoren, daß sie sich streiten, weil der eine dieser, der andere jener Richtung angehört. Viele Leute sind da der Meinung, daß die Pastoren alle mit einander nichts taugen, und sie wollen daher nichts mit der Sache zu tun haben. Da sollte man es aufgeben, die Leute zu zwingen, noch bei der Kirche zu bleiben."

Aus der sehr lose organisierten bremischen Kirche auszutreten, war aber gar nicht so einfach, und noch 1878 hatte ein Oberbeamter einen austrittswilligen Sozialdemokraten mit der Begründung, er wisse nicht, wie das anzustellen sei, wieder fortgeschickt. Nun aber schwappte nach der Jahrhundertwende die freidenkerische Berliner Kirchenaustrittsbewegung, angefacht etwa durch das „Komitee Konfessionslos" oder „Heraus aus der Kirche!", auch nach Bremen über.

Im Oktober 1910 sah sich der Senat, der Kirchenaustrittsanträge bisher mit dem Hinweis auf das Fehlen gesetzlicher Bestimmungen abgewiesen hatte, dem Ersuchen der über die Unruhe in der Öffentlichkeit infolge der Einführung einer Kirchensteuer durch die katholische Gemeinde erregten Bürgerschaft gegenüber, nunmehr einen entsprechenden Gesetzentwurf vorzulegen. Als darauf die federführende Kirchliche Kommission die Justizkommission des Senats befragte, ob die Möglichkeit eines förmlichen Austritts aus der bremischen Landeskirche zur Zeit zweifelhaft sei, mußte sie sich durch die Juristen belehren lassen, zunächst einmal sei durch Aktenuntersuchung einwandfrei nachzuweisen, daß eine solche bremische Landeskirche überhaupt existiere. Nun war guter Rat teuer. Wie oben erwähnt, mußte Senatssyndikus Dr. Künkler in mehrjähriger mühsamer Arbeit die gesamten Kirchenakten des Staatsarchivs durchpflügen, bevor er durch eine umfangreiche Denkschrift das tatsächliche Vorhandensein einer Landeskirche, aus der man also auch austreten konnte, bewiesen und den Entwurf für die Mitteilung des Senats an die Bürgerschaft über das Austrittsgesetz fertiggestellt hatte.

Künkler setzte sich mit seiner Auffassung in Widerspruch zu einst Bürgermeister Smidt, aber auch zu Senatoren seiner Zeit, wie etwa Dr. Spitta, die übereinstimmend den Kirchencharakter nur den Gemeinden zugebilligt hatten, aber er überzeugte den Senat. Die Bürgerschaft debattierte im April 1914 über die Mitteilung des Senats und verlangte deren Überprüfung und gegebenenfalls Nachbesserung der Vorlage. Bevor allerdings damals der Gesetzgebungsvorgang beendet werden konnte, brach der Erste Weltkrieg aus, und der Senat hielt es für angezeigt, die Angelegenheit auf die Nachkriegszeit zu vertagen. So kam es erst in der neuen, nunmehr vom Staat getrennten Bremischen Evangelischen Kirche im Zusammenhang mit der inflationsbedingten endlichen Einführung einer Kirchensteuer in Bremen zur Aufnahme einer Bestimmung über den Kirchenaustritt in die „Steuerordnung für die Religionsgesellschaften und Weltanschauungsvereinigungen" vom 9. November 1922.

In den Kriegsjahren war ein Kirchenaustrittsgesetz auch zu entbehren gewesen, denn in der Gefahr des Vaterlandes hatte die Sozialdemokratie ihren Kampf gegen Staat und Kirche fürs erste aufgegeben. Es war bemerkenswert, wie stark die Zahl der Kommunikanten — vor allem durch die mit Abendmahl verbundenen Abschiedsgottesdienste für die ins Feld rückenden Soldaten — in die Höhe schnellte, um dann freilich, wie erwähnt, gegen Ende des sich hinziehenden Krieges auf den alten Tiefstand zurückzufallen, eine Überleitung zu der in der Weimarer Republik weithin praktizierten Unkirchlichkeit.

Literatur:
Paulmann, Sozialdemokratie (1964). — Kantzenbach, Kirchlichkeit (1978).

Schluß

Die vorstehend gezeichnete Folge von Szenenbildern zur bremischen Kirchengeschichte des 19. Jahrhunderts zeigt einen Wechsel von Fortschritt und Beharrung, Höhen und Tiefen, Rühmlichem und Unrühmlichem.
Die in Kurzbiographien erstellte Auslese namhafter bremischer Geistlicher, die sich noch durch zahlreiche interessante Köpfe hätte erweitern lassen, versuchte an Beispielen zu erläutern, wie die Kirche dank der toleranten Politik des Senats, dank aber auch der Individualität und Originalität bedeutender Theologenpersönlichkeiten zu dem in Deutschland einzigartigen Mixtum Compositum wurde, das zwar manchen Anlaß zur Zwietracht, aber zugleich auch ausreichenden Lebensraum für die verschiedensten theologischen Richtungen bot.
Man fragt sich allerdings, ob es unvermeidlich war, die Gegensätze zu solcher Schärfe und Unversöhnlichkeit aufgipfeln zu lassen, daß jede Gemeinschaft unter den unterschiedlichen Gliedern dieser Kirche verloren ging und so lebenswichtige Aufgaben wie etwa die kirchliche Versorgung vernachlässigt oder der Willkür einzelner Richtungen ausgeliefert wurden. Mußte der Freisinn die Kirche unbedingt als Forum nutzen, wo jede noch so radikale theologisch-philosophische Weltanschauung propagiert werden durfte? Mußte die Orthodoxie ihren Kampf gegen die Liberalen so weit treiben, daß sie auch jede nachbarliche Gemeinschaft sogar in Dingen des äußeren Kirchenwesens in verletzender Form ablehnte, wie ihr Austritt aus der Bremischen Kirchenvertretung zeigt? Was nützte es, daß die Altgläubigen statt dessen enge Beziehungen zu pietistischen Gruppen in der Kirche pflegten, wie der Societät der Herrnhuter Brüdergemeinde oder dem Jugendbund für Entschiedenes Christentum, darüber hinaus

aber auch zu Freikirchen wie den Baptisten oder Methodisten, mit denen man in Gebetsveranstaltungen der Evangelischen Allianz zusammenkam, eines 1851 in Schottland gegründeten „Bundes der kirchlich Getrennten, aber christlich Einigen"?
Durch die gegenseitige Abkapselung der kirchlichen Richtungen entstand nämlich bei vielen Bürgern, auch in Senatskreisen, der falsche Eindruck, daß es in Bremen eine gemeinsame evangelische Landeskirche nicht gebe und der Kirchencharakter allein den Gemeinden beizulegen sei. So kam es zu dem grotesken Vorgang, daß der Senat sich 1914 erst durch seinen Syndikus Dr. Künkler mittels eines aus zweijährigen Archivstudien erwachsenen langatmigen Gutachtens überzeugen lassen mußte, daß eine solche Kirche, aus der man auch austreten könne, rechtens tatsächlich existiere. Deren entscheidendes Manko, das Fehlen eines Finanzausgleichs zwischen wohlhabenden und bitterarmen Gemeinden, hat erst die seit 1920 vom Staat getrennte heutige Bremische Evangelische Kirche mittels der — allerdings durch die Inflation erzwungenen — Kirchensteuer beheben können, so daß man geneigt ist, dieser gegenüber der alten Staatskirche den Preis zuzuerkennen.
Eine hervorragende Charakteristik der letzteren, insonderheit der neutralen Kirchenpolitik des Senats, gibt kein Geringerer als Bürgermeister Otto Gildemeister in einer 1858 entstandenen Denkschrift, die sowohl für das vorhergehende, als auch für das folgende Halbjahrhundert in gleicher Weise Gültigkeit besitzt und in welcher die folgende Passage über die Berufung des Senats zum Kirchenregiment zu lesen ist:
„Der innere Beruf kann nicht vorhanden sein, wo die Einheit des religiösen Gedankens nicht mehr existirt. Innerhalb der evangelischen Kirche stehen einander Gegensätze gegenüber, ungleich schroffer als der Gegensatz der Confessionen je gewesen ist. Diese Gegensätze leben innerhalb derjenigen Corporation, welche in Bremen die episcopalen Functionen wahrnehmen soll, mit der nämlichen Bewußtheit wie innerhalb der Gemeinden. Was also vielleicht ein monarchischer Episcopus mindestens äußerlich vermag, die Kirche nach einem einheitlichen Gedanken zu *regieren*, das kann der Senat nicht einmal scheinbar. Es ist nicht seine Schuld, sondern es ist ein ihm durch höhere Fügung gegebenes Resultat geschichtlicher Entwicklung, welches ihn zwingt, sich jeder Initiative in kirchlichen Lebensfragen zu enthalten, sich zu bescheiden, die inneren Gegensätze sich selber zu überlassen, und nur so weit die Zügel anzuziehen, als erforderlich ist, um gröbliche Excesse und Störungen des Friedens, Ärgerniß und Ungebühr fern zu halten.
Er mag wollen oder nicht, weil er mit seinem eignen Personal mitten in den religiösen Gegensätzen steht, wird er sich dabei beruhigen müssen,

daß auch ohne sein Dirigiren die kirchliche Wahrheit Kraft genug besitzen werde, um zu ihrem Rechte zu gelangen. Er wird nicht einmal dahin streben dürfen, dieser Wahrheit neue Organe zu *schaffen,* sondern er wird höchstens dem inneren Schöpfungstriebe der Kirche moderirend und ordnend und ausgleichend folgen können.

Man kann freilich einwenden, dieser innere Schöpfungstrieb der Kirche in den Gemeinden sei erfahrungsgemäß so schwach, daß von ihm eine gedeihliche Weiterentwicklung des Guten und Ausstoßung des Mangelhaften nicht erwartet werden könne. Allein, wenn dem wirklich so wäre, so würde daraus doch nur folgen, daß es mit den Gemeinden und ihrer Wirksamkeit besser bestellt sein könnte, keineswegs aber, daß der Senat im Stande oder verpflichtet sei, ein fruchtbareres Lebensprincip in die Gemeinden hineinzutragen."

Konfirmationsschein aus Gröpelingen, 1926

Konfirmationsschein von Domprediger Otto Hartwich, 1934

Konfirmationsschein von Pastor Nölle, St. Remberti, 1935

Die Bremische Evangelische Kirche 1918—1953

Von Almuth Meyer-Zollitsch

I. Das Ende des Ersten Weltkrieges und die Anfänge der Weimarer Republik

1. Staat und Kirche im Umbruch

Die Aussichtslosigkeit der militärischen Lage, allgemeine Kriegsmüdigkeit und die Furcht vor einem erneuten Hungerwinter ließen im Spätjahr 1918 die politischen und sozialen Spannungen aufbrechen, die im Kaiserreich so lange unterdrückt gewesen waren. Wie ein Lauffeuer verbreitete sich im November 1918 von Kiel aus eine revolutionäre Aufstandsbewegung. Es bedurfte nur geringer Anstrengung, um das morsche Gebäude des Kaiserreichs zum Einsturz zu bringen. Am 9. November übertrug die kaiserliche Regierung das Amt des Reichskanzlers auf den SPD-Vorsitzenden Friedrich Ebert, denn die SPD bildete die stärkste der demokratischen Parteien. Nach der Ausrufung der Republik übernahm es der Rat der Volksbeauftragten unter Eberts Leitung, als „Konkursverwalter des Kaiserreichs" Deutschland in eine Demokratie umzuwandeln, geordnete Verhältnisse wiederherzustellen und Wahlen für die verfassungsgebende Nationalversammlung auszuschreiben.

Im ganzen Reich hatten SPD-geführte Arbeiter- und Soldatenräte die Throne gestürzt und die Kontrolle der bisherigen Regierungsorgane übernommen. In Bremen, wo der Arbeiter- und Soldatenrat von linksradikalen Kräften dominiert wurde, wehte seit dem 15. November die rote Fahne auf dem Rathaus. Die Revolutionsregierung bildete verschiedene Ausschüsse, darunter den „Ausschuß für Unterrichts- und Bildungswesen" für die Schulreform. Da die Trennung von Kirche und Staat so gut wie sicher war, stand der Religionsunterricht zur Diskussion. Vertreter von Kirche und Schule setzten sich daher bereits am 28. Dezember 1918 auf einer Kundgebung zum Thema „Sollen unsere Kinder ohne Religion aufwachsen?" entschieden für die Beibehaltung des Religionsunterrichts ein. Redner waren mit Pastor D. Johannes Piersig (Pauligemeinde) und Pastor Erich Pfalzgraf (Dom) je ein Repräsentant der „positiven" und der liberalen Richtung des bremischen Protestantismus sowie der Direktor der Oberrealschule an der Dechanatstraße, Prof. Dr. Carl Dietz. Im Widerspruch dazu erging jedoch am 7. Januar 1919 die Verordnung des Arbeiter- und Soldatenrates, die vom neugegründeten „Verein sozialistischer Lehrer und Lehrerinnen" sowie dem Lehrerrat mitgetragen wurde: Religion wurde zur Privatsache erklärt, Morgenandachten und Biblische Geschichte waren fortan abgeschafft, lediglich Religionsgeschichte sollte noch unterrichtet werden. Ausdrücklich begrüßt wurde diese Maßnahme nur von den Pastoren Emil Felden (Martini) — er hatte an dieser Entscheidung beratend mitgewirkt —, Friedrich Steudel (Remberti) und Oscar Mauritz (Dom), die ein radikal undogmatisches Christentum vertraten und politisch der Sozialdemokratie mehr oder weniger nahe standen.

Im Gefolge des sogenannten „Spartakusaufstandes" in Berlin wurde am 10. Januar 1919 in Bremen die Räterepublik proklamiert, mit der die Kommunisten um Johann Knief die Diktatur des Proletariats durchsetzen, den Senat endgültig ausschalten und die SPD entmachten wollten. Bremen erlebte ein politisches und administratives Chaos, zwei Putschversuche und schließlich die blutige Reichsexekution durch die Division Gerstenberg. Am Abend des 4. Februar 1919 läuteten die Domglocken: Die Räterepublik war beendet, der Übergang zur parlamentarischen Demokratie konnte eingeleitet werden. Am 4. März fanden die Wahlen zur verfassungsgebenden Bürgerschaft statt.

Was die Arbeiter- und Soldatenräte bereits vollzogen hatten, wurde in der Reichsverfassung vom 11. August 1919 festgeschrieben: die Trennung von Kirche und Staat. Dies bedeutete für die evangelische Kirche nicht nur das Ende ihrer privilegierten Stellung im Schutz des landesherrlichen Summepiskopats, sondern auch die Aufgabe eines wesentlichen Identifikationsinhaltes. Die Symbiose von Protestantismus und nationalen Machtinteressen hatte in den euphorischen Kriegspredigten des Jahres 1914 ihren Höhepunkt erlebt; um so tiefer wirkte jetzt der Schock der Niederlage. Die „Dolchstoßlegende", an deren Prägung der konservative Nationalprotestantismus maßgeblich beteiligt war, vertiefte noch die Kluft zu den demokratischen Kräften. Daß die Republik, gegründet im Schatten der Kriegsniederlage und von politischer wie ökonomischer Instabilität gekennzeichnet, in der Verfassung auf ein Bekenntnis zum Christentum verzichtete, ließen Ablehnung und Verunsicherung in der Kirche weiter wachsen. Nur ein kleiner Teil des Protestantismus erblickte in der Zäsur von 1918 eine Chance für die Zukunft.

Neukonstituierung des deutschen Protestantismus: Die Landeskirchen und der Deutsche Evangelische Kirchenbund

Wichtige Entscheidungen über die künftige Gestalt der Kirche fielen sowohl in der Nationalversammlung als auch auf dem Kirchentag in Dresden vom 1.—5. September 1919. Die Reichsverfassung bestätigte den öffentlich-rechtlichen Status der beiden großen christlichen Konfessionen und sicherte ihre materielle Existenz durch das Recht, Steuern zu erheben. In der Entwicklung der landeskirchlichen Verfassungen und Organe zeigte sich ein erstaunlicher Pluralismus: 28 Landeskirchen gaben sich 28 verschiedene Verfassungen. Ein gemeinsames Dach erhielten sie in dem 1922 gegründeten Deutschen Evangelischen Kirchenbund, bestehend aus Kirchentag als „Parlament", Kirchenbundesrat als zweiter Kammer und Kirchenausschuß als leitendem Organ, dessen Mitglieder je zur Hälfte vom Kirchentag gewählt und vom Kirchenbundesrat delegiert wurden. Der DEKB war allerdings nicht mehr als ein lockeres Koordinationsforum für die in Bekenntnis, Verfassung und Verwaltung weiterhin selbständigen Landeskirchen. Seine Resonanz blieb gering; nicht zuletzt haftete ihm das Odium des Parlamentarismus an.

Otto Dibelius und Karl Barth

Der erfolgreiche Übergang in die verfassungsmäßige Selbständigkeit und die institutionelle Konsolidierung trugen schließlich dazu bei, daß in den mittleren Jahren der Weimarer Republik das Verhältnis zwischen Kirche und Staat sachlicher wurde. Ein vielgelesenes Buch des kurmärkischen Generalsuperintendenten Otto Dibelius mit dem programmatischen Titel „Das Jahrhundert der Kirche" brachte zum Ausdruck, daß die Kirche gerade jetzt vor ihrer großen Chance stehe: Bollwerk der christlichen Kultur des Abendlandes zu sein, wo der Staat diese nicht mehr schirmen wolle; geistige Heimat und Gemeinschaft zu bieten, wo einem die Republik innerlich fremd blieb.
Das veränderte Selbstbewußtsein des Protestantismus drückte sich auch in den verschiedenen theologischen Neuansätzen der Nachkriegszeit aus. Für den Schweizer Karl Barth wurde das Erlebnis des Ersten Weltkrieges, in dem der Nationalprotestantismus sich durch die bedingungslose Verklärung der wilhelminischen Großmachtpolitik kompromittierte und die liberale Theologie ihren Fortschrittsoptimismus widerlegt sehen mußte, Auslöser für eine radikale theologische Wende. Karl Barths berühmte Auslegung des Römerbriefes, erstmals 1919 publiziert, bildet gewissermaßen das Gründungsdokument der Dialektischen Theologie, deren Aus-

gangspunkt der „unendliche qualitative Unterschied" (Kierkegaard) zwischen Gott und den Dingen dieser Welt war. Dieses Christentum entzog sich jeglicher Vereinnahmung — persönlicher wie politischer und ideologischer — und gewann gerade daraus seine Erlösungsverheißung. Nur in der „Krisis", in Ent-Scheidung und Gericht, sollte Gottes Wille für den Menschen erfahrbar sein. Der Standpunkt des Christen in der Welt bestimmte sich demnach als skeptische Distanz zu den politisch-sozialen Realitäten. Auch die Kirche als ganze sollte sich nicht für politische Programme und Bewegungen einspannen lassen, sondern ihren einzigen Auftrag in der Verkündigung von Gottes Wort erkennen. Dabei sollte sie demütig sein, ein Wanderzelt in der Wüste, und am Kreuz nicht vorbeigehen.

Karl Barth lehrte seit 1921 in Deutschland: in Göttingen, Münster und von 1930 bis 1935 in Bonn. Es lag an der latenten Krisenstimmung im deutschen Protestantismus, daß die Rezeption Karl Barths hier vor allem auf die Weltabkehr abhob. Doch entsprach es auch Barths Ansatz von einem grundsätzlich apolitischen Bekenntnischristentum, daß christlich begründetes Stellungnehmen und Handeln in Staat und Gesellschaft für diese Theologie kein Thema war.

Die politische Theologie: Paul Althaus, Emanuel Hirsch

Genau den entgegengesetzten Weg hin zu einer völkisch akzentuierten politischen Theologie beschritten Paul Althaus und Emanuel Hirsch. Althaus schrieb der völkischen Gemeinschaft eine eigene Dignität als Schöpfungsordnung zu und bezeichnete es als sittliche Pflicht, das deutsche Volkstum als eine „gottgeschenkte Eigenart" zu bewahren und zu verteidigen. Überzeugt von Deutschlands geistiger und politischer Sendung, die der Theologe dem Volk im Namen Gottes zu deuten habe, war auch Emanuel Hirsch, bei dem sich intellektuelle Brillanz mit einem verbohrten Nationalismus verband. Althaus, der seit 1925 Systematische Theologie in Erlangen lehrte, und Hirsch, Professor für Kirchengeschichte in Bonn und ab 1935 für Systematische Theologie in Göttingen, ebneten in folgenschwerer Weise der völkischen Bewegung den Weg in die Kirche.

2. Die Gründung der Bremischen Evangelischen Kirche (BEK)

Es war Pastor Emil Felden von Martini, theologisch und politisch ein Außenseiter unter seinen Kollegen, der die Zeichen der Zeit erkannte und schon im November 1918 in einer Denkschrift an die 1916 gegründete Arbeitsgemeinschaft Bremer Pastoren seine Auffassungen von der künftigen Rechtsgestalt der Kirche darlegte. Felden, der Anfang 1919 der SPD beitrat, setzte dabei die Trennung von Kirche und Staat als sicher voraus und hielt sie gerade in Bremen, wo die Gemeinden von jeher an Selbständigkeit gewöhnt waren, auch für leicht durchsetzbar. Er rechnete damit, daß die Kirche ihren öffentlich-rechtlichen Status verlieren und dementsprechend den einzelnen Gemeinden — künftig private Vereine, finanziert durch Mitgliedsbeiträge — noch größere Bedeutung zukommen würde. Ein Zweckverband der Gemeinden mit gemeinsamer Zentralkasse und größerer Öffentlichkeitswirkung könne dabei durchaus nützlich sein, ansonsten aber müsse die vollkommene Unabhängigkeit der einzelnen Gemeinden gewährleistet sein. Genauso wie dieser Gemeindebund sollten auch die Gemeinden selbst demokratisch organisiert werden, um den Einfluß einzelner Familien oder Cliquen zu brechen und die breite Bevölkerung wieder für die Kirche zu gewinnen. Bemerkenswert an Feldens Denkschrift ist, daß er die revolutionären Ereignisse als Anstoß für längst fällige Kirchenreformen ansah und in den bremischen Verhältnissen die Möglichkeit erblickte, hier ein Kirchenmodell der Zukunft zu verwirklichen.

Am 27. Dezember 1918 konstituierte sich ein „Ausschuß betreffend Trennung von Kirche und Staat", dem seitens der Arbeitsgemeinschaft Bremer Pastoren D. Otto Hartwich (Dom), D. Karl Büttner (Unser Lieben Frauen), Constantin Frick (Unser Lieben Frauen), Heinrich Hoops (Grambke, als Vorsitzender der Landpredigerkonferenz) und Emil Felden angehörten sowie die Senatoren Carl Gruner, Dr. jur. Theodor Lürmann und Dr. jur. Theodor Spitta als Mitglieder der Senatskommission für das Kirchenwesen. Im Laufe des Jahres 1919 kamen noch Pastor Julius Bode (Ansgarii, Mitglied der Bremischen Nationalversammlung), Kaufmann Nikolaus Freese als Bauherr von Stephani und Vertreter der Bauherrenkonferenz sowie Richter Dr. Rudolph Quidde, Bauherr von Ansgarii, dazu. Die nunmehr elfköpfige „Studienkommission für die Verfassung der Bremischen Evangelischen Kirche" repräsentierte die verschiedenen theologischen Richtungen und bot durch ihre personelle Zusammensetzung eine Gewähr für Kontinuität in den kirchlichen Verhältnissen.

Einigkeit herrschte darüber, daß an den herkömmlichen Freiheiten der Gemeinden nichts geändert werden sollte. Andererseits wurde aber Feldens Konzept von einem reinen Gemeinde-Zweckverband abgelehnt: Man wollte an dem volkskirchlichen Anspruch festhalten, grundsätzlich jeden evangelischen Bürger Bremens als Mitglied der BEK anzusehen, auch wenn er sich nicht ausdrücklich für eine Gemeinde erklärte. Außerdem wurde von „positiver" Seite argumentiert, daß eine BEK in reduzierter Form von den anderen Landeskirchen im DEKB nicht voll akzeptiert werden würde. So einigte man sich auf die weit gefaßte Formel, Kirche sei hier als eine „geschichtlich gewordene Rechtseinheit von evangelischen Gemeinden" zu verstehen.

Erster Kirchentag am 14. Juni 1920:
Die Verfassung der Bremischen Evangelischen Kirche (BEK)

Über zwanzigmal tagte die Kommission, bis sie im November 1919 den Verfassungsentwurf zur ersten Stellungnahme an die Gemeinden schicken konnte. Der überarbeitete Entwurf lag dem ersten Kirchentag vor, der am 14. Juni 1920 im Konventsaal der Börse zusammentrat. Die 14 Stadtgemeinden und zehn Landgemeinden, zu denen noch die drei Gemeinden der Hafenstädte Bremerhaven und Vegesack kamen, waren aufgefordert worden, nach einem bestimmten Schlüssel entsprechend ihrer Seelenzahl insgesamt 95 gewählte Vertreter zu entsenden.

Die Verfassung der BEK, nach kurzer Debatte einstimmig angenommen, beschränkte sich auf ein pragmatisches Organisationsstatut für die neugeschaffenen Institutionen Kirchentag und Kirchenausschuß. In Art. 1 Absatz 2 war festgehalten:

„Die Glaubens-, Gewissens- und Lehrfreiheit der Gemeinden bleibt unbeschränkt. Die Gemeindeordnungen bleiben unbeschadet dieser Verfassung in Kraft. Die herkömmliche Selbständigkeit und Selbstverwaltung der Gemeinden bleibt bestehen."

Dieser entscheidende Passus war noch besonders dadurch geschützt, daß etwa vom Kirchentag beschlossene Änderungen automatisch hinfällig wurden, sobald eine einzige Gemeinde innerhalb von vier Wochen Widerspruch dagegen einlegte.

Die Summepiskopatrechte des Senats — etwa die Anerkennung der geistlichen Prüfungszeugnisse und die Anordnung von Ordinationen nach Antrag der Gemeinden, die Bestätigung und Berufung der von den Gemeinden gewählten Pastoren, die Regelung kirchlicher Streitsachen oder die Mitsprache bei großen Kapital- und Immobilientransaktionen der Gemeinden — gingen auf den Kirchenausschuß über. Bei der Zusammensetzung seiner neun, später elf Mitglieder waren bestimmte Anteile zu berücksichtigen: je ein Vertreter der Stadtgemeinden, der Landgemeinden und der Hafenstädte, ein Jurist, zwei Kaufleute, von denen einer als Schatzmeister für eine sachkundige Finanzverwaltung zu sorgen hatte, sowie mindestens zwei Pastoren. Einer von ihnen übte als Schriftführer des Kirchenausschusses die geistliche Aufsicht in der bremischen Landeskirche aus und repräsentierte sie im Kirchenbundesrat. Dieses Amt hatte von 1920 bis 1926 Pastor D. Karl Büttner (Unser Lieben Frauen) inne, der

Pastor D. Karl Büttner (Unser Lieben Frauen), 1920—1926 erster Schriftführer des Kirchenausschusses der BEK

wegen seiner besonnenen und vermittelnden Persönlichkeit geschätzt war. Ihm folgten Domprediger Hartwich und 1933 Pastor Ernst Boche (Pauli-Hohentor). Kirchenpräsident war, bremischer Tradition entsprechend, ein Laie. Senator Lürmann wurde als erster in dieses Amt gewählt, im Februar 1933 trat an seine Stelle der ehemalige Präsident der Bremischen Bürgerschaft, Dr. Rudolph Quidde, der zuvor Vizepräsident gewesen war. Senator Lürmann und Pastor Büttner gehörten bis 1925 als Vertreter der Hansestädte Hamburg, Bremen und Lübeck auch dem Kirchenausschuß des DEKB an. Alle diese Funktionen wurden ehrenamtlich ausgeübt. Gewählt wurde der Kirchenausschuß durch das Parlament der Kirchenglieder, den Kirchentag, der wenigstens einmal jährlich einberufen werden mußte. Die Gemeindevertreter waren jeweils auf sechs Jahre gewählt, entweder, wie z. B. in Stephani, von allen stimmberechtigten Gemeindegliedern, oder, wie in Liebfrauen, durch den Konvent. Die Tagesordnung legte der Kirchenausschuß fest. Wenn allerdings ein Viertel der Delegierten die Zuständigkeit des Kirchentages für einen Tagesordnungspunkt ablehnte — etwa weil damit Rechte der Gemeinden angetastet wurden —, mußte ein besonderer Vertrauensausschuß dazu sein Gutachten abgeben. Fiel bei der anschließenden Abstimmung der strittige Tagesordnungspunkt bei einem Viertel der Delegierten durch, so durfte er erst ein Jahr später wieder zur Verhandlung angesetzt werden.

Obgleich diese Verfassung den Gemeinden ein unter den deutschen Landeskirchen einzigartiges Maß an Freiheit zusicherte, vermochte ihr die Martinigemeinde nicht zuzustimmen. Pastor Felden hatte seine Mitarbeit in der Verfassungskommission niedergelegt, als sich abzeichnete, daß sein Konzept eines reinen Zweckverbandes keine Unterstützung fand. An der Gründung einer „Bremischen Evangelischen Kirche" mitzuwirken — schon die Bezeichnung wies seiner Ansicht nach auf ein überholtes Gebilde hin —, konnte er mit seiner radikalen theologischen Position nicht vereinbaren. Auf dem ersten Kirchentag wurde der Kompromiß gefunden, daß Martini der Gesamtkirche zwar formal angehörte, aber diese Mitgliedschaft zunächst ruhen ließ. Erst 1934, nachdem Pastor Felden aus politischen Gründen zur Amtsaufgabe gezwungen worden war, endete dieser Sonderstatus.

Auch die Kirchengemeinde Vegesack ließ von 1922 bis 1927 ihre Mitgliedschaft in der BEK ruhen. Anlaß war der Erlaß einer Disziplinarordnung, die auch die „sittlichen Amts- und Standespflichten" eines Geistlichen umfaßte und daher der Gemeinde als zu weitgehend erschien. Außerdem war man mit der Behandlung von aus der Kirche ausgetretenen Personen nicht einverstanden. Im Unterschied zu Martini schied die Vegesacker Gemeinde jedoch auch aus der finanziellen Versorgung durch die Zentralkasse und aus dem Kirchentag aus, wählte also vorübergehend die freikirchliche Existenz. Pastor Ernst Baars gehörte wie Felden dem radikalen Monistenbund an, der die Existenz eines allmächtigen Schöpfergottes abstritt. Außerdem wirkte er in der Deutschen Friedensgesellschaft mit (u. a. als letzter Vorsitzender des Bremer Ortsverbandes bis zu dessen Auflösung 1933), denn er sah in dem als Revolutionär hingerichteten Jesus Christus die entschiedene Aufforderung zum pazifistischen Engagement. 1928 wurde Baars wegen eines Amtsvergehens aus dem Dienst der BEK entlassen.

Literatur:
Lindt, Totalitarismus (1981). — Schwarzwälder, Bremen in der Weimarer Republik (1983). — Kulke, Bremische Evangelische Kirche (1987).

II. Schwerpunkte des kirchlichen Lebens in der Weimarer Republik

1. *Die institutionelle Entfaltung der bremischen Landeskirche*

Finanzprobleme und Kirchensteuer

Bis zum Ende des Ersten Weltkrieges finanzierten sich die Gemeinden durch Schenkungen und Spenden, Gebühren für Amtshandlungen, Vermietung von Kirchenplätzen usw. in der Regel selbst. Die Innenstadtgemeinden verfügten über nicht unbeträchtliche Vermögenswerte. Die Aufforderung an Gemeinden und Stiftungen, ihr Geld in Kriegsanleihen anzulegen, hatte fatale Folgen. Die Witwenkasse des Geistlichen Ministeriums, die vor dem Krieg 600 000 Mark Vermögen verwaltet hatte, war 1918 so gut wie leer; den Rest fraß die Inflation. Vor allem kleinere Gemeinden standen vor dem Abgrund. Ihre Pastoren bezogen Hungergehälter, die Pensionen waren ungesichert und beschämend niedrig. Es fehlte an Stellen und Geldmitteln, um in den stark angewachsenen Vorstädten eine ausreichende kirchliche Versorgung zu schaffen.
So beschloß der Kirchentag, ab 1921 zunächst eine freiwillige Selbstbesteuerung einzuführen. Die Erträge flossen in eine Zentralkasse, aus der jeder Gemeinde monatlich entsprechend ihrer Seelenzahl ein bestimmter Betrag überwiesen wurde. Doch die Opferbereitschaft für den sogenannten „Kirchenschoß" blieb weit hinter den Erwartungen zurück. In einer säkularisierten Gesellschaft war die Bindekraft der Kirche nicht mehr stark genug, um die Bürger — zumal unter den schwierigen Zeitumstän-

den — zur regelmäßigen Spende eines namhaften Betrages zu veranlassen. Ab 1923 wurde daher auch in Bremen eine Kirchensteuer erhoben, die zunächst 8 % der Lohn- bzw. Einkommensteuer ausmachte. Eine Welle von Kirchenaustritten war die Folge. Der Steuersatz, der später schrittweise auf 5 % zurückgenommen wurde, war der niedrigste im Deutschen Reich. Dennoch ermöglichte er der BEK eine solide Finanzierung und sogar kräftige Überschüsse, aus denen Ende der zwanziger Jahre Kirchenneubauten und andere Projekte finanziert wurden. Erst die Wirtschaftskrise zwang die BEK ab 1929 wieder zum Sparen und schließlich zur Ausweitung des Kirchensteuerzuschlages auch auf Grund- und Vermögensteuer.

Erste Nutznießer der Kirchensteuer waren die Pastoren, die sich nun einer im Vergleich zu anderen Landeskirchen sehr guten Besoldung erfreuten. Daß trotzdem weiterhin Gebühren für Amtsleistungen wie Konfirmandenunterricht und Konfirmation erhoben wurden, sorgte in den Leserbriefspalten der Tageszeitungen immer wieder für ungehaltene Kommentare. Ein Vorstoß der Stephanigemeinde, die Extra-Honorare endlich abzuschaffen, wurde 1926 von der „Arbeitsgemeinschaft Bremer Pastoren" über den Kirchenausschuß abgeblockt.

Aufbau der Kirchenkanzlei

Die Geschäftsstelle des Kirchenausschusses wurde zunächst in einem Büroraum der Domgemeinde untergebracht und vom Direktor der Domkanzlei Johann Ihme in Personalunion mitverwaltet. Auch eine kleine Bibliothek für kirchliche Mitarbeiter gab es hier seit 1920. Als die Einführung von „Kirchenschoß" und Kirchensteuer zu einer erheblichen Ausweitung des Verwaltungsaufwandes führte — Führung der Kirchenkartei, Veranlagung und Einziehung der Kirchensteuer, Verwaltung der Zentralkasse —, wurde ein provisorischer Anbau hinzugenommen. 1929 bezogen die Domverwaltung und die inzwischen 13 Mitarbeiter der BEK-Kanzlei das neue Gebäude an der Sandstraße. Mit Ihmes Nachfolger, dem Juristen Dr. Walter Bornemann, wurde die Kirchenkanzlei ab 1931 von einem versierten Verwaltungsfachmann geführt.

Verbindung zu missionarischen und diakonischen Einrichtungen

Die institutionelle Entfaltung der bremischen Landeskirche vollzog sich schrittweise mit den Aufgaben, die an sie herangetragen wurden. Dabei besaß der Kirchenausschuß keineswegs den Ehrgeiz, neue Tätigkeitsfelder an sich zu ziehen. So wurden beispielsweise kirchlich-soziale Aufgaben, die bereits der Senat als *summus episcopus* unbeachtet gelassen hatte, weiterhin den Gemeinden bzw. dem in Bremen traditionell sehr aktiven Verein für Innere Mission überlassen. Dafür wurde die Innere Mission mit einem festen Jahresbeitrag aus der Zentralkasse unterstützt. Aufgrund der engen Verflechtungen des Vereins für Innere Mission mit den „positiven" Gemeinden und über diese auch mit dem Kirchenausschuß — Schriftführer Pastor Büttner hatte viele Jahre lang als hauptamtlicher Inspektor die Innere Mission in Bremen geleitet — verlief diese Aufgabenteilung reibungslos. Andere Organisationen wie die Seemannsmission, die Auswandererfürsorge oder die Norddeutsche Missionsgesellschaft wurden von der BEK dagegen nur zögernd und mit eher symbolischen Spenden bedacht. Diese Zurückhaltung erklärte sich zunächst aus den beschränkten Finanzkapazitäten, beleuchtet aber darüber hinaus, daß der Kirchenausschuß nicht daran dachte, in der Definition seines Arbeitsgebietes über die frühere Kirchenleitung des Senats hinauszugehen.

Die geschmähte Republik hatte der Kirche eine erhebliche finanzielle Besserstellung gebracht. Was die Eigenständigkeit der Gemeinden anbetraf, so war der *status quo* in wünschenswerter Weise bestätigt und abgesichert worden. Der ungewohnte „Parlamentarismus" in der Kirche wurde mit Skepsis angesehen, man traute der neuen Verfassung aber nicht zu, die gewachsenen Kirchenverhältnisse ernsthaft zu verändern. Die evangelische Kirche in Bremen hatte trotz oder gerade wegen ihrer besonderen Geschichte keine Probleme, sich auf eigene Füße zu stellen, weil die sie tragenden Gemeinden ihre Selbständigkeit jahrhundertelang ausgeübt hatten und die neu konstituierte Kirchenleitung nahtlos an die liberale Praxis des früheren Summepiskopats anknüpfte.

2. *Liberale und „positive" Positionen in den Gemeinden*

Personalgemeindesystem

Mit dem Recht der freien Pfarrerwahl, das die Stadtgemeinden seit der Reformation, die Landgemeinden seit 1860 innehatten, bestimmte jede Gemeinde individuell ihre theologische Richtung. Seit der Senat 1860 in der Konsequenz der antikonfessionalistischen Politik Bürgermeister Smidts die Kirchspielgrenzen freigegeben hatte, konnte sich jeder Bürger seine Gemeinde frei auswählen. Dabei stand die Entscheidung für einen bestimmten Pastor über dem Zugehörigkeitsgefühl zu einer Kirchengemeinde. Das Personalgemeindeprinzip wurde zu einem Charakteristikum des bremischen Kirchenwesens und in Zeiten verschärfter politisch-ideologischer Auseinandersetzung auch zu einem bedeutenden Dynamisierungsfaktor. Es gab „Modepastoren" mit glühender Anhängerschaft oder regelrechte Kanzelfehden, die sogar eine Kirchengemeinde spalten konnten. Ein profilierter Prediger konnte eine Gemeinde umformen, indem er neue Mitglieder anzog und bisherige zur Abwanderung veranlaßte.

Gemeindeordnungen

Nach dem Inkrafttreten der BEK-Verfassung wurden auch die Gemeindeordnungen nach demokratischen Prinzipien modifiziert. In den Stadtgemeinden und den Gemeinden der Hafenstädte war allgemein vorgesehen, daß ein schriftlicher Antrag beim Vorstand gestellt werden mußte, um in den Konvent aufgenommen zu werden und das aktive und passive Wahlrecht für die Kirchentagsvertreter zu erhalten. Dabei waren zumeist bestimmte Fristen der Gemeindezugehörigkeit zu beachten. Der Konvent wählte aus seiner Mitte den Kirchen- bzw. Gemeindevorstand, dem außerdem die Pastoren angehörten. Auch die Ämter der auf Lebenszeit gewählten zwei bis vier Bauherren, von denen einer als verwaltender Bauherr und *primus inter pares* an der Spitze der Gemeindeleitung stand, besetzte der Konvent durch geheime Wahl. Dazu wurde meistens unter der Regie des Kirchenvorstandes ein Wahlaufsatz erstellt, mit dem bereits die wichtigsten Vorentscheidungen fielen. Daß dahinter gerade in den gutbürgerlichen Innenstadtgemeinden das Bestreben stand, die Mitsprache von „Herrn omnes" einzuschränken, ist nicht zu leugnen. Neben diesen Wahlen bestand die wichtigste Funktion des Konvents in der Abstimmung über die Pfarrstellenbesetzung, nachdem der Gemeindevorstand mehrere Kandidaten vorgeschlagen und zu Probepredigten eingeladen hatte. Alle übrigen wichtigen Entscheidungen wurden im Vorstand bzw. von den Bauherren getroffen und dann nur noch zweimal jährlich dem Konvent zur Beschließung vorgelegt.
In den Landgemeinden war die Situation in zweifacher Hinsicht anders: Zum einen galt hier ausschließlich das Territorialprinzip für die Gemeindezugehörigkeit; zum zweiten besaß der Pastor, der den Vorsitz in den Gemeindeorganen führte und auch wichtige Vorschlagsrechte besaß, hier eine stärkere Stellung als in den Stadtgemeinden.

Pastor Felden und Martini

Das Spektrum der bremischen Gemeinden und Pastoren war breit gefächert. Zu den eigenwilligsten Persönlichkeiten gehörte der Martinipastor Emil Felden, der sich wie sein Amtsvorgänger Albert Kalthoff und seine

Kollegen Mauritz und Steudel zum Monismus bekannte. Der Monismus beruhte auf der naturwissenschaftlich-materialistischen Lehre Ernst Haeckels (1834—1919) und seiner Rezeption des Darwinismus und ging davon aus, daß die Welt sich unaufhaltsam auf ein besseres Zeitalter von Frieden und sozialer Gerechtigkeit hinentwickele. Der Dualismus von Schöpfergott und Weltgeschehen wurde ersetzt durch die Vorstellung von einem einheitlich (monistisch) bedingten Universum: Gott ist Natur, Geist ist Materie. Im Mittelpunkt stand der freie Mensch, der das Weltgeschehen kraft seiner Vernunft analysieren und gestalten konnte. Die Bevormundung durch überlieferte Prinzipien im politisch-sozialen wie im religiösen Bereich wurde abgelehnt, Jesus nurmehr als eine der „Idealgestalten" der Menschheitsgeschichte anerkannt. Militarismus und Krieg, politische Unterdrückung und soziale Ausbeutung galten als Überbleibsel aus einer „barbarischen" Zivilisationsstufe und mußten mit allen (friedlichen) Mitteln bekämpft werden.

In der Konsequenz dieser Grundüberzeugung unterzeichneten Felden und Steudel bereits 1916 einen Aufruf zum Verständigungsfrieden und warben später im pazifistischen „Freimaurerbund zur aufgehenden Sonne" für die deutsch-französische Aussöhnung. Daneben beschäftigte sich Felden intensiv mit der sozialen Frage und der Arbeiterbewegung. Nachdem er der SPD beigetreten war, übernahm er 1921/22 ein Bürgerschaftsmandat und ging 1923/24 in den Reichstag. Doch er fühlte, daß dies nicht seine Berufung war. Statt dessen kämpfte er in Vorträgen und vielen Publikationen weiter für eine Öffnung der Kirche zum Sozialismus. Es gelang ihm gegen viele Widerstände, neue Gemeindeglieder aus der Arbeiterschaft zu gewinnen, ihre Mitarbeit in Konvent und Kirchenvorstand durchzusetzen und die Kaufmannsgemeinde Martini allmählich in eine freireligiöse Arbeitergemeinde umzubilden.

Gottesdienste, Sakramente und Gebete im herkömmlichen Sinn lehnte Felden ab, ebenso die Autorität der Bibel. So legte er den Ansprachen in seinen „Feierstunden" selten biblische Texte zugrunde, sondern eher ein Drama von Ibsen, Auszüge aus Nietzsches Zarathustra oder Verse aus Goethes Faust. Felden gab ein eigenes Gesangbuch heraus mit dem Titel „Religiöse Lieder für freie Menschen", nach dem beispielsweise das niederländische Dankgebet mit dem neuen Text „Das Licht der Erkenntnis erleuchte uns alle" gesungen wurde. Das Abendmahl feierte man als „Brudermahl", zu dem die Gemeindeglieder an großen Tischen in der Kirche Platz nahmen. Das Brot wurde in einer Schale herumgereicht, der Wein in Einzelkelchen getrunken. In den Einsetzungsworten erinnerte Felden an das aufopfernde Leben jedes Christen im Dienst des Nächsten. Zum Abschluß reichten sich alle die Hände zur Bruderkette.

Felden setzte, trotz scharfer Anfeindungen der nationalistischen Rechten, seine pazifistische Aufklärungsarbeit fort: Unter der Parole „Krieg dem Kriege!" bekämpfte er die Dolchstoßlegende und den nationalen Chauvinismus, öffnete Martinikirche und Gemeindehaus für Friedensinitiativen wie die Bremer Ortsgruppe der Deutschen Friedensgesellschaft und warb im Gemeindeblatt für die Völkerverständigung.

Als in den zwanziger Jahren der Antisemitismus an Schärfe gewann, nahm Felden auch diese Auseinandersetzung auf. Schon 1921 veröffentlichte er einen Roman mit dem Titel „Die Sünde wider das Volk", der als Erwiderung auf die rassistische Schrift „Die Sünde wider das Blut" des Erfolgsautors Artur Dinter gedacht war. Ab 1923 gab er zusammen mit dem Kaufmann Julius Bamberger die „Anti-Anti-Blätter" heraus, eine Loseblattsammlung mit Informationen und Argumenten gegen den Antisemitismus.

Der radikale Aufklärer Felden blieb ein Einzelkämpfer, der sich zwischen alle Stühle setzte. Für seine Amtskollegen war er ein Häretiker und ein Linker; bei den Sozialdemokraten konnte er das Mißtrauen gegen sein Amt und seine bürgerliche Herkunft nicht überwinden; die bürgerliche Presse beachtete weder seine Romane und philosophischen Schriften noch seine Veranstaltungen. Dennoch hat Felden mit seiner weitgespannten Tätigkeit 26 Jahre lang, von 1907 bis 1933, das liberale Profil der bremischen Kirche mitgeprägt.

Spaltung der Rembertigemeinde

Noch einen Schritt weiter als Felden in der Absage an das konfessionelle Christentum ging der Rembertipastor Steudel. Er lehnte auch die Geschichtlichkeit Jesu ab und sah „im Christusbild der Evangelien die freie mystische Personifikation einer sterbenden und auferstehenden antiken Gottheit". Steudel war ein aktiver Pazifist, überzeugter Demokrat — was er auch durch sein Engagement im Deutschen Republikanischen Reichsbund bezeugte — und ein geistvoller Redner, aber seine Gottesdienste fanden vor leeren Bänken statt. Die Rembertigemeinde, eine mittelständische Innenstadtgemeinde von höheren Angestellten und Beamten, Kaufleuten und Akademikern, berief deshalb als Gegengewicht zu Steudel 1915 Pastor Ewald Uhlig. Er war in theologischer Hinsicht liberal, in seiner politischen Einstellung jedoch stark von seiner Tätigkeit in einer sudetendeutschen Diasporagemeinde geprägt. Ein kämpferisches, völkisch-nationales Pathos kennzeichnete seine Kanzelreden. Er brachte neuen Schwung in die Gemeinde, insbesondere in die Jugendarbeit, und gewann bald eine begeisterte Anhängerschaft, die er im straff geführten

Remberti-Bund bzw. Remberti-Jugendbund organisierte. In vieler Hinsicht typisch für die Vorkämpfer der Deutschen Christen, progagierte er eine völkisch-protestantische „Volkskirche"; die bremische „Geschlechterkirche" attackierte er dagegen als elitär und verkrustet.

Bei zwei so unterschiedlichen Pastoren war die Polarisierung der Gemeinde vorprogrammiert. Uhlig mobilisierte seine Anhänger für den Konvent, die Steudelgemeinde zog nach, so daß die Konvente den Charakter von Massenveranstaltungen annahmen. Es kam zu gegenseitigen Presseangriffen, Beleidigungsklagen, Behinderungen im Gemeindealltag und Beschwerden beim Kirchenausschuß, der sich aber wohlweislich aus diesem Gemeindestreit heraushielt. Besonders hoch schlugen die Wogen, als Uhlig 1924 die Rembertikirche für eine Schlageterfeier mit vaterländischen Verbänden in Uniform, Fahnen und Hakenkreuzwimpeln beanspruchte. Durch Konventsbeschluß vom 18. Dezember 1925 wurde schließlich die bereits vollzogene Spaltung in zwei Teilgemeinden rechtsgültig, mit jeweils eigenen Gemeindeorganen und einem gemeinsamen Verwaltungsausschuß, der die Kasse führte und die Geschäfte mit der BEK regelte. Uhlig mußte Bremen 1931 unter moralisch fragwürdigen Umständen verlassen. Die Gemeindespaltung wurde erst Ende 1935 wieder aufgehoben.

Kirchspielstreit in Bremerhaven

Um weltanschauliche Differenzen ging es auch in Bremerhaven. Entzündet hatte sich der Streit zwischen der unierten Bürgermeister-Smidt-Gedächtniskirchengemeinde und der lutherischen Kreuzkirchengemeinde allerdings an kirchenrechtlichen Fragen. Die Lutheraner empfanden es als diskriminierend, daß alle evangelischen Einwohner Bremerhavens zunächst als Gemeindeglieder der „Großen Kirche" gezählt wurden, wenn sie nicht ausdrücklich ihren Übertritt zur Kreuzkirche erklärt hatten. 1929 billigte der Kirchenausschuß eine mühsam ausgehandelte Vereinbarung zwischen den beiden Gemeinden. Danach wurde jeder protestantische Bremerhavener Bürger zunächst als Mitglied einer fiktiven „Evangelischen Kirche in Bremerhaven" betrachtet, bis er sich bei einer der beiden Gemeinden anmeldete; Übertritte waren jederzeit möglich. Der Kirchspielstreit war damit beigelegt. Nachdem 1931 an der Kreuzkirche Pastor Ernst Minor die Nachfolge von Pastor Friedrich Tappenbeck angetreten hatte, gingen die Auseinandersetzungen jedoch auf anderer Ebene weiter. Die theologischen Gegensätze zwischen dem „positiven" Lutheraner Minor und dem freisinnigen Pastor Hermann Raschke von der Bürgermeister-Smidt-Gedächtniskirche, der in kämpferischen Thesen für eine neue Reformation und einen „deutschen Glauben" eintrat, bildeten dabei nur eine Seite der Kontroverse. Es ging auch um politische Meinungsverschiedenheiten, denn Raschke sympathisierte mit dem frühen Nationalsozialismus und trat der Schwarzen Front Otto Strassers bei. Als dieser „linke" Flügel des Nationalsozialismus jedoch dem unbedingten Führerprinzip Hitlers zum Opfer fiel, zog sich Raschke desillusioniert von politischen Aktivitäten zurück und bekam dafür nach der nationalsozialistischen Machtübernahme 1933 die Mißgunst der „alten Kämpfer" zu spüren.

Die „positiven" Gemeinden

Der liberalen Mehrheit in der bremischen Kirche stand eine Gruppe von sehr vitalen „positiven" Gemeinden gegenüber. Die vornehme Liebfrauengemeinde, der die angesehensten Familien der Stadt angehörten, war durch Mitarbeit und großzügige Stiftungen ihrer Gemeindeglieder am engsten mit dem Verein für Innere Mission verbunden. Zur Stephanigemeinde zählten traditionell nicht nur die Handwerker, sondern auch Kaufleute sowie Kirchenglieder aus dem mittelständischen Bürgertum, die sich bewußt für diese pietistisch-reformierte Gemeinde mit ihren bedeutenden Predigern entschieden. Die Tochtergemeinden Wilhadi und Immanuel im vorderen Westen, wo Facharbeiter und Handwerker wohnten, waren beide von Pastoren aus dem rheinischen reformierten Pietismus aufgebaut worden und zeichneten sich durch ein blühendes Gemeindeleben aus. Ähnlich wie Stephani im Westen leistete die Pauligemeinde in der Neustadt volksmissionarische Pionierarbeit für die südliche Vorstadt und brachte die Tochtergemeinden Zion und Hohentor auf den Weg. Während die Gemeindebasis von Pauli und Hohentor sich aus Handwerkern, Angestellten und Beamten zusammensetzte, waren Zion in der Südervorstadt und Jakobi, eine Gründung der Inneren Mission im Stadtteil Buntentor, typische Arbeiter- und Handwerkergemeinden. Der Verein für Innere Mission, der überall dort die Initiative ergriff, wo der Senat als *summus episcopus* versagte und die Gemeinden nicht mehr hinreichten, hatte auch die Friedenskirche in der östlichen Vorstadt gegründet. Diese mittelständische Gemeinde vervollständigte die Fraktion der „Positiven".

Der Stoevesandt-Kreis und die Rezeption Karl Barths in Bremen

So unterschiedlich diese Gemeinden auch sein mochten, eines verband sie: die Abwehr gegen die freisinnigen „Irrlehren", aber auch gegen ein

Zwei bedeutende „positive" Gemeinden waren St. Stephani (mit den Tochtergemeinden Wilhadi und Immanuel) im Westen und die Friedenskirche in der östlichen Vorstadt.
Oben: Die Pastoren der Stephanigemeinde um 1929, v. l. n. r.: sitzend Paul Thyssen (Stephani), Rudolf Vietor (Wilhadi), Paul Tiefenthal (Immanuel), stehend Waldemar Vogt (Findorffviertel), Erwin Arlt (Wilhadi), Wiard Rosenboom (Stephani).
Unten: Pastor Erich Urban (Friedenskirche) mit Ehefrau und Jugendgruppe um 1921/22

weit verbreitetes Laissez-faire in der Kirche, von dem die Auflösung christlicher Bindungen befürchtet wurde. Um den Ansatzpunkt für eine innere Erneuerung der Kirche ging es auch in dem theologischen Lesezirkel, der sich in den zwanziger Jahren im Haus des Arztes und Liebfrauen-Bauherrn Dr. Karl Stoevesandt zusammenfand. Dazu gehörten u.a. der Direktor der Staatsbibliothek Dr. Hinrich Knittermeyer, Senator Dr. Theodor Spitta und sein Sohn, der Pastor in Oldenburg war, sowie Pastor Karl Refer, der sich mit seinen eindringlichen Neuübersetzungen der Evangelien und der Worte des Propheten Amos einen Namen machte. Er galt als eindrucksvoller Prediger, der die Bibelbotschaft dem modernen Menschen aufzuschließen vermochte.

Entscheidende Impulse empfing dieser Kreis von der Theologie Karl Barths, seit der Schweizer Theologe erstmals 1922 einen Vortrag in Bremen gehalten hatte. Stoevesandt, der seither mit Barth in einem regen Gedankenaustausch stand, wie auch Knittermeyer und Refer veröffentlichten Artikel in „Zwischen den Zeiten", dem Organ der Dialektischen Theologie. Darüber hinaus blieb Karl Barth jedoch in Bremen ohne Resonanz. Das Dogma von einer radikalen Diastase zwischen Gott und Welt wiesen Liberale und orthodoxe Lutheraner gleichermaßen zurück. So kritisierte Domprediger Pfalzgraf diesen Gottesbegriff als „fossil", während Pastor Urban von der Friedenskirche, der dem Vorstand des Vereins für Innere Mission angehörte, bei Barth fehlendes Verständnis für die Aufgaben der Kirche in der Welt bemängelte.

3. Kirchenneubauten und neue Gemeinden

Oslebshauser Kirche (1929)

Der Ausbau der Häfen und der Industrie ließ nach der Jahrhundertwende die Einwohnerzahlen im Bremer Westen rasch steigen und stellte auch die Kirchengemeinden vor neue Aufgaben. Die Gröpelinger Gemeinde beantragte 1927 eine dritte Pfarrstelle für den Bezirk Oslebshausen. Aus dem Dorf war ein dicht bewohnter Industrievorort geworden, und der Bürgerverein hatte dringend gefordert, daß wenigstens ein eigener Gemeindesaal zur Verfügung gestellt würde. Dabei sollte es nicht bleiben: Im Februar 1928 bewilligte der Kirchentag auf Antrag der Gemeinde Gröpelingen 200 000 Reichsmark für den Bau einer kleinen Kirche am Oslebshauser Friedhof. Ein Nachschlag von 110 000 Reichsmark sicherte auch die Innenausstattung, und schon am 15. Dezember 1929 konnte die Gemeinde mit ihrem Pastor Walter Schmidt den Einweihungsgottesdienst feiern. In der Kirche samt Gemeindehaus — ein Entwurf Walter Görigs, von dem

Die Oslebshauser Kirche, erbaut 1929

auch die im selben Jahr vollendete „Glocke" stammte — verbinden sich Elemente der Neugotik, des Klassizismus und des Jugendstils zu einem norddeutsch-herben Backsteinbau. Dem Drängen der Gemeinde nach rechtlicher Unabhängigkeit von ihrer Gröpelinger Mutter entsprach der Kirchenausschuß 1933, indem er die Kirchengemeinde Oslebshausen für selbständig erklärte.

Hohentorskirche (1932)

In der Neustädter Pauligemeinde war seit 1907 Pastor Ernst Boche mit der Sammlung einer Gemeinde im Bezirk Hohentor beschäftigt, die aus eigener Kraft Pfarrhaus und Gemeindehaus an der Hohentorsheerstraße errichtete. Das für den Kirchenbau angesammelte Kapital ging in Krieg und Inflation verloren, doch die Gemeinde, die 1927 eine neue Verfassung mit beschränkter Unabhängigkeit von ihrer Muttergemeinde St. Pauli erhielt, gab nicht auf: Durch Sammlungen, Konzerte, Lotterien usw. wurden insgesamt 110 000 Reichsmark zusammengebracht. Unterstützt durch einen Zuschuß der BEK in Höhe von 295 000 Reichsmark, konnte nun die erste Hohentorskirche errichtet und am 10. April 1932 eingeweiht werden. Der Klinkersaalbau mit hohem Dach und Staffelgiebeln, überragt von einem eigenwillig an das Gebäude angelehnten Turm, war ein Entwurf des Bremer Architekten Rudolf Jacobs.

Die Anfänge der Martin-Luther-Gemeinde

Im Gebiet von Bahnhofsvorstadt und Findorff konkurrierten mit Stephani und Michaelis eine bibeltreue und eine freisinnige Gemeinde darum, wer dem schnell anwachsenden Viertel die kirchliche Prägung geben würde. Die Stephanigemeinde tat den ersten Schritt und errichtete 1899 ein Gemeindehaus an der Sommerstraße, in dem ein Stadtmissionar der Inneren Mission seine Arbeit aufnahm. Die Stephani-Pastoren unterstützten ihn, bis 1914 mit Pastor Martin Graeber eine eigene Pfarrstelle der Stephanigemeinde für Findorff besetzt wurde. Pastor Graeber und seine Nachfolger Gustav Künnicke und Waldemar Vogt bauten eine sehr lebendige, opferbereite Gemeinde auf, in der es bei allem ernsten Bibelglauben auch familiär und fröhlich zuging. 1920 gründete man den „Luther-Gemeinde-Verein" mit dem Ziel, durch Vereinsbeiträge und Spenden bald den eigenen Kirchenbau zu verwirklichen. Ein Grundstück zwischen Münchener und Regensburger Straße wurde erworben.

Nun nahm die Michaelisgemeinde die Herausforderung auf. Ganz in der Nähe, an der Münchener Straße Ecke Landshuter Straße, wurde 1927 ein

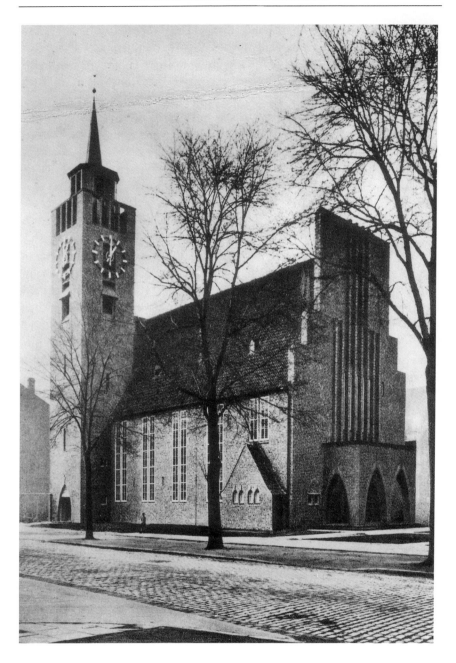

Die Hohentorskirche, erbaut 1932, zerstört 1944

Pfarrhaus für den neu berufenen Pastor Dr. Johann Bertuleit erbaut, 1928 folgte die Einweihung des St.-Michaelis-Gemeindehauses. Die Wirtschaftskrise ließ alle Kirchenbaupläne in weite Ferne rücken. Einen weiteren Schritt auf dem Weg zu einer selbständigen Gemeinde in Findorff bildete die Kirchspieleinteilung, die der Kirchentag 1934 als Verwaltungsvereinfachung beschloß. Dabei wurde aus den Teilgemeinden von Stephani und Michaelis in diesem Gebiet die Martin-Luther-Gemeinde gegründet. Für den Bau eines eigenen Gotteshauses fehlten jedoch die Mittel, und so blieben die ursprünglichen Teilgemeinden mit ihren Pastoren weiterhin getrennt in den beiden Gemeindehäusern.

4. Aufschwung der Kirchenmusik

Seit Anfang der zwanziger Jahre nahmen Kirchenkonzerte in den Stadtkirchen einen festen Platz im Bremer Musikleben ein. Den Auftakt machte St. Ansgarii unter dem Organisten, Cellisten und Komponisten Wilhelm Hoyermann mit einer wöchentlichen Kirchenmusikstunde, die erstmals am 5. Mai 1922 stattfand. Kurz darauf, am 29. Mai 1922, eröffnete der langjährige Domkantor und Organist Eduard Nößler die Reihe der monatlichen Abendmotetten am Dom, in denen geistliche Orgel- und Chorwerke erklangen. Der Domchor, der stets mit dem Philharmonischen Chor konkurrierte, erwarb sich mit diesen Konzerten beim bremischen Musikpublikum große Wertschätzung. Auch an der Stephanikirche, die auf eine lange Musiktradition zurückblickte, führte ihr Organist und Kantor Otto Vietor 1923 eine Abendmotette ein.

5. Die Kirche in der ideologischen Defensive

Kirchenaustrittsbewegung

Schon im Gründungsjahr der BEK wurde ihr volkskirchlicher Anspruch, jeden evangelisch getauften Bürger Bremens als Kirchenglied zu zählen, durch eine Welle von Austrittserklärungen zurückgewiesen: 1920 waren über 5000, 1922 fast 7000 Kirchenaustritte zu verzeichnen, vermutlich weit überwiegend aus der Arbeiterschaft. Als der Kirchentag im November 1922 die Einführung einer Kirchensteuer beschloß, befürchtete man mit Recht einen erneuten Anstieg der Austritte. In den Arbeitervierteln fanden bereits wenige Tage später entsprechende Kampagnen statt, und Gerüchte über die Höhe der Kirchensteuer und ihre Eintreibung — „bei Unvermögen sofort Pfändung" — wurden gezielt in Umlauf gesetzt. Der Kirchenausschuß druckte ein Flugblatt zur Gegendarstellung und bat um

Bremer Gesangbuch, Ausgabe von 1928; Titelblatt von Willy Menz

Wortführer der antikirchlichen Propaganda der zwanziger Jahre war der linksradikale Freidenkerverband: Ausschnitt aus einem Flugblatt von 1928

Polizeischutz für die Kirchenkanzlei in der Sandstraße, aber der dann einsetzende Massenansturm übertraf alle Befürchtungen: Innerhalb von zwei Monaten wurden fast 13 000 Kirchenaustritte registriert, bis zum Jahresende 1923 waren es über 22 000.
Die Einführung der Steuer hatte für das Potential derer, die sich der Kirche nicht mehr verbunden fühlten, Signalwirkung. Hinzu kam die wirtschaftliche Notlage: 1923 erreichte die Arbeitslosigkeit einen ersten Höhepunkt, auf der AG „Weser" wie in anderen Großbetrieben wurde kurzgearbeitet, die Inflation nahm katastrophale Formen an. In dieser Situation fiel die Kirchensteuer für viele Familien unter die am ehesten entbehrlichen Ausgaben.
Nachdem in den sogenannten „guten Jahren" der Weimarer Republik von 1924 bis 1926 nur einige hundert Kirchenaustritte zu verzeichnen waren, schnellte die Kurve mit den Anfängen der Wirtschaftskrise erneut hoch. Zwischen 1927 und 1932 kehrten durchschnittlich 1500 Männer und Frauen pro Jahr der BEK den Rücken. Für die Kirche waren diese Zahlen Anlaß zu ernster Besorgnis. Daß hier in ersten Linie diejenigen austraten, die sich von einer staatsfrommen, gutbürgerlichen Kirche schon lange nicht mehr angesprochen fühlten, und daß diese Entwicklung

in einem säkularen Modernisierungs- und Pluralisierungstrend lag, erkannte man nicht. Statt dessen wurde die Schuld dem demokratischen Staat und seiner liberalen Grundhaltung zugewiesen. Schutzlos fühlte sich die Kirche den „Mächten der Finsternis" ausgeliefert, den atheistischen Arbeiterparteien und ihrer Freidenkerpropaganda.
Alljährlich im September, wenn der Kirchenaustritt für das folgende Jahr erklärt werden mußte, rief der „Verband für Freidenkertum und Feuerbestattung" zum organisierten Massenaustritt auf, mit großem Demonstrationszug zur Sandstraße. Mit der Radikalisierung der politischen Auseinandersetzung ab 1930/31 verschärften sich auch diese Attacken: Parolen wie „Raus aus der Kirche", „Nieder mit den Pfaffen" und „Religion ist Opium fürs Volk" tauchten an Kirchengebäuden auf, Hungerdemonstrationen von Arbeitslosen störten die Weihnachtsgottesdienste. In Kirchenkreisen riefen solche Szenen das Gespenst des „gottlosen Bolschewismus" wach; das Beispiel Pastor Feldens, der sich auf eigenen Veranstaltungen mit den Wortführern der antikirchlichen Propaganda auseinandersetzte, fand keine Nachahmung.

Religionsunterricht und Schule

Selbst in der Schule mußte eine kirchenfeindliche Beeinflussung befürchtet werden. Auf Druck des Reichsinnenministers und einer höchstrichterlichen Entscheidung hatte der Senat Ende 1920 den Biblischen Geschichtsunterricht wieder eingeführt. Aber in zahlreichen Beschwerden aus der Elternschaft und von evangelischen Verbänden wurde beklagt, daß dieser Religionsunterricht vielfach von Lehrkräften erteilt wurde, die aus der Kirche ausgetreten waren und die Kinder angeblich gezielt antikirchlich indoktrinierten. In dieser Kontroverse ging es zugleich um die grundsätzliche Frage: Weltliche Schule — dafür optierte der sozialdemokratische „Lehrerverein" — oder Bekenntnisschule — danach strebte eine Gruppe um Remberti-Pastor Uhlig, der den Landesverband Bremen im Reichselternbund (Freunde der Evangelischen Schule) anführte — oder Gemeinschaftsschule nach bremischem Muster. Die bisherige Gemeinschaftsschule fand weitaus die meiste Zustimmung. In Bremen gab es nur eine einzige evangelische Bekenntnisschule, die traditionsreiche St.-Stephani-Gemeindeschule, eine achtstufige Volksschule. Ihr Kuratorium war der Kirchenvorstand der Stephanigemeinde, und sie galt quasi als Privatschule, wurde aber fast vollständig vom bremischen Staat finanziert und unterstand auch staatlicher Schulaufsicht. Das Gebäude gehörte der Gemeinde. 1944 wurde es durch Bomben zerstört, was zugleich das Ende der Schule bedeutete.

Kirchliche Öffentlichkeitsarbeit:
Bremer Kirchenzeitung, Rundfunk

Um sich gegen weltanschauliche Angriffe wirksamer zu verteidigen und insgesamt einem Abbröckeln der kirchlichen Bindungen entgegenzuwirken, beschloß der Kirchentag, ab Herbst 1928 ein eigenes Wochenblatt, die Bremer Kirchenzeitung, kostenlos an alle evangelischen Haushalte zu verteilen. Bisher hatte es mit dem Bremer Kirchenblatt, das seit 1865 von den positiven Gemeinden herausgebracht und 1929—1931 als Bremer kirchliche Monatshefte fortgesetzt wurde, und dem Norddeutschen Protestantenblatt der Liberalen (seit 1868) eine übergemeindliche Kirchenpresse nur als Sprachrohr der gegensätzlichen theologischen Lager gegeben.
Mit der Schriftleitung der Bremer Kirchenzeitung wurden der konservative Lutheraner Urban und der liberale Ansgarii-Pastor Robert Leonhardt beauftragt. Der C. Schünemann-Verlag, der Druck und Vertrieb übernahm, stellte ein kleines Redaktionszimmer zur Verfügung, bis der Neubau der Kirchenkanzlei fertiggestellt war. Das Blatt brachte eine Mischung aus Nachrichten, auch aus anderen Landeskirchen und aus der Ökumene, Grundsatzartikeln über theologische Themen, aus der kirchlichen Arbeit und auch über Kirche und Politik sowie Kommentare zum Zeitgeschehen. Gerade in dieser Kolumne „Der Türmer", die meistens Pastor Urban verfaßte, wurde immer wieder auf die wachsende Kirchenfeindlichkeit Bezug genommen und warnend auf Sowjetrußland hingewiesen. 1932 erschien sogar eine Sondernummer über „Kirche und Gottlosenbewegung".
Die Resonanz der Bremer Kirchenzeitung war so gut, daß die Startauflage von 50 000 bereits im folgenden Jahr auf 65 000 Exemplare erhöht wurde. Die Auswirkungen der Wirtschaftskrise zwangen jedoch schon 1930 zu drastischen Einsparungen an dem zwar öffentlichkeitswirksamen, aber kostspieligen Projekt. Da auch die Einnahmen aus den Werbeanzeigen krisenbedingt zurückgingen, war die Finanzierung 1932 nur noch durch freiwillige Beiträge der Bezieher und einen billigeren Verlagsvertrag beim Rauhen Haus in Hamburg möglich, bevor die Bremer Kirchenzeitung ab 1933 unter veränderten kirchenpolitischen Bedingungen eine ganz neue Funktion bekam.
Neben ihrer Redaktionstätigkeit übernahmen die Pastoren Leonhardt und Urban 1931 den „Evangelischen Pressedienst Bremen", der vorher zum Verein für Innere Mission gehört hatte. Hauptaufgabe war die Weiterleitung von Nachrichten aus der BEK an die bremischen Tageszeitungen und an verschiedene evangelische Pressebüros. Ferner sollten kirchliche

Titelkopf der von den Pastoren Hartwich (Dom), Leonhardt (Altenheim) und Urban (Friedenskirche) herausgegebenen „Bremer Kirchenzeitung"

Werbekonzepte entwickelt und die Gemeinden bei der Gestaltung ihrer Kirchenblätter beraten werden, hochgesteckte Ziele, die von den beiden Pastoren neben ihrer umfangreichen Gemeindearbeit kaum erfüllt werden konnten.

Auch das Medium der Zukunft, den Rundfunk, versuchte die Kirche für ihre Arbeit zu nutzen. Treibende Kraft war hierbei die Innere Mission, die 1924 für Nordwestdeutschland eine „Evangelische Arbeitsgemeinschaft für Rundfunk" ins Leben gerufen hatte. Ziel war es, die sonntägliche Morgenfeier der NORAG (Nordische Rundfunk A.G.), zu der die Sender Hamburg, Hannover, Bremen und Kiel gehörten, unter kirchliche Regie zu bekommen. Der Kirchenausschuß ernannte 1925 den Leiter der bremischen Inneren Mission, Pastor Bodo Heyne, zum Beauftragten für die NORAG, stand dem Radio-Sonntagsgottesdienst aber distanziert gegenüber, weil man einen Rückgang des Kirchenbesuchs fürchtete. Ab September 1927 übertrug die NORAG dann regelmäßig evangelische Sonntagsfeiern, die von der neu gegründeten Arbeitsgruppe „Kirchlicher Rundfunk für Nordwestdeutschland" der neun nordwestdeutschen Landeskirchen gestaltet wurden. Die BEK unterstützte dieses Projekt eher halbherzig und knüpfte an den jährlichen Zuschuß von 200 Reichsmark die Bedingung, es dürfe in den Sendungen keine Angriffe gegen die eine oder andere kirchliche Richtung geben.

Literatur:
Blum, Musikfreunde (1975). — Heitmann, Ortsgemeinden (1985). — Kulke, Bremische Evangelische Kirche (1987). — Nölle, Rembertigemeinde (1987). — Norzel-Weiß, Emil Felden (1988). — Donat, Emil Felden (1989).

III. Die Republik in der Krise

1. Die politischen Kräfteverhältnisse in der Hansestadt

Im Unterschied zum Deutschen Reich waren die politischen Verhältnisse in Bremen von Beständigkeit geprägt. Von 1920 bis 1928 regierte ein bürgerlicher Senat, dann führte der Wahlsieg der SPD zu einer Beteiligung der drei sozialdemokratischen Senatoren Kaisen, Klemann und Sommer. Am überparteilichen Selbstverständnis des Senats und seiner besonnenen, auf Ausgleich bedachten Amtsführung unter Bürgermeister Martin Donandt, dem großen alten Mann der bremischen Politik, änderte sich dadurch nichts. Hier hatten Sachentscheidungen den Vorrang vor politischen Erörterungen — die überließ man der Bürgerschaft. Die Stadtväter, von der liberal-konservativen Tradition der Stadtrepublik geprägt, unterschätzten zweifellos die Dynamik der politischen Radikalisierung in der Endphase der Weimarer Republik.

Bremen war eine SPD-Hochburg. Nicht nur (Fach-)Arbeiter, sondern auch der untere Mittelstand, Handwerker, Kleinhändler, Gastwirte sowie die Volksschullehrer wählten hier sozialdemokratisch, so daß die SPD mit Abstand die stärkste Bürgerschaftsfraktion bildete und bei Reichstagswahlen hier weit über dem Durchschnitt lag. Die Hansestadt lebte vom Handel. Deshalb standen im bürgerlichen Lager die liberalen Wirtschaftsparteien DVP und DDP an der Spitze und errangen doppelt so viele Mandate wie im Reichsdurchschnitt. Der Senatskoalition aus DVP, DDP und SPD standen in der Bürgerschaft die KPD, die ihre Anhänger vor allem unter den Werft- und Hafenarbeitern hatte, die kleineren Mittelstandsparteien und die DNVP gegenüber, die in Bremen deutlich unterrepräsentiert war und vor allem vom konservativ-nationalen Bildungsbürgertum gewählt wurde.

Die einseitige Ausrichtung der bremischen Wirtschaft auf Schiffbau und Hafen bedeutete eine hohe Krisenanfälligkeit. So traf die Weltwirtschaftskrise Bremen an seinem Lebensnerv. Im Frühjahr 1930 gab es mehrere Entlassungswellen auf der AG „Weser", in Speditions- und Schiffahrtsfirmen. Der Konkurs der Nordwolle im Sommer 1931, mit 35 000 Beschäftigten der größte Wollkonzern Europas, zog den Zusammenbruch dreier Großbanken nach sich. Darunter waren die Hansabank und die J. F. Schröder Bank, bei denen der Senat unvorsichtigerweise große Kapitalien konzentriert hatte. Dadurch verlor der Bremer Staat insgesamt 87 Millionen Reichsmark, ein katastrophaler Schlag, der keinen Finanzspielraum für die sozialpolitischen Aufgaben der Krisenjahre übrigließ. Die Arbeitslosigkeit stieg sprunghaft an, bis zum Januar 1933

auf 27 % im Bremer Stadtgebiet. Es kam zu politischen Ausschreitungen, und von allen Seiten sah sich der Senat heftigen Angriffen ausgesetzt.
Bei den Bürgerschaftswahlen im November 1930 schlug die Krise erstmals durch: Die NSDAP, zuvor nur ein kleiner, aber verbissener Haufen „alter Kämpfer", zog auf Anhieb als zweitstärkste Fraktion ins Landesparlament ein, wo sie fortan eine lautstarke Destruktionspolitik betrieb. Die kleinbürgerlich geprägte Partei, die der SPD deutliche Stimmenverluste beigebracht und auch ehemalige DDP- und DVP-Wähler hinübergezogen hatte, konnte in ihrer Fraktion zwar einen Kaufmann und einen Rechtsanwalt als Aushängeschilder aufweisen; aber der Einbruch in das gehobene Bürgertum und in die soziale Führungsschicht gelang der NSDAP in Bremen nicht. Dies lag an der liberal-konservativen Tradition der Hansestadt, aber auch an dem autarkistischen Wirtschaftsprogramm der Nationalsozialisten, das bremischen Interessen grundsätzlich zuwiderlief.
Nachdem die NSDAP in den Reichstagswahlen vom Juli 1932 ihre Position auf 30 % ausbauen konnte, wobei sie Nutznießerin der erhöhten Wahlbeteiligung war, erfolgte im November 1932 ein deutlicher Rückschlag. Die Nationalsozialisten verloren in Bremen fast 10 %, im Reichsdurchschnitt rund 4 %. Erste Anzeichen für eine wirtschaftliche Erholung und das negative Erscheinungsbild der Bremer NSDAP ließen die bürgerlichen Wähler wieder abwandern: entweder zurück zur DVP oder zur DNVP, die jetzt in Bremen doppelt so viele Stimmen gewann wie im Reichsdurchschnitt. Den Ausweg aus der Krise sah man hier also eher in einer autoritären Präsidialregierung als in der Machtergreifung Adolf Hitlers. Immer noch weit stärker als NSDAP und DNVP zusammengenommen war in Bremen die Linke. Die KPD war in den Jahren der Massenarbeitslosigkeit auf über 16 % gewachsen, die SPD behauptete mit über 30 % ihre ungebrochene Stärke als führende Volkspartei.

2. Neue Fronten in der Kirche

Die Anfänge der „Glaubensbewegung ‚Deutsche Christen'"

In das Krisenjahr 1932 fiel die Gründung der „Glaubensbewegung ‚Deutsche Christen'", die sich im Februar unter Führung des Berliner Pfarrers und ehemaligen Freikorpskämpfers Joachim Hossenfelder konstituierte und bereits bei den preußischen Kirchenwahlen im November ein Drittel der Mandate gewann. Dieser Erfolg war zum Teil der massiven Wahlhilfe durch die NSDAP zu verdanken, zeigte aber auch die starken Sympathien vor allem jüngerer Pastoren und Kirchenglieder für den Nationalsozialismus. Denn die Deutschen Christen verstanden sich als „SA Jesu Christi" und propagierten eine Verschmelzung von Protestantismus und nationalsozialistischer Ideologie zu einem „artgemäßen Christusglauben". Eine straff geführte Reichskirche, die mitten im Volk stand, sollte den Kampf für Deutschlands „von Gott befohlene völkische Sendung" und gegen Judentum, Freimaurer, Marxismus, Pazifismus und katholisches Zentrum aufnehmen; der „Arierparagraph" wurde für alle Bereiche des öffentlichen Lebens, einschließlich der Kirche selbst, gefordert.

In der DC-Bewegung flossen verschiedene völkisch-protestantische Strömungen zusammen, und ebenso unterschiedlich waren die Männer an ihrer Spitze: Neben agilen, aber geistig unbedeutenden Wortführern vom Schlage Hossenfelders schlossen sich auch so namhafte Theologen wie Emanuel Hirsch, der zum eigentlichen Vordenker der Deutschen Christen wurde, oder Ernst Haenchen und Heinrich Bornkamm, die vom Nationalprotestantismus her kamen, der Glaubensbewegung an. Ihre Anhänger gewannen die Deutschen Christen besonders unter den jüngeren Pastoren der „Frontgeneration", die nach einer gemeinsamen Erneuerung von Kirche und Nation suchten. Nationalreligiöser Idealismus und Begeisterung für die Volkskirche, wie sie die DC-Bewegung auf ihre Fahnen schrieb, spielten dabei die Hauptrolle. Außer in Preußen lagen weitere Schwerpunkte in Süddeutschland und in Thüringen, aber bis zum Frühjahr 1933 kam die Glaubensbewegung über diese Anfänge noch nicht hinaus.

Das „Positive Christentum" der NSDAP

Nachdem in den Reichstagswahlen 1930 erstmals Pastoren in größerem Umfang öffentlich die NSDAP unterstützt hatten, erkannte Hitler die Bedeutung des kirchlich orientierten Wählerpotentials und hielt Distanz zum radikal rasseideologischen Parteiflügel um Alfred Rosenberg. Seine häufig religiös gefärbte Rhetorik sowie die schillernde Formel vom „positiven Christentum" (womit allerdings nicht der orthodoxe Protestantismus, sondern ein „bejahender deutscher Christusglaube" ohne konfessionelle Festlegung gemeint war) trugen fortan dazu bei, die Fronten zwischen NS-Ideologie und christlichem Glauben zu vernebeln. Bei genauerem Hinsehen war jedoch die rassisch-völkische Einfärbung des „positiven Christentums" klar, und auch Hitlers „Mein Kampf" ließ keinen Zweifel daran, daß der Nationalsozialismus keine weltanschauliche Konkurrenz dulden würde. Aber der Nationalprotestantismus mit seiner Vermischung von evangelischen Glaubensinhalten und nationaler Sache hatte den Weg dafür bereitet, daß Hitler mit dieser Propaganda Erfolg haben konnte.

Pastor Greiffenhagens Warnung vor pseudoreligiösem Rassekult

Die Warnungen der Kirche in diesen Krisenjahren galten dem Anwachsen der radikalen Linken; auf dem rechten Auge dagegen war die Kirche weitgehend blind. Um so bemerkenswerter, daß im Stephani-Sonntagsgruß, der auch über die Gemeindegrenzen hinaus in strenggläubigen Kirchenkreisen gelesen wurde, 1932 mehrere Artikel erschienen, die sich gegen eine Verschmelzung von Deutschtum und Religion und insbesondere gegen einen pseudoreligiösen Rassekult wandten. Ihr Verfasser war der junge Stephani-Pastor Lic. Gustav Greiffenhagen. Selbst aus einer norddeutschen Pastorenfamilie kulturprotestantischer Prägung stammend, hatte er zunächst in Göttingen bei Emanuel Hirsch studiert, bis ihm die Begegnung mit Karl Barth zur entscheidenden Bekehrung wurde. Die Strenge und Unerbittlichkeit der Dialektischen Theologie kamen seiner Persönlichkeit und seiner Suche nach einem festen theologischen Standort entgegen. Fortan bestimmte sich dieser Standort allein durch das Bibelwort.
Dies beeinflußte auch seine politische Einstellung. Bei der Lektüre von „Mein Kampf" empfand er die grundsätzliche Unvereinbarkeit von Rasseideologie und christlicher Überzeugung, so daß der Nationalsozialismus damit für ihn disqualifiziert war. Greiffenhagen wählte seiner Sozialisation entsprechend deutsch-national. Typisch für diese Pastorengeneration, dachte er im Grunde viel zu unpolitisch, um anders als in Glaubenskategorien über politisches Geschehen urteilen zu können. Die nationalsozialistische Rasseideologie hielt er für eine Gotteslästerung, und dies brachte er auf der Kanzel und im Gemeindeblatt auch zum Ausdruck.

Die politische Einstellung der Pastoren

Über 80 % der deutschen evangelischen Pastoren votierten für die DNVP und damit für eine nationalkonservative, antidemokratische und antiliberale Opposition zur Weimarer Republik. Die bremischen Pastoren bildeten darin keine Ausnahme. Ansgarii-Pastor Bode, aktives DNVP-Mitglied, pflegte an nationalen Feiertagen mit einem Stahlhelm zu erscheinen, den er während der Predigt vor sich auf die Kanzel legte. Domprediger Hartwich war Mitbegründer und Vorsitzender des nationalistischen Bundes „Rettet die Ehre!", der zwischen 1926 und 1932 mit einer

Klage beim Internationalen Gerichtshof in Den Haag und Veranstaltungen in ganz Deutschland gegen den Versailler Vertrag focht. Der Kirchenausschuß der BEK, dessen Schriftführer Hartwich seit 1926 war, drückte dazu seine volle Unterstützung aus. Pastoren und Gemeindevorstände entsprachen den vom Kirchenausschuß übermittelten Wünschen des Senats, wenn es um patriotische Treuebekundungen mit kirchlichen Mitteln (Glockenläuten, Fürbitten, Abkündigungen, Kollekten) ging: so bei den Protesten gegen die französische Ruhrbesetzung oder bei der Gedenkfeier zum 10. Jahrestag des Kriegsbeginns am 3. August 1924.

Der breite konservativ-nationale, antirepublikanische Grundkonsens bot einen Brückenschlag zwischen Protestantismus und Nationalsozialismus. Doch wurde in der bremischen Kirche vor 1933 vom Aufstieg der NS-Bewegung kaum Notiz genommen, wenigstens nicht öffentlich. Es gab einzelne Sympathisanten, wie den alten Pastor Thyssen in der Landgemeinde Wasserhorst (früher Stephani), freiwilliger Feldprediger im Ersten Weltkrieg, oder Pastor Hermann Rahm, der im Arbeitervorort Hastedt sein Pfarrhaus mehrfach der SA und der SS als Versammlungsort und Unterschlupf zur Verfügung stellte. Es gab auch vereinzelte warnende Stimmen, wie die von Pastor Greiffenhagen vor einer rasseideologischen Pervertierung des christlichen Glaubens oder wie den flammenden Artikel Pastor Feldens im pazifistischen Blatt „Alarm", in dem er vor einem Wiedererstehen von menschenverachtendem Kommißgeist und Kadavergehorsam im braunen Hemd warnte. Doch insgesamt scheint es, als ob in der bewegten Endphase der Weimarer Republik alle kirchlichen Richtungen vor allem mit sich selbst beschäftigt waren.

Literatur:
Hasenkamp, Bremen und das Reich (1981). — Schwarzwälder, Bremen in der Weimarer Republik (1983). — Marßolek/Ott, Bremen (1986). — Greiffenhagen, Jahrgang 1928 (1988). — Nowak, Politischer Weg (1988).

IV. Das Jahr 1933

1. Die nationalsozialistische Machtübernahme — Neue Perspektiven für die Kirche

Die vom ungünstigen Wahlausgang im November 1932 gedämpften Siegeshoffnungen der Nationalsozialisten erhielten durch die Regierungsübertragung an ihren Führer Adolf Hitler am 30. Januar 1933 neuen Auftrieb. Ein scharfer, mit allen Mitteln geführter Wahlkampf begann. Der Bremer Senat, als letzte demokratisch legitimierte Landesregierung unter wachsendem Druck aus Berlin, versuchte das Prinzip der Legalität aufrechtzuerhalten. Das Bremer Wahlergebnis am 5. März lag für die NSDAP mit 32,6 % weit hinter dem Reichsdurchschnitt (43,9 %); obgleich die DNVP wieder überdurchschnittlich stark abschnitt, konnte sich eine NSDAP-DNVP-Koalition nicht auf die Mehrheit der Bremer Bürger berufen.

Dennoch erzwangen die Spitzen der bremischen NSDAP mit Unterstützung des oldenburgischen Gauleiters Carl Röver und des Reichsinnenministers Frick am 6. März die „Machtübernahme". Die Hakenkreuzfahne wurde gehißt, und der Senat verließ das Rathaus durch den Hinterausgang. Die SPD-Senatoren waren sofort zurückgetreten, der entmachtete bürgerliche Restsenat wich am 16. März einer nationalsozialistisch-deutschnationalen Koalitionsregierung unter Führung von Dr. Richard Markert, stellvertretender Leiter des Arbeitsamtes und „Pg." seit 1931. Zur Vertrauenswerbung gegenüber dem hanseatischen Bürgertum waren mehrere Kaufleute in den Senat aufgenommen worden. Die Parteibasis erkannte sich jedoch eher in Männern wie dem Elektroingenieur und „alten Kämpfer" Otto Heider wieder, der das Ressort Arbeit, Wohlfahrt und Versicherungswesen übernahm.

Ein weiterer folgenschwerer Schritt erfolgte für Bremen im Mai 1933: Die Hansestadt wurde dem Oldenburger Reichsstatthalter Röver unterstellt, womit ständige politische Interessengegensätze ihren Anfang nahmen. Nach der Notverordnung „zum Schutz von Volk und Staat", die eine Hetzjagd auf politische Gegner eröffnete, und den Gleichschaltungsgesetzen vom März und April, mit denen u. a. die Länderparlamente ausgeschaltet wurden, war damit binnen weniger Wochen die politische Macht auf der Basis des Führerprinzips fest in nationalsozialistischer Hand verankert.

Der Festakt in der Potsdamer Garnisonskirche zur Eröffnung des neuen Reichstages und Hitlers Regierungserklärung, in der er die christlichen Kirchen als „die wichtigsten Faktoren zur Erhaltung unseres Volkstums" bezeichnete, nährten die Illusion, daß Deutschland nun wieder eine christliche Staatsführung besitze. Hitler förderte dieses Wunschdenken, um Vorbehalte des konservativ-nationalen Bürgertums gegenüber der braunen Bewegung abzubauen und auch, weil er auf eine freiwillige Koordination der Kirchen mit dem NS-Staat setzte. Für die katholische Kirche wurden bald mit der Aufnahme der Konkordatsverhandlungen die Weichen gestellt. Für den Protestantismus, dessen pluralistische Struktur Hitler fremd war, erwartete er ein Arrangement aus kirchlicher Eigeninitiative: die Zusammenfassung der Landeskirchen zu einer Reichskirche unter straffer nationalsozialistischer Führung. Dabei boten sich die Deutschen Christen als nützliche Verbündete an.

Um den christlichen Charakter der neuen Regierung zu unterstreichen und sich gegen die Weimarer Republik abzuheben, lief landauf, landab eine entsprechende Propaganda an. In Bremen wurde der Religionsunterricht zum benoteten Pflichtfach erhoben.

Vor der ersten — und gleichzeitig letzten — Sitzung der neugebildeten Bürgerschaft am 28. April fand ein Dankgottesdienst im Dom statt, in dem Domprediger Weidemann die „Machtergreifung" als „Morgenröte einer neuen, edleren Epoche" feierte. Zum „Feiertag der nationalen Arbeit" am 1. Mai wurde vor dem Domportal ein „Altar der Arbeit" aufgebaut, auf den eine riesige Hakenkreuzfahne mit der Inschrift „Friede, Arbeit, Brot" herabwallte. Zwei SA-Männer hielten die Ehrenwache. Schließlich wurden am 13. November im ganzen Reich glanzvolle Feiern zum 450. Geburtstag Martin Luthers inszeniert, in denen der Reformator zum völkisch-nationalen Heros stilisiert wurde. Dies waren Höhepunkte in einem Werbefeldzug, der Deutschtum, Christentum und Nationalsozialismus als unauflösliche Einheit präsentierte. Die öffentliche Aufwertung der Kirche und eine gezielte Propaganda für den (Wieder-)Eintritt in die „Volkskirche" zeigten Wirkung: 1933 verzeichnete die Statistik in Bremen über 7900 Kircheneintritte, was annähernd der Summe der Austritte zwischen 1927 und 1932 entsprach.

In der evangelischen Kirche wurde Hitlers Regierungsübernahme einmütig begrüßt — versprach er doch, mit der Parteienwirtschaft von Sozialdemokratie und Zentrum aufzuräumen und den atheistischen Marxismus zu bekämpfen, der Kirche wieder einen angemessenen Platz in der Gesellschaft zurückzugeben und Deutschlands nationale Ehre, mit der sich der Protestantismus so tief verbunden fühlte, wiederherzustellen. Doch machten führende Kirchenmänner wie Otto Dibelius zugleich deutlich, daß die Kirche bei aller Sympathie für den nationalen Aufbruch ihre politische Unabhängigkeit bewahren wollte. Hier zeigte sich, wieviel Selbständigkeitswillen und Selbstbewußtsein der Protestantismus seit 1918 gewon-

„Altar der Arbeit" vor dem Dom zum 1. Mai 1933: Die neue NS-Regierung versuchte, sich durch eine demonstrative Aufwertung der Kirche einen gutbürgerlichen Anstrich zu geben

nen hatte. Nach diesen Reformvorschlägen sollte eine in Teilbereichen stärker zentralistisch organisierte Reichskirche mit einem repräsentativen geistlichen Oberhaupt dem Staat gegenübertreten. Das war ein fundamentaler Unterschied zum Führerprinzip und zur Symbiose von Kirche und Staat, wie sie von den Deutschen Christen propagiert wurden.

Erste Werbeaktionen der Bremer Deutschen Christen

Die „Glaubensbewegung ‚Deutsche Christen'", die nach der nationalsozialistischen Machtübernahme in allen Landeskirchen Auftrieb bekam, führte vom 3. bis 5. April 1933 ihre erste Reichstagung in Berlin durch. Für Bremen nahm Domprediger Lic. Dr. phil. Heinz Weidemann daran teil. Als Kriegsfreiwilliger im Ersten Weltkrieg mit dem Eisernen Kreuz ausgezeichnet, war er vom nationalreligiösen und volkskirchlichen Idealismus der „Frontgeneration" durchdrungen. Während seines Studiums in Göttingen hatte er sich u. a. mit nationalkirchlichen Ideen beschäftigt. Nach einigen Jahren als Stiftsinspektor in Göttingen, wo er mehrere seiner späteren Verbindungen knüpfte, und auf einer Pfarrstelle in Süd-Hannover war er 1926 auf die einzige „positive" Pfarrstelle am Dom berufen worden. Aufgrund seines schwungvollen Redestils — es hieß von ihm, er predige „mit dem Kruzifix in der einen und der Handgranate in der anderen Hand" — besaß er eine große Personalgemeinde. Ebenso groß wie sein Enthusiamus für eine kämpferische deutsche Volkskirche war jedoch sein persönlicher Ehrgeiz. Beides bewog ihn, Anfang 1933 der NSDAP und der „Glaubensbewegung ‚Deutsche Christen'" beizutreten. Hier erkannte er eine große Chance — für die bremische Kirche und für die eigene Karriere.

Nach seiner Rückkehr aus Berlin ging Weidemann in die Offensive. Nachdem er bereits Bürgermeister Markert angeboten hatte, für die nationale Revolution als „Soldat Christi an die Front zu gehen", knüpfte er nun Kontakte zur Parteispitze. Am 25. April trat die DC-Kreisorganisation unter Führung Weidemanns gemeinsam mit Senator Heider und NSDAP-Kreisleiter Paul Wegener in einer stark besuchten Kundgebung erstmals an die Öffentlichkeit. Übereinstimmend wurde für eine völkisch-nationale Reichskirche als Konsequenz der neugeschaffenen Einheit Deutschlands geworben, und die Pastoren gingen noch weiter: Pastor Thyssen deutete die Machtübernahme heilsgeschichtlich als „Auferstehung des deutschen Volkes unter der Führung von Adolf Hitler"; Pastor Rahm feierte die „Volksgemeinschaft" als Verwirklichung christlicher Prinzipien. Höhere Weihen für den NS-Staat konnten sich die neuen Machthaber kaum wünschen. Zugleich meldete Weidemann unverhohlen den deutschchristlichen Führungsanspruch auf die bremische Kirche an.

In einer anschließenden Pressekampagne versuchte der DC-Kreisleiter mit scharfen Angriffen gegen den „hemmungslosen Individualismus eines vergangenen liberalistischen Zeitalters" den Boden für einen Umbau der BEK vorzubereiten. Weitere Kundgebungen und die Gründung von DC-Ortsgruppen im Ostertor- und im Steintorviertel folgten. Auf dem Höhepunkt der deutschchristlichen Erfolgskurve, im Sommer 1933, zählte die Bremer DC-Kreisorganisation nach eigenen Angaben rund 4000 Mitglieder.

Doch schon drei Tage nach dem ersten Auftritt der Deutschen Christen meldete sich die Gegenseite mit einem Aufruf in den Tageszeitungen zu Wort, angeführt von den Pastoren der traditionell bibelorientierten Gemeinden Liebfrauen, Pauli und Stephani mit ihren Tochtergemeinden, aber auch mit zahlreichen bekannten Namen aus der liberalen Pastorenschaft, die sich nicht unter ein ideologisiertes und politisch kontrolliertes Kirchenregiment zwingen lassen wollten. 36 der 51 Bremer Pastoren hatten den Aufruf unterzeichnet. Sie dankten der neuen Regierung für die Rettung Deutschlands vor dem Bolschewismus und begrüßten Pläne zur

Die Stunde der evangelischen Kirche
Aufruf Bremischer Pastoren

Gott hat uns als evangelische Christen in unser Volk hineingestellt und ihm zu Dienst und Opfer verpflichtet. Dazu haben wir uns bekannt zu einer Zeit, als die Bejahung unseres Volkstums der Kirche und ihren Dienern Verdächtigung und Anfeindung eintrug. Daß wir dieses Bekenntnis heute frei und ungehindert ablegen dürfen, erfüllt uns mit Freude und Dank. Wir danken dies der Regierung der nationalen Erhebung. Ihre Tatkraft hat Vaterland und Kirche vor dem Bolschewismus gerettet.

Aus dem großen Geschehen unserer Zeit hören wir den Ruf Gottes an unsere Kirche zu einer neuen Gestaltung.

Wir wollen die evangelische Kirche deutscher Nation (Reichskirche).

Die Heilige Schrift Alten und Neuen Testamentes und das Bekenntnis der Reformation Martin Luthers sind uns unverrückbare Grundlagen. Allein von hier aus ist die Neugestaltung der Kirche möglich. Kernpunkt für diese Neugestaltung ist einzig die Gemeinde als Gemeinschaft des Glaubens.

Deshalb lehnen wir ab alles Organisieren von außen nach innen.

Deshalb wehren wir uns gegen allen „Parlamentarismus" in der Kirche.

Deshalb sind wir gegen jede Vermengung von Politik und Religion.

Deshalb stehen wir hinter dem Führer der deutschen Nation Adolf Hitler für das Wort: „Wer über den Umweg einer politischen Organisation zu einer religiösen Reformation zu kommen glaubt, zeigt nur, daß ihm jeder Schimmer vom Werden religiöser Vorstellungen oder gar Glaubenslehren und deren kirchlichen Wirkungen abgeht."

Wir begrüßen so den tapferen Entschluß unserer kirchlichen Führer im Reich, Kapler, Marahrens und Hesse, das Reformwerk der Kirche, von erwählten Sachberatern unterstützt, persönlich durchzuführen.

Wir erwarten von dem Kirchenausschuß der Bremischen Evangelischen Kirche, daß er dieses Reformwerk nach Kräften unterstützt, und freuen uns, daß er mit der Neuordnung der kirchlichen Verhältnisse Bremens Männer beauftragt hat, die dem Evangelium und der Kirche verpflichtet sind.

Jedoch: es geht uns mehr als nur um äußere Reformen!

Das ist der Ernst der Stunde: die evangelische Kirche ist von Gott vor die Entscheidung gestellt, ob sie auch in ihrer neuen Gestalt Kirche des Reiches Gottes sein will.

Darum rufen wir alle evangelischen Christen Bremens zu treuer Fürbitte auf, daß Gott das Werk unserer Hände gelingen lasse; denn

Mit unserer Macht ist nichts getan,
wir sind gar bald verloren;
es streit't für uns der rechte Mann,
den Gott selbst hat erkoren.

Bremen, den 27. April 1933.

Fragst du, wer der ist:
er heißt Jesus Christ,
der Herr Zebaoth,
und ist kein anderer Gott;
das Feld muß er behalten.

Die Pastoren:

Urban, Friedenskirche	Rosenboom, St. Stephani	Ordemann, Gröpelingen	Hackländer, St. Michaelis
Lange, St. Jacobi	Lic. Greiffenhagen, St. Stephani	Coorßen, Gröpelingen	Dr. Bertuleit, St. Michaelis
D. Groscurth, U. L. Frauen	Vogt, St. Stephani	Bode, St. Ansgarii	Schmidt, Oslebshausen
Wilken, U. L. Frauen	Artl, St. Stephani-Wilhadi	Leonhardt, St. Ansgarii	Schomburg, St. Remberti
Frick, U. L. Frauen	Penzel, St. Stephani-Wilhadi		Klein, Walle
D. Pierzig, St. Pauli	Denkhaus, St. Stephani-Immanuel	D. Hartwich, St. Petri Dom	Mohrmann, Borgfeld
Mollow, St. Pauli	Pröhl, Woltmershausen	Schäfer, St. Petri Dom	Keller, Vegesack
Bocke, St. Pauli-Hohentor	Haartmann, Seemannsmission	Pfalzgraf, St. Petri Dom	Schmidt, Bremerhaven
Kramer, St. Pauli-Zion	Heyne		Minor, Bremerhaven
	Schmalz, Strafanstalt	Froebrich, Horn	

Mit einem Offenen Brief in allen hiesigen Tageszeitungen wandte sich die große Mehrheit der Bremer Pastoren am 28. April 1933 gegen den Machtanspruch der Deutschen Christen

Gründung einer Reichskirche, lehnten aber dabei jede Vermischung von Religion und Politik wie auch jeden Druck von außen auf die Kirche ab. Ausgerechnet ein Zitat aus „Mein Kampf" wurde gegen das Programm der Deutschen Christen ins Feld geführt.

Von den Bremer Pastoren stand nur eine kleine Truppe hinter Weidemann. Neben Pastor Thyssen verkörperten Richard Wahle (Arsten) und Robert Mießner (Friedensgemeinde) die ältere Pastorengeneration nationalprotestantischer Prägung. Jüngere Pastoren wie der Liberale Rahm und der Barthianer Refer schlossen sich den Deutschen Christen an, weil sie sich für die Idee der „kämpfenden Volkskirche" begeisterten. Refer wurde bald Weidemanns qualifiziertester Mitarbeiter. Im Laufe des nächsten halben Jahres traten noch acht weitere Pastoren der DC-Bewegung bei, insbesondere aus ländlichen Gemeinden wie Seehausen, Rablinghausen und Borgfeld oder aus Stadtrandvierteln mit einem hohen Arbeiteranteil wie Gröpelingen. Aber auch Remberti-Pastor Walter Schomburg und Pastor Johann Bertuleit von der Martin-Luther-Gemeinde, Pastor

Ernst Minor von der Bremerhavener Kreuzkirche und sein Vegesacker Amtskollege Heinrich Keller entschieden sich für die Deutschen Christen. Was sie verband, war stärker als die alten theologischen Richtungsunterschiede: etwas von der nationalreligiösen Begeisterung des August 1914, die Erfahrung der politisch verachteten Republik als verunsichernd und kirchenfeindlich und ein starker Wille zur Tat für Kirche, Volk und Vaterland.

Pläne zur Umgestaltung der BEK

Der Kirchenausschuß der BEK sah sich durch Weidemanns Vorgehen in die Defensive gedrängt, zumal eine deutschchristliche Arbeitsgruppe in enger Fühlungnahme mit der Partei bereits an einer Landeskirchenreform als Vorstufe zur Eingliederung in die geplante Reichskirche arbeitete. Mit einem eigenen Aktionsausschuß, der auch Verbindung mit den Deutschen Christen aufnehmen sollte, versuchte der Kirchenausschuß die Zielrichtung der Reform von politischen wieder in kirchliche Bahnen zu lenken. In den Unterausschüssen sollten die Gemeinden ihre Vorschläge zu verschiedenen Sachgebieten wie Bekenntnis-, Verfassungs-, Schul-, Jugend- und karitativen Fragen ausarbeiten. Bürgermeister Markert forderte zwar die Aufnahme Pastor Thyssens und eines NSDAP-Betriebszellenobmanns in den Aktionsausschuß und behielt sich die Aufsicht über dessen Arbeit vor; trotzdem hoffte aber der Kirchenausschuß, auf bremischer Ebene ein ähnliches Einigungswerk zustandezubringen wie der Präsident des Deutschen Evangelischen Kirchenausschusses auf Reichsebene. D. Hermann Kapler hatte zusammen mit dem hannoverschen Landesbischof Marahrens und dem reformierten Elberfelder Pfarrer D. Hesse einen Ausschuß zur Vorbereitung der Kirchenreform gebildet, in dem auch Hitlers persönlicher Beauftragter in Kirchenfragen, der ostpreußische Wehrkreispfarrer und DC-Gauleiter Ludwig Müller, mitwirkte.

Daß sich der Kirchenausschuß geradezu übervorsichtig bemühte, der neuen Regierung keinen Anlaß für einen Eingriff in die BEK zu bieten, beleuchtet der Fall des Bremerhavener Pastors Hermann Raschke. Bürgermeister Markert hatte in der ersten Unterredung mit Kirchenpräsident Quidde die frühere Aktivität Raschkes in Otto Strassers „Schwarzer Front" scharf gerügt und mit „Maßnahmen" gedroht, während im „Niedersachsenstürmer" bereits ein aufbauschender Artikel über die politische Vergangenheit des Bremerhavener Pastors erschienen war. Durch eine kurzzeitige Beurlaubung wurde Raschke aus der Schußlinie gezogen, ein gegen ihn beantragtes Disziplinarverfahren wies der Kirchenausschuß jedoch zurück.

2. Auf dem Weg zur Reichskirche

Die Führung der DC-Bewegung argwöhnte, durch die Tätigkeit des Kapler-Ausschusses von der Reichskirchenreform ausgeschlossen zu werden. Mit einem geschickten Schachzug und politischer Rückendeckung gewann Hossenfelder die Initiative zurück: Er stellte dem vom Kapler-Ausschuß vorgeschlagenen, designierten Reichsbischof Friedrich Bodelschwingh als DC-Kandidaten Ludwig Müller gegenüber. Kurz darauf setzte die preußische Landesregierung einen Staatskommissar für die Kirche der Altpreußischen Union ein, um die verunsicherten Kirchenführer zur Entscheidung zu zwingen. Diese kapitulierten sofort, und Bodelschwingh mußte den Weg für Ludwig Müller freimachen.

Auf Anraten des DC-Kreisleiters Weidemann ließ sich der Bremer Senat die in Preußen vorgeführte Möglichkeit, die Kirche in den Griff zu bekommen, nicht entgehen: Am 27. Juni 1933 trat Senator Heider als Staatskommissar für die BEK an die kirchliche Öffentlichkeit, ernannte Weidemann zu seinem Stellvertreter, setzte den Kirchenausschuß ab und übertrug die Schriftleitung der Bremer Kirchenzeitung, deren distanzierte Berichterstattung die Deutschen Christen übel vermerkt hatten, an Weidemanns engsten Mitarbeiter Refer.

Um auch den Gemeinden die Zeichen der Zeit zu demonstrieren, wurde am 30. Juni Pastor Felden von seinem Pfarramt in Martini verdrängt — eine Abrechnung mit dem überzeugten Sozialisten und erklärten Gegner des Nationalsozialismus. Felden, tief enttäuscht über die Willfährigkeit des Kirchenvorstandes gegenüber den neuen Machthabern, mußte Bremen verlassen. Zwischen 1941 und 1943 fand er vorübergehend Unterschlupf auf einer abgelegenen Pfarrstelle im Elsaß. Erst im Oktober 1946 wurde er vom Kirchenausschuß rehabilitiert und kehrte nach Bremen zurück.

Aus Sorge vor einem derartigen Eingriff hatte die Rembertigemeinde ihrem mittlerweile 67jährigen Pastor Steudel, der ebenfalls zu den „Bremer Radikalen" gehörte, bereits nahegelegt, in den Ruhestand zu treten. Nun beeilte man sich mit der Wahl eines Nachfolgers, weil Heider und Weidemann jeden Ansatzpunkt für eine Einflußnahme ausnutzen würden. Am 15. Dezember 1933 wurde Pastor Heinz Nölle in sein Amt eingeführt.

Unter diesen Umständen wurde in Bremen wie in Preußen die neue Reichskirchenverfassung mit Ungeduld erwartet, denn damit waren die Zurückziehung der Staatskommissare verbunden und — so hoffte man jedenfalls — ein Rechtsschutz der Kirche vor politischen Übergriffen. Die Verfassung der Deutschen Evangelischen Kirche vom 14. Juli 1933 berief sich in Art. 1 auf die Heilige Schrift und die Bekenntnisse der Reformation als ihre unantastbaren Grundlagen. An der Spitze der DEK stand künftig ein lutherischer Reichsbischof, ihm zur Seite ein Geistliches Ministerium. Die Rechtseinheit der Landeskirchen sollte durch einheitliche Richtlinien gefördert werden, aber in Bekenntnis und Kultus blieben sie selbständig.

Die Kirchenwahlen am 23. Juli 1933

Die Erleichterung und Zustimmung, mit der diese Kirchenverfassung weithin begrüßt wurde, versuchte Hitler sogleich zu nutzen. Äußerst kurzfristig, nämlich bereits auf den 23. Juli 1933, wurden reichsweit Wahlen zu den Landessynoden angesetzt. Während die Deutschen Christen voll durch den Propagandaapparat der Partei unterstützt wurden, blieb ihren Gegnern kaum eine Möglichkeit, sich in diesen wenigen Tagen zu formieren. Wo sie dennoch auftraten, etwa unter der Listenbezeichnung „Evangelium und Kirche", wurden sie massiv behindert.

Typisch war der Ablauf in der bremischen Landeskirche, nachdem Senator Heider sein Amt als Staatskommissar niedergelegt und den alten Kirchenausschuß mit der Vorbereitung der Wahlen beauftragt hatte. Da das demokratische Wahlprinzip, ohnehin wenig geschätzt, als überholt angesehen wurde, stellte man in allen Gemeinden Einheitslisten auf und traf damit eine wichtige Vorentscheidung für den Wahlausgang. Tatsächlich wurden überall Deutsche Christen auf die Listen gesetzt. Sogar in der Stephanigemeinde, deren Pastoren gerade in einer Sondernummer des Stephani-Sonntagsgrußes vor einer deutschchristlichen Kirchenzerstörung gewarnt hatten, gehörten vier der zehn nominierten Kirchentagsvertreter zur DC-Bewegung. Pastor Greiffenhagen und Mitglieder seiner Personalgemeinde protestierten im Gemeindeblatt gegen diese Abmachung, mit der die Bauherren und Pastor primarius Wiard Rosenboom den Frieden in der Gemeinde erhalten wollten.

Als taktisches Nachgeben sah man auch in anderen Gemeinden die Ernennung von deutschchristlichen Gemeindegliedern zu Synodalen an. Vielfach waren Gemeindeglieder, die ohnehin nominiert worden wären, in Absprache mit den Bauherren der DC-Bewegung beigetreten. Die überall sichtbare Protektion der Deutschen Christen durch die neue Regierung tat ihre Wirkung, aber Weidemanns Gegner hielten den tiefverwurzelten Bremer Liberalismus für stärker als alle Zentralisierungsversuche.

In sämtlichen Landeskirchen brachten die Kirchenwahlen vom 23. Juli 1933 den Deutschen Christen einen klaren Sieg und die Mehrheit in den Synoden. Der Kirchentag der BEK am 30. August zeigte, daß die DC-

Mehrheit keinesfalls eine Formalität war: Mit einem entsprechenden „Abstimmungsbefehl" an alle deutschchristlichen Gemeindevertreter wurde die Wahl von Senator Heider, der neuerdings Synodaler der Domgemeinde war, zum Kirchenpräsidenten und von Weidemann zum Schriftführer der BEK sichergestellt. Das für die Bremer Kirchenverfassung charakteristische Laienprinzip ermöglichte der NS-Regierung den direkten Zugriff auf die Kirchenleitung durch den Senator und späteren Bürgermeister Heider, der seinerseits immer stärker von dem ehrgeizigen Weidemann bestimmt wurde. Der neu gewählte, mehrheitlich deutschchristliche Kirchenausschuß wurde „ermächtigt", baldmöglichst die bremische Landeskirche in die DEK zu überführen. Das Ziel hieß faktisch Führerprinzip und Gleichschaltung.

Die Formierung der kirchlichen Opposition: Der „Pfarrernotbund"

Die erste Nationalsynode der DEK am 27. September in Wittenberg kürte feierlich Ludwig Müller zum Reichsbischof. Nun schien der freiwilligen Gleichschaltung des Protestantismus nichts mehr im Wege zu stehen; für Hitler hatte im Sommer 1933 das Bündnis mit den Deutschen Christen seinen Zweck erfüllt.

Das Fanal, das die Gegner der nationalsozialistisch-deutschchristlichen Kirchenreform aus ihrer Erstarrung riß, war die Einführung des „Arierparagraphen" durch die altpreußische Synode am 6. September. Unter Führung des Dahlemer Pfarrers Martin Niemöller schlossen sich bis zum Jahresende 1933 an die 6000 der rund 18 000 deutschen Pastoren zum „Pfarrernotbund" zusammen. Sie verpflichteten sich damit, ihr Amt allein an Bibel und Bekenntnis auszurichten und gegen jede Verletzung des Bekenntnisstandes, wie den deutschchristlichen „Arierparagraphen", Protest zu erheben. Als wichtige Wegweisung rückte nun die Theologie Karl Barths in das Bewußtsein der schriftorientierten Kirchenopposition. Die Kirche sollte um keinen Preis ihren Verkündigungsauftrag durch ideologische und politische Zwänge einschränken lassen, und das Zeugnis vom Evangelium sollte ihre einzige Waffe sein, forderte Karl Barth in seiner Schrift „Theologische Existenz heute!". Diesen Standpunkt — unpolitisch um des Bekenntnisses willen, nur als Kirche und für die Kirche sprechend — machte sich ein wachsender Teil des Protestantismus zu eigen. Damit war es möglich, die unveränderte Loyalität zum Führerstaat und die Forderung nach Freiheit des Evangeliums und der Kirche miteinander in Einklang zu bringen.

Der radikale Flügel der Deutschen Christen gab sich mit der Reichskirchenreform nicht zufrieden. Auf einer Kundgebung am 13. November

1933 im Berliner Sportpalast forderte der Gauobmann der Berliner Deutschen Christen eine „zweite Reformation", die den Glauben an den Gekreuzigten durch die Gefolgschaft zu einem „heldischen Jesus" ersetzen sollte, sowie die Abschaffung des Alten Testamentes und den „Arierparagraphen" für eine „entjudete" Volkskirche. Diese blinde Identifizierung mit der Rosenbergschen Rasseideologie löste eine Austritts- und Spaltungsbewegung unter den Deutschen Christen aus, während die Mitgliederzahlen des Pfarrernotbundes sprunghaft anstiegen. Reichsbischof Müller legte die DC-Schirmherrschaft nieder, die diskreditierte DEK-Leitung mußte zurücktreten, und Hitler ordnete die Rückkehr zu strikter kirchenpolitischer Neutralität an. Die frühere regierungsoffizielle Protektion konnte die deutschchristliche Bewegung nicht mehr wiedererlangen.

In Bremen sah die Situation allerdings anders aus. Hier amtierte mit Senator Heider als Kirchenpräsident und DC-Kreisleiter Weidemann als Schriftführer eine Kirchenleitung, die weiterhin fest zum Ausbau ihrer Position entschlossen war. Dagegen hatten zwölf Gemeinden — Stephani mit Wilhadi und Immanuel, Liebfrauen, Pauli, Jakobi und die Friedenskirche sowie Dom, Ansgarii, Remberti, Martini und Michaelis — in einer gemeinsamen Entschließung bekräftigt, daß die Freiheit der Verkündigung, die Selbstverwaltung der Gemeinden unter Laienführung und die freie Pastorenwahl auch in Zukunft bestehen bleiben müßten. Man befürchtete eine Verstaatlichung der Kirche und — unter dem Eindruck der Sportpalastkundgebung — auch eine Zerstörung ihrer Glaubensfundamente durch die neuheidnische Rassereligion.

Die traditionell bibel- und bekenntnisorientierten Gemeinden sahen ihre Aufgabe besonders in der theologischen Auseinandersetzung mit den Deutschen Christen. Zehn Bremer Pastoren schlossen sich in diesen Wochen dem Pfarrernotbund an: Erwin Arlt (Wilhadi), Friedrich Denkhaus (Immanuel), Gustav Greiffenhagen (Stephani), Aeilt Kramer (Zion), Reinhard Groscurth (Unser Lieben Frauen), Wiard Rosenboom (Stephani), Erich Urban (Friedenskirche), Albert Wessels (Huchting), Gustav Wilken (Unser Lieben Frauen) sowie der im Ruhestand befindliche Pastor Martin Cremer (Unser Lieben Frauen). Der junge Pastor Friedrich Denkhaus, der 1932 aus der reformierten Kirche des Rheinlandes an die Immanuelgemeinde berufen worden war, schilderte auf einer Gemeindeversammlung die Vorgänge in Berlin und begründete noch einmal, warum das Führerprinzip in der Kirche abzulehnen sei: weil die deutschchristlichen Irrlehren sonst die ganze Kirche vergifteten, vor allem aber, weil das System von Befehl und Gehorsam die freie Wortverkündigung verhindere und die Kirche als Gemeinschaft des Glaubens zerstöre. Pastor

Denkhaus und der Liebfrauen-Bauherr Stoevesandt, deren Berichte zur kirchlichen Lage in einer Aufklärungsaktion der acht „positiven" Gemeinden als Broschüre in 11 000 Exemplaren gedruckt und verbreitet wurden, befürworteten jedoch uneingeschränkt das Führerprinzip im politischen Bereich. Pastor Denkhaus faßte seinen Standpunkt, charakteristisch für die sich auf dem Boden von Bibel und Bekenntnis sammelnde Kirchenopposition, so zusammen:

„Wenn der Staat der Bibel gehorsam sein will — und wir können dankbar sein gegen Gott, daß wir einen Staat haben, der in der Praxis endlich wieder einmal der Bibel gehorsam wird — muß er wissen, daß er das Schwert in die Hand bekommen hat, (...) um es denen über den Nacken zu schlagen, die ihm nicht gehorchen wollen. Ich denke, es ist unzweideutig klar, daß wir das Führerprinzip im Staat nicht nur nicht ablehnen, sondern verlangen. Genauso unzweideutig klar soll aber auch sein, daß wir das Führerprinzip in der Kirche bis auf den letzten Blutstropfen bekämpfen werden. Die Kirche, die das Führerprinzip durchführt, ist nicht mehr Kirche, sondern ist zerstört als Gemeinschaft des Glaubens und der Liebe."

3. Die Verdrängung der Kirche aus sozialen Wirkungsfeldern

Jugendarbeit

Mit Erleichterung und Dankbarkeit, wie die evangelische Kirche insgesamt, begrüßten auch ihre Jugendverbände den Staat Adolf Hitlers. Für die Aufbauarbeit, die während der Weimarer Republik unter dem Konkurrenzdruck der politischen Jugendorganisationen geleistet worden war, erwartete man von der neuen Regierung Anerkennung und den Auftrag, gemeinsam mit der HJ die Erziehung der jungen Generation im christlich-nationalen Geist zu übernehmen. Daß dies in voller Eigenständigkeit und unter Wahrung des besonderen Charakters der kirchlichen Jugendverbände geschehen sollte, hielt man für selbstverständlich und — trotz erster Zusammenstöße mit der HJ auf unterer Ebene — nach den Zusagen Baldur von Schirachs auch für gesichert. Um die eigenen Interessen wirksamer vertreten zu können, schlossen sich die verschiedenen Jugendbünde Ende Juli/Anfang August 1933 zum Evangelischen Jugendwerk zusammen; die Schirmherrschaft trug man Ludwig Müller an.

Unterdessen versuchten die neuen Kirchenleitungen überall, die Jugendarbeit unter deutschchristliche Führung zu bekommen. In Bremen ging es um insgesamt 5437 Jugendliche, von denen die meisten den im Jungmänner- bzw. Jungmädchenwerk zusammengefaßten Vereinen (2079 bzw. 1504 Mitglieder) angehörten. Die an der Jugendbewegung orientierten Bünde „Bund Deutscher Bibelkreise", der vor allem an den Oberschulen wirkte, „Christliche Pfadfinderschaft" und „Bund Christdeutscher Jugend" zählten zusammen 1431 Jugendliche. Den Rest bildeten vor allem freikirchliche und soziale Jugendgruppen. Eine eigene Stellung nahm der CVJM ein, der in Bremen 1250 Mitglieder hatte. Beauftragter der BEK in Jugendfragen war Pastor Denkhaus, bis der neue Kirchenausschuß ihn am 30. August 1933 durch Pastor Rahm ersetzte. Rahm bemühte sich sofort beim Evangelischen Jugendwerk, die Landesjugendführung in seine Hand zu bekommen, erzielte jedoch nur einen halben Erfolg: Die Reichsleitung, um Kompromisse bemüht, ernannte Rahm zum Landesjugendführer und übergab ihm die Leitung der männlichen Jugend, Denkhaus wurde jedoch sein Stellvertreter und behielt die Leitung des Jungmädchenwerks.

Als Baldur von Schirach seine tatsächlichen Absichten zu erkennen gab und am 5. Oktober die Auflösung sämtlicher kirchlicher Jugendverbände und ihre unverzügliche Eingliederung in die HJ ankündigte, sah sich die evangelische Jugend fassungslos einem immer stärkeren Druck ausgesetzt: Der Geländesport wurde ausschließlich der HJ vorbehalten, Kluft, Abzeichen und Wimpel wurden verboten, Aufmarsch- und Versammlungsverbote behinderten immer häufiger die Aktivitäten der konfessionellen Jugendverbände, und wer sich nicht freiwillig zum Übertritt in die Parteijugend entschloß, hatte mit Nachteilen bei der Lehrstellen- und Arbeitssuche zu rechnen. Das Ziel war eindeutig: Der NS-Staat wollte sein Monopol auf die Prägung der jungen Generation durchsetzen und die kirchliche Jugend zu einer unattraktiven Randerscheinung ohne jeden sozialen Einfluß machen. Reichsbischof Müller, dem die Jugendführer im November 1933 in trügerischer Beistandshoffnung die „Befehlsgewalt über die kirchliche Jugend" verliehen hatten, war für Baldur von Schirach ein williger Verhandlungspartner. Mit dem Abkommen vom 19. Dezember 1933 wurden die evangelischen Jugendorganisationen in die HJ eingegliedert und vorbehaltlos gleichgeschaltet, ihre bisherigen Leiter sollten sofort entlassen werden. Das Reichskirchengesetz vom 2. März 1934 erlaubte die kirchliche Jugendarbeit nur noch als Bibelarbeit und ohne feste Organisation.

Die Empörung über diesen Willkürakt war groß und verdichtete sich in massiven Rücktrittsforderungen der anwachsenden Kirchenopposition gegen Ludwig Müller, obwohl dieser nur als Erfüllungsgehilfe des NS-Staates fungiert hatte.

Den deutschchristlichen Landesjugendpfarrern, die in Verbindung mit dem neu ernannten Reichsjugendpfarrer der DEK die Eingliederungsak-

In den Gemeinden der kirchlichen Opposition wurde die Jugendarbeit trotz wachsenden Drucks von Staat und Partei fortgeführt: Pastor D. Walter Jeep (Unser Lieben Frauen) mit seinem Mädchenkreis auf einer Freizeit, 1936 in Heidberg

tion durchführen sollten, blies der Wind ins Gesicht. Das Verhältnis zur HJ wurde jetzt noch angespannter. Der Bremer HJ-Oberbannführer Carl Jung trat demonstrativ aus der Kirche aus, in der HJ wurden kirchenfeindliche Tendenzen bewußt geschürt, und immer mehr Jugendliche kapitulierten vor der Mischung aus Anziehung und Repression, mit der die Parteijugend ihren ausschließlichen Machtanspruch behauptete. Die Legitimation der DC-Landesjugendpfarrer, die ja ebenfalls dem NS-Staat mit voller Hingabe dienen wollten, gegenüber der HJ wurde immer schwieriger.

Auf der anderen Seite gerieten die Landesjugendpfarrer in Bedrängnis, weil sie den Auftrag zur Eingliederung nicht durchsetzen konnten. Im März 1934 gehörten durchschnittlich nur 70 % der ehemaligen Mitglieder des Evangelischen Jugendwerks der HJ an. In Bremen hatten die Bünde und Verbände jeden Kontakt zu Landesjugendpfarrer Rahm abgeblockt. Viele Jugendorganisationen im ganzen Reich lösten sich demonstrativ selbst auf, um der Zwangsmitgliedschaft in der HJ zu entgehen, und forderten ihre Mitglieder auf, sich Gemeinden der kirchlichen Opposition anzuschließen, die ihre „schwarze" Weiterarbeit unterstützten.

Auch in Bremen suchte ein entschlossener Kern von Jungen und Mädchen einen neuen Anfang bei den bekenntnistreuen Gemeinden, die von jeher die aktivste Jugendarbeit betrieben hatten und nun die Träger der kirchlichen Opposition waren. In der Immanuelgemeinde, deren Pastor Denkhaus als früherer Landesführer der evangelischen Jugend großes Ansehen genoß, in Stephani und Liebfrauen, in der Hohentorsgemeinde und in der Friedenskirche fand die evangelische Jugend neue Sammelpunkte. Daß dies für die Beteiligten eine nicht ungefährliche Gratwanderung bedeutete, zeigte die Verhaftung von Pastor Wilken im Januar 1934: Unter anderem hatte er in einer Kanzelabkündigung die Jugendlichen aufgefordert, nicht in die HJ einzutreten. Auch engagierte Gemeindehelfer, die trotz der Verbote mit ihren Jugendlichen weiterhin Ausflüge und Zeltlager durchführten, bekamen immer wieder Schwierigkeiten mit der HJ und der Gestapo.

Wohlfahrtspflege

Wie im Falle der Jugendarbeit versuchte das NS-Regime auch die Wohlfahrtsarbeit der Kirche mit Hilfe der Deutschen Christen unter Kontrolle zu bringen und gleichzeitig durch die entsprechenden Parteiorganisationen zu verdrängen. Der Inneren Mission, die als Trägerin zahlreicher Krankenhäuser, Fürsorgeheime und anderer sozialer Einrichtungen die bedeutendste karitative Einrichtung im Deutschen Reich darstellte, stand als Konkurrenz die Nationalsozialistische Volkswohlfahrt (NSV) gegenüber. Zunächst wurde, wiederum mit Hilfe des ehrgeizigen Reichsbischofs, am 18. Oktober 1933 die Innere Mission in die DEK eingegliedert und unterstand fortan einer speziellen Abteilung im Geistlichen Ministerium. Der Direktor des Centralausschusses in Berlin wurde entlassen — D. Walter Jeep erhielt kurz darauf einen Ruf an die Bremer Liebfrauengemeinde — und wie weitere der leitenden Mitglieder durch Deutsche Christen ersetzt. Der Versuch, das Führerprinzip durchzusetzen, scheiterte jedoch an der föderativen Struktur der Inneren Mission mit ihren selbständigen Mitgliedsverbänden, die sich einer straffen Erfassung entzogen (auch deshalb, weil man als Konsequenz eine Auslieferung an die NSV befürchtete). Unter dem Druck einer wachsenden Gegnerschaft erklärte der deutschchristliche Präsident des Centralausschusses im Dezember 1934 seinen Rücktritt. Sein Nachfolger wurde Constantin Frick, Pastor der Liebfrauengemeinde und Leiter des Bremer Diakonissenhauses, der 1905—1916 Inspektor des bremischen Vereins für Innere Mission gewesen war. Dank seines Verhandlungsgeschicks blieben der Bestand der Inneren Mission und ihre Selbständigkeit erhalten.

War eine tatsächliche Gleichschaltung damit abgewehrt worden, so hatten sich die Landesverbände der Inneren Mission doch mit Behinderungen anderer Art auseinanderzusetzen. In Bremen lag die Geschäftsführung des Landesverbandes bei dem Verein für Innere Mission, der 1849 von einigen Kaufleuten und Senatoren unter persönlicher Anteilnahme von Johann Heinrich Wichern gegründet worden war. Anfang der dreißiger Jahre unterstanden der bremischen Inneren Mission mehr als dreißig verschiedene Einrichtungen (teilweise als eigene Gründungen und im Besitz des Vereins für Innere Mission): u.a. das Diakonissenkrankenhaus, mehrere Alters- und Pflegeheime, Heimstätten für Alleinstehende und Obdachlose, Fürsorgestellen für Reisende und Auswanderer, Tagesstätten für berufstätige Frauen und Mädchen, mehr als ein Dutzend Kindergärten und Erziehungsheime, vier Stadtmissionshäuser sowie Volksbüchereien und Lesestuben.

Im strenggläubigen Bürgertum wurde es traditionell als ehrenvolle Pflicht angesehen, im Verein für Innere Mission mitzuwirken und seine Arbeit durch Spenden zu unterstützen. Von direkten Eingriffen sahen sowohl der Wohlfahrtssenator und Kirchenpräsident Otto Heider als auch der spätere deutschchristliche Landesbischof Weidemann ab, denn hier handelte es sich um jene Kreise des gehobenen Bürgertums, die man für den NS-Staat gewinnen wollte. Deshalb gelang es der Bremer Inneren Mission auch bis in die Kriegsjahre, die Auslieferung von Kindergärten, Jugend- und Erholungsheimen an die NSV zu verhindern.

Die reichsweit anlaufende indirekte Verdrängungspolitik gegenüber der kirchlichen Wohlfahrtstätigkeit schlug jedoch auch in Bremen durch: die Übernahme des populären Winterhilfswerks durch die NSV, eine ungünstige Steuergesetzgebung oder das neue Sammlungsgesetz vom 5. November 1934, mit dem die Spendensammlungen der Inneren Mission stark eingeschränkt wurden. In dieselbe Richtung zielte die Anordnung Kirchenpräsident Heiders von 1934, daß die Zuschüsse aus der Zentralkasse der BEK „einstweilig zurückgestellt" würden. — Die Arbeit der kirchlichen Verbände sollte nur noch dort geduldet werden, „wo weltanschaulich nichts verdorben werden könnte", wie es in einer Denkschrift der NSV hieß, also bei den als unwichtig oder minderwertig angesehenen Bevölkerungsgruppen. Wo sich mit der Fürsorge aber eine Werbung für die nationalsozialistische „Volksgemeinschaft" verbinden ließ, behauptete die NSV ihren alleinigen Geltungsanspruch.

Literatur:
Barth, Theologische Existenz heute! (1933). — Denkhaus, Wahrheit (1933). — Stoevesandt, Zur kirchlichen Lage (1933). — Meier, Der ev. Kirchenkampf, Bd. 1 (1976). —

Scholder, Die Kirchen und das Dritte Reich, Bd. 1 (1977). — Heinonen, Anpassung und Identität (1978). — Bildungswerk (Hrsg.), „Wir sind in die Irre gegangen" (1984). — Meyer-Zollitsch, NS und ev. Kirche in Bremen (1985). — Schwarzwälder, Bremen in der NS-Zeit (1985). — Marßolek/Ott, Bremen (1986). — Meier, Reichskirche (1987). — Koch, Kirchenkampf in St. Stephani (1990). — Hansen, Wohlfahrtspolitik (1991).

V. Das Scheitern der Reichskirche und die Formierung der Bekennenden Kirche

1. *Massive Gleichschaltungspolitik: NS-Regierung und Deutsche Christen Hand in Hand*

Der außerordentliche Kirchentag der BEK am 24. Januar 1934

Die Tagesordnung für den außerordentlichen Kirchentag am 24. Januar 1934 sah zwei folgenreiche Gesetzentwürfe vor: Es war geplant, Weidemann den Titel Landesbischof zu verleihen und dem Kirchenausschuß eine Blankovollmacht zur Neuordnung der bremischen Kirchenverhältnisse zu erteilen. Eine Gruppe von fünf Gemeinden — Stephani, Liebfrauen, Pauli, Jakobi und die Friedenskirche (Teilgemeinde von Pastor Urban), die sich zum Bund bekenntnistreuer Gemeinden zusammenschlossen — verlangte daraufhin die Überprüfung durch den Vertrauensausschuß, da die Gesetzesvorhaben einen Eingriff in die Bekenntnis- und Verfassungsautonomie der Gemeinden darstellten. Außerdem bemühte man sich beim Reichsinnenministerium und beim Geistlichen Ministerium der DEK um Unterstützung.
Der Kirchentag am 24. Januar begann in gespannter Atmosphäre. Als der Vertrauensausschuß unter Vorsitz des ehemaligen Kirchenpräsidenten Quidde tatsächlich die Verhandlungen über die umstrittenen Gesetzesvorlagen für unzulässig erklärte und diese auf Antrag der Stephanigemeinde von der Tagesordnung abgesetzt werden sollten, kam es zum Eklat: Kirchenpräsident Heider erklärte unter Berufung auf eine angebliche Ermächtigung des Reichsbischofs die Organe der BEK und sämtliche Gemeindeordnungen für außer Kraft gesetzt; die verwaltenden Bauherren — mit Ausnahme derjenigen von Stephani und Martini, die er wegen ihrer Renitenz sofort absetzte — wurden zu weisungsgebundenen Gemeindeführern ernannt, der Kirchentag wurde aufgelöst und der Kirchenausschuß auf ein beratendes Gremium reduziert.
Damit verlor das bremische Kirchenwesen auf einen Schlag seine freiheitlichen Grundlagen. Die herkömmliche Gemeindeautonomie war durch

Der deutschchristliche Landesbischof Dr. Lic. Heinz Weidemann

Bürgermeister Otto Heider, vom 30. August 1933 bis 31. Oktober 1936 Präsident der BEK

das Führerprinzip ersetzt, das jede Gemeinde mit der nationalsozialistisch-deutschchristlichen Kirchenregierung und, durch die Person Senator Heiders, auch mit der NS-Landesregierung gleichschaltete. Auch ihre „Glaubens-, Gewissens- und Lehrfreiheit" sollte den Gemeinden durch massive Eingriffe Weidemanns, der kurz darauf von Heider zum Landesbischof ernannt wurde, in das Pfarrwahlrecht streitig gemacht werden. Der Stephani-Bauherr Nikolaus Freese und Pastor Gustav Wilken von der Liebfrauengemeinde, die wiederholt gegen die Gleichschaltungsbestrebungen protestiert hatten, wurden unmittelbar nach dem Kirchentag zur Abschreckung für einige Tage in Schutzhaft genommen.
Die scheinlegale Handhabe für diese in formaler Hinsicht perfekteste Gleichschaltung einer deutschen Landeskirche bot eine nachträgliche und keineswegs rechtswirksame Bevollmächtigung durch Reichsbischof Müller, der trotz wachsender Widerstände seine deutschchristliche Reichskirche realisieren wollte. Weder die Protesteingabe von zwölf Gemeinden an den Reichsbischof, darunter neben den neun „positiven" auch Martini, Remberti und Ansgarii, noch ein von der Liebfrauengemeinde in Auftrag gegebenes Rechtsgutachten des Leipziger Reichsgerichtsrates Wilhelm Flor, in dem die reichsbischöfliche Kompetenzüberschreitung eindeutig

festgestellt wurde, änderten etwas an dem „kirchlichen Ausnahmezustand" in Bremen.

Die „positiven" Gemeinden, die ihren Bekenntnisstand schon im 19. Jahrhundert gegenüber der liberal-etatistischen Politik des Senats verteidigt hatten, waren auch jetzt die ersten, die sich zur Wehr setzten. In bekenntnistreuen und intakten Gemeinden wie Liebfrauen und Immanuel traten die Gemeindekörperschaften weiterhin zusammen und wurden auch turnusgemäß neu gewählt. Die meisten anderen Gemeinden dagegen warteten erst einmal ab. Vielerorts kamen die Gemeindeorgane noch zusammen, aber seltener als früher, und mit der Zeit entstanden Lücken, weil keine Neuwahlen durchgeführt werden durften; eine gewisse Erlahmung trat ein.

Eingriffe in die Gemeinden: Stephani, Martini, Hohentor

Schwierigkeiten gab es dort, wo Pastoren und ihre Personalgemeinden sich zur kirchlichen Opposition hielten, die Kirchenregierung jedoch einen Gemeindeführer einsetzte, der ihre Anweisungen befolgte. Diese Situation herrschte in Stephani, nachdem der unerschrockene Bauherr Freese durch den Deutschen Christen Dr. med. Paul Thyssen ersetzt worden war. Thyssen trat jedoch schon nach zwei Monaten zurück, sein Nachfolger wurde Rechtsanwalt Dr. jur. Arend Tellmann, der zwar weder Partei- noch DC-Mitglied war, sich aber der Kirchenregierung zum Gehorsam verpflichtet fühlte. Daraus resultierte ein Dauerkonflikt, der das Gemeindeleben schwer belastete. Auch die Tochtergemeinden Wilhadi und Immanuel waren davon betroffen, denn Tellmanns Kompetenz als Gemeindeführer wurde auf sie ausgedehnt.

Daß die Gemeinden künftig in der Wahl ihrer Pastoren nicht mehr frei waren, bewiesen die Vorgänge in Martini und Hohentor. Die durch Pastor Feldens Entlassung vakant gewordene Martini-Pfarrstelle wollte Weidemann benutzen, um seinen Mitarbeiter Refer aus Rablinghausen an eine der prominenteren Altstadtgemeinden zu holen und gleichzeitig diese extrem freisinnige Gemeinde „umzudrehen". Refer unterlag bei der Abstimmung jedoch klar gegen den Kandidaten der Gemeinde, den sozial engagierten, pazifistisch eingestellten Pastor Adolf Richtmann. Erst nachdem Heider den verwaltenden Bauherrn der Martinigemeinde abgesetzt hatte, konnte Weidemann seinen Wunschkandidaten durchsetzen. Pastor Richtmann wurde statt dessen der „positiven" Hohentorsgemeinde aufgezwungen, obwohl die Gemeinde ihren Pastor Boche, der das Pensionsalter erreicht hatte, gerne weiter behalten wollte und sich gegen einen Liberalen als Nachfolger wehrte. Wieder wurde der verwaltende Bauherr bzw. Gemeindeführer durch einen gefügigen Deutschen Christen abgelöst, um die Pfarrstelle programmgemäß zu besetzen. Der doppelte Eingriff ließ viele Gemeindeglieder abwandern, zumal selbst der Kirchenchor aus kirchenpolitischen Gründen umgebildet wurde. Richtmann verdarb es sich vollends mit der Gemeinde, als er den Deutschen Christen beitrat, von denen er sich jedoch bald wieder distanzierte.

Unter dem Eindruck solcher Ereignisse ließen sich mehrere ältere Pastoren, die das Pensionsalter erreicht oder schon überschritten hatten, in den Ruhestand versetzen. Dies nutzte Weidemann wiederum für eine zielbewußte Personalpolitik, so daß Ende 1934 die Zahl der DC-Pastoren in der BEK durch Neuberufungen von auswärts auf 19 von insgesamt 53 bremischen Pastoren angestiegen war.

Kirchenfinanzen als Druckmittel

Eine wichtige Rolle zur Steuerung und Kontrolle der kirchlichen Aktivitäten spielten die Finanzen, die Kirchenpräsident Heider unter dem Vorwand notwendiger Sparmaßnahmen stark umstrukturierte. Um rund 30 % wurden die Beiträge zur kirchlichen Jugendarbeit gekürzt, die fortan der deutschchristliche Landesjugendpfarrer „nach Ermessen" den Gemeinden zuteilte. Um mehr als die Hälfte senkte Heider auch den Posten Wohlfahrtspflege. Hier machte sich erneut die Verdrängung der Kirche aus sozialen Wirkungsfeldern bemerkbar. Außerdem konnten die Gemeinden ihren Etat aus der Zentralkasse nicht mehr frei verwenden, sondern unterlagen einer Rechenschafts- und Genehmigungspflicht. Während hier der finanzielle Spielraum empfindlich eingeengt wurde, flossen die Zuschüsse für die deutschchristliche Propagandaarbeit reichlich, u. a. in einen großzügigen Dispositionsfonds für den Landesbischof und in Sonderzuschüsse für deutschchristliche „Kampfgemeinden" in den Arbeitervierteln.

Eingliederung der BEK in die Reichskirche

Unterdessen wurde die Gleichschaltung der evangelischen Landeskirchen verwirklicht, indem Reichsbischof Müller durch seinen „Rechtswalter" August Jäger, der bereits 1933 als Staatskommissar für die preußischen Kirchen eine unrühmliche Rolle gespielt hatte, und mit Hilfe der DC-Mehrheiten in den Synoden die Übertragung der vollständigen Gesetzgebungs- und Entscheidungsgewalt außer in Fragen von Bekenntnis und Kultus auf den Reichsbischof durchsetzen ließ. Damit wurde die Verfassung der DEK durch die tatsächliche kirchenpolitische Entwick-

lung überrollt. In Bremen wurde der Kirchentag, seit dem 24. Januar entmachtet, gar nicht mehr gefragt, sondern Senator Heider erließ das entsprechende Landeskirchengesetz per Verordnung. Im Zusammenhang mit dem Eingliederungsgesetz wurde von der DEK auch die Bildung einer neuen Landessynode verfügt, die teils ernannt, teils von den Gemeindeführern gewählt werden sollte. Dieser Alibi-Kirchentag trat nur ein einziges Mal zusammen und blieb ohne jede Bedeutung.
Die Eingliederung der BEK in die Reichskirche, am 15. Juni 1934 mit einem Festakt im Konventsaal der Börse feierlich vollzogen, und die Einführung von Weidemann als Bremer Landesbischof durch Reichsbischof Müller festigten zugleich den Machtanspruch der neuen Kirchenregierung. Doch in den „positiven" Gemeinden formierte sich bereits eine aktive Bekenntnisopposition genau wie in den anderen deutschen Landeskirchen, wo sich im Sommer 1934 unter dem Druck der deutschchristlichen Gleichschaltungswelle überall die bekenntnistreuen Kräfte sammelten.

2. *Die Synode von Barmen am 30./31. Mai 1934 und ihre Wirkung*

Die Konfrontation mit dem Totalitätsanspruch des Nationalsozialismus war eine Herausforderung an die Kirche, sich reflektierend und handelnd ihrer eigenen Grundlagen zu vergewissern. Der Prozeß der autonomen Kirchengestaltung, mit dem Wegfall des landesherrlichen Summepiskopats 1918 in Gang gesetzt, erfuhr jetzt eine Intensivierung. Freie Synoden traten in mehreren Landeskirchen zusammen und brachten eine Vielzahl von Bekenntnissen und grundsätzlichen Erklärungen hervor. Aufbruchstimmung und ein bewegendes Gemeinschaftserlebnis über traditionelle Konfessionsunterschiede hinweg charakterisierten auch die erste nationale Bekenntnissynode, zu der sich am 30. und 31. Mai 1934 in der Kirche von Barmen-Gemarke 139 Theologen, Pastoren und Älteste aus 18 Landeskirchen versammelten. Die unter Federführung von Karl Barth formulierten sechs Thesen der „Theologischen Erklärung zur gegenwärtigen Lage der Deutschen Evangelischen Kirche" setzten einen Markstein für Theologie und Kirche des 20. Jahrhunderts.
Jeder Abschnitt besteht aus Bibelspruch, These und Antithese. Mit dem Bekenntnis zum Wort Gottes als alleiniger Quelle der Offenbarung wird in These 1 eine prinzipielle Absage an alle Geschichtstheologie und politische Theologie ausgesprochen. In These 2 wird der oberste Anspruch Jesu Christi auf das Leben und Handeln jedes einzelnen bekräftigt, zugleich als „Befreiung aus den gottlosen Bindungen dieser Welt zu freiem dankbarem Dienst an seinen Geschöpfen". Auch die Kirche ist nach These 3 nur dann Kirche, wenn sie sich in allem allein an der Weisung

Jesu Christi ausrichtet. Keinesfalls darf sie sich „dem Wechsel der jeweils herrschenden weltanschaulichen und politischen Überzeugung" überlassen. Dies gilt nach These 4 auch für die Ordnung der Kirche, die allein aus dem Dienst an Gottes Wort erwachsen soll. Dem Führerprinzip wird hier die lebendige, brüderliche Gemeinde entgegengestellt.
Die größte Brisanz für das Verhältnis von Kirche und Staat aber liegt in der 5. These. Sie wendet sich nachdrücklich gegen eine Vergöttlichung des Staates wie gegen eine Verstaatlichung der Kirche. Im Staat wird Gottes Einrichtung dankbar anerkannt, aber zugleich nimmt die Kirche in Anspruch, „an Gottes Reich, an Gottes Gebot und Gerechtigkeit und damit an die Verantwortung der Regierenden und der Regierten" zu erinnern. Dem Staat wird ausdrücklich abgesprochen, „über seinen besonderen Auftrag hinaus die einzige und totale Ordnung menschlichen Lebens" zu werden. Hier distanzierte sich die evangelische Kirche von ihren eigenen staatsverklärenden Traditionen und entdeckte mit dem „Wächteramt" erstmals ein Stück politischer Mündigkeit. In These 6 wird die Verbindlichkeit dieser Wahrheiten und Verwerfungen als Grundlage der DEK nochmals bekräftigt und dazu aufgefordert, auf diese „Grundlage" zurückzukehren.
Die Barmer Erklärung, die den totalen Machtanspruch des NS-Staates indirekt ansprach und von der Schrift her zurückwies, bedeutete das Maximum an kritischer Distanznahme, das von der evangelischen Kirche zu diesem Zeitpunkt geleistet werden konnte. Politisch stand die übergroße Mehrheit nach wie vor hinter dem Führerstaat. Tatsächlich wollte die Synode in ihrem Selbstverständnis „nur" gegen die bekenntnisverfälschende Vermischung kirchlicher und politisch-ideologischer Ansprüche protestieren. Dabei wurde der Hauptgegner immer noch in den Deutschen Christen gesehen. Die grundsätzliche Ausklammerung des Politischen, die der Bekennenden Kirche eine verhängnisvolle Hypothek ungelöster Widersprüche auf den Weg gab, trug ihr beim NS-Staat keineswegs mildernde Umstände ein. Die Verweigerung vor dem nationalsozialistischen Totalitätsanspruch, mochte sie auch ausschließlich auf die Kirche bezogen und theologisch begründet sein, bildete per se ein höchst provozierendes Politikum, das seine Eigendynamik gegen den Willen der Bekennenden Kirche entfaltete. Spätestens seit Barmen gehörte die Kirchenopposition für Regierung und Partei in die Sparte der Staatsfeinde.

Gründung und Aufbau der Bremer Bekenntnisgemeinschaft

Mit der Bekenntnissynode und der Wahl eines Reichsbruderrates wurde in Barmen der organisatorische Rahmen für die Sammlung der Bekennt-

Im Kontor des zweiten Vorsitzenden, des Kaufmanns Dr. Gustav Meyer (Stephani), wurde die Geschäftsstelle der Bremer Bekenntnisgemeinschaft eingerichtet. Den Vorsitz der Bremer Bekenntnisgemeinschaft übernahm der Arzt und Liebfrauen-Bauherr Dr. Karl Stoevesandt (rechts)

niskräfte geschaffen. Ausfüllen mußten ihn nun die Bekenntnisgemeinschaften in den Landeskirchen. Im Auftrag des Pfarrernotbundes hatte Stephani-Pastor Greiffenhagen an der Barmer Synode teilgenommen — ein prägendes Erlebnis für den jungen Pfarrer. Wenige Tage nach Barmen, am 4. Juni, wurde eine übergemeindliche Versammlung im Liebfrauengemeindehaus an der Kohlhökerstraße einberufen, auf der als Hauptpunkt Greiffenhagen von der Bekenntnissynode berichten sollte. Da Kirchenpräsident Heider kurzfristig die öffentliche Diskussion über kirchenpolitische Fragen verboten hatte, zog man zu diesem Punkt der Tagesordnung in das nahegelegene Privathaus von Liebfrauen-Bauherr Stoevesandt. Vor etwa 200 Zuhörern erläuterte Greiffenhagen die Thesen und die Entschließungen, an die er für die bremische Kirche die Forderung nach dem Rücktritt Weidemanns und der Wiederherstellung der Gemeindeordnungen knüpfte. Die meisten der Anwesenden trugen sich noch am selben Abend in die Listen ein: Die Bremer Bekenntnisgemeinschaft war gegründet.

Kurz darauf wurde formlos ein Landesbruderrat gebildet, dessen Vorsitz nach bremischer Tradition ein Laie führte, der Liebfrauen-Bauherr Stoevesandt. Weitere Gründungsmitglieder des Bruderrates waren Kaufmann

Dr. Gustav Meyer (Stephani) als zweiter Vorsitzender, Kaufmann Albert Bote (Unser Lieben Frauen) als Rechnungsführer, Studienrätin Magdalene Thimme (Stephani), Rechtsanwalt Ferdinand Donandt (Unser Lieben Frauen) sowie die Pastoren Arlt (Wilhadi), Denkhaus (Immanuel), Greiffenhagen (Stephani), Groscurth (im Ruhestand, früher Unser Lieben Frauen), Kramer (Zion), Piersig (Pauli), Rosenboom (Stephani), von Schwanenflügel (Hilfsprediger der BEK für Vertretungen), Urban (Friedenskirche) und Wilken (Unser Lieben Frauen), ferner der Huchtinger Pastor Wessels als Einzelmitglied. Die Zusammensetzung des Landesbruderrates änderte sich in den folgenden Jahren verschiedentlich: Die beteiligten Bekenntnisgemeinden entsandten weitere Laienvertreter, andererseits schieden Mitglieder aufgrund von kirchenpolitischen Meinungsunterschieden aus.

Am 11. Juni trat die Bekenntnisgemeinschaft zum ersten Mal an die Öffentlichkeit. Pastor Friedrich Graeber aus Essen, Mitglied des rheinischen Bruderrates, sprach auf einer Kundgebung vor über 2000 Zuhörern über Sinn und Ziele der Bekennenden Kirche und rief zum Beitritt auf. Die Mitgliedslisten füllten sich rasch. Rund 2400 Mitglieder zählte die Bekenntnisgemeinschaft nach eigenen Angaben im Jahr ihrer Gründung. Auch Kirchenglieder, die bisher eher zum äußeren Kreis ihrer Gemeinden gehört hatten, traten nun an Stoevesandt heran und baten, von den Gottesdiensten und Veranstaltungen der Bekenntnisgemeinschaft benachrichtigt zu werden.

Im Kontor des Kaufmanns Dr. Gustav Meyer, der dem Gemeindevorstand und der Diakonie von Stephani angehörte, wurde eine Geschäftsstelle eingerichtet, in der die Fäden zu den Bekenntnisgemeinden und -kreisen zusammenliefen, die sich in neun Kirchengemeinden bildeten: in Liebfrauen und in der Friedenskirche, in Stephani, Wilhadi und Immanuel, in Pauli, Zion, Hohentor und Jakobi, also in denjenigen Gemeinden, die von jeher die schrift- und bekenntnisorientierte Fraktion im liberalen Bremen gebildet hatten. In Immanuel und Zion waren es die Gemeindepastoren, Denkhaus bzw. Kramer, die die bekennende Gemeinde sammelten; in Liebfrauen mit Wilken, in Wilhadi mit Arlt, in Pauli mit Piersig und in der Friedensgemeinde mit Pastor Urban jeweils einer der beiden Pastoren, die an diesen Kirchengemeinden amtierten. In Stephani gehörten sogar beide Pastoren, Greiffenhagen und Rosenboom, zur Bekenntnisgemeinschaft. In Hohentor und Jakobi dagegen, wo ein deutschchristlicher bzw. ein neutraler Pastor amtierten, fanden sich selbständig kleinere Kreise zusammen, die sich dann mit Pauli und Zion zur Bekenntnisgemeinde Neustadt zusammenschlossen und auch zwei Vertreter in den Landesbruderrat entsandten.

An den bekennenden Gemeinden waren Frauen von Anfang an aktiver beteiligt als es ihnen sonst im Kirchenleben möglich war. Rund die Hälfte der bremischen Stadtgemeinden gewährte Frauen keinen Zugang zum Konvent. 1937 wurde auf einem Konvent der Bremerhavener Kreuzkirche die Zulassung von weiblichen Mitgliedern mit der Begründung abgelehnt, die Frauen seien zu schade, um sie mit solchen unangenehmen Dingen zu belasten. Anders in den Bekenntnisgemeinden, die nicht auf althergebrachten Ordnungen beruhten, sondern auf immer neu zu erringenden Glaubensentscheidungen von aktiven Gemeindegliedern, für die Bibel und Bekenntnis einziger Maßstab waren. Hier wurden Frauen auch in Gemeindebruderräte und in den Landesbruderrat gewählt. In der Personalgemeinde von Pastor Greiffenhagen an Stephani, wo ein Kreis sehr engagierter Frauen eine dominierende Rolle spielte, gab es ab 1935 einen Frauenbeirat. Und für den Fall einer Verhaftung Pastor Greiffenhagens beschloß der Stephani-Bruderrat sogar, der Studienrätin Magdalene Thimme die Vertretung der Pfarrstelle zu übertragen.

In allen Bekenntnisgemeinden fanden, entsprechend den Barmer Beschlüssen zur praktischen Arbeit der Bekennenden Kirche, regelmäßig Zusammenkünfte zur Bibelarbeit und zur Information über die kirchlichen Ereignisse statt. Besonders in Stephani wurde auf die theologische Schulung Wert gelegt. In 1800 Häuser ging der Rundbrief, den Stoevesandt und Meyer monatlich im Auftrag des Bruderrates verfaßten: zur geistlichen Rüstung — Bibeltext und kurze Auslegung auf der Linie der Theologie Karl Barths — und als Nachrichtenorgan. Darin wurden Neuigkeiten zur kirchenpolitischen Lage im Reich mitgeteilt sowie Erklärungen und Synodenbeschlüsse anderer Bekenntnisgemeinschaften, die dann in den einzelnen Gemeinden durchgesprochen wurden. Etwa einmal im Monat fanden im Liebfrauen-Gemeindehaus übergemeindliche Zusammenkünfte statt, öfter mit Gästen aus anderen Landeskirchen oder aus dem Reichsbruderrat.

Daneben wirkte die Bekenntnisgemeinschaft in der kirchlichen Öffentlichkeit vor allem durch ihre gemeinsamen Gottesdienste, die ein- bis zweimal monatlich am Sonnabendabend in der Liebfrauenkirche stattfanden. Zu einem großartigen Ereignis wurde die Gastpredigt Karl Barths am 24. November 1934 in der bis auf den letzten Winkel gefüllten Kirche. Landesbischof Weidemann, der sich über alle Bekenntnisgottesdienste durch Gestapo-Spitzel genauestens informieren ließ, hatte nicht gewagt, durch ein Kanzelverbot für den berühmten Theologen die Bekenntnisopposition noch stärker ins Licht der Öffentlichkeit zu rücken. Einige Wochen zuvor hatte ein Predigtverbot für den niedersächsischen Landesbischof Marahrens, der sich wie die Landesbischöfe von Württemberg und

**Bekennende Gemeinde
Bremen**
Konto: Sparkasse Bremen Nr. 8158
unter Dr. Gustav Meyer

Bremen, den 6. Juli 1934
Hohestraße 2

Herrn/Frau/Fräulein ....

Wir empfingen Ihre unterschriftliche Anmeldung zur „Bekennenden Gemeinde Bremen", die Sie nach Kenntnisnahme von den Grundsätzen der „Bekenntnissynode der Deutschen Evangelischen Kirche" ausgefüllt haben. Sie wollen damit nun mittragen an unserer Aufgabe: allein auf dem Grunde der Heiligen Schrift als der Offenbarung Gottes durch Jesum Christum uns verantwortlich zu wissen für die reine und lautere Verkündigung Seines Evangeliums, und allein auf diesem Grunde Seine Kirche zu bauen.

Damit ist gleichzeitig gesagt, daß wir keine kirchenpolitische Partei sind und daß politische Reaktionäre gegen die weltliche Obrigkeit, die uns verordnet ist, in unseren Reihen nichts zu suchen haben.

Die Sammlung der „Bekennenden Gemeinde" erfolgt innerhalb der bremischen Gemeinden und bedeutet keinen Kirchenaustritt. Bis in den neuen Sprengeln der bremischen Gemeinden aufgerufen wird, entweder durch den bisherigen Kirchenvorstand oder durch Gemeindeglieder, trägt der unterzeichnete vorbereitende Bruderrat die Arbeit und die Verantwortung. Er bittet Sie um treue Fürbitte für diese Arbeit und um strengste Prüfung aller seiner Schritte, daß er unter der Schrift bleibe.

Einstweilen senden wir Ihnen in der Anlage eine Erklärung des Herrn Pastor Denkhaus, an der sehr deutlich wird, welche Schwierigkeiten sich für einen verordneten Diener am Wort aus der gegenwärtigen Lage ergeben. Es wird aber ebenso deutlich daran, daß dieses Anliegen auch das der Gemeinden und jedes einzelnen Gemeindegliedes sein muß.

Die Arbeit der „Bekennenden Gemeinde" erfordert seitens ihrer Glieder auch eine Förderung durch finanzielle Unterstützung. Spenden werden auf obiges Konto erbeten. Erwünscht ist nach bestem Können ein regelmäßiger, vielleicht monatlicher Beitrag, der auf Wunsch abgeholt wird.

Unsere Hoffnung aber steht bei Dem, der überschwenglich tun kann, über alles Bitten und Verstehen, nach der Kraft, die in uns wirkt, dem sei Ehre in der Gemeinde, die in Christo Jesu ist zu aller Zeit von Ewigkeit zu Ewigkeit.

In treuer Verbundenheit
Der vorbereitende Bruderrat
i. A.:
gez. Dr. Stoevesandt, gez. Dr. Meyer

Die Bekenntnisgemeinschaft wollte keine kirchenpolitische Partei und auch keine Freikirche sein, wie in diesem Schreiben des Landesbruderrates an neu beigetretene Mitglieder unterstrichen wird

Bayern, Wurm und Meiser, erfolgreich der Gleichschaltung widersetzte, unprogrammgemäß zu einer Art friedlichen Demonstration vor den Kirchentüren von Liebfrauen geführt. Weidemann versuchte seine Irritation über die öffentlichen Erfolge der Bekenntnisgemeinschaft durch eifrige Gegenpropaganda zu überspielen; aber hier wurde eine Gegenstimme laut, die durch Kanzel- und Saalverbote allein nicht zum Schweigen zu bringen war.

Die besondere Struktur der Bekenntnisgemeinschaft

Tatsächlich sollten der Bekenntnisgemeinschaft ihre größten Probleme von innen erwachsen. Die besondere Bremer Kirchentradition drückte ihr von Anfang an ihren Stempel auf. Die Bekenntnisopposition trat theologisch im Zeichen von Barmen, kirchenrechtlich jedoch auf dem Boden der liberalen Kirchenverfassung von 1920 an, deren erster Grundsatz die „Glaubens-, Gewissens- und Lehrfreiheit" der Gemeinden war. Diese herkömmliche Gemeindeautonomie mußte und wollte man respektieren. Ein engerer Zusammenschluß auf der Grundlage einer eigenen, bekenntnisbestimmten Ordnung wurde zwar anfangs als Fernziel ins Auge gefaßt; gegründet aber wurde die Bekenntnisgemeinschaft als Föderation unabhängiger Einzelgemeinden, deren Pastoren und Laienvertreter selbstverständlich das Recht auf eigenständige Entscheidungen geltend machten. Solche Allianzen hatte es schon früher gegeben als gemeinsame Abwehr der „positiven" Gemeinden gegen den theologischen Liberalismus. Tatsächlich sahen sich die Bekenntnisgemeinden in ihrer Abwehr gegen die Deutschen Christen und deren staatlich unterstützten Machtanspruch in dieser Kontinuität: Der nationalsozialistisch-deutschchristliche Zugriff auf die Kirche wurde in erster Linie als versuchte Machtergreifung jener liberaltheologischen „Häresie" angesehen, die man von jeher bekämpft hatte. Der selbstbewußte Independentismus, den die einzelnen „positiven" Gemeinden dabei entwickelt hatten, wirkte auch in den Kirchenkampf hinein und prägte die Bekenntnisgemeinschaft.

Im Unterschied zu anderen Landeskirchen erhielt der Bremer Landesbruderrat nie die Kompetenz einer Kirchenleitung, sondern blieb ein Gremium für Meinungsbildung und Information sowie zur Planung der gemeinsamen Veranstaltungen. In kirchlich-theologischen Grundsatzfragen zeigte sich die Bereitschaft zur Gemeinsamkeit jedoch schon bald geringer als erwartet. Die besondere Struktur legte von Anfang an die Ausbildung verschiedener Richtungen innerhalb der Bremer Bekenntnisgemeinschaft nahe.

Die entschiedenste Position vertrat der selbstbewußte Stephani-Pastor Greiffenhagen. Er war der Kirchenregierung schon lange ein Dorn im Auge und wurde daher am 7. Juni 1934 „zur Aufrechterhaltung der Ordnung und damit des Bestandes der Bremischen Evangelischen Kirche" unter Androhung eines Disziplinarverfahrens suspendiert. Greiffenhagen und seine Personalgemeinde ließen sich jedoch nicht einschüchtern. Bestärkt durch verschiedene Solidaritätserklärungen, zogen sie zu Gottesdiensten, Bibelkreisen und regelmäßigen Gemeindezusammenkünften in den Saal des „Bundes für Entschiedenes Christentum". Taufen und Trau-

Die Studienrätinnen Magdalene Thimme (links) und Elisabeth Forck zählten zu den aktivsten Mitgliedern von Pastor Greiffenhagens Bekenntnisgemeinde in Stephani

ungen wurden in der Wohnung eines Bauherrn gefeiert. Zu Greiffenhagens Gemeinde gehörten nicht nur alteingesessene Stephaniglieder, sondern auch ein Kreis besonders aktiver und theologisch gebildeter Lehrerinnen und Studienrätinnen, die Greiffenhagen als anspruchsvoller Prediger angezogen hatte. Bis im Dezember 1934 die Suspendierung ohne Begründung wieder aufgehoben wurde, war diese Gemeinde im Exil zu einer besonders entschiedenen Bekenntnisgemeinde zusammengewachsen, die bereits die praktische Scheidung von nationalsozialistisch-deutschchristlichen Kirchenregiment vollzogen hatte. Diese Erfahrung wurde für Greiffenhagens weitere theologische und kirchenpolitische Haltung sehr bedeutsam.

3. *Die Dahlemer Synode am 19./20. Oktober 1934: Alleinvertretungsanspruch der Bekennenden Kirche*

Währenddessen hatte sich die kirchenpolitische Lage im Reich dramatisch verschärft. Offene Gewaltmaßnahmen des DEK-Rechtswalters Jäger gegen die noch intakten Landeskirchen Württemberg und Bayern und ihre Bekenntnisbischöfe Wurm und Meiser führten zur eiligen Einberufung einer zweiten Reichsbekenntnissynode am 19. und 20. Oktober in Martin Niemöllers Gemeinde Berlin-Dahlem. Die akute Bedrohung der Gemeinden durch ein staatlich gebundenes Kirchenregiment veranlaßte die Delegierten zu einer außergewöhnlichen Entschiedenheit: Da die Reichskirchenregierung den Boden von Recht und Verfassung verlassen habe, nahm die Bekennende Kirche für sich das „kirchliche Notrecht" in Anspruch, fortan mit ihren eigenen Organen die Leitung der DEK zu übernehmen. Alle Pastoren und Gemeinden wurden aufgefordert, jede Zusammenarbeit mit den deutschchristlichen Kirchenbehörden und darüber hinaus mit allen denjenigen abzubrechen, die sich nicht ausdrücklich hinter die Bekennende Kirche als die einzig wahre Kirche stellten.

Diese Dahlemer Beschlüsse stellten theologisch und kircheninstitutionell einen Sprengsatz dar. Das wurde deutlich, als sich kurz darauf die Lage erneut änderte: Aus außenpolitischen Rücksichten sah sich Hitler zum Eingreifen veranlaßt, Jäger mußte zurücktreten, und die beiden süddeutschen Bischöfe wurden offiziell rehabilitiert. Daraufhin kapitulierte Reichsbischof Müller und widerrief am 30. November sämtliche Eingliederungsgesetze; die Reichskirche war gescheitert.

Nach diesem scheinbaren Erfolg wandte sich die Mehrheit des Reichsbruderrates der konservativen, eher auf Kirchenerhalt als auf Kirchenerneuerung ausgerichteten Haltung der lutherischen Bischöfe zu und wollte die Bekennende Kirche als Sammlungsbewegung ohne den kirchenrechtlichen Totalitätsanspruch der Dahlemer Synode fortsetzen. Man hoffte sogar, der NS-Staat werde die von Bischof Marahrens gebildete „Vorläufige Leitung der Deutschen Evangelischen Kirche" anerkennen. Solche Tendenzen lehnte der Barth-Niemöller-Flügel dagegen strikt ab und insistierte auf der unverkürzten Dahlemer Erklärung einschließlich des von Anfang an umstrittenen Separationsbeschlusses.

Richtungsstreit in der Bremer Bekenntnisgemeinschaft

Die Kontroversen im Reichsbruderrat setzten sich in den Landesbruderräten und den bekennenden Gemeinden fort. Auch in der Bremer Bekenntnisgemeinschaft gingen die Meinungen auseinander. Die klarste Haltung konnte die Immanuelgemeinde praktizieren. Sie hatte sich bereits im September 1934 durch Beschluß der Gemeindeversammlung insgesamt zur „Bekennenden Gemeinde Immanuel" erklärt und nahm von Heider und Weidemann keine Weisungen mehr entgegen. Diese Einmütigkeit war insbesondere das Werk von Pastor Denkhaus. Er hatte schon kurz nach der

Pastor Friedrich Denkhaus (Immanuel) mit seiner Familie und im Kreis von Gemeindemitgliedern bei einer Andacht im Freien

Gleichschaltungsaktion erklärt, daß er „die Entmündigung der Gemeinden durch das mit Gewalt eingerichtete Führerprinzip" nicht mit seinem Ordinationseid vereinbaren könne und daher dieser Kirchenregierung den Gehorsam verweigern müsse. Denkhaus war ein entschiedener Reformierter, eine Kämpfernatur, aber zugleich war er immer auf die brüderliche Einheit seiner Gemeinde bedacht. Nicht auf kirchenpolitische Demonstrationen, sondern auf das gemeinsame Standhalten in der Kraft des Bibelwortes kam es ihm an. Das rege Gemeindeleben und der geradezu familiäre Zusammenhalt nahmen in diesen Jahren noch zu. Daß in Immanuel, in deren Stadtteil die SPD noch im März 1933 die absolute Mehrheit besaß, nicht mit „Heil Hitler" gegrüßt wurde, war bekannt. Und viele Gemeindeglieder mochten aus Denkhaus' unerschrockenen, packenden Predigten mehr heraushören als den Aufruf, der deutschchristlichen „Unkirche" und der widerchristlichen Rasseideologie zu widerstehen. Aber Denkhaus war sich bewußt, daß der Weg der Immanuelgemeinde nicht unbesehen übertragbar war.

Auch in Liebfrauen waren Leitung und Gremien der Gemeinde intakt und hatten das Kirchenregiment Heiders und Weidemanns einmütig als rechtswidrig abgelehnt. Der Gemeindevorstand war darauf bedacht, keinen Vorwand für einen Eingriff zu bieten und jede Uneinigkeit nach außen zu vermeiden. Die juristische Argumentation stand deshalb im Vordergrund. Aber manche Initiativen der Bekenntnisgemeinde wurden auch von der Gesamtgemeinde mitgetragen, und die Pastoren Wilken (BG), Frick und Jeep waren sich in ihrer Ablehnung der Deutschen Christen einig. Aufgrund dieses Grundkonsenses sah Bauherr Stoevesandt keine Veranlassung, auf eine förmliche Abtrennung der bekennenden Gemeinde hinzuwirken.

Auch die kleineren Bekenntnisgemeinden nahmen eine pragmatische Haltung zu den Dahlemer Beschlüssen ein. In der Tradition der schriftorientierten Gemeinden verbanden sie mit dem Bekenntnis zum Evangelium vor allem eine volksmissionarische Aufgabe. Gerade in der Friedenskirche, in Pauli und Wilhadi, wo neben den Bekenntnispastoren deutschchristliche bzw. neutrale Pfarrer amtierten, stellte sich diese Aufgabe ganz direkt. Zum Bruch mit ihren Kirchengemeinden, der sie zu einem ohnmächtigen Sektendasein verurteilt hätte, waren die Bekenntnisgemeinden deshalb nicht bereit. Dabei spielte auch ein lutherisch geprägter Vorbehalt gegen die unmittelbare Ableitung kirchenpolitischer Rechtsansprüche aus dem Bekenntnis hinein.

Für Pastor Greiffenhagen und seine Personalgemeinde, die für die rigorose Barth-Niemöller-Linie eintraten, zählten indes solche Argumente nicht. Beide Stephani-Pastoren stellten sich mit der bekennenden Gemeinde hinter die Dahlemer Erklärung; der gewählte Bruderrat, in dem Greiffenhagens engerer Kreis das Übergewicht besaß, lehnte fortan jede Zusammenarbeit mit dem Gemeindeführer und der Landeskirchenregierung ab. Aber Greiffenhagens weitergehende Forderungen, die Leitung der Gesamtgemeinde einschließlich der Vermögensverwaltung zu übernehmen, wollte Pastor Rosenboom keineswegs teilen. Der dreizehn Jahre ältere Rosenboom, der sich als Pastor primarius für die gesamte Gemeinde verantwortlich fühlte und möglichst eine Polarisierung vermeiden wollte, sah solch einen umfassenden Machtanspruch der Bekenntnisgemeinde als ungerechtfertigt und unrealistisch an. Während für Rosenboom die Bekennende Kirche immer noch Volkskirche bleiben sollte, argumentierte Greiffenhagen von einem Begriff der *ecclesia pura* her, der von Irrlehren reinen Idealkirche.

Diesen Standpunkt vertrat Greiffenhagen auch im Landesbruderrat mit aller Vehemenz und nicht selten mit persönlicher Schärfe. Immer wieder ging es um die praktische Verwirklichung der Dahlemer Beschlüsse. Im Oktober 1934 war Kirchenpräsident Heider zum Nachfolger von Bürgermeister Markert ernannt worden, der wegen Meinungsverschiedenheiten mit Gauleiter Röver zurückgetreten war. Mit Heider glaubte Röver einen willfährigen Mann an die Spitze der bremischen Politik gesetzt zu haben. Die neue Kirchenverfassung, die Heider kurz vor Weihnachten als Entwurf an die Gemeinden verschickte, sollte Führerprinzip und Gleichschaltung in der BEK unwiderruflich festschreiben.

Erste Bremische Bekenntnissynode am 4. Februar 1935

Da die Debatten im Landesbruderrat nicht weiterführten, rief man am 4. Februar 1935 die Erste Bremische Bekenntnissynode zusammen. Die Vorlage dazu hatten Pastor Greiffenhagen und die Studienrätin Magdalene Thimme erarbeitet. Darin wurde nach Dahlemer Vorbild der Anspruch erhoben, die rechtmäßige evangelische Kirche in Bremen zu vertreten. In Übereinstimmung mit der DEK-Verfassung und der Barmer Erklärung wurde bekräftigt, daß alle Verkündigung und Ordnung in der Kirche allein an das Evangelium und die Bekenntnisse der Reformation gebunden seien. Das Regiment des Reichsbischofs und alle Maßnahmen in der bremischen Kirche seit dem 24. Januar 1934 wurden dementsprechend als Unrecht und Gewalt verurteilt. Ein Anspruch auf die Leitung der BEK war damit allerdings nicht verbunden, denn die Bekenntnisgemeinschaft berief sich erneut auf die Kirchenverfassung von 1920 und forderte die Selbstbestimmungsrechte der Gemeinden zurück. Offen blieb aber nach wie vor, wie der Dahlemer Separationsbeschluß konkret ausgelegt werden sollte und ob etwa auch die neutralen Gemeindevorstände und Pastoren als kirchliche Gegner anzusehen waren.

Weitere Differenzen im Bruderrat

Die Differenzen innerhalb der Bekenntnisgemeinschaft wurden durch die Synode nicht beigelegt, sondern spitzten sich durch mehrere Ereignisse im Frühjahr 1935 weiter zu. Das erste betraf die Erklärung der preußischen Bekenntnissynode gegen das Neuheidentum Rosenbergscher Prägung. Nach der Abkündigung am 17. März wurden über 700 Bekenntnispastoren, größtenteils in Preußen, verhaftet. Im Bremer Landesbruderrat hatte man sich nicht zur Abkündigung entschließen können. Ein starker lutherischer Einschlag und die Tatsache, daß mit Ausnahme von Denkhaus und Greiffenhagen alle Bekenntnispastoren der älteren Generation angehörten, ließen vor dem Widerstand gegen das Abkündigungsverbot des Reichsinnenministers zurückschrecken. Selbst mit seinem Antrag, am folgenden Sonntag die verhafteten Pastoren ins Fürbittegebet einzuschließen, stand Pastor Greiffenhagen allein. Erst als die Botschaft, mit einem entschärfenden Zusatz, doch freigegeben wurde, veröffentlichte der Landesbruderrat sie in einem Rundbrief. Daraufhin wurden Stoevesandt und Meyer als die Unterzeichner für zwölf Tage bzw. dreieinhalb Wochen in Schutzhaft genommen. Kurz danach verhaftete die Gestapo auch Pastor Greiffenhagen für einige Tage: Er hatte einem SA-Mann, der getraut zu werden wünschte, jedoch im Gespräch die Gültigkeit des Alten Testaments für den modernen Menschen abgelehnt hatte, das erforderliche Dimissoriale an einen DC-Pastor verweigert, weil er damit die DC-Kirche als gleichberechtigt anerkannt hätte. In allen drei Fällen bemühte sich der Landesbruderrat hinter den politischen Kulissen um die Freilassung, wagte jedoch keinen öffentlichen Protest etwa in den Gottesdiensten. Dies verbitterte Greiffenhagen sehr.

Ein weiterer Streitpunkt entstand, als der verwaltende Bauherr von Liebfrauen, der angesehene Jurist Dr. Reinhold Kulenkampff-Pauli, im April 1935 starb und auf seine Stelle der nächstälteste Bauherr Dr. Erich Bellstedt rückte, der Mitglied der Deutschen Christen war. Daß Stoevesandt unter einem deutschchristlichen Gemeindeführer, der sich im übrigen sehr zurückhielt und die Geschäfte in der bisherigen Weise weiterführte, im Amt blieb, anstatt jetzt mit der Bekenntnisgemeinde die Scheidung zu vollziehen, warf ihm Greiffenhagen als Verrat vor. Stoevesandt, der zwei Jahre später turnusgemäß zum verwaltenden Bauherrn aufrückte, wollte jedoch die Einheit der Liebfrauengemeinde als einer wichtigen Bastion im Kirchenkampf erhalten. Diese Haltung wurde nicht nur vom Landes-

Aufgrund wachsender Meinungsverschiedenheiten trennte sich Pastor Rosenboom von seinem Amtskollegen Greiffenhagen und bildete die Bekenntnisgemeinde Stephani-Nord

bruderrat, sondern auch vom Reichsbruderrat akzeptiert, der Stoevesandt 1935 als Mitglied hinzuwählte.

Spaltung der Stephanigemeinde

Die Fronten zwischen Greiffenhagens Gemeinde und der übrigen Bekenntnisgemeinschaft verhärteten sich zunehmend. Verschiedene Schlichtungsversuche blieben ergebnislos. Die erste Entscheidung fiel in der Stephanigemeinde: Am 13. September 1935 gab Pastor Rosenboom „mit großem Schmerz" die Trennung von Greiffenhagens Gemeinde aufgrund „einer Verschiedenheit in der Auffassung und Haltung des biblisch begründeten Glaubensgehorsams" und die Konstituierung einer „Bekennenden Gemeinde Stephani-Nord" bekannt, die sich zu den anderen bremischen Bekenntnisgemeinden halten wolle. Greiffenhagen protestierte heftig gegen die Bezeichnung seiner Gemeinde als „Bekennende Gemeinde Stephani-Süd" und reklamierte den Alleinanspruch auf den Titel der Bekennenden Gemeinde Stephani. Ein zermürbender Kleinkrieg begann, während auch im Landesbruderrat die Atmosphäre immer schlechter wurde. — In der Kirchenpolitik wurden unterdessen die Weichen neu gestellt. Im Juli 1935 ernannte Hitler den ehemaligen preußischen Justizminister Hanns Kerrl zum Minister für Kirchenangelegenheiten, der den Konflikt in der evangelischen Kirche mit staatlicher Rechtshilfe beilegen sollte.

Literatur:
Stoevesandt, Bekennende Gemeinden (1961). — Meier, Der ev. Kirchenkampf, Bd. 1 (1976) (bes. S. 385 — 389). — Bildungswerk (Hrsg.), „Wir sind in die Irre gegangen" (1984). — Meyer-Zollitsch, NS und ev. Kirche in Bremen (1985). — Nicolaisen, Weg nach Barmen (1985). — Scholder, Die Kirchen und das Dritte Reich, Bd. 2 (1985). — Meier, Reichskirche (1987). — Koch, Kirchenkampf in St. Stephani (1990).

VI. Die Kirche im NS-Staat 1934—1939: Von der Reglementierung zur verschärften Repression

1. Die Ära der Kirchenausschüsse

Reichskirchenminister Kerrl, der betont unparteiisch auftrat, aber die grundsätzliche Dimension des Kirchenkonflikts nicht erkannte, berief am 3. Oktober 1935 einen achtköpfigen Reichskirchenausschuß unter Leitung des pensionierten westfälischen Generalsuperintendenten D. Wilhelm Zoellner. Der Reichskirchenausschuß und die unter besonderer Berücksichtigung der kirchlichen Mitte überall zu bildenden Landeskirchenausschüsse sollten für zwei Jahre die Leitung der evangelischen Kirche auf Reichs- und Landesebene übernehmen und in Verbindung mit Kerrls Ministerium überall die strittigen Rechtsverhältnisse ordnen. Schon bald zeichneten sich von mehreren Seiten Widerstände ab: seitens der Bekennenden Kirche, deren Reichsbruderrat im Zoellner-Ausschuß staatskirchliche Tendenzen am Werk sah; seitens der deutschchristlichen Landeskirchenleitungen, die Machteinbußen zu befürchten hatten; und schließlich seitens des immer einflußreicher werdenden Parteiflügels um Rosenberg, Himmler, Bormann und Goebbels, die im Kirchenministerium nur eine lästige Verzögerung auf dem Weg zur Eliminierung der christlichen Kirchen sahen.

Die Bekennende Kirche spaltete sich an der Frage einer Zusammenarbeit mit dem Reichskirchenausschuß im Februar 1936 auf der Synode von Bad Oeynhausen in einen radikal notrechtlichen Flügel, der die 2. Vorläufige Kirchenleitung bildete, und eine gemäßigte Mehrheit aus den drei intakten Landeskirchen und den Bruderräten der lutherischen Kirchen, die sich im Rat der Evangelisch-Lutherischen Kirchen Deutschlands eine eigene Vertretung gaben. Diese Fraktion war zu einer bedingten Mitarbeit in den Zoellner-Ausschüssen bereit, während der Niemöller-Flügel dies strikt zurückwies und die Kirchenleitung ausschließlich in den Bruderräten sah.

Die Trennungslinien innerhalb der Bekennenden Kirche, die sich bereits um die Auslegung der Dahlemer Beschlüsse aufgetan und nun zum Bruch vertieft hatten, verliefen auch durch die Bremer Bekenntnisgemeinschaft. Im Landesbruderrat befanden sich Stephani-Süd, Immanuel und die bekennende Gemeinde der Neustadt, die absolut gegen einen Landeskirchenausschuß waren, in der Minderheit. Die Bruderräte von Liebfrauen, der Friedensgemeinde, Wilhadi und Stephani-Nord wollten dagegen einem Landeskirchenausschuß, der keine Kirchenleitung beanspruchte, sondern nur als vorübergehende Ordnungsinstanz die Verfassung von

1920 mit allen Gemeinderechten wiederherzustellen versprach, nicht von vornherein die Mitarbeit verweigern. Bruderratsvorsitzender Stoevesandt war zwar ebenfalls gegen den faulen Frieden, den eine rein verfassungsmäßige Reorganisation der BEK allenfalls bringen konnte, wollte aber auf jeden Fall die Bekenntnisgemeinschaft für die kommenden schwierigen Zeiten der Kirche zusammenhalten; er dachte stärker von Barmen als von Dahlem her. Für Greiffenhagen, der sich seit der Bildung der 2. Vorläufigen Kirchenleitung in seiner Linie bestätigt sah, durfte es dagegen weder taktische noch menschliche Rücksichten geben. Alles, was nach Kompromiß aussah, wurde von ihm unnachgiebig als falsche Glaubensauffassung angeprangert. Er praktizierte mit seiner Gemeinde von 60 bis 80 Mitgliedern innerhalb der Stephanikirche bereits einen rigorosen Alleingang, der die Gesamtgemeinde und vor allem seinen Amtsbruder Rosenboom stark belastete. Als der Landesbruderrat auf seiner Sitzung am 11. Mai 1936 bekräftigen wollte, daß die Bekenntnisgemeinschaft sich zur 2. Vorläufigen Kirchenleitung halte und sich als rechtmäßige evangelische Kirche in Bremen betrachte, wollte Greiffenhagen ihr diesen Anspruch nicht mehr zugestehen. Die äußerst erregte Debatte endete damit, daß Greiffenhagen mit Stephani-Süd den Landesbruderrat verließ. Diese Spaltung markierte das Ende einer sichtbaren Bekennenden Kirche in Bremen; das Aufbruchsgefühl der gemeinsamen Bindung an die Barmer Grundsätze war wieder vom alten Independentismus eingeholt worden.

Fortan zog sich die Bekenntnisopposition mehr und mehr in die einzelnen Gemeinden zurück. Das Erscheinungsbild der Bekenntnisgemeinschaft in der Öffentlichkeit hatte unter den Richtungsstreitigkeiten gelitten, die breite Basis ihrer „gemäßigten" Mitglieder bröckelte ab. Dafür ergriff jetzt eine Gruppierung der kirchlichen Mitte die Initiative: die Kirchliche Arbeitsgemeinschaft unter Vorsitz des ehemaligen Bürgermeisters Spitta, der auch für Kirchenangelegenheiten zuständig gewesen war. Rund fünfzig kirchlich engagierte Bremer Bürger — Bauherren, Kirchenvorstands- und Diakoniemitglieder sowie Pastoren — aus zehn Gemeinden gehörten dazu: Die Altstadtgemeinden Dom, Ansgarii und Liebfrauen, ferner Remberti und Michaelis, die Neustadtgemeinden Pauli und Jakobi sowie die Gemeinden Walle, Horn und Oberneuland waren vertreten, also sowohl die liberale als auch (mit kleinerem Anteil) die „positive" Seite. Die liberalen Pastoren wollten sowohl gegenüber der nationalsozialistisch-deutschchristlichen Kirchenführung als auch gegenüber der bekenntniskirchlichen Dogmatik ihre Freiheit der Evangeliumsverkündigung verteidigen. Die Laien, unter denen eine Gruppe von Juristen aus dem gehobenen Bürgertum den treibenden Kern bildete, wollten sich gegen die

Demontage ihrer freiheitlichen Kirchentradition zur Wehr setzen. Indirekt spielte dabei auch ein liberal-konservatives Ressentiment gegen den schrankenlosen Machtanspruch der „kleinen Hitler" eine Rolle. Dem Reichskirchenausschuß, mit dem die Kirchliche Arbeitsgemeinschaft schon im Oktober 1935 Kontakt aufnahm, wurden drei Forderungen unterbreitet: Rücktritt Weidemanns, Wiedereinsetzung der Gemeindeordnungen und Wiederherstellung der liberalen Verfassungsgrundlage für die BEK.

Der Reichskirchenausschuß, der im Februar 1936 in Bremen Gespräche mit der Landeskirchenregierung, der Kirchlichen Arbeitsgemeinschaft und der Bekenntnisgemeinschaft führte, gewann ebenfalls den Eindruck, daß Weidemann als Landesbischof untragbar sei und empfahl die Bildung eines Landeskirchenausschusses aus einigen Mitgliedern der Kirchlichen Arbeitsgemeinschaft. Doch Minister Kerrl, frustriert durch die wachsenden Schwierigkeiten seiner Kirchenausschußpolitik und schwer herzleidend, zögerte vor einer Kraftprobe mit dem machtbesessenen Landesbischof, über dessen Parteibeziehungen er hinreichend informiert war. Weidemann konnte seine Position weiter ausbauen, als Bürgermeister Heider, auf seine SS-Karriere bedacht, im November 1936 sein Amt als Kirchenpräsident niederlegte und alle Befugnisse auf den Landesbischof übertrug. Nun wollte sich der Minister endlich einschalten. Er billigte den Ausschuß der Kirchlichen Arbeitsgemeinschaft, dem unter Vorsitz von Pastor Jeep (Unser Lieben Frauen) die Rechtsanwälte Ferdinand Donandt (Unser Lieben Frauen) und Otto Leist (Remberti), Kaufmann Eduard Schilling (Ansgarii), Bürgermeister a.D. Spitta (Ansgarii) und die Pastoren Karl Lange (Jakobi) und Heinz Nölle (Remberti) angehörten. Doch bevor dieser Landeskirchenausschuß seine Arbeit aufnehmen und die geplante Finanzabteilung gebildet werden konnte, trat der Reichskirchenausschuß im Februar 1937 zurück: Fehlende innerkirchliche Anerkennung aufgrund des Boykotts durch die Bekennende Kirche, mangelnde Unterstützung seitens des Kirchenministers und die fortwährende Behinderung durch die Staatsorgane verurteilten ihn zum Scheitern.

Den überraschenden Plan, nun einer frei gewählten Generalsynode die kirchliche Neuordnung zu überlassen, gab Hitler bald wieder auf und ließ dem radikalen Parteiflügel freie Hand. Damit begann eine verschärfte Unterdrückung und Verfolgung der Kirchen. Minister Kerrl zog sich nach seinem Mißerfolg erst einmal zurück und überließ die Geschäfte seinem Staatssekretär Hermann Muhs. Dies bedeutete einen Glücksfall für Weidemann, der Muhs aus Göttinger Studientagen gut kannte. Von der Ablösung des Bremer Landesbischofs war jetzt keine Rede mehr, vielmehr bestätigte Muhs ihn umgehend als Führer der bremischen Kirchenregierung.

Im Frühjahr 1937 stand Weidemann auf dem Höhepunkt seiner Macht. Dank seiner Agilität und seines sicheren politischen Instikts hatte er sich ein Netz von Beziehungen geknüpft, das ihn von den Kursänderungen in der Reichskirchenpolitik weitgehend unabhängig machte. Von der bremischen Staats- und Parteiführung bis in höchste Stellen in Berlin — zum Chef der Reichskanzlei, SS-Oberführer Lammers, ins Reichssicherheitshauptamt und bis zu Himmler persönlich — reichten seine Kontakte. Dem Reichsführer SS Himmler schlug Weidemann vor, den Bremer Dom, wie den von Quedlinburg und von Speyer, zur nationalen Weihestätte unter der Schirmherrschaft der SS zu erheben. Dazu kam es nicht, aber ansonsten ließ Weidemann keine Gelegenheit aus, an Propagandaveranstaltungen der NS-Regierung mitzuwirken.

2. *Die Bremische Evangelische Kirche unter Landesbischof Weidemann*

Als Landesbischof übte Weidemann ein diktatorisches Regiment aus, das einige Gemeinden geradezu zerstörte und auf die Dauer das Kirchenleben lähmte. Skrupellos setzte er seinen Machtanspruch durch. Bauherren bzw. Gemeindeführer wurden abgesetzt, um — wie in Stephani, Martini und Hohentor, in Grambke und in Michaelis — die Abwehr eines Gemeindevorstands gegen einen von Weidemann verordneten Pastor zu brechen oder weil sie öffentlich seine autokratische Machtpolitik kritisierten. Auch Gemeindehelferinnen und -helfern drohte die Entlassung, wenn sie nicht auf der Linie des Landesbischofs lagen. Die Gemeindehelferinnen von Immanuel, Wilhadi und Pauli wurden entlassen, weil sie sich weigerten, die von Weidemann eingerichteten Schulungskurse zu besuchen. Der Gemeindehelfer von Hohentor, Otto Luschwitz, vom DC-Gemeindeführer fristlos gekündigt, konnte erst nach einem langwierigen Prozeß, den die Gemeinde zusammen mit der Kirchlichen Arbeitsgemeinschaft führte, durch eine Entscheidung des Kirchenministers wieder in sein Amt eingesetzt werden.
Besonders gravierend waren Weidemanns Eingriffe in das Pfarrerwahlrecht. Eine gezielte Statthalterpolitik betrieb er mit Hilfe von DC-Hilfspredigern, besonders in Gemeinden, in denen die Abwehr gegen sein Kirchenregiment wuchs. So zwang er der liberalen Michaelisgemeinde den radikal antisemitisch eingestellten Pastor Wilhelm Oberlies auf, wobei er Rückendeckung durch Staatssekretär Muhs und die DEK-Kanzlei erhielt. In Grambke ersetzte er den abtrünnigen DC-Pastor Johannes Heider durch den forschen deutschchristlichen Hilfsprediger Rudolf Collmar, der in Hessen wegen Veruntreuung von Kollektengeldern entlassen worden war, und in der Neustädter Pauligemeinde folgte auf die Pen-

Amtssiegel des Kirchenausschusses der BEK 1920—1936

Das Siegel mit der 1937/38 geänderten Umschrift ist bis heute in Gebrauch; außerdem wurde die Bremer „Speckflagge" am Heck durch eine mit dem Kreuzsymbol ersetzt

sionierung des hochgeachteten Pastors Piersig (BG) der junge und energische Deutsche Christ Friedrich Finke, der die Gemeinde „umdrehen" sollte. Der Versuch, auch die zweite Pfarrstelle freizubekommen und Pastor Mallow in den Ruhestand zu versetzen, scheiterte an der entschlossenen Abwehr der Gemeinde, die inzwischen das Spiel durchschaute. Denn wenn Weidemann erst einen Kandidaten seiner Wahl eingeschleust hatte, konnte ihn die Gemeinde nicht mehr loswerden: Nach kurzer Übergangszeit wurde die Festanstellung verfügt.

Ein günstiger Ansatzpunkt bot sich Weidemann jedesmal, wenn ein Pastor altershalber in den Ruhestand trat. Handelte es sich dabei um eine Altstadtgemeinde, benutzte der Landesbischof die Gelegenheit, einen seiner treuen Gefolgsleute mit dieser Stelle zu belohnen. So holte er Refer aus Rablinghausen nach Martini und Rahm aus Hastedt an den Dom, ebenso im Februar 1940 den jungen Dr. Walter Dietsch, den er zuvor in Gröpelingen eingesetzt hatte. Umgekehrt verhinderte er die Berufung des angesehenen Münsteraner Systematikers D. Wilhelm Stählin, Mitbegründer der orthodoxen Berneuchener Bewegung, an die Domgemeinde. Bei allen Personalentscheidungen kalkulierte Weidemann stets die Geschlossenheit der Gemeinde und auch ihren sozialen Status ein. So konnte die Liebfrauengemeinde 1934 ihren ordnungsgemäß gewählten Pastor Jeep ohne Beanstandung durchsetzen.

Für die Hohentorsgemeinde bedeutete es einen weiteren Schlag, daß ihr Pastor Richtmann im Juni 1938 wegen einer Denunziation verhaftet wurde. Er hatte im Konfirmandenunterricht das Gleichnis vom barmherzigen Samariter in der Weise aktualisiert, daß an dem Überfallenen nacheinander ein SA-Mann und ein Hitler-Junge achtlos vorbeigehen, bis ein Fremder und Verachteter, ein Jude, kommt und selbstlos Hilfe leistet. Wegen „Heimtücke gegen das Dritte Reich" verbrachte Richtmann, inzwischen schwer erkrankt, sechs Monate in Untersuchungshaft und wurde dann ohne Gerichtsverfahren entlassen. Weidemann entzog dem unbequemen Pastor, der sich nach vorübergehenden Sympathien für die DC-Bewegung zu einem offenen Kritiker des Landesbischofs gewandelt hatte, sofort sein Pfarramt, so daß Richtmann Bremen verlassen mußte.

Ein tragisches Ereignis bot Weidemann die Gelegenheit, einen Fuß in die Stephanigemeinde zu bekommen: Am 30. Dezember 1937 nahm sich Pastor Rosenboom in einer tiefen Depression das Leben. Der Schock und die Trauer über diesen Tod führten zunächst eine Annäherung zwischen der Bekenntnisgemeinde Stephani-Nord und der Gemeindeleitung herbei. Man kam überein, die Gemeindeorgane neu zu wählen und auf den Boden der alten Kirchenordnung zurückzukehren; die Nachfolge für Pastor Rosenboom sollte einvernehmlich geregelt werden. Nachdem zwei Kandidaten bereits „wegen der besonderen Stellung Pastor Greiffenhagens" abgewinkt hatten, berief der Kirchenvorstand einen der Bekennenden Kirche nahestehenden Pastor, überging dabei jedoch das Wahlrecht der Gemeindeversammlung — für die bekennende Gemeinde ein unannehmbares Vorgehen. Nun benutzte Weidemann die Uneinigkeit der Stephanigemeinde, um ihr den DC-Pastor Herbert Werner Fischer aufzuzwingen. Daß der Kirchenvorstand dies hinnahm, war für die Bekenntnisgemeinde Stephani-Nord das Signal zum Exodus. Mit großer Mehrheit entschieden sich die rund 300 Gemeindeglieder im Juni 1938, mit ihrem Hilfsprediger Werner Friese, der aus der Bekennenden Kirche Westfalen zunächst als Vertretung geholt worden war und nun aus eigenen Mitteln unterhalten wurde, aus der Stephanikirche auszuziehen. Damit begann eine siebenjährige Wanderung durch die Illegalität, in der die Gemeinde Mut und große Opferbereitschaft bewies. Als Nachfolger von Friese wurde im Juli 1939 Pastor Fritz Schipper aus der Oldenburger Bekennenden Kirche berufen.

An der Bremerhavener Kreuzkirche kam es 1937 zu dem ungewöhnlichen Schritt, daß die Kirchenregierung auf jahrelanges Drängen der Gemeinde einen DC-Pastor pensionierte. Die zugrundeliegenden Differenzen über die Amtsauffassung des Pastors besaßen auch einen kirchenpolitischen Hintergrund. Pastor Minor hatte sich 1933, scheinbar im Widerspruch zu seinen früheren Positionen und jedenfalls zum Erstaunen der Gemeinde, der DC-Bewegung angeschlossen und seither eine lebhafte Werbetätigkeit für seine Ortsgruppe betrieben. Seine Methoden standen denen des Landesbischofs kaum nach. 1936 gliederte er die drei Kirchenblätter „Sonnenstrahlen", „Der Pilger" und „Evangelisch reformierter Sonntagsgruß" in das von ihm gegründete DC-Blatt ein, das von Weidemann ausdrücklich gelobt wurde. Als sich die Vorwürfe mehrten, er vernachlässige seine Amtspflichten, insbesondere seine seelsorgerliche Arbeit, schloß er einen der Opponenten aus dem Kirchenvorstand aus und polemisierte in Predigten gegen die „Bazillen und Giftpilze", wie er seine Gegner nannte. Diese beschwerten sich bei Weidemann, Minor führe als Vorsitzender des Kirchenvorstands und Gemeindeführer die Geschäfte in diktatorischer Manier. Um die Abwanderungen aus der Gemeinde zu beenden, wünschte der Kirchenvorstand dringend einen zweiten Pastor sowie einen Laien als Gemeindeführer.

Minor konterte solche Bestrebungen mit Denunziationen eines Kirchenvorstandsmitgliedes („Spitzel für das Ausland") und des Gemeindehelfers („staatsfeindliche Äußerungen") bei der Gestapo, worauf tatsächlich ein Verfahren eingeleitet wurde. Außerdem beschuldigte Minor den stellvertretenden Gemeindeführer, er sympathisiere mit der Bekenntnisfront. Tatsächlich deckte Studienrat Junker den Gemeindehelfer, der junge Leute zu einem Bekenntniskreis versammelte, und berief als Urlaubsvertretung für Minor Pastoren, die der Bekennenden Kirche nahestanden und von der „positiven" Gemeinde gut aufgenommen wurden. Gegenüber Weidemann gelang es Junker, der seit 1934 als Vertreter Bremerhavens dem Kirchenausschuß angehörte, alle Anschuldigungen durch geschickte Argumentation zu entkräften. Im Januar 1936 mußte Pastor Minor auf Anordnung Heiders einem vom Kirchenvorstand vorgeschlagenen Gemeindeführer weichen.

Doch das Vertrauensverhältnis zur Gemeinde war offenbar zerstört und konnte auch nicht wiederhergestellt werden, als Minor vor dem Konvent seine Versäumnisse zugab und versprach, „sich ernstlich in die seelischen Bedürfnisse der Gemeinde einzufühlen". Ein Jahr danach, im Oktober 1937, wurden im Konvent erneut schwerwiegende Vorwürfe gegen Minors ebenso nachlässige wie herrische Amtsführung und seine Intrigen erhoben. Seine Rechtfertigungsversuche gingen in erbosten Zwischenrufen unter. Kurz darauf wurde Pastor Minor in den Ruhestand versetzt, und Pastor Hermann Junker wurde sein Nachfolger.

Daß Landesbischof Weidemann immer wieder das Recht der Gemeinden auf freie Pfarrerwahl mißachtete und mit zynischer Willkür Pastoren ein- und absetzte, rief wachsende Erbitterung hervor. Im Namen der Bekenntnispastoren kündigte Pastor Denkhaus an, einen solchen Eingriff würden die bekennenden Gemeinden niemals hinnehmen, und warf Weidemann vor, die bremische Kirche in eine „Sklavenhalterei" zu verwandeln. Auch die Kirchliche Arbeitsgemeinschaft, die seit dem Ende der Kirchenausschußpolitik ihre Aufgabe darin sah, durch Aufklärung und Rechtsbeistand die Front der Gemeinden gegen den Landesbischof zu verbreitern, prangerte Weidemanns zahlreiche Rechtsbrüche an. Dies blieb nicht ohne Wirkung. Neunzehn Gemeinden — unter den Unterzeichnern zahlreiche der von Weidemann selbst eingesetzten Gemeindeführer — protestierten im Oktober 1938 in einer Eingabe an die DEK-Kanzlei gegen die „Verordnung über die Versetzung von Geistlichen aus dienstlichen Gründen", mit der Weidemann seine Personalpolitik zum Schein legalisieren wollte. Bischof Marahrens, zu dem die Kirchliche Arbeitsgemeinschaft eine gute Verbindung unterhielt, unternahm als Vorsitzender der Kirchenführerkonferenz einen Vorstoß bei der DEK. Doch in beiden Fällen erfolgte keine Reaktion, denn die DEK-Kanzlei stand unter dem Einfluß von Staatssekretär Muhs im Reichskirchenministerium, der über seinen alten Studienfreund Weidemann die Hand hielt.

Kontroverse um die „Horst-Wessel-Gedächtniskirche"

Im Herbst 1937 zeigte sich jedoch, daß auch der Bremer Landesbischof an politische Grenzen stieß und die zunehmend kirchenfeindliche Linie in Staat und Partei zu spüren bekam. Weidemann plante in den Stadtrandgebieten Gröpelingen, Osterholz und Sebaldsbrück den Bau von drei kleinen Kirchen, die er auf „Ernst-Moritz-Arndt-", „Hindenburg-" und „Horst-Wessel-Gedächtniskirche" taufen wollte. Doch Bürgermeister Böhmcker, Nachfolger des im Frühjahr 1937 wegen Veruntreuung von Stiftungsgeldern abgesetzten Bürgermeisters Otto Heider, vertrat eine strikte Trennung von Kirche und Partei. Er empfand die groß angekündigte Namensgebung als „untragbare Anmaßung" und einen Mißbrauch „nationaler Symbole" und legte Protest bei Führer-Stellvertreter Heß ein. Als Weidemann trotz ausdrücklichen Verbots an der „Horst-Wessel-Gedächtniskirche" festhielt, wurde er von Böhmcker im Einvernehmen mit Gauleiter Röver aus dem Bremer Staatsrat und aus der Partei ausgeschlossen und mit einer Geldstrafe belegt. Weidemann insistierte so lange beim Chef der Reichskanzlei Lammers, bis Hitler persönlich entschied, beim Verbot der Benennung solle es bleiben, die Sanktionen gegen Weidemann seien jedoch zurückzunehmen. Röver und Böhmcker beugten sich widerstrebend der Führerentscheidung, aber in der Bremer NSDAP mehrten sich die Stimmen, die den Landesbischof als Parteigenossen loswerden wollten. Die geladene politische Prominenz fehlte deshalb, als Weidemann am 1. Adventssonntag 1938 die drei Kirchen als „Dankeskirchen" einweihte: „Aus Dankbarkeit gegen Gott für die wunderbare Errettung unseres Volkes vom Abgrund des jüdisch-materialistischen Bolschewismus durch die Tat des Führers", wie eine Tafel am Eingang verkündete.

An der Notwendigkeit der drei Kirchenneugründungen an sich bestand kein Zweifel. Der Raum Osterholz mit seinen Ortsteilen Tenever, Schevemoor, Blockdiek und Ellen war längst zu dicht besiedelt, um vom Oberneulander Pastor mitversorgt zu werden. Aus Sebaldsbrück waren die Kirchenbesucher bisher den weiten Weg über die Vahrer Straße nach Horn gegangen. Als um 1938 ein größeres Neubaugebiet entstand, benötigte Sebaldsbrück endgültig eine eigene kirchliche Versorgung. Und für den beständig anwachsenden Stadtteil Gröpelingen reichte die ehrwürdige St.-Nikolaus-Kirche nicht mehr aus. Weidemann beabsichtigte, mit den Neugründungen zugleich Stützpunkte einer exemplarisch deutschchristlichen Gemeindearbeit zu schaffen. Die drei Gemeinden bekamen eine Verfassung nach dem Führerprinzip und vehemente Deutsche Christen auf ihre Kanzeln: Wolfgang Wehowsky, Propagandaleiter von Weidemanns DC-Organisation Kommende Kirche, in Osterholz; Paul Fehsenfeld, zugleich neuer Landesjugendpfarrer, in Sebaldsbrück; und Dr. Walter Dietsch, der auch die Hauptschriftleitung der Wochenzeitung „Kommende Kirche" übernahm, in Gröpelingen.

Schon im äußeren Erscheinungsbild der neuen Kirchen sollte deutlich werden, daß sie einem zeitgemäßen Christentum gewidmet waren. So wurde der schlichte Backsteinbau der Osterholzer Dankeskirche, die unter ihrem steilen, an niedersächsische Bauernhäuser erinnernden Dach noch die Pastorenwohnung beherbergte, lediglich durch weiß abgesetzte Fenster und einen kleinen Dachreiter geschmückt. Mit wenigen Variationen wurde derselbe Entwurf in Sebaldsbrück realisiert, während die aus Holz erbaute Gröpelinger Dankeskirche — ohne Dachgeschoß — etwas kleiner ausfiel. Im Erdgeschoß lagen jeweils ein Gottesdienstraum von etwa 80 Quadratmetern und zwei kleinere Mehrzweckräume. Alle drei Räume konnten durch Flügeltüren zu einem großen Saal verbunden werden. Der Gottesdienstraum war mit Gestühl aus Rüsterholz, hell verputzten Wänden und farbig ornamentierter Holzdecke ansprechend aus-

„Dankeskirche" in Osterholz, entworfen von Heinz Logemann, eingeweiht am 1. Advent 1938

„Dankeskirche" in Gröpelingen, entworfen von Friedrich Schumacher, eingeweiht am 1. Advent 1938

gestaltet. Leichtfarbige Fenster, in denen farbige Medaillons Akzente setzten, und weiches Licht aus Deckenflutern unterstrichen die Raumharmonie. Für die Altarwand schuf Professor Ernst Gorsemann von der Nordischen Kunsthochschule Bremen jeweils eine Plastik aus gebranntem Ton: den leidenden Christus (Osterholz) und den siegreichen Christus (Sebaldsbrück).
Der Grundriß der Dankeskirchen wurde auch für den Neubau eines Gemeindehauses übernommen, des „Ernst-Moritz-Arndt-Hauses" in Grambke. Der Hauptraum war hier, als Gemeindesaal, schlichter ausgestattet. Dem Namenspatron wurde mit einer farbigen Holzschnitt-Tafel an der Stirnwand ideologischer Tribut gezollt. Sie zeigte Ernst Moritz Arndt, dessen Ausspruch „Das ganze Deutschland soll es sein" symbolisch in den beiden Bildflügeln dargestellt war.

3. *Weidemanns deutschchristliche Reformbewegung „Kommende Kirche"*

Nachdem Weidemann vergeblich versucht hatte, DC-Reichsleiter zu werden, erklärte er im September 1935 die Unabhängigkeit seines Gaues und wandte sich der Aufgabe zu, Bremen zum Strahlungszentrum einer eigenständigen DC-Bewegung zu machen. In Abgrenzung gegen die straff geführte Thüringer Richtung der Deutschen Christen und ihren nationalkirchlichen Radikalismus setzte er auf eine offene Sammlungsbewegung mit betont kirchenreformerischem Anspruch. Durch eine theologisch-philologisch abgestützte „Entjudaisierung" bzw. „Eindeutschung" der christlichen Botschaft — in der Bibelübersetzung, in Kirchenlied und Liturgie — sollte das Fundament für eine undogmatische, überkonfessionelle Nationalkirche gelegt werden, in der Christentum und National-

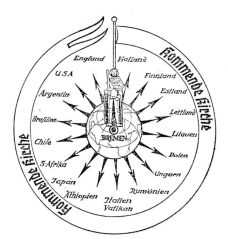

Mit glanzvoll organisierten Kirchentagungen der Bremer Bibelschule und einer umfangreichen Publikationstätigkeit wollte Landesbischof Weidemann Bremen zum Strahlungszentrum einer eigenständigen DC-Richtung machen (aus: Kommende Kirche, 30. Oktober 1938)

Festliches Konzert in der Glocke im Rahmen der ersten reichsweiten Kirchentagung der „Kommenden Kirche", 21. September 1935

sozialismus zu einer dynamischen Einheit verschmolzen. Die „Kommende Kirche" gab sich als kirchenpolitisch unabhängige, breite Kirchenreformbewegung mit einem niveauvollen Habitus in ihren Veranstaltungen und Publikationen.

Das wichtigste Forum bildeten zunächst die Kirchentagungen, die zwischen 1935 und 1938 jährlich in Bremen stattfanden und namhafte Referenten und Gäste aus dem ganzen Reich versammelten. Hatte die erste Kirchentagung im September 1935 noch unter dem Protektorat Ludwig Müllers und im Zeichen der Reichskirche gestanden, so galten die folgenden ganz den Bemühungen um eine theologische Rezeption des Nationalsozialismus. Weidemanns Bremer Mitarbeiter Pastor Karl Refer, vor allem aber der Göttinger Systematiker Emanuel Hirsch, der Frankfurter Generalsuperintendent Hans Schöttler und der Dortmunder Religionspädagoge Hermann Werdermann leisteten vielbeachtete Beiträge. Die wichtigsten Referate wurden in einer der beiden Schriftenreihen „Die Christus bekennende Reichskirche" und „Kommende Kirche" in Weidemanns eigenem gleichnamigen Verlag publiziert. Hier erschien auch die Wochenzeitung „Kommende Kirche" in einer ungewöhnlich hohen Auflage von 15 000 Exemplaren als Propagandaorgan der Weidemann-Bewegung.

Bibelübersetzung, Gesangbuchreform, neue liturgische Formen

Auf den Kirchentagungen wurden die Projekte verschiedener Arbeitskreise diskutiert. 1936 erschien als Gemeinschaftsarbeit von Weidemann, Refer und Knittermeyer das „Johannes-Evangelium deutsch". Darin wurden nicht nur Wörter wie „Israel" und „Zion" gestrichen, „Hosianna" durch „Heil" und „Palmenzweige" durch „grüne Zweige" ersetzt, sondern auch grundsätzliche theologische Begriffe wie Sünde, Gnade und Ewiges Leben „zeitgemäß" umgedeutet, vorzugsweise im Sinne der Rasseideologie. Damit wurde die Zielrichtung des Eindeutschungsprogramms erkennbar: durch die sprachliche Neufassung das Christentum als im Kern „arische" Religion zu erweisen und das Transzendente der christlichen Botschaft auf rassisch-völkische Wertvorstellungen der nationalsozialistischen Ideologie zu reduzieren.

Weidemanns engerer Kreis beeinflußte auch die Arbeiten an einer Reform des Bremer Gesangbuchs. Die im November 1938 erschienenen „Lieder der Kommenden Kirche" zeichneten sich durch drei Merkmale aus: die starke Reduzierung des pietistischen Liedgutes zugunsten des reformatorischen, die Eindeutschung jüdischer Wörter und die Schöpfung neuer Lieder, die das geistliche Volkslied des 20. Jahrhunderts vertreten sollten. Von Remberti-Pastor Walter Schomburg stammte die folgende Neuschöpfung, deren schmissige Marschweise an SA-Lieder erinnerte:

„Wir siegen, wir siegen, denn Gottes ist unsere Sach',
und seinen Standarten gehen freudig und stolz wir nach.
Wir folgen dem Herzog Christus und sei es in Not und Tod —
Wir sind ja des Volkes christdeutsches Aufgebot."

Das Liederbuch, das schon durch seine sorgfältige und geschmackvolle Ausstattung aus dem Rahmen fiel, lag im Zeitgeist und wurde weithin anerkennend gewürdigt. Sogar die bekenntnistreue Zeitschrift „Junge Kirche" fand lobende Worte.

Das dritte Reformfeld betraf die Erneuerung der gottesdienstlichen Formen. Weidemann, der gelegentlich Ausschnitte aus Hitlerreden in die Liturgie einbezog und seine Predigten mit „Heil" statt mit „Amen" schloß, entwarf u. a. Feierstunden für die HJ an Staatsfeiertagen. Darin wurden „Blut und Boden", soldatischer Kampfgeist und blinder Gehorsam zum Führer mit christlichen Weihen versehen.

Solche christlich-nationalsozialistischen Amalgamierungsversuche, mit denen Weidemann innerhalb der DC-Bewegung nicht allein stand, gerieten jedoch in allzu enge Nähe zur pseudoreligiösen Propagandataktik der Partei und riefen scharfe Kritik des Rosenberg-Flügels hervor. Weidemann änderte daraufhin sein Konzept und gründete 1937 die Bremer Bibelschule. Bis 1940 fanden insgesamt sieben Kurse mit dem Schwerpunkt Bibelauslegung und -eindeutschung statt, die im Unterschied zu den Kirchentagungen stärker den Charakter akademischer Fachtagungen trugen. Insbesondere dank Emanuel Hirsch, der die Bibelbearbeitung auf eine wissenschaftlich-quellenkritische Basis zu stellen suchte, gewann die Bibelschule ein anspruchsvolles Profil.

Struktur der Bremer DC-Bewegung

Mit der „Kommenden Kirche" fand Weidemann allerdings eher im überregionalen Rahmen Resonanz als in Bremen selbst. Hier blieb seine Anhängerschaft begrenzt. Sein engerer Kreis bestand seit 1933/34 aus den Pastoren Refer und Rahm, Walter Schomburg — Nachfolger von Ewald Uhlig an Remberti —, dem Gröpelinger Pastor Rudolf Gensch, den Weidemann noch aus Göttinger Zeiten kannte und den er in die BEK geholt hatte, sowie dem mittlerweile fast siebzigjährigen, radikal freisinnigen Domprediger Mauritz. Schomburg, den seine nationalprotestantische Einstellung in die DC-Bewegung geführt hatte, beteiligte sich u.a. mit eigenen Liedschöpfungen an der Gesangbuchreform. Gensch leistete in Gröpelingen volksmissionarische Arbeit im deutschchristlichen Geist und gab dazu ein eigenes Gemeindeblatt, den „Heliand", heraus. Etwa zehn weitere Pastoren vertraten eine gemäßigt deutschchristliche Einstellung. Darüber hinaus holte Weidemann zwischen 1934 und 1939 nicht weniger als 17 junge DC-Pastoren nach Bremen, von denen einige aktiv in der „Kommenden Kirche" mitarbeiteten. Insgesamt machten die Deutschen Christen jedoch nicht mehr als die knappe Hälfte der bremischen Pastorenschaft aus; die Resistenz gegenüber der DC-Bewegung verstärkte sich unter Weidemanns diktatorischem Regiment eher noch.
Eine größere DC-Gemeindegruppe bestand nur noch am Dom. Die Bremer Deutschen Christen waren im Zuge des Zerfalls der Reichsbewegung stark zusammengeschmolzen. Ihre Mitglieder besuchten Weidemanns Veranstaltungen, aber ihr Interesse blieb eher rezeptiv als aktiv. Dies entsprach der losen Organisationsform der „Kommenden Kirche", aber auch ihrer ausschließlichen Ausrichtung auf Weidemann als ihren Führer, Propheten und eigentlichen Motor. Für verantwortungsvolles Laienengagement, wie es sich zur gleichen Zeit in den bekennenden Gemeinden entwickelte, bot die deutschchristliche Kirche Bremens keinen Raum.

4. Kirchenmusik in Bremen

Richard Liesche

Seit dem 1. April 1930 lag das Amt des Domkantors und Organisten in den Händen des gebürtigen Sachsen Richard Liesche. Schüler des Thomaskantors Karl Straube, hatte er sich schon während seiner Tätigkeit als Chorleiter und Organist in Flensburg einen Namen als Bachinterpret gemacht und war 1929 zum schleswig-holsteinischen Landeskirchenmusikdirektor ernannt worden. In Bremen schuf er sich zunächst durch seine Orgelabende einen ständig wachsenden Hörerkreis. Er zog die virtuose Organistin Käte van Tricht an den Dom, die sich insbesondere um die französische Orgelmusik verdient machte. Daneben ließ Liesche die zwischenzeitlich eingestellten Motetten, nun im wöchentlichen Rhythmus, wieder aufleben.

In der Arbeit für die Motetten und die jährlichen sechs Domkonzerte, in denen die großen Oratorien, Passionen und Messen aufgeführt wurden, formte er den Domchor zu einem hochrangigen Klangkörper. Im Repertoire stand Bach an erster Stelle, doch machte Liesche das Bremer Publikum auch mit der Moderne bekannt. Zeitgenössische Komponisten wie Günter Raphael, Kurt Thomas, Johann Nepomuk David, Ernst Pepping, Hugo Distler, um nur einige zu nennen, verdankten ihm Ur- und Erstaufführungen ihrer Werke.

Anders als gegenüber der Philharmonischen Gesellschaft, deren Vorstand nach der Machtübernahme abgesetzt und im Juli 1933 durch den deutschnationalen Senator Erich Vagts ersetzt worden war, machte die nationalsozialistische Regierung keinen Versuch, in die Tätigkeit des brillanten Domkantors einzugreifen. Seine Parteimitgliedschaft und der Titel Landeskirchenmusikwart, seit 1933 Lieschens offizielle Amtsbezeichnung, genügten als formale Konzession, um die Kirchenmusik als Freiraum zu erhalten. Daß der Name Bach durchaus als Werbeträger benutzt wurde, zeigte das Programmheft des Deutschen Bachfestes von 1934 in Bremen: Als Schirmherren zeichnete von Reichsstatthalter Carl Röver über Bürgermeister Markert und drei Senatoren bis zu SA-Gruppenführer Heinrich Böhmcker die nationalsozialistische Prominenz der Hansestadt.

Lieschens Wirken erwarb Bremen einen ausgezeichneten Ruf in der Kirchenmusik, der sich durch nationale und internationale Konzertreisen des Domchors und mehrere Rundfunkübertragungen weiter verbreitete. Die Entscheidung der Neuen Bachgesellschaft zu Leipzig, das Deutsche Bachfest des Jahres 1934 in der Hansestadt stattfinden zu lassen, würdigte dieses Bemühen und spornte es weiter an. Das dreitägige Musikfest

Der Domkantor und Kirchenmusikdirektor Richard Liesche (1890—1957) machte sich einen Namen durch seine großen Bachaufführungen, aber auch durch die Interpretation zeitgenössischer geistlicher Musik

Programm-Broschüre des ersten von Liesche maßgeblich gestalteten Deutschen Bachfestes in Bremen, 1934

unter Lieschts Leitung, das mit der h-Moll-Messe ausklang, wurde ein so überzeugender Erfolg, daß die Wahl fünf Jahre später erneut auf Bremen fiel. Diesmal setzte Liesche u. a. einen konzeptionellen Schwerpunkt mit Chor- und Kammermusikwerken von Zeitgenossen Bachs, die dieser während seiner Lüneburger und Celler Zeit kennengelernt hatte. Die Einweihung der neuen „Bachorgel" im Dom im Rahmen eines festlichen Orgelkonzertes bildete einen weiteren Höhepunkt. Mit diesem Orgelneubau, dem ebenfalls von Liesche initiierten Ankauf einer kleinen Silbermannorgel und der spätromantischen Sauerorgel verfügte der Dom nun über ein außergewöhnlich weitgespanntes Klangpotential.

5. *Entkonfessionalisierung des öffentlichen Lebens 1936—1938*

Im Mai 1936 wandte sich die bekenntnistreue Vorläufige Kirchenleitung in einer vertraulichen Denkschrift an den Führer. Darin wurde erstmals die Grenze von der theologischen zur konkret politischen Kritik am totalitären Weltanschauungsstaat überschritten. Das Vordringen einer aggressiven antichristlichen Ideologie in allen Bereichen der Gesellschaft wurde angeprangert, die Gewissensnot glaubenstreuer Christen durch erzwungene Eide, staatlich verordneten Judenhaß, Konzentrationslager und Gestapowillkür offen ausgesprochen. Als die Denkschrift durch Indiskretion an die Öffentlichkeit gelangte, trat die Bekennende Kirche — unter heftigen innerkirchlichen Kontroversen — jedoch sofort den Rückzug an. Lediglich eine sehr entschärfte, von den lutherischen Bischöfen dennoch nicht mitgetragene Fassung, in der z. B. die Kritik am nationalsozialistischen Antisemitismus ersatzlos gestrichen war, wurde im August 1936 als Kanzelabkündigung veröffentlicht. Eine Verhaftungswelle war die Folge. In Bremen, wo bis auf Pastor Urban alle Bekenntnispastoren die Erklärung abgekündigt hatten, wurde der Landesbruderratsvorsitzende Stoevesandt für eine Woche in Schutzhaft genommen.

Im Jahr 1937, nach dem Scheitern des Reichskirchenausschusses, verschärfte sich das Vorgehen des NS-Staates gegen die Kirchenopposition. Die Verhaftung Martin Niemöllers und weiterer führender Männer der Bekennenden Kirche bildete den Auftakt für einen Zermürbungskampf, der mit allen polizeistaatlichen Mitteln geführt wurde. Auch in Bremen wurden alle Veröffentlichungen (also auch die Rundbriefe) der Bekenntnisgemeinschaft verboten, übergemeindliche Veranstaltungen untersagt, Kollektengelder beschlagnahmt und die kirchliche Jugendarbeit massiv behindert. Pastoren und Gemeindeglieder unterlagen einer totalen Überwachung, Vorladungen ins Gestapo-Gebäude am Wall und schikanöse Hausdurchsuchungen dienten der Einschüchterung.

Wer sich dennoch unerschrocken zu seinem Glauben bekannte, mußte damit rechnen, aus der nationalsozialistischen „Volksgemeinschaft" ausgesondert zu werden. Die Studienrätin Magdalene Thimme aus der Bekenntnisgemeinde Stephani-Süd wurde 1937 in den Ruhestand versetzt, weil sie beim Treueid auf den Führer Gewissensvorbehalte gemacht und den Beitritt zum NS-Lehrerbund wegen dessen rasseideologischer Ausrichtung abgelehnt hatte. Die Studienrätin Elisabeth Forck aus der gleichen Gemeinde bekam wiederholt Schwierigkeiten, weil sie im Religionsunterricht auch das Alte Testament unterrichtete. Ihre Schwester Beate Forck war als Fürsorgerin bereits vorzeitig pensioniert worden, weil sie sich dagegen gewehrt hatte, daß Familien mit erbkranken Kindern in der Versorgung übergangen werden sollten. Der Landesbruderratsvorsitzende Stoevesandt mußte um seine Kassenarzt-Lizenz fürchten, weil er den Beitritt zur NS-Ärzteschaft verweigerte und die nationalsozialistischen Eugenik-Gesetze ablehnte. Auch Mitglieder anderer Bekenntnisgemeinden hatten berufliche Nachteile hinzunehmen und bekamen immer mehr das Gefühl, als Außenseiter abgestempelt zu werden.

Es zeichnete sich ab, daß derartige Repressionen sukzessive auf die evangelische Kirche insgesamt ausgedehnt werden würden. Unter dem Vorwand staatlicher Neutralität in religiösen Dingen und dem Schlagwort von der „Entkonfessionalisierung des öffentlichen Lebens" wurde die Kirche immer stärker aus Presse und Kultur, Schule und Erziehung verdrängt. Parteimitgliedern wurden kirchliche Ämter untersagt und Geistliche aus der NSDAP ausgeschlossen. Begleitet wurde diese Politik von einer unverhüllt kirchenfeindlichen Propaganda seitens der Parteiorganisationen und in den Medien. Demgegenüber entfaltete das NS-Regime, insbesondere auf dem alljährlichen Nürnberger Parteitag, eine pseudoreligiöse Selbstinszenierung, die im Kult um den Führer gipfelte. Der Hitlerstaat machte ideologisch mobil: Die „Volksgemeinschaft" sollte darauf eingeschworen werden, in blinder Hingabe dem Führer in den Krieg zu folgen.

Die weltanschauliche Offensive hatte eine Flut von Kirchenaustritten zur Folge, in der reichsweit 1,5mal so viele Menschen die Kirche verließen, wie im „Jahr des nationalen Aufbruchs" 1933 eingetreten waren. In Bremen fiel die Austrittsbewegung weniger kraß aus, aber die Amtshandlungen gingen auch hier spürbar zurück, besonders bei den Trauungen — 1939 heiratete nur noch jedes dritte evangelische Ehepaar kirchlich — und den Konfirmationen, die von 1935 bis 1939 um 25 % sanken.

Treueid der Pastoren auf den Führer (April 1938)

Diese Situation veranlaßte die Leitung der DEK zu einem ungewöhnlichen Schritt, um das Ansehen der evangelischen Kirche aufzubessern. Zu Hitlers Geburtstag am 20. April 1938 ordnete DEK-Präsident Werner für sämtliche Geistlichen den Treueid auf den Führer an. Während die deutschchristlichen Kirchenführer und Pastoren dieser Aufforderung bereitwilligst folgten, geriet die Kirchenopposition in einen Konflikt zwischen ihren theologischen Positionen, die ihr die Eidesleistung vor den deutschchristlichen Kirchenbehörden verboten, und ihrer ungebrochenen politischen Unterstützung des Führerstaates. In Bremen lehnte es über die Hälfte der Pastoren ab, sich von Landesbischof Weidemann vereidigen zu lassen und bat um die Entsendung eines Beamten der DEK. Als dies abgelehnt wurde, fand schließlich doch eine äußerst kühle Zeremonie in der Kirchenkanzlei statt. Die Pastoren Greiffenhagen, Denkhaus, Kramer, Urban und Richtmann fehlten auch diesmal; sie bestanden trotz Weidemanns Entlassungsdrohung darauf, daß nur eine staatliche Stelle das Recht habe, diesen Treueid abzunehmen. Ähnliche Konfrontationen, teilweise mit disziplinarischen Folgen, gab es auch in anderen Landeskirchen. Erst einige Monate später brachte ein Rundschreiben Martin Bormanns an die Gauleiter eine unverhoffte Wendung: Der Staat legte auf die kirchliche Treuebezeugung gar keinen Wert, von Disziplinarmaßnahmen sollte daher abgesehen werden — eine beschämende Zurückweisung, sowohl für die Deutschen Christen als auch für die Bekennende Kirche, deren Pastoren sich in ihrer großen Mehrheit schließlich doch für die Eidesleistung entschieden hatten.
Die Eidesfrage warf noch einmal ein Schlaglicht auf das Dilemma der Bekennenden Kirche. Die Legitimation ihrer Selbstbehauptung bildete die Theologie Karl Barths, die jeder politischen Stellungnahme der Kirche eine prinzipielle Absage erteilte. Durch die Ausblendung des Politischen blieb jedoch die alte konservativ-nationale, selbstverständlich staatsloyale Grundhaltung auch des bekenntnisoppositionellen Protestantismus unhinterfragt, und die politischen Affinitäten zum Führerstaat bestanden unverändert fort. Aus dem Zwiespalt zwischen theologischem und politischem Bewußtsein, der die Bekennende Kirche gegenüber der Machtpolitik des NS-Staates zunehmend hilfloser machte, wurde der Ausweg in einer heilsgeschichtlich überhöhten Verteufelung des ideologischen Gegners gesucht: „Kreuz gegen Hölle", Kampf mit den „Mächten der Finsternis" — die prophetische Frontbestimmung, insbesondere im radikalen Flügel der Bekennenden Kirche, ersetzte die politische Reflexion.

Literatur:
Blum, Musikleben (1960). — Stoevesandt, Bekennende Gemeinden (1961). — Blum, Musikfreunde (1975). — Meier, Der ev. Kirchenkampf, Bd. 2 (1976) (bes. S. 273—279). — Heinonen, Anpassung und Identität (1978). — Heinonen, Reichskirchenministerium (1978). — Lindt, Totalitarismus (1981). — Dietsch, Zwei Bremer Gesangbücher (1982). — Bildungswerk (Hrsg.), „Wir sind in die Irre gegangen" (1984). — Heitmann, Ortsgemeinden (1985). — Meyer-Zollitsch, NS und ev. Kirche in Bremen (1985). — Greschat, Widerspruch und Widerstand (1987). — Scholder, Politischer Widerstand oder Selbstbehauptung (1988).

VII. Staat und Kirche im Zweiten Weltkrieg

1. „Burgfriede" in der Kirchenpolitik?

Stimmen der Kirche zum Kriegsausbruch

Obwohl ideologisch lange vorbereitet, wurde der Kriegsbeginn am 1. September 1939 von der Bevölkerung eher mit Besorgnis als mit Begeisterung aufgenommen. Um die nationale Geschlossenheit zu stärken, sollten nach Hitlers Anweisung alle Aktionen gegen die Kirchen für die Dauer des Krieges unterbleiben. Der von der DEK-Leitung berufene Geistliche Vertrauensrat, ein beratendes Gremium aus den verschiedenen kirchlichen Richtungen einschließlich der durch Bischof Marahrens vertretenen Bekennenden Kirche, bekundete patriotische Gesinnung im Stil der Kriegstheologie von 1914/15. Von nationalreligiösem Pathos waren insbesondere die Erklärungen der Deutschen Christen erfüllt. In Weidemanns „Kommender Kirche" wurde Hitlers Rede zur Kriegseröffnung als das „erlösende Wort" gefeiert und zu einer Apotheose des christlichen Führers ausgedeutet, dieses „im besten Sinne gottbegnadeten Deutschen". In anderen Artikeln wurde der „Glaube an Deutschland" zur religiösen Kraft stilisiert und die Verbindung von Siegeszuversicht und Gottvertrauen des Frontsoldaten als Vorbild für eine neue, kämpferische Religiosität der Zukunft dargestellt.
In der Bekennenden Kirche überwogen eine bußgestimmte, apokalyptisch-eschatologische Deutung des Kriegsausbruchs, die Mahnung zur Fürbitte und, an die Pastoren, zur seelsorgerlichen Verantwortung im Geist des Evangeliums. Doch gab es einen unbezweifelbaren Grundkonsens im deutschen Protestantismus: daß der Christ von Glauben und Gewissen her zum Waffendienst fürs Vaterland verpflichtet sei. Auch Pastor Greiffenhagen kam ohne Zögern seinem Einberufungsbefehl nach.

Sondergerichtsverfahren gegen Pastor Brock (Stephani)

Die Bekenntnisgemeinde Stephani-Süd beachtete den vom Landesbischof verordneten Vertreter nicht, sondern berief den jungen Pastor Rudolf Brock. Nach dem Hausverbot zog er mit der bekennenden Gemeinde zu Gottesdiensten und Amtshandlungen, Bibelstunden und Bruderratssitzungen ins Pfarrhaus der Familie Greiffenhagen. Daraufhin wurde er im März 1940 wegen Verstoßes gegen das Sammlungsgesetz und Kanzelmißbrauchs verhaftet: Er hatte Kollekten für die Bekenntnisgemeinde durchgeführt und im Gottesdienst Fürbitte für die verhafteten und verfolgten Glieder der Bekennenden Kirche gehalten. Es kam zum Sondergerichtsverfahren, doch Brock wurde mit einem milden Urteil unter Anrechnung der dreimonatigen Untersuchungshaft freigelassen, und die Gemeinde erhielt sogar ihre Kollektengelder zurück.

Verdeckte Fortsetzung der Kirchenverfolgung

Währenddessen wurde — unter dem Vorwand kriegsbedingter Notwendigkeit und im Widerspruch zum offiziellen Burgfrieden — die Tätigkeit der Kirche weiter eingeschränkt. Zeitschriften und Gemeindeblätter mußten eingestellt werden, der Versand kirchlicher Schriften ins Feld wurde behindert und bald ganz verboten. Es bedeutete ein wirkliches Opfer, wenn die Bekenntnisgemeinde Stephani-Süd für jeden ihrer Soldaten wöchentlich einen Feldpostbrief mit Bibeltext und Andacht abschrieb, denn Vervielfältigungen waren verboten. Wie die Zukunft der Kirchen aussehen sollte, wurde im „Modellgau" Wartheland bereits vorgeführt: Sie sollten in private Vereine ohne jede öffentliche Einflußmöglichkeit umgewandelt und zu gegebener Zeit liquidiert werden. Bormann ließ durch die Gauleiter im Reich bereits Immobilienbesitz und Vermögen der Kirchen registrieren, um spätere Enteignungsmaßnahmen vorzubereiten.

Machtkampf im Kirchenministerium —
Triumph für Landesbischof Weidemann

Kirchenminister Kerrl war politisch kaltgestellt worden. Nicht einmal in seinem eigenen Ministerium konnte er sich noch durchsetzen, wie die Konfrontation mit dem Bremer Landesbischof zeigte. Weidemann hatte am 16. August 1939 eine „Verordnung zur Bildung der kirchlichen Körperschaften" erlassen, mit der das Führerprinzip auf die Spitze getrieben wurde: Die Konvente sollten abgeschafft, Diakonien und Kirchenvorstände aufgelöst und nach dem Willen des Landesbischofs neu besetzt werden; die Kirchenvorstände besaßen keine eigenen Rechte mehr (also auch kein Pfarrerwahlrecht), sondern nur noch beratende Funktion. Zum Gemeindeführer konnte Weidemann künftig auch den von ihm eingesetzten Pfarrer ernennen. Dieser Gesetzentwurf, der den Charakter der bremischen Kirche von Grund auf verändern sollte, war von Staatssekretär Muhs hinter Kerrls Rücken und entgegen dessen erklärten Absichten genehmigt worden. Zahlreiche Protestschreiben trafen im Kirchenministerium ein, nur etwa acht Gemeinden akzeptierten stillschweigend die Verordnung.

Kerrl, der einen Gesichtsverlust befürchten mußte, bestand nicht auf der zunächst geforderten Zurücknahme, sondern begnügte sich mit einem vorgeschobenen Kompromißvorschlag Weidemanns: Die Verordnung sollte nur in denjenigen Gemeinden durchgeführt werden, die nicht formell Einspruch erhoben hatten. Tatsächlich versuchte der Landesbischof jedoch den Widerstand der Gemeinden mit allen Mitteln zu brechen. Die Gemeindeführer Dr. Hugo Gebert (Friedensgemeinde) und Dr. Karl Stoevesandt (Unser Lieben Frauen) setzte er ab, außerdem — nachdem die Liebfrauengemeinde im Januar 1940 bei Kerrl vorstellig geworden war und ihm eine Denkschrift über die Zustände in Bremen überreicht hatte — zwei weitere Bauherren dieser Gemeinde, Otto Willich und Albert Bote. Dazu sperrte er die Finanzen der Liebfrauengemeinde aus der Zentralkasse.

Nachdem ein Gespräch mit dem Kirchenminister wegen Weidemanns Überheblichkeit im Eklat geendet hatte, versuchte Kerrl Bürgermeister Böhmcker als Verbündeten zu gewinnen. Böhmcker hatte bekanntlich in der „Horst-Wessel-Gedächtniskirche"-Affäre gegen den Landesbischof Stellung bezogen und außerdem im Juni 1938 vom Kirchenministerium eine Finanzkontrolle der BEK erbeten, um Weidemann Zügel anzulegen. Diesen Plan einer Finanzabteilung wollte Kerrl im Frühjahr 1940 wieder aufgreifen, doch Böhmcker lehnte ab: Er war über die Machtverhältnisse im Kirchenministerium unterrichtet, kannte Weidemanns politischen Beziehungen und wollte sich keinen unnötigen Ärger zuziehen. So konnte der Landesbischof erneut einen Sieg verbuchen.

Konflikt um die Eingliederung der lutherischen Gemeinden in Bremen-Nord

Durch die Vierte Verordnung über den Neuaufbau des Reiches vom 28. September 1938 wurde u. a. verfügt, daß die vormals preußischen Gemeinden Lesum, Grohn, Schönebeck, Aumund, Blumenthal und Farge (Landkreis Osterholz) sowie Hemelingen und Mahndorf (Landkreis Verden) in das Land und die Stadt Bremen eingegliedert wurden. Dagegen gab Bremen die Stadt Bremerhaven, die künftig zu Wesermünde gehörte, an Preußen ab und behielt nur das Hafengebiet unter dem Namen Bremerhaven. Von diesen Gebietsveränderungen waren auch die Kirchen betroffen. Die BEK mußte sich darüber mit der Evangelisch-lutherischen Landeskirche Hannovers und der Evangelisch-reformierten Landeskirche der Provinz Hannover (mit Sitz in Aurich) auseinandersetzen.

Landesbischof Weidemann, dem die Erweiterung seines Machtbereichs durch die lutherischen Kirchengemeinden Lesum, Grohn, Blumenthal, Aumund-Fähr, Arbergen und Hemelingen sowie die reformierte Gemeinde Blumenthal sehr gelegen kam, überzeugte Bürgermeister Böhmcker, Innensenator Fischer und Staatssekretär Muhs vom Reichskirchenministerium von der Notwendigkeit einer unverzüglichen Eingliederung. Rechtsanwalt Cölle, Leiter der Finanzabteilung der hannoverschen Landeskirche, sah die Frage unter finanziellem Aspekt — diese Gemeinden waren überwiegend zuschußbedürftig — und stimmte zu. Nicht so Bischof Marahrens, ein entschiedener Gegner dieser Pläne, und auch nicht die betroffenen Gemeinden. Diese wünschten zwar finanziell den Anschluß an die BEK, vor allem wegen der günstigeren Kirchensteuerregelung und der ungleich besseren Besoldung der bremischen Pastoren, wollten aber weiterhin unter der geistlichen Aufsicht der lutherischen Landeskirche in Hannover bzw. der reformierten Kirchenleitung in Aurich bleiben: Der deutsch-christlichen Diktatur Weidemanns wollte man sich nicht ausliefern. Obgleich Weidemann sich wortreich und unter Hinweis auf die traditionelle bremische Toleranz in Kirchendingen bemühte, die Bedenken auszuräumen, gerieten die Verhandlungen ins Stocken.

Gestützt auf ein „Rechtsgutachten" Bürgermeister Böhmckers, wonach die von der staatlichen Neuordnung betroffenen Gemeinden automatisch auch Glieder der BEK geworden seien, eröffnete Weidemann im Oktober 1940 den versammelten nordbremischen Pastoren, er werde von nun an „auch die übrigen rechtlichen Folgerungen absolut und in jeder Hinsicht ziehen". Das bedeutete vor allem Abschaffung der Kirchenvorstände, Führerprinzip und Gleichschaltung der Gemeinden, wie durch die umstrittene Verordnung zur Bildung der kirchlichen Körperschaften vom 16. August 1939 festgelegt. Doch die Gemeinden gaben nicht auf. Durch Eingaben und einen Besuch im Reichskirchenministerium erwirkten sie eine höchstpersönliche Entscheidung Kerrls. Darin wurde die Rechtmäßigkeit der einseitigen Angliederung durch die BEK in Zweifel gezogen und den Gemeinden in theologischer Hinsicht unbedingte Freiheit und das Recht, sich hierin zu ihrer früheren Landeskirche zu halten, zugesichert. Besonders sollten den Gemeinden die bestehenden Kirchenvorstände und der reformierten Gemeinde das Pfarrerwahlrecht erhalten bleiben. Dies bedeutete eine klare Niederlage für Weidemann, denn damit blieben jene Rechte bei den Gemeinden, auf deren Usurpierung sich sein Kirchenregiment stützte. Zu einer Kraftprobe mit den nordbremischen Gemeinden, die weiterhin die Anerkennung des Bremer Landesbischofs als ihres Vorgesetzten verweigerten, ist es nicht gekommen; Weidemann war ab Herbst 1940 durch andere Ereignisse in Anspruch genommen.

Reibungen mit der hannoverschen Landeskirche gab es auch wegen Bremerhaven bzw. Wesermünde. Während die lutherische Kreuzkirche unverzüglich und mit staatlicher Billigung an Hannover überging, weigerte sich das Landeskirchenamt, auch die Vereinigte Protestantische Gemeinde zur Bürgermeister-Smidt-Gedächtniskirche aufzunehmen. Der Anschluß wurde von dieser Gemeinde auch nicht ernsthaft gewünscht. Statt dessen schloß sie einen Verwaltungsvertrag mit Cölle, wonach die Gemeinde mit Wirkung vom 1. April 1941 in wirtschaftlicher Hinsicht der Finanzabteilung in Hannover unterstellt sein sollte, während die Entscheidung über ihre geistliche Zugehörigkeit innerhalb einer bestimmten Frist offen bleiben sollte. Gleichzeitig wurde ihr Sprengel auf ganz Wesermünde ausgedehnt, zum Nachteil der lutherischen Kreuzkirche. Gegen diese und weitere Bestimmungen erhob das Landeskirchenamt Hannover nachdrücklich Einspruch, zumal Cölle diesen Vertrag völlig eigenmächtig unterzeichnet hatte. Es gelang der Vereinigten Protestantischen Gemeinde jedoch, ihren Rechtszustand bis zum Kriegsende in der Schwebe zu halten und dadurch einen Freiraum zu gewinnen.

2. *Das Schweigen der Kirche zum Mord am jüdischen Volk*

Der rasseideologische Antisemitismus gehörte zu den Grundelementen der nationalsozialistischen Weltanschauung. In einer für das NS-Regime charakteristischen Mischung aus wilden und „gesetzlichen" Aktionen vollzogen sich die Ausgrenzung der Juden aus der „Volksgemeinschaft" und schließlich ihre Vernichtung. Angefangen vom Boykott jüdischer Geschäfte im April 1933 über die Nürnberger Rassegesetze, die u.a. die Eheschließung zwischen Juden und „Ariern" verboten, erreichte die Diskriminierungspolitik im Jahre 1938 eine neue Stufe: Zwangsarisierungen jüdischer Geschäfte, Arbeits- und Berufsverbote, Verhaftungs- und Ausweisungsaktionen sollten den Druck zur Auswanderung verstärken. Die Flammen der Pogromnacht vom 9./10. November 1938, die in ganz Deutschland Synagogen und jüdische Häuser zerstörten, während ihre Bewohner von SA-Horden mißhandelt oder ermordet wurden, ließen ahnen, daß den deutschen Juden ein schreckliches Schicksal bevorstand. In

Bremen starben in der Nacht vom 9./10. November fünf Menschen unter den Schüssen der SA. 160 Männer wurden am Tag darauf quer durch die Stadt geführt, um ins KZ Sachsenhausen abtransportiert zu werden.
Das November-Pogrom machte viele betroffen, aber es bewirkte kein Umdenken. Zu tief war der Kulturantisemitismus, verbunden mit religiösen, antimodernistischen und antiliberalen Vorurteilen, im Bürgertum verwurzelt. Die NS-Rassepolitik wurde daher zumindestens stillschweigend akzeptiert. Dies zeigte sich auch in der Haltung der evangelischen Kirche. Seit Martin Luther gehörte eine ausgeprägte Judenfeindlichkeit zur Tradition des Protestantismus, die im ausgehenden 19. Jahrhundert bereits politisch akzentuiert war. Die Brücke zwischen christlichem Antijudaismus und politischem Antisemitismus bildete nach 1918 die Volksnomostheologie, aus der auch die Deutschen Christen schöpften. Wie der Staat im politischen Bereich, so wollten sie in der Kirche die „Sintflut des jüdisch-materialistischen Geistes" bekämpfen, wie es in Weidemanns „Kommender Kirche" hieß. Die Judentaufe wurde daher schärfstens abgelehnt.
Auch in der Bekennenden Kirche lebte der traditionelle Antisemitismus fort. An der staatlichen Judenpolitik wurde nur insoweit Anstoß genommen, wie sie auf den Raum der Kirche übergriff, etwa mit der Einführung des „Arierparagraphen" für Pastoren oder später der geforderten Ächtung judenchristlicher Gemeindeglieder. Über die Ermahnung, die Judenmission fortzusetzen und den „nichtarischen" Christen beizustehen, ging die Vorläufige Kirchenleitung nicht hinaus. Angesichts der Not ihrer jüdischen Mitbürger, deren bürgerliche Existenz und Lebensperspektiven brutal zerschlagen wurden, blieb die Bekennende Kirche stumm. Kein bremischer Pastor fand im Gottesdienst ein Wort des Trostes für die Opfer des Novemberpogroms.

Der Ausnahmefall: Stephani-Süd

Nur im Einzelfall waren Glaubensstärke und Mut einer bekennenden Gemeinde stark genug, dem Rassenfanatismus zu widerstehen und die „nichtarischen" Gemeindeglieder brüderlich in ihre Mitte zu nehmen. Beispielhaft wurde solcher Bruderdienst in der Bekenntnisgemeinde Stephani-Süd verwirklicht, zu der die weitverzweigte Familie Abraham gehörte. Um sie kümmerten sich die Gemeindeglieder tröstend und helfend, als ihre Lage immer bedrückender wurde. Pastor Greiffenhagen war durchaus im protestantisch-konservativen Sinne antisemitisch eingestellt, aber die bedrängten judenchristlichen Familien waren für ihn in erster Linie Gemeindeglieder und als solche in seine Verantwortung befohlen.

Der Krieg brachte neue Härten: Juden durften keine Verkehrsmittel benutzen und keine Luftschutzbunker aufsuchen, sie erhielten verminderte Lebensmittelrationen und weder Schuh- noch Kleiderkarten, Zwangsarbeit in Rüstungsbetrieben wurde zur Regel. Nach dem Überfall auf die Sowjetunion begannen umfangreiche Deportationen von Juden aus den europäischen Ländern ins besetzte Polen bzw. in den russischen Grenzraum. Am 24. Oktober 1941 erging der Befehl zum Abtransport von 50 000 deutschen Juden nach Minsk und Riga; von dieser Aktion war auch die Mehrzahl der jüdischen Bürger in Bremen betroffen. Die offizielle Begründung lautete: „Arbeitseinsatz im Osten". Für die Reisevorbereitungen blieb nur wenig Zeit. Die Bekenntnisgemeinde Stephani-Süd sammelte warme Kleidung, Decken und Schuhe, die den betroffenen Familien von den Frauen des Helferkreises gebracht wurden. Am Reformationstag feierte die Gemeinde ein letztes Mal mit ihren jüdischen Brüdern und Schwestern den Gottesdienst und betete für sie. Die Kollekte sollte ihnen den vermeintlichen Neuanfang in Rußland erleichtern helfen. Vor dem Gemeindehaus fand ein herzlicher Abschied statt, und einige Frauen begleiteten die Sternträger nach Hause.

Beobachtet wurden diese Szenen von dem DC-Pastor Fischer, der sofort der Gestapo Meldung machte — mit fatalen Konsequenzen: Insgesamt zehn Gemeindeglieder wurden für mehrere Tage in Haft genommen. Pastor Greiffenhagen wurde die Amtsausübung untersagt, und er entkam nur knapp einer Strafversetzung an die Ostfront. Fortan galt Familie Greiffenhagen als „jüdisch versippt" mit der Folge, daß in dem großen Pastorenhaushalt kein „arisches" Personal mehr beschäftigt werden durfte. Magdalene Thimme und Elisabeth Forck, die in einem Protestbrief die Zugehörigkeit der jüdischen Christen zur Gemeinde bekräftigt und die Aufhebung der Strafen gefordert hatten, wurden des „Landesverrats im Kriege" beschuldigt; Elisabeth Forck mußte ihr Amt im Gemeindebruderrat niederlegen, um nicht aus dem Schuldienst entlassen zu werden, und wurde wie Magdalene Thimme und der Bruderratsvorsitzende Meyer mit einer empfindlichen Geldstrafe belegt. Den Lehrerinnen Maria Schröder, Hedwig Baudert und Anneliese Dittrich wurde nach ihrer Freilassung angedroht, man werde sie „zur Belehrung über Rassenunterschiede" auf drei Jahre nach Litzmannstadt in Polen strafversetzen. Dorthin waren im Oktober die ersten Massendeportationen aus dem Deutschen Reich abgegangen.

Zu der Strafversetzung der Lehrerinnen nach Polen kam es nicht, weil der Regierungspräsident von Lodz sich dagegen wehrte: Der Osten sei kein Schuttabladeplatz für unzuverlässige oder unfähige Elemente. Statt dessen wurde gegen die drei Volksschullehrerinnen, die den jüdischen Fami-

Für Pastor Greiffenhagen und seine Frau sowie für mehrere Gemeindeglieder von Stephani-Süd hatte die Unterstützung der jüdischen Familien üble Konsequenzen

lien die gespendeten Sachen gebracht hatten, sowie gegen die Gewerbelehrerin Tusnelde Forck, die die Kleiderkammer der bekennenden Gemeinde organisierte, am 18. März 1942 seitens des Reichsstatthalters vor der Dienststrafkammer Oldenburg ein förmliches Dienststrafverfahren eröffnet. Es endete am 29. Mai 1942 für Tusnelde Forck mit einer Geldstrafe in Höhe eines Monatsgehalts, für die anderen Lehrerinnen mit ihrer Entlassung. Dieses Urteil wurde durch das Reichsverwaltungsgericht ebenfalls zu einer Geldstrafe abgemildert. Die drei Lehrerinnen konnten mit einer Gehaltskürzung in den Schuldienst zurückkehren, wurden aber weiterhin von der Gestapo überwacht.

Das Schicksal der 440 jüdischen Männer, Frauen und Kinder, die am 18. November 1941 aus Bremen nach Minsk deportiert wurden, verlor sich größtenteils in den Massakern der „Aktion Reinhard", mit der im Juli 1942 das Attentat auf Heydrich gerächt wurde. Nur wenige Überlebende sind bekannt. Eine Gedenkreise von Bremen nach Minsk 1991 fand wieder in der Stephanigemeinde die größte Resonanz.

3. Der Sturz von Landesbischof Weidemann

Theologische Radikalisierung

Um mit der ideologischen Dynamik des NS-Systems Schritt zu halten, verstieg sich Weidemann zu einem theologischen Radikalismus, der destruktive Züge trug. Erstes Anzeichen dafür war 1939 das Scheitern der Arbeiten für ein neues Bremer Kirchengesangbuch, das ursprünglich auf der Linie der „Lieder der Kommenden Kirche" liegen sollte. Weidemann lehnte das in Zusammenarbeit mit den Gemeinden entstandene Manuskript der Gesangbuchkommission jedoch unerwartet ab, da die „jüdische Symbolsprache" nicht ausreichend getilgt sei. Auf Druck des Landesbischofs übernahm Emanuel Hirsch mit einem einseitig deutschchristlichen Konzept die Federführung und brachte im Oktober 1939 das „Gesangbuch der Kommenden Kirche" heraus. Die „Lieder der Kommenden Kirche" waren darin um 74 Titel erweitert, darunter eine Liedergruppe für politische Feiertage wie den „Tag der nationalen Erhebung" (30. Januar) oder den „Tag der nationalen Arbeit" (1. Mai). Unter den zeitgenössischen Lieddichtern war Hirsch mit elf Schöpfungen am stärksten vertreten. Das Gesangbuch sollte im Gottesdienst, bei Gemeinde- und Jugendfeiern, aber auch in der Familie Verwendung finden. Obgleich in der „Kommenden Kirche" lobende Rezensionen veröffentlicht und Tausende von Gratisexemplaren verteilt wurden, konnte es sich entgegen Weidemanns Anspruch nicht als offizielles Gesangbuch der BEK durchsetzen: Nach der Veröffentlichung der „Lieder der Kommenden Kirche" im Jahr zuvor war das Interesse erlahmt; außerdem wurde das Gesangbuch infolge seiner konfliktreichen Entstehung als Produkt des Landesbischofs angesehen, dessen Ansehen rapide schwand.

Weidemann näherte sich einer neuheidnisch-völkischen Religiosität, die nur noch oberflächlich mit christlichem Glauben zu tun hatte. An die Stelle der kirchlichen Sammlungsbewegung sollte nun ein strafforganisiertes, politisch-religiöses Glaubenskämpfertum treten, wie Weidemann es bereits zu Beginn seines deutschchristlichen Engagements propagiert hatte. Der Pfarrertyp der Zukunft sollte auf „Kirchenburgen", den NS-Ordensburgen nachgebildet, herangezogen werden und zuerst durch eine gründliche Parteischulung gehen. Baupläne für eine „Kirchenburg" lagen bereits vor, und in dieselbe Richtung wies die Eröffnung des Bremer Studienhauses für Theologiestudenten in Göttingen im Januar 1939. Doch es gelang Weidemann immer weniger, seine Gedankengänge einer breiteren Anhängerschaft zu vermitteln. Die krassen Ungerechtigkeiten seiner Kirchenregierung taten ein übriges, um die gemäßigten DC-Pastoren von ihm abrücken zu lassen. Auch die DC-Gemeindegruppe am Dom wurde immer kleiner, seit Weidemann seine Amtspflichten zusehends vernachlässigte, Beichtgeheimnisse weitererzählte und durch seinen Lebensstil in mehrfacher Hinsicht Anstoß erregte.

Mißbrauch von Kirchenfinanzen, private Affären

Weidemanns autokratisches Finanzgebaren führte den Gemeinden ihre Rechtlosigkeit besonders kraß vor Augen. Die Innere Mission, deren Zuschüsse gestrichen worden waren, erhob im Sommer 1940 Klage wegen Untreue, scheiterte aber an der politischen Rückendeckung des Landesbischofs. Weidemann kürzte auch andere Zahlungen aus der Zentralkasse nach Gutdünken, verlangte von den Gemeinden detaillierte Abrechnungen und schlug selbst bescheidene Wünsche mit dem Hinweis auf Mittelknappheit ab, während andererseits Riesensummen in die „Kommende Kirche" flossen: Nicht nur die aufwendigen Veranstaltungen, sondern auch der Verlag, eigentlich Weidemanns Privatunternehmen, wurden aus Steuermitteln finanziert. Das „Volkskirchliche Amt", das nur als Etatposten existierte, kaufte die Druckerzeugnisse zu überhöhten Preisen auf und verschickte sie ins ganze Reich. Aus dieser Quelle flossen auch großzügige zinslose Darlehen an Weidemann-Anhänger sowie undurchsichtige „Spesen" und Subventionen. Ein laufend erhöhter „Repräsentationsfonds" erlaubte dem Landesbischof ferner einen aufwendigen Lebensstil, während das Defizit im Kirchenhaushalt immer größer wurde. Im Dezember 1940 gab sich Weidemann per Verordnung den Doppeltitel Kirchenführer und Landesbischof sowie eine rückwirkende Gehaltserhöhung um 80 %, obwohl dies einen Verstoß gegen das Kriegswirtschaftsgesetz darstellte.

Während solche Einzelheiten der Öffentlichkeit zunächst verborgen blieben, sprachen sich andere Verstrickungen Weidemanns bald herum. Im Herbst 1940 reichte er unter unwürdigen Vorwürfen gegen seine Frau die Scheidung ein, obgleich der tatsächliche Grund die Beziehung zu seiner erheblich jüngeren Sekretärin war. Die Widerklage seiner Ehefrau rückte ihn in ein moralisch äußerst fragwürdiges Licht. Weidemanns anmaßendes Verhalten trug ihm außerdem im Sommer 1941 zwei Beleidigungsprozesse ein, die er beide verlor. Sein Versuch, die Anwaltskosten auf die bremische Kirchenkasse abzuwälzen, wurde gerade noch entdeckt. Das Maß war voll. Von verschiedensten Seiten gedrängt, erstattete Dom-Bauherr Franz Schütte am 11. Juli 1941 Anzeige wegen Betrugs und Veruntreuung von Kirchengeldern.

Da das SS-Organ „Schwarzes Korps" die Verfehlungen des Bremer Landesbischofs zu einem Frontalangriff gegen die evangelische Kirche auszuschlachten drohte, sahen sich Kirchenminister und DEK-Kanzlei zum Handeln gedrängt. Am 8. Oktober 1941 suspendierte die DEK Weidemann von seinem Amt und eröffnete ein Disziplinarverfahren gegen ihn. Gleichzeitig berief Kerrl eine Finanzabteilung aus Vertretern der kirchlichen Mitte: Ansgarii-Bauherr Hermann Edzard, Mitbegründer der Kirchlichen Arbeitsgemeinschaft, Bankier Carl Eduard Meyer, von Weidemann als Schatzmeister der BEK entlassen, und der 1933 in den Ruhestand getretene Senator Dr. Hermann Apelt. Der Kirchenminister hoffte jetzt, mit Rückendeckung der Reichskanzlei und des Justizministeriums Weidemann schnell und geräuschlos durch ein Strafverfahren von der Bühne zu bekommen.

Doch Weidemann verweigerte jede Aussage, blockierte die Tätigkeit der Finanzabteilung und ignorierte seine Suspendierung. Statt dessen ließ er sich den Dom gewaltsam öffnen und erkletterte sogar die verschlossene Kanzel von außen, um eine Schmährede auf seine Gegner zu halten. Ein anderes Mal drang er in den Gottesdienst eines abtrünnigen DC-Pastors ein, um selbst zu predigen, was allerdings durch das anhaltende Orgelspiel des Domorganisten verhindert wurde. Schließlich besetzten seine Anhänger nach der donnerstagabendlichen Motette die ehrwürdige Ostkrypta, um dort bis zum Sonntag auszuharren und Weidemann die Domtüren zu öffnen. Ein Polizeieinsatz beendete das Spektakel, und der Dom wurde vorübergehend geschlossen. Die am 21. Oktober 1941 von einem Rechtsanwaltskonsortium eingereichte, erweiterte Strafanzeige zählte auf: versuchte Untreue, Hausfriedensbruch, Beamtennötigung, öffentliche und tätliche Beleidigung, Körperverletzung, Freiheitsberaubung, Verhinderung von Gottesdiensten, Mißbrauch des Gottesdienstes. Die Arbeitsgemeinschaft Bremer Pastoren kündigte Weidemann jegliche Zusammenarbeit auf, enge Mitarbeiter wie Refer und Dietsch distanzierten sich von ihm, nur noch fünf Pastoren unterstützten ihn und seine Bemühungen, seine letzten Anhänger zu einer „Weidemann-Einung" zu mobilisieren.

Finanzabteilung unter Cölle

Weidemanns unverändert guten Beziehungen zur Gestapo schützten ihn davor, für seine Skandalauftritte belangt zu werden. Die politischen Konstellationen veränderten sich durch den plötzlichen Tod von Minister Kerrl am 14. Dezember 1941 erneut zu seinen Gunsten. Staatssekretär Muhs, der sich Hoffnungen auf den Ministerposten machte und dafür kein negatives Aufsehen gebrauchen konnte, schloß mit Weidemann ein Stillhalteabkommen und versprach, für seine Rehabilitierung zu sorgen. Als erstes entließ er die Mitglieder der Finanzabteilung, erklärte Gegner Weidemanns, und berief statt dessen den ehrgeizigen Rechtsanwalt Dr. Georg Cölle, der bereits die Finanzabteilungen mehrerer anderer Landeskirchen und ab August 1942 auch die der DEK leitete. Cölle, der mit Muhs und zunächst auch mit Weidemann in gutem Einvernehmen stand, übernahm mit der Finanzkontrolle praktisch die Kirchenregierung und setzte den autoritären Führungsstil des Landesbischofs fort. Den Leiter der BEK-Kanzlei, Dr. jur. Walter Bornemann, der zur Kirchlichen Arbeitsgemeinschaft gehörte und seit Jahren intern gegen Weidemanns Machtpolitik anzusteuern versuchte, räumte er durch die Meldung zur Dienstverpflichtung aus dem Weg. Die Kirchenopposition versuchte er einzuschüchtern, indem er mit Finanzsperre oder Disziplinarstrafen drohte und einzelne Pastoren von der Gestapo verhören ließ. Andererseits räumte Cölle das von Weidemann hinterlassene Chaos in den Kirchenfinanzen auf und brachte bereits 1943/44 einen Haushaltsausgleich zustande.

Weidemann mußte erkennen, daß der ebenso machtbewußte Cölle ihn an die Seite drängte. Auf die Suspendierung folgte der Gehaltsstop, Cölle und Muhs betrieben sogar Weidemanns Einberufung zur Wehrmacht. Weidemann wehrte sich, indem er Cölle bei der Gestapo als Sympathisant der Bekenntnisfront denunzierte, was dieser jedoch leicht widerlegen konnte. Hilfsappelle an die Reichskanzlei und andere Berliner Stellen blieben erfolglos. Als Weidemann im März 1942 schuldig geschieden wurde, zog er es daher vor, zunächst Bremen zu verlassen. In Heidelberg hoffte er, eine neue Anhängerschaft zu sammeln.

Weidemann war „kirchenpolitisch abgeschrieben", wie es Muhs ausdrückte, aber seine Rechtslage sollte in der Schwebe bleiben. Sowohl Staatssekretär Muhs im Kirchenministerium als auch der Justizminister wollten aus unterschiedlichen Gründen eine Durchleuchtung der kirchlichen Rechtslage vermeiden. Die bremische Regierung unterstützte die Vertuschung des Falles Weidemann, weil eine Absetzung des Landesbischofs als Gesichtsverlust und Sieg der Kirchenopposition gedeutet werden konnte. Voraussetzung war jedoch, daß Weidemann nicht erneut zum öffentlichen Ärgernis wurde, denn Skandale konnten im vierten Kriegsjahr nicht mehr geduldet werden.

Im November 1942 wurde das Scheidungsurteil gegen Weidemann — wegen sexueller Schamlosigkeit, Mißhandlung seiner Ehefrau und ehewidriger Beziehungen zu seiner Sekretärin — von der Revision bestätigt. Damit war das Ende seiner Karriere besiegelt. Das Netz gegenläufiger Interessen und polykratischer Machtstrukturen hätte Weidemann vor dem endgültigen Absturz bewahrt, wenn er sich mit einer unauffälligen Existenz begnügt hätte. Doch diese Chance zerstörte er durch seine Rückkehr nach Bremen im Frühjahr 1943. Mit einer Reihe von skandalösen Auftritten demonstrierte er erneut seinen Amtsanspruch als Landesbischof. Am 6. Juli 1943 wurde er deshalb vom Senat unter Hausarrest gestellt und wenig später zur Untersuchung seines Geisteszustands in die Berliner Charité gebracht. In einem Gutachten wurden charakterliche Abnormitäten einer schwer psychopathischen Persönlichkeit festgestellt. Mit einem Aufenthaltsverbot der Gestapo für die evangelischen Gebiete Norddeutschlands gelangte Weidemann wieder auf freien Fuß, wurde allerdings aus der Partei ausgeschlossen.

Als Weidemann die Wiederaufnahme seines Scheidungsverfahrens erwirken wollte, kam es zu einer dramatischen Wende: Er erpreßte seine Sekretärin, eine ihn belastende Aussage zu widerrufen, indem er drohte, sie anderenfalls wegen eines Meineides, unter dem sie zu seinen Gunsten eine Falschaussage gemacht hatte, anzuzeigen. Die junge Frau, die Weidemann endlich durchschaute, erstattete daraufhin selbst gegen sich Anzeige wegen Meineides. Damit kam ein Verfahren ins Rollen, das über die Verhaftung Weidemanns am 29. Januar 1944 in Heidelberg zum Prozeß vor dem Landgericht Hamburg führte, in dem er am 13. Oktober 1944 wegen Meineides, Anstiftung zum Meineid und versuchter Nötigung zu zweieinhalb Jahren Zuchthaus und vier Jahren Ehrverlust verurteilt wurde. Seine Absetzung als Landesbischof, durch eine von der Bremer Kirchenregierung mit der DEK-Kanzlei ausgehandelte *lex Weidemann,* wurde am 1. Juli 1944 rechtsgültig, nachdem ihm im April 1944 bereits die Rechte des geistlichen Standes aberkannt worden waren. Der Revisionsantrag Weidemanns wurde vom Reichsgericht abgelehnt.

Ende des Kirchenkampfes in Bremen

Unterdessen hatte auf Beschluß von Kirchenministerium und DEK-Kanzlei der altpreußische Oberkonsistorialrat und Leiter der Finanzabteilung in Magdeburg, der Jurist Johannes Schultz, im Februar 1943 die kommissarische Leitung der BEK übernommen. Da Cölle jetzt vor allem mit der Finanzabteilung der DEK befaßt war, hatte Schultz praktisch freie Hand. Er setzte sich für die Entschärfung des Kirchenkonflikts ein, indem er u.a. den Dauerstreit mit der Liebfrauengemeinde beendete und ihre Gemeindeleitung anerkannte, der Inneren Mission wieder ihre Zuschüsse aus der Kirchenkasse zahlte und das Kollektenverbot aufhob. Der Gemeindeführer der Horner Kirche, Friedrich Pampus, der noch im Januar

1944 eine fanatische Werbekampagne für Weidemanns Rückkehr betrieb, wurde kurzerhand abgesetzt. Und der Beitritt der BEK zum „Bund für deutsches Christentum" bedeutete auch formal das Ende der „Kommenden Kirche". Im Einvernehmen mit der DEK-Kanzlei berief Schultz eine neue Kirchenregierung aus gemäßigten Deutschen Christen, die allerdings kaum eine Rolle spielte. Ihr gehörten der Jurist Dr. Jules Eberhard Noltenius (Gemeindeführer Dom) als Schultz' Stellvertreter, die Kaufleute August Kohlrausch (Gemeindeführer Friedenskirche) und Hans Mose (Gemeindeführer Pauli-Zion-Hohentor) sowie Pastor Bertuleit (Luthergemeinde) an, der später von Pastor Dietsch (Dom) vertreten wurde. Die endgültige Regelung der bremischen Kirchenverhältnisse wurde bis zum Kriegsende verschoben. Da die NS-Regierung im Totalen Krieg jeden zusätzlichen Konfliktstoff vermeiden wollte, gewannen die Gemeinden weitgehend ihre Unabhängigkeit wieder.

4. *Die Zerstörung der Kirchen im Bombenkrieg*

Ab 1943 intensivierten sich die Bombenangriffe der Alliierten. Immer öfter heulten die Sirenen auch tagsüber. Die Kirchenglocken dagegen waren verstummt. Bis auf einige historisch besonders wertvolle Exemplare wurden die meisten 1941/42 für Rüstungszwecke eingeschmolzen. Die Bomben verschonten die Kirchen nicht: 1942 brannten die Waller Kirche und die Zionskirche aus, auch Remberti sank in Trümmer. Dies war nur ein Vorspiel für die katastrophalen Zerstörungen des Jahres 1944, als ganze Stadtviertel systematisch mit einem Bombenteppich überzogen wurden und so viele Menschen ums Leben kamen, wie in den vergangenen Kriegsjahren zusammengenommen. Der Luftangriff am 18./19. August 1944 verwandelte den Bremer Westen in ein Flammenmeer.
Zwei weitere schwere Luftangriffe im September und Oktober verwüsteten den Osten bzw. die Stadtmitte. Der Zerstörung fielen die Michaelis- und die Wilhadikirche zum Opfer, ebenso die historisch wertvolle Nikolauskirche und die Dankeskirche in Gröpelingen, Stephani wurde schwer getroffen, die Martinikirche stürzte teilweise ein, Liebfrauen verlor den Turmhelm. Eine Sprengbombe bohrte sich in das Fundament der Ansgariikirche und ließ wenig später den 103 Meter hohen Turm ins Kirchenschiff stürzen. Völlig zerstört wurden auch die Pauli- und die erst zwölf Jahre bestehende Hohentorskirche, so daß in der Neustadt allein die schwer getroffene Jakobikirche stehenblieb. Schwere Schäden erlitten die Friedenskirche, die Rablinghauser Kirche und die Woltmershauser Christuskirche, die romanische Arster Kirche, die Kirche von Oslebshausen und in Bremerhaven die Bürgermeister-Smidt-Gedächtniskirche, ferner

Blick von der Hansestraße auf den zerstörten Bremer Westen mit der Turmruine der Wilhadikirche, 1949

das Haus der Luthergemeinde und viele andere Pfarr- und Gemeindehäuser.

Gemeindeleben im Krieg

Die Gemeinden wurden zerstreut: Die Männer waren im Kriegsdienst, die Kinder verschickt oder die Familien insgesamt evakuiert, die Ausgebombten auf der Suche nach Notquartieren. 42 % der Pastoren waren eingezogen, und es wurde immer schwieriger, Vertretungen zu organisieren. Die Gottesdienste und Gemeindekreise litten unter den häufigen Alarmen, es fehlte an Ausweichräumen für ausgebombte Gemeinden und an Heizmaterial für die Kirchen, so daß in den Abkündigungen gebeten wurde, zum Gottesdienst ein Brikett mitzubringen. Aber trotz vieler Schwierigkeiten fanden die Menschen immer noch oder wieder den Weg in die Kirche: Zermürbt durch Not und Sorgen oder verzweifelt über eine Todesnachricht, suchten sie Trost und Hoffnung im christlichen Glauben. Sie versammelten sich in halbzerstörten Kirchen, in den Kellern ausgebombter Gemeindehäuser oder in Privatwohnungen, in notdürftig hergerichteten Baracken, Gartenhäusern oder im Nebenraum einer Gaststätte. Während der Glaube an den Führer, an Deutschlands Macht und Größe unaufhaltsam zerfiel, setzte ein neues Fragen nach dem Evangelium ein, nach einer Wahrheit jenseits der Propagandaphrasen. Diese Religiosität war von Subjektivismus und Innerlichkeit geprägt, mit den theologischen Positionen des Kirchenkampfes hatte sie nichts zu tun. Es ist bezeichnend, daß die streng orthodoxe Berneuchener Bewegung in diesen Jahren auch in Bremen einen festen Kreis gewann. Ihr Mitbegründer und Bischof D. Wilhelm Stählin, Ordinarius für Praktische Theologie in Münster, hielt regelmäßig Gastpredigten in der vollbesetzten Ansgarii-Kirche. Auch Stählins Bibelkreis im Haus des Rechtsanwalts Richard Ahlers, Kirchenvorstandsmitglied der Gemeinde Bremen-Horn, war stark besucht.

Der Ring um das Deutsche Reich zog sich immer enger zusammen. Im Oktober 1944 wurde im Gau Weser-Ems der „Volkssturm" mobil gemacht, und NSDAP-Kreisleiter Schümann drohte mit der Todesstrafe für jeden, der die weiße Flagge zeigte. Am 25. April 1945 wurde die Hansestadt von britischen Truppen eingenommen. Damit war das Dritte Reich in Bremen am Ende.

Literatur:
Stoevesandt, Bekennende Gemeinden (1961). — Brakelmann, Kirche im Krieg (1979). — Bruss, Bremer Juden (1983). — Meier, Der ev. Kirchenkampf, Bd. 3 (1984) (bes. S. 397—402). — Heitmann, Ortsgemeinden (1985). — Koch, Christen (1985). — Meyer-Zollitsch, NS und ev. Kirche in Bremen (1985). — Kaiser/Greschat, Holocaust (1988). — Tödt, Novemberverbrechen (1989). — Koch, Kirchenkampf in St. Stephani (1990). — Röhm/Thierfelder, Juden, Christen, Deutsche (1990). — Koch, Deportation von Christen (1992). — v. Zobeltitz, Gedenkreise (1992).

VIII. Die evangelische Kirche zwischen Restauration und Erneuerung

1. *Die Bremische Evangelische Kirche unter der amerikanischen Besatzungsregierung*

Unmittelbar nach der Einnahme durch die Briten wurde Bremen als Nachschubhafen von der US-Militärregierung übernommen. Nachdem die umliegenden Landkreise am 10. Dezember 1945 an die britische Besatzungsverwaltung übergegangen waren, umfaßte die amerikanische Enklave das Territorium des späteren Bundeslandes Bremen: die Stadt Bremen mit ihrem Landgebiet und den Stadtkreis Wesermünde, der nach dem Hafenplatz 1947 insgesamt in Bremerhaven umbenannt wurde. Versorgung und Verwaltung der Enklave im britisch besetzten Umland gestalteten sich kompliziert und zeitraubend. Da die Besatzungsmacht teils nach amerikanischen, teils nach britischen Grundsätzen verfuhr und bis zur Einrichtung des Office of Military Government for Bremen Enklave (United States) am 15. April 1946, das direkt der amerikanischen Militärregierung OMGUS in Berlin unterstellt war, eine zentrale Entscheidungsinstanz fehlte, herrschte ein wahres Richtlinien- und Kompetenzenchaos. Die Situation besserte sich, als Bremen am 21. Januar 1947 als viertes Land der US-Zone anerkannt und zugleich vollberechtigtes Mitglied im Länderrat wurde.

Es charakterisiert die unübersichtliche Situation im Frühjahr 1945, daß bei der Neuordnung der bremischen Verwaltung gleich zwei Fehlgriffe passierten: Als Regierenden Bürgermeister setzte die Militärregierung zuerst den ehemaligen Polizeipräsidenten und SS-Brigadeführer Johannes Schroers ein, dann den DNVP-Fraktionsvorsitzenden Erich Vagts, der 1933 dem Senat der „Machtübernahme" angehört hatte. Beide stolperten über ihre politische Vergangenheit. Am 1. August 1945 wurde schließlich der frühere SPD-Wohlfahrtssenator Wilhelm Kaisen zum Bürgermeister und Präsidenten des Senats berufen. Ihm stand ein am 6. Juni ernannter Koalitionssenat aus bürgerlichen und sozialdemokratischen Politikern zur Seite, die fast alle bereits in der Weimarer Republik demokratische Gesinnung und politische Fähigkeiten bewiesen hatten. Dazu gehörte auch der zweite Bürgermeister Theodor Spitta, der neben dem Justizressort wieder die kirchlichen Angelegenheiten übernahm. Am 13. Oktober 1946 fanden die ersten Bürgerschaftswahlen statt, in denen die SPD ihre starke Position als bremische Volkspartei bestätigen und sich die Mehrheit der Mandate sichern konnte.

Für die evangelische Kirche war ab August 1945 Major Crabill als Religion und Fine Arts Officer zuständig. Sein Mitarbeiter Lieutenant Wilson versuchte u. a. durch zahlreiche Gespräche mit Pastoren ein — sehr unterschiedlich eingefärbtes — Bild der Situation zu gewinnen. Die amerikanische Militärregierung begegnete der Kirche, deren bedrängte Situation unter dem NS-Regime auch im Ausland bekanntgeworden war, mit Wohlwollen. Obgleich erste Kontakte mit führenden Männern der Bekennenden Kirche wie Niemöller und Wurm durchaus Zweifel an der demokratischen Aufgeschlossenheit dieser „ardent german patriots" weckten, sah man in ihnen doch die Kräfte des „anderen Deutschland", die einen wichtigen Beitrag zur moralischen Erneuerung des deutschen Volkes leisten sollten. Der kirchliche Wiederaufbau wurde daher tatkräftig gefördert. In Bremen stellte die Militärregierung Brennholz und Reparaturmaterial zur Verfügung, gab bereits beschlagnahmte Kirchenräume wieder frei, sorgte für die Verteilung von 3750 aus den USA gespendeten Bibeln und genehmigte Papier für die neue Bremer Kirchenzeitung. Die Jakobi-

und die Liebfrauenkirche wurden mit amerikanischen Mitteln notdürftig instand gesetzt, damit Sieger und Besiegte dort ihre Gottesdienste feiern konnten.

Hinsichtlich der institutionellen Neuordnung ließ die US-Besatzungsmacht den Vertretern der Kirchenopposition, die jetzt überall die Leitung der Landeskirchen übernahmen, weitgehend freie Hand. Gewünscht wurden regelmäßige Berichte, ansonsten sollte die Kirche innerhalb eines kontrollierten Freiraumes die Reinigung von der braunen Vergangenheit sowie die Wiederherstellung von Kirchenrecht und -ordnung selbst durchführen.

Reorganisation der BEK: Der Vorläufige Kirchenausschuß

Ein Kreis der kirchlichen Mitte um die beiden Liebfrauen-Bauherren Stoevesandt und Bote hatte bereits vor Kriegsende Überlegungen für die Reorganisation der bremischen Kirche angestellt. Entsprechend dem Legalitätsprinzip, das den gemeinsamen Nenner zwischen der Bekenntnisgemeinschaft, der Kirchlichen Arbeitsgemeinschaft und der Arbeitsgemeinschaft Bremer Pastoren bildete, wurde eine Rückkehr zur liberalen Verfassung von 1920 angestrebt. Eine entsprechende Verfügung, formuliert von Justizsenator Spitta, erließ der Regierende Bürgermeister Vagts am 15. Juni 1945: Sämtliche Verordnungen in der BEK und in den Gemeinden seit dem 24. Januar 1934 wurden für rechtswidrig erklärt und aufgehoben, die Gültigkeit der Kirchenverfassung von 1920 und die Unabhängigkeit der bremischen Kirche vom Staat bekräftigt. Der gleichzeitig ernannte Vorläufige Kirchenausschuß repräsentierte die drei Fraktionen der Kirchenopposition: Die strenggläubige Kirchenmitte (im besonderen die theologische Richtung um Bischof Stählin, jetzt Oldenburger Landesbischof) vertraten Kaufmann Edzard (Ansgarii) und Rechtsanwalt Ahlers (Horn), der auf der ersten Sitzung zum Präsidenten der BEK bestimmt wurde; Vizepräsident Donandt (Unser Lieben Frauen) nahm eine vermittelnde Position zwischen „positiver" Mitte und der Bekenntnisgemeinschaft ein, die repräsentiert war durch Kaufmann Gustav Meyer (Stephani), Pastor Wilken (Unser Lieben Frauen) und den zum Schriftführer bestimmten Pastor Urban (Friedenskirche); für den liberalen Kirchenteil standen Rechtsanwalt Leist (Remberti), Kaufmann Meentzen (Dom) und Pastor Hackländer (Michaelis). Dieser Vorläufige Kirchenausschuß, wegen seines bekenntniskonservativen Übergewichts von den Liberalen mit Skepsis betrachtet, sollte in den Gemeinden für die Bildung neuer Körperschaften auf der Basis der bis 1934 gültigen Gemeindeordnungen sorgen und den ersten Kirchentag vorbereiten. Um gegen

Gemeindeführer und Pastoren aus der Ära Weidemann vorgehen zu können, wurde der vorläufigen BEK-Leitung durch einen besonderen Senatsbeschluß die Befugnis erteilt, Rechtsverordnungen zu erlassen und dabei auch den Art. 1 der bremischen Kirchenverfassung zu ändern, der neben der Glaubens-, Gewissens- und Lehrfreiheit der Gemeinden auch ihre traditionelle Selbständigkeit und Selbstverwaltung garantierte.

Da in Bremen handlungsfähige landeskirchliche Organe oder auch eine notrechtliche Kirchenleitung fehlten, leitete ein Rechtshilfeakt des Senats die Neukonstituierung der Landeskirche ein. Dieses rasche Handeln war auch deshalb geboten, weil eine Gruppe von Deutschen Christen sich über die Militärregierung erneut Einfluß auf die BEK-Leitung zu verschaffen suchte. Die Rechtshilfe des Senats wurde von der Bekenntnisgemeinschaft zwar als unbefriedigend empfunden, aber als unvermeidlicher Ausgangspunkt für eine erhoffte, gründliche Reform der BEK in Kauf genommen. Stoevesandt hatte selbst an dieser Lösung mitgewirkt, weitere Bruderratsmitglieder arbeiteten im Vorläufigen Kirchenausschuß mit. Scharfe Kritik wurde dagegen von Stephani-Süd erhoben.

Der Vorläufige Kirchenausschuß sollte in erster Linie Ordnungen und Ämter in den Gemeinden wieder auf eine rechtmäßige Grundlage stellen. Dazu wurden mehrere Kommissionen gebildet, die mit den Gemeinden Gespräche aufnahmen. Daneben drängte eine Vielzahl weiterer Probleme: Von 42 Kirchen waren zehn vollständig zerstört und sechs schwer beschädigt. Dies betraf vor allem die großen, traditionsreichen Gemeinden in der Innenstadt, wo bei Kriegsende nur noch die Krypta des Doms und die katholische Hauptkirche St. Johann benutzbar waren. Ausweichquartiere und Reparaturmaterialien waren schwer zu beschaffen. Überall fehlten Pastoren. Siebzehn geflohene oder vertriebene „Ostpfarrer" wurden bis Oktober 1946 bereits eingesetzt, doch mehrere Gemeinden blieben zunächst verwaist. Durch die großflächigen Bombenangriffe waren einzelne Kirchenbezirke praktisch ausradiert worden; in den weniger betroffenen Gebieten wuchs dagegen die Bewohnerdichte sprunghaft an, und die dortigen Gemeindepfarrer waren vollkommen überlastet. Alle diese Probleme wurden in den Schatten gestellt durch die existentielle Not, die in der stark zerstörten, von Flüchtlingen überströmenden Stadt das tägliche Leben bestimmte. Zum Hunger kam die bittere Kälte der ersten beiden Nachkriegswinter. Die kirchlichen und freien Wohlfahrtsorganisationen schlossen sich zur Bremer Volkshilfe zusammen und versuchten, durch Geld-, Hausrat- und Kleidersammlungen die ärgste Bedürftigkeit zu lindern.

Besondere Sorge bereitete die Situation der Jugend, deren „Verwahrlosung" vielfach von den Pastoren beklagt wurde. Dahinter verbarg sich ein

Problembündel aus moralischer Entwurzelung und tiefer Desillusionierung, Perspektivlosigkeit und mangelhafter Ernährung. Der Kirchenausschuß appellierte im Februar 1947 an die Militärregierung, Räume, Heiz- und Arbeitsmaterial zur Verfügung zu stellen, um ein Beschäftigungsprogramm für Jugendliche aufzubauen. Der neue Landesjugendpfarrer Brölsch organisierte für den Sommer 1947 mit dem amerikanischen Jugendoffizier ein Zeltlager, in dem insgesamt 900 Jugendliche untergebracht wurden. Das Erholungsheim „Bremer Haus" auf Langeoog, das dem CVJM gehört hatte und 1939 an die BEK übereignet worden war, um dem staatlichen Zugriff zuvorzukommen, wurde 1950 an seinen ursprünglichen Besitzer zurückgegeben. Für die Jugendzeltlager erwarb der Kirchenausschuß deshalb 1949 auf Langeoog ein eigenes Grundstück mit einer einfachen Wirtschaftsbaracke, die in den folgenden Jahren ausgebaut und 1953 als „Haus Meedland" eingeweiht wurde.
Es ging nicht nur um die Linderung der äußeren Not. Viele Menschen suchten in der Kirche Antworten auf die Frage nach den Ursachen der Katastrophe, Trost und moralische Orientierung. Es fanden überfüllte Gedenk- und Fürbittegottesdienste statt, stark besuchte Bibelkreise wurden in Flüchtlingsbaracken und Internierungslagern abgehalten. Großes Echo fand im Februar 1946 eine Lutherwoche. Hier ging es nicht mehr, wie noch 1933, um den kämpferischen Nationalhelden, sondern um den Menschen Martin Luther, sein Ringen um einen gnädigen Gott und die Frage nach einer im Glauben begründeten Humanität. Ein Zug zu pietistischer Innerlichkeit spiegelte sich auch in vielen Beiträgen der neuen Bremer Kirchenzeitung „Einkehr".

Die neue Rolle der evangelischen Kirche

Doch umfangreiche Hilfsaktionen und individuelle Seelsorge waren nur eine Seite der kirchlichen Tätigkeit. Aus dem Selbstbewußtsein, dem nationalsozialistischen Dämon widerstanden zu haben, bezogen die neuen Repräsentanten der evangelischen Kirche die Legitimation zur nachdrücklichen Einmischung in das Zeitgeschehen. Es zeichnete sich ab, daß die evangelische Kirche als Konsequenz aus den Erfahrungen der Vergangenheit eine neue Rolle übernehmen würde, die das Eintreten für den Mitmenschen wie auch das kritische Wächteramt gegenüber dem Staat einschloß, wie es die Bekennende Kirche in der Barmer Erklärung 1934 postuliert hatte. Ihre moralische Autorität machte die Kirche dabei zum einen gegenüber der Bevölkerung geltend und forderte die Rückkehr zu einer christlichen Lebensführung: Eine „Rechristianisierung" der Gesellschaft sollte einen erneuten Sieg des Bösen verhindern. Zum anderen traten die Kirchenleitungen gegenüber der Militärregierung als Anwalt der Bevölkerung auf, etwa — wie der Kirchenausschuß der BEK — mit einer großangelegten Bittaktion zur Entlassung der restlichen Kriegsgefangenen und zur Rückführung der in süddeutschen Lagern internierten Bremer, mit Protesten gegen die zahlreichen Wohnraum-Beschlagnahmungen oder als Kritiker der Entnazifizierungspolitik.

Das institutionelle Vakuum nach dem Zusammenbruch des NS-Staates begünstigte zweifellos die Profilierung der evangelische Kirche als Sachwalterin von öffentlichen Anliegen. Dieses zunehmend selbstbewußte Auftreten, von der Anerkennung der Bevölkerung und der Solidarität der Ökumene bestärkt, löste bei der Militärregierung jedoch Irritationen aus. Denn nach amerikanischem Verständnis hatten die Kirchen grundsätzlich unpolitisch zu sein. Zu offenen Spannungen kam es über die Entnazifizierung.

Konflikt um die Entnazifizierung

Den Auftakt zur Entnazifizierung in der US-Zone bildete eine am 7. Juli 1945 ergangene und mehrfach verschärfte Direktive, nach der jeder Parteigenosse mit Eintrittsdatum vor 1937 und jeder Amtsträger in einer Parteiorganisation aus dem öffentlichen Dienst, später auch aus der Wirtschaft zu entlassen seien. Die Entscheidung wurde schematisch auf der Grundlage eines Erhebungsbogens mit 131 Einzelfragen ermittelt; das Berufungsverfahren war langwierig. Die Kirche protestierte im Namen der erbitterten und verunsicherten Bevölkerung und hielt mit der freigebigen Ausstellung von „Persil-Scheinen" dagegen, mit denen sich Betroffene eine politisch und moralisch weiße Weste bestätigen lassen konnten. Diese zunächst begehrten Entlastungszeugnisse fielen jedoch bald einem inflationären Wertverlust anheim.

Die Militärregierung war bereit, den Landeskirchen der US-Zone die Entscheidung über Geistliche und Kirchenbeamte mit belastenden Fragebogenergebnissen selbst zu überlassen. Sie gab jedoch zu verstehen, daß von den Kirchenleitungen ein entschlossenes Vorgehen erwartet wurde. Dadurch entstand in der Kirchenpolitik der USA ein eigenartiges Nebeneinander von Nichteinmischung und verschärfter Kontrolle, während die Kirchen, herausgefordert, im selben Maße die eigene Reinigung verschleppten, wie ihre allgemeine Kritik am Entnazifizierungsverfahren zunahm.

Was mit den Pastoren geschehen sollte, die den Deutschen Christen oder einer Parteiorganisation angehört hatten, dieses Problem schob der Kirchenausschuß der BEK ungelöst vor sich her. Im September 1945 wurde ein Prüfungsausschuß gebildet, bestehend aus Rechtsanwalt Leist als Vorsitzendem und zwei Pastoren, davon einer aus der Kirchenleitung. Dieser Ausschuß sollte im brüderlichen Gespräch mit den Betroffenen die Hintergründe der früheren Einstellung klären und in seinem Gutachten die Hinweise auf einen späteren Sinneswandel besonders hervorheben. Schon die Wahl von Leist, der selbst sechs NS-Organisationen angehört hatte, zum Vorsitzenden verriet nicht nur politische Instinktlosigkeit, sondern bestätigte auch den Verdacht, daß eine wirkliche Selbstreinigung der bremischen Kirche von ihren nationalsozialistischen und deutschchristlichen Verflechtungen hier nicht angestrebt war. Nicht Abrechnung, sondern Rechtfertigung hieß die Leitlinie, und die Gutachten waren eher als „Persil-Scheine" für den eigenen Gebrauch gegenüber der Besatzungsregierung bestimmt.

Mit dieser Strategie entsprach der Kirchenausschuß der Stimmung in den Gemeinden, die — bis auf eine Ausnahme — ihre DC-Pastoren nicht hergeben wollten. Dabei spielte sicher auch eine Rolle, daß im Falle einer Suspendierung die Pfarrstelle für längere Zeit unbesetzt bleiben würde. Sogar die Dom-Bauherren nahmen ihre Prediger, unter denen zumindestens Rahm und Dietsch glühende Nationalsozialisten und DC-Aktivisten gewesen waren, in Schutz.

Aber auch Pastoren der kirchlichen Opposition mochten nicht über ihre früheren Gegner zu Gericht sitzen: Die Mitwirkung im Entnazifizierungsausschuß lehnte Greiffenhagen mit der Begründung ab, der Kirchenausschuß mache sich zum Handlanger des Staates und verfalle damit in alte DC-Praktiken. Denkhaus war nur unter größten Vorbehalten zur Mitarbeit bereit, und auch Remberti-Pastor Nölle hielt vereintes Zupacken beim Wiederaufbau für wichtiger als Abrechnungen über die Vergangenheit.

Auf der anderen Seite stand die Militärregierung, die das Prüfungsverfahren billigte, aber Ergebnisse sehen wollte. Daß einige ältere Pastoren, von sich aus oder weil es ihnen nahegelegt worden war, die Pensionierung einreichten — darunter Jeep, der damit die Konsequenz aus seiner Parteimitgliedschaft zog, und Mauritz —, reichte nicht aus. Im Februar 1946 legten die Amerikaner eine Liste vor, nach der sie 20 der 55 amtierenden Pastoren beanstandeten und die sofortige Behandlung dieser Fälle durch den Prüfungsausschuß verlangten. Als Grundlage dienten die Fragebögen, in denen u. a. nach der Mitgliedschaft in NS-Organisationen und dem Treueid auf den Führer gefragt worden war — bei dieser Angabe schienen etliche Bremer Pastoren unter Gedächtnisschwäche zu leiden —, sowie die Jahrgänge der „Kommenden Kirche". Als eindeutig belastet waren hier Dietsch, Rahm und Refer aufgefallen. Sie sollten ebenso wie zwei andere Pastoren und ein Organist sofort entlassen werden. Doch der Kirchenausschuß, der wohl auch eine Kraftprobe mit den Gemeinden scheute, wollte in der früheren politischen Aktivität keinen Entlassungsgrund erkennen und spielte auf Zeit. Von den betroffenen Pastoren war keine Einsicht zu erwarten, im Gegenteil: Rahm drohte sogar, seine Gemeinde offen gegen den Kirchenausschuß zu mobilisieren. Ähnlich verhielten sich Dietsch und Refer, die beide seit 1933 der NSDAP, einer von ihnen sogar aktiv der SA angehört hatten. In der Öffentlichkeit wurde bereits Unmut über die ungerechtfertigte Vorzugsbehandlung der Pastoren in der Entnazifizierungsfrage laut. Unter Sozialdemokraten war unvergessen, daß Rahm im „roten Hastedt" einst die SA nach Kräften unterstützt hatte. Die Verschleppungstaktik hatte einen in der US-Zone einmaligen Eingriff der Militärregierung zur Folge: Am 12. Juli 1946 befahl sie die sofortige Suspendierung von Dietsch, Rahm, Refer und einigen anderen belasteten Pastoren, forderte die Beschleunigung der Prüfungsverfahren und setzte, als weiterhin nichts passierte, am 19. Juli kurzerhand Kirchenpräsident Ahlers ab. Zwischen alle Stühle geraten, kam der Kirchenausschuß den Anordnungen nach. Unter dem Druck der Militärregierung wurden bis Mitte Januar 1947 von der BEK-Leitung gegen 20 Pastoren Entnazifizierungsmaßnahmen verhängt: Zwei Pastoren wurden entlassen, fünf in den Ruhestand und vier in den Wartestand versetzt sowie neun suspendiert. Hinzu kam die Suspendierung von drei Kirchenbeamten.

Diese Bilanz geriet ins Rutschen, als am 9. Mai 1947 auch für Bremen das „Gesetz zur Befreiung von Nationalsozialismus und Militarismus" übernommen wurde, das in den anderen Ländern der US-Zone bereits seit dem 5. März 1946 galt. Danach wurde die Entnazifizierung weitgehend an deutsche Stellen übergeben und von gerichtsähnlichen Spruchkammern abgewickelt. Das Verfahren, das mit einer erheblichen Ausweitung des Betroffenenkreises einherging, begünstigte das Denunziantentum und führte zu eklatanten Fehlentscheidungen. Dadurch wurde die Idee der politischen Reinigung für weite Kreise endgültig disqualifiziert. Die evangelische Kirche machte sich zur Wortführerin gegen diese Entnazifizierungspraxis: Martin Niemöller, inzwischen Kirchenpräsident von Hessen-Nassau, rief zum Boykott der Spruchkammerverfahren auf, und auch der Bremer Kirchenausschuß führte eine Plakatkampagne mit dem achten Gebot „Du sollst nicht falsch Zeugnis reden" durch. Außerdem forderte er in Eingaben an die Militärregierung eine weitgehende Amnestie bzw. Rehabilitierung.

Der dritte Kirchentag im Mai 1947 machte deutlich, wie sich die Zeichen der Zeit verändert hatten. Ein Gesetzentwurf, der entsprechend den Empfehlungen der EKD die Entlassung von Pastoren ermöglichte, wenn sie Mitglieder der NSDAP oder der Deutschen Christen gewesen waren oder erwiesenermaßen unter dem Einfluß der nationalsozialistischen Ideologie gestanden hatten, war auf den Kirchentagen im Oktober und November 1946 schon entscheidend abgeschwächt worden; nun wurde er dahingehend modifiziert, daß bereits gefällte Entscheidungen in einem spruchkammerähnlichen Verfahren revidiert werden konnten. Das potentielle Instrument der Selbstreinigung diente jetzt nur noch der Rehabilitierung. Zwischen Oktober 1947 und Juli 1948 wurden fast alle Suspendierungen und Versetzungen in den Wartestand wieder aufgehoben. Durchschnittlich waren die Pastoren etwa eineinviertel Jahr aus dem Amt gewesen. Einige Pastoren, die das Pensionsalter erreicht hatten, traten in den Ruhestand. Die meisten kehrten, wie Rahm und Dietsch, in ihre Gemeinden zurück. Wehowsky, den die Osterholzer Gemeinde auf keinen Fall wiederhaben wollte, wurde zunächst als Hilfsprediger „z.b.V." angestellt, bevor er 1949 Beauftragter der bremischen Landeskirche für Rundfunkarbeit und im Dezember 1950 Nachfolger des von der BEK suspendierten Pastors Oberhof an Martini wurde. Auch die für besonders kompromittiert befundenen bzw. entlassenen Pastoren fanden schließlich wieder in die BEK zurück, zuletzt Rudolf Collmar, der nach einigen Jahren Buße mit Karteiarbeit und Polizeiseelsorge zunächst Rundfunkbeauftragter und 1955 Gemeindepastor in Vegesack wurde.

Der deutschlandpolitische Prioritätenwechsel der Amerikaner und die allgemeine Entnazifizierungsmüdigkeit sorgten dafür, daß die verantwortlichen Exponenten des NS-Regimes mit unangemessen milden Urteilen davonkamen. Der ehemalige Bürgermeister Otto Heider wurde 1950 als „minderbelastet" eingestuft, der einflußreiche Kirchenfunktionär Cölle nur noch als „Mitläufer". Beinahe wäre es auch dem ehemaligen Landesbischof Weidemann gelungen, sich von einer Spruchkammer rehabilitieren und wegen seiner verbüßten Zuchthausstrafe als „Verfolgter des NS-Regimes" anerkennen zu lassen. Dies konnte durch die Aufmerksamkeit des Leiters der Kirchenkanzlei gerade noch verhindert werden. Statt dessen wurde Weidemann am 25. November 1949 in Abwesenheit als „Hauptschuldiger" zu vier Jahren Arbeitslager mit Nebenstrafen verurteilt. Das Urteil konnte jedoch nicht vollstreckt werden, weil Weidemann untergetaucht war. 1952 wurde er dann zum „Mitläufer" begnadigt. Bis zu seinem Tod 1976 in München, wo er als Vertreter in sehr bescheidenen Verhältnissen lebte, gab Weidemann seine Bemühungen nicht auf, als Bremer Landesbischof rehabilitiert zu werden.

Die evangelische Kirche ging aus dem Zusammenbruch des NS-Systems objektiv gestärkt hervor. Die Auseinandersetzungen mit der Militärregierung um Besatzungspolitik und Entnazifizierung wurden zum Testfall für die künftige Rolle der Kirche in Staat und Gesellschaft. Mit diesem neuen

Selbstbewußtsein, das in einer unreflektierten Stilisierung zur „Widerstandsbewegung" gegen den NS-Staat gründete, wehrte die evangelische Kirche jedoch zugleich eine echte Aufarbeitung ihrer politisch-ideologischen Verflechtungen mit dem Nationalsozialismus ab.

2. Die Wiederherstellung der „Glaubens-, Gewissens- und Lehrfreiheit"

Es waren die Landeskirchen, die den Siegermächten in den Besatzungszonen als Ansprechpartner gegenübertraten und die damit, entgegen den forcierten Zentralisierungsbestrebungen des Dritten Reiches, ihr früheres Gewicht auch innerkirchlich zurückerlangten. Bezeichnenderweise war die erste gesamtkirchliche Konferenz vom 27. bis 31. August 1945 in Treysa bei Kassel von ihrem Initiator Landesbischof Wurm als Zusammenkunft der neuen Landeskirchenleitungen geplant — für die BEK nahmen Kirchenpräsident Ahlers und Vizepräsident Donandt daran teil —, während die Organe der Bekennenden Kirche gar nicht als solche eingeladen waren. Der Verlauf der Konferenz bestätigte, daß der Niemöller-Flügel mit seinem Konzept, den bruderrätlichen Kirchenaufbau auf die gesamte evangelische Kirche zu übertragen, am wiedererstarkten Konfessionalismus scheitern mußte.

Die Grundordnung der Evangelischen Kirche in Deutschland, verabschiedet am 13. Juli 1948 auf dem Kirchentag in Eisenach, orientierte sich an der Kirchenverfassung von 1922 und bestimmte die EKD als Bund selbständiger Landeskirchen, denen der Rat keine bindende Weisung erteilen kann. Erst in zweiter Linie wurde das Erbe der Bekennenden Kirche eingebunden: durch die Bejahung der Barmer Erklärung und die Selbstverpflichtung, „die Erkenntnisse des Kirchenkampfes über Wesen, Auftrag und Ordnung der Kirche zur Auswirkung zu bringen".

Trotz der institutionellen Restauration, die auch theologische und politische Restaurationstendenzen begünstigte, wurde in der EKD die führende Rolle der Bekennenden Kirche — zweifellos auch als moralisches „Alibi" gegenüber dem Ausland — anerkannt. Wurm und Niemöller wurden an der Spitze von zwölf im Kirchenkampf profilierten Männern in den neugebildeten Rat der EKD gewählt. Und in den Positionsbestimmungen der EKD gegenüber Staat und Gesellschaft wurden die von der Bekennenden Kirche entwickelten Neuansätze wirksam. Schon die Treysaer Konferenz zog mit der „Kundgebung zur Verantwortung der Kirche für das öffentliche Leben" einen Schlußstrich unter jahrhundertelange Obrigkeitsgläubigkeit und politisch-soziale Indifferenz des Protestantismus. Hier wurde das gesellschaftspolitische Mandat der Kirche proklamiert, das sie seit den ersten Nachkriegstagen bereits zu verwirklichen begonnen hatte.

Martin Niemöller, kämpferischer Repräsentant einer neuen, politischsozialen Verantwortung der evangelischen Kirche, besuchte in den Nachkriegsjahren mehrfach Bremen; hier mit Dr. Karl Stoevesandt (rechts) im Bremer Ratskeller

Alte und neue Fronten in der BEK: Erster Kirchentag 1946

Der Vorläufige Kirchenausschuß der BEK sah seinen Auftrag als erfüllt an, nachdem er schließlich rund 30 DC-Bauherren und Kirchenvorstandsmitglieder, die durch die Einheitslisten vom 23. Juli 1933 oder auf Anordnung von Landesbischof Weidemann in ihr Amt gekommen waren, abgesetzt hatte. In einem Drittel der Fälle hatte die Militärregierung die Absetzung wegen Partei-, SS- oder SA-Zugehörigkeit verlangt. Gleichzeitig waren überall die Kirchenvorstände sowie die Gemeindevertreter neu gewählt worden, die am 9. Oktober 1946 zum ersten Bremer Kirchentag der Nachkriegszeit zusammentraten.
Bezüglich des wichtigsten Tagesordnungspunktes, der Verfassung der BEK, gab es drei Lager. Der radikale Bekenntnisflügel wurde von Stephani angeführt. Da DC-Pastor Fischer am 9. April 1945 einer Kriegsverletzung erlegen war und die von ihm betreute Sprengelgemeinde praktisch nicht mehr existierte, war die Stephanigemeinde identisch mit den beiden im Februar 1946 formell wiedervereinigten Bekenntnisgemeinden Süd

und Nord. Dabei dominierte unbestreitbar die Greiffenhagen-Gemeinde, deren selbsterarbeitete Gemeindeordnung von 1937 nach langen Beratungen 1949 auf die Gesamtgemeinde übertragen wurde. Die ehemalige Nord-Gemeinde, inzwischen vom Kirchenausschuß mitsamt allen Amtshandlungen legalisiert, wählte unter lebhafter Anteilnahme von Stephani-Süd als Nachfolger von Pastor Schipper, der am 7. Mai 1945 in russischer Gefangenschaft gestorben war, zum 1. September 1946 den Ostpreußen Wilhelm Garlipp, der Greiffenhagens Linie in allem teilte. An der Seite von Stephani stand neben den beiden Tochtergemeinden Wilhadi und Immanuel, deren faktische Selbständigkeit im August 1946 auch rechtlich nachvollzogen wurde, noch die Zionsgemeinde mit ihrem neugewählten Pastor Friedrich Gerlach, der im Dezember 1945 die Nachfolge des in den Ruhestand getretenen Pastor Kramer übernahm.

Diese vier Gemeinden schlossen sich zu einer neuen Bekenntnisgemeinschaft zusammen, um ihren Reformzielen für die BEK Nachdruck zu verleihen: statt der liberalen „Glaubens-, Gewissens- und Lehrfreiheit" eine Bindung an die Bekenntnisse der Reformation und die Barmer Erklärung; statt der Verfassung von 1920 ein bruderrätlicher Kirchenaufbau mit einer gewählten, vollgültigen Landeskirchenleitung; statt des nichtkonfessionellen Biblischen Geschichtsunterrichts ein katechetischer Religionsunterricht.

Eine Bekenntnisbindung, allerdings als Wegweisung an die Gemeinden verstanden und nicht mit einer Lehrzucht verbunden, befürworteten auch die gemäßigten Mitglieder der alten Bekenntnisgemeinschaft und die „positiven" Gemeinden der Mitte. Der ehemalige Landesbruderratsvorsitzende Stoevesandt plädierte dafür, jetzt nicht neue Gräben aufzureißen, sondern gemeinschaftlich auf einen inneren Neubau der Kirche hinzuarbeiten. Im Rückblick bekräftigte er: „Eine Restauration war herstellbar; eine Reformation ist nicht zu erzwingen." Stoevesandt unterstützte deshalb als ersten Schritt in diese Richtung den Vorschlag des Vorläufigen Kirchenausschusses, die Verfassung von 1920 wiedereinzusetzen und ihr den Art. 1 der DEK-Verfassung von 1933 voranzustellen: „Die unantastbare Grundlage der ‚Bremischen Evangelischen Kirche' ist das Evangelium von Jesus Christus, wie es uns in der Heiligen Schrift bezeugt und in den Bekenntnissen der Reformation neu ans Licht getreten ist."

Solche Bestrebungen riefen bei den Liberalen ausgesprochenes Mißtrauen hervor. Liberale Pastoren und Laien hatten sich — beispielsweise in der Kirchlichen Arbeitsgemeinschaft — aktiv an der Opposition gegen das nationalsozialistisch-deutschchristliche Kirchenregiment engagiert. Unter dem Druck von Führerprinzip und Gleichschaltung hatte für sie die traditionelle Glaubens- und Kirchenfreiheit noch an Bedeutung gewon-

Mitglieder des 1946 neu gewählten Kirchenausschusses auf einem Ausflug: v. l. n. r. Schatzmeister Hermann Edzard, Präsident Ferdinand Donandt, Schriftführer Pastor Erich Urban (Friedenskirche) und Pastor Emil Hackländer (Michaelis)

nen, und man war keinesfalls bereit, die wiedererrungene Freiheit jetzt an einen Dogmatismus Barmer Prägung abzutreten. Diese Position wurde, wenngleich mit anderer Begründung, auch von den meisten „positiven" Gemeinden geteilt. Die Liberalen, als deren Sprecher sich der Remberti-Pastor Nölle profilierte, wollten sich auf die Präambel nur dann einlassen, wenn dadurch die „Glaubens-, Gewissens- und Lehrfreiheit" in keiner Weise eingeschränkt und auch sonst die Wiederherstellung der freiheitlichen Kirchenverfassung von 1920 ohne Abstriche und Zusätze gewährleistet würde.

Die Debatte auf dem Kirchentag am 9. Oktober 1946 wurde leidenschaftlich und auch mit persönlichen Schärfen ausgetragen. Nach fünf Stunden war die Präambel mit der erforderlichen Dreiviertel-Mehrheit angenommen. Außerdem wurde ein ordentlicher Kirchenausschuß gewählt, in dem die Bekenntnisgemeinden nur noch durch Pastor Urban vertreten waren. Neuer Kirchenpräsident wurde Donandt, neben ihm gehörten Amtsgerichtsdirektor Dr. Appel als Vizepräsident, Edzard als Schatzmeister, Urban als Schriftführer sowie Leist, Verleger Walther Schünemann sowie Pastor Hackländer der neuen BEK-Leitung an.

Auf dem folgenden Kirchentag am 27. November 1946 wurde die Präambel in zweiter Lesung ordnungsgemäß verabschiedet, aber ihre Auslegung blieb umstritten. Da die Liberalen, voran Remberti, Martini und Dom, erneut auf der uneingeschränkten Gültigkeit des bewußten Art. 1 Abs. 2 der BEK-Verfassung bestanden, stimmten Stephani, Wilhadi und Zion demonstrativ gegen die Präambel, da sie sich nicht für einen bloßen Formelkompromiß hergeben wollten. Von den liberalen Gemeinden blieb nur Martini bei einem formellen Einspruch.

Verzögerter Beitritt zur EKD

Nach der Eisenacher Kirchenkonferenz im Juli 1948 ging es für die bremische Kirche um den Beitritt zur EKD, deren Grundordnung für die Gliedkirchen die Bindung an die altkirchlichen und die reformatorischen Bekenntnisse sowie die Bejahung der Barmer Erklärung vorsah. Während die Bekenntnisgemeinden darin die Chance sahen, nun doch noch mit ihren Reformzielen zum Zuge zu kommen, ließ die liberale Mehrheit im Kirchentag den Beitrittsantrag scheitern. Daraufhin sollte die BEK aufgrund der verweigerten Bekenntnisbindung sogar nicht mehr als Landeskirche anerkannt werden. Es bedurfte jahrelanger Verhandlungen, bis auf dem Kirchentag vom 25. Juni 1952 mit 89 gegen die 14 Stimmen der Bekenntnisgemeinschaft der „Beschluß zur Klarstellung der Bekenntnisgrundlage der BEK" verabschiedet wurde. Darin wurde auf die Präambel

Bezug genommen und festgestellt, die in Art. 1 Abs. 2 niedergelegte „Glaubens-, Gewissens- und Lehrfreiheit" bedeute nicht Freiheit von der Bindung des Evangeliums, sondern Freiheit von Kirchenleitung. Diese Formel akzeptierte der Rat der EKD am 23. März 1953 „unter Zurückstellung schwerer Bedenken". An der gefundenen Lösung hatte der ehemalige Vorsitzende der Bremer Bekenntnisgemeinschaft wesentlichen Anteil: Prof. D. Dr. med. Karl Stoevesandt, der sich nach dem Krieg hauptsächlich auf seine Aufgaben als Arzt konzentriert hatte und für seine Tuberkulose-Forschungen, aber auch für sein kirchliches Wirken hoch geehrt wurde, setzte sich sowohl in den Gemeinden als auch bei der EKD immer wieder für den Beitritt der bremischen Kirche ein. Erst 17 Jahre später, auf dem Kirchentag am 11. November 1970, bestätigte die BEK diese Mitgliedschaft auch ausdrücklich in ihrer Verfassung. Der erste Satz des Art. 1 lautet seitdem: „Die Bremische Evangelischen Kirche ist eine selbständige Gliedkirche der Evangelischen Kirche in Deutschland".

„Bremer Klausel" im Grundgesetz

Auch in einem anderen Punkt konnte sich Bremens liberale Tradition nahezu unverändert behaupten, wobei die Auswirkungen bis ins Grundgesetz reichten. Entgegen den Bestrebungen der bekennenden und der „positiven" Gemeinden definierte die Landesverfassung von 1947 in Artikel 32 den Religionsunterricht an den allgemeinbildenden öffentlichen Schulen als freiwilligen, „bekenntnismäßig nicht gebundenen Unterricht in Biblischer Geschichte auf allgemein christlicher Grundlage". Dies stand im Gegensatz zum Grundgesetz-Entwurf, der einen nach Konfessionen getrennten, bekenntnisgebundenen Religionsunterricht als Pflichtfach vorsah. Um das Grundgesetz nicht an Bremens Veto scheitern zu lassen, wurde eine Ausnahmeregelung ausgehandelt, die „Bremer Klausel" (Artikel 141), mit der die liberale Konfessionsneutralität des bremischen Staates anerkannt wurde.

Weder auf gesamtkirchlicher Ebene noch in den Landeskirchen erwiesen sich die durchgreifenden Reformpläne der Bekennenden Kirche als konsensfähig. Die kirchliche Mitte machte ebenfalls ihren Anteil an der Kirchenopposition geltend und warf ihr Gewicht zugunsten der Restauration herkömmlicher Strukturen unter Einschluß einiger „Reparaturen" in die Waagschale. Die bremische Kirche kehrte zu ihrer urliberalen Verfassung zurück. Die Fraktionen und Kräfteverhältnisse waren durch die Kontroversen des 19. Jahrhunderts zwischen Liberalen und „Positiven" vorgezeichnet und durch die deutschchristliche Kirchenherrschaft, die ihre Aktivisten aus beiden Lagern bezog, nur geringfügig verwischt worden.

Ebensowenig wie es unter dem Druck des nationalsozialistisch-deutschchristlichen Kirchenregiments zu einer Annäherung von bekenntnisgebundenen und liberalen Gemeinden gekommen war, entstand anschließend eine Gemeinsamkeit. Die alten Trennlinien zogen sich ungebrochen über die sogenannte „Stunde Null" hinweg und prägten den kirchlichen Wiederaufbau.

3. *Der Wiederaufbau der zerstörten Kirchen*

Durch den Vorrang des Wohnungsbaus wurde der Wiederaufbau der zerstörten Kirchen jahrelang verzögert. Die BEK bekam durch Senatsbeschluß nur einen Anteil von 1 % am Volumen der Bremer Bauwirtschaft, tatsächlich aber noch weniger, so daß die minimalen Fortschritte der ersten Nachkriegsjahre vor allem durch Eigeninitiative und Arbeitseinsatz der Gemeindeglieder errungen wurden. Die Stephanigemeinde setzte ein Zeichen der Hoffnung, als sie am 20. Juni 1948 das wiedererstandene Nordschiff einweihte. Der vollständige Wiederaufbau dieser Kirche zog sich bis 1967 hin. Auch andere Kirchen, wie Martini, die Arster Kirche oder die Christuskirche in Woltmershausen, mußten jahrelang auf ihre Wiederherstellung warten. Am meisten Geduld brauchten in der Regel jene Gemeinden, deren Kirchen ganz zerstört worden waren.
1949 wurde der Grundstein für den ersten Kirchenneubau nach Kriegsende gelegt, eine vom Lutherischen Weltbund gestiftete Fertigteilkirche aus Holz an der Dockstraße in Gröpelingen, die später Andreaskirche genannt wurde. Damit war in diesem schwer getroffenen Stadtteil ein Neuanfang gemacht, der 1964 in den Bau der Philippuskirche als zweites Zentrum der Gemeinde mündete. Die zerstörte St.-Nikolaus-Kirche mittelalterlichen Ursprungs wurde aufgegeben. Ihr Name ging an die benachbarte katholische Gemeinde über.
Die Rembertigemeinde zog als erste die Konsequenz aus der veränderten Wohnsituation in der Innenstadt und baute 1951 ihre Kirche dort, wo inzwischen der größte Teil der Gemeindeglieder wohnte, im nördlichen Schwachhausen. Auch Liebfrauen errichtete 1954/55 als zweites Zentrum ein Gemeindehaus am Schwachhauser Ring. Die Ansgariigemeinde weihte 1957 ihren Neubau an der Hollerallee ein, nachdem erbitterte öffentliche Debatten um die Erhaltung der historischen „Scharskarken" vorangegangen waren. Letztlich wurde die Ansgariikirche aus wirtschaftlichen Gründen aufgegeben, wobei eine jahrhundertealte kirchliche Tradition in die Baugrube eines Kaufhauses fiel.
Auch der Bremer Westen, durch die katastrophale Bombennacht des 18./19. August 1944 weitgehend in Trümmer gelegt, veränderte im Wie-

Über einer Trümmerlandschaft erhebt sich die mühevoll wiederhergestellte Stephanikirche; die Gemeinde ist über die ganze Stadt verstreut (1953)

deraufbau sein Gesicht. Das Doventorsviertel war zunächst als reiner Industriebezirk geplant. Die Michaelisgemeinde, die hier ihren Sprengelschwerpunkt gehabt hatte, vereinigte sich deshalb 1954 mit der Findorffer Luthergemeinde. Auch das Luther-Gemeindehaus war zerstört worden, so daß die Gemeinde sich zunächst in einem Notquartier versammelte, das nur durch ein Kellerfenster zugänglich war. Ab 1948 diente dann eine kleine Kapelle als Provisorium, bevor 1954 das jetzige Gemeindezentrum am Torfkanal entstand. 1961 zogen Michaelis- und Luthergemeinde gemeinsam in die neue Kirche ein, die wegen ihres mächtigen Gesamteindrucks bald „Findorffer Dom" genannt wurde.

Da das Doventor sich nun doch wieder zu einem Wohnviertel entwickelte, strebte die Michaelisgemeinde ihre Selbständigkeit und ein eigenes Gotteshaus an. Dieses Ziel verwirklichte sich 1966 mit der vierten Michaeliskirche am Doventorsdeich, deren kühne Zeltdach-Konstruktion Geborgenheit vermittelt.

Dem Sprengel der Michaelisgemeinde in westlicher Richtung benachbart liegt der Wilhadi-Gemeindebezirk. Diese Gemeinde genoß zunächst Gastrecht in der nur leicht beschädigten, 1958 behutsam renovierten Immanuelkapelle, bevor 1959 die neu erbaute Wilhadikirche mit Gemeindehaus eingeweiht wurde. Die Turmruine der Vorgängerin, nur wenige hundert Meter entfernt, hatte man ursprünglich als Mahnmal erhalten wol-

Bevor der Neubau von St. Ansgarii an der Ecke Schwachhauser Heerstraße/Hollerallee in Angriff genommen werden konnte, entstand an dieser Stelle 1948 eine Notkirche

Inneres der Notkirche St. Ansgarii, um 1948

Die von Eberhard Gildemeister entworfene neue Rembertikirche, 1951 auf weitläufigem Grundstück im nördlichen Schwachhausen erbaut

len, aber die Anwohner fühlten sich dadurch in ihrem Aufbauoptimismus gestört, und so wurde sie 1964 schließlich doch abgerissen.
Zu den Neubaugebieten des Westens zählte auch die Waller Feldmark, wo über 4000 Ausgebombte, Flüchtlinge und Vertriebene eine neue Heimat fanden. Hier wurde 1958 ein schlichter Holzbau, die Waller Fleetkirche, errichtet. Sie entstand als Filiale der Waller Kirche, die bereits 1952 auf den historischen Grundmauern neu erbaut worden war.
Auf der anderen Weserseite legte als erste die Zionsgemeinde 1955 den Grundstein für einen Neubau, ein Gemeindezentrum mit integriertem Kirchenraum. Ein Jahr später nahm die Pauligemeinde ihr Gemeindezentrum am Neuen Markt in Benutzung. Hier feierte man auch den Gottesdienst, bis 1967 daneben die (dritte) St.-Pauli-Kirche eingeweiht wurde. Die Hohentorsgemeinde, die glücklicherweise ihr Gemeindehaus behalten hatte, bezog ihr helles, modernes Gotteshaus im Jahre 1966.
Die Bürgermeister-Smidt-Gedächtniskirche in Bremerhaven, die 1946 wieder aus der hannoverschen Landeskirche aus- und in die BEK eingegliedert worden war, wurde zwischen den alten Außenmauern aufgebaut und 1953 wiedereröffnet. Auch der 88 Meter hohe Turm, einst Orientierungsmarke für die Seeleute, konnte erhalten werden. Im Kirchenschiff faßt eine Falthängedecke alte und neue Elemente des Baus behutsam zusammen.

Von den zehn Kirchen, die am Kriegsende vollständig zerstört waren, wurden nur drei — die Waller Kirche sowie Hohentor und Zion — an ihrem vorherigen Standort neu erbaut. Sechs Gemeinden errichteten Neubauten an anderer Stelle, nämlich Pauli, Gröpelingen, Wilhadi und Michaelis sowie Remberti und Ansgarii; die beiden letzteren verließen ihre angestammten Sprengel. Aufgegeben wurden die beiden Gröpelinger Kirchen St. Nikolaus und die Dankeskirche.

4. Musica sacra auf neuen Wegen

Obgleich das 1943 durch Bomben zerstörte Dach des Doms noch nicht wieder gedeckt war, erklang hier am 7. Juni 1945 die erste Motette. Zwei Monate später folgte das Mozart-Requiem. Mit Elan nahm Landeskirchenmusikdirektor Richard Liesche seine Arbeit wieder auf und führte die *musica sacra* auf neue Wege. Aufsehen erregte auf dem Bachfest von 1951, das erneut in Bremen stattfand, seine zukunftsweisende, von impressionistischem Beiwerk wie von übertriebener Monumentalität befreite Bachinterpretation. Liesches an Max Reger geschultes, durch und durch modernes Musikertum bewies sich in den sogenannten „Stilaufführungen" der Passionen, in denen mit verkleinerter Besetzung eine Annäherung an die historische Aufführungspraxis gesucht wurde.
Neben der Arbeit mit dem Domchor, der unter seiner Leitung höchste künstlerische Maßstäbe erfüllte, stellte sich Liesche weiter auf vielfältige Weise in den Dienst der sakralen Musik und des Chorwesens: durch die von ihm gegründete Arbeitsgemeinschaft Bremer Kirchenmusiker, als Bundesleiter des Deutschen Sängerbundes, durch seine Lehrtätigkeit am bremischen Konservatorium und durch musikwissenschaftliche Vorträge. Der gefeierte Musiker war zugleich ein vielseitiger Pädagoge. Er prägte eine ganze Generation von Kirchenmusikern, und sein musikalisches Wirken lebte durch Schüler wie Käte van Tricht (Dom), Gebhard Kaiser (Ansgarii) und Erich Ehlers (Stephani) fort. Für seine Verdienste wurde Liesche 1948 vom Senat zum Professor ernannt. Als er am ersten Adventssonntag 1957 starb, übernahm ein kongenialer Nachfolger das Amt des Landeskirchenmusikdirektors, der vormalige Thomaskantor und Professor an der Staatlichen Musikhochschule Berlin Hans Heintze.
Auch andere Bremer Kirchenmusiker bzw. Musikvereinigungen wurden über Bremen hinaus bekannt, wie die 1953 gegründete Camerata Vocale, die im madrigalen Bereich das von Liesche begonnene Bemühen um musikhistorische Authentizität fortsetzte, die Kantorei Unser Lieben Frauen oder die Oberneulander Kantorei unter Volker Gwinner.

5. Die BEK und ihre Gemeinden: Probleme und Herausforderungen

Aufnahme der Flüchtlinge und Heimatvertriebenen in die BEK

Aufgrund der starken Zerstörungen erhielt Bremen von der Militärregierung das Recht, die Flüchtlingsströme in die benachbarten Landkreise weiterzuleiten und nur ausgewählte Zuzugsgenehmigungen zu erteilen. Nur vorübergehend lag daher der Flüchtlingsanteil an der bremischen Bevölkerung bei rund 20 %, wie Ende 1945. Die Volkszählungen 1950 und 1956 ergaben dagegen einen Anteil von 8,7 % bzw. 13,8 %, wobei der Wiederanstieg auf den erleichterten Zuzug aus den Landgebieten sowie auf die zunehmende Abwanderung aus der DDR zurückging. Die Heimatvertriebenen, wie sie insgesamt genannt wurden, kamen vor allem aus Ostpreußen und Schlesien. Da unter ihnen mehr Katholiken waren als proportional unter den Einheimischen, ergab sich eine geringfügige Verschiebung der bremischen Konfessionsstruktur: Der katholische Anteil erhöhte sich von 6,5 % (1933) auf 8,9 % (1950).

Da die Heimatvertriebenen mit der ausgebombten bremischen Bevölkerung um die Notquartiere konkurrierten, war ihre Unterbringung — etwa in den Grambker Baracken oder im früheren Kriegsgefangenen- und späteren Internierungslager Riespott — äußerst ärmlich. Verlust von Heimat und Besitz, Ungewißheit über das Schicksal der Familienangehörigen und das Herausgerissensein aus allen traditionellen Bindungen, auch den kirchlichen, machten den Flüchtlingen den Neuanfang besonders schwer.

Auf Initiative der Norddeutschen Missionsgesellschaft, die nach der erzwungenen Einstellung ihrer Auslandstätigkeit hier eine neue, dringende Aufgabe erkannte, wurde im September 1947 die Evangelische Vertriebenenhilfe Bremen gegründet. Unterstützt wurde sie von der BEK, der Inneren Mission, der Diakonissenanstalt und dem Hilfswerk der EKD. Die Fäden liefen im Vorstand zusammen, dem mit Pastor Gerhard Tietze (Dom) und Pastor Karl Kampffmeyer (Unser Lieben Frauen) zwei sogenannte Ostpfarrer — d.h. Pastoren, die selbst geflüchtet oder vertrieben waren —, außerdem Missionsdirektor Erich Ramsauer und mehrere Kaufleute angehörten. Treibende Kraft war neben Pastor Tietze die aus dem Baltikum stammende, aus Ostpreußen geflüchtete Baronesse Margarethe Freiin von der Ropp, die sich hauptamtlich in den Dienst der Vertriebenenhilfe stellte.

Das umfangreichste Hilfsprojekt, das von der Vertriebenenhilfe organisiert und von der Margarete-von-Post-Stiftung gemeinsam mit der BEK finanziert wurde, war zwischen 1950 und 1954 der Bau von insgesamt 84 Sozialwohnungen für Heimatvertriebene in Grambke und Lesum. Daneben wurde versucht, durch die Verteilung von Sachspenden und ausländischen Hilfssendungen die Neubürger mit dem Notwendigsten auszustatten, ihnen in den Sprechstunden Orientierungshilfe und Beratung zu geben sowie bei der Familienzusammenführung zu helfen. Als vordringliches Ziel wollte die Vertriebenenhilfe jedoch die Eingliederung in die bremischen Gemeinden fördern. Der Besuchsdienst, der alle neuankommenden Familien aufsuchte, informierte zugleich die Pastoren der jeweiligen Gemeindebezirke. In Jakobi, Liebfrauen, Immanuel, Hastedt, Hemelingen, Oberneuland und anderen Gemeinden wurden Vertriebenengottesdienste gehalten, bei denen jeweils der Gemeindepastor und ein Ostpfarrer gemeinsam predigten; Gemeindeabende und Weihnachtsfeiern sollten Einheimische und Vertriebene zusammenführen. In den ländlichen Gemeinden, wo die Flüchtlingsfamilien auf die Höfe verteilt waren und dort mitarbeiteten, schien das leichter zu gelingen als in der Stadt. Hier fiel der Weg aus den Massenquartieren in die nächste Gemeinde und umgekehrt schon schwerer. Die Vertriebenenhilfe nahm deshalb auch die kirchliche Betreuung der Sammelunterkünfte in die Hand, wie der Vahrer Kasernen, wo 1952—1959 durchschnittlich 1500 DDR-Flüchtlinge lebten.

Die Heimatvertriebenen erwiesen sich als treue Gottesdienstbesucher, vor allem in Gemeinden, an denen Ostpfarrer amtierten. Hier bekamen die neuen Gemeindeglieder auch Zugang zu den Kirchenvorständen. In über der Hälfte der Gemeinden war dies jedoch nicht der Fall, was im Juni 1949 Anlaß zu einer Beschwerde von Vertriebenenvertretern bei Kirchenpräsident Donandt gab. Sie drohten damit, demonstrativ einen eigenen Kirchentag einzuberufen, wenn man ihnen nicht mehr Beteiligung an den kirchlichen Organen einräumen würde. Der Kirchenausschuß richtete daraufhin eine entsprechende Empfehlung an die Gemeinden. Bei den Kirchenwahlen 1950 wurde Baronesse von der Ropp als Einzelmitglied in den Kirchentag gewählt, in den Gemeinden selbst blieb die Mitwirkungsmöglichkeit der Vertriebenen jedoch eng mit der Person des Pfarrers verbunden.

Neben ihrer Gemeindearbeit waren die Ostpfarrer auch um die Zusammenführung ihrer Landsleute bemüht. Sie sammelten Anschriften, organisierten regionale Treffen, bei denen ein Gottesdienst in hergebrachter Form gefeiert wurde, und gaben Nachrichtenblätter heraus. So wurde das Verbundenheitsgefühl der versprengten Gemeindeglieder gestärkt und vielfach organisatorische Vorarbeit für die Gründung der Landsmannschaften geleistet.

Ihre Mittlerrolle zwischen der alten und der neuen Heimat machte den Ostpfarrern ihre Position innerhalb der BEK nicht leicht. Die BEK besaß

1955 mit über 40 %, nämlich 30 von 64 Pastoren, den dritthöchsten Anteil von Ostpfarrern unter den deutschen Landeskirchen. Wegen ihres konservativeren Kirchenverständnisses wurden sie von der liberalen Mehrheit der eingesessenen Pastoren reserviert aufgenommen, zumal einige der Ostpfarrer vehement zugunsten einer Bekenntnisbindung der BEK Partei ergriffen. Formal waren die Ostpfarrer zunächst als kommissarische Verwalter der vakanten Pfarrstellen eingesetzt und galten damit als Pastoren zweiter Klasse, u. a. verdienten sie bis 1950 nur halb so viel wie ein bremischer Amtskollege. Die EKD verpflichtete die Landeskirchen 1948, alle Ostpfarrer in ein festes Dienstverhältnis zu übernehmen und sorgte in den fünfziger Jahren durch zentrale Richtlinien für die stufenweise Angleichung ihrer Versorgung.

Im Laufe der Jahre schliffen sich die Unterschiede zwischen Einheimischen und Vertriebenen ab. Um der BEK neue Züge aufzuprägen, war der Anteil dieser Kirchenglieder nicht groß genug. Umgekehrt beklagte Pastor Tietze, Beauftragter der BEK für Flüchtlingsarbeit, bereits 1953 die rapide Lockerung der kirchlichen Bindungen bei den Vertriebenen, wofür er u. a. die Anonymität der Großstadt und die besonderen bremischen Kirchenverhältnisse verantwortlich machte. 1962 stellte die Evangelische Vertriebenenhilfe ihre Arbeit ein.

Neue Entscheidungen über die landeskirchliche Zugehörigkeit der nordbremischen Gemeinden

Bereits auf dem ersten Bremer Kirchentag am 9. Oktober 1946 wurde damit begonnen, die Umgliederungen infolge der preußisch-bremischen Gebietsreform von 1939 rückgängig zu machen bzw. zu modifizieren. Als erste kehrte die Vereinigte Protestantische Gemeinde zur Bürgermeister-Smidt-Gedächtniskirche, die seit 1941 finanziell von Hannover aus verwaltet wurde, aber ihre geistliche Orientierung noch offengehalten hatte, auf ihr Ersuchen in die BEK zurück.

Den Konventsbeschluß für diesen Antrag hatte auch die lutherische Kreuzkirche gefaßt, da sie sich von Hannover nicht mit dem gewünschten Verständnis behandelt fühlte: Man hatte damals die Gelegenheit ergriffen, sich dem Kirchenregiment Weidemanns zu entziehen, klagte nun jedoch über den hannoverschen Zentralismus und zuviel Bürokratie. Als Nachfolger von Pastor Junker, der Ende 1944 gefallen war, amtierte seit Oktober 1945 der aus Stolp/Pommern stammende Superintendent Gehrke. Im Unterschied zum Kirchenvorstand der Kreuzkirche fühlte sich Gehrke an das Versprechen gebunden, das ihm der hannoversche Landesbischof bei seiner Amtseinführung abgenommen hatte: für die Dauer der nächsten vier Jahre jeden Versuch zu unterlassen, in die BEK zurückzukehren. Als orthodoxer Lutheraner (und Mitglied der Bekennenden Kirche) empfand Gehrke außerdem bekenntnismäßige Bedenken, ja ausgesprochenes Befremden gegenüber den bremischen Kirchenverhältnissen, wo der Kirchenvorstand mehr Gewicht besaß als der Pastor. Nicht zuletzt aufgrund der hartnäckigen Verzögerungstaktik des hannoverschen Landeskirchenamts wurden Verhandlungen über eine Rückgliederung der Kreuzkirche immer wieder hinausgeschoben und schließlich endgültig fallengelassen.

Hinhaltend behandelte Hannover auch das Anliegen der lutherischen Gemeinden in Nordbremen — Lesum, Grohn, Blumenthal und Aumund-Fähr — sowie in Hemelingen und Arbergen, nun nicht nur in finanzieller Hinsicht, sondern mit allen Rechten und Pflichten in die bremische Landeskirche überzugehen. Ähnlich wie in Bremerhaven gab es Beschwerden, die hannoversche Landeskirche berücksichtige die Wünsche der Gemeinden nicht genügend, gerade bei der Einsetzung von Pastoren. Unter Mitwirkung von Pastor Otten (Aumund — luth.) als Vertreter der betroffenen Gemeinden wurde ein Umgliederungsvertrag ausgearbeitet und nach Billigung durch die beiden Landessynoden am 1. Januar 1949 in Kraft gesetzt; erst unmittelbar vorher hatte der hannoversche Kirchensenat die Forderung nach der Übernahme der EKD-Grundordnung als *conditio sine qua non* fallengelassen. Der Umgliederungsvertrag sah die Gründung eines „Lutherischen Gemeindeverbandes" vor, in dem Agende, Lektionar und Gesangbuch der Evangelisch-lutherischen Landeskirche Hannover in Gebrauch sind. Den Vorsitz führt ein gewählter Senior, der auch Mitglied des Kirchenausschusses ist und Beschlüsse der BEK, soweit sie Bekenntnisfragen berühren, für den Gemeindeverband suspendieren kann. Er vollzieht auch die Ordination der Gemeindepastoren, die sich ausdrücklich auf das lutherische Bekenntnis verpflichten müssen. Innerhalb des lutherischen Verbands, der durch neue Gemeindebildungen inzwischen auf 14 Mitglieder angewachsen ist, gilt die bremische „Glaubens-, Gewissens- und Lehrfreiheit" also nicht.

Die reformierte Gemeinde Blumenthal einschließlich der Gemeindeteile Farge und Aumund folgte mit Verzögerung dem Schritt der Lutheraner. Sie trat zum 1. Juli 1959, unter Wahrung ihres Bekenntnisstandes und weitgehend auch der Ordnung ihrer bisherigen Mutterkirche, aus der Evangelisch-reformierten Kirche in Nordwestdeutschland in die BEK über. Die jahrelangen, schwierigen Verhandlungen waren mehrmals vom Scheitern bedroht, so daß die BEK sogar den Schiedshof der EKD anrief. Erst durch bestimmte Zugeständnisse konnte die Blumenthaler Gemeinde für die Mitgliedschaft gewonnen werden. Die enge Beziehung zu ihrer

Kirche der evangelisch-reformierten Gemeinde in Bremen-Aumund, erbaut 1963 nach dem Entwurf von Kurt Schulze-Herringen

früheren Landeskirche wird in dem Umgliederungsvertrag dahingehend berücksichtigt, daß ein Gemeindevertreter als Gast an den Synoden der Evangelisch-reformierten Kirche in Nordwestdeutschland teilnimmt und umgekehrt dem Landeskirchenvorstand bei der Berufung und Ordination der Pastoren eine gewisse Mitwirkung zusteht.

Im Zusammenhang mit dieser Umgliederung stand die Gründung des „Reformierten Konvents" am 25. November 1959, in dem sich die reformierten Gemeinden von Blumenthal, Aumund, Rönnebeck-Farge sowie die Landgemeinde Wasserhorst mit den beiden Gemeinden Neuenkirchen und Rekum aus der Evangelisch-reformierten Kirche in Nordwestdeutschland zusammenschlossen. Das reformierte Bekenntnis unter den veränderten Bedingungen zu erhalten und möglicherweise eine Anziehungskraft auf andere bremische Gemeinden auszuüben, war das Ziel dieses Bundes. Die Methodistische Gemeinde Vegesack gilt seit 1971 als assoziiertes Mitglied. Die Kirchenräte der Gemeinden kommen halbjährlich, ihre Pastoren mindestens viermal im Jahr zur gemeinsamen theologischen Arbeit zusammen.

Der Horner Kirchenstreit

In der Gemeinde Bremen-Horn entzündete sich 1948 an einer Pastorenwahl ein Richtungsstreit, der sieben Jahre später zur Aufspaltung in zwei selbständige Teilgemeinden führte. Bei der Wahl eines Nachfolgers für Pastor Fraedrich im Februar 1948 setzte sich mit knapper Mehrheit Pastor Wilhelm Schmidt durch. Dies überraschte insofern, als die traditionell liberale Gemeinde damit einen ausgesprochen bekenntniskonservativen Prediger erhielt, der die theologische Linie seines Schwiegervaters Bischof Stählin teilte. Allerdings war dieses Ergebnis auch durch zielstrebige Bemühungen von Mitgliedern des Bremer Stählin-Kreises zustande gekommen, etwa indem die Befürworter Schmidts mit den Konventslisten herumgingen und neu hinzugewonnene, gleichgesinnte Gemeindeglieder zur Eintragung in die Liste der Stimmberechtigten aufforderten. Mit Hinweis darauf, daß der Konvent in dieser Zusammensetzung nicht wahlberechtigt sei, weil die neu eingetretenen Konventsmitglieder nicht die vorgeschriebene Gemeindezugehörigkeit von mindestens einem halben Jahr aufweisen konnten, focht der liberale Gemeindeteil die Wahl an und bekam vom Kirchenausschuß recht. Beide Seiten akzeptierten aber, daß Pastor Schmidt kommissarisch mit der Verwaltung der Pfarrstelle beauftragt wurde.

Bei der gegen einige Widerstände der „Positiven" durchgesetzten Wahlwiederholung im März 1949 behauptete sich Schmidt, der als amtierender Pastor zweifellos im Vorteil war, erneut knapp gegen den Kandidaten der Liberalen, Dr. Ulrich von Hasselbach. Diese Wahl wurde vom Kirchenausschuß als gültig anerkannt, obgleich die Liberalen auch hier einseitige Beeinflussungen im Wahlvorgang kritisierten. Doch die liberale Fraktion im Kirchenvorstand gab sich nicht geschlagen: Die neugegründete „Freie Protestantische Vereinigung e. V." berief Pastor Hasselbach in ein privates Dienstverhältnis, das durch monatliche Spenden von über 1100 Gemeindegliedern finanziert wurde, und forderte den Zutritt zu Kirche und Gemeinderäumlichkeiten sowie die Anerkennung der Amtshandlungen. Gleichzeitig wurde der Plan verfolgt, eine zweite ordentliche Pfarrstelle zu schaffen und diese mit Hasselbach zu besetzen, wogegen der bekenntniskonservative Gemeindeteil beim Kirchenausschuß heftig protestierte.

Der Kirchenausschuß stellte sich auf den Standpunkt: Da Hasselbach als ehemaliger Wehrmachtspfarrer derzeit keiner Landeskirche angehöre, dürfe er auch keine Amtshandlungen vollziehen. Die beiden Parteien innerhalb der Horner Gemeinde verbreiteten ihre Streitfragen in einer wahren Flut von Eingaben, Rundbriefen, Flugblättern, Leserbriefen, Anträgen und offenen Erklärungen; es wurden Schlichtungsversuche unternommen, Ausschüsse gebildet und Friedenserklärungen vorbereitet, die dann an unterschiedlichen Auslegungen scheiterten. Der Antrag auf eine zweite Pfarrstelle fiel auf dem Bremer Kirchentag im Februar 1950 durch, weil weder Liberale noch „Positive" durch die Einrichtung einer Richtungspfarrstelle als Minderheitenrecht einen unerwünschten Präzedenzfall schaffen wollten.

Während Pastor Schmidt sich eine treue Gemeinde aufbaute, mit der er den Gottesdienst als Deutsche Messe feierte oder — von seinen Gegnern besonders beargwöhnt — in kleinerem Kreis Bibelstunde hielt, wurde Pastor Hasselbach ein Gastrecht im Gemeindehaus eingeräumt. Da die Besetzung des Kirchenvorstandes sich inzwischen zum Nachteil der Liberalen verändert hatte, versuchten Hasselbachs Anhänger, ihm über den Konvent die Benutzung der Kirche, den Konfirmandenunterricht und die Anstellung als Hilfsprediger zu ermöglichen. Doch der Kirchenausschuß stellte sich hinter den ordentlich gewählten amtierenden Pastor und untersagte solche Vorstöße.

Daraufhin nahm die Auseinandersetzung schärfere Formen an. Hasselbach traf mit den Pastoren der Rembertigemeinde die Vereinbarung, daß die Amtshandlungen an seinen Gemeindegliedern formal von den Remberti-Pastoren, tatsächlich aber von ihm als deren „Vertreter" vorgenommen wurden. Dadurch wurde der Eindruck erweckt, Hasselbach amtiere als regulärer Pastor, was durch seine Abkündigungen und im Kirchenzettel noch unterstrichen wurde. Um sich Zutritt zur Horner Kirche zu verschaffen, scheuten die Hasselbach-Anhänger auch vor regelrechten Überrumpelungsmanövern nicht zurück. Durch dieses Verhalten, aber auch durch seine radikal freisinnigen Äußerungen, die bis in die EKD drangen und sogar in den Beitrittsverhandlungen mit der bremischen Landeskirche zur Sprache kamen, verspielte Hasselbach die letzten Einigungsmöglichkeiten mit dem Kirchenausschuß.

Da die Gemeindeorgane — der Kirchenvorstand mit „positiver" Mehrheit und ein aufgeblähter Konvent von bis zu 900 Mitgliedern überwiegend liberaler Einstellung — sich gegenseitig blockierten, setzte der Kirchenausschuß 1953 einen Kommissar ein, der die Gemeinde ordnen sollte. Dagegen klagte der liberale Gemeindeteil in zwei Instanzen erfolgreich. Der Kirchenausschuß zeigte sich daraufhin zum Einlenken bereit und bot die Schaffung einer zweiten Pfarrstelle für den liberalen Gemeindeteil an, allerdings mit der Bedingung, daß Hasselbach sich eine andere Tätigkeit suche. Dieser beugte sich, wohl auch aus persönlichen Gründen, und ging als Religionslehrer an eine Berufsschule in Unna. Der Kirchentag billigte die Bildung von zwei selbständigen Einzelgemeinden Horn I und Horn II zum 1. Juli 1955. Beide Gemeinden gaben sich eigene Ordnungen und wählten ihre Kirchenvorstände; alle gemeinsamen Fragen regelt ein vierköpfiger Verwaltungsausschuß, und die Kirche wird im Wechsel benutzt. Als erster Pastor der liberalen Gemeinde Horn II wurde 1956 Robert Hartke gewählt.

Die ersten Pastorinnen der BEK: Charlotte Schultz und Lotte Spitta

Als am 18. Mai 1947 Charlotte Schultz als erste Pastorin der BEK in der Ostkrypta des Doms ordiniert wurde, fand sich in den Pressemeldungen der Hinweis, daß „Fräulein Vikarin Schultz" sich nicht nur um die Jugendarbeit kümmere, sondern daß ihr auch die Verbreitung des Wortes von der Kanzel gestattet sei. Als ungewöhnlich empfanden auch manche Mitglieder ihrer Gemeinde, der Friedensgemeinde, eine Frau im Talar, so daß es besorgte Anfragen gab, ob deren Amtshandlungen denn auch vollgültig seien. Charlotte Schultz hatte auf ihre Ordination lange warten müssen. 1935 hatte sie, nach dem Abitur in Bremen und dem Studium in Marburg, Bonn und Münster, ihr erstes theologisches Examen vor einem Prüfungsausschuß der rheinischen Bekennenden Kirche abgelegt. Ihr Berufsziel Pastorin zu verwirklichen, wurde damit noch schwieriger. 1940 konnte sie endlich ihr Lehrvikariat bei Pastor Urban an der Friedensgemeinde aufnehmen. An eine Ordination war jedoch unter den gegebenen kirchenpolitischen Umständen nicht zu denken. Auch nach dem Sturz von Landesbischof Weidemann machte ihr der kommissarische Kirchenpräsident Schultz klar, daß sie vor den DC-Pastoren des Prüfungsausschusses keine Chance hätte. Immerhin deckte Schultz die Fortsetzung ihres „illegalen" Lehrvikariats.
1946 legte Charlotte Schultz ihr zweites Examen ab. Der Kirchenausschuß gestattete jedoch nur ihre Anstellung als Hilfspredigerin. Für ihre erste Trauung im September 1949 benötigte Pastorin Schultz noch eine Sondergenehmigung des Kirchenausschusses. Erst 1951 wurde die Stellung der weiblichen Geistlichen in der BEK durch ein Gesetz geregelt, das allerdings eine Reihe von diskriminierenden Bestimmungen enthielt: Auch mit dem Nachweis beider theologischer Examina durften sich die Pastorinnen lediglich Vikarinnen nennen, sie erhielten nur 80 % der Bezüge ihrer männlichen Kollegen, hatten keinen Anspruch auf eine Dienstwohnung und mußten eine längere Bewährungszeit ableisten. Außerdem galt für sie das Zölibat: Im Falle einer Eheschließung endete ihr Dienstverhältnis noch im selben Monat.
Daß die Haltung der BEK-Leitung durchaus typisch war für die Einstellung vieler Kirchenglieder gegenüber einer Frau im Pfarramt, bekam

Die erste in der BEK von einer Pastorin vollzogene Trauung fand auch in der Presse Beachtung (Friedenskirche, 1949)

auch Pastorin Schultz zu spüren. Die herzliche Anerkennung, die sie in der Friedensgemeinde als Seelsorgerin und durch ihre anspruchsvolle Jugendarbeit gewann, war mit viel Kraft erworben. Aus gesundheitlichen Gründen wechselte Pastorin Schultz 1956 ins Krankenhauspfarramt, wo sie bis zu ihrer Pensionierung 1968 tätig war.

Zwischen den Biographien von Charlotte Schultz und Lotte Spitta, die 1962 als zweite Pastorin in den Dienst der BEK trat, fallen einige Parallelen auf. Beide erfuhren ihre entscheidende Förderung durch die Bekennende Kirche, die in ihren Gemeinden Frauen mehr Mitwirkungsmöglichkeiten eröffnete als im herkömmlichen Kirchenleben; beide Frauen wurden erst relativ spät ordiniert — Charlotte Schultz mit 40, Lotte Spitta mit 53 Jahren — und beide waren jahrelang in der Krankenhausseelsorge tätig. Lotte Spitta, die ihr Theologiestudium bei der Heirat aufgegeben hatte, erfüllte zunächst an der Seite ihres Mannes Walter Spitta die traditionelle Rolle einer Pastorenfrau in der Kleinstadt Jade i.O. Als ihr Mann, der sich zur Bekennenden Kirche gehalten hatte, im Januar 1945 fiel, übernahm sie auf Wunsch der Gemeinde nach und nach das Pfarramt. Im Oktober 1945 segnete der oldenburgische Landesbischof Stählin sie als Pfarrdiakonin ein. In Tübingen, wohin sie wegen der Ausbildung ihrer fünf Kinder umzog, versah sie fast zehn Jahre lang die Seelsorge an der Universitäts-Frauenklinik. Dann rief Bischof Stählin sie in den Dienst der oldenburgischen Landeskirche zurück, beauftragte sie wiederum mit einer Krankenhauspfarrstelle und ermutigte sie, auch die zweite theologische Prüfung abzulegen. Als familiäre Pflichten sie zum Umzug nach Bremen zwangen, bewarb sie sich bei der BEK um eine neue Tätigkeit, bekam aber zu ihrer Enttäuschung wieder die Krankenhausseelsorge zugewiesen: eine Halbtagsstelle an den Städtischen Krankenanstalten mit einem sehr bescheidenen Gehalt. Trotz des umfangreichen Arbeitsfeldes lehnte der Kirchenausschuß eine Gehaltserhöhung ab. Dreieinhalb Jahre übte Pastorin Spitta ihre Tätigkeit mit Hingabe aus. Im Oktober 1966 bat sie, von einer Reihe persönlicher Schicksalsschläge tief getroffen und gesundheitlich angegriffen, um ihren Abschied.

Beiden Pastorinnen bescheinigten diejenigen, die sie kennengelernt hatten, daß sie durch ihr besonderes weibliches Einfühlungsvermögen Zugang zu ganz unkirchlichen Menschen, Männern wie Frauen, gefunden hätten. Andererseits wurde damit auch ein Rollenklischee heraufbeschworen, das die Pastorinnen bevorzugt auf die karitativen Seiten ihres Amtes festzulegen versuchte, beispielsweise auf die Kranken- oder Altenbetreuung. Mit Mut, Geduld und Durchsetzungskraft bahnten Charlotte Schultz und Lotte Spitta für ihre Nachfolgerinnen in der BEK den Weg. 1962 wurde das Vikarinnengesetz durch ein Pastorinnengesetz abgelöst, das der Gleichstellung von weiblichen und männlichen Geistlichen schon näher kam. 1966 beschloß der Bremer Kirchentag, ermutigt von den positiven Erfahrungen, in der Krankenhausseelsorge eine Pastorinnenstelle einzurichten. Mit Heide Wehmeyer, die 1967 zunächst als Hilfspredigerin diese Stelle übernahm, Traute Papke, die im gleichen Jahr in der Oberneulander Gemeinde ihren Dienst begann, und Luise Contag, die 1970 in die St.-Markus-Gemeinde eingeführt wurde, zogen Pastorinnen einer jüngeren Generation in die BEK ein. Noch 1980 waren jedoch nur sieben von 157 vorhandenen Pfarrstellen mit Frauen besetzt (18 Pfarrstellen waren vakant).

Ausbau der übergemeindlichen Einrichtungen

Die Krankenhausseelsorge gehörte zu den übergemeindlichen Einrichtungen, die nach 1945 erheblich ausgebaut wurden. An den Städtischen Krankenanstalten hatte es seit der Gründung 1851 eine nebenamtliche Pfarrstelle gegeben, die von den Pastoren der nahegelegenen Friedenskirche gegen eine geringe Zulage ausgefüllt wurde. Zwischen 1932 und 1945 hatten sich die Pastoren Urban und Mießner diese Aufgabe geteilt. Erst 1946 wurde mit der Einrichtung von hauptamtlich besetzten Krankenhauspfarrämtern begonnen: Mitte I (1946, seit 1977 zusammengefaßt mit DRK), Mitte II (1963), Nord (1958), Ost (1958) und Links der Weser (1968), die derzeit insgesamt acht Pfarrstellen umfassen.
Die Gefangenenseelsorge in der 1874 erbauten Strafanstalt Oslebshausen wurde seit ihrem Bestehen von einem hauptamtlichen Hausgeistlichen ausgeübt. Er stand im staatlichen Dienst. 1974 wurde zusätzlich eine kirchliche Pfarrstelle für die Betreuung der bremischen Strafanstalten eingerichtet.
Die Koordination der Jugendarbeit in der BEK war bis 1933 im Auftrag des Kirchenausschusses von einem Gemeindepastor in nebenamtlicher Funktion wahrgenommen worden. Die Bezeichnung Landesjugendpfarrer wurde am 30. August 1933 eingeführt, als die nationalsozialistisch-deutschchristliche Kirchenregierung DC-Pastor Rahm dazu ernannte. Eine hauptamtliche Stelle wurde daraus jedoch erst ab 1. März 1947 mit Pastor Werner Brölsch.
Im Herbst 1947 fand sich eine Gruppe von Abiturienten und Studenten der Pädagogischen Hochschule zur evangelischen Studentengemeinde zusammen. 1954 wurde Pastor Jürgen Moltmann (Wasserhorst) vom Kirchenausschuß damit beauftragt, sich um die Studentengemeinde zu kümmern. Nachdem dieser Arbeitsbereich vorübergehend an das Landesjugendpfarramt übergegangen war, trat im April 1958 mit Pastor Gerhard Küpper der erste hauptamtliche Studentenpfarrer sein Amt an.

Auch die kirchliche Bildungsarbeit wurde nach dem Zweiten Weltkrieg intensiviert. Die kleine Bibliothek wurde im August 1946 wiedereröffnet. Als Bücherei der BEK war sie zunächst in der Arndt-Buchhandlung am Wall, ab 1949 sehr beengt in der Buchtstraße untergebracht. Die Raumnot endete 1960 mit dem Umzug in das neuerbaute Haus der Kirche am Franziuseck, wo neben der Kirchenkanzlei mit der gesamten Verwaltung auch verschiedene übergemeindliche Einrichtungen Platz fanden. Nun konnte auch der Bibliotheksbestand zügig erweitert werden: von insgesamt 15 000 (1960) auf über 35 000 Bände (1976). Seit dem 1. August 1976 steht dieser Bestand nicht nur den kirchlichen Mitarbeitern, sondern dem öffentlichen Lesepublikum zur Verfügung. Gleichzeitig erfolgte, in Anpassung an den Sprachgebrauch der anderen evangelischen Landeskirchen, die Umbenennung in Landeskirchliche Bibliothek.

Um ein Konzept für Ziele, Inhalte und Organisation der evangelischen Erwachsenenbildung entwickeln zu lassen, beschloß der Bremer Kirchentag im Oktober 1972 die Einrichtung von drei Mitarbeiterstellen. Aus der knapp zweijährigen Planungsphase ging am 1. Juli 1974 das Bildungswerk der BEK hervor, das seither in Seminaren, Vorträgen, Ausstellungen und Veröffentlichungen politische und soziale Gegenwartsfragen aus der Perspektive eines kritisch engagierten Christentums aufzuarbeiten versucht.

Kirchliche Öffentlichkeitsarbeit

Am 21. April 1946 erschien die erste Nummer der Bremer Kirchenzeitung „Einkehr", die als übergemeindliches Sonntagsblatt vom Kirchenausschuß herausgegeben wurde. Das Papier stellte die amerikanische Militärregierung zur Verfügung. Redigiert wurde sie von Dr. Helmut Lindemann, einem aus der Emigration zurückgekehrten Journalisten, der durch Vermittlung von Kirchenpräsident Ahlers an die BEK gekommen war. Als er im April 1947 ausschied, um am Aufbau der evangelischen Forschungsakademie Christophorus-Stift in Hemer/Westfalen mitzuwirken, übernahm Wilhadi-Pastor Max Penzel die Schriftleitung.

Während der fünfziger und frühen sechziger Jahre blieb die „Einkehr" ein weitgehend unpolitisches Blatt, das sich auf Glaubensfragen und Lebensberatung, Kulturelles und Besinnliches sowie Berichte aus der EKD und dem „Osten" konzentrierte. Erst im Laufe der sechziger Jahre entwickelte sich eine kritischere Perspektive: Soziale Probleme und politische Themen wie Wehrdienst, Ost-West-Konflikt oder Studentenprotest wurden aufgegriffen, Kontroversen offengelegt. 1969 wurde der pietistisch gefärbte Obertitel „Einkehr" gestrichen, die Bremer Kirchenzei-

Titelkopf der „Einkehr", Bremer Kirchenzeitung 1946—1969

tung gewann in den folgenden Jahren unter der hauptamtlichen Redakteurin Gisela Arnd-Quentin ein zeitgemäßes und professionelles Profil, das sich auch in den aktuellen Photos und dem mehrfach veränderten Layout spiegelte. Organisatorisch ist die Bremer Kirchenzeitung seit 1969 dem Amt für Öffentlichkeitsdienst zugeordnet, dessen Leiter — ein Pastor — als Herausgeber verantwortlich zeichnet.
Auch die kirchliche Rundfunkarbeit wurde nach dem Zweiten Weltkrieg wieder aufgenommen. BKZ-Redakteur Helmut Lindemann erwirkte bereits ab September 1946 beim neugegründeten Sender Radio Bremen die regelmäßige Übertragung von Sonntagsgottesdiensten. Das Verhältnis von evangelischen und katholischen Gottesdiensten wurde auf 3:1 festgesetzt, in Monaten mit fünf Sonntagen stand der fünfte den Freikirchen zur Verfügung. Die Predigtmanuskripte mußten drei Tage vorher zur Zensur im Funkhaus vorgelegt werden. Diese Aufsicht der amerikanischen Besatzungsbehörde über das Rundfunkprogramm blieb bis April 1949 bestehen.
Zusätzlich zum Sonntagsgottesdienst, der vornehmlich aus dem Dom und aus Liebfrauen übertragen wurde, bekam die BEK ab Juli 1948 dreimal wöchentlich eine Viertelstunde eingeräumt, die als Andacht gestaltet wurde. Mit Jahresbeginn 1949 konnte die kirchliche Präsenz im Rundfunk nochmals erweitert werden, und zwar um eine halbe Stunde Kirchenmusik am Sonntag morgen und eine fünfzehnminütige Sendereihe am Mittwoch nachmittag mit dem Titel „Christliches Abendland".
Gleichzeitig wurde ein Rundfunkbeauftragter der BEK ernannt, eine Funktion, die bisher Schriftführer Urban nebenher mit ausgeübt hatte.

Der Kirchenausschuß verband damit anscheinend auch eine Beschäftigungsmaßnahme, denn nacheinander wurde die Rundfunkarbeit zwei Pastoren zugewiesen, die als aktive Nationalsozialisten länger suspendiert gewesen waren und nun eine Anstandsfrist bis zur Rückkehr in ein Gemeindepfarramt überbrücken sollten. Der Hauptanteil an der Programmgestaltung lag zunächst weiterhin bei dem für den Kirchenfunk zuständigen Redakteur von Radio Bremen. Das 1949 gegründete Presse- und Rundfunkamt der BEK (ab 1950 Presse-, Film- und Rundfunkamt) verschmolz im Oktober 1955 mit dem am 1. März 1954 eingerichteten Amt für Öffentlichkeitsdienst.

6. Die evangelische Kirche auf dem Weg zu einem neuen Selbstverständnis

Die Stuttgarter Schulderklärung vom 19. Oktober 1945

Nicht immer fand die evangelische Kirche mit ihren öffentlichen Stellungnahmen soviel Zustimmung wie mit ihrer Kritik an der Entnazifizierung. Dies zeigte sich, als der Rat der EKD auf Drängen der Ökumene am 19. Oktober 1945 die sogenannte Stuttgarter Erklärung veröffentlichte. Darin bekannte die evangelische Kirche in einer „Solidarität der Schuld" mit dem deutschen Volk: „Durch uns ist unendliches Leid über viele Völker und Länder gekommen. [...] Wohl haben wir lange Jahre hindurch im Namen Jesu Christi gegen den Geist gekämpft, der im nationalsozialistischen Gewaltregiment seinen furchtbaren Ausdruck gefunden hat; aber wir klagen uns an, daß wir nicht mutiger bekannt, nicht treuer gebetet, nicht fröhlicher geglaubt und nicht brennender geliebt haben."
Obgleich diese Erklärung kaum das Mindestmaß dessen enthielt, was gesagt werden mußte — die Affinitäten der Kirche zum Nationalsozialismus wurden verschwiegen, kein Wort galt den deutschen Verbrechen und ihren Opfern, an erster Stelle dem jüdischen Volk —, rief sie innerkirchlich und in der Öffentlichkeit scharfe Ablehnung hervor. „Verständnislosigkeit und Entrüstung" registrierte der Kirchenausschuß auch in Bremen und lehnte die Forderung der Bekenntnisgemeinden Stephani, Wilhadi und Immanuel ab, auf dem ersten Bremer Kirchentag ein Schuldbekenntnis nach Stuttgarter Vorbild verabschieden zu lassen. Statt dessen wurde ein allgemein gehaltenes Bußgebet gesprochen. Die meisten EKD-Vertreter beeilten sich, unpolitische Interpretationen nachzureichen und damit den Vorwurf zu entkräften, die Kirche arbeite der alliierten Kollektivschuldthese in die Hände. Nur ein kleiner Teil des Protestantismus

machte sich, der Linie Martin Niemöllers folgend, die Stuttgarter Erklärung wirklich zu eigen. Dennoch wurde hier ein Markstein für die politisch-gesellschaftliche Mitverantwortung der Kirche gesetzt, hinter den die EKD nicht mehr zurückgehen konnte.

Der Fall Pastor Oberhof

Wieviele Anfeindungen indes ein Pastor auf sich zog, der sich aktiv politisch betätigte — dazu noch auf der „falschen" Seite, nämlich links —, zeigte der Fall des Martini-Pastors Johannes Oberhof. Nach einer eindrucksvollen Probepredigt war Oberhof, der sich selbst als religiösen Sozialisten bezeichnete und somit die Linie seiner bedeutenden Vorgänger Kalthoff und Felden fortzuführen versprach, mit großer Mehrheit zum 1. Januar 1949 gewählt worden. Es war die erste freie Pastorenwahl der Martinigemeinde seit der Absetzung Feldens 1933. Doch die erhoffte Übereinstimmung mit der Gemeinde stellte sich nicht ein. Bereits am Ende seines ersten Amtsjahres mehrten sich die Beschwerden über Oberhofs häufige Abwesenheit — er hatte zunächst für ein Buchprojekt, dann aus gesundheitlichen Gründen um jeweils längere Beurlaubungen gebeten —, über mangelnde Rücksichtnahme auf die Wünsche der Gemeinde und eine eher lässige Amtsführung. Als Oberhof dann begann, sich in der Kampagne gegen die Wiederaufrüstung zu engagieren, verdichtete sich der Eindruck, daß ihm die Politik wichtiger sei als sein Pfarramt.
Oberhofs Name auf der Rednerliste einer vom kommunistischen Landeskomitee der Kämpfer für den Frieden organisierten Kundgebung führte im August 1950 bereits zu einer Anfrage des Bundesinnenministers bei der BEK. Auf Druck des Kirchenausschusses und seiner Gemeinde zog Oberhof seine Teilnahme zurück, unterschätzte aber mit der ihm eigenen Mischung aus Selbstbewußtsein und Naivität dieses Warnsignal. So fuhr er im November 1950 zu einem von Kommunisten veranstalteten Weltfriedenskongreß nach Warschau, ein Erlebnis, über das er auf der Rückreise noch in Ostberlin geradezu euphorisch berichtete, wobei er den „friedlichen Aufbau" in den Ländern Osteuropas pries. Im antikommunistisch aufgeladenen Klima des Kalten Krieges mußten solche Vorgänge Folgen haben. Innerhalb der Kirche verübelte man Oberhof noch besonders, daß er die Repräsentanten der Amtskirche wegen ihrer Unterstützung für Adenauers Westpolitik als Kriegstreiber und Heuchler verunglimpfte.
Nach Bremen zurückgekehrt, sah sich Oberhof von allen Seiten mit Vorwürfen überschüttet. Der Kirchenausschuß suspendierte ihn umgehend und leitete ein Disziplinarverfahren ein. Die SPD-nahe Presse verhöhnte seine Rechtfertigungsversuche und stempelte ihn zum Büttel der kommu-

Pastor Johannes Oberhof, 1946—1950 an St. Martini, in einer Diskussionsrunde 1953. Durch sein vehementes Engagement gegen die Wiederaufrüstung zog er von den verschiedensten Seiten Anfeindungen und Verdächtigungen auf sich

nistischen Propaganda. Der Martini-Kirchenvorstand, der von der Warschaureise nicht unterrichtet worden war, hielt Oberhof vor, er habe erneut seine politischen Aktivitäten über seine Amtspflichten gestellt. Im Konvent machte sich der angestaute Unmut über den eigenwilligen Pastor Luft. Oberhof gab Fehler zu, bestand aber zugleich darauf, als Pastor seinem Gewissen folgen und den Kampf um den Frieden aufnehmen zu müssen. Der Bruch mit der Gemeinde schien unvermeidlich, wobei auch persönliche Gegensätze mit dem verwaltenden Bauherrn eine Rolle spielten.
Während das Disziplinarverfahren sich hinzog, intensivierte Oberhof sein Friedensengagement. Als Geschäftsführer des Hauptausschusses für die Volksbefragung gegen die Wiederaufrüstung trat er im ganzen Bundesgebiet als Redner auf und arbeitete mit kommunistischen Organisationen zusammen. Er reiste verschiedentlich in die DDR und erhielt von dort zeitweise finanzielle Unterstützung, nachdem der Disziplinarhof der EKD im Januar 1954 die 1953 erfolgte Entlassung aus der BEK bestätigt hatte. Durch seine Beziehungen zur „Ostzone" verbaute sich Oberhof endgültig die Rückkehr in ein Pfarramt und mußte sich fortan mit Gelegenheitsarbeiten durchschlagen. Gleichzeitig ließ ihn die Adenauer-

Regierung nicht aus den Augen, so daß Oberhof mehrfach in staatsanwaltliche Ermittlungen und kostspielige Prozesse verwickelt war. 1960 wurde er zu drei Monaten Gefängnis mit Bewährung verurteilt, weil man ihm vorwarf, als „Rädelsführer" die verfassungsmäßige Ordnung in der Bundesrepublik zu untergraben.

Oberhofs Persönlichkeit und die Hintergründe seiner Entlassung aus der BEK werden bis heute kontrovers beurteilt. Daß er allein wegen mangelhafter Amtsführung entlassen worden sei, wie kirchlicherseits hartnäckig betont wird, hielten schon Zeitgenossen für eine vorgeschobene Begründung. Eher zeichnet sich das Bild eines unbequemen Querdenkers ab, der — nicht zuletzt durch eigene Schwächen und Ungeschicklichkeiten — nirgends wirklich Rückhalt für seine Mission fand und in den Mühlen eines aufgeheizten Antikommunismus schließlich zerrieben wurde.

Friedensarbeit und Dienst an der Versöhnung

Als Gegner der Adenauer-Regierung galten auch die Pastoren der Stephani- und der Zionsgemeinde, die in den fünfziger Jahren eine Vorreiterrolle im gesellschaftspolitischen Engagement der ehemaligen bekennenden Gemeinden einnahmen. Vom politischen Standort Oberhofs weit entfernt, galt ihr Einsatz doch demselben Hauptziel: der dauerhaften Sicherung des Friedens.

Neben dem langjährigen Einsatz für die Versöhnung mit dem jüdischen Volk in der Gesellschaft für Brüderlichkeit engagierte sich die Stephanigemeinde besonders in der Antikriegsbewegung, gegen NATO-Beitritt, Wiederaufrüstung und Wehrpflicht und für eine friedliche Wiedervereinigung, wie sie die vom „linken" Flügel der Bekennenden Kirche getragene, politisch glücklose Gesamtdeutsche Volkspartei in Opposition zur Politik Adenauers forderte. Die Gründungsmitglieder des GVP-Landesverbandes Bremen trafen sich in der Stephanigemeinde und wurden von deren Pastoren unterstützt. Bestanden in den ersten Jahren der Friedensbewegung noch erhebliche Berührungsängste zwischen engagierten Christen und der politischen Linken, so begann sich dies mit der „Kampf dem Atomtod"-Bewegung Ende der fünfziger Jahre allmählich zu ändern. Auf einer von der IG Metall veranstalteten Großkundgebung 1958 hielt Pastor Greiffenhagen die Eröffnungsrede. Für Greiffenhagen war Krieg der Ausfluß der Sünde, nicht Schicksal, sondern Schuld des Menschen. Alles zu bekämpfen, was zu einem neuen Krieg führen könnte, wurde für ihn daher zur immer zwingenderen Konsequenz der christlichen Botschaft. Sein Amtskollege Friedrich Gerlach (Zion) setzte sich in zahlreichen Rundfunkpredigten für die Kriegsdienstverweigerung als einzig

Pastor Simon-Peter Gerlach (Stephani) als Redner auf einer Kundgebung gegen den Vietnamkrieg, 1970

mögliche Antwort auf das atomare Wettrüsten ein. Die „Drei G" — Greiffenhagen, Garlipp und Gerlach — wurden zu einem Begriff in der bremischen Friedensbewegung. Die Kontroversen, die ihre Aktivitäten in der BEK und auch innerhalb der eigenen Gemeinden auslösten, nahmen sie als Bestätigung ihres richtigen Weges und rückten um so enger zusammen, je isolierter ihr Standpunkt unter den anderen bremischen Pastoren war.

Eine neue politische Aktionsform bildeten ab 1960 die Ostermärsche. Die Organisatoren — darunter wiederum die Pastoren von Stephani und Zion sowie Liebfrauen-Pastor Kampffmeyer — und die Teilnehmer mußten sich gegen einen nach dem Mauerbau neu entfachten Anti-Kommunismus und den diffamierenden Vorwurf, von „drüben" gesteuert zu sein, zur Wehr setzen. Die Ostermarsch-Bewegung mündete, zugleich stärker politisiert und breiter mitgetragen durch eine neue Pastorengeneration, in die Demonstrationen gegen die amerikanische Kriegsführung in Vietnam. Mit einer Protestaktion von Studenten in der Berliner Kaiser-Wilhelm-Gedächtniskirche Weihnachten 1967, bei der Studentenführer Rudi Dutschke verletzt wurde, solidarisierten sich 31 Bremer Pastoren (einer zog seine Unterschrift wieder zurück, sieben weitere kamen hinzu) in einem Telegramm, das bundesweit für Aufsehen sorgte. Der Kirchenausschuß distanzierte sich von dem Telegramm, während in Kirche und Öffentlichkeit leidenschaftlich über die Frage gestritten wurde: Dürfen Pastoren — im eigenen, im Namen der Kirche oder ihrer Gemeinde — politische Stellungnahmen abgeben? Diese Frage wurde in der Folgezeit noch öfter aufgeworfen, wenn ein Pastor an das Mikrophon einer Kundgebung trat oder in einer Demonstration mitmarschierte.

Aus einer Protesterklärung gegen die Neutronenbombe, die im November 1977 von der Stephanigemeinde verabschiedet und allen bremischen Gemeinden mit der Aufforderung zur Unterstützung zugeschickt wurde, entstand die „Abrüstungsinitiative Bremer Kirchengemeinden". Die beteiligten zehn Gemeinden — Stephani, Immanuel, Zion, Heilig-Geist-Gemeinde, Dreifaltigkeitsgemeinde, Jona, ev.-luth. Gemeinde Bockhorn, Lüssum, Oslebshausen und Tenever — setzten sich mit Podiumsdiskussionen und Seminaren, Demonstrationen, Mahnwachen und anderen Veranstaltungen in der Friedensbewegung der achtziger Jahre für die Abrüstung in Ost und West ein.

Damit stehen diese Gemeinden nach eigenem Selbstverständnis in der Kontinuität der Bekennenden Kirche. Der mühsame Lernprozeß, den die Bekennende Kirche in der Herausforderung durch die Deutschen Christen und den NS-Staat durchmachte, wird als bleibender Auftrag empfunden:

— von der Bekenntniskirche zur „bekennenden Kirche",
— vom unbedingten Obrigkeitsgehorsam zum wiederentdeckten „Wächteramt" gegenüber dem Staat,
— vom Grundsatz „Kirche muß Kirche bleiben" zur „Kirche für andere",
— von der „Pastorenkirche" zur mündigen Gemeinde.

In der Konsequenz dieser Erfahrungen entfaltete die Bekennende Kirche innerhalb der EKD eine Schrittmacherfunktion für einen sozial verantwortlichen, politisch aufgeschlossenen Protestantismus. In Bremen bestand die (neugegründete) Bekenntnisgemeinschaft bis in die fünfziger Jahre hinein. Insgesamt zehn Gemeinden stellten ihre Gemeindeordnungen auf die Grundlage der Barmer Erklärung: neben Stephani, Wilhadi, Immanuel, Zion und der Friedenskirche auch Martini, Aumund ref., Blumenthal ref., Rönnebeck-Farge ref., Oslebshausen sowie dem Sinne nach auch Liebfrauen.

Kirche in der Demokratie

Jazz-Rhythmen im Gottesdienst und Fürbitten für Kriegsdienstverweigerer, Theaterstücke für den Frieden und Gemeindetage für Nicaragua, Pastoren in der ersten Reihe von Anti-AKW-Demonstrationen oder als Vorsitzende von Mieterinitiativen, aber auch: bewußte Abgrenzung gegen Politisierung und die Hinwendung zu einer evangelikalen Grundhaltung, die sich mit ganz anderem Akzent auf die Barmer Erklärung beruft — das Erscheinungsbild der bremischen Kirche ist in den letzten Jahrzehnten immer vielfarbiger geworden.

Das demokratische Bewußtsein, das dem politischen Engagement zugrunde liegt, mußte mühsam errungen werden: gegen traditionelle Einstellungen und Vorurteile, die „demokratische Allüren" in der Kirche ablehnten, wie Stoevesandt und Denkhaus noch auf dem ersten Bremer Kirchentag 1946; gegen ein Denken in heilsgeschichtlichen Kategorien, das politische Reflexion ersetzte durch die Vorstellung von „bösen Geistern und Dämonen, die Völker und Menschen beherrschen", wie sich Greiffenhagen auf einer Kundgebung zum 10. Jahrestag des Novemberpogroms ausdrückte; gegen eine dezisionistische Weltsicht, die im politischen Gegner den Glaubensfeind, das Böse schlechthin erblickte. Die heftigen Debatten der fünfziger Jahre um die politische Rolle der Kirche, vor allem aber die theologischen, mentalen und ekklesiologischen Aufbruchsbewegungen der sechziger Jahre veränderten die evangelische Kirche tiefgreifender, als die Zäsur von 1945 es vermocht hatte. Die Dynamik dieses Wandels ist jedoch nur verständlich vor dem Hintergrund der Neuorientierung, die sich nach 1945 als Konsequenz aus den Erfahrungen des „Kirchenkampfes" durchzusetzen begann.

Literatur:
Blum, Musikfreunde (1975). — Boyens, Kirchenpolitik der amerikanischen Besatzungsmacht (1979). — Rudolph, Ev. Kirche und Vertriebene (1984). — Heitmann, Ortsgemeinden (1985). — Huber, Folgen christl. Freiheit (1985). — Meyer-Zollitsch, NS und ev. Kirche in Bremen (1985). — Greiffenhagen, Jahrgang 1928 (1988). — Koch, Greiffenhagen (1988). — Röpcke, Amerikanische Enklave (1988). — Vollnhals, Traditionswahrung (1988). — Bockhofer, Johannes Oberhof (1989). — Butterwegge, Friedenspolitik (1989). — Kirche nach der Kapitulation, Bd. 1 (1989). — Schmolze, Bremen-Nord (1989). — Vollnhals, Entnazifizierung (1989) (bes. S. 222—231). — Garlipp, Stephanigemeinde (1990). — Crüsemann, Amerikanische Akten (1992).

Die katholische Kirche in Bremen im 19. und 20. Jahrhundert

Von Hans-Georg Aschoff

I. Die katholische Kirche Bremens im 19. Jahrhundert

1. *Die rechtliche Lage in der Zeit des Vormärz*

Gegen Ende des 18. Jahrhunderts zählte die katholische Gemeinde in Bremen nur einige hundert Gläubige, die nach der Auflösung des Jesuitenordens von zwei Weltgeistlichen betreut wurden. Der geistliche Mittelpunkt der Gemeinde war die St.-Michaels-Kapelle auf dem Gelände der kaiserlichen Gesandtschaft. Kirchlich gehörte die Bremer Gemeinde zum Apostolischen Vikariat der Nordischen Missionen, das die norddeutsche Diaspora und Teile Skandinaviens umfaßte und zu dieser Zeit vom Fürstbischof von Hildesheim geleitet wurde. Nur vereinzelten Katholiken war es gelungen, das Bremer Bürgerrecht zu erhalten; die überwältigende Mehrheit besaß lediglich den Status der „Schutzgerechtigkeit" oder der „Schutzfreiheit" oder stand unter Fremdenrecht. Unter dem Einfluß der Aufklärung verfolgte der Bremer Rat eine im wesentlichen tolerante Politik gegenüber der katholischen Bevölkerung der Stadt, die ihr praktisch das *exercitium religionis privatum,* die private Religionsübung, gewährte. Mit dem Ende des Alten Reiches im Sommer 1806 wurde Bremen wie die meisten anderen Reichsstände formal souverän. Der kaiserliche Resident verlor sein Mandat; den Katholiken wurde damit ein Rückhalt genommen, der ihnen bis dahin Schutz verliehen hatte. Der Bremer Rat setzte seine weitgehend tolerante Religionspolitik fort. Er forderte die beiden Geistlichen der katholischen Gemeinde auf, weiterhin den Gottesdienst zu halten, und stellte erste Überlegungen an, den Katholiken ein eigenes Gotteshaus zuzuweisen, wobei man die ehemalige Klosterkirche der Franziskaner, St. Johann, in näheren Betracht zog. Die am 20. August 1806 eingesetzte „Inspektion über den Gottesdienst nach der römisch-katholischen Konfession", eine Kommission aus zwei Vertretern des Rates, sollte die staatlichen Rechte gegenüber der katholischen Gemeinde wahrnehmen. Die Besetzung Bremens durch französische Truppen im November 1806 veranlaßte den Rat, weitere Maßnahmen hinsichtlich der Katholiken zu ergreifen, um einer Regelung der konfessionellen Verhältnisse durch die Franzosen zuvorzukommen. So faßte die Ratsversammlung am 11. September 1807 den Beschluß, keinem katholischen Antragsteller allein aufgrund seiner Konfession das Bürgerrecht zu versagen. Da der Erwerb des Bürgerrechtes weiterhin mit der Zahlung einer nicht unerheblichen Gebühr verbunden blieb, waren die zumeist den unteren Schichten angehörenden katholischen Einwohner Bremens in der Regel nicht in der Lage, Vollbürger zu werden; sie standen deshalb in der Folgezeit weiterhin unter den Bestimmungen des Fremdenrechts. Nach der Eingliederung Bremens in das französische Kaiserreich im Jahr 1811 wies die neue Administration der katholischen Gemeinde, die durch die Besatzungssoldaten erheblich an Mitgliedern gewonnen hatte, die ehemalige Dominikanerkirche St. Katharinen als Gotteshaus zu. Wegen des baufälligen Zustandes dieser Kirche wurden die Martini- und die Liebfrauenkirche in Aussicht genommen. Allerdings zerschlugen sich mit dem Ende der französischen Herrschaft 1813 all diese Pläne. Die Katholiken benutzten während dieser Zeit wie früher die St.-Michaels-Kapelle auf dem „Eschenhof".

Die vom Wiener Kongreß 1815 verabschiedete Bundesakte, die die verfassungsrechtliche Grundstruktur des Deutschen Bundes festlegte, bestimmte in Art. 16, daß die „Verschiedenheit der christlichen Religions-Parteyen ... keinen Unterschied in dem Genusse der bürgerlichen und politischen Rechte begründen" dürfe; den Anhängern der drei christlichen Hauptkonfessionen waren damit die gleichen bürgerlichen und politischen Rechte eingeräumt worden, was den Bremer Katholiken prinzipiell bereits durch den Ratsbeschluß von 1807 zugestanden worden war. Die Bundesakte enthielt keine Bestimmungen über die Rechtsstellung der Religionsgesellschaften in den einzelnen Bundesstaaten. Die Regelung des Staat-Kirche-Verhältnisses war weitgehend in die Kompetenz der Einzelstaaten gestellt. In Bremen geschah dies hinsichtlich der katholischen Kirche nicht auf der Grundlage eines umfassenden Gesetzes, sondern durch eine Reihe von Senatsbeschlüssen und Erlassen. Eine Anerkennung der katholischen Gemeinde als „öffentlich-rechtliche Körperschaft" erfolgte hier erst um die Jahrhundertmitte.

Die Neuordnung des Personenstandswesens aufgrund der Verordnung vom 22./30. Mai 1816 führte dazu, daß auch den katholischen Geistlichen die Führung des Zivilstandsregisters möglich war. Damit wurde staatlicherseits die Vornahme von Parochialakten durch katholische Geistliche anerkannt, und die bis zu Beginn des 19. Jahrhunderts übliche Zahlung von Stolgebühren an die protestantischen Pfarrer fiel fort. Die staatliche Bestätigung der fünf gewählten Kirchenvorsteher als Vertreter der katholischen Gemeinde durch Senatsbeschluß vom 13. Dezember 1816 bedeutete einen weiteren Schritt auf dem Weg zur Anerkennung der katholischen Kirche als Korporation.

Den Anlaß zur Bildung eines Kirchenvorstandes hatte die Suche nach einem größeren Gottesdienstraum für die inzwischen auf über 1000 Gläubige angewachsene katholische Gemeinde Bremens gegeben. Vermutlich aus den Reihen der Senatoren hatten einige Mitglieder der katholischen Gemeinde im Sommer 1816 den Hinweis erhalten, daß die Umstände für ein Gesuch um Zuweisung eines größeren Gotteshauses äußerst günstig seien, weil der Senat ein Schulgebäude auf dem Gelände plane, wo sich die katholische Kapelle befand. Unter dem 28. Juni 1816 erging ein von mehreren Katholiken unterzeichnetes entsprechendes Gesuch an den Senat. Dieser faßte am 20. und 27. September den Beschluß, den Katholiken die zum Johanniskloster gehörende Kirche nebst zwei Häusern an der Straße Langewieren als Prediger- und Küsterwohnung zu überlassen. Die katholische Gemeinde sollte aber alle Kosten zur Instandsetzung und Unterhaltung der Gebäude sowie die auf diesen ruhenden Lasten übernehmen und außerdem innerhalb eines Jahres die bisherige Kapelle und die damit verbundene Predigerwohnung räumen. Auf einer Gemeindeversammlung am 6. Oktober in der katholischen Kapelle wurde der Senatsbeschluß zwar grundsätzlich begrüßt; man wies aber auf die Unmöglichkeit hin, die anstehenden Mittel zur Renovierung der Kirche allein aufzubringen. Um in Verhandlungen mit dem Senat eintreten zu können, wurde eine Deputation von fünf Gemeindemitgliedern gewählt; außerdem wurden Bestimmungen über die weitere Zusammensetzung und Ergänzung dieses ersten „Kirchenvorstandes" festgelegt. Damit hatte sich die Gemeinde eine Art „Satzung" gegeben, die in ihren Grundzügen bis 1909 in Geltung blieb.

St. Johann war im Mittelalter die Klosterkirche der Franziskaner gewesen; das Kloster schloß sich südlich an die Kirche an. Die Gebäude beherbergten nach der Reformation bis zum Abbruch 1834 ein städtisches Kranken- und Siechenhaus. Die Kirche, die als einziges Denkmal der Hochgotik Bremens erhalten geblieben ist, war um 1350 vollendet, als sich der Backstein im Bremer Kirchenbau durchgesetzt hatte. Sie ist nach einem einheitlichen Plan ausgeführt, was auf eine eher kurze Bauzeit schließen läßt. Die dreischiffige, gewölbte Hallenkirche endet in einem für Bettelordenskirchen bezeichnenden langgestreckten Chor mit polygonalem Abschluß. Im Sinne der Ordensregel blieb die Kirche turmlos. Die Sakristei und eine Gedächtniskapelle wurden erst in neuerer Zeit angebaut. Im 17. und 18. Jahrhundert diente das Gotteshaus der französischen reformierten Gemeinde. Außerdem wurde es als Begräbnisstätte benutzt. So befinden sich in der Kirche u.a. fünf Gräber von Jesuiten und unter dem Chor die Grabstätten von drei kaiserlichen Residenten und ihren Gemahlinnen. Zu Beginn des 19. Jahrhunderts wurde die St.-Johannis-Kirche profaniert und fand zeitweise als Lagerraum und Wagenremise Verwendung. Als die Kirche der katholischen Gemeinde zugewiesen wurde, war eine völlige Erneuerung des Daches notwendig; außerdem mußte der Fußboden wegen Überschwemmungsgefahr um drei Meter erhöht werden, was sich auf den Raumeindruck auswirkte.

Nachdem der Senat einen Zuschuß zur Renovierung der St.-Johannis-Kirche abgelehnt hatte, gelang es dem Kirchenvorstand, eine Verlängerung der Räumungsfrist für die katholische Kapelle bis Ostern 1823 zu erreichen. Diese Zeit sollte dazu benutzt werden, die finanziellen Mittel für die Instandsetzung der Kirche zu beschaffen. Dies geschah u.a. durch Haussammlungen, zu denen auch nichtkatholische Einwohner Bremens beitrugen, und durch Spenden hochgestellter Persönlichkeiten; zu diesen gehörten u.a. der Osnabrücker Weihbischof Karl Klemens Freiherr von Gruben, der während der französischen Zeit als Beauftragter des Hildesheimer Fürstbischofs Franz Egon Freiherr von Fürstenberg das Apostolische Vikariat des Nordens verwaltet hatte, sowie der Fürstbischof von Ermland, Joseph von Hohenzollern, der König von Bayern, Max I., sowie der Herzog von Oldenburg, Peter Friedrich Ludwig; auch der ehemalige kaiserliche Resident in Bremen, Egon Freiherr Vrintz von Treuenfeld, überwies einen namhaften Betrag aus einer von ihm durchgeführten Sammlung und stellte außerdem die bei seiner Familie für die Gemeinde belegten Kapitalien zur Verfügung. Bis 1820 hatte sich ein Fonds von über 14 500 Rt. angesammelt, der es dem Kirchenvorstand ermöglichte, in der Dechanatstraße 2 ein teilweise bebautes Grundstück zu erwerben, auf dem das Pfarrhaus und ein Schulgebäude errichtet werden sollten. Die zur Verfügung stehenden Finanzmittel reichten dennoch nicht zur Deckung der Kosten für die Renovierung der Kirche und den Erwerb des Grundstückes aus, so daß die Gemeinde Ende 1823 mit Schulden in Höhe von 12 500 Rt. belastet war.

Am 17. Oktober 1823 wurde die St.-Johannis-Kirche vom Paderborner Generalvikar Richard Kornelius Dammers als Beauftragter des zuständigen Apostolischen Vikars Fürstenberg in einer feierlichen Zeremonie, an der auch Vertreter des Senates teilnahmen, konsekriert. Die Festpredigt hielt der Paderborner Domprediger J. Strieder. Die Teilnahme von auswärtigen Geistlichen an den Feierlichkeiten war erst möglich, nachdem hierfür seitens des Senates die Genehmigung erteilt worden war; dieser hatte darauf aufmerksam gemacht, daß aus der Anwesenheit auswärtiger Priester keine Diözesan- oder sonstigen Rechte hergeleitet werden dürf-

Die St.-Johannis-Kirche im Schnoorviertel, Außenansicht vor dem Zweiten Weltkrieg

ten. Damit wies der Senat auf seine in der staatlichen Kirchenhoheit begründeten Rechte hin.

Die Säkularisation von 1802/03 entzog der katholischen Kirche in Deutschland weithin die materielle Grundlage, gefährdete damit ihre Organisation und brachte sie in Abhängigkeit meist nichtkatholischer Regierungen. Diese Entwicklungen und die Bestrebungen der Einzelstaaten, die Landesgrenzen mit den Grenzen der kirchlichen Sprengel zur Deckung zu bringen, um das Einwirken auswärtiger Kirchenoberer möglichst auszuschalten, waren Anlässe für eine Neuordnung der katholischen kirchlichen Verhältnisse. Auf dem Wiener Kongreß suchte Kardinalstaatssekretär Ercole Consalvi als Vertreter des Hl. Stuhls eine bundesrechtliche Regelung der Kirchenfrage und den Abschluß eines Gesamtkonkordates zu erreichen. Diese Bemühungen scheiterten vor allem am Partikularismus der Einzelstaaten; insbesondere Bayern und Württemberg setzten ihnen Widerstand entgegen, weil sie durch eine bundesrechtliche Regelung ihre Souveränität und die Ausübung der Kirchenhoheit beeinträchtigt sahen. Während Bayern 1817 ein Konkordat mit dem Hl. Stuhl abschloß, das der Kirche erhebliche Rechte einräumte, die jedoch in einem nachfolgenden Religionsedikt wieder zugunsten staatlicher Kontrolle eingeschränkt wurden, führten Preußen und Hannover mit der Kurie Verhandlungen über den Abschluß einer Zirkumskriptionsbulle. Im Unterschied zu einem Konkordat enthielt eine Zirkumskriptionsbulle keine umfassende Regelung des Staat-Kirche-Verhältnisses, sondern legte lediglich die äußeren kirchlichen Verhältnisse fest, wie die Umschreibung der Diözesen, den Besetzungsmodus der Bischofsstühle und Domkapitel sowie die Dotation der kirchlichen Einrichtungen durch den Staat, überließ aber ansonsten der staatlichen Gesetzgebung die weitere Ausgestaltung des Staatskirchenrechts. 1821 erließ der Hl. Stuhl für Preußen die Zirkumskriptionsbulle „De salute animarum" und 1824 für Hannover die Bulle „Impensa Romanorum Pontificum".

Vertreter der meisten anderen deutschen, in der Regel protestantischen Staaten hatten sich auf die Initiative Württembergs hin ab März 1818 in Frankfurt/Main getroffen, um sich auf ein gemeinsames Vorgehen in den Verhandlungen mit Rom zu einigen. Der Vertreter Bremens bei den Frankfurter Konferenzen war der spätere Bürgermeister Johann Smidt, seit 1800 Mitglied des Bremer Rates und als Präsident der „Inspektion über den Gottesdienst nach der römisch-katholischen Konfession" in besonderer Weise für die Bremer Politik gegenüber den Katholiken verantwortlich. Smidt hatte von 1792—1795 in Jena Theologie studiert und war nach seiner Ordination Gymnasialprofessor in seiner Heimatstadt gewesen. Die josephinischen staatskirchlichen Auffassungen und die anti-

Die St.-Johannis-Kirche im Schnoorviertel, Innenansicht vor dem Zweiten Weltkrieg

päpstlichen Tendenzen der Frankfurter Verhandlungen fanden ihren Niederschlag in den „Grundzügen zu einer Vereinbarung über die Verhältnisse der katholischen Kirche in den deutschen Bundesstaaten", auf die sich die Vertreter am 18. April 1818 einigten. Auf der Basis dieser Grundzüge wurde eine „Deklaration", ein Entwurf für eine Konvention mit dem Hl. Stuhl erarbeitet, die in ultimativer Form die Errichtung von Landesbistümern und die landesherrliche Nomination der Bischöfe forderte. Die „Grundbestimmungen für ein organisches Staatsgesetz", die die Unterhändler ebenfalls vereinbarten, stellten den Rahmen für die konkrete Regelung des Staat-Kirche-Verhältnisses durch einseitiges staatliches Vorgehen dar. Danach wurde die katholische Kirche einer umfassenden Staatsaufsicht unterworfen, die sich der Mittel des Plazets, des Recursus ab abusu, des Treueids der Bischöfe und Geistlichen, der staatlichen Kontrolle der kirchlichen Vermögensverwaltung und der Ausbildung der Geistlichen sowie der staatlichen Genehmigung bei der Besetzung geistlicher Stellen bediente. Nicht zuletzt wegen ihres ultimativen Charakters lehnte die Kurie im Sommer 1819 die „Deklaration" ab und erließ im August 1821 die Zirkumskriptionsbulle „Provida sollersque", die Landesbistümer für Baden, Württemberg, Kurhessen, Hessen-Darmstadt und Hessen-Nassau schuf und sie zur Oberrheinischen Kirchenprovinz zusammenfaßte. Auch kleinere Staaten wie Hohenzollern-Sigmaringen, Sachsen-Weimar und Frankfurt/Main schlossen sich den Bistümern der Oberrheinischen Kirchenprovinz an. Die übrigen Teilnehmerstaaten der Frankfurter Konferenz lehnten einen Anschluß ab, teils mit Rücksicht auf Preußen, teils in der Absicht, die Beendigung aller Verhandlungen deutscher Staaten mit der Kurie abzuwarten und dann einer ihnen geeignet erscheinenden Diözese beizutreten. In Frankfurt spielte man zeitweise auch mit dem Gedanken, für die Hansestädte Hamburg, Bremen und Lübeck sowie Mecklenburg und Oldenburg ein gemeinsames bischöfliches Offizialat zu schaffen, das seinen Sitz in Hamburg haben sollte. Dieses Projekt scheiterte am Kostenpunkt und an unterschiedlichen Vorstellungen hinsichtlich der Frage, welcher Diözese man sich anschließen sollte. Dabei favorisierte man in Bremen einen Anschluß an das Bistum Limburg, weil die kirchenpolitischen Grundsätze der nassauischen Regierung den eigenen am nächsten kamen. Kirchlich blieben die Bremer Katholiken einstweilen jedoch dem Apostolischen Vikariat der Nordischen Missionen zugeordnet.

Die Bremer Politik gegenüber der katholischen Kirche orientierte sich in der Folgezeit an den Frankfurter Verabredungen und Vereinbarungen. Besonderen Einfluß übte der nassauische Regierungsrat Johann Ludwig Koch auf sie aus, der anfangs sein Land bei den Frankfurter Verhandlungen vertreten hatte, sich 1822 aber nach der Aufgabe seines Priesteramtes und der Konversion zum Protestantismus von den Beratungen zurückziehen mußte. Der Bremer Senat, vor allem Bürgermeister Smidt, unterhielt einen regen Kontakt mit ihm und konsultierte ihn häufig in allen die katholische Kirche betreffenden Fragen. Koch bestärkte die Bremer Politiker in ihren antirömischen Vorbehalten und staatskirchlichen Grundsätzen. Diese fanden deutlichen Ausdruck im Senatsbeschluß vom 24. November 1824 und in der „Allgemeinen Instruktion für die Prediger römisch-katholischer Konfession an der St. Johanniskirche in Bremen" vom 11. März 1825, die wichtige staatskirchenrechtliche Bestimmungen enthielten.

Der Senatsbeschluß von 1824 befaßte sich im wesentlichen mit der Stellung und den Aufgaben der katholischen Kirchenvorsteher und regelte die kirchliche Vermögensverwaltung und Haushaltsführung. Die Tätigkeit der Kirchenvorsteher wurde allein auf die Verwaltung des Kirchenvermögens beschränkt; ihnen war ein Einwirken auf gottesdienstliche Angelegenheiten und auf die Leitung der Schule untersagt; auch durften sie keine Verhandlungen mit auswärtigen geistlichen Behörden führen. Das kirchliche Vermögen verwalteten sie gemeinsam mit den katholischen Geistlichen, die der Senat in die *temporalia* eingeführt hatte. Der Senat, vertreten durch die „Inspektion", behielt sich die Aufsicht über das Vermögen und andere Leitungsbefugnisse vor. Der Kirchenvorstand mußte jährlich Rechenschaft über die Vermögensverwaltung ablegen und einen detaillierten Haushaltsplan aufstellen, der der Genehmigung des Senats unterlag. Für Ausgaben, die über den Voranschlag hinausgingen, mußte ebenfalls die Zustimmung des Senats eingeholt werden. Kirchenvorsteher und Geistliche konnten lediglich die „unteren Kirchenbedienten und Gehilfen" bestellen, während sie den Küster und den Organisten dem Senat zur Bestätigung zu präsentieren hatten. Hinsichtlich der Lehrerstelle an der katholischen Schule behielt sich der Senat das ausschließliche Ernennungsrecht vor.

Den Anlaß für die „Allgemeine Instruktion" von 1825 gaben die eingetretene Vakanz und die Wiederbesetzung der beiden Pastorenstellen an der St.-Johannis-Kirche. Pastor Theodor Nacken hatte seine Stelle im November 1824 aus Gesundheitsgründen aufgegeben; Pastor Bernhard Heinrich Friemann war am 26. Januar 1825 gestorben. Die „Allgemeine Instruktion" stellte die wichtigste und umfassendste Regelung des Staatskirchenrechts für die katholische Kirche in Bremen dar. Danach hatten die katholischen Priester, von denen man einen „unsträflichen Lebenswandel" erwartete, die „allgemeinen Gesetze des Bremischen Staates" und die für ihren Wirkungskreis einschlägigen Vorschriften der obrigkeitlichen Behörden zu befolgen. In allen Angelegenheiten, die das *ius circa sacra* betrafen, mußten sie sich an die „damit beauftragte Inspektion des Senats" wenden und deren Instruktionen befolgen. Insbesondere mußten sie das staatliche Plazet für alle Bekanntmachungen und Anweisungen auswärtiger geistlicher Behörden einholen. Sie waren verpflichtet, öffentliche Verordnungen von der Kanzel zu verkünden. Ihre Beteiligung an der Verwaltung des Kirchenvermögens richtete sich ebenso wie die Führung des Zivilstandsregisters nach den einschlägigen Senatsverordnungen. Hinsichtlich der katholischen Schule stand ihnen lediglich die Aufsicht über den Religionsunterricht zu, jedoch nicht über die anderen Unterrichtsfächer und auch nicht über die Lehrkräfte, weil dies zur Kompetenz der Senatskommission gehörte. Eine staatliche Erlaubnis war erforderlich für Vertretungen durch fremde Geistliche, die länger als acht Tage dauerten. Die Amtshandlungen der Geistlichen waren auf die Kirche und die Wohnungen der katholischen Gemeindemitglieder beschränkt; sie durften diese nicht in der Öffentlichkeit verrichten. Vor allem war ihnen jegliche als „Proselytenmacherei" bezeichnete katholische Propaganda untersagt, die den Frieden unter den Konfessionen gefährden konnte. Dies traf in besonderer Weise auf die gemischten Ehen zu.

Seit Ende des 18. Jahrhunderts hatte sich in Bremen folgender Modus bei der Besetzung der geistlichen Stellen herausgebildet, der bis zur Jahrhundertmitte eingehalten wurde: Der Bischof von Münster ernannte auf Vorschlag der Konservatoren der Ferdinandeischen Missionsstiftung, die die Besoldung der Bremer Geistlichen garantierte, den neuen Pastor. Dieser erhielt dann auf Antrag die notwendigen Fakultäten vom zuständigen Apostolischen Vikar der Nordischen Missionen. In der Zeit nach dem Wiener Kongreß nahm der Senat bei der Stellenbesetzung ein Mitwirkungsrecht in Anspruch. Er ließ sich von dem ernannten Kandidaten die offiziellen Dokumente sowie Zeugnisse über Lebenswandel und Ausbildung vorlegen. Der Geistliche hatte dann einen Homagialrevers zu unterzeichnen, in dem er versprach, während der Zeit als Pastor an St. Johann und seiner Anwesenheit in Bremen „diesem Freistaate und dem hohen Senate desselben treu, hold und gehorsam sein, deren Bestes nach äußerstem Vermögen befördern, ihren Schaden und Nachteil ... abwenden und ... (sich) in allen Stücken jederzeit als ein redlicher und getreuer Mitgenosse des Bremischen Freistaates den Gesetzen desselben gemäß betragen" zu wollen. Danach wurde er vom Senat als Pastor an der St.-Johannis-Kirche ernannt und im Besitz des Benefiziums der Ferdinandeischen Stiftung bestätigt.

Da die Geistlichen die in der Kirchenhoheit begründeten staatlichen Rechte respektierten und diese Rechte eher zurückhaltend ausgeübt wurden, blieb das Verhältnis von Staat und katholischer Kirche in Bremen in der vormärzlichen Zeit im großen ganzen konfliktfrei. So kam es z.B. nicht zu ernsthaften Auseinandersetzungen, als der Senat das Plazet für die Verkündigung eines päpstlichen Jubiläumsablasses aus Anlaß der bedrängten kirchlichen Lage in Spanien mit Rücksicht auf die wirtschaftlichen Beziehungen zur Iberischen Halbinsel verweigerte. Irritationen entstanden lediglich bei der Neubesetzung des Apostolischen Vikariats am Ende der 1830er Jahre und bei der Regelung der katholischen Schulverhältnisse nach 1840.

Literatur:
Freisen, Pfarrzwang (1906), S. 148—154. — Hardinghaus, Zur Geschichte (1925) Jg. 2, Nr. 43, S. 348—350; Nr. 44, S. 355 f.; Nr. 45, S. 362—364; Nr. 46, S. 373 f.; Nr. 49, S. 395 f.; Nr. 50, S. 405 f.; Nr. 51, S. 413 f.; (1926) Jg. 3, Nr. 6, S. 45 f. — Schwentner, Rechtslage (1931), S. 39—46. — Werra, Katholische Kirche (1950), S. 75—98. — Fliedner/Kloos, Bremer Kirchen (1961), S. 111—115. — Huber, Verfassungsgeschichte I (1967), S. 432—442. — Dillschneider, St. Johann (1973), S. 21—24; 44—56; 61—69. — Schwarzwälder, Geschichte II (1976), S. 109 f.

2. *Die „Affäre Laurent"*

Die katholische Kirchengemeinde in Bremen unterstand auch nach den Frankfurter Verhandlungen weiterhin der Jurisdiktion des Apostolischen Vikars der Nordischen Missionen, dessen Einwirken allerdings minimal war und dem der Bremer Senat nur geringe Aufmerksamkeit widmete. Nach Neuumschreibungen und Abtrennungen umfaßte das Apostolische Vikariat in den 1830er Jahren nur noch Dänemark zusammen mit dem Herzogtum Schleswig sowie die zum Deutschen Bund gehörenden Herzogtümer Holstein und Lauenburg, die Fürstentümer Lübeck und Schaumburg-Lippe, die beiden mecklenburgischen Großherzogtümer und die drei Hansestädte. Unter Papst Gregor XVI. (1830—1846), der als ehemaliger Präfekt der Propagandakongregation der Arbeit in den Missionsgebieten weiterhin sein besonderes Interesse zuwandte, wurden an der Kurie Pläne entwickelt, nach denen das Vikariat der Nordischen Missionen eine feste Organisation erhalten und die Aufgaben des Vikars nicht mehr im Nebenamt von einem Diözesan- oder Weihbischof wahrgenommen werden sollten, sondern von einem eigenen Geistlichen im Bischofsrang mit Hamburg als Amtssitz. Die Hansestadt schien sich wegen ihrer zentralen Lage im Missionsgebiet anzubieten; außerdem wohnte hier eine größere Anzahl von Katholiken, die im allgemeinen von der Regierung tolerant behandelt wurden. Von der Neuordnung des Missionsgebietes erwartete die Kurie eine Intensivierung der Seelsorge.

Ohne die betroffenen Regierungen zu verständigen oder gar in Verhandlungen mit ihnen einzutreten, ernannte Gregor XVI. auf Empfehlung der Propagandakongregation den belgischen Pfarrer Johann Theodor Laurent am 17. September 1839 zum Apostolischen Vikar der Nordischen Missionen und zum Titularbischof von Chersones auf Kreta. Der Zeitpunkt der Ernennung erschien deshalb als günstig, weil der amtierende Vikar, der Paderborner Bischof Friedrich Klemens Freiherr von Ledebur, der die Verwaltung des Missionsgebietes nur lässig betrieb, um seine Entbindung von diesem Amt gebeten hatte. Laurent war 1804 in Aachen geboren worden; nach dem Studium an der neuen Theologischen Fakultät in Bonn und im Priesterseminar von Lüttich war er 1829 zum Priester geweiht worden und ab 1835 als Pfarrer von Gemmenich im Bistum Lüttich tätig. Während der Kölner Wirren, die ihren Hauptgrund in den unterschiedlichen Positionen des Kölner Erzbischofs Klemens August Freiherr Droste zu Vischering und der preußischen Regierung hinsichtlich der Mischehenfrage hatten und die mit der rechtswidrigen Verhaftung des Erzbischofs 1837 ihren Höhepunkt erreichten, ergriff Laurent für Droste zu Vischering Partei und legte seinen Standpunkt in verschiedenen Zeitungsartikeln dar. Laurent galt deshalb als ein besonders intransigenter Vertreter der ultramontanen Bewegung, die in enger Bindung an die päpstliche Zentrale der Kirche eine freiere Stellung gegenüber der Staatsgewalt verschaffen wollte und sich dabei in besonderem Maße an der staatskirchenrechtlichen Situation in Belgien orientierte, wo die Verfassung einen weiten kirchlichen Freiheitsraum garantierte.
Laurent empfing am 27. Dezember 1839 die bischöfliche Konsekration. Der einmütige Widerstand der betroffenen norddeutschen Staaten und Dänemarks verhinderte jedoch seinen Amtsantritt als Apostolischer Vikar. Obwohl die Regierungen bereits im September 1839 Hinweise auf die bevorstehende Ernennung Laurents erhalten hatten, wurde diese erst durch eine Nachricht vom 12. November in der Lütticher Zeitung „Courier de la Meuse" einer breiteren Öffentlichkeit bekannt. Die Kurie hatte nach Meinung der Regierungen vollendete Tatsachen geschaffen; sie sahen darin eine Verletzung der staatlichen Kirchenhoheit und ihres Souveränitätsanspruches. Das Vorgehen Roms galt als Beweis für die Zentralisierungs- und Konzentrationstendenzen innerhalb der katholischen Kirche und für das Wiederaufleben universaler päpstlicher Jurisdiktionsansprüche. Hinzu kam die Person des als ultramontan und intransigent geltenden neuen Vikars, von dessen Wirken die Regierungen, die noch unter dem Eindruck des Kölner Kirchenstreites standen, eine Gefährdung des konfessionellen Friedens innerhalb ihrer Staaten befürchteten. Auf ihre Haltung wirkte sich neben der Pressekampagne, die

der „Fall Laurent" auslöste, vor allem der diplomatische Druck der preußischen Regierung aus, die die Widerstandsfront gegen das römische Vorgehen zu stärken versuchte; ihr mußte daran gelegen sein, Laurent, der sich während der Kölner Wirren regierungsfeindlich gezeigt und außerdem als Apostolischer Vikar noch den Auftrag erhalten hatte, die von Preußen mit Beschlag belegte Ferdinandeische Stiftung in ihrem alten Umfang wiederherzustellen, von den preußischen Grenzen möglichst weit entfernt zu halten.

In Bremen war man bereits Anfang September 1839 von Hamburg aus über die bevorstehende Ernennung Laurents zum Apostolischen Vikar informiert worden, was Smidt veranlaßte, sich an Koch zu wenden. Dieser bezeichnete in einem Gutachten vom 26. September das römische Vorgehen als einen Beweis für die sich ausweitenden päpstlichen Machtansprüche, die zuerst in den kleineren protestantischen Staaten geltend gemacht werden sollten, weil diese sich nicht auf eine gemeinsame Kirchenpolitik einigen konnten. Er sah anfangs in dem Laurent erteilten Auftrag eine päpstliche Visitation, die staatlicherseits zu unterbinden sei, weil sie mit den einschlägigen kanonischen Bestimmungen nicht in Einklang stünde. Die katholischen Geistlichen Bremens müßten angewiesen werden, jeglichen amtlichen Kontakt mit dem Apostolischen Vikar zu unterlassen. Am 2. Oktober beschloß der Bremer Senat, entsprechend den Ausführungen Kochs zu verfahren.

In zwei weiteren Schreiben vom 19. November präzisierte Koch seinen Standpunkt. Einmal korrigierte er seine Ausführungen dahin, daß es sich bei Laurents Sendung nicht um eine päpstliche Visitation handele, sondern um die förmliche Etablierung eines Apostolischen Vikars, die man aus prinzipiellen Gründen verhindern müsse; denn seiner Meinung nach wurde damit der durch den Westfälischen Frieden begründete Rechtszustand verletzt, nach dem die bischöfliche Jurisdiktion in den protestantischen Staaten Norddeutschlands aufgehoben worden war. Dieses Argument sollte in der Folgezeit immer wieder herangezogen werden. Smidt selbst machte es zur Grundlage eines Zeitungsartikels unter der Überschrift „Bischöfe und Vikare", der Ende 1839 in der „Bremer Zeitung" erschien. Diese Bezugnahme auf einschlägige Bestimmungen des Westfälischen Friedens widersprach allerdings dem Tatbestand, daß es schon vor der Ernennung Laurents Apostolische Vikare gegeben hatte, deren Tätigkeit von den norddeutschen Regierungen zeitweise wenigstens geduldet worden war. Um zukünftige Auseinandersetzungen zu vermeiden, wies Koch erneut auf die Möglichkeit eines Anschlusses der norddeutschen Staaten an das Bistum Limburg hin und betonte die Notwendigkeit eines gemeinschaftlichen Vorgehens der drei Hansestädte. Diese hatten bereits seit einiger Zeit in der Frage des Apostolischen Vikars engen Kontakt gehalten, so daß sich eine in den Grundzügen ähnliche Politik abzeichnete. Aufgrund eines Vorschlages von Smidt, dem man eine „geradezu blinde Ergebenheit" (G. Hellinghausen) gegenüber den romfeindlichen Auslassungen Kochs nachsagen kann, beschloß der Bremer Senat, der sich dabei an zwei Tage zuvor vom Hamburger Senat verabschiedeten Beschlüssen orientierte, daß die katholischen Geistlichen angewiesen werden sollten, jede amtliche Verbindung mit dem neuen Vikar zu unterlassen; um den Geistlichen ein Entgegenkommen zu erleichtern, sollte eine finanzielle Zuwendung zum Kirchenfonds in Aussicht gestellt werden. Zwei Tage später wurde in einem halboffiziellen, von Smidt redigierten Artikel der „Bremer Zeitung" darauf hingewiesen, daß man die Entsendung eines Apostolischen Vikars in die Hansestädte ohne vorangegangene Genehmigung der betroffenen Regierungen für unwahrscheinlich halte, da dafür weder der Wunsch, noch das Bedürfnis vorhanden sei und von der römischen Seite die Folgen einer derartigen ungebetenen Einmischung sicher erwogen worden seien. Am gleichen Tage fand eine Unterredung zwischen Smidt und Duntze als zuständige Senatsmitglieder und Pastor Bernhard Wemer statt, in der dieser versicherte, daß er von einer Sendung Laurents nichts wisse und auch deren Zweck und Sinn nicht einsehe. Dem Geistlichen wurde unter Hinweis auf die einschlägigen Bestimmungen der Instruktion von 1825 jeglicher amtlicher Kontakt mit Laurent untersagt. Wemer versprach, dies zu beachten und alles anzuzeigen, was in dieser Angelegenheit zu seiner Kenntnis gelangen sollte. Er verbürgte sich auch für Franz Probst, den zweiten Geistlichen der Bremer Gemeinde. Wemers unterwürfige Haltung gegenüber dem Senat und seine regierungsfreundliche Gesinnung, die man auch bei den Hamburger Geistlichen erkennen kann, resultierten aus Furchtsamkeit und Unsicherheit gegenüber der protestantischen staatlichen Autorität; dies wiederum hatte seinen Grund in mangelnder Rückendeckung und Befürchtungen vor antikatholischen Maßnahmen und Ausschreitungen.

Mit dem Senatsbeschluß vom 27. November 1839 war im wesentlichen das Vorgehen Bremens im Fall Laurent festgelegt, das im Einklang mit der Politik der anderen Hansestädte stand. Die Senate hatten in halboffiziellen Zeitungsartikeln ihre Empörung über das römische Vorgehen ausgedrückt, gleichzeitig aber auch die Zulassung eines Vikars nach Verhandlungen nicht völlig ausgeschlossen. Ein definitives Verbot gegen sein Kommen war damit umgangen worden; dieses Verbot wurde vor allem von preußischer Seite gewünscht, und Bremen war am ehesten bereit, diesem Wunsch nachzukommen, reihte sich aber schließlich in die Politik der beiden Schwesterstädte ein.

Der anhaltende Widerstand gegen Laurent, der mit besonderer Hartnäckigkeit von Dänemark geleistet wurde, das das Wirken eines Apostolischen Vikars grundsätzlich ausschließen wollte, und die Erfolglosigkeit diplomatischer Bemühungen katholischer Mächte, vor allem Österreichs, veranlaßten die Kurie, Laurent fallenzulassen. Vor allem hatte der österreichische Staatskanzler Klemens Fürst von Metternich ihr dieses Vorgehen angeraten, um die Errichtung eines eigenständigen Vikariates nicht für alle Zeiten zu gefährden und sich andere Lösungsmöglichkeiten nicht zu verbauen. In Rom hatte man das Souveränitätsbewußtsein der betroffenen Staaten, ihre staatskirchenrechtlichen Forderungen, die Vorbehalte gegenüber dem Katholizismus und die notwendige Rücksichtnahme auf die öffentliche Meinung unterschätzt. Spätestens Mitte September 1840 gab die Kurie Laurent als Apostolischen Vikar der Nordischen Missionen auf und hielt nach einem anderen Kandidaten Ausschau. Laurent bat selbst am 15. November 1840 um Entbindung von diesem Amt und wies auf den Osnabrücker Generalvikar und Weihbischof Karl Anton Lüpke als geeigneten Nachfolger hin.

Lüpke war am 26. Juli 1775 in Bersenbrück geboren worden. Nach dem Theologiestudium in Münster empfing er 1799 in Osnabrück die Priesterweihe und war danach als Domvikar, Assessor des Generalvikariats und Domprediger in Osnabrück tätig. Nachdem er 1827 von Papst Leo XII. zum Provikar des Bistums Osnabrück bestellt worden war, erfolgten 1829 auf der Grundlage der Zirkumskriptionsbulle „Impensa Romanorum Pontificum" seine Ernennung zum Generalvikar und im folgenden Jahr zum Weihbischof in Osnabrück und Titularbischof von Anthedon. Da sein Bistum zu diesem Zeitpunkt noch nicht dotiert war, fungierte der Hildesheimer Bischof als Administrator von Osnabrück, überließ Lüpke aber praktisch die selbständige Verwaltung der Diözese. Lüpke unterschied sich von Laurent kaum hinsichtlich seiner kirchenpolitischen Haltung; auch er war streng kirchlich gesinnt und der ultramontanen Bewegung zuzurechnen. Wenn die betroffenen Regierungen dennoch keinen Widerstand gegen seine Ernennung zum Leiter des Vikariates leisteten, geschah dies u.a. mit Rücksicht auf den hannoverschen König Ernst August, dessen Untertan Lüpke war. Außerdem war das Verhältnis des Osnabrücker Weihbischofs zur hannoverschen Regierung im allgemeinen konfliktfrei geblieben. Seine Akzeptanz wurde aber vor allem dadurch erleichtert, daß Rom zum Status quo zurückzukehren schien; es gab den Plan eines hauptamtlichen Apostolischen Vikars mit Residenz im Gebiet der Nordischen Missionen auf. Diplomatische Vermittlungsaktionen Österreichs taten ein übriges. Für Rom war Lüpke nicht nur wegen seiner kirchlichen Gesinnung, Romtreue und persönlichen Integrität der geeig-

nete Kandidat; für ihn sprach auch die räumliche Nähe Osnabrücks zum Missionsgebiet und die Möglichkeit, dieses mit Osnabrücker Geistlichen zu versorgen.
Schon bevor die Ernennungsbreven am 26. Februar 1841 für Lüpke ausgestellt worden waren, setzten die diplomatischen Bemühungen um seine Anerkennung ein. Diese wurden dadurch erleichtert, daß Lüpke auch von Preußen akzeptiert wurde, wo sich unter Friedrich Wilhelm IV. eine Verbesserung im Verhältnis zur römischen Kurie abzeichnete. Auch in den Hansestädten wurde der Ernennung Lüpkes kein Widerstand entgegengesetzt, weil der alte Zustand wiederhergestellt schien. Für Smidt befand sich die Bestellung Lüpkes im Einklang mit dem deutschen Kirchenrecht, nach dem bei Fehlen eines Bischofs der benachbarte ihn ersetzte; falls der Vikar jedoch eine Visitation in Bremen durchführen oder Schwierigkeiten in der Mischehenfrage bereiten sollte, wollte man ihm entgegentreten.
Die Ernennungsbreven wurden Lüpke erst ausgehändigt, als das Einverständnis der betroffenen Regierungen vorlag. Lüpke erhielt wie seine Nachfolger den Titel eines Provikars, um den provisorischen Charakter seines Amtes deutlich zu machen. Er bemühte sich um eine geordnete Seelsorge im Missionsgebiet. 1842, 1846 und 1854 unternahm er Firmungs- und Visitationsreisen und besuchte neben Hamburg, Altona, Lübeck und Schwerin auch Bremen. Während seiner Amtszeit wurde außer in Bückeburg auch in Bremerhaven eine neue Kirchengemeinde gegründet. Mit ihm begann die Bindung des Apostolischen Vikariates an die Osnabrücker Bischöfe. Nach seinem Tod 1855 fiel das Amt des Provikars 1858 an Paulus Ludolf Melchers, dem ersten Bischof von Osnabrück nach der Säkularisation, und nach dessen Transferierung nach Köln 1866 an seinen Nachfolger Johann Heinrich Beckmann. Unter diesem wurde das Apostolische Vikariat der Nordischen Missionen 1868 in das Apostolische Vikariat der Norddeutschen Missionen, zu dem auch die Stadt Bremen gehörte, und in die beiden Apostolischen Präfekturen Schleswig-Holstein und Dänemark geteilt, die einstweilen dem Apostolischen Vikar unterstellt blieben. Dänemark wurde 1892 zum Apostolischen Vikariat erhoben. Nach dem Kulturkampf verbanden die Bischöfe von Osnabrück seit 1882 in Personalunion das Amt eines Provikars des Apostolischen Vikariates der Norddeutschen Missionen mit dem eines Administrators der Apostolischen Präfektur Schleswig-Holstein.

Literatur:
Metzler, Apostolische Vikariate (1919), S. 160—198. — Hardinghaus, Laurent (1926), S. 157 f. — Werra, Katholische Kirche (1950), S. 98—100. — Gatz, Laurent. In: Gatz, Bischöfe 1785/1803—1945 (1983), S. 433—436. — Holtmann, Lüpke. In: ebd., S. 462—464. — Seegrün, Apostolisches Vikariat (1985), S. 34—61. — Hellinghausen, Kampf (1987).

3. Die katholische Schule im Vormärz

Das Schulwesen gehörte im 19. Jahrhundert zu einem besonders umstrittenen Gebiet im Verhältnis von Staat und Kirche. Während die Kirche ihre Ansprüche mit ihrem allgemeinen Missionsauftrag und mit der Tatsache begründete, daß das abendländische Bildungswesen durch sie erst geschaffen worden sei, betrachteten die Regierungen die Schule als staatliche Anstalt zur Erziehung von Staatsbürgern und forderten für die staatliche Gewalt die Oberaufsicht und Leitung des Unterrichts. In Bremen war am 2. November 1819 eine katholische Schule in einem Raum des Johannisklosters eröffnet worden. Auf Vorschlag des Paderborner Generalvikars Richard Kornelius Dammers erhielt der gebürtige Paderborner Ernst Thiele die Lehrerstelle und verpflichtete sich in einem Vertrag mit dem Kirchenvorstand, auch die Aufgaben eines Küsters und Organisten wahrzunehmen. Der Pastor von St. Johann hatte das Recht, die Schule von Zeit zu Zeit aufzusuchen und damit praktisch die Aufsicht auszuüben. Ansonsten besaß der Lehrer, der Unterricht in Religion, Geschichte, Lesen, Schreiben, Rechnen und Singen erteilte, weitgehende Freiheiten. 1822 bezog die Schule einen Neubau in der Straße Langewieren Nr. 3 im Garten des Pfarrhauses und blieb in diesem Gebäude bis zu dessen Abbruch 1915. Bereits in der Verordnung vom 24. November 1824 reklamierte der Senat für sich das Recht, bei eintretender Vakanz den neuen Lehrer zu ernennen, und unterstrich in der „Allgemeinen Instruktion" von 1825 seine Befugnisse zur Aufsicht über den Unterricht; gleichzeitig kündigte er eine definitive Organisation des Schulwesens an. Bis dahin scheint die katholische Schule eine Art Mittelstellung zwischen den in großer Zahl vorhandenen Privatschulen, die unter der Aufsicht des Scholarchats standen, und den Kirchspielschulen eingenommen zu haben, deren Träger die Kirchengemeinden waren und über die der zuständige Kirchenvorstand die unmittelbare und der Senat die Oberaufsicht ausübten.

Die Frage der katholischen Schule wurde aktuell, als nach Thieles Tod am 30. Oktober 1842 der Senat anscheinend ohne Rücksprache mit der katholischen Gemeinde Heinrich Barkhorn aus Dinklage zum neuen Lehrer bestellte. Der Kirchenvorstand nahm dies zum Anlaß, um den Rechtszustand der Schule zu klären und seine Mitwirkung bei der Besetzung der Lehrerstelle zu sichern. In einer Eingabe vom 14. Februar 1843 wies er den Senat darauf hin, daß nach katholischer Auffassung der Lehrer als Kirchenbeamter nicht vom Senat zu ernennen sei; sein Mitwirkungsrecht untermauerte der Kirchenvorstand mit der Tatsache, daß die katholische Schule durch freiwillige Beiträge einzelner katholischer Gemeindemitglieder unterhalten werde.

In den folgenden Auseinandersetzungen zwischen dem Kirchenvorstand und dem Senat ging es vor allem um das staatliche Ernennungsrecht; der Senat machte in diesem Punkt keine Konzession, neigte vielmehr unter Smidts Einfluß einer Aufhebung der katholischen Schule bzw. ihrer Umwandlung in eine Privatschule zu, die dann von einem staatlich konzessionierten Lehrer geführt und unter der alleinigen Aufsicht des Senats ohne ferneres Mitwirken des Kirchenvorstandes stehen würde. Dies geschah; die katholische Schule wurde durch Senatsbeschluß vom 17. Juni 1843 aufgehoben. Am 31. Juli wurde dem Osnabrücker Johannes Joseph Rölker die Konzession für eine Privatschule erteilt. Die katholische Kirchengemeinde konnte sich nur einen indirekten Einfluß auf diese Privatschule sichern. In einem Vertrag mit Rölker vom 8. August 1843 wurden ihm die Schulräume, die der katholischen Gemeinde gehörten, unentgeltlich überlassen; dies wurde jedoch an die Verpflichtung geknüpft, 50—60 arme Schüler kostenlos zu unterrichten, keine Schulbücher einzuführen, die etwas gegen den katholischen Glauben enthielten oder den Geistlichen anstößig erschienen. Außerdem hatte Rölker bestimmte Vorschriften bei der Erteilung des Religionsunterrichtes zu beachten.

In den folgenden Jahren wurde die Schule zwar seitens des Senates als Privatschule angesehen, praktisch führte aber die katholische Gemeinde über sie die Aufsicht. Nach der Revolution von 1848 unternahmen die katholischen Gemeindevorsteher mehrfach den Versuch, für die Schule, deren Schülerzahl von 59 im Jahr 1844 auf gut 100 im Jahr 1850 gestiegen war, den offiziellen Charakter einer Kirchspiel- oder Gemeindeschule zu erreichen. Erst 1857 erkannte der Senat die St.-Johannis-Schule als „römisch-katholische Gemeindeschule" an, nachdem die Kirchenvorsteher die Bedingungen akzeptiert hatten, daß die Schule der Aufsicht des Scholarchats unterstellt werde und die Anstellung der Lehrer der Genehmigung des Senates unterworfen sei, der auch das Recht besitze, Lehrer nötigenfalls zu entfernen.

Literatur:
Hardinghaus, Aufhebung (1926), Jg. 3, Nr. 26, S. 203—205; Nr. 27, S. 211 f.; Nr. 28, S. 219—221. — Werra, Katholische Kirche (1950), S. 84 f.; 101—105; 107 f. — Schwarzwälder, Geschichte II (1976), S. 110.

4. *Die rechtliche Entwicklung nach 1848*

Die Regelung der Schulfrage fiel in eine Zeit, als sich das Verhältnis von Staat und katholischer Kirche in Bremen freiheitlicher gestaltet hatte. Die von der Frankfurter Nationalversammlung am 27. Dezember 1848 ver-

kündeten Grundrechte des deutschen Volkes gewährten jedem Deutschen Glaubens- und Gewissensfreiheit, garantierten die private und öffentliche Religionsausübung und sicherten die Ausübung seiner bürgerlichen und staatsbürgerlichen Rechte unabhängig vom religiösen Bekenntnis. Die Religionsgesellschaften erhielten das Recht, ihre Angelegenheiten im Rahmen der allgemeinen Staatsgesetze selbständig zu ordnen und zu verwalten. Diese Grundrechte wurden in Bremen am 24. Januar 1849 verkündet und fanden Eingang in die Verfassung des Bremischen Staates vom 21. März 1849. Nach Art. 9 der Bremer Verfassung besaß jeder „Staatsgenosse" die volle Glaubens- und Gewissensfreiheit; er war nicht verpflichtet, seine religiöse Überzeugung zu offenbaren (§ 17). Er hatte das Recht zu gemeinsamer häuslicher und öffentlicher Religionsausübung (§ 18). Der Genuß der bürgerlichen und staatsbürgerlichen Rechte wurde durch das religiöse Bekenntnis weder bedingt, noch beschränkt (§ 19). Neue Religionsgesellschaften konnten sich bilden, ohne daß es dazu einer Anerkennung durch den Staat bedurfte (§ 20). Nach Art. 66 § 121 gehörte zu den Rechten des Senates die Oberaufsicht über das Kirchen- und Schulwesen und die milden Stiftungen sowie über die Verwaltung des Vermögens der Kirchen, Schulen und öffentlichen milden Stiftungen, insbesondere auch die Abnahme aller über solche Verwaltungen geführten Rechnungen. In § 1 und § 2 wurde hinsichtlich der Einwohner Bremens zwischen „Genossen" unterschieden, die lediglich Heimatrecht besaßen, und solchen, die den Staatsbürgereid geleistet hatten und somit in ihrer Gesamtheit als Träger der Staatsgewalt galten. Verfassungsrechtlich wurde damit ein Rechtszustand verankert, der den Katholiken bereits seit 1807 zugänglich war. Ebenso wurde nun das Recht der öffentlichen Religionsausübung für die Katholiken verfassungsmäßig anerkannt. Eine Neuerung stellte die Möglichkeit zur Bildung neuer Religionsgesellschaften ohne staatliche Zustimmung dar; aus dieser Bestimmung konnte man ein freies Verwaltungs- und Ordnungsrecht aller Religionsgemeinschaften folgern.
Gerade diese Bestimmung wurde allerdings durch die revidierte Verfassung vom 21. Februar 1854 wieder aufgehoben, die aufgrund eines Eingreifens des Deutschen Bundes im Zeichen der Reaktion zustande gekommen war. Auch das allgemeine Recht auf öffentliche Religionsausübung fiel fort, was allerdings die Rechtslage der katholischen Gemeinde nicht betraf, weil sie zu den anerkannten christlichen Konfessionen zählte und quasi als Körperschaft des öffentlichen Rechts betrachtet werden konnte. Das staatliche Oberaufsichtsrecht über das Kirchenvermögen blieb in dieser Verfassung in seinem früheren Umfang erhalten. Die Bremer Verfassungen vom 12. November 1875 und vom 1. Dezember 1893 nahmen

keine Veränderungen hinsichtlich der staatskirchenrechtlichen Situation der Katholiken vor.

Das Verhältnis des Landes Bremen zur katholischen Kirche gestaltete sich in der zweiten Hälfte des 19. Jahrhunderts in einem toleranteren und liberaleren Sinn. Dies geschah weniger mittels verfassungsrechtlicher Bestimmungen, sondern durch die praktische Politik. Ohne formelle Abschaffung kam das Plazet außer Übung; die „Inspektion" wurde durch eine „Senatskommission für kirchliche Angelegenheiten" ersetzt. Der Senat verzichtete auch weitgehend auf seine Mitwirkungsmöglichkeiten bei der Besetzung geistlicher Stellen. Bereits 1843 hatte er bei der Ernennung von Franz Probst zum Pastor und ersten Missionar durch Provikar Lüpke von der Geltendmachung eines staatlichen Genehmigungsrechtes für das Wirken des Geistlichen abgesehen. Dieses Verfahren behielt der Senat auch 1859 bei, als die Nachfolge des verstorbenen Pastors Probst geregelt werden mußte; man verlangte staatlicherseits lediglich von den Geistlichen eine Anmeldung. In der Folgezeit erfolgte bei Dienstantritt des „Pastor primarius" die Anzeige durch die bischöfliche Behörde in Osnabrück und bei den übrigen Geistlichen durch den Pastor primarius, die der Senat unter der Voraussetzung des Gehorsams gegen den Senat und die Gesetze Bremens bestätigte. Lediglich bei der Verwaltung des Kirchenvermögens hielt der Senat an den in der staatlichen Oberaufsicht begründeten und in der Verfassung verankerten Rechten fest.

Dieses Oberaufsichtsrecht des Staates wurde in der „Verfassung der römisch-katholischen Kirche zu Bremen", die am 5. Juli 1909 vom zuständigen Apostolischen Provikar, Bischof Hubert Voß von Osnabrück, genehmigt und am 27. August 1909 vom Senat bestätigt wurde, ausdrücklich anerkannt (§ 2). Nach dieser Verfassung, die die Verwaltung der Bremer Kirchengemeinde neu regelte und vornehmlich Bestimmungen über den Kirchenvorstand enthielt, war eine staatliche Genehmigung für Beschlüsse des Kirchenvorstandes bei Veräußerung und dinglicher Belastung von Grundstücken und Gebäuden, bei Veräußerung von Gegenständen von geschichtlichem, wissenschaftlichem und künstlerischem Wert und bei der Festsetzung von Kirchensteuern (§ 8) erforderlich; die Jahresrechnung mußte weiterhin der Senatskommission für kirchliche Angelegenheiten eingereicht werden (§ 9). Bei Verfassungsänderungen hatte der Senat ein Genehmigungs- (§ 20), bei der Wahl der Kirchenvorsteher ein Bestätigungsrecht (§ 18). Einige andere Bestimmungen dieser „Verfassung" hatten bis in die Zeit nach dem Zweiten Weltkrieg Geltung. In Bremen gab es nur eine katholische Gemeinde, die sich in Pfarrbezirke untergliederte, die Pfarrgemeinden entsprachen. Diese Pfarrbezirke waren kirchenrechtlich selbständig, jedoch wurden ihre Vermögensangelegenheiten von dem gemeinsamen Kirchenvorstand der römisch-katholischen Gemeinde zu Bremen geregelt. Dieser vertrat die katholische Gemeinde in allen kirchlichen und Vermögensangelegenheiten nach innen und nach außen, insbesondere auch vor Gericht (§ 6). Nach der Verfassung von 1909 setzte er sich aus je vier auf zehn Jahre gewählten Gemeindemitgliedern der einzelnen Pfarrgemeinden und dem Pfarramt zusammen (§ 5), das die jeweiligen ersten Geistlichen der einzelnen Pfarren bildeten (§ 4). Vorsitzender des Kirchenvorstandes war der erste Geistliche der St.-Johannis-Kirche; er wurde bereits im 19. Jahrhundert gelegentlich als „Pastor primarius" bezeichnet; offiziell wurde dieser Titel aber erst 1917 eingeführt.

Von einer detaillierten staatskirchenrechtlichen Gesetzgebung hinsichtlich der katholischen Kirche sah man in Bremen in der Zeit vor dem Ersten Weltkrieg ab. So gab es keine landesgesetzlichen Bestimmungen über die religiöse Kindererziehung oder den Kirchenaustritt. Auch fehlte ein Kirchensteuergesetz; der Senat erkannte nach § 8 der Verfassung der katholischen Gemeinde von 1909 das Recht zur Erhebung einer Kirchensteuer an, behielt sich aber hinsichtlich der Höhe das Genehmigungsrecht vor.

Literatur:
Freisen, Pfarrzwang (1906), S. 154 f. — Schwentner, Rechtslage (1931), S. 46—50; 129—133. — Werra, Katholische Kirche (1950), S. 105—107.

5. Die katholischen Geistlichen

Bis zum Ende des 19. Jahrhunderts wurden die Katholiken im Stadtgebiet und in den Landgemeinden Bremens seelsorglich von der St.-Johannis-Kirche betreut. Die Gemeinde zählte um 1820, zur Zeit der Konsekration der St.-Johannis-Kirche, 1000—1200 Mitglieder. Bis 1859 stieg diese Zahl auf etwa 2000; dazu kamen noch ca. 400 Katholiken im Bremer Landgebiet und in Bremerhaven, dessen Territorium 1827 vom Königreich Hannover gekauft worden war, um hier einen eigenen Bremer Hafen anzulegen, und das in der Folgezeit eine rasante Entwicklung zur Stadt nahm. Im Jahr 1859 wurden zu Ostern 680 Kommunikanten und 26 Erstkommunikanten gezählt; es wurden 57 Taufen gespendet und 21 Trauungen vorgenommen, von denen sechs rein katholisch und 15 gemischt konfessionell waren.

Begünstigt durch den Anschluß an das Reichszollgebiet 1888, die Unterweserkorrektion durch Ludwig Franzius in den Jahren 1887—1895 und den damit verbundenen Ausbau der Hafenanlagen, wodurch Bremen wieder den unmittelbaren Anschluß an den Überseeverkehr erhielt, erfolgte gegen Ende des Jahrhunderts ein beachtlicher wirtschaftlicher Aufschwung. Neben Handel und Schiffahrt bildete sich in diesem Zeitraum die Großindustrie als dritter wichtiger Wirtschaftsfaktor heraus. Die Industrialisierung und die Intensivierung des Seehandels trugen zu einem Anwachsen der Bremer Bevölkerung bei; dies hatte wiederum Verstädterung und Eingemeindung von Vororten zur Folge.

Mit dem allgemeinen Bevölkerungswachstum nahm auch die Zahl der Bremer Katholiken zu. Im eigentlichen Stadtgebiet wohnten 1871 ca. 2700 Katholiken; dies entsprach einem Bevölkerungsanteil von 3,3 %. Ihre Zahl stieg 1880 auf 4480 (4,0 %) und 1890 auf 5736 (4,4 %). Zur Jahrhundertwende belief sie sich auf 11 085 (6,8 %) und zehn Jahre später auf 15 039 (6,1 %). Zur katholischen Gemeinde zu Bremen gehörten 1910 insgesamt ca. 18 300 Katholiken (7,4 %). Das Wachstum der katholischen Bevölkerung war in erster Linie auf Zuwanderung zurückzuführen, die vor allem aus dem Eichsfeld, dem benachbarten Südoldenburg, aus Ostpreußen, Schlesien und Westfalen erfolgte. Außerdem befand sich unter den katholischen Zuwanderern eine größere Anzahl von Polen, Tschechen und Deutschböhmen. Von den um 1900 in der Stadt wohnenden Katholiken entstammte lediglich ein Viertel aus Bremen selbst, dagegen ein Drittel allein aus den Gebieten östlich der Elbe und aus Österreich-Ungarn.

Die katholische Kirche sah sich in Bremen vor ähnliche Probleme wie in anderen sich bildenden Ballungsgebieten gestellt. Dazu zählten vor allem die wachsende religiöse Gleichgültigkeit und die Entfremdung zugewanderter Katholiken von der Kirche, was durch das Heraustreten aus alten kulturellen Bindungen und sozialen Verflechtungen, durch den Einfluß einer ungläubigen, antikirchlichen oder indifferenten Umwelt, durch Belastungen am Arbeitsplatz und durch unzulängliche Erfassung der Gläubigen seitens der Kirche begünstigt wurde. Beachtliche Verluste erlitt die katholische Kirche durch die hohe Anzahl von konfessionellen Mischehen und die häufig daraus resultierende akatholische Kindererziehung. Im Zeitraum von 1906 bis 1915 ließen sich im Stadt- und Landgebiet Bremen 1044 katholische Paare standesamtlich und 925 (88,6 %) im Anschluß daran kirchlich trauen; die standesamtlich geschlossenen Mischehen betrugen 2297, katholische Trauungen von Mischehen lediglich 346 (15,05 %). Die katholische Gemeinde Bremens versuchte, durch den Ausbau des Pfarreiensystems, die Intensivierung der Vereinsseelsorge, verstärkte karitative Betätigung und die Einrichtung konfessioneller Schulen der Gefahr einer Entfremdung von der Kirche entgegenzuwirken. Im Unterschied zu Preußen erfuhr die Seelsorge in Bremen keine Beeinträchtigung durch den Kulturkampf. Lediglich das im Verlauf des Kulturkampfes verabschiedete Gesetz über die Einführung der Zivilehe erlangte als Reichsgesetz auch in Bremen Gültigkeit und übertrug die Beurkundung der Eheschließung, Geburten und Todesfälle staatlichen Stellen.

Bis in die zweite Hälfte des 19. Jahrhunderts hinein wirkten in der katholischen Gemeinde Bremens im allgemeinen zwei Geistliche, die anfangs auch als Missionare bezeichnet wurden, für die sich dann aber der Titel „Pastor" durchsetzte. Im Laufe des 19. Jahrhunderts bildete sich die Stellung des einen Missionars als leitender Geistlicher deutlicher heraus. Meist nahm nach seinem Ausscheiden der andere Geistliche seine Stelle ein. Erst gegen Ende des Jahrhunderts trat das Amt eines Kaplans, der den leitenden Geistlichen in der Seelsorge als Hilfspriester unterstützte, klar hervor. Die in Bremen tätigen Geistlichen entstammten in der Regel der Osnabrücker oder einer der anderen Diözesen Westfalens.

Während der Aufbauphase der katholischen Gemeinde Bremens zu Beginn des 19. Jahrhunderts waren die Pastoren Theodor Nacken und Bernhard Heinrich Friemann als Seelsorger tätig, die beide zuvor in Glückstadt gewesen waren. Nacken verließ Bremen 1824 und starb drei Jahre später in Stadtlohn. Friemann starb am 26. Januar 1825 in Bremen. Einen Monat später trat Joseph Kohlschein sein Amt als erster Missionar in Bremen an; er kam aus Warburg und war der erste Geistliche, der vom Bremer Senat offiziell installiert wurde. Kohlschein starb 1830 im Alter von 35 Jahren. Der zweite Geistliche war zu dieser Zeit Bartholomäus Nagel; er kam aus Paderborn, wohin er 1831 zurückkehrte. Er kümmerte sich in besonderer Weise um die Auswanderer, die aus der Trierer Gegend stammten und nach Südbrasilien zogen.

Im Oktober 1831 übernahm der aus Löningen gebürtige Bernhard Wemer das Amt des ersten Pastors in Bremen; zuvor war er sieben Jahre lang Kaplan in Warendorf gewesen. Von Vertretern der strengkirchlichen Richtung wie dem Apostolischen Vikar Lüpke wurden ihm mangelnde Tatkraft und zu große Toleranz gegenüber modernen Zeitströmungen nachgesagt. Neben Wemer fungierte als zweiter Pastor der ebenfalls aus Warendorf stammende Franz Probst. Er war am 11. Februar 1807 geboren und am 18. September 1830 zum Priester geweiht worden. Bereits im folgenden Monat nahm er seinen Dienst in Bremen auf. Nach Wemers Tod am 4. Mai 1843 wurde Probst erster Pastor. Während seiner Amtszeit wurden die ersten karitativen Institutionen (wie das St.-Johannis-Waisenhaus) und katholischen Vereine (wie der Vinzenzverein, der Elisabethverein und der katholische Gesellenverein) in Bremen gegründet. Noch vor der Gründung des St.-Raphaels-Vereins nahm sich Probst der katholischen Auswanderer an. Er wurde tatkräftig von Pastor Joseph Engeln aus Leer unterstützt. Dieser trat im Oktober 1843 sein Amt in Bremen an. Zuvor war er fünf Jahre lang Kaplan in Bersenbrück gewesen. Engeln, der ein Leben vorbildlicher Frömmigkeit führte, war auch schriftstellerisch tätig; so verfaßte er eine Biblische Geschichte für die Volksschule und gab ein Handbuch für Priester zur Spendung der Sakramente heraus. Er starb am 24. Februar 1859.

Sein Nachfolger als zweiter Pastor wurde Stephan Fiedeldey, der am 14. Dezember 1829 in Osnabrück geboren worden war. Nach dem Theologiestudium in Münster empfing er 1853 in Osnabrück die Priesterweihe. Er arbeitete vier Jahre als Kaplan und Religionslehrer in Lingen und kam 1859 nach einer Tätigkeit als Domkaplan in Osnabrück nach Bremen. Nach Probsts Tod am 28. Dezember 1866 wirkte anscheinend Pastor Joseph Tüshaus aus Münster als erster Geistlicher in Bremen, bis ihm 1871 Fiedeldey in diesem Amt nachfolgte. Dieser blieb bis 1893 in Bremen und übernahm dann die Pfarrstelle in Riemsloh, wo er am 15. November 1901 verstarb.

Zusammen mit Fiedeldey, der als ein ausgezeichneter Prediger galt und nicht zuletzt wegen seiner Körpergröße und seiner resoluten Wesensart eine stadtbekannte Persönlichkeit war, wirkte als zweiter Pastor ab 1870 Georg Gronheid in Bremen. Er war am 28. November 1839 in Recke i. W. geboren worden. Nach dem Theologiestudium und der Priesterweihe in Münster war er 1866 Feldgeistlicher in Böhmen. Er schied zusammen mit Fiedeldey 1893 von Bremen, um die Pfarrstelle in Twistringen zu übernehmen, und starb am 15. Januar 1905 im St.-Joseph-Stift in Bremen. Auch er galt als ein glänzender Redner und war schriftstellerisch tätig; er verfaßte u. a. Schriften über die soziale Frage sowie einen Katechismus für Konvertiten und redigierte das Bremer katholische Sonntagsblatt „Roland". Unter Fiedeldey fungierte als dritter Geistlicher an der St.-Johannis-Kirche ab 1883 M. Fehlings; er trug den Titel „Vikar". Ab 1897 gab es neben dem Pfarrer in der Regel zwei weitere Geistliche mit dem Titel „Kaplan" und „Vikar".

Nach Fiedeldeys Weggang wurde Joseph Galland zum Pfarrer an der St.-Johannis-Kirche ernannt; er war einer der profiliertesten katholischen Geistlichen Bremens. Am 28. Februar 1851 in Westerholt bei Buer i. W. geboren, wurde er nach dem Philosophie- und Theologiestudium in Münster 1876 in Eichstätt zum Priester geweiht, weil der zuständige Bischof von Münster, Johann Bernard Brinkmann, infolge des Kulturkampfes im Exil lebte. Im gleichen Jahr erschien Gallands Werk über Joseph Görres, eine der ersten umfassenden Biographien des Katholikenführers. Aufgrund seiner weiten historischen Interessen erhielt er als erster Stipendiat der Görresgesellschaft die Möglichkeit zu Archivstudien in Rom, wo er eine umfangreiche Dokumentensammlung über die Bezie-

Franz Probst, Pfarrer in Bremen 1843—1866

Stephan Fiedeldey, Pfarrer in Bremen 1871—1893

hungen Brandenburg-Preußens zum Hl. Stuhl zusammenstellte; das beabsichtigte Werk kam jedoch nicht zum Abschluß. Nach seiner Promotion zum Dr. theol. in Freiburg 1881 setzte er seine Studien in Berlin fort, wo er auch in der Redaktion des Zentrumsorgans „Germania" tätig war. Danach leitete er für einige Jahre das Galen'sche Konvikt in Münster, bis ihm 1888 die Kaplanei an St. Ludgeri übertragen wurde, wo er sich der praktischen Seelsorge widmen konnte. Galland gehörte zur Gründergeneration des „Volksvereins für das katholische Deutschland", dessen Verbreitung er als Landesvertreter für Westfalen eifrig betrieb. Auch nach seiner Berufung nach Bremen war eine seiner ersten Handlungen die Einführung des Volksvereins in der Hansestadt und im Gebiet der Nordischen Missionen. Diese geschah auf einer Gründungsversammlung im Juli 1893. Neben der Intensivierung der katholischen Vereinsarbeit galt seine Sorge als Pfarrer in Bremen dem notwendigen Bau einer zweiten katholischen Kirche. Bereits nach nur halbjährigem Wirken starb Galland am 10. November 1893. Sein Nachfolger wurde Karl Humpers. Er blieb bis 1902 in Bremen und kehrte dann in seine Heimatdiözese Münster zurück.

Humpers folgte Heinrich Völker, der 1855 in Lengerich (Hann.) geboren worden und nach seinem Theologiestudium in Münster als Kaplan längere Zeit in Leer und ab 1891 als Pastor in Schleswig tätig gewesen war, wo er die neuromanische Kirche erbaut hatte. In Bremen wirkte er von 1902 bis 1911 als Pfarrer an St. Johann; dann übernahm er die Pfarrei in Iburg, die er bis zu seinem Tod am 21. Februar 1927 leitete. Nach Völker übernahm Hermann Rotermann im Herbst 1911 die Pfarrstelle an St. Johann. Er war am 7. November 1866 in Bawinkel (Kreis Lingen) geboren und 1892 in Osnabrück zum Priester geweiht worden. Über zehn Jahre war er als Seelsorger und Lehrer an der Höheren Jungenschule in Hamburg tätig, bis ihm 1904 die Pfarrstelle an der St.-Marien-Kirche in Bremen übertragen wurde. Aus Gesundheitsgründen gab er diese Stelle 1908 auf und wurde Pastor in Bückeburg. Im Herbst 1911 kehrte er als Pfarrer an die St.-Johannis-Kirche nach Bremen zurück; jedoch wurde seine zielgerichtete Seelsorgearbeit erneut durch seinen labilen Gesundheitszustand beeinträchtigt, so daß er 1914 Bremen wiederum verließ und die Pfarrei Lage, 1918 die Pfarrei Alfhausen bei Osnabrück übernahm. Hier starb er am 16. Februar 1928.

Literatur:
Kirchliches Handbuch IV (1913), S. 216 f. — Ansgarius (1926) Jg. 3, Nr. 29, S. 226—228; (1927) Jg. 4, Nr. 9, S. 70; (1928) Jg. 5, Nr. 9, S. 68; (1933) Jg. 10, Nr. 12, S. 91 f.; (1934) Jg. 11, Nr. 42, S. 401. — Katholische Bevölkerung Bremens (1928), S. 140 f. — Hardinghaus, Bremen im Wandel der Zeiten (1933), S. 266—268. — Werra, Katholische Kirche (1950), S. 110.

6. *Die Gründung neuer Pfarreien*

Bereits um die Mitte des 19. Jahrhunderts war es zur Abtrennung eines eigenständigen Seelsorgebezirks von der Gemeinde in Bremen gekommen. Das 1827 gegründete Bremerhaven erlebte als Auswandererhafen und aufgrund einer rasant wachsenden Werftindustrie einen bemerkenswerten Aufschwung, der sich auch auf die benachbarten hannoverschen Ortschaften Lehe und Geestemünde auswirkte. Unter den zugewanderten Bauarbeitern, Kaufleuten, Hafenarbeitern und unter den Auswanderern befand sich eine größere Anzahl von Katholiken, die seelsorglich betreut werden mußten. Dies geschah ab 1850 von Bremen aus; so fuhr Pastor Probst gelegentlich nach Bremerhaven, um hier im Auswandererhaus an der Karlsburg Gottesdienst zu halten. Der Antrag auf Errichtung einer katholischen Missionsstation wurde am 15. Dezember 1852 genehmigt. Jedoch mußte der vom Bischof von Hildesheim entsandte erste Seelsorger Friedrich Karl August Goltermann, der noch der Bremer St.-Johannis-Gemeinde unterstand, einstweilen seinen Wohnsitz in Bremen nehmen, weil ihm der zuständige Amtmann in Bremerhaven nur für einige Tage eine Aufenthaltsgenehmigung erteilte. Erst die Drohung, diese die Seelsorge beeinträchtigende Maßnahme durch Zeitungsartikel einer weiteren Öffentlichkeit in Deutschland und Österreich bekanntzumachen, bewog den Amtmann, Goltermann einen Dauerwohnsitz in Bremerhaven zu genehmigen.

Nachdem das Auswandererhaus für den Gottesdienst nicht mehr benutzt werden konnte, wurde dieser in eine provisorische Kapelle verlegt, die sich im Hinterhaus eines ehemaligen Theaters befand. Das Wachstum der katholischen Gemeinde Bremerhavens, die 1862/63 ca. 500 Gläubige zählte, machte den Bau einer Kirche notwendig. Seit 1859 beantragte der Kirchenvorstand von St. Johann in regelmäßigen Abständen beim Bremer Senat die Genehmigung zum Kirchenbau und die kostenlose Überlassung eines Bauplatzes und hatte damit 1862 schließlich Erfolg. Der Senat wies der katholischen Gemeinde einen Bauplatz an der Keilstraße in Bremerhaven zu. 1865 begannen die Bauarbeiten, und am 18. Juni 1867 konnte die Kirche, die das Patrozinium St. Marien erhielt, konsekriert werden. Sie blieb einstweilen Filialkirche von St. Johann in Bremen; die Gemeinde wurde lange Zeit durch den Bremerhavener Unternehmer Wilhelm Anton Riedemann im Kirchenvorstand vertreten. Von St. Marien aus wurden auch die Katholiken in den hannoverschen Gemeinden Geestemünde und Lehe betreut. Nach Goltermanns Tod wurde im September 1867 Clemens Brockgertken Pastor in Bremerhaven. Er entstammte dem Osnabrücker Diözesanklerus und setzte den inneren Ausbau der Bremerhavener Gemeinde zielstrebig fort.

Da die Behörden eine katholische Volksschule in Bremerhaven nicht genehmigten, wurde 1860 in Geestemünde eine Privatschule für katholische Schüler der drei Unterweserorte eingerichtet, die 1867 nach den preußischen Schulgesetzen den Charakter einer öffentlichen Schule erhielt. In Bremerhaven wurde erst 1910 eine katholische Privatschule eröffnet, nachdem der Bremer Senat gegen den Widerstand der Bremerhavener Stadtvertretung die Zustimmung erteilt hatte. Mit Bestätigung des Senats vom 26. Januar 1909 erhielt die St.-Marien-Gemeinde in Bremerhaven eine Verfassung, die in ihren Grundzügen mit der der Bremer Gemeinde übereinstimmte. Als St. Marien am 1. April 1910 zur eigenständigen Kuratie erhoben wurde, hatten sich in Lehe und Geestemünde im Hildesheimer Diözesangebiet ebenfalls selbständige Kirchengemeinden gebildet, so daß diese Orte nicht mehr von Bremerhaven aus seelsorglich betreut wurden.

Die Ausweitung des städtischen Wohngebietes und das Wachstum der katholischen Bevölkerung machten den Bau einer zweiten katholischen Kirche in der Stadt Bremen gegen Ende des 19. Jahrhunderts dringend

erforderlich. Durch den Ausbau des Hafens lag der Schwerpunkt der städtischen Entwicklung zu dieser Zeit in der westlichen Vorstadt. Seit Ende der 1880er Jahre setzte seitens des Kirchenvorstandes von St. Johann eine planmäßige Suche nach einem geeigneten Grundstück für den Bau einer Kirche, eines Pfarrhauses und einer Schule ein. Unter Pastor Galland begann eine rege Sammeltätigkeit. Der Bonifatiusverein in Paderborn gab eine Zinsgarantie für ein Darlehn zum Erwerb des Baugrundes. Nachdem sich mehrere Projekte zerschlagen hatten, woran nicht zuletzt überhöhte Preise schuld waren, konnte 1894 ein geeignetes Grundstück in der Waller Gemeinheit erworben werden. Die Pläne für die Kirche, die im neuromanischen Stil errichtet werden und in etwa die Grundfläche von St. Johann haben sollte, entwarf der Bremer Bauunternehmer Vollmer. Die Kosten für den Bau der Kirche wurden auf 65 000 Mark veranschlagt. Da der angesammelte Baufonds 1897 lediglich einen Betrag von gut 13 000 Mark aufwies, war die Errichtung der Kirche erst nach der Zusage einer größeren Geldspende durch den Bremer Kaufmann Joseph Hachez gesichert. Dieser überschrieb der St.-Johannis-Gemeinde ein Kapital von 100 000 Mark zum Andenken an seine verstorbenen Eltern; davon sollten 70 000 Mark für den Kirchenbau und 30 000 Mark zur freien Verfügung der St.-Johannis-Gemeinde verwandt werden. Hachez wünschte die Errichtung einer Marienkirche. Nach der Genehmigung der Baupläne durch die bischöfliche Behörde in Osnabrück und den Senat, der damit die Auflage verband, daß gegebenenfalls auf seinen Antrag hin eine Gemeinde mit eigener Vermögensverwaltung einzurichten sei, fand am 3. Oktober 1897 die Grundsteinlegung statt.
Die Konsekration der St.-Marien-Kirche nahm am 13. November 1898 der Weihbischof in Münster, Maximilian Graf von Galen, vor, weil der zuständige Apostolische Provikar, der Osnabrücker Bischof Johann Bernard Höting, kurz zuvor auf einer Romreise gestorben war. Mit der St.-Marien-Kirche entstanden auch ein Pfarrhaus und ein Schulgebäude. Aufgrund eines Dekretes des Apostolischen Provikars Voß vom 1. September 1899 wurde die katholische Gemeinde Bremen in die beiden Pfarrseelsorgebezirke St. Johann und St. Marien eingeteilt, deren Grenze die Olbersstraße und deren Verlängerung bildeten. Dies berührte nicht die Zuständigkeit des bestehenden Kirchenvorstandes, der auch in der Folgezeit die rechtsgeschäftliche Vertretung beider Pfarrbezirke wahrnahm. Schwierigkeiten bereitete in der Anfangsphase der St.-Marien-Pfarrei die Dotierung der Pfarrstelle. Sie war erst durch einen Zuschuß der Ferdinandeischen Stiftung, vor allem aber durch eine erneute Spende über 30 000 Mark von Hachez und eines Betrages in gleicher Höhe von dem Gemeindemitglied Anna Elisabeth Kirchner gesichert. Zum Pastor wurde am

St. Marien im Bremer Westen, 1944 zerstört

Inneres von St. Marien vor dem Zweiten Weltkrieg

1. Oktober 1899 Bernhard Olthaus berufen, dem der Seminarpriester Gustav Goersmann als Kaplan beigegeben wurde. 1904 trat an die Stelle von Olthaus, der die Pfarre in Gesmold übernommen hatte, Hermann Rotermann. Das rasante Wachstum der St.-Marien-Pfarrei machte 1906 die Einrichtung einer zweiten Kaplansstelle notwendig. Aufgrund der Zuwanderung wies St. Marien einen hohen Anteil polnischer Katholiken auf, deren Eingliederung in das Gemeindeleben sich wie in St. Johann anscheinend ohne größere Auseinandersetzungen vollzog. Vor allem förderte Pastor Hermann Lange, der von 1906 bis 1911 Kaplan an der St.-Marien-Kirche, anschließend an der St.-Johannis-Kirche und ab 1914 Pfarrer an St. Marien war, durch seine Predigten in polnischer Sprache, aber auch durch Ansprachen bei nationalpolnischen Festlichkeiten diesen Integrationsprozeß.

Literatur:
Schwentner, Rechtslage (1931), S. 127 f.; 139—141. — Hardinghaus, St. Marienkirche (1933), S. 362 f. — Werra, Katholische Kirche (1950), S. 110 f.; 121—123. — Barfuß, „Gastarbeiter" (1986), S. 210 f. — Werner, Herz-Jesu [1986], S. 16—28.

7. *Katholisches Vereinswesen und karitative Einrichtungen*

Zu den ersten katholischen karitativen Einrichtungen in Bremen gehörte ein Waisenhaus. Die Initiative hierzu ging vom Apostolischen Vikar Lüpke aus, der die Unterbringung katholischer Waisen in nichtkatholischen Häusern verhindern wollte und 1844 ein Startkapital von 500 Rt. zur Verfügung stellte. Seit 1848 setzte eine rege Sammeltätigkeit innerhalb der katholischen Gemeinde ein, die später mit Genehmigung des Senats bis 1914 im ganzen Stadtgebiet durchgeführt werden konnte. Besonders aktiv bei diesen Sammlungen war ein ebenfalls 1848 gegründeter Damenverein, der es sich zur Aufgabe gemacht hatte, die Waisen mit Kleidung, Wäsche und Lebensmitteln zu versorgen. Erste Vorstellungen des Kirchenvorstandes beim Senat um kostenlose Überlassung eines Grundstückes scheiterten. Im Sommer 1854 mietete der Kirchenvorstand daraufhin ein Haus in der Nähe der Rembertikirche an, das mit neun Kindern bezogen wurde, deren Anzahl in der Folgezeit ständig wuchs. 1856 gelang es, „Schwestern von der Göttlichen Vorsehung" aus Münster für die Betreuung des Waisenhauses zu gewinnen. Mit ihnen zogen die ersten Ordensschwestern in Bremen ein. Die Kongregation übernahm in den folgenden Jahren weitere Aufgaben im Schulwesen und in der Leitung anderer karitativer Einrichtungen. Nach der Unterbringung der Waisen in einem Haus Am Dobben gelang es dem Kirchenvorstand, 1861 ein größe-

St.-Joseph-Stift an der Schwachhauser Heerstraße, um 1910

res Gebäude in der Gartenstraße zu kaufen, wo das Waisenhaus bis 1898 untergebracht war. Das stetige Wachstum dieser Einrichtung führte zu der Überlegung, zusammen mit der St.-Marien-Kirche einen Neubau für das Waisenhaus auszuführen. Eine erneute Spende von Joseph Hachez in Höhe von 50 000 Mark, womit der größte Teil der Kosten gedeckt wurde, machte die Verwirklichung dieses Planes möglich. Das neue Waisenhaus bei St. Marien mußte 1928 durch einen Ausbau erweitert werden. Aufgrund von Beeinträchtigungen ihrer Arbeit gaben die Schwestern von der Göttlichen Vorsehung 1903 die Leitung des Waisenhauses auf und wurden durch „Franziskanerinnen vom hl. Martyrer Georg" aus dem Mutterhaus in Thuine ersetzt.

Die zweite bedeutende katholische karitative Einrichtung war das St.-Joseph-Stift. Der Plan, Ordensschwestern zur Krankenpflege nach Bremen zu berufen, entstand Ende der 1860er Jahre im Bremer Vinzenzverein. Die Errichtung eines katholischen Krankenhauses erschien in der Diaspora nicht zuletzt deshalb als besonders notwendig, um katholischen Kranken den Empfang der Sakramente zu ermöglichen. Im Mai 1869 kamen nach einem Vertragsabschluß mit dem Kirchenvorstand die ersten vier Ordensfrauen aus der Kongregation der „Krankenschwestern des hl. Franziskus" in Münster-Mauritz nach Bremen und ließen sich in einer vom Kirchenvorstand gemieteten Wohnung in der Marienstraße nieder. Von Anfang an führte die Unterkunft der Schwestern, die anfangs hauptsächlich in der ambulanten Krankenpflege tätig waren, den Namen „St.-Joseph-Stift". Der Erwerb eines großen Hauses in der Mittelstraße schei-

Kapelle des St.-Joseph-Stifts

terte zuerst am Widerstand des Senats, der gemäß seinem Oberaufsichtsrecht über die kirchliche Vermögensverwaltung es untersagte, daß Mittel aus dem Kirchenärar für einen der „Kirche als solcher durchaus fremden Zweck" verwandt wurden. Daraufhin wurde 1870 ein „Verein für das St.-Joseph-Stift" gegründet, dem Pastor Tüshaus und Mitglieder des Kirchenvorstandes angehörten. Sein Zweck war es, die Pflege von Kranken jeder Konfession und jeden Standes durch Barmherzige Schwestern sowohl in Privathäusern als auch in einem Krankenhaus zu ermöglichen. Der Verein, der auch in der Folgezeit juristischer Träger des St.-Joseph-Stiftes war, erwarb das in Aussicht genommene Haus und konnte drei Jahre später den Schwestern eine geräumigere Niederlassung am Neustadtsdeich zuweisen. Da diese Räumlichkeiten nach kurzer Zeit ebenfalls zu eng wurden, begann der Verein 1878 mit dem Bau eines Krankenhauses an der Schwachhauser Heerstraße, das Platz für 60 Betten bot. Nach kostenloser Übereignung eines benachbarten Grundstücks von 80 000 Quadratfuß durch Joseph Hachez und seine Frau konnte das Krankenhaus erweitert werden, was nach der Jahrhundertwende dringend erforderlich wurde.

Im Zuge dieser Erweiterung wurde auch eine neue Kirche an das Krankenhaus angebaut. Die seelsorgliche Betreuung der Schwestern, des Personals und der Patienten geschah anfangs von St. Johann aus; 1911 wurde ein ständiger geistlicher Rektor angestellt. Nach dem Ersten Weltkrieg, in dem Teile des St.-Joseph-Stiftes als Lazarett dienten, wurden weitere bauliche Vergrößerungen notwendig; in den Jahren 1929—1931 wurde ein Neubau aufgeführt. Zur ständigen Vergrößerung des Krankenhauses trugen neben der günstigen Lage das Renommee der angestellten Ärzte, seine gute, den Ansprüchen der Zeit vollauf genügende medizinische Ausstattung, aber auch die aufopferungsvolle Tätigkeit der Ordensschwestern bei, deren Anzahl sich um 1935 auf 115 belief und die neben der stationären auch weiterhin in der ambulanten Krankenpflege von Stützpunkten im Stadtgebiet aus tätig waren.

Wichtige Zusammenschlüsse für die karitative Betätigung von Laien waren die Vinzenzvereine, die auf den französischen Sozialreformer Antoine-Frédéric Ozanam zurückgingen und sich seit der Mitte des 19. Jahrhunderts auch in Deutschland ausbreiteten. Sie sahen ihre Aufgabe in der Unterstützung Hilfsbedürftiger und der Behebung materieller und geistig-seelischer Not. In Bremen bildete sich Ende 1858 unter der Leitung der Pastoren Probst und Engeln ein Vinzenzverein, der in der Folgezeit eine segensreiche Tätigkeit entfaltete. Diese reichte von der Versorgung bedürftiger Familien mit Lebensmitteln, die kostenlose ärztliche Behandlung von Kranken über die Vermittlung von Lehr- und Dienststellen für Schulentlassene, von Patenschaften für verwaiste Kinder bis zur Speisung von Schülern in einer Volksküche auf Kosten des Vereins. Die finanziellen Mittel wurden durch Mitgliedsbeiträge, Spenden anderer Vereine und Sammlungen aufgebracht. Im Zuge des Ausbaus des Pfarreiensystems war der Vinzenzverein, der auch mit nichtkatholischen karitativen Verbänden zusammenarbeitete, in jeder Bremer Pfarre mit einer Gruppe vertreten. Nach der Gründung eines Elisabethvereins im Jahre 1864, in dem sich katholische Frauen zu karitativem Wirken zusammengeschlossen hatten, kam es zu einer Aufteilung der Aufgaben. Der Vinzenzverein konzentrierte sich auf die Betreuung katholischer Familien, während sich der Elisabethverein unter der Leitung des jeweiligen Pfarrers um Witwen und alleinstehende Frauen kümmerte.

1910 bildete sich in Bremen eine Ortsgruppe des „Katholischen Fürsorgevereins für Mädchen, Frauen und Kinder". Der von Agnes Neuhaus gegründete Fürsorgeverein war auf dem Gebiet der Jugend- und Gefährdetenfürsorge tätig. Die Bremer Ortsgruppe legte anfangs den Schwerpunkt ihres Wirkens auf die Schutzaufsicht über Jugendliche und die Vermittlung von Vormundschaften und Pflegschaften. Nach dem Ersten Weltkrieg gelang es ihr, zwei Häuser zu erwerben; das Elisabethhaus, das 1922 in den Besitz des Fürsorgevereins kam, befand sich in der Düsternstraße und diente als zeitweilige Unterkunft für Frauen und Jugendliche, die dann in Dienststellen, unentgeltliche oder entgeltliche Pflege oder Waisenhäuser vermittelt wurden. 1928 wurde dieses „Vorasyl" in ein geräumigeres Haus in der Kohlhökerstraße verlegt und entwickelte sich immer mehr zu einem Heim für junge Mädchen und Rentnerinnen. Das Theresienhaus, das 1925 in Huchting eingerichtet wurde, war ein Säuglings- und Mütterheim; es wurde 1926 in ein größeres Anwesen in Vegesack verlegt und bot 60—70 Kleinkindern Platz. In seinen Räumen entstand auch eine staatlich anerkannte Ausbildungsstätte für Säuglingspflege. Die praktische Arbeit in diesen Einrichtungen lag anfangs bei den Thuiner Franziskanerinnen, ab 1924 bei den „Missionsschwestern vom hl. Namen Mariens" aus dem Mutterhaus in Meppen, die in der Fürsorge spezialisiert waren.

Um die unterschiedlichen Tendenzen und Aktivitäten der katholischen Wohlfahrtseinrichtungen besser zusammenzuführen und koordinieren zu können und um ihnen ein stärkeres Gewicht nach außen, vor allem gegenüber staatlichen und kommunalen Behörden zu verleihen, wurde 1917 der örtliche Caritasverband Bremen als Dachorganisation der vorhandenen karitativen Einrichtungen gegründet, der sich dem Diözesanverband Osnabrück und dem Deutschen Caritasverband anschloß.

Das weitgefächerte Vereinswesen war ein besonderes Charakteristikum des deutschen Katholizismus seit dem 19. Jahrhundert. In der Diaspora kam den Vereinen, die sich nach den Prinzipien des Berufes und Standes oder zur Erreichung eines bestimmten Zweckes bildeten, eine besondere seelsorgliche Bedeutung zu. Sie boten den Mitgliedern die Möglichkeit seelsorgerischer und karitativer Betätigung und vermittelten ihnen Schutz und Geborgenheit in einer weltanschaulich andersdenkenden Umwelt. Zu den Verbänden, die neben karitativen gesellige und Bildungsaufgaben wahrnahmen, gehörte der von Adolf Kolping gegründete Gesellenverein. Seine Einführung in Bremen ging auf eine Initiative des Vinzenzvereins zurück. Die eigentliche Gründung vollzog sich am 1. Oktober 1860 in der Wohnung Pastor Fiedeldeys. Am Ende des Jahres zählte der Verein bereits 32 Mitglieder. Seine Veranstaltungen umfaßten neben gemeinsamen Ausflügen mit dem Präses vor allem belehrende Vorträge, an die sich geselliges Zusammensein anschloß; zu ihnen zählten aber auch Unterrichtskurse allgemein- und berufsbildender Art an den Wochentagen, die vor allem von Lehrern der St.-Johannis-Schule erteilt wurden. Lange Zeit war der Kolpingverein der einzige Verein Bremens, der auch bewußt die Geselligkeit pflegte und seine Stiftungsfeste in den größten Sälen der Stadt feierte. Versammlungsort des Vereins waren anfangs verschiedene Gaststätten, bis 1876 die katholische Gemeinde den Gasthof „König von

Katholischer Gesellenverein Bremen, 1910

England" in der Dechanatstraße erwarb und hier die Schule und ein Gemeindehaus einrichtete; dem Gesellenverein wurde für seine Veranstaltungen ein Hintergebäude zugewiesen. 1897 wurde das katholische Gesellenhaus, der „Eschenhof", in der Klosterstraße bezogen; dieses mußte aber 1908 aus finanziellen Gründen aufgegeben werden. Der Gesellenverein mietete daraufhin das sich im Eigentum der katholischen Gemeinde befindende alte Waisenhaus in der Gartenstraße an. Dieses Haus diente in der Folgezeit nicht nur als Übernachtungsheim für Gesellen; es wurde auch anderen katholischen Vereinen für deren Veranstaltungen zur Verfügung gestellt. 1928 erhielt dieses Gebäude den Namen „Kolpinghaus". Vom Kolpingverein Bremen-Zentral aus erfolgte in der Zeit vor und nach dem Zweiten Weltkrieg die Gründung aller anderen Kolpingsfamilien innerhalb und außerhalb der Stadt.

Neben dem Kolpingverein gehörten zu den berufsbezogenen Vereinen Bremens die Gesellschaft „Eintracht", die in der Tradition der Casino-Bewegung katholische Kaufleute und Akademiker zusammenführte, der Katholische Kaufmännische Verein (KKV) und die Katholische Arbeiterbewegung. Der Vorläufer des KKV in Bremen war der Johannisverein, der 1886 ins Leben trat und dessen Mitglieder vornehmlich aus den Kreisen der Kaufleute, kaufmännischen Angestellten und Beamten kamen. 1890 schloß sich der Verein dem Verband der Katholischen Kaufmännischen Vereine Deutschlands an. Zu seinen Aufgaben gehörten neben der Förderung des religiösen Lebens und der Pflege der Geselligkeit auch die Vermehrung des Allgemeinwissens und die Intensivierung der Fachbildung; so bot er Unterrichtskurse in Buchführung, englischer Sprache usw. an. Seine Mitglieder hatten die Möglichkeit, die verschiedenen Selbsthilfeeinrichtungen des Gesamtverbandes, wie Stellenvermittlung, Krankenkasse, Sterbekasse, Unterstützungskasse, in Anspruch zu nehmen. Der Katholischen Arbeiterbewegung, die 1904 in Bremen eingeführt wurde, kam in der Hansestadt besondere Bedeutung zu, weil die Katholiken zu einem großen Teil aus der Arbeiterschaft stammten. Neben seelsorglicher Betreuung und religiöser Vertiefung leisteten die Arbeitervereine aktive Bildungsarbeit, versuchten vor allem, die Mitglieder mit der katholischen Soziallehre vertraut zu machen, und bemühten sich in späterer Zeit z.T. mit Erfolg um eine Vertretung in den Selbstverwaltungsorganen.

Bedingt durch die Tatsache, daß gerade auch über Bremen die Auswanderung nach Übersee erfolgte, war hier eine Station des 1871 gegründeten St.-Raphaels-Vereins eingerichtet worden, der sich die seelsorgliche und soziale Betreuung von Auswanderern zur Aufgabe gesetzt hatte. Dazu gehörten u.a. der Empfang der Auswanderer am Bahnhof, die Besorgung von Unterkunft, Hilfe bei Einkäufen und Geldwechsel, Einladung zum Kirchenbesuch und die Gewährleistung der Sakramentenspendung. Seit dem letzten Viertel des 19. Jahrhunderts wirkte in Bremen ein eigener Auswandererseelsorger, der vom St.-Raphaels-Verein unterstützt wurde. Dies war anfangs Pastor Schlösser aus Düren. 1888 wurde er durch Franz Prachar abgelöst, einem Priester der Erzdiözese Wien, der bis zu seinem Tod 1927 die Auswandererseelsorge wahrnahm. Seine slawischen Sprachkenntnisse hatten zu seiner Berufung geführt, weil besonders nach der Jahrhundertwende ein Großteil der Auswanderer Polen, Tschechen, Slowaken, Slowenen und Ruthenen waren. Unter Prachars Leitung wurde 1900 die Raphaelskapelle eingerichtet, die das geistliche Zentrum der katholischen Auswanderer wurde. Aufgrund seiner guten Beziehungen zum Norddeutschen Lloyd gelang es Prachar, die religiöse Versorgung der Passagiere zu verbessern.

Neben den genannten Verbänden bildete sich nach der Jahrhundertwende auf der Pfarrebene eine Reihe weiterer Vereine und Vereinigungen; zu ihnen gehörten u.a. verschiedene Pfarrvereine und Vereine des Männerapostolats, der Verein katholischer Frauen und Mütter, die Marianische

Inneres der St.-Raphaels-Kapelle (1900—1944)

Kongregation, der Katholische Jungmännerverein, der Verein der Eichsfelder und der Böhmische Verein St. Wenzel. Um die Vereinsarbeit besser koordinieren zu können und um ein größeres Gewicht in der Öffentlichkeit zu erhalten, schlossen sich 1927 31 katholische Vereine zur „Arbeitsgemeinschaft der katholischen Vereine Bremens" zusammen, die bis zur Auflösung 1935 bestand. Konkrete Aufgaben sah die Arbeitsgemeinschaft u. a. im Kampf gegen katholikenfeindliche Presseartikel und Theateraufführungen, in der finanziellen und praktischen Förderung von Exerzitien und Wallfahrten, in der Veranstaltung von Festen der Gesamtgemeinde und in der Herausgabe des Kirchen- und Gemeindeführers. Sie organisierte auch drei große Katholikentage für Bremen und Umgebung. Die Schulfrage verlor auch nach der Anerkennung der St.-Johannis-Schule 1857 als römisch-katholische Gemeindeschule nichts von ihrer Brisanz im Verhältnis von Staat und Kirche. Die Tendenzen zur Verstaatlichung des gesamten Volksschulwesens traten immer deutlicher und massiver hervor, während die katholische Kirche ihren Einfluß auf die Schule bewahren wollte, da sie vor allem in der Diaspora im katholischen Schulwesen ein unverzichtbares Mittel zur Wahrung der konfessionellen Identität sah. Die katholische Schule in Bremen behielt weitgehend den Charakter einer Privatschule. Die Kirchengemeinde mußte für die Unterhaltungskosten und Gehälter der Lehrer aufkommen. Dies geschah durch das Schulgeld,

Die St.-Raphaels-Kapelle in der Falkenstraße (1900—1944)

durch Sammlungen und Spenden. Der notwendige Ausbau der katholischen Schule infolge der Zunahme der katholischen Bevölkerung brachte die Kirchengemeinde bald an die Grenzen ihrer finanziellen Leistungskraft. 1860 bestand die St.-Johannis-Schule lediglich aus zwei Klassen, die in dem Gebäude in der Straße Langewieren untergebracht waren. 1879 mußte außerdem ein Neubau in der Dechanatstraße Nr. 1 bezogen werden, weil die Schule auf acht Klassen und ca. 260 Schüler angewachsen war, die von acht Lehrkräften unterrichtet wurden. Bis Ende 1890 hatte sich die Klassen- und Schülerzahl fast verdoppelt. Gleichzeitig mit dem Bau der St.-Marien-Kirche wurde die St.-Marien-Schule eingerichtet, die bis 1917 noch Filiale der St.-Johannis-Schule unter einem gemeinsamen Rektor blieb. Auch sie erfuhr in der Folgezeit eine ständige Erweiterung und zählte kurz nach dem Ersten Weltkrieg 1300 Schüler in 26 Klassen. Die St.-Johannis-Schule bezog 1914 einen Neubau, benutzte aber weiterhin auch noch die Klassenräume im Gebäude der Dechanatstraße. Zu dieser Zeit hatte sie 14 Klassen.

Die Ausweitung des katholischen Schulwesens wäre ohne staatliche Unterstützung nicht mehr möglich gewesen. Um die drückende finanzielle Lage zu erleichtern, war 1865 in der St.-Johannis-Schule eine „Art Realschulabteilung" (H. Schwarzwälder) eingerichtet worden, in der u. a. Englisch- und Physikunterricht erteilt wurden. Diese Abteilung, für deren Besuch ein Schulgeld von 75 bis 90 Mark jährlich bezahlt werden mußte, wurde 1878 geschlossen, weil sie nicht die förmliche Genehmigung des Senats erhalten hatte. Der zu diesem Zeitpunkt vom Kirchenvorstand gestellte Antrag auf staatliche Unterstützung der St.-Johannis-Schule wurde von der Bürgerschaft abgewiesen. Auch spätere Bemühungen des Osnabrücker Bischofs um eine Subvention scheiterten an den erheblichen Vorbehalten gegen eine konfessionelle Schule; daran änderte auch der Hinweis nichts, daß die evangelischen Gemeindeschulen Staatszuschüsse erhielten und daß die Katholiken durch ihre Steuern sowohl die evangelischen als auch die staatlichen Schulen unterstützten. Erst nach der Jahrhundertwende änderte sich die Haltung von Senat und Bürgerschaft, nachdem man sich auch von dem guten Zustand der katholischen Schulen und der Eignung ihrer Lehrer überzeugt hatte. Ab 1901 gewährte der Senat einen Staatszuschuß von jährlich 1000 Mark je Klasse. Diese Zahlungen wurden 1906 auf 1500 Mark und 1909 auf 2000 Mark erhöht; sie wurden aber an Bedingungen geknüpft, die sich aus dem staatlichen Aufsichtsrecht über die Schule ergaben. Danach sollten alle in Bremen für die öffentlichen und privaten Volksschulen geltenden allgemeinen Vorschriften und die von der Senatskommission für das Unterrichtswesen erlassenen Anordnungen, die die Einrichung der Schulgebäude, den Lehrplan, die Lehrbücher und die Unterrichtsmittel betrafen, auch für die katholischen Schulen Geltung haben; allerdings sollte der konfessionelle Charakter der Schule berücksichtigt werden. Die Errichtung neuer Klassen und die Anstellung des Rektors bedurften der staatlichen Genehmigung, während die Lehrkräfte vor ihrer Anstellung ihre Lehrbefähigung der Unterrichtskommission nachzuweisen hatten. Die Rechnungen über die Einnahmen und Ausgaben der Schulverwaltung mußten der staatlichen Schuldeputation vorgelegt werden. Die Zahl der Lehrerinnen durfte die Hälfte der Gesamtzahl der an der Schule beschäftigten Lehrkräfte nicht übersteigen. Alle Lehrpersonen waren verpflichtet, in der Schule nur weltliche Kleidung zu tragen, damit die Schulkinder „nicht in jedem Augenblick daran erinnert" wurden, daß „sie unter kirchlicher Zucht stehen". Diese Vorschrift veranlaßte die Schwestern von der Göttlichen Vorsehung, die seit 1856 in Bremen gewirkt hatten, ihre Tätigkeit in der Schule aufzugeben, weil die Ordensleitung die letzte Bedingung nicht akzeptieren konnte. Sie wurden 1903 durch Franziskanerinnen aus Thuine ersetzt.

Literatur:
Giese, Entwicklung (1925), S. 172 f. — Eysel, Geschichtliche Entwickelung (1926) Jg. 3, Nr. 16, S. 123 f.; Nr. 17, S. 133 f.; Nr. 18, S. 139 f. — Ders., Zehn Jahre (1928) Jg. 5, Nr. 4, S. 26 f.; Nr. 6, S. 42 f. — Ders., 75 Jahre (1933), S. 341 f. — Rückblick ... Fürsorgevereins (1930), S. 69 f. — Große-Kreutzmann, St.-Joseph-Stift (1931), S. 136 f. — Schwentner, Rechtslage (1931), S. 56—58. — Hardinghaus, Kolpinghaus (1934), S. 392. — Ders., St. Johannis-Waisenhaus (1936), S. 93 f. — Klaus, Kolpingwerk (1935), S. 378. — Werra, Katholische Kirche (1950), S. 108—123. — Schwarzwälder, Geschichte II (1976), S. 426 f.; 585. — Urbahn, Katholische Arbeitervereine (1979).

8. Die katholischen Kirchengemeinden in der Umgebung Bremens

Die Bremen benachbarten Ortschaften, die auf hannoverschem Staatsgebiet östlich der Weser lagen, gehörten aufgrund der Zirkumskriptionsbulle „Impensa Romanorum Pontificum" seit 1824 kirchlich zur Diözese Hildesheim. Die katholische Kirche und die Katholiken, die ungefähr ein Siebtel der Bevölkerung des Königreiches Hannover ausmachten und sich um die Städte Hildesheim und Osnabrück sowie im Eichsfeld und im Emsland konzentrierten, waren der protestantischen Mehrheit rechtlich gleichgestellt. Wenn in der hannoverschen Verfassung, die während der Zeit des Königreiches eine Reihe von Novellierungen erlebte, die in der staatlichen Kirchenhoheit begründeten Aufsichtsrechte gegenüber den Kirchen auch erhalten blieben, so war das Verhältnis von Staat und katholischer Kirche insbesondere in der Zeit nach 1850 im allgemeinen kon-

fliktfrei. Der letzte hannoversche König, Georg V. (1851—1866), bemühte sich um äußerst gute Beziehungen zur katholischen Kirche, weil er in ihr einen Stabiliätsfaktor und einen Verbündeten im Kampf gegen den Liberalismus sah. Nach der Annexion Hannovers durch Preußen im Jahr 1866 wurde auch das preußische Staatskirchenrecht auf die neue Provinz übertragen, das vor allem auf den Kirchenartikeln der Verfassung von 1850 beruhte. Diese staatskirchenrechtlichen Bestimmungen waren außerordentlich fortschrittlich und garantierten den Kirchen einen Freiheitsraum, wie sie ihn in keinem anderen deutschen Staat besaßen. Erst durch den Kulturkampf nach der Reichsgründung, der in Preußen mit einer besonderen Schärfe geführt wurde und in dessen Verlauf der preußische Staat mit Hilfe von Ausnahmegesetzen und Zwangsmaßnahmen in einer die Grundrechte verletzenden Weise seine Kontrolle vor allem über die katholische Kirche auszuweiten versuchte, wurde das kirchliche Leben Beschränkungen unterworfen und erheblichen Belastungen ausgesetzt. Allerdings waren die Auswirkungen des Kulturkampfes auf die preußischen katholischen Kirchengemeinden der Umgegend Bremens eher begrenzt. Da keine Vakanzen der geistlichen Stellen eintraten, blieb die Seelsorge vor starken Beeinträchtigungen in dieser Zeit bewahrt. Jedoch wurde der Blumenthaler Pfarrer vom Sperrgesetz vom 15. April 1875, das die staatlichen Leistungen an die preußischen Diözesen einstellte, betroffen; es wurde der vom Staat gezahlte Teil seines Gehaltes gesperrt.
Seit der Mitte des 19. Jahrhunderts kam es in der Umgebung Bremens zur Ansiedlung einer Reihe industrieller Unternehmen. Dies wurde durch den Umstand begünstigt, daß die Hansestadt Bremen bis 1888 nicht zum Zollvereinsgebiet gehörte und daß sich die Unternehmer von einer Niederlassung im Zollvereinsgebiet, das vor den Toren der Stadt begann, bessere Absatzmöglichkeiten erhofften. Große Unternehmen entstanden vor allem in Hemelingen und Blumenthal, wo die „Bremer Wollkämmerei" bald nach ihrer Gründung 1883 mehrere hundert Personen beschäftigte; ebenso entwickelten sich die Langesche Werft, die 1893 in die „Bremer Vulkan, Schiffbau und Maschinenfabrik" überführt wurde, und die 1869 gegründete „Norddeutsche Steingutfabrik AG" im benachbarten Grohn zu Großunternehmen. Die Industrialisierung des Bremer Umlandes führte zu einem starken Anwachsen der Bevölkerung; damit nahm auch die Zahl der Katholiken in diesem bis dahin rein protestantischen Gebiet zu.
Die wenigen Katholiken östlich und südlich der Hansestadt waren um die Mitte des 19. Jahrhunderts hinsichtlich ihrer religiösen Bedürfnisse auf St. Johann in Bremen angewiesen, deren Geistliche periodisch Gottesdienst in Lilienthal hielten, wo sich u. a. einige katholische Kaufleute aus dem Emsland angesiedelt hatten. 1863 sandte der Hildesheimer Bischof

Eduard Jakob Wedekin auf Bitten der Bremer Geistlichen und der Lilienthaler Katholiken den Kaplan Franz Bertram als Missionar mit dem Auftrag in diese Gegend, einen geeigneten Ort für die Errichtung einer Seelsorgestation auszuwählen. Bertram entschied sich für Hemelingen, wo damals knapp 100 Katholiken wohnten, die Gründung von Fabriken aber ein Anwachsen der Zahl der katholischen Gläubigen erwarten ließ. Der Gottesdienst wurde in den ersten Monaten in einem Tabakschuppen am Mühlenberg gefeiert, bis der aus Algermissen stammende Schachtmeister C. F. Reke auf eigene Kosten eine Kapelle nebst einer Wohnung für den Missionar und einer Schule errichten ließ, die er der katholischen Gemeinde gegen einen mäßigen Mietzins überließ und die 1869 vom Bischöflichen Stuhl käuflich erworben wurden. Von Oktober 1863 bis zur Jahrhundertwende fand in dieser Kapelle, die dem hl. Joseph geweiht war, der Gottesdienst statt. Der Hemelinger Geistliche zelebrierte außerdem vierteljährlich in Osterholz-Scharmbeck und einmal im Monat in einem Privathaus in Lilienthal die Messe, wo sich ca. 40 Katholiken am Ort und ebenso viele in der weiteren Umgebung befanden.

Infolge der Industrialisierung Hemelingens, wo sich einige Betriebe der Tabak- und Zigarrenfabrikation ansiedelten, 1873 die große Jutespinnerei und -weberei gegründet wurde und metallverarbeitende Gewerbebetriebe entstanden, wuchs die Zahl der Katholiken von 235 (1880) auf 953 (1900); 1910 betrug ihre Anzahl bereits 1503 und machte damit einen Anteil von 18,9 % der Gesamtbevölkerung aus. Dieses Wachstum war zu einem großen Teil die Folge von Zuwanderungen aus Österreich, Böhmen, Mähren und Galizien. Gegen Ende des 19. Jahrhunderts wurde der Bau einer Kirche immer dringlicher. Die Bauarbeiten begannen 1899 und wurden bereits im folgenden Jahr abgeschlossen. Die feierliche Konsekration des nach dem Vorbild der katholischen Kirche in Verden im neuromanischen Stil erbauten Gotteshauses fand erst 1907 statt. Der Bau der St.-Josephs-Kirche und ihre Ausstattung wurden durch eine Reihe größerer Spenden ermöglicht, unter denen die Beiträge der Gebrüder Otto, die eine Glockengießerei betrieben, mit 20 000 Mark, des Bonifatiusvereins in Paderborn mit 15 000 Mark und des Diözesankomitees des Bonifatiusvereins in Köln mit 10 000 Mark herausragten. 1904 wurde die Hemelinger Gemeinde zur Kuratie erhoben; damit wurde sie eine kirchenrechtliche und öffentlich-rechtliche Körperschaft mit eigener Vermögensverwaltung. Ihr Seelsorgegebiet umfaßte neben Hemelingen die Orte Achim, Lilienthal und Moorhausen; der Kreis Achim, der westliche Teil des Kreises Zeven, der östliche Teil des Kreises Osterholz und alle Orte im Amt Thedinghausen wurden ihr zur „caritativen" Seelsorge zugewiesen, waren somit nicht integrierter Bestandteil des Pfarrgebietes. Die finanzielle Grundlage der Gemeinde, die vor allem die Besoldung des Pfarrers sichern mußte, beruhte auf einem vom Bonifatiusverein gestellten Kapital in Höhe von 8775 Mark sowie auf der Erhebung einer Kirchensteuer, die aufgrund des preußischen Gesetzes vom 20. Juni 1875 über die „Vermögensverwaltung in den katholischen Kirchengemeinden" möglich war. 1907 erhielt die Hemelinger Kuratiegemeinde den Status einer Pfarrei.

In den nördlich von Bremen gelegenen Ortschaften siedelten sich seit der Mitte des 19. Jahrhunderts vor allem nach der Gründung einiger Steingutfabriken etliche Katholiken an, die vornehmlich aus Bayern, dem Rheinland und dem Eichsfeld kamen. Seit 1850 wurde in einem Saal in Neurönnebeck periodisch Gottesdienst von Geistlichen der St.-Johannis-Kirche gehalten. Da dieses Gebiet kirchlich zur Diözese Hildesheim gehörte, wandten sich einige Katholiken mit der Bitte an Bischof Wedekin, regelmäßigen Gottesdienst und Religionsunterricht für ihre Kinder einzurichten. 1852 entsandte der Bischof einen eigenen Geistlichen für die Katholiken in den Orten Rönnebeck, Neurönnebeck, Neuenkirchen, Grohn, Blumenthal, Fähr und Vegesack. Nachdem der Bonifatiusverein in Münster eine finanzielle Unterstützung zugesagt hatte, konnte im April 1854 der Hildesheimer Geistliche Wilhelm Nürnberg als erster Missionar dauernd angestellt werden. Zu Beginn seiner Tätigkeit gehörten zu seiner Gemeinde ca. 230 Katholiken. Nürnberg richtete die Missionsstation zuerst in einem Haus in der Dillener Straße in Rönnebeck ein, verlegte sie aber ein Jahr später nach Blumenthal, weil dieser Ort aufgrund der industriellen Ansiedlungen eine raschere Entwicklung nahm. Hier konnten zwei Grundstücke erworben und das Pfarrhaus, die Schule und eine Kommunikantenanstalt, in der Kinder aus entfernteren Orten auf die Erstkommunion vorbereitet wurden, eingerichtet werden. Der Gottesdienst fand bis 1859 noch in Rönnebeck statt; dann konnte die neugotische Marienkapelle in Blumenthal konsekriert werden, deren Bau u. a. durch Spenden des französischen Kaisers Napoleon III. und des österreichischen Kaisers Franz Joseph ermöglicht wurde. Zugleich mit der Weihe der Kirche wurde die Mission in Blumenthal zur Pfarrei erhoben. Die wachsende Zahl der Katholiken machte in der Folgezeit eine Erweiterung des Gottesdienstraumes notwendig. 1892 wurde die alte Kapelle zum Chorraum umgestaltet und ein größeres Mittelschiff mit Turmanlage angebaut, wozu die Bremer Wollkämmerei einen erheblichen finanziellen Beitrag leistete. 1913 wurde die Kirche durch den Anbau zweier Seitenschiffe erneut vergrößert. Zu diesem Zeitpunkt zählte die Pfarrei, die sich über den größten Teil des damaligen Kreises Blumenthal erstreckte, ca. 5900 Seelen und war damit eine der größten im Bistum Hildesheim.

St. Godehard (vormals St. Joseph) in Bremen-Hemelingen

Bescheinigung der Erstkommunion aus Grohn, 1920. Im Kasten links unten steht „Mein Glaube", im Kasten rechts unten „Meine Pflichten", endend mit „VI. Ich muß die Unmäßigkeit und Völlereien meiden und alle Unkeuschheit fliehen als eine wahre Pest für Leib und Seele. VII. Ich muß alle meine Standespflichten getreu erfüllen und mein Kreuz geduldig tragen"

Zum benachbarten Seelsorgebezirk Grohn gehörten am Vorabend des Ersten Weltkrieges 1620 Personen. Ursprünglich waren die Katholiken in Grohn und im bremischen Vegesack von Blumenthal aus betreut worden. 1903 wurde, u. a. ermöglicht durch eine größere Spende der Norddeutschen Steingutfabrik, eine Kirche gebaut, die der „Heiligen Familie" geweiht war. 1906 wurde Grohn zur Kuratie und 1918 zur Pfarrei erhoben. Neben Eichsfeldern stellten Polen in Blumenthal und Grohn die größte geschlossene Gruppe katholischer Zuwanderer dar; vor allem nach der Gründung der Bremer Wollkämmerei setzte Mitte der 1880er Jahre ein verstärkter Zustrom polnischer Katholiken ein. In der Grohner Gemeinde waren 1905 von den 1100 Katholiken fast 500 polnischer Herkunft. Spannungen innerhalb der Gemeinden zwischen Deutschen und Polen verschärften sich, als staatliche Stellen versuchten, mit Hilfe der Kirche nationalpolnische Bestrebungen einzudämmen. Während es Pfarrer Karl Keller in Blumenthal weitgehend gelang, es nicht zu offenen Konflikten

Trauschein aus Grohn, 1927, gedruckt in Lahr in Baden

kommen zu lassen, leisteten die in Grohn lebenden Polen dem die Gemeinde betreuenden Kaplan Christoph Kayser Widerstand, als dieser im Sinne des zuständigen Landrats versuchte, polnische Elemente in der Feier des Gottesdienstes zurückzudrängen. Der Konflikt eskalierte in der Form, daß die Polen den Gottesdienst verließen, sobald der Grohner Geistliche die Kanzel bestieg. Die Situation wurde durch einen Kompromißvorschlag des Hildesheimer Bischofs entschärft, der das Singen polnischer Kirchenlieder zu Beginn und am Ende des Gottesdienstes gestattete. Auch unter den Nachfolgern Kaysers kam es zu Auseinandersetzungen mit polnischen Gemeindemitgliedern, die sich auch auf die Pfarrei Blumenthal auswirkten, als dort der konziliante Pfarrer Keller auf Betreiben des Landrats in den Ruhestand versetzt wurde. Eine Beruhigung trat in den Gemeinden ein, als die Polen es unterließen, nationalpolnische Bestrebungen im Rahmen der Kirche zur Geltung zu bringen und sie durch stärkere Repräsentation in den Kirchengremien intensiver in das Gemeindeleben einbezogen wurden.

Wie in den Bremer Pfarreien entwickelte sich in den umliegenden Kirchengemeinden auf Hildesheimer Diözesangebiet ein intensives Vereinsleben. Vor allem nach der Jahrhundertwende kam es auch hier u. a. zur Gründung katholischer Männervereine, Frauen- und Müttervereine, Arbeitervereine, des Gesellenvereins, der Marianischen Kongregation und von Jünglingsvereinen. Günstiger als in Bremen gestaltete sich auf hannoverschem und preußischem Gebiet die Lage der katholischen Schulen. Mit der Gründung der Missionsstationen erfolgte jedes Mal auch die Errichtung einer katholischen Schule; diese besaß anfangs den Charakter einer Privatschule, wurde dann aber dem preußischen Schulgesetz entsprechend nach der Überschreibung der Grundstücke und Gebäude auf die Kommune in eine öffentliche Schule auf konfessioneller Grundlage umgewandelt. Die Kommunen und im Bedarfsfall der Staat waren für den Unterhalt der Gebäude, den weiteren Ausbau und die Zahlung der Gehälter für die Lehrkräfte zuständig. In Blumenthal erteilte der Missionar Nürnberg den planmäßigen Schulunterricht für die katholischen Kinder, bis 1861 ein eigener Lehrer angestellt wurde. 1866 übernahmen Schulschwestern des Dritten Ordens des hl. Franziskus aus dem Mutterhaus in Gieboldehausen den Unterricht für die Mädchen. Im Laufe des Kulturkampfes mußten sie diese Tätigkeit einstellen, weil der Erlaß des Kultusministers vom 15. Juni 1872 die Erteilung von Schulunterricht durch Ordensleute untersagte. Die Schulschwestern wanderten nach Amerika aus und wurden durch weltliches Personal ersetzt. Bereits 1869 war eine neue Schule für Jungen in der Fresenbergstraße errichtet worden. Am Vorabend des Ersten Weltkrieges gab es in Blumenthal zwei öffentliche katholische Volksschulen. Die Schule in der Feldstraße wurde von 700 Schülern, diejenige am Wilhelmsplan von 300 Schülern besucht. An den protestantischen Schulen in Hammersbeck und Aumund-Fähr war für die katholischen Schüler ein katholischer Lehrer eingestellt worden, in Neurönnebeck erteilte ein Lehrer aus Blumenthal den Religionsunterricht. Bevor Grohn eine eigene Gottesdienststation erhalten hatte, war hier 1889 eine katholische Schule eingerichtet worden, die 1901 kommunalisiert wurde und 1914 nach der Übersiedlung in ein größeres Schulgebäude 380 Schüler zählte. Auch in Hemelingen hatte seit Errichtung der Missionsstation der Geistliche den katholischen Kindern Schulunterricht erteilt; dieser fand in einem Raum des 1863 errichteten Kapellenbaus statt. Die katholische Schule, die 1897 in ein größeres Gebäude verlegt und 1902 als öffentliche Schule anerkannt wurde, zählte 1914 knapp 280 Schüler.

Literatur:
Henkel, Handbuch (1917), I, S. 233—238; II, S. 140—145. — Bertram, Geschichte (1925), S. 290 f.; 294 f. — Müller, Bremens Hirtensorge (1933), S. 299—301. — Aschoff, Kulturkampf (1979), S. 15—67. — 125 Jahre St. Marien Bremen-Blumenthal (1979), S. 49—69. — Barfuß, „Gastarbeiter" (1986), S. 210—214. — Rauer, Hemelingen (1987), S. 67; 184 f.; 229 f. — Tacke, Fremde aufnehmen (1988), S. 19—74. — Lamken, Geschichtliches (1989), S. 232—237. — Schmolze, Geschichte der Kirche (1989), S. 170 f.

II. Die Zeit zwischen den Weltkriegen

1. *Die kirchliche Entwicklung während der Weimarer Republik*

Die Verfassung des Deutschen Reiches vom 11. August 1919 unternahm in ihren Kirchenartikeln den Versuch, das Prinzip der Trennung von Kirche und Staat zu verwirklichen, gleichzeitig aber auch die besondere Stellung der großen Kirchen in Deutschland zu berücksichtigen, die sie aufgrund ihrer geschichtlichen Entwicklung und ihrer Bedeutung im gesellschaftlichen Leben besaßen. Mit der Bestimmung „Es besteht keine Staatskirche" (§ 137 Abs. 1) beseitigte sie das staatliche und landesherrliche Kirchenregiment in den evangelischen Kirchen. Sie räumte jeder Religionsgesellschaft das Recht ein, ihre Angelegenheiten im Rahmen des für alle geltenden Gesetzes selbständig zu ordnen und zu verwalten; dies schloß die Freiheit der Besetzung geistlicher Stellen, der Verwaltung des Kirchenvermögens und der kirchlichen Rechtsprechung ein (§ 137 Abs. 3). Demgegenüber blieben die Religionsgesellschaften Körperschaften des öffentlichen Rechts, soweit sie diesen Status besaßen; anderen konnte dieser Status bei Erfüllung bestimmter Bedingungen verliehen werden (§ 137 Abs. 5). Die öffentlich-rechtlichen Religionsgesellschaften waren befugt, aufgrund der bürgerlichen Steuerlisten nach Maßgabe der landesrechtlichen Bestimmungen Steuern zu erheben (§ 137 Abs. 6). Religionsunterricht war an den öffentlichen Schulen ein ordentliches Lehrfach (§ 149). Innerhalb der Kommunen konnten auf Antrag der Erziehungsberechtigten Konfessionsschulen eingerichtet werden, sofern ein geordneter Schulbetrieb gewährleistet blieb; nähere Bestimmungen sollten durch die Landesgesetzgebung nach den Grundsätzen eines Reichsgesetzes erfolgen (§ 142 Abs. 2).

Die der Reichsverfassung nachgeordnete Verfassung der Freien Hansestadt Bremen vom 18. Mai 1920 setzte in § 87 fest, daß die Kirchen und Religionsgemeinschaften vom Staate getrennt, die bremische evangelische Kirche und die römisch-katholische Kirche und ihre bremischen Gemeinden Körperschaften des öffentlichen Rechts seien, die sich ihre Verfassung selbst gaben und ihre Angelegenheiten selbst verwalteten. Das bedeutete, daß die bis dahin geübte Anzeige bei der Besetzung geistlicher Stellen wegfiel und der Staat seine Rechte hinsichtlich der Verwaltung des Kirchenvermögens, die ihm in der Gemeindeverfassung von 1909 eingeräumt waren, nicht mehr ausübte. Die „Verfassung der Katholischen Gemeinde zu Bremen" vom 12. Dezember 1929 kam deshalb ohne staatliche Mitwirkung zustande. Die Organisation der Katholiken blieb nach dieser Gemeindeverfassung in wesentlichen Zügen die gleiche wie zuvor. Auf Bremer Staatsgebiet gab es unter Ausschluß des Amtsbezirkes Bremerhaven lediglich eine Kirchengemeinde, die sich zwar in mehrere Pfarrbezirke untergliederte, aber nur in ihrer Gesamtheit als eine Körperschaft des öffentlichen Rechts galt. Neben dem Wegfall der staatlichen Mitwirkungsrechte, die nach der neuen Verfassung fast ausschließlich von der kirchlichen Oberbehörde allein wahrgenommen wurden, bezogen sich die wichtigsten Änderungen auf die Zusammensetzung des Kirchenvorstandes. Dieser bestand wie zuvor aus den ersten Geistlichen der einzelnen Pfarrgemeinden, jedoch war die Zahl der aus unmittelbaren und geheimen Wahlen hervorgehenden Mitglieder der einzelnen Pfarrgemeinden nach deren Größe gestaffelt; so standen einer Pfarrei mit weniger als 4000 Seelen zwei, einer solchen mit 4000—6000 Seelen drei und denen mit mehr als 6000 vier Kirchenvorsteher zu (§ 6). Den Vorsitz im Kirchenvorstand führte der von der kirchlichen Oberbehörde ernannte Pastor primarius, der identisch mit dem Pfarrer von St. Johann war; sein Stellvertreter war der dienstälteste Pfarrer in der Gesamtgemeinde (§ 8).

Das den Kirchen in der Reichsverfassung zugebilligte Recht der Steuererhebung wurde in Bremen durch die „Steuerordnung für die Religionsgemeinschaften und Weltanschauungsvereinigungen" vom 9. November

1922 in Landesrecht überführt. Danach waren die öffentlich-rechtlichen Religionsgesellschaften berechtigt, die Kirchensteuer in Form von Zuschlägen zu der Reichseinkommensteuer zu erheben, deren Höhe von ihnen selbst festgelegt wurde (§ 1). Steuerpflichtig war jeder Angehörige der betreffenden Religionsgesellschaft, der in Bremen seinen Wohnsitz hatte (§ 3). In der katholischen Gemeinde Bremens betrug der Kirchensteuersatz 1924 und 1925 8 % der Einkommensteuer; er wurde 1926 auf 7 % gesenkt und lag damit weit unter dem Satz preußischer Kirchengemeinden, die 15 % und mehr erhoben. Die Verwaltung der Kirchensteuer geschah durch das Landesfinanzamt Unterweser und die ihm unterstehenden Finanzämter. Die Kirchensteuerveranlagung der Lohnsteuerpflichtigen bis 8000 Mark Einkommen und die Erhebung nahm die Kirchengemeinde selbst vor. Erst 1934 wurde bei Lohn- und Gehaltsempfängern die Steuer im Lohnabzugsverfahren erhoben. Die Neuordnung des Kirchensteuerwesens während der Weimarer Zeit war für die katholische Gemeinde Bremens, die vom Staat praktisch keine finanziellen Leistungen für Kultus und Besoldung erhielt, eine Notwendigkeit, um die Ausweitung des Pfarrgemeindesystems finanzieren zu können.

Die staatlichen Zuschüsse für die katholischen Gemeindeschulen der Hansestadt wurden nach dem Ersten Weltkrieg erheblich erhöht. Im März 1921 wurde dieser Zuschuß folgendermaßen gewährt: Nach Wegfall der bis dahin für jede Klasse jährlich gezahlten 2000 Mark übernahm der Staat den Betrag für jedes Lehrergehalt, der über 1000 Mark lag, deckte die Unkosten für die unentgeltliche Lieferung von Lehrmitteln und den durch den Fortfall des Schulgeldes entstandenen Fehlbetrag an Einnahmen in Höhe von 13 000 Mark. In Erwartung eines Reichsschulgesetzes, das den Staat Bremen verpflichtet hätte, staatliche katholische Volksschulen einzurichten und die gesamten Lasten dieser Schulen zu tragen, einigte er sich 1923 mit der katholischen Gemeinde dahin, daß staatlicherseits die Unkosten für Lehrmittel, 80 % der Unterhaltungskosten für die katholischen Schulgebäude und ein Teil der Kosten für die Lehrergehälter übernommen wurden. Die katholische Gemeinde trug demgegenüber die restlichen 20 % der Unterhaltungskosten und leistete je 1000 Mark als Beitrag zum Gehalt jeder Lehrkraft. Außerdem erklärte sie sich bereit, die Gebäude der katholischen Schulen dem Staat unentgeltlich zu überlassen, falls dieser aufgrund eines Reichsgesetzes zur Errichtung einer katholischen Konfessionsschule veranlaßt würde. Da während der Weimarer Republik ein Reichsschulgesetz nicht zustande kam, blieben die Schulgebäude einstweilen Eigentum der katholischen Gemeinde; die katholischen Schulen wurden aber auch keine staatlichen Schulen, sondern behielten den Charakter von Gemeindeschulen, denen allerdings der Staat die 1923 zugebilligten Zuschüsse weiterhin gewährte. 1933 hatte die St.-Johannis-Schule 16 Klassen und 16 Lehrkräfte, die St.-Marien-Schule 19 Klassen und 21 Lehrkräfte und die neugegründete St.-Josephs-Schule fünf Klassen und fünf Lehrpersonen. Ein Teil der katholischen Schüler besuchte nicht zuletzt wegen der weiten Schulwege die bekenntnisfreien staatlichen Schulen. Für sie wurde in verschiedenen Stadtteilen von den Geistlichen privater Religionsunterricht erteilt.

Die katholischen Gemeinden in Bremen waren zu Beginn der Weimarer Republik noch nicht in eine kirchliche Diözesanordnung einbezogen worden, sondern gehörten zum Apostolischen Vikariat der Norddeutschen Missionen, das der Kongregation der Propaganda Fide in Rom unterstand und seit der Mitte des 19. Jahrhunderts von den Osnabrücker Weihbischöfen und Bischöfen als „Provikare" verwaltet wurde. 1921 wurde der Titel „Provikar", der das Provisorium in der Verwaltung des Vikariates durch die Osnabrücker Bischöfe zum Ausdruck bringen sollte, aufgehoben und Bischof Hermann Wilhelm Berning der Titel eines „Apostolischen Vikars" verliehen, wodurch die enge Beziehung zwischen dem Vikariat und dem Osnabrücker Bischofsstuhl deutlich zum Ausdruck kam und das Bevorstehen einer endgültigen Lösung angedeutet wurde. Diese erfolgte im Konkordat vom 14. Juni 1929, das zwischen dem Freistaat Preußen und dem Hl. Stuhl abgeschlossen wurde. Art. 2 Abs. 1 des Preußenkonkordates bestimmte die Einverleibung der vom Osnabrücker Bischof verwalteten Missionsgebiete in das Bistum Osnabrück, das der Kölner Kirchenprovinz zugewiesen wurde. Die Ausführung des Konkordates erfolgte durch die Apostolische Konstitution „Pastoralis officii Nostri" vom 13. August 1930. Mit Wirkung vom 1. September 1930 wurden das Gebiet des Apostolischen Vikariates der Norddeutschen Missionen und der Apostolischen Präfektur Schleswig-Holstein integrierte Bestandteile des Bistums Osnabrück, das bis dahin im wesentlichen die Seelsorgekräfte im norddeutschen Missionsgebiet gestellt hatte. Das Osnabrücker Bistum reichte damit vom Teutoburger Wald bis zur Nordseeküste und zur Grenze Dänemarks, von der Grenze Hollands bis zur Ostsee und war flächenmäßig die größte Diözese Deutschlands. Durch die Integration des Missionsgebietes kamen 1930 181 600 Katholiken, die in 66 Pfarreien mit 86 Außenstationen von ca. 120 Geistlichen betreut wurden, an das Kernbistum. Mit der Eingliederung dieses Gebietes erfolgte eine neue Dekanatseinteilung. Berning errichtete am 1. Mai 1931 für das Gebiet der Freien Hansestadt Bremen das Dekanat Bremen, dem die Pfarrgemeinden Bremen-Altstadt St. Johann, Bremen-Walle St. Marien, Bremen-Oslebshausen St. Joseph, Bremen-Hastedt St. Elisabeth und Bremerhaven St. Marien angehörten; 1937 kam noch Bremen-Neustadt Herz Jesu und 1940 Bremen-Vegesack Christ-König hinzu. Mit der Eingliederung der preußischen Kommunen nördlich der Lesum, u. a. Blumenthal, Grohn, und Hemelingens in das Bremer Stadtgebiet gelangten auch die dortigen katholischen Pfarreien zum Staat Bremen; die jeweilige Zugehörigkeit der Bremer Pfarreien zum Bistum Hildesheim und Osnabrück wurde davon jedoch nicht berührt; die ehemaligen preußischen Pfarreien gehörten weiterhin zum Hildesheimer Dekanat Verden. Die Aufteilung des Unterwesergebietes auf die drei Diözesen Osnabrück, Hildesheim und Münster, zu der der links der Weser gelegene Freistaat Oldenburg gehörte, wurde bereits von Zeitgenossen als ein Hindernis für die kirchliche Entwicklung besonders auf dem Gebiet des Vereins- und Pressewesens gesehen und die Forderung nach Zusammenfassung der in ihrer Struktur ähnlichen Gemeinden in einer Diözese erhoben, von der man eine Intensivierung der Seelsorge und eine wirksamere gesellschaftliche Repräsentation erwartete. Entscheidende Veränderungen auf diesem Gebiet traten jedoch vor dem Zweiten Weltkrieg nicht ein.

In der Stadt Bremen war während der Weimarer Zeit nur ein mäßiger absoluter Anstieg der Katholikenzahl festzustellen; der Anteil an der Gesamtbevölkerung blieb weitgehend konstant, nachdem er im Vergleich zum Kaiserreich sogar zurückgegangen war. Lebten 1910 in der Stadt 18 231 (7,45 %) Katholiken, so stieg ihre Anzahl bis 1925 auf 19 576, was einem Anteil von 6,6 % entsprach. 1933 gehörten zu den stadtbremischen Gemeinden 21 376 Katholiken (6,6 %), zu denen noch 288 Katholiken (1,6 %) im Landgebiet und 284 (6,4 %) in Vegesack hinzukamen. Der prozentuale Rückgang nach dem Krieg war in erster Linie auf die Abwanderung von katholischen Polen zurückzuführen, die auch durch starke katholische Zuwanderungen aus anderen Gebieten Deutschlands nicht aufgefangen wurde. Außerdem wirkten sich die von kommunistischer und sozialistischer Seite betriebene Propaganda für den Kirchenaustritt und die Übernahme der Kirchensteuererhebung durch das Finanzamt im Jahr 1923 aus; allerdings sollten deren Folgen nicht überbewertet werden, weil in erster Linie Katholiken beeinflußt wurden, die bereits die innere Beziehung zur Kirche verloren hatten und nun von der gesetzlichen Möglichkeit des Kirchenaustritts Gebrauch machten. Mit 4000 Katholiken, die meist aus Polen und der Tschechoslowakei stammten, blieb auch Mitte der 1920er Jahre der Ausländeranteil in der katholischen Gemeinde Bremens noch hoch. Ein besonders ernstes seelsorgliches Problem stellte die starke Fluktuation unter den Katholiken dar; monatlich wurden 1000—1500 An- und Abmeldungen registriert. Außerdem gab es verhältnismäßig wenig Priester: In der Stadt Bremen entfielen auf einen Priester über 2000 Katholiken, während im Kerngebiet der Osnabrücker Diözese

*Bremer Geistliche Anfang der 1930er Jahre. Sitzend v.l.n.r.:
Moschner (?), Hardinghaus, Lange, Kohstall*

auf jeden Geistlichen lediglich 700 Personen kamen. Diese Relation blieb in Bremen ziemlich konstant. Mitte der 1930er Jahre waren 13 Geistliche in der Stadt tätig. Die Pfarreien St. Johann und St. Marien waren jeweils mit einem Pfarrer, einem Kaplan und einem Vikar besetzt. An der neuerrichteten Pfarrei St. Joseph wirkten ein Pfarrer und ein Kaplan, und an St. Elisabeth gab es nur einen Pfarrer. Ein Geistlicher, seit 1921 Franz Maria Moschner, erteilte katholischen Religionsunterricht für Schüler der höheren Schulen. Am St.-Joseph-Stift war die Stelle eines geistlichen Rektors eingerichtet worden. Außerdem waren noch zwei Pallotinerpatres als Seelsorger für die Auswanderer tätig.
Die herausragenden Persönlichkeiten im Bremer Klerus waren in der Zeit zwischen den Kriegen Friedrich Hardinghaus und Hermann Lange. Hardinghaus war am 26. Juni 1877 in Osnabrück-Haste geboren worden und entstammte einer seit dem Mittelalter dort ansässigen Bauernfamilie. Nach dem Abitur am katholischen Osnabrücker Gymnasium Carolinum 1898 studierte er Theologie in Freiburg und Münster und empfing am 2. Februar 1902 die Priesterweihe. Seine priesterliche Tätigkeit begann er als Schloßkaplan in Matgendorf in Mecklenburg, wo er mit den schwieri-

Msgr. Friedrich Hardinghaus, Pfarrer an St. Johann 1914—1946

Domkapitular Hermann Lange, Pfarrer an St. Marien 1914—1931

gen Aufgaben der Diasporaseelsorge konfrontiert wurde. 1906 erfolgte seine Versetzung als Kaplan an die St.-Marien-Kirche in Bremen; Ende Oktober 1908 wurde er Kaplan an St. Johann und Anfang 1911 Pastor an St. Marien, bis er am 11. Februar 1914 die Leitung von St. Johann übernahm und damit als Pastor primarius der Bremer Gesamtkirchengemeinde vorstand. Als 1931 die Gründung des Dekanats Bremen erfolgte, wurde ihm auch das Amt des Dechanten übertragen. Hardinghaus zeigte ein ausgeprägtes historisches Interesse; er verfaßte etwa 40 Artikel über die Geschichte des Bremer Katholizismus, die im „Ansgarius", der katholischen Sonntagszeitung, erschienen. Realitätssinn, Freimut und Weltoffenheit verbanden sich in seiner Person mit tiefer Gläubigkeit und intensivem seelsorglichem Einsatz. Während seiner Amtszeit als Pastor primarius erfuhr das Bremer Pfarreiensystem z. T. aufgrund seiner Initiative und seines Engagements eine beachtliche Ausweitung. Bis zu seinem Tod am 13. Oktober 1946 entstanden sechs neue Gemeindemittelpunkte.

Hermann Lange wurde am 19. Dezember 1880 auf See bei Kap Finisterre/ Spanien geboren; er entstammte einer alten Papenburger Seefahrerfamilie. Lange besuchte anfangs das dortige Realgymnasium und absolvierte dann das Abitur am Gymnasium Carolinum in Osnabrück. Nach dem Theologiestudium in Münster, Freiburg und Fulda und der pastoralen

Ausbildung im Osnabrücker Priesterseminar wurde er 1906 zum Priester geweiht. Seine erste Stelle erhielt er als Kaplan an St. Marien in Bremen; 1911 wechselte er nach St. Johann über und wurde 1914 als Nachfolger von Hardinghaus Pfarrer an St. Marien. Sein besonderes Interesse galt in der Folgezeit karitativen Aufgaben; er wurde der erster Leiter des 1917 gegründeten Bremer Caritasverbandes; es gelang ihm, gute Beziehungen zu den auf diesem Gebiet tätigen nichtkatholischen Korporationen und staatlichen Behörden Bremens aufzubauen. 1925 wurde Lange mit einer Arbeit über die „Geschichte der christlichen Liebestätigkeit in der Stadt Bremen" in Münster zum Dr. theol. promoviert. Seine Dissertation behandelte nicht nur das Thema im engeren Sinne, sondern sie war auch ein wesentlicher Beitrag zur Geschichte der mittelalterlichen Ordensniederlassungen in Bremen. Von 1928 bis 1931 war er für die Zentrumspartei Mitglied der Bremischen Bürgerschaft und galt wegen seiner Redegewandtheit und seiner sozialpolitischen Kompetenz als einer der profiliertesten Parlamentarier. 1931 wurde Lange in das Domkapitel zu Osnabrück berufen. Hier starb er am 16. September 1942.

Als die ersten selbständigen Seelsorgebezirke wurden nach dem Ersten Weltkrieg die Kuratie St. Joseph in Bremen-Oslebshausen und St. Elisabeth in Bremen-Hastedt aus der Gemeinde St. Marien und St. Johann ausgegliedert. Die industrielle Entwicklung Bremens und die Ausweitung der Stadt vollzogen sich vor dem Ersten Weltkrieg vor allem entlang der Weser in Richtung Norden. Bereits 1909 und 1910 wurden Versuche unternommen, in Oslebshausen, wo eine Reihe von Fabrikanlagen, u. a. die Norddeutsche Hütte, entstanden war und wo sich etliche Katholiken niedergelassen hatten, ein Grundstück zum Bau einer Kirche zu erwerben. Als sich diese Versuche zerschlugen, wurde ab Ostern 1911 von St. Marien aus regelmäßiger Sonntagsgottesdienst in der Turnhalle der evangelischen Schule in Oslebshausen gehalten. Nach langen Verhandlungen konnte 1914 ein Grundstück an der Grambker Heerstraße gekauft werden, jedoch wurde die weitere Entwicklung durch den Krieg unterbrochen. 1923 erstand der Kirchenvorstand ein zentral gelegenes Bauernhaus an der Alten Heerstraße, den Humannshof, dessen angrenzender Stall in eine Kapelle umgebaut wurde.

Sie wurde am letzten Adventssonntag 1923 benediziert und 1926 durch die Anfügung eines Chorraumes erweitert. Dieses Provisorium diente der Gemeinde bis weit nach dem Zweiten Weltkrieg als Gottesdienstraum. Als St. Joseph 1924 zur Kuratie erhoben wurde, zählte die Gemeinde ca. 700 Katholiken; zehn Jahre später hatte sich ihre Anzahl mehr als verdoppelt. 1929 wurde eine katholische Schule eingerichtet, die zwei Jahre später einen Neubau bezog.

Pfarrhaus und Kirche von St. Joseph, Bremen-Oslebshausen, 1920er Jahre

Seit 1933 gehörte zum Seelsorgebezirk von St. Joseph auch der nördlich gelegene Stadtteil Vegesack, der vom Hildesheimer Diözesangebiet umgeben war. Deshalb wurden die dort lebenden Katholiken vor dem Ersten Weltkrieg auch vom Grohner Pfarrer betreut, oder sie hielten sich nach Aumund, wo 1922 eine katholische Kirche erbaut worden war. Als 1927 das Theresienhaus in Vegesack eingerichtet wurde, hielten die Geistlichen von St. Marien wöchentlich hier Gottesdienst; die eigentliche seelsorgliche Betreuung blieb jedoch bei den Hildesheimer Pfarreien. Dies änderte sich erst, als 1933 der Pastor von St. Joseph den Auftrag erhielt, in Vegesack, wo zu diesem Zeitpunkt ca. 300 Katholiken lebten, Gottesdienst und Seelsorge einzuführen, und dabei von einem Kaplan unterstützt werden sollte. Die Christ-König-Kapelle im Theresienhaus wurde vergrößert, um als Gemeindekirche dienen zu können.

Auch in dem zwischen Walle und Oslebshausen gelegenen Stadtteil Gröpelingen kam es in diesen Jahren zur Errichtung einer Seelsorgestation. Seit 1915 erteilten die Geistlichen der St.-Marien-Kirche hier Religionsunterricht und verbanden dies mit der seelsorglichen Betreuung der dort lebenden katholischen Familien. 1930 bildete sich die „Vereinigung Gröpelinger Katholiken von St. Marien"; die Mitglieder führten eine Unterschriftensammlung durch und erreichten, daß sonntäglicher Gottesdienst eingerichtet wurde; dieser fand anfangs im großen Saal eines Restaurants an der Gröpelinger Heerstraße statt und wurde von einem der Auswandererseelsorger, dann von den Geistlichen der St.-Marien-Kirche gehalten.

Im östlichen Teil Bremens wurde 1924 der Seelsorgebezirk St. Elisabeth von St. Johann abgetrennt, der im wesentlichen die Hastedter und Vahrer Vorstadt, Sebaldsbrück und Osterholz-Tenever umfaßte; hier wohnten ca. 1000 Katholiken. Die Initiative zur Einrichtung einer Seelsorgestation ging von der selbständigen Abteilung des Arbeitervereins St. Johann in Hastedt aus, der zu diesem Zweck eine Unterschriftensammlung veranstaltete. Im Herbst 1924 erwarb der Kirchenvorstand der Bremer Gesamtgemeinde ein Anwesen an der Fleetrade; ein umgestalteter Möbellagerraum diente anfangs als Kapelle. 1931 wurde die nach den Plänen des Osnabrücker Architekten Theo Burlage erbaute Kirche, die gut 400 Besuchern Platz bot, konsekriert. Eine Besonderheit der St.-Elisabeth-Kuratie war die 1927 zum ersten Mal nach der Reformation in Bremen durchgeführte Fronleichnamsprozession, an der in den folgenden Jahren auch immer mehr Gläubige anderer Pfarreien teilnahmen.

Als letzter Seelsorgebezirk wurde vor dem Zweiten Weltkrieg die Kuratie Herz Jesu in Bremen-Neustadt auf dem linken Weserufer errichtet. Die ersten regelmäßigen Gottesdienste fanden seit 1933 in dem Gasthaus Huckelriede statt. 1937 wurde der Seelsorgebezirk selbständig, der ca. 1300 Katholiken besaß. Im gleichen Jahr wurde die Herz-Jesu-Kirche konsekriert, die nach den Plänen des Kölner Architekten Dominikus Böhm ausgeführt wurde; die großzügige Spende eines Bremer Kaufmanns ermöglichte ihren Bau.

Auf Hildesheimer Diözesangebiet entstanden in der Pfarrei Blumenthal während der Weimarer Zeit die beiden Filialkirchen St. Willehad in Aumund (1922) und Christ-König in Rönnebeck (1930), die erst nach dem Krieg zu selbständigen Gemeinden erhoben wurden.

Literatur:
Giese, Entwicklung (1925), S. 172 f. — Ansgarius (1926) Jg. 3, Nr. 44, S. 349 f.; (1927) Jg. 4, Nr. 10, S. 76 f.; Nr. 20, S. 154 f.; (1931) Jg. 8, Nr. 19, S. 157 f.; (1934) Jg. 11, Nr. 1, S. 3 f.; (1935) Jg. 12, Nr. 1, S. 3 f.; 6; (1936) Jg. 13, Nr. 16, S. 123. — Sommer, Kirchensteuer (1926), S. 244 f. — Katholische Bevölkerung Bremens (1928), S. 140 f. — Pöpel, Katholische Aktion (1929), S. 283 f. — Ohrmann, Aus der Geschichte (1931), S. 117 f. — Schwentner, Rechtslage (1931), S. 51—63; 134—139. — Müller, Bremens Hirtensorge (1933), S. 299—301. — Führer durch die katholischen Kirchen [1935]. — Kirche wächst in der Großstadt [1962]. — Moschner, Hardinghaus. In: Bremische Biographie (1969), S. 206 f. — Lange, Lange. In: ebd., S. 307 f. — Seegrün, Berning (1972), S. 79—92. — Ders., Berning. In: Gatz, Bischöfe 1785/1803—1945 (1983), S. 40—43.

2. Die Zeit des Nationalsozialismus

Die deutschen Bischöfe, die katholische Presse und die katholischen Organisationen lehnten vor der Machtergreifung den Nationalsozialismus z. T. mit außerordentlicher Schärfe ab. Dabei lag der Grund dieser Ablehnung vor allem bei den Bischöfen nicht so sehr in den staatspolitischen Zielen der nationalsozialistischen Bewegung, sondern in deren Ideologie, dem Rassegedanken und dem übersteigerten Nationalismus, in denen man einen Verstoß gegen die Glaubens- und Sittenlehre sah. Die NSDAP war vor 1933 dem Willen Hitlers entsprechend bemüht, Konfrontationen mit den Kirchen zu vermeiden, um auch kirchlich gebundene Wählerschichten erfassen und die Kirche nach der Machtübernahme zur Stabilisierung des Systems benutzen zu können. Während man die protestantische Kirche durch die Förderung der „Glaubensbewegung Deutsche Christen" als nationalsozialistische Kirchenpartei von innen zu erobern und zu kontrollieren versuchte, glaubte man, die katholische Kirche vor allem durch den Abschluß eines Reichskonkordates gewinnen und Opposition von katholischer Seite nach der Machtergreifung niederhalten zu können. Das Konkordat zwischen dem Deutschen Reich und dem Hl. Stuhl kam im Sommer 1933 zustande; es gewährte der Kirche seit langem erstrebte erhebliche Zugeständnisse und trug anfangs durchaus zu einer Beruhigung der katholischen Bevölkerung bei, wenn es auch den Kirchenkampf nicht verhinderte.

Dieser ergab sich aus dem Totalitätsanspruch des Nationalsozialismus, der den kirchlichen Einfluß auf Staat, Gesellschaft und Politik möglichst ausschalten und auf den rein sakralen Raum beschränken wollte; Nationalsozialisten wie Alfred Rosenberg, Heinrich Himmler und Martin Bormann verfolgten einen äußerst radikalen kirchenpolitischen Kurs und sahen als Endziel die völlige Vernichtung der Kirchen. Das nationalsozialistische Vorgehen gegen die Kirche vollzog sich auf verschiedenen Ebenen. Die Partei begann Mitte der 1930er Jahre eine ideologische und propagandistische Offensive durch die planmäßige Verbreitung der Ideen Rosenbergs und die Diffamierung von Geistlichen durch die Devisen- und Sittlichkeitsprozesse. Vor allem ging es der nationalsozialistischen Seite um die „Entkonfessionalisierung des Lebens"; darunter verstand man den Versuch, die Kirche aus dem gesellschaftlichen und politischen Leben zu verdrängen. Dies geschah u. a. durch die Auflösung katholischer Vereine und Verbände, das Verbot des katholischen Pressewesens, vor allem durch die Ausschaltung kirchlichen Einflusses auf das Bildungswesen; damit ging die Abschaffung der Bekenntnisschulen und der katholischen Privatschulen, kirchlicher Hochschulen und Kindergärten sowie die Reduzierung der Religionsunterrichtsstunden einher. Durch Verhaftungen und Hinrichtungen von Laien und Priestern versuchte das Regime, die Bevölkerung in Furcht zu halten und Opposition zu unterbinden.

Die Intensität der staatlichen Maßnahmen gegen die Kirche war zeitlich und regional unterschiedlich. In Bremen, das nicht zu den Hochburgen der nationalsozialistischen Bewegung gehörte, verfolgten die Staats- und Parteibehörden auch keine konsequente, entschieden antikirchliche Politik; diese beschränkte sich im wesentlichen auf die Ausführung von Erlassen und Verordnungen übergeordneter Stellen. Dem entsprach der Kurs der Vertreter der katholischen Seite, die sich der schwachen Stellung der katholischen Minderheit in der Diaspora bewußt waren und eine offene Konfrontation mit den Staats- und Parteistellen zu vermeiden suchten. Diese Haltung wurde vom Osnabrücker Bischof Hermann Wilhelm Berning als zuständigem Ordinarius unterstützt. Berning, der dem Volkstums- und Nationalgedanken herausragende Bedeutung beimaß, zeigte nach der Machtergreifung im Vergleich zu anderen Bischöfen eine größere Kooperationsbereitschaft mit dem neuen Regime, dem er durchaus positive Merkmale abgewinnen konnte und auf dessen Kooperation er aufgrund seiner Verpflichtungen im Bereich der Auswanderer- und der deutschen Ausländerseelsorge sowie als Schulreferent der Fuldaer Bischofskonferenz angewiesen war. Seine Berufung zum preußischen Staatsrat 1933, die er im Einvernehmen mit dem Apostolischen Nuntius, Cesare Orsenigo, und dem Vorsitzenden der Bischofskonferenz, Adolf Kardinal Bertram, annahm, begünstigte seine Nähe zum neuen nationalsozialistischen Staat.

Während des Bremer Katholikentages, der am 24. September 1933 aus Anlaß des Hl. Jahres, des 1900. Todestages Christi, und des 75. Jubiläums des Bremer Vinzenzvereins stattfand, hob Berning in seiner Rede auf der abendlichen Festversammlung in den Sälen der Centralhallen Gemeinsamkeiten des neuen Staates und der Kirche hervor, die er vor allem im Führerprinzip und im Eintreten für eine berufsständische Ordnung sah. Er würdigte das nationalsozialistische Arbeitsbeschaffungsprogramm und die Gründung des Winterhilfswerks und dankte den Verantwortlichen in Kirche und Staat für den Abschluß des Reichskonkordates, das die Rechte und Freiheiten der katholischen Kirche garantiere. Berning versicherte, daß die deutschen Katholiken dem „neuen Staat" in Liebe verbunden seien und in Treue zu ihm stünden; „Ehrfurcht und Gehorsam zu seinen Führern" sei ihnen „eine heilige, eine religiöse Pflicht". Der Bremer Katholikentag endete mit Loyalitätsadressen an Papst Pius XI., den Reichspräsidenten Paul von Hindenburg und an Hitler; dem Reichskanzler versprachen die versammelten Katholiken den „Einsatz ihrer gan-

zen Kräfte beim Neuaufbau des Staates zum Wiederaufbau unseres Volkes". Allerdings machten während dieser Veranstaltung erste Anzeichen deutlich, daß sich die Beziehungen zwischen staatlichen und kirchlichen Behörden in Bremen zu wandeln begannen. Der bei Aufenthalten des Osnabrücker Bischofs in Bremen traditionelle Empfang durch den Senat unterblieb. Berning wurde lediglich vom Präsidenten des Senats Richard Markert begrüßt. Dieses Treffen blieb auch das einzige, obwohl der Bischof in den folgenden Jahren die Stadt noch häufiger besuchte.
Die kirchenfeindlichen Maßnahmen der nationalsozialistischen Regierung betrafen in Bremen vor allem das katholische Vereins-, Presse- und Schulwesen. Zu den ersten Organisationen, die im Sommer 1933 aufgelöst wurden, gehörten die Christlichen Gewerkschaften; ihre 1500 Mitglieder in den fünf Einzelverbänden hatten sich im „Kartell der Christlichen Gewerkschaften" zusammengeschlossen, das unter dem Vorsitz Philipp Jahns stand. Vor der Machtergreifung hatten sich die Christlichen Gewerkschaften wie andere Verbände der christlich-sozialen Bewegung, die katholischen Gesellenvereine und die katholischen Arbeitervereine, gegen den Nationalsozialismus ausgesprochen. Um ihre Organisation zu retten, deutete die Zentralstelle im Frühjahr 1933 ihre Bereitschaft zur Mitarbeit im neuen Staat an und unterstellte sich im Mai dem „Aktionskomitee zum Schutz der Deutschen Arbeit". Dies ermöglichte das Weiterbestehen der Christlichen Gewerkschaften bis zum Juni 1933; dann wurden sie in die Deutsche Arbeitsfront eingegliedert, die auch ihr Vermögen übernahm. In Bremen kam es bei der Auflösung der Christlichen Gewerkschaften zur Besetzung und Verwüstung ihres Büros durch SA und Polizei; die Akten und Karteien wurden beschlagnahmt und die Gewerkschaftssekretäre entlassen. Der Sekretär des Christlichen Metallarbeiterverbandes in Bremen, Georg Kaminski, wurde in das KZ Mißler überführt.
Den eigentlichen kirchlichen Vereinen war eine längerfristige Tätigkeit möglich, weil sie z. T. unter dem Schutz des Konkordates standen. Dabei wandte das nationalsozialistische Regime den Jugendorganisationen die größte Aufmerksamkeit zu. Als im Sommer 1935 den katholischen Jugendgruppen das Tragen von Bundestracht, Kluft oder Abzeichen, das Mitführen von Bannern sowie Wandern, Zeltlagern und jegliche Ausübung von Sport staatlicherseits untersagt wurden, bedeutete dies das endgültige Ende der „Deutschen Jugendkraft" (DJK) in Bremen, der katholischen Sportorganisation. Die Mitglieder traten jedoch fast geschlossen in den Sportverein „Lloyd" ein, wo sie aufgrund ihrer Anzahl über erheblichen Einfluß verfügten. Die „Deutsche Pfadfinderschaft St. Georg", die in Bremen ca. 70—80 Mitglieder hatte, änderte aufgrund

des Erlasses vom Sommer 1935 ihren Namen in „Gemeinschaft St. Georg", konnte aber damit wie die anderen katholischen Jugendverbände ihre Auflösung nicht verhindern; diese erfolgte in Bremen Anfang 1939 und ging mit der Beschlagnahme von Büchern und Kassen sowie mehreren Hausdurchsuchungen einher. Eine Reihe ehemaliger Mitglieder katholischer Jugendgruppen blieb auch nach der Auflösung bis zum Kriegsende informell verbunden. Während im gleichen Jahr auch der Katholische Akademikerverband verboten wurde, bestand der katholische Gesellenverein in Bremen nach seiner Umbenennung in „Kolpingsfamilie" fort, mußte seine Tätigkeit allerdings auf den religiösen Bereich beschränken.

In Bremen war es wegen der geringen Anzahl von Katholiken nicht zur Gründung einer katholischen Tageszeitung gekommen. Seit 1924 erschien der „Ansgarius", ein Wochenblatt, das neben kirchlichen Nachrichten auch historische Abhandlungen und Kommentare zu aktuellen Problemen enthielt. Eigentümer des Blattes war die Katholische Gemeinde zu Bremen; die Schriftleitung lag in den 1930er Jahren bei Heinrich Große-Kreutzmann, dem Rektor im St.-Joseph-Stift. Nach der Machtergreifung behandelte der „Ansgarius" in verstärktem Maße aktuelle Themen und setzte sich vor allem mit Fragen der nationalsozialistischen Ideologie auseinander. Er veröffentlichte Hirtenschreiben deutscher Bischöfe, die die Verherrlichung von Rasse und Blut und die Sterilisierungsmaßnahmen verurteilten. Im April 1934 erschien ein Artikel von Pastor Moschner, der sich vehement gegen Alfred Rosenbergs „Mythos des 20. Jahrhunderts" wandte. In einem weiteren Artikel vom 2. Juni 1935 verglich Moschner den nationalsozialistischen Chefideologen mit dem Skarabäus-Käfer, der aus Mist Pillen drehe. Dies hatte eine Beleidigungsklage gegen Moschner zur Folge. Er wurde am 24. April 1936 zu zwei Monaten Gefängnis verurteilt, die jedoch unter die im Zusammenhang mit Hitlers Geburtstag verkündete Amnestie fielen; das Gericht hatte sogar anerkannt, daß Rosenbergs Veröffentlichungen Geistliche angegriffen hätten und deshalb Moschner die Wahrnehmung berechtigter Interessen zuzubilligen sei. Nachdem der „Ansgarius" kurz nach dem „Skarabäus-Artikel" auch noch eine Notiz über eine Predigt des Münsteraner Bischofs Clemens August Graf von Galen veröffentlicht hatte, in der dieser sich gegen das Auftreten Rosenbergs in Münster gewandt hatte, wurde diese Nummer von der Gestapo beschlagnahmt und eingezogen, weil man in der Nachricht eine Herabwürdigung des Reichsleiters und eine Gefahr für den öffentlichen Frieden sah. Zu diesem Zeitpunkt war es der katholischen Presse bereits untersagt worden, sich mit Politik und Lokalnachrichten zu befassen. Aufgrund einer Anweisung vom 1. April 1936 mußten sich die Zeitungsartikel und die Anzeigenwerbung auf den religiösen Bereich be-

„Ansgarius", 1926

schränken. Durch den Ausfall von Annoncen wurde auch dem „Ansgarius" eine wichtige finanzielle Grundlage genommen; es stellte sein Erscheinen zum 1. Mai 1936 ein. Der „Kirchenbote", das Bistumsblatt der Diözese Osnabrück, enthielt fortan eine Beilage „Aus unserem Dekanat Bremen", in der Gottesdienst- und Vereinsnachrichten sowie Berichte aus dem Leben der einzelnen Pfarrgemeinden Bremens erschienen. 1941 mußte auch der „Kirchenbote" sein Erscheinen einstellen, weil ihm die Papierzuweisung verweigert wurde.
Zu den antikirchlichen Maßnahmen gehörte die Aufhebung der Grundsteuerfreiheit für karitative Einrichtungen, die im April 1938 in Kraft trat. Der Kriegsausbruch bot weitere Möglichkeiten, das Wirken der Kirche einzuschränken. So wurde jetzt aus Gründen der Verkehrssicherheit und des Luftschutzes die Fronleichnamsprozession untersagt, nachdem bereits 1936 von dem zuständigen Senator für Inneres und Justiz, Theodor Laue, die weltliche Feier des Festes im Parkhaus verboten worden war, weil diese im Gegensatz zu den Interessen der Volksgemeinschaft stand. Erfolglos blieben Versuche, das Theresienhaus, das 1934 aus der Trägerschaft des Fürsorgevereins in den Besitz der St.-Johannis-Gemeinde übergegangen war, staatlichen Zwecken zuzuführen. 1939 sollte diese karitative Einrichtung auf Antrag des Gesundheitsamtes als Hilfskrankenhaus und dann, als eine Verwendung in diesem Sinne nicht nachgewiesen werden konnte, als Kreiskrankenhaus für den neugebildeten Kreis Vegesack-Blumenthal eingerichtet werden. Die ganze Aktion war allerdings äußerst dilettantisch vorbereitet worden. Dechant Hardinghaus

wies in einer persönlichen Unterredung mit dem Regierenden Bürgermeister Heinrich Böhmcker und dem Senator für die innere Verwaltung Hans Jochen Fischer darauf hin, daß die Kapelle des Heimes öffentliche Seelsorgestation für Vegesack sei und ihre Schließung Unruhe und Unmutsäußerungen in der katholischen Bevölkerung hervorrufen würde; von den zahlreichen Konsulatsangestellten, die der Gemeinde angehörten, würde dies als religionsfeindliche Maßnahme bezeichnet und auch so im Ausland verstanden werden. Die staatlichen Stellen sahen daraufhin von einer Enteignung des Hauses ab; jedoch wurde die mit dem Theresienhaus verbundene Säuglings- und Kinderpflegeschule zum 30. September aufgehoben.

Am schwersten wurde die katholische Gemeinde in Bremen durch die Aufhebung ihrer Schulen getroffen. Ein massives Vorgehen gegen die katholischen Bekenntnisschulen mit dem Ziel ihrer Umwandlung in Gemeinschaftsschulen setzte im Reich 1935 ein, nachdem das nationalsozialistische Regime nach der Ausschaltung der innerparteilichen Opposition durch den Röhmputsch und ersten außenpolitischen Erfolgen einen hohen Grad an Konsolidierung erfahren zu haben schien. In Bremen hat man offenbar lange Zeit keine unmittelbaren Gefahren für den Bestand der katholischen Gemeindeschulen gesehen, weil kurz nach der Machtergreifung in einer Vereinbarung vom 8. Juli 1933 zwischen Dechant Hardinghaus als Vertreter der katholischen Gemeinde und dem Senatskommissar für das Unterrichtswesen, Richard von Hoff, die Abmachung von 1922 erneut bestätigt worden war, nach der der Staat einen Teil der Lehrergehälter und 80 % aller sachlichen Ausgaben zahlte und sämtliche Lehrmittel unentgeltlich zur Verfügung stellte, während die Gemeinde dem Staat die Schulgebäude kostenlos überlassen wollte, falls eine staatliche Bekenntnisschule hier eingerichtet werden sollte. Am 4. Februar 1938 erklärte der äußerst kirchenfeindlich eingestellte Bürgermeister Böhmcker die Vereinbarung von 1933 für ungültig und kündigte die Einstellung der Staatszuschüsse an. Als Grund wurde ein Formfehler beim Abschluß des Vertrages angegeben, der lediglich vom Vorsitzenden des Kirchenvorstandes und nicht von einem weiteren Mitglied unterzeichnet worden sei. Von einer gerichtlichen Klage sah die katholische Gemeinde ab, weil man einen langwierigen Prozeß befürchtete, der dann doch ohne Erfolg enden würde. Den Vorschlag, auf der Grundlage des Art. 23 des Reichskonkordates die katholischen Gemeindeschulen in staatliche Konfessionsschulen umzuwandeln, ließen staatliche Stellen unbeantwortet, weil dies ihrem Ziel, der Zerschlagung des katholischen Schulwesens, zuwiderlief. Auf einer Gauamtsleiterbesprechung im März 1938 verhehlte man nicht seine Freude über die Aufhebung der „Privatschulen".

Die Einstellung der staatlichen Leistungen bedeutete das Ende der katholischen Schulen in Bremen. Die Kirchengemeinde war nicht in der Lage, die anfallenden Kosten in Höhe von 200 000 RM jährlich aufzubringen, und sah sich zu einem Arrangement mit dem Staat gezwungen, nicht zuletzt um die Weiterbeschäftigung der Lehrer zu gewährleisten. Aufgrund eines Vertrages vom 1. April 1938, der von Böhmcker, Hardinghaus und einem weiteren Vertreter des Kirchenvorstandes unterzeichnet wurde, gab die katholische Gemeinde den Betrieb eigener Schulen auf; die katholischen Gemeindeschulen wurden in das Schulsystem des bremischen Staates eingegliedert. Die Gemeinde übereignete dem Staat sämtliche Schulgrundstücke und den größten Teil der Gebäude nebst Inventar, während der Staat die Übernahme der katholischen Lehrkräfte in den staatlichen Schuldienst und die Besoldung der Pensionäre zusagte. Diese Vereinbarung stieß auf Kritik unter den Gemeindemitgliedern, weil sie der Zerschlagung des katholischen Schulwesens den Anschein der Legalität gab. Die kirchlichen Verhandlungspartner waren jedoch unter massiven Druck gesetzt worden, als man seitens der Regierung erklärte, daß eine Aufhebung der katholischen Schulen in jedem Fall erfolge, auch wenn es der Gemeinde gelingen sollte, die notwendigen finanziellen Mittel aufzubringen. Die Vorgänge in den benachbarten Gemeinden des Hildesheimer Diözesangebietes zeigten, daß die staatlichen Behörden unter allen Umständen, auch unter Mißachtung einschlägiger gesetzlicher Bestimmungen, gewillt waren, das konfessionelle Schulwesen zu beseitigen.

Im Unterschied zu den stadtbremischen Schulen waren die katholischen Schulen in Blumenthal, Aumund, Grohn und Hemelingen staatliche Bekenntnisschulen, deren Bestand durch das Preußische Volksschulunterhaltungsgesetz von 1906 und das Reichskonkordat von 1933 garantiert war. Das Reichskonkordat gewährleistete in Art. 23 die Beibehaltung und Neuerrichtung katholischer Bekenntnisschulen. § 36 des Preußischen Volksschulunterhaltungsgesetzes sah lediglich bei der Neugründung von Schulen die Einrichtung von Simultanschulen vor; diese Interpretation war durch eine Entscheidung des Preußischen Oberverwaltungsgerichts vom 21. September 1926 bekräftigt worden. Diese Bestimmungen wurden bei der Aufhebung der katholischen Bekenntnisschulen u.a. mit dem Hinweis umgangen, daß sie nicht jede einzelne Schule für immer in ihrem Bestand garantierten. Das staatliche Vorgehen begann 1937 in den katholischen Schulen des Bremer Umlandes mit dem Verbot an die Geistlichen, Religionsunterricht zu erteilen. Das bedeutete das Ende einer alten Tradition in der Provinz Hannover. Als Begründung wurde angegeben, daß ausreichend weltliche Lehrkräfte zur Verfügung stünden.

Die Initiative zur Auflösung der Bekenntnisschulen ging von den kommunalen Behörden aus. In Hemelingen kündigte auf einer Sitzung der Schulbeiräte am 4. Januar 1938 Bürgermeister Schneider die Aufhebung der katholischen Schule zum April des Jahres an. Die ca. 170 Schüler sollten auf zwei benachbarte Schulen verteilt werden, wo ihnen von katholischen Lehrkräften schulplanmäßiger Religionsunterricht erteilt werden würde. Die Auflösung wurde mit der im Vergleich zu anderen Schulen günstigeren Klassenfrequenz der katholischen Schulen begründet, die eine Benachteiligung der nichtkatholischen Schüler bedeute; außerdem wurde auf die Kostenminderung durch die neue Organisation hingewiesen. Der Hemelinger Pfarrer Wilhelm Müller wandte dagegen ein, daß diese Maßnahme die Bestimmungen des Reichskonkordates verletze und eine Ungerechtigkeit darstelle, weil die katholische Gemeinde bei der Kommunalisierung der Schule ein nicht unbeträchtliches Vermögen eingebracht habe. Dem folgte die im Schulkampf von nationalsozialistischer Seite immer wieder aufgestellte Gegenbehauptung, daß die Bekenntnisschule durch die Herausstellung konfessioneller Unterschiede die Volksgemeinschaft gefährde. In einem Hirtenbrief vom 9. Januar forderte der Hildesheimer Bischof Joseph Godehard Machens die Hemelinger Katholiken auf, sich gegen die Einführung der Gemeinschaftsschule zur Wehr zu setzen und dagegen Einspruch zu erheben. Dies geschah in einer Eingabe an den Regierungspräsidenten in Stade als zuständige Schulaufsichtsbehörde. An ihr beteiligten sich über 80 % der betroffenen Erziehungsberechtigten, u. a. auch Personen, die der Kirche eher fernstanden. Auch das Hildesheimer Generalvikariat wandte sich an den Regierungspräsidenten mit der Bitte, der Beschwerde der Katholiken stattzugeben und die Aufhebung der katholischen Schule nicht zu genehmigen. Aufgrund der bestehenden Rechtslage sah sich der Regierungspräsident nicht imstande, dem Antrag des Hemelinger Bürgermeisters zu entsprechen, obwohl ihm der dargelegte Plan nicht unzweckmäßig erschien. Dadurch war eine Aufhebung der katholischen Schule zu dem vorgesehenen Termin nicht möglich; ihre Auflösung war allerdings nur noch eine Frage der Zeit. Am 17. Juni 1938 wurde im Hemelinger „Heimat-Anzeiger" die Umwandlung der Konfessionsschulen in Gemeinschaftsschulen zum 1. Oktober 1938 bekanntgegeben, die kurz zuvor durch den Regierungspräsidenten genehmigt worden war. Der Einspruch, der von der überwältigenden Mehrheit der katholischen Erziehungsberechtigten gegen diese Maßnahme eingelegt wurde und in dem die angeführten Gründe für die Umwandlung widerlegt wurden, blieb erfolglos; er scheiterte letztlich an dem entschlossenen Willen der staatlichen Seite, die Gemeinschaftsschule einzuführen. Dies geschah in Hemelingen am 24. Oktober 1938.

Im gleichen Jahr wurden auch die katholischen Schulen in Blumenthal, Aumund und Grohn aufgehoben. Die Vorgehensweise ähnelte in vielem der in Hemelingen. In Aumund wurden die Eltern vor die Entscheidung gestellt, sich mit der Simultanschule abzufinden oder die Verlegung der katholischen Schule an den Stadtrand zu akzeptieren, was für die meisten Schulkinder weite Schulwege bedeutet hätte. Auf einer vom Bürgermeister einberufenen Elternversammlung entschied sich die Mehrheit der Anwesenden daraufhin für die Gemeinschaftsschule, während sich bei einer kirchlichen Befragung die Eltern mit überwältigender Majorität für die Beibehaltung der katholischen Schule in ihrem alten Gebäude aussprachen.

In Blumenthal erschien bereits am 24. Februar 1938 die amtliche Bekanntmachung in der Zeitung, daß die Einführung der Gemeinschaftsschule geplant sei und die Erziehungsberechtigten durch Erscheinen auf dem Rathaus ihren Einspruch einlegen könnten. Bezüglich dieser Einspruchsmöglichkeit wurden jedoch etliche Hindernisse geschaffen, so daß der Elternwille nicht deutlich zum Ausdruck kam. Bei einer seitens der Kirche durchgeführten Unterschriftensammlung bekannte sich die überwältigende Mehrheit der Elternschaft für den Erhalt der Bekenntnisschule. Die Eltern ließen sich von dieser Willensbezeugung auch nicht durch Einschüchterungsversuche — wie einen Demonstrationszug von SA und HJ — und Gerüchte über die mögliche Entziehung von Unterstützungen abhalten. Die Petition blieb ebenso erfolglos wie die Beschwerde des Blumenthaler Pfarrers Heinrich Braukmann beim Landrat, Regierungspräsidenten und Ministerium. Der in den neueingerichteten Gemeinschaftsschulen von katholischen Lehrpersonen erteilte konfessionsgebundene Religionsunterricht wurde in der Folgezeit durch die Reduzierung der Unterrichtsstunden und das Verbot, das Alte Testament zu behandeln, erheblich beeinträchtigt.

In der Schulfrage war es gelungen, große Teile der Betroffenen zu einer Protesthaltung gegenüber nationalsozialistischen Maßnahmen zu veranlassen. Demonstrativen Charakter besaß vor dem Hintergrund einer Einengung des kirchlichen Freiheitsraumes die verstärkte Teilnahme an kirchlichen Veranstaltungen. So ließ sich in der Vorkriegszeit in einigen Pfarrgemeinden Bremens eine Zunahme des Sakramentenempfangs feststellen; die von St. Johann aus veranstalteten Wallfahrten nach Rulle und Bethen erfreuten sich lebhaften Zuspruchs. Dem verstärkten Bedürfnis nach glaubensvertiefenden Veranstaltungen kam man mit Hilfe von Volksmissionen, Einkehrtagen, religiösen Wochen und Vorträgen entgegen, die vor allem von Jesuiten gehalten wurden; unter ihnen ragte die stark besuchte Veranstaltung mit dem Eugeniker Hermann Muckermann im Dezember

1935 heraus, der sich mit dem nationalsozialistischen Rassismus auseinandersetzte.

Mit Genugtuung wurde auch in Bremen die Enzyklika Pius' XI. „Mit brennender Sorge" von den katholischen Gläubigen aufgenommen, in der der Papst die Verletzung des Reichskonkordates durch die Nationalsozialisten anprangerte, auf die Kirchenverfolgung in Deutschland aufmerksam machte und die nationalsozialistische Ideologie scharf verurteilte. Das Rundschreiben konnte noch am 21. März 1937 von den Kanzeln verlesen werden, bevor es staatlicherseits verboten wurde. Da die Enzyklika nicht nur unter den Katholiken reges Interesse fand, wurde sie im Pfarrhaus von St. Johann vervielfältigt. Im Mai wurde die Gemeindehelferin von St. Johann verhaftet, ebenso der Bremer Kaufmann Walter Graf von Plettenberg und seine Frau, in deren Wohnung bei einer Hausdurchsuchung Exemplare des päpstlichen Rundschreibens gefunden worden waren. Der Graf wurde in das Gefängnis am Ostertor, die Gräfin in das Untersuchungsgefängnis gebracht, ohne die Möglichkeit eines Rechtsbeistandes zu haben. Ende des Monats erfolgte jedoch ihre Entlassung, nachdem sich vermutlich sowohl der Osnabrücker Bischof als auch der Reichsjustizminister Franz Gürtner beim Geheimen Staatspolizeiamt in Berlin für sie eingesetzt hatten und die Bremer Staatsanwaltschaft eine Anklageerhebung abgelehnt hatte.

Der katholischen Kirche in Bremen gelang es, trotz der Belästigungen der Gläubigen und der seit Mitte der 1930er Jahre einsetzenden staatlich geförderten Kirchenaustrittsbewegung starke Einbußen ihrer Anhängerschaft abzuwenden. Zwar erreichten die Kirchenaustritte 1937 mit 436 einen Höhepunkt, blieben in bezug auf die Gesamtzahl der Gemeindemitglieder jedoch geringfügig.

Erhebliche Beeinträchtigungen auch des kirchlichen Lebens brachte der Zweite Weltkrieg. Als wichtiger Industriestandort, vor allem wegen der Anlagen der Rüstungsindustrie, der Werften und Häfen war Bremen seit dem Mai 1940 bevorzugtes Ziel feindlicher Luftangriffe. Bis zum Kriegsende erlebte die Stadt über 170 Angriffe, bei denen fast 10 000 Tonnen Bomben geworfen und ca. 60 % der Gebäude zerstört wurden. Besonders schwere Angriffe erfolgten am 18./19. August und am 6. Oktober 1944, die vor allem die westliche Vorstadt und die westlichen Hälften der Altstadt und Neustadt in Mitleidenschaft zogen. Die Einwohnerzahl der Stadt ging von 445 067 bei Kriegsausbruch aufgrund von Evakuierungen, Einberufungen zur Wehrmacht, Verlegung von Großbetrieben und Zerstörung von Wohnungen auf 289 221 im Juli 1945 zurück.

Von den kirchlichen Gebäuden wurden das Gemeindezentrum St. Marien mit Kirche, Schule und Waisenhaus, das Gemeindezentrum St. Elisabeth

St. Johann im Bombenkrieg, 1942

mit Kirche, Kinderheim und Schwesternhaus sowie die St.-Raphaels-Kapelle total zerstört. Schwere Schäden erlitt die St.-Johannis-Kirche, deren Sakristei völlig zerstört wurde. Beschädigt wurden auch das St.-Joseph-Stift, die St.-Johannis-Schule und die St.-Marien-Kirche in Blumenthal. Leichtere Schäden erlitten die Kirchen Herz Jesu, St. Joseph in Oslebshausen und St. Joseph in Hemelingen. Unter den erschwerten Bedingungen des Krieges wurde die Seelsorgearbeit in den Gemeinden fortgesetzt, deren Mitgliederzahl sich aufgrund von Evakuierungen, Kinderlandverschickung und Zerstörung der Wohnungen im Laufe des Krieges verminderte. Trotz der kriegsbedingten Belastungen war die Teilnahme an den Gottesdiensten, die wegen der Schäden an den Kirchengebäuden zeitweise in Ausweichräumen stattfinden mußten, in der Regel zufriedenstellend. Von einigen Pfarreien, so in Hemelingen, wurde auch in begrenztem Maße die seelsorgliche Betreuung von Kriegsgefangenen und ausländischen Arbeitern, meist Franzosen, Polen, Kroaten und Italienern, übernommen; z. T. befanden sich unter den Ausländern auch Priester der jeweiligen Nationalität.

Literatur:
Ansgarius (1933) Jg. 10, Nr. 40, S. 349—357. — Kirche wächst in der Großstadt [1962], bes. S. 9 f.; 41 f. — Wachsende Städte (1965), S. 189. — Berger, Katholische Kirche (1969). — Krebs, Kampf (1971), S. 135—285; hier: S. 209 f. — 125 Jahre St. Marien Bremen-Blumenthal (1979), S. 55—64. — Hehl, Berning (1980), S. 83—104. — Schwarzwälder, Geschichte IV (1985), S. 222—224; 349 f.; 354 f. — Marßolek/Ott, Bremen im Dritten Reich (1986), S. 300—303. — Tacke, Fremde aufnehmen (1988), S. 74—119.

III. Die Zeit nach 1945

1. *Der Ausbau des Gemeindesystems*

Zu den drängenden Problemen der katholischen Kirche in Bremen gehörten nach dem Zweiten Weltkrieg nicht nur der Wiederaufbau zerstörter Kirchen und die Reaktivierung des Gemeindelebens, sondern auch die Integration katholischer Vertriebener und Flüchtlinge aus den Ostgebieten. Mit dem Wachstum der Bremer Bevölkerung nahm die Zahl der Katholiken nicht nur absolut, sondern auch relativ zu. 1939 hatte die Stadt Bremen 450 084 Einwohner; diese Zahl war aufgrund der Kriegseinwirkungen 1946 auf 385 266 gesunken und erreichte 1950 mit 444 549 in etwa den Vorkriegsstand. Der Zuwachs zwischen 1946 und 1950 war im wesentlichen auf Wanderungsgewinn zurückzuführen. 1950 lebten in der Stadt Bremen 41 015 Katholiken, was 9,2 % der Bevölkerung entsprach.

Ihre Zahl stieg bis 1961 auf 58 153 (10,3 %). 1988 wurden in Bremen 65 140 Katholiken gezählt, was 12,5 % der Gesamtbevölkerung entsprach; von ihnen wohnten 50 974 im Osnabrücker und 14 166 im Hildesheimer Diözesangebiet Bremen-Nord, wo der Anteil mit 15 % traditionell höher lag als im alten Stadtgebiet mit 11,9 %. Dabei ist der Anstieg in den letzten Jahren anfangs auf ausländische Arbeitskräfte, vor allem Italiener, Spanier, Portugiesen und Kroaten, dann auf Aussiedler aus Polen zurückzuführen.

Zu den wichtigsten Maßnahmen in der Reorganisation der Seelsorge nach dem Zweiten Weltkrieg gehörten der Wiederaufbau der zerstörten und die Reparatur der beschädigten Kirchen. Die Finanzierung dieser Unternehmungen stellte die katholische Gemeinde in Bremen vor erhebliche Schwierigkeiten, weil seit 1950 auch die wiedereingerichteten katholischen Schulen unterhalten werden mußten. Die finanziellen Mittel für den Wiederaufbau der Kirchen und für die neuen Projekte wurden wesentlich durch die Opferbereitschaft der Gläubigen aufgebracht. In einzelnen Stadtteilen entstanden Kirchenbaugemeinschaften als Vereinigungen von Katholiken, die sich um Gelder für den Bau neuer Kirchen bemühten. Zu den Mitteln kamen die Unterstützungen durch das Bistum, vor allem aber die Zuwendungen des Bonifatiusvereins; staatliche Leistungen wurden nur in beschränktem Maße gewährt.

Die St.-Johannis-Kirche war zwar nicht zerstört worden, wies aber starke Risse im Mauerwerk und im Gewölbe auf. Diese waren durch die Erschütterungen des Bombenkrieges ausgelöst worden, die zur Senkung der Fundamente geführt hatten. Aufgrund der verschiedenen Weserkorrekturen hatte sich der Grundwasserspiegel gesenkt, dadurch war der Pfahlgründung der Kirche das konservierende Wasser entzogen worden, die Holzpfähle begannen zu faulen. Zwischen 1946 und 1948 wurden über 130 Preßbetonpfähle neben den Kirchenmauern und den Pfeilern in den Baugrund getrieben; der Kirche wurde damit ein neues Fundament gegeben. 1951 erhielt St. Johann einen neuen Dachstuhl; der Giebel wurde dadurch vor weiterem Verfall geschützt.

Die Pfarrgemeinde von St. Elisabeth, deren Kirche total zerstört war, fand sich nach Kriegsende in den Geschäftsräumen des Kaufmanns Anton Senft, die in eine Notkapelle umgewandelt wurden, zum Gottesdienst zusammen. 1948 erstand auf dem alten Kirchengrundstück eine Notkirche, die erst 1969 durch eine moderne Kirche, ein turmloses Gebäude aus aufgerauhtem Stahlbeton auf polygonaler Grundfläche, ersetzt wurde. Nach der Zerstörung der St.-Marien-Kirche in Walle fand der Gottesdienst seit 1943 anfangs in der Kapelle des benachbarten Waisenhauses St. Johann, dann nach Kriegsende bis 1949 in dessen Keller statt. Danach

Der Neubau von St. Marien, 1954

wurde bis 1951 eine Barackenkapelle als Gottesdienstraum benutzt, und schließlich diente der von Gemeindemitgliedern aus den Trümmern erbaute Pfarrsaal als Notkirche. 1954 konnte die neue St.-Marien-Kirche, eine Saalkirche mit flachem Satteldach, die 450 Sitzplätze aufweist, konsekriert werden.

Bereits unmittelbar nach dem Krieg, im Oktober 1945, war St. Nikolaus in Bremen-Gröpelingen als Kuratie eingerichtet und von St. Marien abgetrennt worden. Der Gottesdienst der Gemeinde, die nach der Errichtung von Wohnblocks auf ehemaligen Parzellengrundstücken einen beachtlichen Anteil von Flüchtlingen aus den Ostgebieten besaß, fand bis 1959 in einem ehemaligen nationalsozialistischen Parteihaus am Halmerweg statt. Dann wurde die neue Kirche, ein Beton-Skelettbau mit 280 Sitzplätzen und massigem westlichen Turmvorbau, konsekriert. Zu diesem Zeitpunkt hatte die Mutterpfarrei St. Marien mit 8000 Katholiken ihren Vorkriegsstand beinahe wieder erreicht, so daß eine weitere Abpfarrung als notwendig erschien. Im östlichen Teil des Pfarrbezirkes war es in Neusiedlungen zur Niederlassung vieler Ostvertriebener gekommen. Bereits 1947 wurde in Findorff eine Gottesdienststation eingerichtet, die von St. Marien aus versorgt wurde. Die Messe wurde in einem Verkaufsraum der Daimler-Benz AG gefeiert. Ab 1949 fand der Gottesdienst im Lichtspieltheater „Admiralpalast" statt. Der Kirchenbau, um dessen Durchfüh-

Einweihung der neuen St.-Marien-Kirche, 1954

Inneres der neuen St.-Marien-Kirche

rung sich die 1954 gegründete „Vereinigung der Findorffer Katholiken" in besonderer Weise kümmerte, verzögerte sich erheblich, weil kein geeignetes Grundstück zu erhalten war und seitens des Stadtplanungsamtes Schwierigkeiten bereitet wurden. Erst nachdem die evangelische St.-Martini-Gemeinde der katholischen Gemeinde ein Grundstück an der Leipziger Straße überlassen hatte, konnten die Bauarbeiten beginnen, die 1959 mit der Konsekration der St.-Bonifatius-Kirche abgeschlossen wurden. Der Kirchenbau war u. a. durch Kollekten in Westfalen und im Rheinland finanziert worden, die auf die Initiative der Katholischen Arbeitnehmerbewegung (KAB) zustande gekommen waren. Die beschränkten Ausmaße des Grundstückes führten dazu, daß der Platz für den Pfarrsaal, Jugend- und Wohnräume durch Unterkellerung des Kirchenraumes gewonnen wurde.

1952 wurde die St.-Johannis-Kirche durch päpstliches Breve zur Propsteikirche erhoben. Dies bedeutete ihre Auszeichnung als Mutterkirche der katholischen Gemeinden Bremens und auch eine Anerkennung der Bedeutung Bremens als kirchlicher Schwerpunkt im Bistum Osnabrück. Der erste Geistliche an St. Johann, der Pastor primarius, führte seitdem den Titel „Propst" und wurde in der Folgezeit vom Bischof regelmäßig zum Dechanten des Dekanats Bremen ernannt, dem auch die Vertretung der katholischen Kirche gegenüber dem Land und anderen Religionsgemeinschaften oblag.

Die erste Abpfarrung von St. Johann geschah 1957 durch die Schaffung des Seelsorgebezirkes Bremen-Horn St. Georg. Als während des Krieges das St.-Joseph-Stift nach Horn in das Haus Reddersen ausgelagert und eine Kapelle eingerichtet wurde, bildete sich ein neues Gemeindezentrum für die wenigen hier lebenden Katholiken. Im Herbst 1945 wurde in Horn ein eigener Seelsorgebezirk der Pfarrei St. Johann errichtet. Ende 1953 entstanden die ersten Pläne für eine Kirche, deren Bau sich aber wegen finanzieller Engpässe verzögerte. Erst 1959, zwei Jahre nachdem St. Georg zur Kuratie erhoben worden war, konnte die Kirche konsekriert werden. Zu diesem Zeitpunkt zählten zur neuen Gemeinde etwa 2000 Katholiken, die allerdings in einem sehr ausgedehnten Seelsorgebezirk wohnten, was einen Zusammenschluß der Gläubigen erschwerte und erhebliche seelsorgliche Probleme mit sich brachte.

Auch nach der Abtrennung von St. Georg hatte das Pfarrgebiet von St. Johann noch beträchtliche Ausmaße. Seine Querausdehnung betrug etwa 12 km, die Längsausdehnung entlang der Weser ca. 4 km. Anfang der 1960er Jahre zählte die St.-Johannis-Gemeinde etwa 14 500 Katholiken. Neben der Pfarrkirche gab es Außenstationen in Huchting, Grolland und Woltmershausen. Infolge der Errichtung eines neuen Wohngebietes im

Rahmen des sozialen Wohnungsbaus lebten in Huchting 1957/58 ungefähr 1000 Katholiken. 1958 bildete sich hier eine Kirchenbaugemeinschaft. Anfangs stand der Gemeinde die Friedhofskapelle als Raum für den sonntäglichen Gottesdienst zur Verfügung, bis der Seelsorgebezirk Huchting von St. Johann und Herz Jesu abgepfarrt wurde und die Kirche St. Pius konsekriert werden konnte. 1966 erfolgte die Erhebung zur Kuratie. Zum Seelsorgebezirk gehörte auch der Ortsteil Grolland, ein Siedlungsgebiet von kleineren Eigenheimen aus den 1930er Jahren. Auch hier hatten sich die Katholiken nach dem Krieg zu einer Spendengemeinschaft für ein eigenes Gotteshaus und 1951 zu einer offiziellen Kirchenbaugemeinschaft zusammengeschlossen. Seit 1948 fand regelmäßiger Sonntagsgottesdienst in einer alten Schulbaracke, später in einem Klassenraum der Grollander Schule statt. 1960 wurde die St.-Franziskus-Kirche als Filialkirche von St. Pius benediziert.

Infolge umfangreicher Siedlungstätigkeit im Stadtteil Woltmershausen wurde hier 1952 in der Friedhofskapelle vierzehntägig und ab 1954 sonntäglicher Gottesdienst abgehalten; 1966 wurde die St.-Benedikt-Kirche konsekriert und der von St. Johann abgepfarrte Seelsorgebezirk zur Kuratie erhoben. Die letzte Abpfarrung von St. Johann geschah durch Schaffung des Seelsorgebezirks St. Ursula in Bremen-Schwachhausen im Jahr 1968.

Durch die Schaffung neuer Siedlungsgebiete erfuhr auch der Pfarrbezirk von St. Elisabeth eine Reihe von Abpfarrungen. Die erste Abtrennung erfolgte 1960 durch die Errichtung des Seelsorgebezirkes Neue Vahr St. Hedwig. Zwischen 1957 und 1963 entstand das Siedlungsgebiet Neue Vahr inmitten einer ehemaligen Heide- und Weidelandschaft. Mit 10 000 neuen Wohnungen galt es als eines der größten zusammenhängenden Neubaugebiete Europas. Die Einrichtung einer Gottesdienststation war erforderlich, weil in den Vahrer Kasernen Flüchtlinge untergebracht waren, die zu einem großen Teil katholisch waren. Im März 1958 wurde der „Kulturraum" der Kasernen für den katholischen Gottesdienst bereitgestellt, der hier jeden Montag stattfand. Ab Sommer stand der Kinosaal zur Verfügung, und damit war die Möglichkeit für die Sonntagsmesse geschaffen. Dieses Kino im Kasernenbereich diente bis 1963 für die ständig wachsende Gemeinde, die Ostern 1960 bereits 2000 Katholiken zählte. Zu diesem Zeitpunkt bildete die Neue Vahr einen selbständigen Seelsorgebezirk, ohne daß eine Kirche vorhanden war. Deren Baubeginn hat sich vor allem durch Schwierigkeiten bei der Überweisung eines Grundstücks verzögert; die Konsekration der St.-Hedwigs-Kirche fand deshalb erst 1963 statt. Die damals erreichte Zahl von gut 3000 Gläubigen blieb auch in den folgenden Jahren konstant.

Bereits 1945 war eine Gottesdienststation in Bremen-Osterholz eingerichtet worden. Der Grund lag vor allem in den Schwierigkeiten für die Gläubigen, wegen der zerstörten Straßenbahnlinien nach St. Elisabeth zu gelangen. Der Gottesdienst fand bis 1959 sonntags nachmittags in der evangelischen Dankeskirche statt, dann in den Urania-Lichtspielen. Als 1960 die St.-Antonius-Kirche konsekriert wurde, gehörten zur Gemeinde ca. 1200 Katholiken, unter denen der Anteil der Heimatvertriebenen besonders hoch war. Bis 1968 verdoppelte sich diese Anzahl in etwa. 1964 wurde ein selbständiger Seelsorgebezirk geschaffen, der im folgenden Jahr zur Kuratie erhoben wurde.

In der 1957 zum großen Teil fertiggestellten Gartenstadt Vahr wurde erst 1962 eine Gottesdienststation der St.-Elisabeth-Gemeinde eingerichtet. Bis zur Weihe der St.-Laurentius-Kirche konnte die Messe in der Aula des Gymnasiums an der Parsevalstraße gefeiert werden. Zum Zeitpunkt der Kirchweihe lebten hier annähernd 2000 Katholiken, die bis zur Schaffung des Seelsorgebezirkes 1968 bei der St.-Elisabeth-Gemeinde eingepfarrt blieben. Im gleichen Jahr wurde auch der Seelsorgebezirk Bremen-Blockdiek St. Thomas von Aquin geschaffen. Für den Gottesdienst wurde eine „Nur-Dach-Kirche" („Schwedenkirche") gebaut, die 1985 wegen Baufälligkeit abgerissen und durch eine moderne Kirche ersetzt wurde. Als vorläufig letzter Seelsorgebezirk wurde 1971 Bremen-Obervieland eingerichtet, der zur Pfarrei Herz Jesu gehörte. Die Gottesdienste wurden anfangs in der Pausenhalle einer Schule gefeiert, bis die Bremische Evangelische Kirche eine hölzerne Notkirche zur Verfügung stellte, die bis zum Bau der St.-Hildegard-Kirche 1982/83 als Gottesdienstraum diente. Die Architekten der nach dem Zweiten Weltkrieg entstandenen Kirchbauten waren K. H. Bruns, Bremen (St. Joseph, St. Pius, St. Benedikt, St. Ursula), Burlage und Niebuer, Osnabrück (St. Bonifatius, St. Hedwig), H. Ostermann, Münster (St. Antonius, St. Laurentius), L. Sunder-Plaßmann, Münster/Cloppenburg (St. Georg, St. Franziskus), W. Flügger und G. Schleuter, Bremen (St. Thomas von Aquin, St. Hildegard), J. Feldwisch-Dentrup, Osnabrück (St. Nikolaus), E. Brune, Bremen (St. Elisabeth) und G. Lippsmeier, Düsseldorf (St. Marien).

Als mit Wirkung vom 1. April 1968 durch eine Urkunde des Osnabrücker Bischofs alle Kirchengemeinden im bundesrepublikanischen Teil der ehemaligen Norddeutschen Missionen zu Pfarreien erhoben wurden, traf dies auch auf die bis 1960 gegründeten Bremer Gemeinden zu. Den kirchenrechtlichen Status einer Pfarrei, der sich u. a. in der Inamovibilität des leitenden Geistlichen ausdrückte, erhielten dadurch die Gemeinden St. Johann, St. Bonifatius, St. Elisabeth, St. Georg, St. Hedwig, Herz Jesu, St. Joseph, wo 1969 das alte Provisorium durch ein neues Gemein-

St. Nikolaus, Beim Ohlenhof 19, 1969

dezentrum mit Kirche ersetzt wurde, St. Marien und St. Nikolaus. In den folgenden Jahren wurden die übrigen Gemeinden zu Pfarreien erhoben: St. Ursula (1969), St. Pius (1971), St. Hildegard (1972), St. Laurentius (1972), St. Thomas von Aquin (1972) und St. Antonius (1972). Lediglich St. Benedikt behielt den Status einer Kuratie.

1969 wurde die Pfarrei Bremen-Hemelingen St. Joseph im Austausch gegen die Kuratie Vegesack und die Pfarrei Bremerhaven-Mitte St. Marien aus dem Diözesanverband Hildesheim ausgegliedert und dem Bistum Osnabrück übertragen. Das Patrozinium von St. Joseph wurde 1973 in St. Godehard, den Bistumsheiligen Hildesheims, umgewandelt, um an die frühere Diözesanzugehörigkeit zu erinnern, vor allem aber um eine Verwechselung mit der St.-Josephs-Kirche in Oslebshausen zu vermeiden. 1977 entstand auf dem Pfarrgebiet von St. Godehard im Gemeindehaus St. Barbara in Bremen-Arbergen eine Filialkirche.

Die Hemelinger Gemeinde besaß nach ihrer Eingliederung in das Bistum Osnabrück und in das Dekanat Bremen unter den Pfarreien einen Sonderstatus, weil sie nicht der Katholischen Gemeinde zu Bremen angeschlossen wurde, sondern als eigenständige Kirchengemeinde die Vermögensverwaltung auch selbständig wahrnahm. Die „Neufassung der Verfassung der Katholischen Gemeinde zu Bremen" vom 15. Juni 1972 hielt in wesentlichen Grundzügen an der „Verfassung der Katholischen Gemeinde zu Bremen" von 1929 fest; das betraf vor allem die Regelung aller Verwaltungs- und Vermögensangelegenheiten durch den Kirchenvorstand der sich in einzelne Pfarreien gliedernden Gesamtgemeinde. Erst 1990 trat in der Verfassung der Katholischen Gemeinde zu Bremen eine grundlegende Änderung ein. Die einzelnen Pfarreien wurden zu Gemeinden im staatskirchenrechtlichen Sinn, die mit Hilfe von pfarreigenen Kirchenvorständen die Verwaltung ihrer Vermögensangelegenheiten eigenständig wahrnehmen. An die Stelle der aufgehobenen „Katholischen Gemeinde zu Bremen" trat mit Wirkung vom 1. November 1990 der „Katholische Gemeindeverband in Bremen"; sein rechtliches Organ ist die Verbandsvertretung, die sich aus den Vorsitzenden aller Kirchenvorstände und jeweils der Größe der angehörenden Kirchengemeinden entsprechend aus einem oder zwei Kirchenvorstandsmitgliedern zusammensetzt. Zum Vorsitzenden wird vom Bischof der Propst oder der Pfarrer einer anderen Kirchengemeinde ernannt. Dem Gemeindeverband obliegt die Erledigung pfarreiübergreifender stadtkirchlicher Aufgaben; er ist somit Träger der allgemeinbildenden katholischen Schulen in Bremen, der Kindertagesstätten, der ambulanten Krankenpflege und der ausländischen Missionen. Ein vom Gemeindeverband unterhaltenes Kirchenamt erledigt u. a. die Rendanturaufgaben der verbandsangehörigen Kirchengemeinden.

Mit dieser Neuregelung verlor die Pfarrei St. Godehard ihre rechtliche Sonderstellung.

Ähnliche Entwicklungen wie in den Bremer Gemeinden des Bistums Osnabrück vollzogen sich in Bremen-Nord, das zur Hildesheimer Diözese gehört. Hier wuchs die Zahl der Katholiken bis 1988 auf über 14 000 an. Am Ende des Krieges bestanden die beiden Pfarreien Bremen–Blumenthal St. Marien und Bremen-Grohn Heilige Familie. Von St. Marien aus wurden nach 1945 die Außenstationen Hagen, Schwanewede, Wulsbüttel und Neuenkirchen, die auf niedersächsischem Gebiet liegen, eingerichtet. Aus einigen dieser Außenstationen erwuchsen in den folgenden Jahren eigenständige Gemeinden. Der Seelsorgebezirk von St. Willehad in Aumund, der zum Pfarrgebiet von St. Marien gehörte, wurde 1954 eine selbständige Kirchengemeinde und 1961 zur Pfarrei erhoben; 1966 wurde die alte Kapelle durch ein neues Gotteshaus ersetzt (Architekt Bargholz, Hamburg). 1961 wurde auch Christ-König in Bremen-Rönnebeck als selbständige Gemeinde von St. Marien abgetrennt und 1978 Pfarrei; die Kapelle aus dem Jahr 1930 mußte nach dem Krieg wegen des Wachstums der Gemeinde vergrößert werden. 1960 entstand im Neubaugebiet in Bockhorn die Heilig-Kreuz-Kirche (Diözesan-Oberbaurat Fehlig, Hildesheim/Architekt Golombeck, Bremen); diese Gemeinde wurde 1968 selbständig; die seelsorgliche Betreuung liegt heute bei St. Marien.

Aufgrund des Austausches von 1969 übernahm die Grohner Pfarrei Hl. Familie den Seelsorgebezirk von Vegesack, wo im Theresienhaus, das jetzt ein Wohnhaus für Jugendliche und alleinstehende Mütter mit Kindern ist, die Kapelle weiterhin die Funktion einer Filialkirche behielt. Die Grohner Pfarrkirche mußte Mitte der 1980er Jahre wegen Baufälligkeit abgerissen werden. Bis zur Vollendung eines repräsentativen Neubaus nach den Plänen des Bremer Architekten Heckrott im Jahre 1987 konnte die Gemeinde ihre Gottesdienste in der evangelischen Kirche feiern. Eine Tochtergründung der Pfarrei Hl. Familie ist St. Peter und Paul in Bremen-Lesum, wo 1967 eine eigene Kirchengemeinde entstand, die 1988 zur Pfarrei erhoben wurde. Aus diesem Gebiet schieden 1975 die Katholiken in Bremen-Burgdamm aus; sie bildeten eine eigene Kirchengemeinde mit der auch vom Bremer Architekten Heckrott entworfenen Kuratiekirche St. Birgitta; diese war 1972 konsekriert worden, nachdem seit Weihnachten 1968 Gottesdienst im Gemeindehaus gefeiert worden war. Die Kuratiegemeinde St. Birgitta, die auch die politische Gemeinde Ritterhude auf niedersächsischem Gebiet umfaßt, wurde 1982 zur Pfarrgemeinde erhoben.

Bis 1959 gehörten die katholischen Gemeinden in Bremen-Nord zum Hildesheimer Dekanat Verden; dann bildeten sie zusammen mit den Gemein-

den Bremerhavens das Dekanat Bremen-Bremerhaven, bis sie 1969 mit den niedersächsischen Kuratien Lilienthal und Osterholz-Scharmbeck zum Dekanat Bremen-Nord zusammengefaßt wurden.
Seit dem 1. Dezember 1943 waren die Kirchengemeinden in Bremen-Nord im „Hildesheimer Gesamtverband der Katholischen Kirchengemeinden in Bremen" zusammengeschlossen. Aufgabe eines Gesamtverbandes, von denen sich einige im Bistum Hildesheim bereits während des Kaiserreiches konstituiert hatten, war es, durch Zentralisierung der Steuerkraft in den Ballungsgebieten und durch eine effektive Verwaltung der Kirchensteuermittel einen Ausgleich zwischen der Leistungsfähigkeit und den Bedürfnissen der einzelnen Kirchengemeinden zu schaffen und dadurch den Ausbau des Kirchensystems zu fördern. Diese Funktion behielt der Bremer Gesamtverband nach der Gründung der Bundesrepublik Deutschland in einem viel stärkeren Maße als andere Gesamtverbände im Bistum Hildesheim bei. Während im niedersächsischen Teil der Diözese Hildesheim die Kirchensteuern direkt an die Zentrale des Bistums abgeführt werden, von wo sie für Gesamtaufgaben des Bistums verwandt oder den einzelnen Gemeinden zugeteilt werden, werden die im Land Bremen aufgebrachten Kirchensteuermittel entsprechend dem Katholikenanteil an den Gesamtverband Bremen-Nord weitergeleitet, der sie verwaltet und über ihre Verwendung für die Gemeinden, Dekanatseinrichtungen und Bauvorhaben beschließt.

Literatur:
Stoffers, Neuorganisation (1959), S. 134; 142. — Ders., Neuorganisation (1967), S. 125 f.; 134. — Ders., Bistum Hildesheim (1987), S. 73—77. — Festschrift zur Einweihung der Heilig-Kreuzkirche (1960). — Kirche wächst in der Großstadt [1962], S. 9—33. — Wachsende Städte (1965), S. 189—191. — Statistisches Handbuch für das Land Freie Hansestadt Bremen 1960 bis 1964, Bremen 1967, S. 64. — Handbuch des Bistums Osnabrück (1968), S. 468—482. — 25 Jahre Kirchengemeinde St. Hedwig [1985]. — Schmolze, Geschichte der Kirche (1989), S. 171 f. — Meier-Hüsing, Religiöse Gemeinschaften (1990), S. 21 f. — Handbuch des Bistums Osnabrück (1991), S. 587—616.

2. Schulpolitische Probleme

Die Schulfrage führte im Land Bremen nach dem Zweiten Weltkrieg zu erheblichen Spannungen im Verhältnis von Staat und katholischer Kirche, wobei in besonderer Weise die Kirchengemeinden des Hildesheimer Diözesananteils betroffen waren. Eine wichtige rechtliche Grundlage bildete § 32 der Bremer Landesverfassung vom 21. Oktober 1947; danach waren die „allgemeinbildenden öffentlichen Schulen ... Gemeinschaftsschulen mit bekenntnismäßig nicht gebundenem Unterricht in Biblischer

Geschichte auf allgemein christlicher Grundlage". Die Erziehungsberechtigten entschieden über die Teilnahme ihrer Kinder an diesem Unterricht in Biblischer Geschichte. Den Religionsgemeinschaften war es erlaubt, außerhalb der Schulzeit diejenigen Kinder in ihrem Bekenntnis zu unterweisen, deren Erziehungsberechtigte dies wünschten. Während der Verfassungsberatungen hatten CDU-Mitglieder der Verfassungsdeputation versucht, über die Verfassung öffentliche Konfessionsschulen, wie sie in Bremen-Nord und Hemelingen bis 1938 bestanden hatten, zu ermöglichen. Demgegenüber waren die SPD-Vertreter lediglich bereit, bekenntnismäßigen Religionsunterricht an den öffentlichen Schulen zuzulassen, die den Charakter von Gemeinschaftsschulen haben sollten. Da dieser Vorschlag der CDU nicht weit genug ging, lehnte sie ihn ab. Daraufhin entstand der Wortlaut des § 32, der bei der Gesamtabstimmung über die Verfassung auch von der CDU angenommen wurde.

Diese Bestimmung schien die „Bremer Klausel" des Bonner Grundgesetzes abzusichern. Art. 7 Abs. 3 des Grundgesetzes, der den in Übereinstimmung mit den Grundsätzen der Religionsgemeinschaften erteilten Religionsunterricht in den öffentlichen Schulen mit Ausnahme der bekenntnisfreien Schulen als „ordentliches Lehrfach" festlegt, wurde durch Art. 141 für diejenigen Länder außer Kraft gesetzt, in denen, wie in Bremen, vor 1949 eine andere landesrechtliche Regelung bestand. Diese Einschränkung ging auf die Initiative Bremens zurück, dessen Vertreter, Bürgermeister Ehlers, im Parlamentarischen Rat auf die „bremische Tradition" in dieser Frage hinwies. Danach war gemäß der Bremer Verfassung weder die Einführung von staatlichen Bekenntnisschulen, noch die Erteilung bekenntnismäßigen Religionsunterrichtes in öffentlichen Schulen möglich. Dennoch hatte der Senat seit Ende 1945 katholischen Religionsunterricht in öffentlichen Schulen zugelassen, der in Alt-Bremen bis 1950, in den früheren preußischen Gebieten bis 1958 erteilt wurde.

Kurz vor dem Krieg waren die katholischen Schulen in Bremen vom nationalsozialistischen Regime aufgehoben worden. Nach dem Krieg war man seitens der katholischen Kirche bemüht, den alten Zustand im Schulwesen wiederherzustellen. Eine große Protestkundgebung gegen die Bremer Schulpolitik mit etwa 4000 bis 5000 Teilnehmern im August 1947 sollte den kirchlichen Forderungen Nachdruck verleihen. Wegen der unterschiedlichen Rechtslage in der Vorkriegszeit waren auch die Zielsetzungen der beiden betroffenen Diözesen Hildesheim und Osnabrück verschieden. Während es Hildesheim um die Wiederherstellung öffentlicher Konfessionsschulen ging, beschränkte sich Osnabrück auf die Wiederzulassung der katholischen Privatschulen und hatte mit diesen Bestrebungen größeren Erfolg. Bereits im September 1945 forderte der Osnabrücker

Bischof Berning in einer Unterredung mit Bürgermeister Wilhelm Kaisen die Wiederzulassung der ehemaligen Privatschulen. Nachdem die Stadtgemeinde die Grundstücke 1949 an die katholische Kirchengemeinde zurückgegeben hatte, konnten im folgenden Jahr die St.-Johannis-, die St.-Marien- und die St.-Joseph-Schule wiedereröffnet werden. Sie wurden nach der Verabschiedung des Privatschulgesetzes vom 3. Juni 1956 als „Ersatzschulen" staatlicherseits anerkannt. Allerdings bereitete der Unterhalt der Schulen der katholischen Kirche erhebliche finanzielle Schwierigkeiten. Der Bremer Staat leistete neben der Lernmittelfreiheit einen Zuschuß, der nur 50 % des Besoldungsaufwandes deckte, während die Katholische Gemeinde zu Bremen den Rest der Personalkosten sowie alle Sachkosten aufbringen mußte. Dies bedeutete für den Zeitraum von 1955 bis 1959, als die drei katholischen Schulen ca. 50 Klassen mit 1500 Schülern aufwiesen, einen Betrag von 2,3 Mill. DM, der durch Zuschüsse des Bistums (300 000 DM), vor allem durch Kirchensteuermittel, Kollekten in den Gemeinden und Spenden des 1952 gegründeten „Vereins zur Förderung der katholischen Schulen in Bremen" gedeckt wurde. Eine Erleichterung der angespannten finanziellen Situation im katholischen Schulwesen trat unter Bürgermeister Hans Koschnick in den 1970er Jahren ein, als die staatliche Bezuschussung beträchtlich erhöht wurde und zeitweise 85 % der Kosten betrug, die der Staat selbst pro Schüler aufwandte. Seit der zweiten Hälfte der 1980er Jahre wurden jedoch die Zuschüsse mehrmals gesenkt und beliefen sich 1990 auf 65 % der laufenden Kosten. Die Ausgaben für Neubau und Einrichtung der Schulen mußte die katholische Gemeinde eigenständig aufbringen. Nach der Schulreform von 1977/78 gliederte sich das katholische Schulwesen in Bremen in die Grundschulen St. Johannis mit den Dependancen St. Pius (Bremen-Huchting) und St. Antonius (Bremen-Osterholz, ab 1986) sowie St. Marien und St. Joseph. Die St.-Johannis-Schule beherbergt auch den Sekundarbereich I, der die Abteilungen Orientierungsstufe (5. und 6. Schuljahr) mit Dependance in der St.-Marien-Schule, Integrierte Haupt- und Realschule sowie seit 1979 ein Gymnasium (7. — 10. Schuljahr) umfaßt. Ungünstiger entwickelte sich die Schulsituation für die Katholiken im Hildesheimer Diözesananteil des Landes Bremen. Bereits im Sommer 1945 machten die katholischen Geistlichen, die Lehrer und Eltern in Blumenthal in einem Schreiben an den Senat ihren Anspruch auf Wiederherstellung der katholischen Bekenntnisschulen für die Stadtteile Blumenthal, Aumund, Grohn und Hemelingen geltend und wurden durch ein gleiches Schreiben des Hildesheimer Generalvikariates unterstützt. Wahrscheinlich mit Rücksicht auf die unklare Rechtslage nahm der Senat zu diesem Zeitpunkt eine reservierte Haltung ein und war in der Folgezeit

auch zu keinerlei Zugeständnissen in dieser Richtung bereit, besonders nachdem die Schulbestimmungen der Bremer Verfassung die Einführung von staatlichen Konfessionsschulen unmöglich gemacht hatten. Auch Petitionen, die die Wiedererrichtung katholischer Schulen forderten und an denen sich 1949 in Hemelingen 98 % der katholischen Eltern schulpflichtiger Kinder beteiligten, brachten keine Änderung herbei. Daß man auf Hildesheimer Seite auf der Wiederherstellung des schulrechtlichen Status quo der Vorkriegszeit bestand und nicht eine Regelung anstrebte, wie sie in Alt-Bremen hinsichtlich der katholischen Privatschulen existierte, ergab sich wahrscheinlich aus der Überzeugung, daß die Aufhebung der katholischen Schulen durch die Nationalsozialisten ein Unrecht war, das der katholischen Kirche zugefügt worden war und nun wieder behoben werden mußte, und daß die katholische Kirche aufgrund des Preußischen Volksschulunterhaltungsgesetzes und des Reichskonkordates einen Rechtsanspruch auf Restitution besaß. Außerdem sah man sich außerstande, die notwendigen Mittel für ein katholisches Privatschulsystem aufzubringen. Die Position der katholischen Kirche wurde durch das Urteil des Bundesverfassungsgerichtes im Konkordatsprozeß 1957 geschwächt, das zwar die Gültigkeit des Reichskonkordates feststellte, dem Bund aber die Kompetenz absprach, die Länder zur Einhaltung von Vertragsbestimmungen zu zwingen, wenn deren Kulturhoheit berührt wurde. Überlegungen der katholischen Kirchengemeinde in Blumenthal, die unentgeltliche Überlassung des Schulgrundstückes gerichtlich einzuklagen, weil nach dem Preußischen Volksschulunterhaltungsgesetz das Grundstück nur für eine katholische Bekenntnisschule verwandt werden sollte, wurden nicht weiterverfolgt, nachdem eine ähnliche Forderung der katholischen Kirchengemeinde in Bremerhaven durch Gerichtsentscheid abgewiesen worden war.
Die Auseinandersetzungen zwischen der katholischen Kirche und dem Bremer Senat verschärften sich, als nach Ostern 1958 katholischer Religionsunterricht an den öffentlichen Schulen in Bremen-Nord und Hemelingen nicht mehr statthaft war. Der Hildesheimer Bischof Heinrich Maria Janssen richtete einen förmlichen Protest gegen die Abschaffung der katholischen Schulen und des Religionsunterrichtes an den Bremer Senator für das Bildungswesen. In einem Hirtenwort zur Bürgerschaftswahl 1959 forderten Janssen und der Osnabrücker Bischof Helmut Hermann Wittler die katholische Bevölkerung unter Hinweis auf die für die Katholiken so prekäre Schulsituation auf, ihrer Wahlpflicht nachzukommen. Um wenigstens den bekenntnismäßig gebundenen Religionsunterricht an den öffentlichen Schulen zu erreichen, strengten katholische und evangelische Kirchengemeinden vor dem Bremischen Staatsgerichtshof einen

Prozeß an, in dem festgestellt werden sollte, daß der in § 32 der Bremer Verfassung vorgesehene bekenntnismäßig nicht gebundene Unterricht in Biblischer Geschichte als christlicher Gesinnungsunterricht auf evangelischer Grundlage zu verstehen sei. Wäre eine derartige Feststellung seitens des Gerichts getroffen worden, hätte auch katholischer Religionsunterricht an den öffentlichen Schulen eingeführt werden bzw. eine höhere Bezuschussung katholischer Privatschulen erfolgen müssen. Der Staatsgerichtshof lehnte eine derartige Feststellung jedoch 1965 ab. Gegen dieses Urteil erhoben katholische und evangelische Bremer Kirchengemeinden sowie in Bremen lebende Eltern schulpflichtiger Kinder und die Diözesen Hildesheim und Osnabrück Verfassungsbeschwerde beim Bundesverfassungsgericht, die jedoch 1971 vornehmlich aus verfahrensrechtlichen Gründen abgelehnt wurde. Die Einführung katholischen Religionsunterrichts an den öffentlichen Schulen war damit endgültig verbaut. Für die Schulkinder, vor allem in Bremen-Nord, die öffentliche Schulen besuchten, war lediglich die Möglichkeit gegeben, außerhalb der Schulzeit, vornehmlich nachmittags, Religionsunterricht in kircheneigenen Räumen zu besuchen. An diesem Unterricht nahm in der Regel die Mehrheit katholischer Schulpflichtiger teil. Die Gefahr bestand jedoch, daß Eltern, die weniger kirchengebunden waren, es ablehnten, ihre Kinder außerhalb der Schulzeit noch einmal zum Religionsunterricht zu schicken.

Literatur:
Kirche wächst in der Großstadt [1962], S. 46. — Gerdts, Hamburg und Bremen (1963), S. 21 f. — Düring, Rechtsstellung (1964). — Tacke, Fremde aufnehmen (1988), S. 58—62.

3. Seelsorgliche Probleme

Mit dem Ausbau des Systems von Pfarreien und Gemeinden nach dem Zweiten Weltkrieg ging eine Ausweitung karitativer Aktivitäten im Bremer Katholizismus einher. Diese fanden auf verschiedenen Ebenen und in verschiedenen Formen statt und reichten von der ehrenamtlichen Hilfe auf der Pfarrebene, in den Elisabeth- und Vinzenzkonferenzen, den Helfer- und Besucherdiensten, der Hauskrankenpflege bis zur Erweiterung und Errichtung neuer karitativer Institutionen. Bis Ende der 1980er Jahre besaß ungefähr die Hälfte der Bremer Pfarreien eigene Kindertagesstätten. Neben das St.-Johannis-Kinderheim, das Säuglings- und Mütterheim St. Theresienhaus in Vegesack, das 1954 gründlich renoviert und erweitert wurde, und das St. Elisabethhaus, das in ein Altersheim umgewandelt wurde, traten als weitere karitative Einrichtungen das Caritas-Altenzentrum St. Michael mit 150 Plätzen in Bremen-Neustadt und das

Altenheim St. Birgitta in Bremen-Burgdamm. Das St.-Joseph-Stift wurde nach der Behebung der Kriegsschäden mehrmals vergrößert und wies 1990 über 500 Betten auf. Ebenso wurde das Kolpinghaus als Jugend- und Arbeiterwohnheim mehrfach erweitert und besitzt seit 1959 knapp 100 Plätze; das 1953 eingerichtete St.-Agnes-Wohnheim stellte für ca. 30 Mädchen Unterkunftsmöglichkeiten bereit. Die Beratungsstelle „Offene Tür" bietet Hilfe in persönlichen Anliegen an. Wichtige Träger der karitativen Arbeit blieben auch nach dem Krieg die Krankenschwestern des hl. Franziskus aus Münster-St. Mauritz, die im St.-Joseph-Stift und in der ambulanten Krankenpflege tätig waren. Ihre Zahl belief sich 1962 auf 73. Im gleichen Jahr waren 26 Franziskanerinnen aus Thuine in der Seelsorgehilfe, in Schulen, Kinderheimen und einigen Kindergärten tätig, während 14 Missionsschwestern vom hl. Namen Mariens aus Osnabrück-Haste das St.-Elisabeth- und das St.-Theresienhaus betreuten. Das Altenheim St. Michael lag in der Obhut von Mitgliedern des Säkularinstituts St. Bonifatius. Die Hildesheimer Vinzentinerinnen, die seit 1925 in Blumenthal und seit 1937 in Hemelingen vornehmlich in der ambulanten Krankenpflege und als Gemeindehelferinnen tätig waren, mußten 1956 bzw. 1966 wegen Schwesternmangel ihr Wirken in diesen Gemeinden einstellen.

Nach dem Zweiten Weltkrieg setzte auch im Bremer Katholizismus wieder ein reges Vereinsleben ein. Aufgehobene Vereine, wie der Verband der Katholiken in Wirtschaft und Verwaltung (KKV), traten wieder ins Leben. Bis in die 1960er Jahre waren auf der Pfarrebene besonders stark die Katholische Jungmännergemeinschaft (KJG) und die Katholische Frauengemeinschaft (KFG) als Jugendverbände, der Kolpingverein, die KAB sowie die Frauen- und Müttergemeinschaft vertreten. Als Koordinationsgremium für die Vereine und die Laienarbeit entstand 1947 auf Anordnung des Osnabrücker Bischofs hin die „Arbeitsgemeinschaft der Katholiken Bremens", die an die „Arbeitsgemeinschaft der katholischen Vereine Bremens" aus der Zeit vor dem Krieg anknüpfte und deren Aufgaben in zeitgemäßer Form fortsetzte; sie untergliederte sich in die Sektionen Schule, Bildungswesen, Presse, Soziales und Veranstaltungen und organisierte Kundgebungen und Katholikenversammlungen, Wallfahrten und die nächtlichen Bußprozessionen der Männer in der Nacht zum Buß- und Bettag sowie die Fronleichnamsprozessionen im Bürgerpark, an denen sich alle Bremer Gemeinden beteiligten.

Aus einer Abteilung der Arbeitsgemeinschaft ging das „Albertus-Magnus-Werk" hervor, das sich die innergemeindliche Bildungsarbeit zum Ziel setzte, mit seinen „Rathaus-Vorträgen", in denen sich bekannte, fachkundige Redner zu Problemen der Zeit äußerten, auch über den katholischen Raum hinaus wirkte und mit der Bremer Volkshochschule, dem „Evangelischen Arbeitskreis für kulturelle Fragen" und der „Gesellschaft für Christlich-Jüdische Zusammenarbeit" kooperierte. Seit 1974 führt das „Bildungswerk der Katholiken im Lande Bremen", das das gesamte Gebiet des Bundeslandes umfaßt, Veranstaltungen aus dem Bereich der Theologie, Politik, Familie und allgemeinen Bildung auf Gemeinde-, Dekanats- und Landesebene durch. Auch im katholischen Vereinsleben Bremens ließ sich zu Beginn der 1970er Jahre eine „Vereinsmüdigkeit" feststellen, während die „offene" Gruppenarbeit in den einzelnen Gemeinden größere Bedeutung gewann.

Während die Integration der Vertriebenen und Flüchtlinge in die katholischen Gemeinden weitgehend gelang, traten die seit den 1960er Jahren zuwandernden ausländischen Arbeitnehmer aus den katholischen Mittelmeerländern Italien, Spanien, Portugal und Kroatien in den einzelnen Pfarreien weniger in Erscheinung. Sprachliche Schwierigkeiten, unterschiedliche moralische Auffassungen der heimischen Gesellschaft und der des Gastlandes sowie Unterschiede im religiösen Brauchtum machten eine Ausländerseelsorge vor allem in der Diaspora dringend erforderlich. Zu den seelsorglichen Maßnahmen gehörten die Einrichtung von „Missionen" und die Berufung von Geistlichen der entsprechenden Nationalität, deren „Missionsbezirke" weit über die Stadtgrenzen Bremens hinausgehen. In verschiedenen Kirchen Bremens wurde regelmäßiger oder periodischer Gottesdienst für die ausländischen Katholiken angeboten. Vor allem seit Beginn der 1980er Jahre setzte ein stärkerer Zuzug katholischer Polen nach Bremen ein, für die ebenfalls eine Mission eingerichtet wurde.

Die allgemeinen Entwicklungen im deutschen Katholizismus nach dem Zweiten Vatikanischen Konzil (1962—1965), das sich eine umfassende, zeitgemäße Erneuerung der katholischen Kirche zum Ziel gesetzt hatte, die Glaubenslehre neu formulieren und den Dialog mit der Welt von heute in Gang setzen wollte, machten sich auch in Bremen bemerkbar. Dazu gehörten die Intensivierung der ökumenischen Kontakte, die verstärkte Mitarbeit und Mitbestimmung von Laien in einer Reihe neuer Gremien, wie die Pfarrgemeinderäte, und neue Formen des Gottesdienstes im Zuge der Liturgiereform, die in den älteren Kirchen auch bauliche Veränderungen mit sich brachte, um die Messe *versus populum,* zum Volk hin, zelebrieren zu können. Die Ernennung eines der Osnabrücker Weihbischöfe 1975 zum Bischofsvikar für den niedersächsischen Anteil der Diözese Osnabrück und für das Dekanat Bremen, der auch Vorsitzender des Stadtpastoralrates Bremen ist, sollte der Intensivierung der Seelsorge dienen.

Zu den drängenden Problemen der neuen Zeit gehören der zunehmende Priestermangel und die wachsende Interesselosigkeit weiter Kreise der katholisch getauften Bevölkerung gegenüber dem Leben der Kirche und der Gemeinden. Der Priestermangel führte dazu, daß mehrere Gemeinden von einem Pfarrer verwaltet werden; dies trifft derzeitig auf die Gemeinden St. Johann und St. Benedikt sowie Herz Jesu und St. Hildegard zu. Die Pfarrgemeinde St. Laurentius wurde 1990 der Pfarrei St. Hedwig inkorporiert. Neue Formen priesterlichen Lebens und Arbeitens wurden durch die Einrichtung der „Seelsorgeregion Bremen-Ost" erprobt, die von 1968 bis 1976 bestand und die die Gemeinden St. Hedwig, St. Laurentius, St. Antonius und St. Thomas von Aquin umfaßte. Die vier Geistlichen, die jeweils als feste Bezugsperson für die einzelne Pfarrei verantwortlich blieben, führten als „Konvent" im Pfarrhaus von St. Hedwig ein gemeinschaftliches Leben. Ein wichtiges Ziel dieser Einrichtung war es, der Vereinzelung und der Isolierung der Priester entgegenzuwirken und ihre unterschiedlichen Fähigkeiten für mehrere Gemeinden nutzbar zu machen.

Wegen des Priestermangels kam dem Wirken von Ordensgeistlichen besondere Bedeutung zu. In Bremen wurden die Gemeinden St. Hedwig von 1959 bis 1966 und St. Benedikt von 1966 bis 1984 von einem Mitglied der Kongregation der „Missionare von der Hl. Familie" (MSF) betreut. Passionistenpatres (CP) waren von 1963 bis 1968 in der Seelsorge in St. Pius tätig, während Dominikaner von 1966 bis 1968 die Kirchengemeinde St. Hedwig, von 1970 bis 1981 St. Georg und ab 1968 St. Ursula leiteten. Palottinerpatres arbeiteten nach dem Krieg in der Auswandererseelsorge. 1962 ließen sich auch wieder Jesuiten in Bremen nieder, die überpfarrliche Aufgaben für die Stadt und den norddeutschen Raum, u. a. den Unterricht an höheren Schulen und die Studenten- und Krankenhausseelsorge, wahrnahmen. Ihre Niederlassung wurde Ende 1990 infolge der angespannten Personallage des Ordens und neuer Aufgaben in den neuen Bundesländern geschlossen.

Die Schwierigkeiten, die sich durch den Priestermangel ergaben, haben dazu geführt, daß auch in Bremer Gemeinden verstärkt theologisch und religionspädagogisch ausgebildete Laien als Pastoralassistenten und Gemeindereferenten eingesetzt wurden.

Ein Schwinden traditioneller Kirchlichkeit läßt sich vor allem am Rückgang des Osterkommunionempfangs, insbesondere aber im Nachlassen des regelmäßigen sonntäglichen Kirchenbesuches feststellen. Der Osterkommunionempfang sank im Land Bremen von 1955: 27,7 % über 1960: 26,2 % und 1967: 24,5 % auf 1975: 23,7 %. Besorgniserregend verlief die Entwicklung hinsichtlich der Teilnahme an der Sonntagsmesse. 1955 besuchten noch 30,3 % der Bremer Katholiken regelmäßig den Sonntagsgottesdienst; dieser Anteil fiel 1960 auf 28,1 %, 1967 auf 27, 1 %, erreichte 1975: 18,8 % und 1986 lediglich noch 14,2 %. Trotz dieser negativen Entwicklung fand in etlichen Pfarreien durchaus reges Gemeindeleben statt, das in der Regel von einem festen Stamm von Gemeindemitgliedern getragen wird und in neuen Formen der Mitarbeit von Laien, u. a. in der Vorbereitung auf die Erstkommunion und Firmung, in Helferkreisen, sozialer Betätigung und als Kommunionhelfer und Lektoren, Ausdruck findet.

Literatur:
Kirchliches Handbuch (1962) Bd. 25, S. 642 f.; (1969) Bd. 26, S. 654 f.; 674 f.; (1977) Bd. 28, S. 125. — Kirche wächst in der Großstadt [1962], S. 34—45. — Handbuch des Bistums Osnabrück (1968), S. 468—482. — 125 Jahre St. Marien Bremen-Blumenthal (1979), S. 13—43. — 25 Jahre Kirchengemeinde St. Hedwig [1985]. — Tacke, Fremde aufnehmen (1988), S. 119—149. — Meier-Hüsing, Religiöse Gemeinschaften (1990), S. 22—30. — Handbuch der Diözese Osnabrück (1991), S. 587—610.

Die Evangelisch-methodistische Kirche in Bremen

Von Karl Heinz Voigt

Die methodistische Kirche breitete sich ab 1850 von Bremen in alle deutschen Staaten, in die Schweiz und nach Frankreich aus. Deshalb gebührt ihr in der Bremer Kirchengeschichte ein besonderer Platz. Das umfangreiche Bremer Archiv der Methodistenkirche wurde leider 1944 total vernichtet, so daß sich hier nur in Ratsarchiv und Senatsregistratur archivalische Quellen begrenzten Umfangs erhalten haben. Alle methodistischen Zeitschriften, auch die gedruckten „Verhandlungen der Jährlichen Konferenzen", befinden sich im Zentralarchiv der Evangelisch-methodistischen Kirchen in Deutschland mit Sitz in Reutlingen. Weitere Briefe und Berichte sind ferner zu finden in The Archives and History Center of The United Methodist Church in Madison (New Jersey), USA.

Zum Selbstverständnis

Die Evangelisch-methodistische Kirche ist ein nachreformatorischer Zweig der Kirche Christi. Sie ist im 18. und 19. Jahrhundert unter anderen zwischenkirchlichen und kulturellen Bedingungen entstanden als die traditionellen Kirchen der Reformation auf dem europäischen Kontinent.
Im Ursprungsland England hat es innerhalb der anglikanischen Staatskirche eine durch die Brüder John (1703—1791) und Charles Wesley (1707—1788), beide waren Pfarrer, ausgelöste Erweckungsbewegung gegeben, die das gesamte Leben auf der britischen Insel beeinflußte. Ein Teil dieser Bewegung führte zunächst innerhalb der anglikanischen Church of England ein Eigenleben, wurde dann aber immer weiter an den Rand und später hinausgedrängt. So kam es nicht wie in der Reformationszeit auf dem Kontinent zu einer Kirchenspaltung, sondern es sammelten sich methodistische Gemeinden auf der Basis freiwilliger Mitgliedschaft außerhalb der englischen Staatskirche. Dies geschah nicht aus theologischem Protest, denn die von den Methodisten nachdrücklich vertretene Rechtfertigungslehre war von der anglikanischen Kirche in ihre Lehrdokumente übernommen worden.

Für Wesley und die methodistische Bewegung genügte es nicht mehr, Mission nur in fernen Ländern zu treiben. Unter den gesellschaftlichen Bedingungen des 18. Jahrhunderts, die von der englischen Aufklärung, dem Deismus, mitbestimmt waren, stellte sich angesichts von Glaubensfreiheit und Toleranz die Frage der Mission in ganz neuer Weise. Die Antwort von John Wesley und seinen Freunden war, daß Mission auch im eigenen Land, auch unter bereits Getauften, als Aufruf zum Glauben notwendig sei. Die Voraussetzungen der selbstverständlichen Kirchengliedschaft waren nicht mehr gegeben. Damit trat neben die traditionelle Mission nun die Evangelisation als Mission in den sog. christlichen Ländern.

In den methodistischen Kirchen entfaltete man die reformatorische Botschaft vom Heil allein aus Gnaden im Kontext der gesellschaftlichen Entwicklung. Das führte zu einem Verständnis der Kirche Christi, für das eine Trennung von Kirche und Staat unvermeidlich war. Dieser Typus einer reformatorischen, auf völliger Freiwilligkeit beruhenden Kirche konnte sich in England und Amerika durchsetzen. In Deutschland blieben die methodistischen Kirchen dagegen lange Zeit ein vom Staat und von den Kirchen abgelehnter Fremdkörper, den man als „Sekte" diskriminierte. Es war für die Ausbreitung der methodistischen Kirche in Deutschland ein Vorteil, daß in Bremen durch die liberale Haltung des Staates und die konfessionelle Offenheit führender Vertreter der Erweckungsbewegung alles anders war.

Verbindungen Bremens mit den angelsächsischen Ländern

Der Stadtstaat Bremen mit seinen Schiffsverbindungen nach Übersee, mit seinen weltweiten Handelsbeziehungen, mit der Erfahrung des riesigen Auswandererstroms und mit seiner konfessionellen Weitherzigkeit konnte sich den gesellschaftlichen, kirchlichen und theologischen Einwirkungen aus den angelsächsischen Ländern nicht verschließen. Der bereits 1827 zwischen Bremen und den Vereinigten Staaten von Amerika geschlossene „Freundschafts-, Handels- und Schiff-Fahrts-Vertrag" ist Ausdruck dieser Beziehungen. Er bildete die rechtliche Grundlage für die Aktivitäten der Methodistenkirche in Bremen, deren Pastoren zu jener Zeit amerikanische Staatsbürger waren.

Im kirchlichen Bereich gab es zahlreiche Verbindungen. Schon 1783 wurde eine Bremer Partikulargesellschaft der „Deutschen Christentumsgesellschaft" gebildet. Sie ging auf den Besuch ihres Gründers Johann August Urlsperger zurück, den er bei seiner Rückkehr aus London 1780 in Bremen gemacht hatte. Gern hätte er bei dieser Gelegenheit Bremen zum Sitz der Zentrale gemacht. Auf Anregung und mit finanzieller

Unterstützung der „Britischen und Ausländischen Bibelgesellschaft", ebenfalls in London, konnte 1815 die „Bremer Bibelgesellschaft" gegründet werden. Ab 1842 wirkte auch die „Amerikanische Bibelgesellschaft" nach Bremen herüber, was sich mit dem Kommen der Methodisten erheblich verstärkte. Seit 1826 hatte für gut ein Jahrzehnt die aus England angeregte Sonntagsschule eine ziemliche Bedeutung. Auch der „Bremer Verein zur Verbreitung kleiner christlicher Schriften" hatte sein Vorbild in England. Die „Religious Tract Society" in London war ein Partner; finanzielle Zuwendungen erhielt man aus Amerika. In Bremen bildete sich einer der ersten „Auswanderer-Vereine", um „für die protestantischen Deutschen in Amerika" zu sorgen. Die zahlreichen Briefe der „Sendboten" des am 15. November 1839 gegründeten Vereins schufen eine lebendige Beziehung über den Ozean. Auch die Leser des von Friedrich Mallet herausgegebenen „Bremer Kirchenboten" profitierten von dieser Verbindung. Entgegen der Tendenz in der sonstigen Kirchenpresse berichtete Mallet positiv über die Methodisten in Amerika, 1845 sogar in mehreren Ausgaben nacheinander ausschließlich. Neben Pastor Friedrich Mallet war der Martini-Pastor Georg Gottfried Treviranus in den oben aufgezeigten Vereinen aktiv. Kein Wunder, daß diese Pastoren auch den Kontakt zur „Evangelischen Allianz" suchten, die sich 1846 in London als internationale Einheitsbewegung von einzelnen Christen gebildet hatte.
Es bleibt zu erwähnen, daß Friedrich Adolph Krummacher, seit 1824 an St. Ansgarii, 1828 eine der ersten deutschsprachigen Monographien über „John Wesley's Leben und die Entstehung des Methodismus" veröffentlicht hatte.
Für die methodistischen Missionare, die ab 1849 nach Bremen kamen, schufen diese Beziehungen, wenn man einen Vergleich mit anderen deutschen Staaten anstellt, einmalige Voraussetzungen.

Der Anfang der methodistischen Kirche in Bremen

Seit 1835 gab es unter den Einwanderern in Amerika einen deutschsprachigen Zweig der Methodistenkirche. Glaubensgewißheit und Erneuerung des Lebens waren Erfahrungen, die man auch den Angehörigen in Deutschland wünschte.
Die 1848er Revolution hatte den Deutschen als Grundrecht die volle Glaubens- und Gewissensfreiheit gebracht. Damit war eine neue Situation entstanden, die zur Sendung von Ludwig S. Jacoby als Missionar nach Deutschland führte. Er landete am 7. November 1849 in Bremerhaven und entschied sich, seine Arbeit von Bremen aus zu organisieren.

Am 23. Dezember hielt er seine erste öffentliche Predigt im damaligen Krameramtshaus, dem heutigen Gewerbehaus. „Der Bürgerfreund", eine Bremer Zeitung, wußte darüber zu berichten, daß „sich das Publikum äußerst zahlreich eingefunden" hatte und „in höchstem Grade entzückt und eingenommen (war) von dem lieblichen Vortrage und der köstlichen Rednergabe des genannten . . ."

Jacoby hatte den typischen Weg eines methodistischen Predigers im 19. Jahrhundert hinter sich. Am 21. Oktober 1813 als Kind jüdischer Eltern in Alt-Strelitz, Mecklenburg, geboren, erlernte er in Hamburg einen kaufmännischen Beruf. 1835 zog er nach Leipzig um. In der Nähe von Dresden ließ er sich lutherisch taufen, um damit das „Entreebillett zur europäischen Kultur" (Heinrich Heine) zu erwerben. Die Tür blieb ihm jedoch verschlossen. 1838 wanderte er nach Amerika aus. Dort wurde er von der methodistischen Erweckung erfaßt. 1841 stellte ihn die Methodistenkirche als Missionar unter den Deutschen an und sandte ihn nach St. Louis. 1844 wurde er Superintendent, 1849 sandte ihn die Kirche nach Deutschland.

In Amerika hatte er als Reiseprediger eines großen Bezirks gewirkt und war auf dem Rücken seines Pferdes bei Wind und Wetter von einer Ansiedlung zu andern unterwegs, um den deutschen Kolonisten das Evangelium zu bringen, von dem er selbst so tief erfaßt war. In Deutschland bildete er nach diesem Muster in kurzer Zeit einen ähnlichen „Bezirk". Innerhalb von sechs Monaten wurden folgende Predigtplätze eröffnet: Krameramtshaus, Buntentorsteinweg, Gröpelingen, Lankenau, Seehausen, Hastedt, Huchting, Oberneuland, Rablinghausen, Tenever und Walle. Dazu kamen außerhalb des Bremer Staatsgebiets Brinkum, Otterstedt, Surheide, Eickedorf (bei Worpswede), Zeven, Morsum (bei Verden), Delmenhorst und Hasbergen. Aus allen diesen Orten wirkten Auswanderer inzwischen als Methodistenprediger in Amerika. Darüber hinaus sind als weitere Predigtorte in der Umgebung noch erwähnt: Baden (bei Achim), Uenzen, Thedinghausen, Achim, Tarmstedt, Hepstedt, Dwoberg (bei Delmenhorst), Deichhorst, Nuttel (bei Oldenburg), Dingstede (bei Kirchhatten), Neerstedt (bei Wildeshausen), Tweelbäke (bei Oldenburg) und Berne.

Jacoby konnte die Aufgaben kaum allein bewältigen. Am 7. Juni 1850 trafen zwei Mitarbeiter in Bremen ein: Ludwig Nippert, 1830 als Reformierter aus dem elsässischen Görsdorf bei Wörth ausgewandert, und Carl H. Doering, ursprünglich Lutheraner aus Springe/Deister, der vor seiner Auswanderung als Handlungsgehilfe in Bremen gearbeitet hatte. Beide waren, wie Jacoby, in Amerika zur Methodistenkirche gekommen und bald darauf als Reiseprediger angestellt worden.

Ludwig Sigismund Jacoby kam 1849 nach Bremen und organisierte von hier aus die Arbeit der methodistischen Kirche. Im Gewerbehaus — früher Krameramtshaus — fanden von 1849 bis 1855 regelmäßig Gottesdienste der methodistischen Gemeinde statt

Aus Ungewißheit über die Reaktion in Bremen hielt man zunächst keine Gottesdienste am Sonntagvormittag. Da aber kein Widerspruch erfolgte, wie er den wesleyanischen Methodisten im frommen Württemberg entgegenschlug, hielt man erstmals Ostern 1850 den Gottesdienst am Vormittag und feierte das Abendmahl. Damit war die erste methodistische Gemeinde in Deutschland entstanden, die dann formal nach der Ordnung der Kirche am 21. Mai 1850 konstituiert wurde. Der Bremer Senat nahm die offizielle Anzeige durch die Gemeinde ohne erkennbare Reaktion entgegen.

Das Umland: Hannover, Braunschweig, Oldenburg

Von Bremen aus kam man schnell ins Königreich Hannover. Hier fanden die Methodisten Zustimmung bei den „Erweckten" und Ablehnung bei den „Aufgeklärten"; die Versammlungen im Raum Achim z. B. wurden schon nach kurzer Zeit durch die Polizei gewaltsam aufgelöst. Die Missionare berichteten in ihren Briefen viel über die erlittenen Schikanen. Selbst der lutherische Pastor K. Konrad Münkel aus Oiste bei Verden schrieb: „Mit Heulen, Singen und Schreien wurden die methodistischen Versammlungen umlagert und mit schweren körperlichen Mißhandlungen nahm man (an ihnen) Rache, so daß die Polizei mehr als einmal einschreiten mußte." Man hatte gerade gemeint, die Revolution im Griff zu haben, da gab es schon wieder Ausschreitungen, und diese wurden dazu noch von den Methodisten veranlaßt, die wegen ihrer demokratischen Grundhaltung sowieso verdächtig waren. Zunächst wurden die Versammlungen polizeilich verboten, bald danach die Methodistenprediger als amerikanische Staatsbürger des Landes verwiesen.
Man zog sich in die nahegelegene braunschweigische Enklave Thedinghausen zurück. „Hier wagte die Polizei nicht einzugreifen wegen der geltenden Frankfurter Grundrechte", schrieb Münkel. Aber im April 1851 hatten einige Thedinghauser Pfarrer über ihre Kirchenbehörde erwirkt, daß es dort ebenfalls zu Verbot und Ausweisung kam. Der Thedinghauser Ortsvorsteher hatte seiner Herzoglichen Kreisdirektion geschrieben: Es bestehe Gefahr, daß „der Anarchie Tor und Tür geöffnet wird".
Nur im nahen Großherzogtum Oldenburg konnte man noch unbehindert von Bremen aus arbeiten.

Der Bremer Senat und die Methodisten

Neue Religionsgemeinschaften dürfen sich bilden, ohne daß eine Anerkennung durch den Senat erforderlich ist; so stand es in Artikel 20 der

Die Friedenskirche am Siegesplatz in Bremerhaven, 1892 eingeweiht, zerstört 1944

Bremer Verfassung von 1849. Die Konsequenzen dieses Grundrechts konnte man noch nicht übersehen.

Wie sollte man es mit der Eintragung von Taufen und Trauungen ins Zivilstandsregister halten, wenn sie von einem nicht staatlich bestellten Methodistenprediger vorgenommen wurden? Der Senat war unsicher und legte aus diesem Grund die von den Methodisten eingereichte Anzeige über die Bildung einer Gemeinde zunächst einmal zu den Akten. Ein bereits im Juni 1850 gestellter Antrag, Sonntagsschulen einrichten zu dürfen, wurde umgehend genehmigt. Die Methodisten waren damit in gewissem Sinne anerkannt und erfuhren den Schutz des Senats. Ganz anders war die Situation im Umland und später in Sachsen, Württemberg, dem Elsaß und der Schweiz. Carl H. Doering schrieb im April 1851 nach Amerika, daß die „Bremer Obrigkeit... uns hier mit aller Achtung behandelte und uns allen Schutz gewährte". Als man im „Weißen Roß" am Buntentor einen Gottesdienst stören wollte, schickte Senator Albers „einen seiner Constabler ohne mein Ersuchen", notierte Jacoby im Spätherbst 1850 war es in Vegesack zu einem gewaltsamen Abbruch eines methodistischen Gottesdienstes in „Hartmanns Lokal" gekommen. Der Senator griff ohne Aufforderung der Methodisten sofort ein.

Senator Johann D. Meier ordnete an, daß „alle Urheber zur Verantwortung gezogen werden". Den „Tumultanten" wurde der Prozeß gemacht, und die Polizei beorderte in der folgenden Zeit „einige Dragoner" zum Schutz des Gottesdienstes nach Vegesack.

Der Schutz für die Methodisten ging so weit, daß die lutherische Gemeinde in Bremerhaven sich in der Mitte der fünfziger Jahre an den Bremer Senat wandte und darum bat, ihr „dasjenige Maß an Duldung, dessen sich die hier wohnenden Methodisten erfreuen, auch zuzugestehen". Ein Unikum in der Kirchengeschichte, das die außergewöhnliche Situation in Bremen charakterisiert.

Zwischenkirchliche Erfahrungen

„Solche Männer müssen wir willkommen heißen, wir bedürfen ihrer für unser armes Volk", hatte Friedrich Mallet nach der Ankunft der Methodisten geschrieben. In der Stephanikirche haben oft Methodistenprediger unter seiner Kanzel gesessen. Man wußte voneinander und kannte sich. Georg Gottfried Treviranus schrieb seinem Freund Johann H. Wichern: „Wir lassen es gehen!" — „Wenn nur Christus gepredigt wird." Der aufgeklärte Rudolph Dulon von Unser Lieben Frauen schrieb selbst, daß er „dem schändlichen Treiben der Methodisten durch ein kräftiges Wort der Wahrheit entgegentrat". Er wirkte wie Jacoby an den sozialen Brennpunkten Hastedt und Buntentor. Jacoby blieb den scharfen Angriffen gegenüber zurückhaltend. So wenig er dem rationalistischen Verständnis des Evangeliums von Dulon zustimmen konnte, so hatte er doch schnell erkannt, wie sehr „leider auch die Christen, welche hier Pietisten genannt werden... die guten alten Zeiten wieder herbeiwünschen. Die pietistischen Prediger", klagte Jacoby, „bemühen sich... auch auf der Kanzel, ihre Zuhörer zum Gehorsam gegen die Gesetze, wie sie es nennen, zurückzuführen und sie vor den Wühlern, wie sie die Demokraten nennen, zu warnen. Die Gläubigen sind dadurch in den Verdacht gekommen, daß sie das Volk in Druck und Finsterniß erhalten wollen." Offensichtlich wollte Jacoby sich durch öffentliche Kritik an Dulon nicht selber in eine bestimmte Ecke bringen lassen. Immerhin waren einige der politischen Ideen Dulons die Voraussetzung dafür, daß die Methodisten überhaupt hierher kommen konnten. Der Vegesacker Pastor Heinrich F. Iken hat versucht, ein Verbot der methodistischen Sonntagsschule beim Senat zu erwirken, jedoch ohne Erfolg. Danach machte man in Vegesack die Methodisten auf eine andere Art lächerlich. Eine Volksbühne führte einen mit vielen Anspielungen gespickten Schwank auf: „Metha Distel oder Don Juan aus Amerika". Man hört die Nähe zu dem Dulon gewidmeten Titel: „Der Harlekin aus dem Lande Ulond".

Jacoby seinerseits hatte keine Berührungsängste. 1850 reiste er zum Friedenskongreß nach Frankfurt/Main, besuchte die Kirchentage in Stuttgart, Wuppertal und natürlich Bremen. Die von den Methodisten 1851 an der Hastedter Heerstraße 8 eingerichtete Kapelle stand auch der St.-Remberti-Gemeinde zur Verfügung. Der liberale Pastor Adolph Toel predigte seiner Gemeinde von der methodistischen Kanzel! 1859 wurde dann die Alt-Hastedter Kirche gebaut.

Die Methodisten machten in Bremen Erfahrungen, die sich in dieser Offenheit nirgends wiederholten. Die Ablehnung aller konfessionellen Enge war ein typischer Zug der Bremer Erweckung, die liberale Grundhaltung in der Stadt sicherte das gesellschaftlich ab, und ganz ohne Eigeninteresse war man im Hinblick auf gute wirtschaftliche Beziehungen zu Amerika auch nicht.

Von Bremen bis nach Lausanne

In wenigen Jahren nur schuf Jacoby eine strategische Nord-Süd-Achse. Von Bremen sandte er 1851 zunächst Engelhart Riemenschneider, einen hessischen Amerika-Rückkehrer, nach Frankfurt/Main. Im Herbst folgte Ludwig Nippert nach Heilbronn, auch um Kontakte mit den wesleyanischen Methodisten aufzunehmen, die in dieser Gegend wirkten. 1856 wurden Hermann zur Jakobsmühlen, gebürtig in Holdorf/Thedinghausen, nach Zürich und Ernst Mann, ein Pirmasenser, nach Lausanne gesandt. Damit waren nicht nur nationale Grenzen überschritten, sondern daß die beiden Letztgenannten in Deutschland für den Dienst in der Kirche gewonnen worden waren, deutete eine neue Phase an. Ernst Mann hatte nach seiner Lebenswende seine Heimat besucht. Durch seine Berichte kam es zu einer Erweckung, die bis nach Frankreich wirkte. Dort wurde Mann sieben Wochen inhaftiert und danach des Landes verwiesen. Im Raum Heilbronn gab es ähnliche Probleme. 1852 mußte ein Mitarbeiter Nipperts zweimal ins Gefängnis und danach ebenfalls Württemberg verlassen.

In der Schweiz dauerte es nicht lange, bis die Behörden die nächste Ausweisung verfügten, die jedoch durch eine Intervention des amerikanischen Konsuls abgefangen werden konnte. Schon 1851 kam es zu einer methodistischen Erweckung im Großherzogtum Weimar, die von Ehrhardt Wunderlich, ebenfalls ein Rückwanderer aus Amerika, ausgelöst wurde. Jacoby gliederte die dortige Bewegung seiner Bremer Arbeit ein. In Sachsen wie in Württemberg kam es in den folgenden Jahrzehnten zu heftigen Auseinandersetzungen. Bestrafungen und Verbote waren an der Tagesordnung. Lediglich im Großherzogtum Oldenburg, in Hamburg

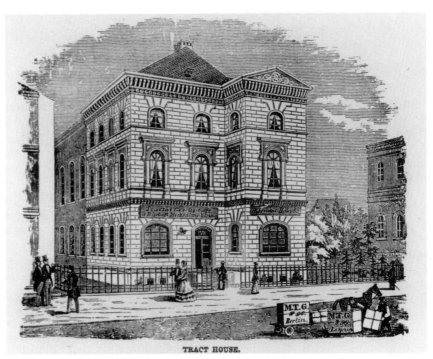

Das Traktathaus mit Kapelle (erbaut 1855 in der Georgstraße 59, heute Bürgermeister-Smidt-Straße) war für Jahrzehnte ein Zentrum der methodistischen Kirche in Deutschland

und in Frankfurt/Main konnten die Methodisten fast genauso unbehindert arbeiten wie in Bremen.

Das Bremer Traktathaus

Als Jacoby nach Bremen kam, nahm er sogleich Wesleys Devise „print and preach" auf. Schon im November 1849 ließ er im Bremer Verlag Johann Georg Heyse Traktate und Schriften drucken. Bald darauf stellte er Kolporteure an, die von Haus zu Haus gingen, um Bibeln und christliche Bücher zu verkaufen und Traktate zu verteilen. Bis 1855 das eigene Traktathaus in der heutigen Bürgermeister-Smidt-Straße errichtet werden konnte, unterhielt er in der Pelzerstraße 10 eine Niederlassung der Amerikanischen Bibelgesellschaft. Die weitherzige Haltung des Senats kam darin zum Ausdruck, daß er nacheinander die Genehmigung für den Bau des Traktathauses, die Organisation eines eigenen Verlags und schließlich die Einrichtung einer Druckerei erteilte. Christoph Hilgerloh, der

1860 wurde im Hastedter Versammlungssaal eine eigene Druckerei eingerichtet

Verlag, Druckerei und Buchbinderei des Traktathauses (Zweigstraße) nach einem Neubau 1906

1929 vollendeter Neubau des modernen graphischen Betriebes, der 1944 durch Bomben zerstört wurde

Druckschriften des Bremer Traktathauses mit grundlegenden Glaubenssätzen der Methodistenkirche

Drucker, wurde mit der Empfehlung des Stephani-Pastors Müller gewonnen.

Das Verlagsprogramm spiegelt deutlich den Prozeß der Kirchwerdung. Zuerst erschienen missionarische Traktate und apologetische Kleinschriften, danach sofort das eigene Gesangbuch, dessen Konzept von Amerika übernommen wurde. Ein Kindergesangbuch folgte schon 1854. Seit dem 25. Mai 1850 wurde das Sonntagsblatt „Der Evangelist" herausgegeben, dem ab 1854 „Der Kinderfreund" folgte. Zu den grundlegenden Lehrschriften gehören die „Allgemeinen Regeln", die jedem neuen Kirchenglied ausgehändigt wurden, und „Wesley's Predigten", beide Schriften erschienen 1850. Dazu schrieb Jacoby ein „Handbuch des Methodismus".

In der Hastedter Druckerei der methodistischen Kirche wurden Luther-Bibeln in großen Mengen im Auftrag der Amerikanischen Bibelgesellschaft gedruckt.

Der Vertrieb aller Erzeugnisse war nicht auf Bremen begrenzt. Man schickte methodistische Literatur — oft auf Veranlassung und Rechnung von ausgewanderten Angehörigen — in alle deutschen Länder. Die Methodisten konnte man nicht den „Stillen im Lande" zurechnen. Sie

„Der Evangelist", Sonntagsblatt der Methodisten in Deutschland, von 1850 bis 1855 in Bremen gedruckt

„Der Kinderfreund", eine der ersten evangelischen Kinderzeitungen in Deutschland, die ab 1854 erscheint

boten ihre Schriften genauso auf dem Bremer Freimarkt wie auf der Pariser Weltausstellung feil.

Wegen der Landesverweise und Verbote in einer ganzen Reihe von Ländern spielten die eigene Zeitschrift und das methodistische Gesangbuch eine wichtige Rolle für die Findung einer kirchlichen Identität ebenso wie für die missionarische Arbeit.

„Traktate und religiöse Schriften können an hundert und tausend Plätzen zu gleicher Zeit predigen und den Weg für späterhin bahnen", schrieb C. H. Doering angesichts der verschlossenen Türen. Aber man muß hinzufügen, daß man auch gar nicht genug Prediger gehabt hätte, um sie auszusenden. Das sollte sich in einigen Jahren ändern.

Ein methodistisches „Missionshaus" in Bremen

Am 12. Februar 1858 lag dem Senat ein Antrag vor, eine „Anstalt zur Ausbildung methodistischer Missionare" einrichten zu dürfen. Der Senat ließ Jacoby durch die Polizeidirektion eröffnen, daß er „zur Zeit dem fraglichen Antrag nicht entgegen sein wolle". Daraufhin haben am 19. Februar die drei Prediger Jacoby, Doering und Nippert zusammen mit den Bremer Bürgern Johann Lürhsen, Hilbert Jonker und Eberhard Chr. Poppe die Bildung eines „Missionshauses" beschlossen, eine „Constitution" verabschiedet und einen Vorstand berufen. Schon am 7. März 1858 wurde die Arbeit mit drei „Studenten" begonnen: August Rodemeyer aus Vegesack, der später einige theologische Bücher veröffentlicht hat, auch eine Art Lexikon mit 1507 jüdischen und christlichen Glaubensgemeinschaften; Martin Täger aus Thedinghausen, der 1863 aus dem Predigtamt entlassen wurde, und Arnold Sulzberger, der aus Lausanne zur Ausbildung nach Bremen gesandt, später in Heidelberg promoviert wurde. Als Dozent am methodistischen Predigerseminar verfaßte er eine „Christliche Glaubenslehre".

Der Seminarbetrieb wurde unter denkbar einfachen Umständen im Dachgeschoß des Traktathauses begonnen. Im Herbst 1860 war im Garten der bereits 1852 am Steffensweg — der späteren Zweigstraße — erbauten Kapelle ein Seminargebäude bezugsfertig. Hier wurde bis zum Umzug 1868/69 nach Frankfurt/Main fleißig studiert. Zuerst unterrichtete Wilhelm Schwarz die biblischen Fächer. Bevor er in Amerika in den Dienst der Methodistenkirche trat, hatte er in Freiburg katholische Theologie zu studieren begonnen, sich aber bald vom Katholizismus abgewandt. Von 1861 bis 1866 übernahm Dr. William F. Warren den theologischen Unterricht. Er war Amerikaner, hatte aber in Halle und Berlin Theologie studiert. Für Warren war klar, daß die methodistische Kirche in Deutschland

Ludwig Sigismund und Amalie Therese Jacoby, „Hauseltern" im Bremer „Missionshaus"

Gebäude des Predigerseminars am Steffensweg in Bremen, 1860—1868

Wilhelm Nast, der 1835 Gründer des deutschsprachigen Zweigs der Methodistenkirche in den USA wurde und die Arbeit in Deutschland umfassend förderte

nur eine Chance haben würde, wenn gut ausgebildete Prediger zur Verfügung stehen. Er schrieb selbst eine „Systematische Theologie", die 1865 in Hastedt gedruckt wurde. In Bremen erreichte ihn der Ruf an die Boston University, deren Präsident er 1873 wurde. An seine Stelle trat Dr. John F. Hurst, auch ein Amerikaner, der in Halle studiert hatte. 1871 erhielt er eine Berufung an das bedeutende Drew Theological Seminary in Madison/USA, 1880 wurde er zum Bischof der Kirche gewählt. Hurst schrieb eine sechsbändige Kirchengeschichte, die — in deutscher Sprache kurzgefaßt — auch in Bremen erschien. Dieses Werk informierte über die europäischen Länder und auf über 200 Seiten auch über die Kirchen in Amerika, eine ökumenische Weite, die damals selten war.

Bis 1869 das Seminar ins zentraler gelegene Frankfurt/Main verlegt wurde, hatten 61 Seminaristen eine überwiegend zweijährige Ausbildung in Bremen erhalten. Darunter waren die späteren Gründer des Diakonissenwerkes, Liederdichter, Buchautoren, Prediger für die Kirche in den USA und für die wesleyanischen Methodisten, auch der später so bedeutsame Ernst Gebhardt, dessen Liedschaffen im 20. Jahrhundert einer wissenschaftlichen Untersuchung unterzogen worden ist.

Die ersten Zöglinge im Bremer „Missionshaus" 1859 mit L. S. Jacoby (2. v. l.) und Prediger Wilhelm Schwarz (3. v. l.)

Waren von Bremen aus zunächst die bedrängten Gemeinden mit Literatur versorgt worden, so kam im zweiten Jahrzehnt auch die Sendung von Predigern hinzu. Das Bremer „Missionshaus" weist auf einen zweifachen Einschnitt in der bis dahin kurzen Geschichte der methodistischen Kirche hin: Erstens wurde durch die Ausbildung eigener Verkündiger schnell eine personelle Unabhängigkeit von Amerika erreicht und zweitens zeigte die Verlegung nach Frankfurt/Main eine geographische Verlagerung der Arbeit an.

Das Ende der Ära Jacoby

Ludwig S. Jacoby starb am 20. Juni 1874 in St. Louis, USA. Als er 1871 dorthin zurückkehrte, konnte er ein gut organisiertes Werk zurücklassen, dessen Zentrum Bremen war. Dazu zählten: vier deutsche und zwei schweizerische Distrikte mit vielen Gemeinden und inzwischen 36 eigenen Kirchengebäuden, darunter zwei in Bremen (1852 und 1855), je eins in

Urkunde einer am 24. Juni 1861 in Bremen durch Bischof Edmund S. Janes (USA) erfolgten Ordination

Bremerhaven (1861) und Vegesack (1863); ferner ein Verlag mit eigener Druckerei (1860) und ein Predigerseminar (1858), 207 Sonntagsschulen, davon zehn im Lande Bremen. Eine „Predigerhülfsgesellschaft" sorgte für die Ruhegehälter. In Bremen war außerdem 1863, als die Methodisten in Sachsen und Württemberg noch in heftigen Auseinandersetzungen mit Staat und Kirche standen, mit dem „Bremer Methodistenverein" die Anerkennung einer juristischen Person gelungen, die für das kirchliche Eigentum Rechtssicherheit brachte.
Die „Jährliche Konferenz", das regionale Leitungsorgan der methodistischen Kirche, ehrte Jacoby durch eine Gedenktafel in der Kapelle des Traktathauses, die anläßlich der Tagung 1879 enthüllt wurde. Die Zeit der stürmischen Ausbreitung war vorbei. Mitte der siebziger Jahre beteiligten sich die Methodisten an der Bremer Dank-, Buß- und Bettagskollekte. Im „Bremer Kirchenblatt" sah man in den Methodisten „etwas Anderes ... als nur eine lästige und aufdringliche Sekte", und Pastor Tiesmeyer von St. Stephani empfahl zur Vorbereitung von Sonntagsschul-Stunden einen von dem methodistischen Theologen Wilhelm Nast herausgegebenen Bibel-Kommentar. Die methodistische Gemeinde gehörte

in Bremen einfach dazu. Ihre erstaunliche Aktivität wird im Vergleich der Bibelverbreitung erkennbar. Die „Bremer Bibelgesellschaft" verbreitete von 1864 bis 1890 27 436 Bibeln, davon 1447 im Jahre 1886; das methodistische Traktathaus konnte allein 1886 27 729 Bibeln unters Volk bringen. Das wirft auch ein Licht auf die Wirtschaftskraft des Verlagshauses, dessen Druckerei 1869 von Hastedt ins vormalige Missionshaus an der Zweigstraße umgezogen war. Nachdem die Schweizer Gemeinden 1886 eine eigene „Konferenz" bilden konnten, wurde in Zürich 1890 ein Verlag gegründet, der wirtschaftlich durch das Bremer Unternehmen abgesichert war. Trotzdem war 1906 ein Erweiterungsbau notwendig, der an der Nordstraße 78 errichtet wurde. Schließlich erfolgte 1929 ein großzügiger Neubau mit einer modernen technischen Ausstattung. Bremen war das publizistische Zentrum der methodistischen Kirche.

Von der Sonntagsschule zum Kindergottesdienst

Pastor Ludwig Tiesmeyer von St. Stephani ging in seinem Buch „Die Praxis der Sonntagsschule" (1873) davon aus, daß „die Methodisten . . . als Pioniere der Sonntagsschule in Deutschland . . . zu betrachten" sind. Das ist historisch korrekt. Genauer zu erforschen ist, ob der von den Methodisten gerade in Bremen gegebene Anstoß mit dazu beigetragen hat, daß die Hansestadt lange Zeit ein Zentrum der landeskirchlichen Kindergottesdienst-Bewegung in Deutschland war. Man braucht nur an die Pastoren Paul Zauleck (1849—1917), Ludwig Tiesmeyer (1835—1919) und Johannes Piersig (1867—1942) zu erinnern, die alle publizistisch und praktisch für den Kindergottesdienst in Deutschland viel getan haben. Bezeichnend ist, daß es Zauleck und Piersig um die Ablösung der englisch-amerikanischen Sonntagsschule durch den deutschen Kindergottesdienst ging.

Methodistische Gemeinden — singende Gemeinden

Ab 1874 wirkte die angelsächsische Heiligungsbewegung von England nach Deutschland herüber. Der im Bremer „Missionshaus" ausgebildete Ernst Gebhardt, der von 1868 bis 1871 wieder in Bremen wirkte und später die Redaktion einiger im methodistischen Verlag herausgegebener Zeitschriften besorgte, wurde während eines London-Aufenthaltes nachhaltig von dieser Bewegung erfaßt. Das wirkte sich unverkennbar auf seine Texte und Kompositionen aus. Daher fanden sich lange Zeit in den Gesangbüchern des deutschsprachigen Zweiges der Methodistenkirche mehr Übersetzungen von Ira David Sankeys Liedern als solche aus dem

1893 versammelten sich alle Pastoren der methodistischen Kirche in Deutschland (die Schweiz war bereits abgetrennt) noch einmal in Bremen. Sie beschlossen die Teilung in eine Norddeutsche und eine Süddeutsche Konferenz. Das Bild wurde vor der Meierei im Bürgerpark aufgenommen. Vorsitzender war Bischof John H. Vincent (USA)

reichen Schatz der in die Tausende gehenden Lieder Charles Wesleys. Unabhängig davon gewann Gebhardt durch seine Lieder weit über seine eigene Kirche hinaus Einfluß, besonders auf die Deutsche Gemeinschaftsbewegung, die sich innerhalb der deutschen Landeskirchen etabliert hatte.

Unter seinen zahlreichen Liedsammlungen, die teils in Bremen, teils in Basel erschienen, erreichte das Buch „Frohe Botschaft in Liedern" bis 1912 insgesamt 140 Auflagen mit 439 000 Exemplaren. Daneben hat er weitere 25 Liedsammlungen herausgegeben, die zusammen noch einmal mehr als 300 Auflagen erlebten. 1878 veröffentlichte er vermutlich als einer der ersten — auch in Bremen — Negro Spirituals, die schon im 19. Jahrhundert 36 Auflagen erreichten. Walter Schulz, der Gebhardts Liedgut untersuchte, führte die „ungeheure Verbreitung" auf drei Ursachen zurück: Es ist „zentral an der Bibel orientiert", bietet „eine Bereicherung des deutschen Liedschatzes" und weist „eine Popularität in melodischer und poetischer Gestaltung auf". Ästhetische Erwartungen konnte dieses Liedgut kaum erfüllen, aber es war volkstümlich und erreichte die Menschen des 19. Jahrhunderts.

Aus Anlaß des 50jährigen Bestehens konnte das „Traktathaus" 1910 feststellen: „Eine besondere Spezies unseres Verlags sind christliche Volkslieder. . . für gemischte Chöre, Männerchöre, Töchterchöre, Solosänger, Zitterspieler, Posaunenchöre. . ."
Die Gesangbücher der Methodistenkirche, die in Deutschland — und in den angelsächsischen Ländern in englischen, teils durch John Wesley selbst vorgenommenen Übersetzungen — überwiegend auf das deutsche Kirchenlied zurückgriffen, erschienen von Anfang an mit vierstimmigem Notensatz. Das Singen als Ausdruck der Freude über die erfahrene Gewißheit des Heils war selbst in der gottesdienstlichen Gemeinde oft mehrstimmig. Man kann das nur verstehen, wenn man sich bewußt macht, daß zur Grundstruktur einer methodistischen Gemeinde im 19. Jahrhundert ein Chor gehörte, der in der Regel jeden Sonntag sowohl im Vormittags- als auch im Abendgottesdienst seine schlichten Heilslieder sang. In den ersten Jahrzehnten des 20. Jahrhunderts gab es besondere „Gesanggottesdienste", für die eine überwiegend in Bremen verlegte Oratorienliteratur entstand. Die Kompositionen des methodistischen Predigers August Rücker stellten keine hohen Ansprüche an Chöre und Solisten, zeichneten sich aber durch eine eindrucksvolle Verkündigung z. B. des Karfreitagsgeschehens aus.

Veränderungen in der Republik

Mußte die Methodistenkirche bisher damit zufrieden sein, als „Bremer Methodistenverein" eine schwache Rechtsstellung zu haben, so brachte die Weimarer Reichsverfassung dank sozial-demokratischer Schützenhilfe auch für Nicht-Staatskirchen die Möglichkeit, als „Körperschaft des öffentlichen Rechts" anerkannt zu werden. Im Mai 1922 stellte die „Bischöfliche Methodistenkirche im Staate Bremen" einen Antrag auf Anerkennung. Baden und Bayern hatten den Methodisten dieses Recht bereits gewährt. Der Bremer Senat wollte sicher gehen und fragte in Preußen an, wie es dort um die Gewährung stehe. Aber hier zog sich die Behandlung der Frage auch wegen des Einspruchs von Generalsuperintendent Otto Dibelius bis 1930 hin. Man muß betonen, daß die Bremische Evangelische Kirche auf Anfrage des Senats „keine Bedenken" hatte. Trotzdem lag wegen der Verzögerung in Preußen der Antrag auf Eis.
1925 feierten die Methodisten das 75jährige Wirken ihrer Kirche in Deutschland. Sie hatten den Wunsch, aus diesem Anlaß gerade in Bremen die Anerkennung zu erhalten. Der Berliner Superintendent Bernhard Keip, der die Verhandlungen der methodistischen Kirche mit dem preußi-

schen Staat führte, kam eigens nach Bremen, um bei Bürgermeister Spitta vorzusprechen. Es half. Am 3. Juli 1925 wurden die Körperschaftsrechte gewährt. Damit war erreicht, daß die Kirche ein höheres Maß an Rechtssicherheit hatte und daß ihre Glieder einen anderen gesellschaftlichen Status bekamen. Nun standen ihnen auch alle Ämter im Staatsdienst offen. Auch innerkirchlich waren deutliche Fortschritte festzustellen. Durch die regelmäßigen freiwilligen Gaben, die die Kirchenglieder opferten anstelle von Kirchensteuern, auf deren Erhebung die Methodisten auch nach der Erlangung der Körperschaftsrechte aus Prinzip verzichteten, war die Kirche auf dem Weg zur finanziellen Unabhängigkeit von Amerika.

Die methodistische Jubiläumskonferenz 1925 in Bremen begrüßte viele Gäste. Als Vorsitzender war Bischof John Louis Nuelsen anwesend. Er hatte 1885 am Alten Gymnasium in Bremen sein Abitur gemacht und war vorher schon als Sonntagsschul-Lehrer und Laienprediger mit einer von der Bremer Gemeinde erteilten Lizenz tätig. Später hatte er in den USA, in Halle und Berlin Theologie studiert. Nach kurzem Dienst als Prediger und Professor in den Staaten wurde er dort zum Bischof der Kirche erwählt. Von 1912 bis 1940 war er die prägende ökumenische Gestalt des kontinental-europäischen Zweigs der Methodistenkirche. Die Bremer Konferenz wurde von Vertretern verschiedener Bremer Gemeinden begrüßt, u. a. von D. theol. Karl Büttner für den Kirchenausschuß der Bremischen Evangelischen Kirche. Natürlich waren methodistische Vertreter aus der weltweiten Gesamtkirche nach Bremen gekommen, aber das war eigentlich nicht außergewöhnlich. Der Gottesdienst am Sonntagvormittag mit der Predigt von Bischof Nuelsen fand zusammen mit der Stephani-Gemeinde in deren Kirche statt. Die neue ökumenische Situation machte sich bemerkbar. So wurden im Rahmen der Konferenz auch Fragen der bald darauf in Stockholm tagenden ersten ökumenischen „Weltkonferenz für Praktisches Christentum" besprochen. An einem der drei Konferenz-Sonntage in Stockholm hielt Bischof Nuelsen ebenfalls die Predigt. Was auf der Weltkonferenz in Stockholm möglich war, ging auch in Bremen. Die neue Situation der Methodistenkirche in Kirche und Staat war greifbar.

Angepaßt überleben

Die methodistische Kirche ist nicht in der Auseinandersetzung mit der Kirche von England und auch nicht im Kampf mit dem Staat geboren. Ihr „Feind" war die Sünde, das Leben ohne Gott, ihre Aufgabe die Mission. Um eben diese Mission im Sinne des Rufs in die Nachfolge Christi

erfüllen zu können, war man zu Konzessionen bereit. Dabei ist die Kirche sich darüber nicht im klaren gewesen, daß der Weg des Glaubens auch Konsequenzen hat, die Widerspruch gegen politische Entscheidungen und Absage an widerchristliche Weltanschauungen in sich schließen.
Jene scheinbar kleine Entscheidung, mit der man die Gedenktafel des Kirchengründers aus jüdischem Geschlecht in der Bremer Kirche vorsorglich mit einem Vorhang überdeckte, ist bezeichnend für den Weg durch die Zeit des Nationalsozialismus. Der Chefredakteur des methodistischen Sonntagsblattes, das Woche für Woche von Bremen aus in alle Gemeinden ging, war von Anfang an ängstlich und eingeschüchtert, ganz abgesehen davon, ob er einer so ungeheuren Herausforderung gewachsen war, um zeitkritisch die Vorgänge in der Gesellschaft und ihre Wirkungen auf die Kirchen zu gewichten und meinungsbildend für die Methodisten zu wirken. Gleich am Anfang sah er sich gezwungen, einen nationalsozialistischen Aufruf zu den Märzwahlen 1933 zu veröffentlichen.
Aber dies war nur eine punktuelle Frage; es ging von Anfang an um mehr: Die Existenzfrage stand für die ganze methodistische Kirche auf dem Spiel. Die Absicht der Eingliederung in die entstehende „Reichskirche" aller Evangelischen wurde immer wieder von einer anderen Seite akut: Innenministerium, Reichskirchenregierung, Reichsleitung Deutsche Christen, der „Rechtswalter" August Jäger, die Gestapo und zuletzt das Reichskirchenministerium drohten teils mit der Auflösung, teils mit einem Verbot. Jeweils montags trafen sich die methodistischen Prediger in Bremen zur „Lagebesprechung".
Die Repressalien weckten Angst: erzwungene Mitgliedschaft in der Reichspressekammer, danach „Sprachregelungs-Vorschriften" mit geheimen Zuweisungen von Themen zur Berichterstattung; Anfang Februar 1934 kurzfristiges Verbot der auflagenstarken „Friedensglocke" (128 000 Expl. wöchentlich) wegen „grober Beleidigung der Regierung" und „Gefährdung des NS-Staates". Es kam zu weiteren vorübergehenden Verboten und zur Versagung von Druckerlaubnissen. Im Rückblick erscheinen diese Maßnahmen wie Drohgebärden zur Einschüchterung.
Eine neue Verordnung von 1939 untersagte es den Kirchen, als Verleger und Sortimentsbuchhändler tätig zu sein. Da das Unternehmen der Kirche gehörte, drohte nun das Aus, das gerade noch durch Umorganisation vermieden werden konnte. 1941 erfolgte für alle Kirchen ein generelles Zeitschriften-Verbot.
Die ständige Bedrohung der Existenz des graphischen Betriebes mit seinen nahezu 100 Mitarbeitern wirkte sich natürlich auch auf die Bremer Gemeinde aus. Es waren hier wie dort die gleichen Laien, die die Verantwortung trugen.

Gemeinde auf „neutralem" Weg

Die Beobachtung des Gemeindelebens durch die Gestapo konnte in einer freikirchlichen Gemeinde nicht verborgen bleiben. Gerhard Schodde, von 1934 bis 1945 Pastor in Bremen, hat berichtet, daß man immer zwei separate Stühle für die Gestapo im Gottesdienst bereitstehen hatte. Längere Zeit waren sie fast jeden Sonntag besetzt. Von Zeit zu Zeit wurde Schodde vorgeladen, jedoch nie aus spektakulären Gründen. Es genügte schon zur Einschüchterung, daß Kommissar Simon zu erkennen gab, wie genau er über die Vorgänge innerhalb der Methodistenkirche im Bilde war. In der Gemeinde selbst gab es gelegentlich heftige Diskussionen. Einige Gemeindeglieder bekannten sich offen zum Nationalsozialismus. Aber weder den Deutschen Christen noch dem Bremer Landesbischof Heinz Weidemann, den man demonstrativ nicht zur Konferenz 1935 eingeladen hatte, konnten die Methodisten Vertrauen entgegenbringen. Andererseits war die Bekennende Kirche so sehr mit landeskirchlichen Problemen befaßt — einen „Arierparagraphen" gab es bei den Methodisten nicht, weil sie keine Kirchenbeamten hatten —, daß selbst Karl Barth ökumenischen Kontakten zu den deutschen Freikirchen skeptisch gegenüberstand, was sich natürlich auf der Ortsebene auswirkte.

Nach dem Verbot der Freimaurer kauften die Methodisten deren Orgel. Am 1. Advent 1936 konnte sie, nicht ohne vorherige Auseinandersetzung, erstmals gespielt werden. Später stellte die Gemeinde zwei Jahre hindurch ihren Kirchensaal für holländische Zwangsdeportierte zur Verfügung. Sie hielten dort ihre Gottesdienste, empfingen aber auch manche menschliche Zuwendung und soziale Hilfe.

Im Herbst 1943 wurde Pastor Schodde eingezogen. Ruheständler und Laien haben danach die Gottesdienste gehalten: Gemeindeschwester Diakonisse Charlotte Hartmann übernahm den Besuchsdienst und manche Gruppenarbeit.

Die Nacht vom 18. zum 19. August 1944 brachte einen vernichtenden Schlag: Das Kirchengebäude, an der heutigen Bürgermeister-Smidt-Straße gelegen, wurde total zerstört. Nur die Stirnwand mit der Jacoby-Gedenktafel ragte noch mahnend in den Himmel. In der gleichen Nacht wurde der graphische Betrieb, inzwischen in „Anker-Verlag" umbenannt, total vernichtet. Auch das umfangreiche, in den Kellergewölben sicher geglaubte Archivgut der Kirche ging verloren. Am Karfreitag 1945 wurde bei einem weiteren Angriff der letzte Rest dem Erdboden gleichgemacht. Der Verlag fand ein vorläufiges Domizil bei der Norddeutschen Mission, Am Dobben 123; die Unser-Lieben-Frauen-Gemeinde stellte für die Gottesdienste sofort den „Brautsaal" in ihrer schönen Kirche zur Verfügung.

Am Ende des Krieges war die Gemeinde zerstreut: viele Männer als Soldaten im Krieg oder in der Gefangenschaft, ausgebombte Familien waren evakuiert, der Pastor an der Front. Lediglich die Gottesdienste am Sonntag wurden noch gefeiert.
Obwohl die Verbindungen zum amerikanischen Teil der Kirche gefährdet waren, sind sie doch nie abgerissen. In Amerika hatte sich die große Methodistenkirche schon 1944 darauf eingerichtet, in Verbindung mit den Genfer ökumenischen Büros eine Hilfsaktion für alle evangelischen Kirchen in Deutschland zu starten. Viele dieser Gaben kamen für das „Hilfswerk der Evangelischen Kirchen" — man beachte den auf Veranlassung der Methodisten eingeführten Plural — im Hafen von Bremen an. Damit wurden die Weichen für eine neue zwischenkirchliche Zukunft gestellt, und die spätere Aktion „BROT FÜR DIE WELT", deren erster Aufruf 1959 schon von dem methodistischen Bischof Friedrich Wunderlich mitunterzeichnet wurde, ließ die Evangelisch-methodistische Kirche auf die Seite der Kirchen treten, die keine Unterstützung mehr aus Amerika erhielten, sondern selber gebende Kirchen für die Arbeit in Asien, Afrika und Lateinamerika wurden.

Neuanfang nach 1945

„Stehe auf und gehe auf die Straße, die da wüste ist", über diesen ungewöhnlichen Text (Apostelgesch. 8,26) hielt der gerade zwei Monate nach Kriegsende in die Hansestadt gesandte frühere Stettiner Pastor Max Arnold seine erste Predigt. In der Regel traf sich die kleine Rest-Gemeinde im Brautsaal von Unser Lieben Frauen, manchmal auch in der Ostkrypta des Doms. Arnold sammelte die Gemeinde und begann wieder Sonntagsschulen im Zentrum, in Gröpelingen, in der Neustadt und in Achim, wo er in der Schule auch predigte.
Für den Wiederaufbau mußte die Kirche auch in rechtlicher Hinsicht wieder handlungsfähig sein. Am 19. November 1945 konstituierte sich die methodistische Landesversammlung in den Büroräumen der Kirche Unser Lieben Frauen neu. Pastor Arnold wurde beauftragt, den Wiederaufbau in Bremen und in Bremerhaven, wo ebenfalls ein Totalschaden zu beklagen war, einzuleiten.
Ein Kirchenbau auf dem bisherigen Grundstück an der Bürgermeister-Smidt-Straße kam wegen städtebaulicher Planungen nicht in Frage. Nacheinander zerschlugen sich verschiedene Überlegungen. Zunächst erwog man durch die Anregung der Vereinigung für Städtebau, die Katharinenkirche mit ihren „arg geschändeten Mauern einem ihrer ursprünglichen Bestimmung naheliegenden Zweck zuzuführen". Danach stand die Übernahme

der Ruine des früheren Bürgermeister-Marcus-Hauses, Contrescarpe 133, zur Diskussion. Später kam das Erlingsche Grundstück an der Schwachhauser Heerstraße, auf dem jetzt die St.-Ursula-Kirche steht, ins Gespräch. Am 12. November 1948 endlich konnte das Grundstück Schwachhauser Heerstraße 179 erworben werden. Inzwischen gab es zeitlichen Druck, denn 1950 wollte die Methodistenkirche in dem neuerbauten Gebäude des Beginns der Arbeit vor 100 Jahren gedenken. Auch die guten Beziehungen, die die Methodisten zu den amerikanischen Dienststellen der Besatzungstruppen hatten, halfen in dieser Situation wenig.

Mehr als drei Jahre hatten die Methodisten ihre Gottesdienste im „Brautsaal" gehalten, aber natürlich nachmittags. Am 7. Dezember 1947 zogen sie um. Im CVJM-Haus an der späteren Ostendorpstraße war es möglich, sich zu den Gottesdiensten wieder am Vormittag zu versammeln.

Mit dem eigenen Neubau ging es 1950 zügig voran. Im Januar wurde für die von Architekt Eberhard Gildemeister geplante Kirche die Baugenehmigung erteilt. Noch am gleichen Tag wurden die Bauvorbereitungen begonnen. Die Grundsteinlegung folgte am 12. März und die Einweihung am 17. September, gerade am Sonntag vor dem Beginn der „Nordwestdeutschen Konferenz". Damit war an der Schwachhauser Heerstraße, im Volksmund später gelegentlich „Kirchenallee" genannt, der erste Sakralbau errichtet. Nach ziemlich genau sechs Jahren hatte die Gemeinde wieder ein eigenes Zentrum. Pastor Max Arnold, der bis zu seinem Ruhestand 1952 in Bremen wirkte, hat mit enormer Mühe die Gemeinde wieder gesammelt und ihr mit dem Bau der Kirche den Weg in die Zukunft geöffnet.

Verlag und Druckerei — von Bremen nach Frankfurt/Main

Nach der Zerstörung des Anker-Verlags gab es in Bremen nur noch eine Art Briefkastenfirma mit „Postfach 323". Das vom Umfang her bescheidene „Amtsblatt" wurde in Delmenhorst gedruckt, wo man eine kleine Druckerei pachten konnte.

Nach der Genehmigung durch die Militärregierung konnte „Der Evangelist" in einer Auflage von 3600 Exemplaren für die britische Besatzungszone in Delmenhorst gedruckt werden. Die Redaktion lag in Händen des späteren Bremer Pastors Wilhelm K. Schneck. Andere Militärregierungen erteilten der methodistischen Kirche Druckgenehmigungen für München, Frankfurt/Main, Berlin und Tailfingen. Damit wurde das Tauziehen um den späteren Sitz des kirchlichen Verlagshauses eingeleitet, das schließlich — wie beim früheren „Missionshaus" — in Frankfurt/Main endete. 1967 wurde der Anker-Verlag in das Stuttgarter Christliche Verlagshaus integriert.

Erlöserkirche, Schwachhauser Heerstraße 179, gestaltet von Architekt Eberhard Gildemeister

Christuskirche in Vegesack, Georg-Gleistein-Straße 1

Im Wandel der Zeiten

Von 1952 bis 1957 widmete sich Pastor Dietrich Bargmann dem inneren Aufbau der Gemeinde. Ihm folgte von 1957 bis 1968 Pastor Wilhelm Karl Schneck, der viele Kontakte in Bremen und darüber hinaus knüpfte. Inzwischen waren auch in Bremerhaven und Vegesack neue Kirchen gebaut worden. Pastor A. C. Wilhelm Meyer, der später als Superintendent noch Auswanderer in Verbindung mit der United Church of Canada in Bremerhaven betreute, konnte 1956 die Friedenskirche, Grazer Straße 52/54, erbauen. Am 11. Dezember 1966 konnte auch die Vegesacker Gemeinde in die neue Christuskirche an der Georg-Gleistein-Straße umziehen. Vorher hatte sie nahezu einhundert Jahre lang eine schlichte Kapelle an der Halenbeckstraße.

1968 kam es weltweit zur Union von Bischöflicher Methodistenkirche und „Evangelischer Gemeinschaft", die auch eine Kirche methodistischen Typs war und nach dem Krieg in der Bremer Neustadt eine kleine Gemeinde gesammelt hatte, vorwiegend aus hierher geflüchteten Kirchengliedern.

Dadurch wurde die Kirchenvereinigung auch in Bremen wirksam. Nun lautete der Name „Evangelisch-methodistische Kirche".

Bald nach der Vereinigung kam Pastor Karl Heinz Voigt nach Bremen, der vorher das Hilfswerk der Kirche in Frankfurt/Main geleitet hatte und dort auch Geschäftsführer der Diakonischen Arbeitsgemeinschaft evangelischer Kirchen war. Von 1968 bis 1971 wurde das noch zu Schnecks Zeiten geplante Altenheim an der Erlöserkirche erbaut. Neben der diakonischen Arbeit sowie der Ausweitung der Kinder- und Jugendarbeit wurde die ökumenische Gemeinschaft intensiviert. Im „Ökumenischen Arbeitskreis" — später „Arbeitsgemeinschaft christlicher Kirchen" — arbeiteten die verschiedenen Kirchen der Stadt partnerschaftlich zusammen. Der methodistische Pastor war in den 70er und 80er Jahren zweimal dessen Vorsitzender. Der erste „Ökumenische Stadtkirchentag" wurde geplant und die „Ökumenische Bibelwoche" erheblich ausgeweitet. Die methodistische Erlöserkirchen-Gemeinde führte diese Bibelwoche fortan jährlich mit der evangelischen Friedenskirche und der katholischen St.-Ursula-Gemeinde durch. Den Abschluß bildete jeweils ein sog. „Kanzeltausch" aller Gemeinden. Dies war für die Gemeinden erfahrbarer Ausdruck der wachsenden ökumenischen Gemeinschaft.

Es war mehr als ein symbolischer Akt, daß die Schriftführer des Kirchenausschusses der Bremischen Evangelischen Kirche, Pastor D. theol. Günter Besch und Pastor Wolf-Udo Smidt, in der methodistischen Erlöserkirche predigten und Pastor Heinz Georg Binder in gleicher Eigenschaft die Kirche in einem Gottesdienst im Gewerbehaus ansprach, als diese 1975 auf ihre 125jährige Wirksamkeit zurückschaute.

In diesem Zusammenhang fand nach einem Festgottesdienst in der Bremer „Glocke" eine europaweite Tagung in der Evangelischen Akademie Loccum statt. Sie stellte sich der Herausforderung, unter dem Thema „Die Zukunft der methodistischen Tradition", das theologische und kirchliche Selbstverständnis angesichts der durch die ökumenische Bewegung und die gesellschaftlichen Entwicklungen eingetretenen Veränderungen neu zu formulieren und damit den Schritt in die Zukunft vorzubereiten.

Quellen und Literatur:
Der Christliche Apologete (ab 1839 in: Cincinnati/Ohio, USA). — Der Evangelist (ab 1850). — Münkel, Was ist von den Methodisten zu halten? (1850). — Münkel, Erste Versuche des Methodismus (1851). — Jacoby, Handbuch des Methodismus (1855[2]). — Geschichte und Bericht der Missions-Anstalt (1866). — Jacoby, Geschichte des Methodismus (1870). — Mann, Ludwig S. Jacoby (1892). — Burkhardt, Denkschrift Traktathaus (1910). — Das Traktathaus in Bremen (1935). — Schäfer, Georg Gottfried Treviranus (1964). — Sommer, Der Methodismus (1968). — Voigt, Georg Gottfried Treviranus (1973). — Voigt, Der unvergessene Dienst der Väter (1974). — Voigt, Warum kamen die Methodisten nach Deutschland? (1975). — Voigt, Die Ev.-meth. Kirche (1975). — Voigt, Auswandererfürsorge der

meth. Kirche (1976). — Voigt, Der deutschsprachige Zweig der Methodistenkirche in Amerika (1982). — Voigt, Die Methodistenkirche in Deutschland (1982). — Steckel/Sommer, Geschichte der Ev.-meth. Kirche (1982). — Froriep/Rudloff, Bibliographie Bremer Gesangbücher (1982). — Weyer, Das Missionshaus des Bischöflichen Methodismus (1983). — Voigt, Bremer Beziehungen zur angelsächsischen Erweckungsbewegung (1993).

Bibliographie zur bremischen Kirchengeschichte im 19. und 20. Jahrhundert

Von Hilke Nielsen

Vorbemerkung

Die Bibliographie führt im wesentlichen die in den Einzelbeiträgen genannte Literatur zusammen. Sie verzeichnet also nicht die gesamte einschlägige Literatur, sondern versteht sich vielmehr als bibliographisches Hilfsmittel, das den raschen Zugriff auf die wichtigsten Veröffentlichungen zur bremischen Kirchengeschichte des Zeitraumes ermöglicht und gewährleistet.

In I. ist die Literatur gegliedert in vier Formalkategorien:
A   Bibliographien
B   Zeitschriften, Schriftenreihen
C   Nachschlagewerke
D   Monographien, Aufsätze

Innerhalb dieser Rubriken sind die Titel in alphabetischer Ordnung verzeichnet und numeriert. Zu beachten ist, daß Sammelwerke unter ihrem Sachtitel und nicht unter der herausgebenden Person zu finden sind.

Thematisch ist die wichtigste Literatur jeweils am Ende der einzelnen Kapitel des Textes in Kurzform angegeben. Literatur zu Personen, Gemeinden und Institutionen wird zusätzlich im Register II. erschlossen; die Verbindung zum Literaturverzeichnis I. erfolgt über die Buchstaben-Zahlen-Kombination, mit der jede Eintragung versehen ist.

I. Bibliographie

A *Bibliographien*

A 1 Blandow, Jürgen/Wilckhaus, Friedrich: Bibliographie zum Bremischen Wohlfahrtswesen im 20. Jahrhundert. Bremen 1988. (Schriften des Archivs für Bremische Wohlfahrtspflege. 1).

A 2 Froriep, Ruth/Rudloff, Ortwin: Bibliographie Bremer Gesangbücher.
In: Bremer Gesangbücher (D 47). S. 11–99.

A 3 Müller-Volbehr, Otto: Die Kirchenkampfbestände des Archivs der Bremischen Evangelischen Kirche.
In: Hospitium Ecclesiae. 10, 1976, S. 181–221.

A 4 Runge, Karl: Die Kirchen und religiösen Gemeinschaften im Lande Bremen. Eine Bibliographie. 1960–1963.
In: Hospitium Ecclesiae. 4, 1964, S. 84–88.

A 5 Runge, Karl: Die Kirchen und religiösen Gemeinschaften im Lande Bremen. Eine Bibliographie. 1964–1966.
In: Hospitium Ecclesiae. 5, 1967, S. 146–151.

A 6 Runge, Karl: Die Kirchen und religiösen Gemeinschaften im Lande Bremen. Eine Bibliographie. 1967–1969.
In: Hospitium Ecclesiae. 7, 1971, S. 102–121.

A 7 Runge, Karl: Die Kirchen und religiösen Gemeinschaften im Lande Bremen. Eine Bibliographie. 1970–1972.
In: Hospitium Ecclesiae. 8, 1973, S. 169–174.

Zum Thema Nationalsozialismus und Evangelische Kirche

A 10 Bibliographie zur kirchlichen Zeitgeschichte 1987/88.
In: Kirchliche Zeitgeschichte. 2, 1988, S. 365–428.

A 11 Meier, Kurt: Literatur zur kirchlichen Zeitgeschichte.
In: Theologische Rundschau. 55, 1990, S. 89–106.

A 12 Scholder, Klaus: Die Kirchen zwischen Republik und Gewaltherrschaft. Berlin 1988. S. 162–170.

B *Zeitschriften, Schriftenreihen*

B 1 Ansgarius. Bremische katholische Sonntagszeitung. Bremen.
Bd. 1. 1924 – 13. 1936.

B 2 Blicke in die Zeit nach der Schrift. Hrsg.: Adolph Toel. Bremen. 1848–1855.

B	3	Bremer Beiträge zum Ausbau und Umbau der Kirche. Hrsg. von Julius Burggraf. Gießen. 1. 1906/07 – 3. 1908/09.
B	4	Bremer Kirchenblatt. Hrsg. von Franz Michael Zahn (u. a.). Bremen. Bd. 1. 1865 – 6. 1870.
B	5	Bremer Kirchenbote. Eine Zeitschrift. Hrsg. von Friedrich Mallet. Bremen. Jg. 1. 1832 – 19. 1846.
B	6	Bremer Kirchenzeitung. Hrsg. im Auftr. des Bremischen Evangelischen Kirchenausschusses von Otto Hartwich (u. a.), ab Jg. 9 Heinz Weidemann. Bremen. Jg. 1. 1928 – 14. 1941.
B	7	Bremer Kirchenzeitung. Hrsg. im Auftr. der Bremischen Evangelischen Kirche. Bremen. Jg. 25. 1970 –
B	8	Bremer kirchliche Monatshefte. Neue Folge des Bremer Kirchenblattes. Schriftleitung Karl Refer. Bremen. Jg. 1. 1929 – 3. 1930.
B	9	Bremer Post. Hrsg. von Friedrich Mallet. Bremen. 1856–1860.
B	10	Bremer Schlüssel. Hrsg. von Friedrich Mallet. Bremen. Nr. 1. 1848 – 6. 1849.
B	11	Bremer Sonntagsblatt. Red.: F. Pletzer. Bremen. 1. 1853 – 14. 1866.
B	12	Bremisches Jahrbuch. Hrsg. von der Historischen Gesellschaft Bremen u. dem Staatsarchiv Bremen. Bremen. 1. 1864 –
B	13	Der christliche Apologete. Deutsches Organ der Bischöflichen Methodistenkirche (in USA). Hrsg. von Wilhelm Nast. Cincinnati. Jg. 1. 1839 – 101. 1939.
B	14	Christliche Monatsschrift zur Stärkung und Belebung des christlichen Sinns. Nürnberg (später Leipzig). 1. 1800 – 12. 1805.
B	15	Deutsches Christentum. Neue Folge der Bremer Beiträge. Hrsg. von Julius Burggraf. Gießen. 4. 1909/10 – 5. 1911.
B	16	Deutsches Protestantenblatt. Hrsg. durch August Lammers. Bremen. 6. 1873 – 34. 1901.
B	17	Einkehr. Bremer Kirchenzeitung. Hrsg. im Auftr. d. Bremischen Evangelischen Landeskirche von Max Penzel (u. a.). Bremen. 1. 1946 – 24. 1969.
B	18	Der Evangelist. Sonntagsblatt der Evangelischen Methodistenkirche. Frankfurt/M. 1. 1850/51 – 118. 1967.
B	19	Für unsere Kinder. Ein Sonntagsblatt für die christliche Kinderwelt. Hrsg. von Ludwig Tiesmeyer u. Paul Zauleck. Bremen (später Gütersloh). 1. 1889 – 52. 1940.
B	20	Gesetze, Verordnungen und Mitteilungen. Hrsg. vom Kirchenausschuß der Bremischen Evangelischen Kirche. Bremen. 1925 –

B 21 Hospitium Ecclesiae. Forschungen zur Bremischen Kirchengeschichte. Hrsg. im Auftrag der Kommission (später: Vereinigung) für bremische Kirchengeschichte von Bodo Heyne, Kurd Schulz (ab 10. 1976) Ortwin Rudloff. Bremen. 1. 1954 –

B 22 Jahrbuch der Wittheit zu Bremen. Bremen. (Schriften der Wittheit zu Bremen). 1. 1957 –

B 23 Der Kindergottesdienst. Eine (illustrierte) Monatsschrift zur Förderung der gottesdienstlichen Pflege der Jugend. Ludwig Tiesmeyer, Georg Volkmann, Paul Zauleck. Bremen (später Gütersloh u. Bielefeld). Jg. 1. 1890 – 92. 1982.

B 24 Kirchlicher Anzeiger für das Bistum Hildesheim. (1936–1940: der Diözese Hildesheim). 1889 –

B 25 Kommende Kirche. Wochenblatt für eine christliche Kirche deutscher Nation. Hrsg. von Heinz Weidemann. Bremen. 1936/37 – 1940.

B 26 Mitteilungen der Norddeutschen Mission. Hrsg. von der Norddeutschen Missionsgesellschaft. Hrsg. von Erich Ramsauer. Bremen. Jg. 1. 1949 – 35. 1983.

B 27 Monats-Blatt der Norddeutschen Missionsgesellschaft. Neue Folge. Hrsg. von der Norddeutschen Missionsgesellschaft. Bremen 1. 1876 – 102. 1941.

B 28 Norddeutsche Mission. Brücke zum Partner in Afrika. Mitteilungen aus der Norddeutschen Mission Bremen. Bremen. 36. 1984 –

B 29 Norddeutsches Protestantenblatt. Bremen. 1. 1867 – 65. 1872.

B 30 Protestantenblatt. Wochenschrift für den deutschen Protestantismus. Hrsg. von Wilhelm Schubrig, Erich Pfalzgraf. Bremen. 35. 1902 – 74. 1941.

B 31 Wecker. Ein Sonntagsblatt zur Beförderung des religiösen Lebens. Von Rudolph Dulon. Bremen. 1. 1850/51 – 2. 1851/52.

C *Nachschlagewerke*

C 1 Die Bischöfe der deutschsprachigen Länder 1785/1803 bis 1945. Ein biographisches Lexikon. Hrsg. von Erwin Gatz. Berlin 1983.

C 2 Die Bischöfe des Heiligen Römischen Reiches 1648 bis 1803. Ein biographisches Lexikon. Hrsg. von Erwin Gatz. Berlin 1990.

C 3 Breitenfeldt, Martin: Bremens fromme Szene. Gemeinden, Gemeinschaften, Dienstgruppen im evangelischen Raum. Eine Bestandsaufnahme. Bremen 1991.
C 4 Bremer Pfarrerbuch. Die Pastoren der Bremischen Evangelischen Kirche seit der Reformation. Bearb. von Otto Müller-Benedict u. Hartwig Ammann. Bd. 1. Die Pastoren nach Gemeinden, Ämtern und Einrichtungen. Bremen 1990.
C 5 Bremische Biographie des neunzehnten Jahrhunderts. Hrsg. von der Historischen Gesellschaft des Künstlervereins. Bremen 1912.
C 6 Bremische Biographie 1912–1962. Hrsg. von der Historischen Gesellschaft und dem Staatsarchiv Bremen. In Verbind. mit Fritz Peters und Karl H. Schwebel bearb. von Wilhelm Lührs. Bremen 1969.
C 7 Führer durch die katholischen Kirchen und Gemeinden der Freien Hansestadt Bremen und Bremerhavens. 4. Aufl. Bremen 1949.
C 8 Führer durch die katholischen Kirchen und Gemeinden von Bremen und Bremerhaven. 3. Aufl. Bremen (um 1935).
C 9 Heitmann, Claus: Von Abraham bis Zion. Die Ortsgemeinden der Bremischen Evangelischen Kirche. Bremen 1985.
C 10 Kirchliches Handbuch für das katholische Deutschland. Freiburg. Bd. 1. 1907 – 16. 1929. Köln. Bd. 17. 1931 – (ab Bd. 25: Kirchliches Handbuch. Amtliches Statistisches Jahrbuch der katholischen Kirche Deutschlands).
C 11 Kloos, Werner: Bremer Lexikon. Ein Schlüssel zu Bremen. Bremen 1977.
C 12 Meier-Hüsing, Peter: Religiöse Gemeinschaften in Bremen. Ein Handbuch. Marburg 1990.
C 13 Miessner, Robert: Die bremischen Pastoren seit der Reformation. Bremen 1951. (Masch.).
C 14 Neue deutsche Biographie. Hrsg. von der Historischen Kommission bei der Bayerischen Akademie der Wissenschaften. Berlin. Bd. 1. 1953 –
C 15 Patemann, Reinhard: Bremische Chronik 1971–1975. Bremen 1979. (Veröffentlichungen aus dem Staatsarchiv der Freien Hansestadt Bremen. 45).
C 16 Peters, Fritz: Zwölf Jahre Bremen 1921–1932. Bremen 1938.
C 17 Peters, Fritz: Zwölf Jahre Bremen 1933–1945. Bremen 1951.
C 18 Peters, Fritz: Zwölf Jahre Bremen 1945–1956. Bremen 1976.

C 19   Real-Enzyklopädie für protestantische Theologie und Kirche. 3. Aufl. Leipzig. Bd. 1. 1896 – 24. 1913.
C 20   Rotermund, Heinrich Wilhelm: Lexikon aller Gelehrten, die seit der Reformation in Bremen gelebt haben . . . Bremen 1818.
C 21   Wania, Hubert: Dreißig Jahre Bremen 1876–1905. Chronologisches Verzeichnis aller denkwürdigen Ereignisse. Bremen 1906.
C 22   Wania, Hubert: Fünfzehn Jahre Bremen 1906–1920. Eine Chronik. Bremen 1930.

D   *Monographien, Aufsätze*

D 1   Achthundertfünfzig Jahre St. Stephani-Gemeinde. Bremen 1990.
D 2   Adamietz, Horst: Das erste Kapitel. Bremen 1975.
D 3   Adick, Christel: Bildung und Kolonialismus in Togo. Eine Studie zu den Entstehungszusammenhängen eines europäisch geprägten Bildungswesens in Afrika am Beispiel Togos (1850–1914). Weinheim (u. a.) 1981. (Studien zu Gesellschaft und Bildung. 6).
D 4   Ammann, Hartwig: Die evang.-luth. Gemeinde des Guten Hirten zu Bremen. Bremen 1975.
D 5   Ammann, Hartig: Gestern noch ein Dorf. Bd. 1. 800 Jahre Kirchengemeinde Oberneuland. Eine Chronik. Bremen 1980. Bd. 2. 125 Jahre „St. Johann zu Oberneuland" 1860–1985. Bremen 1984.
D 6   Anpassung und Widerstand. Evangelische Kirche im 3. Reich. Was haben wir gelernt? Beiträge anläßlich der Ausstellung „Evangelische Kirche zwischen Kreuz und Hakenkreuz" im April 1983 in Bremen. Zsgest. von Uwe Ihssen. Bremen 1983. (Protexte. 5).
D 7   Arlt, Erwin: Cornelius Rudolf Vietor.
      In: Bremische Biographie 1912–1962. S. 534–535.
D 8   Arlt, Erwin: Erinnerungen. (Bremen 1969). Ms im Archiv der BEK.
D 9   Aschoff, Hans-Georg: Bremen. Erzstift und Stadt.
      In: Die Territorien des Reiches im Zeitalter der Reformation und der Konfessionalisierung. Land und Konfession 1500–1650. Bd. 3. Der Nordwesten. Hrsg. von Anton Schindling u. Walter Ziegler. Münster 1991. S. 44–57.

D 10 Aschoff, Hans-Georg: Der Kulturkampf in der Provinz Hannover.
In: Blätter für deutsche Landesgeschichte. 115, 1979, S. 15–67.

D 11 Aschoff, Hans-Georg: Das Verhältnis von Staat und katholischer Kirche im Königreich Hannover (1813–1866). Hildesheim 1976. (Quellen und Darstellungen zur Geschichte Niedersachsens. 86).

D 12 Atomwaffen und Ethik. Der deutsche Protestantismus und die atomare Aufrüstung 1954–1961. Dokumente und Kommentare. Hrsg. von Christian Walther. München 1981.

D 13 Bachmann, Elfriede: Das kirchliche Frauenstimmrecht in der Stadt Bremen.
In: Hospitium Ecclesiae. 9, 1975, S. 55–132.

D 14 Barfuss, Karl Martin: „Gastarbeiter" in Nordwestdeutschland 1884–1918. (Veröffentlichungen aus dem Staatsarchiv der Freien Hansestadt Bremen. 52).

D 15 Barth, Karl: Die protestantische Theologie im 19. Jahrhundert. 3. Aufl. Zürich 1960.

D 16 Barth, Karl: Theologische Existenz heute! Neu hrsg. von Hinrich Stoevesandt. München 1984.

D 17 Bausteine zur Geschichte der Norddeutschen Missions-Gesellschaft. Gesammelt zum 75jährigen Jubiläum von August Wilhelm Schreiber. Bremen 1936.

D 18 Beier, Erich: „Wilhadi". Die Geschichte einer Kirchengemeinde. Bremen 1955.

D 19 Belke, Werner: Kirche und Schule in Bremen. Eine verwaltungsrechtliche Skizze unter Einschluß verfassungsrechtlicher Fragen. Kiel 1953. Diss.

D 20 Bergemann, Hans-Georg: Aspekte zur bremischen Kirchenverfassung.
In: Zeitschrift für evangelisches Kirchenrecht. 14, 1968/69, S. 307–336.

D 21 Bergemann, Hans-Georg: Staat und Kirche in Bremen.
In: Zeitschrift für evangelisches Kirchenrecht. 9, 1963, S. 228–259.

D 22 Berger, Brita: Die Katholische Kirche in Bremen 1933–1945. Bremen 1969. PH-Hausarb.

D 23 Bertram, Adolf: Geschichte des Bistums Hildesheim. Bd. 3. Hildesheim (u. a.) 1925.

D 24 Besch, Günter: Gottfried Menken in der Beurteilung Karl Barths.
In: Hospitium Ecclesiae. 10, 1976, S. 169–174.

D 25 Besier, Gerhard/Sauter, Gerhard: Wie Christen ihre Schuld bekennen. Die Stuttgarter Erklärung 1945. Göttingen 1985.

D 26 Bessell, Georg: Hundert Jahre Innere Mission in Bremen 1849–1949. Ein Stück verborgener Geschichte. Bremen (1949).

D 27 Bessell, Georg: Pastor Constantin Frick. Ein Lebensbild. Bremen 1957.

D 28 Binder, Heinz-Georg: Überlegungen zur Neuordnung der kirchlichen Verhältnisse in Bremen am Ende des 19. Jahrhunderts.
In: Hospitium Ecclesiae. 10, 1976, S. 135–145.

D 29 Bippen, Wilhelm von: Aus Bremens Vorzeit. Aufsätze zur Geschichte der Stadt Bremen. Bremen 1885.

D 30 Bippen, Wilhelm von: Diedrich Rudolf Ehmck.
In: Bremische Biographie des neunzehnten Jahrhunderts. S. 122–124.

D 31 Bippen, Wilhelm von: Geschichte der Stadt Bremen. Bd. 1–3. Bremen (u. a.) 1892–1904.

D 32 Bippen, Wilhelm von: Johann Smidt, ein hanseatischer Staatsmann. Stuttgart (u. a.) 1921.

D 33 Bippen, Wilhelm von: Zur Ausbildung der bürgerlichen Armenpflege in Bremen.
In: Bremisches Jahrbuch. 11, 1880, S. 143–161.

D 34 Das Bistum Hildesheim 1933–1945. Eine Dokumentation. Hrsg. von Hermann Engfer. Hildesheim 1971. (Die Diözese Hildesheim in Vergangenheit und Gegenwart. 37/38).

D 35 Das Bistum Osnabrück. Hrsg. von Konrad Seling. Berlin (1934).

D 36 Blätter aus der Geschichte der Horner Gemeinde in 750 Jahren. Hrsg. von der Gemeinde. Bremen (1938).

D 37 Bloth, Peter C.: Die Bremer Reformpädagogik im Streit um den Religionsunterricht. Eine Studie zu Theologie und Methodik des Religionsunterrichts in der Volksschule des frühen 20. Jahrhunderts. Dortmund 1961.

D 38 Blum, Klaus: Musikfreunde und Musici in Bremen. Musikleben in Bremen seit der Aufklärung. Tutzing 1975.

D 39 Blum, Klaus: Musikleben in Bremen.
In: Geistiges Bremen. Hrsg. von Erhard Faust. Bremen 1960. S. 177–206.

D 40 Blum, Klaus: 1200 Jahre Kirchenmusik in Bremen. 1000 Jahre Musik nach Noten.
In: Hospitium Ecclesiae. 15, 1987, S. 9–28.
D 41 Boche, Ernst: Werden und Wachsen der Hohentorsgemeinde in Bremen. Bremen 1949.
D 42 Bockhofer, Reinhard: Pastor Johannes Oberhofs teuer bezahltes Engagement gegen die Wiederbewaffnung.
In: „Nieder die Waffen, die Hände gereicht!" (D 275). S. 175–180.
D 43 Bodensieck, Gustav: Die Kirchengemeinde Bremen-Borgfeld. Lilienthal 1965. 2. Aufl. Lilienthal 1972.
D 44 Boyens, Armin: Die Kirchenpolitik der amerikanischen Besatzungsmacht in Deutschland 1944 bis 1946.
In: Kirche in der Nachkriegszeit. Vier zeitgeschichtliche Beiträge. Göttingen 1979. (Arbeiten zur kirchlichen Zeitgeschichte. Reihe B. 8). S. 7–99.
D 45 Bremen und seine Bauten. Hrsg. vom Architekten- und Ingenieur-Verein. Bremen 1900.
D 46 Bremen und seine Bauten 1900–1951. Hrsg. von Carl Thalenhorst. Bremen (1952).
D 47 Bremer Gesangbücher. Bibliographie, Archivalien, Gesangbücher. Bremen 1982. (Hospitium Ecclesiae. 13).
D 48 Bremer Gesangbücher, Bremer Kirchenlieder-Dichter. Bremen 1981. (Protexte. 2).
D 49 Der Bremer Schulstreit vor der Disziplinarkammer. Ein Kampf um die Freiheit der Volksschule. Hrsg. von der Press-Kommission. Bremen 1907.
D 50 Die bremischen Kirchen. Hrsg. von d. Historischen Gesellschaft d. Künstlervereins. Bremen 1876. (Denkmale der Geschichte und Kunst der Freien Hansestadt Bremen. 3).
D 51 Bruss, Regina: Die Bremer Juden unter dem Nationalsozialismus. Bremen 1983. (Veröffentlichungen aus dem Staatsarchiv der Freien Hansestadt Bremen. 49).
D 52 Buchenau, Franz: Die Freie Hansestadt Bremen. Eine Heimatkunde. 4. erw. Aufl. Bremen 1934.
D 53 Buchenau, Franz: Die freien Hansestadt Bremen und ihr Gebiet. Ein Beitrag zur Geographie und Topographie Deutschlands. 3., völlig umgearb. Aufl. Bremen 1900.
D 54 Büttner, Carl: Christoph Joseph Rudolph Dulon.
In: Bremische Biographie des neunzehnten Jahrhunderts. S. 117–118.

D 55 Büttner, Carl: Cornelius Rudolph Vietor.
In: Bremische Biographie des neunzehnten Jahrhunderts. S. 503–504.

D 56 Büttner, Carl: Die evangelische Kirche im Staate Bremen.
In: Das kirchliche Leben der evangelischen Kirchen in Niedersachsen. Tübingen 1917.

D 57 Büttner, Carl: Ferdinand Cuntz.
In: Bremische Biographie des neunzehnten Jahrhunderts. S. 103.

D 58 Büttner, Carl: Franz Michael Zahn.
In: Bremische Biographie des neunzehnten Jahrhunderts. S. 532–534.

D 59 Büttner, Carl: Friedrich Adolph Krummacher.
In: Bremische Biographie des neunzehnten Jahrhunderts. S. 269–271.

D 60 Büttner, Carl: Friedrich Ludwig Mallet.
In: Bremische Biographie des neunzehnten Jahrhunderts. S. 297–299.

D 61 Büttner, Carl: Georg Gottfried Treviranus.
In: Bremische Biographie des neunzehnten Jahrhunderts. S. 492–493.

D 62 Büttner, Carl: Gottfried Menken.
In: Bremische Biographie des neunzehnten Jahrhunderts. S. 318–320.

D 63 Büttner, Carl: Otto Julius Funcke.
In: Bremische Biographie des neunzehnten Jahrhunderts. S. 166–167.

D 64 Büttner, Carl: Unser Lieben Frauen Kirche und Gemeinde zu Bremen vor einem Jahrhundert. Ein Gemeindeabend-Vortrag am 26. Februar 1908 gehalten. Bremen 1908.

D 65 Burger, Friedrich: St. Jakobi zu Bremen. Die Geschichte der Gemeinde. Bremen (1962).

D 66 Burggraf, Julius: Was nun? Aus der kirchlichen Bewegung und wider den kirchlichen Radikalismus in Bremen. Gießen 1906.

D 67 Burkhardt, C. H.: Denkschrift zum fünfzigjährigen Bestehen von Buchhandlung und Verlag des Traktathauses GmbH. Bremen 1910.

D 68 Butterwegge, Christoph: Friedenspolitik in Bremen nach dem Zweiten Weltkrieg. Bremen 1989.

D 69 Crüsemann, Dietrich: Die Bremische Evangelische Kirche nach dem Zweiten Weltkrieg im Spiegel amerikanischer Akten (1945–1949).
In: „Denazification". Zur Entnazifizierung in Bremen. Hrsg. von Wiltrud Ulrike Drechsel u. Andreas Röpcke. Bremen (1992). (Beiträge zur Sozialgeschichte Bremen. 13). S. 85–108.

D 70 Denkhaus, Friedel: Die Wahrheit über die Gegenwartslage unserer deutschen evangelischen Reichskirche.
In: Die Wahrheit über die kirchliche Lage – prüfet selbst! (Bremen 1933). S. 9–26. Brosch. im Archiv der BEK.

D 71 Denzler, Georg/Fabricius, Volker: Die Kirchen im Dritten Reich. Christen und Nazis Hand in Hand? Bd. 1–2. Frankfurt/M. 1984.

D 72 Dettmann, Gerd: Die Ansgarii-Kirche zu Bremen. Bremen 1934.

D 73 Diakonie an Weser und Ems 1868–1968. Hundert Jahre Evangelisches Diakonissenhaus in Bremen. Hrsg. von Wilhelm Detlefsen. Breklum 1968.

D 74 Diakonie und Gemeinde. Unser Lieben Frauen in Bremen 1925–1975. Erschienen zum 450jährigen Bestehen der Diakonie. Bremen 1975.

D 75 Dietsch, Walter: Der Dom St. Petri zu Bremen. Geschichte und Kunst. Bremen 1978.

D 76 Dietsch, Walter: Zwei Bremer Gesangbücher aus der Zeit des Dritten Reiches.
In: Bremer Gesangbücher (D 47). S. 117–148.

D 77 Dillschneider, Karl: St. Johann in Bremen. Aus der Geschichte der Kirche und dem Leben der Gemeinde. Bremen 1973.

D 78 Dillschneider, Karl: Die St. Pauli-Kirche in der Bremer Neustadt 1682–1982. Geschichte und Baugeschichte. Festschrift zur 300jährigen Wiederkehr der Einweihung der St. Pauli-Kirche. Hrsg. von der St. Pauli-Gemeinde in Bremen. Bremen 1982.

D 79 Dirschauer, Klaus: Altenstudie. Standortbestimmung der Kirche. Hrsg. im Auftr. des Kirchenausschusses der Bremischen Evangelischen Kirche. Bremen 1987.

D 80 Donat, Helmut: Albert Kalthoff – ein „vergessener" Pazifist und Pionier der Bremer Friedensbewegung.
In: „Mit Gott dem Herrn zum Krieg"? (D 267). S. 26–57.

D 81 Donat, Helmut: Emil Felden – ein Leben für Frieden, Freiheit und soziale Gerechtigkeit.
In: „Nieder die Waffen – die Hände gereicht!" (D 275). S. 103–114.

D 82 Dreihundert Jahre Gottes Wort am selben Ort. Evangelische Kirchengemeinde Grambke. Bremen 1987.

D 83 Düring, Günter: Die Rechtsstellung der katholischen Privatschulen im Lande Bremen. Tübingen 1964. (Recht und Staat in Geschichte und Gegenwart. 284/285).

D 84 Dulon, Rudolph: Die Stephanigemeinde in Bremen am 22. Oktober 1850. Bremen 1850.

D 85 Entholt, Friedrich: Bilder aus der Geschichte des bremischen Volksschulwesens. Bremen (1928).

D 86 Entholt, Hermann: Die Bremische Revolution von 1848. Bremen 1951. (Die Wittheit zu Bremen. 9).

D 87 Entholt, Hermann: Die evangelische Kirche Bremens, ihre Entwicklung und Bedeutung. Bremen 1947.

D 88 Entholt, Hermann: Geistige Bewegungen und Zustände Bremens in der ersten Hälfte des 19. Jahrhunderts (1815–1847). Bremen 1933. (Schriften der Bremer Wissenschaftlichen Gesellschaft. Reihe D, Abhandlungen und Vorträge. 6,3).

D 89 Evangelische Auswandererfürsorge in Bremen. Bremen 1925.

D 90 Evangelische Diakonissenanstalt Bremen 1868–1938. Bremen 1938.

D 91 Das Evangelium Johannes deutsch. Hrsg. von Heinz Weidemann. Bremen 1936.

D 92 Eysel, H.: 75 Jahre Vinzenzarbeit in Bremen.
In: Ansgarius. 10, 1933, S. 341–342.

D 93 Eysel, H.: Geschichtliche Entwicklung des St. Vinzenzvereins zu Bremen.
In: Ansgarius. 3, 1926, S. 123–124, 133–134, 139–140.

D 94 Eysel, H.: Zehn Jahre Caritasverband Bremen.
In: Ansgarius. 5, 1928, S. 26–27, 42–43.

D 95 Festschrift zum 75jährigen Bestehen der St. Pauli-Kantorei. 1908–1983. Bremen 1983.

D 96 Festschrift zur Einweihung der Heilig Kreuz-Kirche in Bremen-Blumenthal-Lüssum-Bockhorn. Erolzheim 1960.

D 97 Festschrift zur Feier des 250jährigen Bestehens der Grambker Kirche. Ritterhude 1972.

D 98 Festschrift zur fünfzigjährigen Jubelfeier der Norddeutschen Missionsgesellschaft. Hrsg. von der Committee. Bremen 1886.

D 99 Fliedner, Siegfried: Die alte St. Ansgarii-Kirche zu Bremen. Bremen 1957.

D 100 Fliedner, Siegfried/Kloos, Werner: Bremer Kirchen. Hrsg. von Christel Matthias Schröder. Bremen 1961.
D 101 Forck, Tusnelde: Carl Friedrich Bock.
In: Bremische Biographie 1912–1962. S. 50–51.
D 102 Forck, Tusnelde: Carl Julius Burggraf.
In: Bremische Biographie 1912–1962. S. 86–87.
D 103 Freisen, Joseph: Der katholische und der protestantische Pfarrzwang und seine Aufhebung in Österreich und den deutschen Bundesstaaten. Ein Beitrag zur Rechtsgeschichte der Toleranz. Paderborn 1906.
D 104 Freisen, Joseph: Verfassungsgeschichte der katholischen Kirche Deutschlands in der Neuzeit. Aufgrund des katholischen Kirchen- und Staatskirchenrechts dargestellt. Leipzig (u. a.) 1916.
D 105 Frick, Constantin: Die Bremer Auswanderermission 1905 bis 1919.
In: Der Deutsche Auswanderer. 27, 1931, S. 71–73.
D 106 Friedberg, Emil: Das geltende Verfassungsrecht der evangelischen Landeskirchen in Deutschland und Österreich. Leipzig 1888.
D 107 Fünfundsiebzig Jahre Christuskirche Woltmershausen. Festschrift. Bearb. von Thomas Degenhardt. Bremen 1981.
D 108 Fünfundsiebzig Jahre Innere Mission in Bremen 1849–1924. Bremen 1925.
D 109 Fünfundsiebzig Jahre St. Michael Bremen-Grohn. Rückblick, Einblicke. Im Auftr. des Kirchenvorstandes hrsg. von Klaus Balz. Bremen 1983.
D 110 Fünfundzwanzig Jahre Evangelische Kirchengemeinde Blockdiek. Hrsg. vom Kirchenvorstand der Evangelischen Kirchengemeinde Blockdiek. Bremen 1991.
D 111 Fünfundzwanzig Jahre Kirchengemeinde St. Hedwig 1960–1985. (o. O. 1985).
D 112 Fünfundzwanzig Jahre St. Nikolai-Kirche Bremen-Mahndorf, Uphusen, Bollen. 1965–1990. Hrsg. vom Kirchenvorstand der Ev.-Luth. Kirchengemeinde St. Nikolai. Bremen 1990.
D 113 Fünfzig Jahre Immanuel-Kapelle. 18. Oktober 1958. Bremen 1958.
D 114 Garlipp, Wilhelm: Die Stephanigemeinde nach dem Zweiten Weltkrieg.
In: Achthundertfünfzig Jahre St. Stephani-Gemeinde (D 1). S. 187–203.

D 115 Gedenkschrift zur Wiederherstellung der Bürgermeister-Smidt-Gedächtniskirche in Bremerhaven. Bremerhaven 1960.

D 116 Gerdts, J.: Hamburg und Bremen.
In: Priester-Jahrheft. 1963, S. 21–22.

D 117 Gerhold, Wilhelm: Die Verfassung der Bremischen Evangelischen Kirche. Hamburg 1931. Diss.

D 118 Gerner-Beuerle, Maurus: Oscar Heinrich Mauritz.
In: Bremische Biographie 1912–1962. S. 331–333.

D 119 Gesangbuch der Kommenden Kirche. Hrsg. von Heinz Weidemann. Bremen 1939.

D 120 Geschichte der Evangelisch-methodistischen Kirche. Hrsg. von Karl Steckel u. Carl E. Sommer. Stuttgart 1982.

D 121 Geschichte des kirchlichen Lebens in den deutschsprachigen Ländern seit dem Ende des 18. Jahrhunderts. Die katholische Kirche. Bd. 1. Die Bistümer und ihre Pfarreien. Hrsg. von Erwin Gatz. Freiburg (u. a.) 1991.

D 122 Geschichte und Bericht der Missions-Anstalt der Bischöflichen Methodistenkirche in Bremen (1858–1866). Bremen 1866.

D 123 Giese, H.: Die Entwicklung des katholischen Schulwesens im Staate Bremen.
In: Ansgarius. 2, 1925, S. 172–173.

D 124 Gildemeister, Carl Hermann: Leben und Wirken des Dr. Gottfried Menken weiland Pastor Primarius zu St. Martini in Bremen. Bremen 1861.

D 125 Gildemeister, Eduard: Max Salzmann.
In: Bremische Biographie des neunzehnten Jahrhunderts. S. 429–431.

D 126 Goebel, Klaus: Friedrich Wilhelm Krummacher. Das Leben eines bedeutenden Predigers.
In: Wuppertaler Biographien. 3, 1961, S. 82–91.

D 127 Greiffenhagen, Gustav: Erinnerungen an Magdalene Thimme. Bremen 1951. Ms. im Archiv der BEK.

D 128 Greiffenhagen, Martin: Jahrgang 1928. Aus einem unruhigen Leben. München 1988.

D 129 Greschat, Martin: Zwischen Aufbruch und Beharrung. Die Evangelische Kirche nach dem Zweiten Weltkrieg.
In: Die Zeit nach 1945 als Thema kirchlicher Zeitgeschichte. Hrsg. von Victor Conzemius. Göttingen 1988. S. 99–126.

D 130 Groot-Stoevesandt, Magdalene: „Wüstenwanderung". Der Weg einer illegalen Bremer Kirchengemeinde unter dem Nationalsozialismus 1939–1945. (Bremen 1977).

D 131 Große-Kreutzmann, Heinrich: Das St. Joseph-Stift.
In: Ansgarius. 8, 1931, S. 136–137.

D 132 Die Grundlage der Evangelischen Kirche. Bericht über die Erste Bremische Bekenntnissynode am 4. Februar 1935. Wuppertal-Barmen (1935).

D 133 Hagener, Dirk: Radikale Schulreform zwischen Programmatik und Realität. Die schulpolitischen Kämpfe in Bremen vor dem Ersten Weltkrieg und in der Entstehungsphase der Weimarer Republik. Bremen 1973. (Veröffentlichungen aus dem Staatsarchiv der Freien Hansestadt Bremen. 39).

D 134 Hahn, Ernst-Joachim: Geschichte der Norddeutschen Missions-Gesellschaft von ihrer Gründung bis in den Zweiten Weltkrieg. Bearb. von Friedrich Hammer.
In: Gehet hin. Festschrift zum 125jährigen Bestehen der Norddeutschen Missions-Gesellschaft. Bearb. von Gerhard Bergner. Bremen 1961. S. 3–78.

D 135 Halenbeck, Lüder: Zur Geschichte der Stadt Vegesack. Ein Beitrag zur Heimatkunde. Vegesack 1874.

D 136 Handbuch des Bistums Osnabrück. Bearb. von Paul Berlage. Ankum 1968.

D 137 Handbuch des Bistums Osnabrück. Bearb. von Hermann Stieglitz. 2. Aufl. Osnabrück 1991.

D 138 Hannover, Elisabeth: Albert Kalthoff und die Gründung der Bremer Ortsgruppe der Deutschen Friedensgesellschaft.
In: „Nieder die Waffen – die Hände gereicht!" (D 275). S. 13–17.

D 139 Hansen, Eckhard: Wohlfahrtspolitik im NS-Staat. Motivationen, Konflikte und Machtstrukturen im „Sozialismus der Tat" des Dritten Reiches. Augsburg 1991. (Schriften zur Sozialpolitik-Forschung. 6).

D 140 Hardinghaus, Friedrich: Die Aufhebung der St. Johannisschule im Jahre 1843.
In: Ansgarius. 3, 1926, S. 203–205, 211–212, 219–221.

D 141 Hardinghaus, Friedrich: Bischof Johannes Theodor Laurent, apostolischer Vikar der nordischen Missionen, und die Bremer Regierung.
In: Ansgarius. 3, 1926, S. 157–158.

D 142 Hardinghaus, Friedrich: Bremen im Wandel der Zeiten. Die Geistlichen der Katholischen Gemeinde zu Bremen seit der Aufhebung des Jesuitenordens.
In: Ansgarius. 10, 1933, S. 266–268.

D 143   Hardinghaus, Friedrich: 25 Jahre Kolpinghaus.
        In: Ansgarius. 11, 1934, S. 392.
D 144   Hardinghaus, Friedrich: Die Gründung der Katholischen Gemeinde in Bremen.
        In: Ansgarius. 2, 1925, S. 148–151.
D 145   Hardinghaus, Friedrich: Das St. Johannis-Waisenhaus in Bremen. Seine Gründung und seine Geschichte.
        In: Ansgarius. 13, 1936, S. 93–94.
D 146   Hardinghaus, Friedrich: Die St. Marienkirche in Bremen. Historischer Rückblick.
        In: Ansgarius. 10, 1933, S. 362–363.
D 147   Hardinghaus, Friedrich: Zur Geschichte der Katholischen Gemeinde in Bremen.
        In: Ansgarius. 2, 1925, S. 188–190, 212–213, 220–221, 252–253, 260, 275, 284, 291, 348–350, 355–356, 362–364, 373–374, 395–396, 405–406, 413–414. 3, 1926, S. 45–46.
D 148   Hartwich, Otto: Religion und Feuerbestattung. Bremen 1913.
D 149   Hartwich, Otto: Zur Lehrfreiheit auf protestantischen Kanzeln. Bremen o. J.
D 150   Hasenkamp, Gottfried: Die ersten fünfundzwanzig Jahre des Christlichen Vereins Junger Kaufleute in Bremen. Bremen 1880.
D 151   Hasenkamp, Holger G.: Die Freie Hansestadt Bremen und das Reich 1928–1933. (Veröffentlichungen aus dem Staatsarchiv der Freien Hansestadt Bremen. 47).
D 152   Hegel, Eduard: Die kirchenpolitischen Beziehungen Hannovers, Sachsens und der norddeutschen Kleinstaaten zur römischen Kurie 1800–1846. Ein Beitrag zur Geschichte der Restauration. Paderborn 1934.
D 153   Hehl, Ulrich von: Bischof Berning und das Bistum Osnabrück zur Zeit des „Dritten Reiches".
        In: Osnabrücker Mitteilungen. 86, 1980, S. 83–104.
D 154   Heiliggeist-Gemeinde Bremen-Neue Vahr 1959–1984. Hrsg. vom Kirchenvorstand der Evang. Heiliggeist-Gemeinde. Bremen 1984.
D 155   Heinonen, Reijo E.: Anpassung und Identität. Theologie und Kirchenpolitik der Bremer Deutschen Christen 1933–1945. Göttingen 1978. (Arbeiten zur kirchlichen Zeitgeschichte. Reihe B. 5).

D 156   Heinonen, Reijo E.: Die Bremer Deutschen Christen. Ein Beitrag zur Theologie und Kirchenpolitik der Deutschen Christen im Dritten Reich. Helsinki 1972.

D 157   Heinonen, Reijo E.: Das Reichskirchenministerium und die Bremer Deutschen Christen 1935–1945.
In: Hospitium Ecclesiae. 11, 1978, S. 129–152.

D 158   Heinonen, Reijo E.: Zwischen zwei Zeitaltern. Anmerkungen zur Predigt von Lic. Dr. Heinz Weidemann.
In: Hospitium Ecclesiae. 17, 1989, S. 179–190.

D 159   Hellinghausen, Georges: Kampf um die apostolischen Vikare des Nordens. J. Th. Laurent und C. A. Lüpke. Der Heilige Stuhl und die protestantischen Staaten Norddeutschlands und Dänemark um 1840. Rom 1987. (Miscellanea Historiae Pontificiae. 53).

D 160   Henkel, Heinz: Handbuch der Diözese Hildesheim. Hildesheim 1917.

D 161   Her zu mir, wer dem Herrn angehört! Ein Beitrag zur Neuordnung der evangelischen Kirche. Hrsg. im Auftr. der Bekenntnisgemeinschaft von Gustav Meyer u. Hans Kunze. Bremen 1946.

D 162   Heyne, Bodo: Bürgermeister Johann Smidt und die Theologie.
In: Hospitium Ecclesiae. 5, 1967, S. 72–100.

D 163   Heyne, Bodo: Conrad Carl Alexander Jacob Edgar Baron von Uexküll.
In: Bremische Biographie 1912–1962. S. 526–527.

D 164   Heyne, Bodo: Emil Heinrich Friedrich Constantin Frick.
In: Bremische Biographie 1912–1962. S. 166–168.

D 165   Heyne, Bodo: Die Evangelische Auswanderermission in den Jahren 1881–1905.
In: Der Deutsche Auswanderer. 27, 1931, S. 65–71.

D 166   Heyne, Bodo: Gottfried Menken (1768–1831). Einiges aus seinem Leben und Wirkungskreis.
In: Hospitium Ecclesiae. 6, 1969, S. 7–40.

D 167   Heyne, Bodo: Die Innere Mission 1933–1952. Überblick und Ausblick. In: Kirchliches Jahrbuch. 79, 1952, S. 377–433.

D 168   Heyne, Bodo: Die kirchlichen Bemühungen um die Auswanderung des 19. Jahrhunderts in Bremen.
In: Hospitium Ecclesiae. 3, 1961, S. 64–84.

D 169   Heyne, Bodo: Reinhard Groscurth.
In: Bremische Biographie 1912–1962. S. 186.

D 170   Heyne, Bodo: Über die Entstehung kirchlicher Eigenart in Bremen.
        In: Hospitium Ecclesiae. 1, 1954, S. 7–21.
D 171   Heyne, Bodo: Von der Kirchenordnung 1534 zur Kirchenverfassung 1920 – ein Stück Verfassungsgeschichte der Evangelischen Kirche in Bremen.
        In: Hospitium Ecclesiae. 7, 1971, S. 36–45.
D 172   Heyne, Bodo: Wilhelm Lüder Karl Büttner.
        In: Bremische Biographie 1912–1962. S. 81–82.
D 173   Heyne, Bodo: Zur Entstehungsgeschichte der Bremischen Evangelischen Kirche.
        In: Hospitium Ecclesiae. 4, 1964, S. 7–28.
D 174   Hirsch, Emanuel: Geschichte der neueren evangelischen Theologie. 5. Aufl. Gütersloh 1968.
D 175   Hoenig: Der deutsche Protestantenverein. Bremen 1904.
D 176   Hoffmann, Hans-Christoph: 1200 Jahre Dom zu Bremen. Die Erhaltung des Domes im 19. Jahrhundert.
        In: Hospitium Ecclesiae. 17, 1989, S. 141–177.
D 177   Hogrefe, Max: Wohin hat die geschichtliche Entwicklung der bremischen Kirchenverfassung geführt? Leipzig 1914. Diss.
D 178   Der Holocaust und die Protestanten. Analysen einer Verstrickung. Hrsg. von Jochen-Christoph Kaiser und Martin Greschat. Frankfurt/M. 1988.
D 179   Hoops, Heinrich: Geschichte der Gemeinden Grambke und Büren im Gebiet Bremen. Bremen 1905.
D 180   Huber, Ernst Rudolf: Deutsche Verfassungsgeschichte seit 1789. Bd. 1–8. Stuttgart (u. a.) 1967–1990.
D 181   Huber, Wolfgang: Folgen christlicher Freiheit. Ethik und Theorie der Kirche im Horizont der Barmer Theologischen Erklärung. 2. Aufl. Neukirchen-Vluyn 1985.
D 182   Hundert Jahre Aumunder Kirche. 1877–1977. Hrsg. von Hermann Pleus. Bremen 1977.
D 183   Hundert Jahre Bürgermeister-Smidt-Gedächtniskirche in Bremerhaven. Bremerhaven 1955.
D 184   Hundert Jahre Sankt-Georgs-Kirche. 1879–1979. Festschrift zum 100jährigen Bestehen der Kirche in Kirchhuchting. Bremen 1979.
D 185   Hundert Jahre Wilhadi-Kirche. Bremen 1978.
D 186   Hundertdreißig Jahre Innere Mission: in diesem Zeichen helfen. Bremen 1980.

D 187 Hundertfünfundzwanzig Jahre Bremer Domchor 1856–1981. Bremen 1981.
D 188 Hundertfünfundzwanzig Jahre Ellener Hof. 1846–1971. Bremen 1971.
D 189 Hundertfünfundzwanzig Jahre Hastedter Kirche. Hrsg. von der Hastedter Kirchengemeinde zu Bremen. Bremen 1987.
D 190 Hundertfünfundzwanzig Jahre St. Marien Bremen-Blumenthal. Bearb. von Herbert Meirich (u. a.). Löhnhorst 1979.
D 191 Hundertfünfzig Jahre CVJM in Bremen 1834–1984. Bremen 1984.
D 192 Hundertfünfzig Jahre Norddeutsche Mission. 1836–1986. Hrsg. von Eva Schöck-Quinteros u. Dieter Lenz. Bremen 1986.
D 193 Huntemann, Georg: Emil Jakob Felden.
In: Bremische Biographie 1912–1962. S. 144–147.
D 194 Huntemann, Georg: Moritz Schwalb.
In: Bremische Biographie 1912–1962. S. 479–480.
D 195 Iken, Johann Friedrich: Die Bremische Kirchenordnung von 1534. Bremen 1891. (Bremisches Jahrbuch. Serie 2. 2).
D 196 Iken, Johann Friedrich: Die früheren Kirchen- und Schulvisitationen des Bremer Rates im Landgebiet.
In: Bremisches Jahrbuch. 17, 1895, S. 100–127.
D 197 Iken, Johann Friedrich: Die Geschichte der St. Pauli-Kirche und -Gemeinde in Bremen. Bremen 1882.
D 198 Iken, Johann Friedrich: Kirchliche Arbeiten und Kämpfe, Niederlagen und Siege zu Bremen in unserem Jahrhundert. Die Entwicklung der kirchlichen Verhältnisse in Bremen während der Jahre 1800 bis 1860. Bremen 1889.
D 199 Iken, Johann Friedrich: Die Wirksamkeit von Pastor Dulon in Bremen. Bremen 1894.
D 200 Im Zeichen der Schuld. 40 Jahre Stuttgarter Schuldbekenntnis. Dokumente und Reflexionen zur Stuttgarter Schulderklärung vom 18./19. Oktober 1945. Hrsg. von Martin Greschat. Neukirchen-Vluyn 1985.
D 201 Jacoby, Ludwig S.: Geschichte des Methodismus. Bd. 1–2. Bremen 1870.
D 202 Jacoby, Ludwig S.: Handbuch des Methodismus, enthaltend Geschichte, Lehre, das Kirchenregiment und eigenthümlichen Bräuche desselben. Bremen 1853. 2. Aufl. Bremen 1855.
D 203 Jarck, H.: Aus der Geschichte der ev.-luth. Kirchengemeinde Seehausen. Bremen 1950.

D 204   Jüngel, Eberhard: Mit Frieden Staat zu machen. Politische Existenz nach Barmen V. München 1984.
D 205   Kalthoff, Albert: An der Wende des Jahrhunderts. Kanzelreden über die sozialen Kämpfe unserer Zeit. Berlin 1898.
D 206   Kalthoff, Albert: Das Christus-Problem. Grundlinien zu einer Sozialtheologie. Leipzig 1902.
D 207   Kalthoff, Albert: D. Thikötter und das Christusproblem. Eine Replik. Bremen (1903).
D 208   Kalthoff, Albert: Die Entstehung des Christentums. Neue Beiträge zum Christusproblem. Leipzig 1904.
D 209   Kalthoff, Albert: Schule und Kulturstaat. Leipzig 1905.
D 210   Kantzenbach, Friedrich Wilhelm: Zur Entfaltung der Problematik von „Kirchlichkeit" und „Unkirchlichkeit" in der ersten Hälfte des 19. Jahrhunderts.
In: Hospitium Ecclesiae. 11, 1978, S. 93–127.
D 211   Kappner, Gerhard: Singet und spielet dem Herrn. Bremer Beiträge zur Kirchenmusik. Bremen 1987.
D 212   Die katholische Bevölkerung Bremens einst und jetzt.
In: Ansgarius. 5, 1928, S. 140–141.
D 213   Kirche im Krieg. Der deutsche Protestantismus am Beginn des II. Weltkrieges. Hrsg. von Günther Brakelmann. München 1979.
D 214   Kirche nach der Kapitulation. Bd. 1. Die Allianz zwischen Genf, Stuttgart und Bethel. Hrsg. von Gerhard Besier, Jörg Thierfelder u. Ralf Tyra. Stuttgart (u. a.) 1989.
D 215   Kirche wächst in der Großstadt. Bilder aus der Diaspora Bremen. (Osnabrück 1962).
D 216   Klagge, Hartmut: Die Kirchengemeinde. In: Borgfeld. Eine alte Landgemeinde Bremens. Hermann Faltus, Lothar Klimek. Bremen 1984. S. 82–101.
D 217   Klaus, A.: 75 Jahre Kolpingwerk in Bremen.
In: Ansgarius. 12, 1935, S. 378.
D 218   Klee, Ernst: Die „SA Jesu Christi". Die Kirche im Banne Hitlers. Frankfurt/M. 1989.
D 219   Der kleine Frauenverein von 1814. (Bremen) 1909.
D 220   Kobus, Ernst: Festschrift zur 150. Wiederkehr des Tages der Einweihung der jetzigen St. Martinikirche zu Lesum. Grohn-Vegesack 1929.

D 221 Koch, Diether: Die Anfänge des Kirchenkampfes in St. Stephani.
In: Achthundertfünfzig Jahre St. Stephani-Gemeinde (D 1). S. 111–186.

D 222 Koch, Diether: Christen in den politischen Konflikten des 20. Jahrhunderts. Göttingen 1985. (Analysen und Projekte zum Religionsunterricht. 19).

D 223 Koch, Diether: Die Deportation von Christen jüdischer Abstammung aus der St. Stephani-Gemeinde in Bremen und die Haltung der Gemeinde in dem Konflikt.
In: „Es geht tatsächlich nach Minsk". Texte und Materialien zur Erinnerung an die Deportation von Bremer Juden am 18.11.1941 in das Vernichtungslager Minsk. Bremen 1992. (Kleine Schriften des Staatsarchivs Bremen. 21). S. 35–49.

D 224 Koch, Diether: Gustav Greiffenhagen – Friede als Konsequenz christlicher Botschaft.
In: „Mit Gott dem Herrn zum Krieg"? (D 267). S. 93–111.

D 225 Koch, Diether: Zur Erinnerung an Magdalene Thimme (1880–1951).
In: Bremisches Jahrbuch. 71, 1992, S. 123–186.

D 226 Köper, Wilhelm: Paul Tiefenthal.
In: Bremische Biographie 1912–1962. S. 523–524.

D 227 Kohlmann, Johann Melchior: Denkwürdigkeiten aus der Geschichte der Pfarre Seehausen im Bremischen Stadtgebiete. Bremen 1846. (Kohlmann, Johann Melchior: Beiträge zur Bremischen Kirchengeschichte. 2).

D 228 Kramer, Ernst: Die Geschichte der Immanuel-Gemeinde von ihren Anfängen bis zum Ersten Weltkrieg.
In: Achthundertfünfzig Jahre St. Stephani-Gemeinde (D 1). S. 75–109.

D 229 Krebs, Maria: Der Kampf um die konfessionelle Schule.
In: Das Bistum Hildesheim 1933–1945 (D 34). S. 135–285.

D 230 Kuehlken, Friedrich: Kirche, Kirchspiel und Dorf Lesum. Festschrift zum 175jährigen Jubiläum der St. Martini-Kirche in Lesum. Bremen 1954.

D 231 Küthmann, Alfred: Der Nicolaische Kirchenstreit, die Rechte der Domgemeinde betreffend, zwischen dem Bremischen Rathe und den Diakonen des Doms.
In: Bremisches Jahrbuch. 11, 1885, S. 58–95.

D 232 Kulke, Johannes Karl Heinz: Die Bremische Evangelische Kirche in der Weimarer Republik. Die Inhalte ihrer Neuordnung und ihr Weg in die Unabhängigkeit. Bremen 1987. Diss.

D 233 Kulke, Johannes Karl Heinz: Die wesentlichen Aspekte der theologischen und politischen Intentionen und Bekenntnisse des Pastors Rudolph Dulon während seiner Amtszeit in Bremen 1848–1852. Bremen 1985. Dipl.-Arb.

D 234 Lamken, Robert: Geschichtliches aus Grohn und Bremen-Nord. Vom Schifferdorf zum Industriestandort. Bremen 1989.

D 235 Landesverband der Evangelischen Frauenhilfe Bremen 1933–1958. Bericht von Elfriede Farenholtz... Bremen 1958.

D 236 Langen, Paul: Bremische Kirchenhistoriker im 19. Jahrhundert. 3, D. Dr. Otto Veeck (1866–1923).
In: Hospitium Ecclesiae. 6, 1969, S. 86–100.

D 237 Langen, Paul: Friedrich August Paul Zauleck.
In: Bremische Biographie 1912–1962. S. 572–573.

D 238 Lemke, Georg: Sankt Ansgarii-Gemeinde zu Bremen 1229–1979. Zur 750-Jahrfeier der Gemeinde aus meinen Büchern und Papieren zusammengestellt. Bremen 1979.

D 239 Lieder der Kommenden Kirche. Hrsg. von Heinz Weidemann. Bremen 1938.

D 240 Lindemann, Berthold: Die Egestorff-Stiftung. Zur Geschichte christlicher Sozialtätigkeit in Bremen. Bremen 1970.

D 241 Lindemann, Berthold: Evangelische Kirchengemeinde Osterholz 1938–1988. Eine Festschrift. Bremen 1988.

D 242 Lindemann, Ingbert: Chronik der Christophorus-Gemeinde Bremen-Aumund/Fähr. Bremen 1983.

D 243 Lindt, Andreas: Das Zeitalter des Totalitarismus. Politische Heilslehren und ökumenischer Aufbruch. Stuttgart 1981.

D 244 Link, Christoph: Loslösung einer Gemeinde von der Landeskirche? Voraussetzungen und Folgen eines gemeindlichen Beschlusses nach § 1, Abs. III der Bremischen Kirchenverfassung.
In: Zeitschrift für evangelisches Kirchenrecht. 31, 1986, S. 312–348.

D 245 Link, Christoph: Die „unbeschränkte" Glaubens-, Gewissens- und Lehrfreiheit der Gemeinden im bremischen Kirchenrecht.
In: Zeitschrift für evangelisches Kirchenrecht. 26, 1981, S. 217–226.

D 246 Link, Christoph/Scholder, Klaus: Rechtsgutachten über Verfassungsprobleme der unbeschränkten Glaubens-, Gewissens- und Lehrfreiheit der Gemeinden im bremischen Kirchenrecht. Gutachterliche Stellungnahme für die Bremische Evangelische Kirche. Göttingen (u. a.) 1981.

D 247 Mackeben, Michael: Die Auswirkungen des Kirchenkampfes auf die St. Stephani-Gemeinde in Bremen 1933–1945. Bremen 1968. Ex.-Arb.

D 248 Mai, Gottfried: Auswanderermission in Bremen und Nordamerika in der zweiten Hälfte des 19. Jahrhunderts.
In: Hospitium Ecclesiae. 8, 1973, S. 126–150.

D 249 Mai, Gottfried: Die Bemühungen der evangelischen Kirche um die deutschen Auswanderer nach Nordamerika (1815–1914). Hamburg 1972. Diss.

D 250 Mai, Gottfried: Die niederdeutsche Reformbewegung. Ursprünge und Verlauf des Pietismus in Bremen bis zur Mitte des 18. Jahrhunderts. Bremen 1979. (Hospitium Ecclesiae. 12).

D 251 Mallow, Anton: Erinnerungen aus der Amtszeit in Gröpelingen/Oslebshausen (1907–13). Bremen (o. J.). (Masch.).

D 252 Mandatssupplik bey dem Hochpreislichen Reichskammergerichte zu Wetzlar in Sachen der Diaconen der Domgemeinde zu Bremen wider den Magistrat daselbst, die Reclamation der kirchlichen und damit verbundenen Gerechtsame der Domgemeinde betreffend. o. O. 1807.

D 253 Mann, Heinrich: Ludwig S. Jacoby, der erste Prediger der Bischöflichen Methodistenkirche in Deutschland und der Schweiz, nebst einem kurzen Lebensabriß seiner Mitarbeiter. Bremen (1892).

D 254 Marßolek, Inge/Ott, René: Bremen im 3. Reich. Anpassung, Widerstand, Verfolgung. Bremen 1986.

D 255 Massolle, Wilhelm: Blätter zur Geschichte der Kirchengemeinde Oberneuland. Bremen (1927).

D 256 Meier, Kurt: Der evangelische Kirchenkampf. Bd. 1. Der Kampf um die „Reichskirche". Bd. 2. Gescheiterte Neuordnungsversuche im Zeichen staatlicher „Rechtshilfe". Göttingen 1976. Bd. 3. Im Zeichen des Zweiten Weltkrieges. Göttingen 1984.

D 257   Meier, Kurt: Reichskirche, Bekenntniskirche, Volkskirche. Umbruch und Kontinuität im deutschen Protestantismus von 1933 bis 1945.
In: Meier, Kurt: Evangelische Kirche in Gesellschaft, Staat und Politik 1918–1945. Aufsätze zur kirchlichen Zeitgeschichte. Berlin 1987. S. 114–131.

D 258   Menken, Gottfried: Predigt bey der dritten hundertjährigen Feier der Reformation am 2. November 1817 in der Kirche St. Martini zu Bremen. Bremen 1817.

D 259   Menken, Gottfried: Rede bei der Einweihung der evangelischen Gemeinde zu Vegesack. Bremen 1821.

D 260   Menken, Gottfried: Des Dr. theol. Gottfried Menken Schriften. Vollst. Ausg. in 7 Bänden. Bremen 1858.

D 261   Der Methodismus. Hrsg. von Carl E. Sommer. Stuttgart 1968. (Die Kirchen der Welt. 6).

D 262   Metzler, Johannes: Die apostolischen Vikariate des Nordens. Ihre Entstehung, ihre Entwicklung und ihre Verwalter. Ein Beitrag zur Geschichte der nordischen Missionen. Paderborn 1919.

D 263   Meurer, Wilhelm Hermann: Zur Erinnerung an Friedrich Ludwig Mallet. Bremen 1866.

D 264   Meyer, Elard Hugo: Johann Smidt als Student, Candidat der Theologie, Prediger und Professor der Philosophie 1792–1800. (o. O. o. J.).

D 265   Meyer-Arndt, Hartwin: Kirchen und Religionsgemeinschaften. In: Handbuch der Bremischen Verfassung. Hrsg. von Volker Kröning (u. a.). Baden-Baden 1991. S. 254–279.

D 266   Meyer-Zollitsch, Almuth: Nationalsozialismus und evangelische Kirche in Bremen. Bremen 1985. (Veröffentlichungen aus dem Staatsarchiv der Freien Hansestadt Bremen. 51).

D 267   „Mit Gott dem Herrn zum Krieg"? Bremer Pastoren für den Frieden vom Kaiserreich bis zur Ära Adenauer. Hrsg. im Auftr. des Bildungswerkes evangelischer Kirchen im Lande Bremen von Helmut Donat und Reinhard Jung. Bremen 1988.

D 268   Müller, Elisabeth/Müller, Käthe: Geschichte der Zionsgemeinde in Bremen. Bremen 1955. (Masch.).

D 269   Müller, Hartmut: Bremen und Westafrika. Wirtschafts- und Handelsbeziehungen im Zeitalter des Früh- und Hochkolonialismus 1841–1914. T. 1 u. 2.
In: Jahrbuch der Wittheit zu Bremen. 15, 1971, S. 45–92. 17, 1973, S. 75–143.

D 270 Müller, Wilhelm: Bremens Hirtensorge um Vegesack. Die katholische Seelsorge in Vegesacks Vergangenheit und Gegenwart.
In: Ansgarius. 10, 1933, S. 299–301.

D 271 Münkel, K. Konrad: Erste Versuche des Methodismus in unserm Lande.
In: Vierteljährliche Nachrichten von Kirchen- und Schulsachen. Hannover 1851. S. 97–109.

D 272 Münkel, K. Konrad: Was ist von den Methodisten zu halten? 2. Aufl. Verden 1850.

D 273 Neue Gottesdienste im Neuen Reich. Hrsg. von Heinz Weidemann. Bremen 1936. (Die Christus bekennende Reichskirche. 11).

D 274 Nicolaisen, Carsten: Der Weg nach Barmen. Die Entstehungsgeschichte der Theologischen Erklärung von 1934. Neukirchen-Vluyn 1985.

D 275 „Nieder die Waffen — die Hände gereicht!". Friedensbewegung in Bremen 1898–1958. Katalog zur gleichnamigen Ausstellung. Hrsg. von Helmut Donat u. Andreas Röpcke. Bremen 1989.

D 276 Noel, August: Die Bremische Bibelgesellschaft 1815–1915. Bremen 1915.

D 277 Nölle, Heinz: Friedrich Eduard Steudel.
In: Bremische Biographie 1912–1962. S. 501–502.

D 278 Nölle, Heinz: Die Glaubens-, Gewissens- und Lehrfreiheit in der Bremischen Evangelischen Kirche. Eine Entgegnung auf das Gutachten der Professoren Christoph Link u. Klaus Scholder. (Bremen 1982).

D 279 Nölle, Heinz: Die St. Rembertigemeinde zwischen den Weltkriegen. Zeit der Spannungen und der Spaltung.
In: Hospitium Ecclesiae. 15, 1987, S. 157–173.

D 280 Norzel-Weiß, Christina: Emil Felden — aus ethischer Verantwortung für Wahrheit, Frieden und soziale Gerechtigkeit.
In: „Mit Gott dem Herrn zum Krieg"? (D 267). S. 52–90.

D 281 Nowak, Kurt: Evangelische Kirche und Weimarer Republik. Zum politischen Weg des deutschen Protestantismus zwischen 1918 und 1932. 2. Aufl. Göttingen 1988.

D 282 Nowak, Kurt: Protestantismus und Weimarer Republik. Politische Wegmarken in der Evangelischen Kirche 1918–1932. In: Die Weimarer Republik 1918–1933. Politik, Wirtschaft, Gesellschaft. Hrsg. von Karl-Dietrich Bracher, Manfred Funke u. Hans-Adolf Jacobsen. Düsseldorf 1987. (Schriftenreihe der Bundeszentrale für politische Bildung. 251).

D 283 Ohrmann, H.: Aus der Geschichte der St. Elisabethgemeinde in Hastedt. In: Ansgarius. 8, 1931, S. 117–118.

D 284 Ordemann, Elard: Bilder aus Gröpelingens Vergangenheit. Bremen 1927. 2. Aufl. Bremen 1970.

D 285 Ostersehlte, Christian: St. Remberti-Gemeinde zu Bremen. Geschichte und Archiv. In: Hospitium Ecclesiae. 19, 1993, S. 117–134.

D 286 Pabst, Martin: Mission und Kolonialpolitik. Die Norddeutsche Missionsgesellschaft an der Goldküste und in Togo bis zum Ausbruch des Ersten Weltkrieges. München 1988.

D 287 Paulmann, Christian: Die Sozialdemokratie in Bremen. Bremen 1964.

D 288 Petri, Franziskus: Unser Lieben Frauen Diakonie. Vierhundert Jahre evangelischer Liebestätigkeit in Bremen. Bremen 1925.

D 289 Petri, Johann Georg Karl: Einweihung der Evangelisch-lutherischen Kreuzkirche zu Bremerhaven. Bremen 1863.

D 290 Pfannschmidt, Walter: Die St. Johanneskirche zu Arsten. Bremen 1956.

D 291 Piersig, Fritz: Carl Eduard Nößler. In: Bremische Biographie 1912–1962. S. 351–352.

D 292 Piersig, Fritz: Die Orgeln im Bremer Dom. Bremen 1939.

D 293 Piersig, Johannes: Geschichte, Wesen und Bedeutung des deutschen evangelischen Kindergottesdienstes. In: Abhandlungen und Vorträge. Hrsg. von der Bremer Wissenschaftlichen Gesellschaft. 8/9, 1934, S. 5–15.

D 294 Pöpel: Katholische Aktion an der Niederweser. In: Ansgarius. 6, 1929, S. 283–284, 290–293.

D 295 Positiv, liberal, radikal. Bremer Predigten um 1900. Ausgew. von Ortwin Rudloff. Bremen 1989. (Hospitium Ecclesiae. 16).

D 296 Post, Albert Hermann: Kirchenglaube und Wissenschaft. Ein Beitrag zur Klärung der religiösen Streitfragen der Gegenwart. Bremen 1868.

D 297 Prüser, Friedrich: Achthundert Jahre St. Stephanikirche. Ein Stück bremischer Geschichte. Bremen 1940.

D 298   Ramsauer, Erich: August Wilhelm Schreiber.
        In: Bremische Biographie 1912–1962. S. 456–458.
D 299   Rauer, Friedrich: Hemelingen. Notizen zur Vergangenheit 1887–1987. Hundert Jahre Sparkasse in Hemelingen. Bremen 1987.
D 300   Rechtsgutachten über die Verhältnisse der St. Petri Domgemeinde der freien Hansestadt Bremen zum Bremischen Staate, abgegeben von Herrn Hofrath Carl Friedrich Eichhorn ... Hannover 1831.
D 301   Refer, Karl: Amos. Die Worte des Propheten übersetzt und gedeutet. Bremen 1927.
D 302   Refer, Karl: Drei mißverstandene Bibelworte: Kommt das Heil von den Juden? Was heißt „Lamm Gottes"? Liebet Eure Feinde! Bremen 1936. (Die Christus bekennende Reichskirche. 9).
D 303   Refer, Karl: Der Heiland. Das Wort und Werk Jesu nach den ersten drei Evangelien dargestellt. Berlin 1924.
D 304   Refer, Karl: Ist Christentum jüdisch? Bremen 1936. (Die Christus bekennende Reichskirche. 9).
D 305   Refer, Karl: Zur Frage der Bibelübersetzung.
        In: Zwischen den Zeiten. 6, 1928, S. 330–348.
D 306   Religionsunterricht oder nicht? Denkschrift der bremischen Lehrerschaft. Bremen 1905.
D 307   Röhm, Eberhard/Thierfelder, Jörg: Die evangelische Kirche und die Machtergreifung.
        In: Die nationalsozialistische Machtergreifung. Hrsg. von Wolfgang Michalka. Paderborn (u. a.) 1984. S. 168–181.
D 308   Röhm, Eberhard/Thierfelder, Jörg: Evangelische Kirche zwischen Kreuz und Hakenkreuz. Bilder und Texte einer Ausstellung. Mit einer Einführung von Klaus Scholder. Stuttgart 1981.
D 309   Röhm, Eberhard/Thierfelder, Jörg: Juden, Christen, Deutsche 1933–1945. Bd. 1. 1933 bis 1935. Stuttgart 1990. (Calwer Taschenbibliothek. 8).
D 310   Röpcke, Andreas: Entstehung, Status und Verwaltung der amerikanischen Enklave Bremen.
        In: Bremisches Jahrbuch. 66, 1988, S. 423–452.
D 311   Röpcke, Andreas: Der unheilige Geist. Nationalistische Predigt in Bremen.
        In: „Mit Gott dem Herrn zum Krieg"? (D 267). S. 12–25.

D 312 Rösing, Johannes: Franz Ernst Schütte. In: Bremische Biographie des neunzehnten Jahrhunderts. S. 455–459.

D 313 Rotermund, Heinrich Wilhelm: Geschichte der Domkirche St. Petri zu Bremen und des damit verbundenen Waisenhauses und der ehemaligen Domschule von ihrem Ursprunge und mancherlei Schicksalen bis zum Jahr 1828. Bremen 1829.

D 314 Rotermund, Heinrich Wilhelm: Zwei Predigten bei der dritten Reformations-Jubelfeier am 31. Oktober und 2. November 1817 in der Domkirche zu Bremen. Bremen 1817.

D 315 Rudloff, Ortwin: Bremen. In: Theologische Realenzyklopädie. Bd. 7. Göttingen 1981. S. 153–168.

D 316 Rudloff, Ortwin: Christ und Deutscher. Zu den Konfirmationspredigten des deutsch-christlichen Bremer Dompredigers Hermann Rahm 1937–1941. In: Jahrbuch der Gesellschaft für Niedersächsische Kirchengeschichte. 88, 1990, S. 235—244.

D 317 Rudloff, Ortwin: Die Kirche und ihr Recht. Die Niederschrift des Dompredigers J. D. Nicolai über eine Unterredung mit dem Senator J. Smidt am 7. November 1810. In: Hospitium Ecclesiae. 17, 1989, S. 125–140.

D 318 Rudloff, Ortwin: Der St. Petri-Dom in Bremen während der Franzosenzeit 1811–1813. In: Hospitium Ecclesiae. 11, 1978, S. 35–78.

D 319 Rudolph, Hartmut: Evangelische Kirche und Vertriebene 1945 bis 1972. Bd. 1. Kirchen ohne Land. Bd. 2. Kirche in der neuen Heimat. Göttingen 1984. (Arbeiten zur kirchlichen Zeitgeschichte. Reihe B. 11 u. 12).

D 320 Rückblick auf das 20jährige Wirken des katholischen Fürsorgevereins. In: Ansgarius. 7, 1930, S. 69–70.

D 321 Rüthnick, Richard/Schulz, Kurd: Die Diakonie der St. Petri-Domkirche zu Bremen. 325 Jahre ihrer Geschichte. Bremen 1963.

D 322 Sachau, Theodor: Die Geschichte des Gotteshauses der evangelisch-lutherischen und reformierten Gemeinde zu Bremerhaven. Bremerhaven 1931.

D 323 Schäfer, Walter: Aus unveröffentlichten Briefen des Pastors Georg Gottfried Treviranus zu Dräsekes Wirken in Bremen. In: Hospitium Ecclesiae. 6, 1969, S. 82–85.

D 324   Schäfer, Walter: Der Bremer Erweckungsprediger Georg Gottfried Treviranus in seinem Verhältnis zu Friedrich Engels und Gottlieb August Wimmer.
In: Jahrbuch der Gesellschaft für Niedersächsische Kirchengeschichte. 62, 1964, S. 151–161.

D 325   Schäfer, Walter: Georg Gottfried Treviranus. Der Bahnbrecher des freien Vereinswesens und der christlichen Liebestätigkeit in Bremen.
In: Hospitium Ecclesiae. 4, 1964, S. 53–66.

D 326   Schäfer, Walter: Georg Gottfried Treviranus, Wicherns Freund. Verden 1963.

D 327   Schäfer, Walter: Johann Bernhard Dräseke in seinen Bremer Jahren 1814–1832.
In: Hospitium Ecclesiae. 6, 1969, S. 41–85.

D 328   Schäfer, Walter: Johann Heinrich Bernhard Dräseke, der Prediger im Vorfeld der Erweckung und sein Beitrag zur politischen Ethik. Verden 1969.

D 329   Scheidulin, Hans: Alte Kirchen in und um Bremen. Kunstschätze im Weserraum. Bremen 1982.

D 330   Schlaich, Klaus: Kollegialtheorie. Kirche, Recht und Staat in der Aufklärung. München 1969. (Jus ecclesiasticum. 8).

D 331   Schlunk, Martin: Die Geschichte der Norddeutschen Mission im Lichte der Bibel. Bremen 1936.

D 332   Schlunk, Martin: Geschichte und Eigenart der Norddeutschen Missionsgesellschaft. Bremen 1913. (Bremer Missionsschriften. 37).

D 333   Schlunk, Martin: Die Norddeutsche Mission in Togo. Bd. 1. Meine Reise durchs Eweland. Bremen 1910. Bd. 2. Probleme und Aufgaben. Bremen 1912.

D 334   Schmolze, Gerhard: Geschichte der Kirchen in Bremen-Nord.
In: Lebensraum Bremen-Nord. Geschichte und Gegenwart. Bearb. von Hubert Walter. Bremen 1989. (Jahrbuch der Wittheit zu Bremen. 31). S. 149–174.

D 335   Schnackenberg, Jacob: Kurze geschichtliche Entwicklung der Evangelisch-Lutherischen Gemeinde zur Kreuzkirche in Bremerhaven. o. O. 1911.

D 336   Scholder, Klaus: Die Kirchen und das Dritte Reich. Bd. 1. Vorgeschichte und Zeit der Illusionen 1918–1934. Frankfurt/M. 1977. Bd. 2. Das Jahr der Ernüchterung. Barmen und Rom. Berlin 1985.

D 337   Scholder, Klaus: Politischer Widerstand oder Selbstbehauptung als Problem der Kirchenleitungen.
In: Scholder, Klaus: Die Kirchen zwischen Republik und Gewaltherrschaft. Berlin 1988. S. 204—212.

D 338   Scholder, Klaus/Kleinmann, Dieter: Lehrfreiheit und Bekenntnis. Gutachterliche Stellungnahme für die Bremische Evangelische Kirche (BEK).
In: Evangelische Theologie. 42, 1982, S. 471—479.

D 339   Schomburg, Walther: Morgen- und Abendfeiern. Bremen 1935. (Die Christus bekennende Reichskirche. 8).

D 340   Schomburg, Walther: Sankt Remberti. Die Geschichte einer bremischen Gemeinde. Bremen 1962.

D 341   Schreiber, August Wilhelm: Heimatgeschichte der Norddeutschen Mission. Bremen 1936.

D 342   Schröder, Johannes: Handel und Mission. Bremen 1909. (Flugschriften der Hanseatisch-Oldenburgischen Missionskonferenz. 12).

D 343   Schulz, Günter: Johann Jacob Stolz im Briefwechsel mit Johann Caspar Lavater 1784—1798.
In: Jahrbuch der Wittheit zu Bremen. 6, 1962, S. 59—197.

D 344   Schulz, Kurd: Hundert Jahre Friedenskirche zu Bremen. Bremen 1969.

D 345   Schulz, Kurd: Hundert Jahre Hastedter Kirche. Bremen 1962.

D 346   Schulz, Kurd: Die Kirchentage des 19. Jahrhunderts bis zum Kirchentag in Bremen 1852.
In: Hospitium Ecclesiae. 1, 1954, S. 99—113.

D 347   Schulz, Kurd: St. Pauli in Bremen-Neustadt. 275 Jahre Geschichte einer Kirche. Bremen 1957.

D 348   Schwalb, Moritz: Christus und die Evangelien. Zehn Vorträge. Bremen 1872.

D 349   Schwalb, Moritz: Menschenverehrung und Menschenvergötterung. Vortrag. Leipzig 1889.

D 350   Schwalb, Moritz: Rückschau auf eine sechsundzwanzigjährige Amtsthätigkeit. Achtzehn Kanzelreden. Bremen 1894.

D 351   Schwarz, Klaus: Die stadtbremischen Kirchhöfe von der Reformation bis zur Franzosenzeit (1813).
In: Bremisches Jahrbuch. 58, 1980, S. 23—63.

D 352 Schwarzwälder, Herbert: Geschichte der Freien Hansestadt Bremen. Bd. 1. Von den Anfängen bis zur Franzosenzeit (1810). Bremen 1975. Bd. 2. Von der Franzosenzeit bis zum Ersten Weltkrieg (1810–1918). Bremen 1976. Bd. 3. Bremen in der Weimarer Republik (1918–1933). Hamburg 1983. Bd. 4. Bremen in der NS-Zeit (1933–1945). Hamburg 1985.

D 353 Schwarzwälder, Herbert: Heinz Weidemann — Irrungen und Wirrungen eines „braunen" Landesbischofs.
In: Schwarzwälder, Herbert: Berühmte Bremer. München 1972. S. 245–294.

D 354 Schwebel, Karl H.: Bremens kirchliche Versorgung im Spiegel der konfessionellen und theologischen Richtungskämpfe 1522–1922.
In: Hospitium Ecclesiae. 3, 1961, S. 9–40.

D 355 Schwebel, Karl H.: Der Bremer kirchliche Liberalismus im 19. Jahrhundert.
In: Jahrbuch der Gesellschaft für Niedersächsische Kirchengeschichte. 76, 1978, S. 41–75.

D 356 Schwebel, Karl H.: Bürgermeister Smidts Kirchenpolitik in Bremerhaven.
In: Jahrbuch der Wittheit zu Bremen. 18, 1974, S. 407–425.

D 357 Schwebel, Karl H.: Elard Ordemann.
In: Bremische Biographie 1912–1962. S. 362–363.

D 358 Schwebel, Karl H.: Kirche und Kultur in Bremen.
In: Geistiges Bremen. Hrsg. von A. Faust. Bremen 1960. S. 99–125.

D 359 Schwebel, Karl H.: Otto Veeck.
In: Bremische Biographie 1912–1962. S. 529–531.

D 360 Schwebel, Karl H.: Reinhold Philipp Wilhelm Emde.
In: Bremische Biographie 1912–1962. S. 135–136.

D 361 Schwebel, Karl H.: Richard Theodor Pröhl.
In: Bremische Biographie 1912–1962. S. 386–387.

D 362 Schwentner, Bernhard: Die Rechtslage der katholischen Kirche in den Hansestädten Hamburg, Bremen und Lübeck. Zugleich eine Zusammenstellung der die katholische Kirche in den drei Hansestädten betreffenden staatlichen und kirchlichen Gesetze und Verordnungen. Hamburg 1931.

D 363 Sechzig Jahre Friedenskirche Bremen 1869–1929. Bremen 1930.

D 364 Seebode, Friedrich: Festschrift zum 200jährigen Jubiläum der Kirche zu Arbergen. Achim 1919.

D 365 Seegrün, Wolfgang: Das apostolische Vikariat von Norddeutschland und Dänemark im Übergang von Laurent zu Lüpke (1839/41).
In: Zeitschrift für Kirchengeschichte. 96, 1985, S. 34–61.

D 366 Seegrün, Wolfgang: Wilhelm Berning (1877–1955). Ein Lebensbild.
In: Osnabrücker Mitteilungen. 79, 1972, S. 79–92.

D 367 Seegrün, Wolfgang: Zwölf Jahrhunderte Bistum Osnabrück. Eine kleine Diözesangeschichte. Osnabrück 1979.

D 368 Smend, Rudolf: Glaubensfreiheit als innerkirchliches Grundrecht. Zur Verfassung der Bremischen Evangelischen Kirche. Bremen 1954. (Hospitium Ecclesiae. 1. Beilage).

D 369 Smidt-von Osten, Annemarie: Von Treysa 1945 bis Eisenach 1948. Zur Geschichte der Grundordnung der Evangelischen Kirche in Deutschland. Göttingen 1980. (Arbeiten zur kirchlichen Zeitgeschichte. Reihe B. 9).

D 370 Sommer: Die Kirchensteuer der Katholischen Gemeinde in Bremen.
In: Ansgarius. 3, 1926, S. 244–245.

D 371 Sommer, L.: Der Kulturkampf und seine Wirkungen in der Diözese Hildesheim (1871–1886). Hildesheim 1912.

D 372 St. Johann in Bremen. Kirche und Gemeinde im Wandel der Zeiten. Erolzheim 1959.

D 373 St. Martini in Lesum. 1779–1979. Hrsg. von Hans-Martin Schäfer. Bremen 1979.

D 374 St. Martini zu Bremen. Eine Gemeinde und eine Kirche im Wandel der Zeiten. Hrsg. von Wolfgang Wehowsky. Bremen 1960.

D 375 St. Michaelis-Luther-Gemeinde in Bremen. Festschrift zur Einweihung der Martin-Luther-Kirche am 8. Oktober 1961. Bremen 1961.

D 376 St. Remberti. Die Geschichte einer bremischen Gemeinde. Hrsg. anläßlich des 350jährigen Bestehens der St. Remberti-Diakonie. Bremen 1962.

D 377 Steilen, Dietrich: Geschichte der bremischen Hafenstadt Vegesack. Vegesack 1926.

D 378 Steilen, Dietrich: Kirche zu Vegesack. Ein Rückblick auf die Geschichte der Kirchengemeinde aus Anlaß der hundertjährigen Wiederkehr des Einweihungstages der Kirche am 8. Juli 1921. Vegesack 1921.

D 379   Stein, Rudolf: Dorfkirchen und Bauernhäuser im Bremer Lande. Bremen 1967. (Forschungen zur Geschichte der Bau- und Kunstdenkmäler in Bremen. 6).

D 380   Stein, Rudolf: Klassizismus und Romantik in der Baukunst Bremens. 1. Das Gebiet der Altstadt und der alten Neustadt, der Wall und die Contrescarpe. Bremen 1964. (Forschungen zur Geschichte der Bau- und Kunstdenkmäler in Bremen. 4). 2. Die Vorstädte und die Stadt-Landgüter, Vegesack und Bremerhaven. Bremen 1965. (Forschungen zur Geschichte der Bau- und Kunstdenkmäler in Bremen. 5).

D 381   Stein, Rudolf: Romanische, gotische und Renaissance-Baukunst in Bremen. Erhaltene und verlorene Baudenkmäler als Kultur- und Geschichtsdokumente. Bremen 1962. (Forschungen zur Geschichte der Bau- und Kunstdenkmäler in Bremen. 2).

D 382   Steudel, Friedrich: Albert Kalthoff. Biographische Einleitung. In: Kalthoff, Albert: Zukunftsideale. Nachgelassene Predigten. Mit einer Lebensskizze von Friedrich Steudel. Jena 1907. S. V-XXXIV.

D 383   Steudel, Friedrich: Im Kampf um die Christusmythe. Eine Auseinandersetzung insbes. mit J. Weiss, P. W. Schmiedel, A. Harnack, D. Chwolson. Jena 1910.

D 384   Stoevesandt, Karl: Bekennende Gemeinden und deutschgläubige Bischofsdiktatur. Geschichte des Kirchenkampfes in Bremen 1933–1945. Göttingen 1961. (Arbeiten zur Geschichte des Kirchenkampfes. 10).

D 385   Stoevesandt, Karl: Soziale Arbeit und christliche Verantwortung. In: Zwischen den Zeiten. 4, 1936, S. 250–268.

D 386   Stoevesandt, Karl: Wirklichkeit christlichen Lebens. München 1936. (Theologische Existenz heute. 40).

D 387   Stoevesandt, Karl: Zur kirchlichen Lage. Um Klarheit und Wahrheit. In: Die Wahrheit über die kirchliche Lage — prüfet selbst! (Bremen 1933). S. 1–8. Brosch. im Archiv der BEK.

D 388   Stoffers, Wilhelm: Das Bistum Hildesheim heute. Hildesheim 1987.

D 389   Stoffers, Wilhelm: Die Neuorganisation der Diözese Hildesheim in den Jahren 1949–1959. In: Unsere Diözese in Vergangenheit und Gegenwart. 28, 1959, S. 124–144.

D 390   Stoffers, Wilhelm: Die Neuorganisation der Diözese Hildesheim in den Jahren 1959 bis 1967, insbesondere die Neuerrichtung von Pfarreien.
In: Die Diözese Hildesheim in Vergangenheit und Gegenwart. 35, 1967, S. 120–135.

D 391   Strathmann, Hermann: Otto Julius Funcke. Inspektor der Inneren Mission und Gründer der Friedensgemeinde in Bremen.
In: Neue deutsche Biographie. 5, 1961, S. 729–730.

D 392   Tacke, Wilhelm: Fremde aufnehmen. 125 Jahre St. Godehard in Bremen-Hemelingen. Geschichte einer Diasporagemeinde in der Gründerzeit. Bremen 1988.

D 393   Thiel, Johannes: Evangelische Diakonissenanstalt Bremen. Bremen 1938.

D 394   Thumsener, Just Gottfried: Ansichten von Kirchengewalt, Vocation der Pastoren, Jus circa sacra und sog. Episkopalrecht der Protestanten in Hinsicht auf die Rechte der Stadtkirchen zu Bremen, zunächst auf die neueren Ereignisse in der Gemeinde St. Anscharius daselbst. Bremen 1837.

D 395   Tidemann, Heinrich: Pastor Rudolf Dulon. Ein Beitrag zur Märzrevolution in Bremen.
In: Bremisches Jahrbuch. 33, 1931, S. 376–445. 34, 1933, S. 162–261.

D 396   Tiesmeyer, Gottfried Heinrich Ludwig: Georg Gottfried Treviranus, Pastor in St. Martini in Bremen, in seinem Leben und Wirken dargestellt. Bremen 1879.

D 397   Tiesmeyer, Ludwig: Die Praxis der Sonntagsschule. Ein Wegweiser für Vorsteher, Lehrer, Lehrerinnen und solche, die es werden wollen. Bremen 1873.

D 398   Tilemann, Burchard: Bekenntnis und Einheit der Bremischen Kirche.
In: Hospitium Ecclesiae. 1, 1954, S. 114–122.

D 399   Tilemann, Burchard: Herkömmliches Recht in der bremischen Kirche. Untersuchungen zur Verteilung der Zuständigkeiten auf Kirchengemeinden und Gesamtkirche in der Bremischen Evangelischen Kirche. Göttingen 1953. Diss.

D 400   Titius, Artur: Der Bremer Radikalismus. Tübingen 1908.

D 401   Tödt, Heinz Eduard: Die Novemberverbrechen 1938 und der deutsche Protestantismus. Ideologische und theologische Voraussetzungen für die Hinnahme des Pogroms.
In: Kirchliche Zeitgeschichte. 2, 1989, S. 14–37.

D 402   Das Traktathaus in Bremen 1860–1935. Bremen 1935.

D 403 Tüchle, Hermann: Hilfe auf dem Weg zur Selbständigkeit. In: Sacrae Congragationis de Propagande Fide memoria rerum. Bd. 3,2. 1815–1972. Freiburg 1976. S. 126–153.

D 404 Ubi spiritus ibi libertas. Hundertfünfundzwanzig Jahre Bürgermeister-Smidt-Gedächtniskirche. Bremen 1980.

D 405 Urbahn, Georg: Die katholischen Arbeitervereine und die christlich-soziale Bewegung in Bremen von 1904 bis 1945. Köln 1979.

D 406 Urban, Erich: Ernst Friedrich Eduard Boche. In: Bremische Biographie 1912–1962. S. 49–50.

D 407 Ustorf, Werner: Mission im Kontext. Beiträge zur Sozialgeschichte der Norddeutschen Missionsgesellschaft im 19. Jahrhundert. Bremen 1986. (Veröffentlichungen aus dem Überseemuseum Bremen. Reihe F, Bremer Afrika Archiv. 23).

D 408 Ustorf, Werner: Die Missionsmethoden Franz Michael Zahns und der Aufbau kirchlicher Strukturen in Westafrika (1862–1900). Eine missionsgeschichtliche Untersuchung. Erlangen 1989. (Erlangen Monographien aus Mission und Ökumene. 7).

D 409 Ustorf, Werner: Theologie im revolutionären Bremen 1848–1852. Die Aktualität Rudolph Dulons. Bonn 1992. (Pahl-Rugenstein Hochschulschriften. 281).

D 410 Veeck, Otto: Albert Kalthoff. In: Bremische Biographie des neunzehnten Jahrhunderts. S. 241–247.

D 411 Veeck, Otto: Carl Friedrich Wilhelm Paniel. In: Bremische Biographie des neunzehnten Jahrhunderts. S. 378.

D 412 Veeck, Otto: Gedenkblätter für die Michaelisgemeinde zur Einweihung der neuen Michaeliskirche am 14. Oktober 1900 und zur Feier des 200jährigen Bestehens der Gemeinde. Bremen 1900.

D 413 Veeck, Otto: Geschichte der Reformierten Kirche Bremens. Bremen 1909.

D 414 Veeck, Otto: Johann Caspar Häfeli. In: Bremische Biographie des neunzehnten Jahrhunderts. S. 198–199.

D 415 Veeck, Otto: Johann Heinrich Bernhard Dräseke. In: Bremische Biographie des neunzehnten Jahrhunderts. S. 114.

D 416 Veeck, Otto: Johann Jacob Stolz.
In: Bremische Biographie des neunzehnten Jahrhunderts. S. 480–481.

D 417 Veeck, Otto: Johann Ludwig Ewald.
In: Bremische Biographie des neunzehnten Jahrhunderts. S. 129.

D 418 Veeck, Otto: Karl Rudolf Schramm.
In: Bremische Biographie des neunzehnten Jahrhunderts. S. 442–444.

D 419 Veeck, Otto: Pflichten und Rechte der Prediger im alten Bremen.
In: Bremisches Jahrbuch. 27, 1919, S. 93–114.

D 420 Velbehr, Hans: Bilder aus der Gemeinde Unser Lieben Frauen. Bremen 1960.

D 421 Vietor, Cornelius Rudolf: Bremen und sein Missionsverein vor einhundert Jahren.
In: Bremer Kirchenblatt. 1919, S. 41–42, 45–46, 49–51.

D 422 Voigt, Karl Heinz: Auswanderer-Fürsorge der methodistischen Kirche in der Mitte des 19. Jahrhunderts.
In: Hospitium Ecclesiae. 10, 1976, S. 147–157.

D 423 Voigt, Karl Heinz: Bremer Beziehungen zur angelsächsischen Erweckungsbewegung und der Anfang der methodistischen Kirche in Bremen. Stuttgart 1994.

D 424 Voigt, Karl Heinz: Die deutschen Methodisten in Amerika und die reformatorischen Kirchen Europas.
In: Mitteilungen der Studiengemeinschaft für Geschichte der Evangelisch-methodistischen Kirche. 1981, H. 2, S. 6–16.

D 425 Voigt, Karl Heinz: Der deutschsprachige Zweig der Methodistenkirche in den Vereinigten Staaten von Amerika.
In: Geschichte der Evangelisch-methodistischen Kirche (D 120). S. 39–58.

D 426 Voigt, Karl Heinz: Die Evangelisch-methodistische Kirche.
In: Glieder an einem Leib. Die Freikirchen in Selbstdarstellungen. Hrsg. von Hans-Beat Motel. Konstanz 1975. S. 174–217.

D 427 Voigt, Karl Heinz: Georg Gottfried Treviranus – Mitbegründer der Evangelischen Allianz in London 1846.
In: Hospitium Ecclesiae. 8, 1973, S. 66–80.

D 428 Voigt, Karl Heinz: Die Methodistenkirche in Deutschland.
In: Geschichte der Evangelisch-methodistischen Kirche (D 120). S. 85–112.

D 429 Voigt, Karl Heinz: Der unvergessene Dienst der Väter. Zum 100. Geburtstag von Ludwig S. Jacoby.
In: Wort und Weg. Sonntagsblatt der Evangelisch-methodistischen Kirche. 1974, S. 329–330, 345–346, 361–362, 377–378, 393.

D 430 Voigt, Karl Heinz: Warum kamen die Methodisten nach Deutschland? Eine Untersuchung über die Motive. Stuttgart 1975. 4. Aufl. Stuttgart 1984.

D 431 Vollnhals, Clemens: Evangelische Kirche und Entnazifizierung 1945–1949. Die Last der nationalsozialistischen Vergangenheit. München 1989.

D 432 Vollnhals, Clemens: Die Evangelische Kirche zwischen Traditionswahrung und Neuorientierung.
In: Von Stalingrad zur Währungsreform. Zur Sozialgeschichte des Umbruchs in Deutschland. Hrsg. von Martin Broszat, Klaus-Dietmar Henke u. Hans Woller. München 1988. S. 113–167.

D 433 Vom kirchlichen Leben Bremens im 19. Jahrhundert. Bremen 1961. (Hospitium Ecclesiae. 3).

D 434 Wachsende Städte an der Unterweser. Bremen–Bremerhaven im Aufbau 1958 bis 1964. Bearb. von Gerhard Deissmann. 2. Aufl. Bremen 1965.

D 435 Walte, Wilhelm Arnold: Dieser Stat Armenhaus zum Bethen und Arbeyten. Geschichte des Armenhauses zu Bremen 1698–1866 mit weiteren Beiträgen zur bremischen Sozialgeschichte. Hrsg. von Peter Galperin. Bremen 1979.

D 436 Was wollen wir? Der Christliche Verein Junger Männer. Sein Werk und seine Aufgaben. Erinnerungsschrift an das 4. Jahresfest des CVJM. Bremen 1913.

D 437 Wehrhahn, Otto Friedrich: Kirchliche Zustände in Bremen 1841/42. Nach einem Reisebericht. Eingel. von Friedrich Wilhelm Kantzenbach u. Anmerkungen von Bärbel Witten.
In: Hospitium Ecclesiae. 6, 1969, S. 128–144.

D 438 Weidemann, Heinz: Die Entwicklung des Bremer Doms zur Parochialkirche in der Zeit nach der Reformation.
In: Zeitschrift der Gesellschaft für Niedersächsische Kirchengeschichte. 34/35, 1929/30, S. 15–25.

D 439 Weidemann, Heinz: Ein kurzes Wort zur kirchlichen Lage. (Bremen 1933).

D 440 Weidemann, Heinz: So sieht die kommende Kirche aus. 3. Aufl. Bremen 1940. (Kommende Kirche. 3).

D 441 Weingart, Hermann: Aus der Vergangenheit der bremischen Landgemeinde Borgfeld. Lilienthal 1908.
D 442 Weiss, Bruno: Bilder aus der bremischen Kirchengeschichte um die Mitte des 19. Jahrhunderts. Bremen 1896.
D 443 Weiss, Bruno: Karl August Wilhelm Nagel.
In: Bremische Biographie des neunzehnten Jahrhunderts. S. 335–336.
D 444 Wellmann, Friedrich: Wilhelm Christian Müller.
In: Bremische Biographie des neunzehnten Jahrhunderts. S. 331–332.
D 445 Wellmann, Friedrich: Wilhelm Friedrich Riem.
In: Bremische Biographie des neunzehnten Jahrhunderts. S. 406–408.
D 446 Wenig, Otto: Rationalismus und Erweckungsbewegung in Bremen. Vorgeschichte, Geschichte und theologischer Gehalt der bremischen Streitigkeiten von 1832–1852. Bonn 1966.
D 447 Werner, Paul: „Herz-Jesu" Geestemünde Bremerhaven 75 Jahre. Mit einer kurzen Abhandlung der Geschichte von Geestendorf/Geestemünde. (Bremerhaven 1986).
D 448 Werra, Otto: Die katholische Kirche in Bremen seit der Kirchenspaltung. Osnabrück 1950. (Das Bistum Osnabrück. 4).
D 449 Weyer, Michael: Das Missionshaus des Bischöflichen Methodismus in Bremen (1858–1868).
In: Hundertfünfundzwanzig Jahre Theologisches Seminar der Evangelisch-methodistischen Kirche. Hrsg. von W. Klaiber u. Michael Weyer. Stuttgart 1983. S. 14–20.
D 450 Weygoldt, Eva: Die rechtliche Stellung des Ministeriums der stadt-bremischen Pfarrkirchen. Kiel 1962. Diss.
D 451 Der Widerstand gegen den Nationalsozialismus. Die deutsche Gesellschaft und der Widerstand gegen Hitler. Hrsg. von Jürgen Schmädecke u. Peter Steinbach. Berlin 1985.
D 452 Widerstand und Verweigerung in Deutschland 1933–1945. Hrsg. von Richard Löwenthal u. Patrick von zur Mühlen. Berlin (u. a.) 1982.
D 453 Wilkens, Cornelius August: Friedrich Mallet, Dr. der Theologie, Pastor primarius zu St. Stephani in Bremen, der Zeuge der Wahrheit. Eine Biographie zur Stärkung des Glaubens. Bremen 1872.

D 454 „Wir sind in die Irre gegangen". Evangelische Kirche und Politik in Bremen 1933–1945. Dokumente und Vorträge zur Ausstellung. Hrsg. vom Bildungswerk evangelischer Kirchen im Lande Bremen. Bremen 1984. (Protexte. 6).

D 455 Woker, Franz Wilhelm: Bürgerrecht und Zunftgenossenschaft der katholischen Einwohner der freien Reichsstadt Bremen im 17. und 18. Jahrhundert.
In: Der Katholik. 63, 1883, S. 28–59.

D 456 Ein Wort zur geplanten Kirchensteuer der evangelischen Gemeinden Bremens. Bremen 1912.

D 457 Wortmann, Wilhelm: Bremer Baumeister des 19. und 20. Jahrhunderts. Bremen 1988.

D 458 Wulff, Hinrich: Geschichte der bremischen Volksschule. Bad Heilbrunn 1967.

D 459 Zauleck, Paul: Die geplante Kirchensteuer der evangelischen Gemeinden Bremens. Wort für Förderung, Freiheit und Friede. Bremen 1912.

D 460 Zobeltitz, Louis von: Theologische Hauptströmungen in St. Stephani von der Reformation bis ins 19. Jahrhundert.
In: Achthundertfünfzig Jahre St. Stephani-Gemeinde (D 1). S. 25–73.

D 461 Zur Erinnerung an die Anfänge der Wilhadikirche zu Bremen. Documente ihrer Grundsteinlegung am 23. Juni 1876 und ihrer Einweihung am 1. December 1878. Den Mitgliedern der vereinigten Stephani-Wilhadi-Gemeinde gewidmet von ihren Bauherren. Bremen 1878.

D 462 Zwischen Widerspruch und Widerstand. Texte zur Denkschrift der Bekennenden Kirche an Hitler (1936). Hrsg. von Martin Greschat (u. a.). München 1987.

D 463 Zwölfhundert Jahre Kirche in Bremen. Bremen 1987. (Hospitium Ecclesiae. 15).

D 464 Zwölfhundert Jahre St. Petri-Dom in Bremen. Bremen 1989. (Hospitium Ecclesiae. 17).

II. Register der Personen, Gemeinden und Institutionen

Arbergen   D 364
Armenhaus   D 435
Aumund   D 182
Auswanderermission   D 89,
   D 105, D 165, D 168, D 248,
   D 249, D 422

Berning, Wilhelm   D 153, D 366
Blockdiek   D 110
Boche, Ernst   D 406
Bock, Friedrich   D 101
Borgfeld   D 43, D 216, D 441
Bremische Evangelische
   Bibelgesellschaft   D 276
Büren   D 179
Bürgermeister-Smidt-
   Gedächtniskirche, Bremerhaven
   D 115, D 183, D 322, D 404
Büttner, Karl   D 172
Burggraf, Julius   D 102

Caritasverband   D 94
Christlicher Verein Junger
   Kaufleute   D 150
Christlicher Verein Junger
   Männer   D 191, D 436
Christopherus-Gemeinde,
   Aumund-Fähr   D 242
Christuskirche Woltmershausen
   D 107
Cuntz, Ferdinand   D 57

Deutscher Protestantenverein
   D 175
Dräseke, Bernhard   D 323,
   D 327, D 328, D 415
Dulon, Rudolph   D 54, D 199,
   D 233, D 395, D 409

Egestorff-Stiftung   D 240
Ehmck, Diedrich Rudolf   D 30

Ellener Hof   D 188
Emde, Reinhold   D 360
Evangelische Diakonissenanstalt
   D 73, D 90, D 393
Ewald, Johann Ludwig   D 417

Felden, Emil   D 81, D 193,
   D 280
Frick, Constantin   D 27, D 164
Friedenskirche   D 344, D 363
Funcke, Otto   D 63, D 391

Gemeinde des Guten Hirten
   D 4
Grambke   D 82, D 97, D 179
Greiffenhagen, Gustav   D 224
Gröpelingen   D 251, D 284
Grohn   D 234
Groscurth, Reinhard   D 169

Häfeli, Johann Caspar   D 414
Hastedt   D 189, D 345
Heiliggeist-Gemeinde   D 154
Heilig-Kreuz-Kirche   D 96
Hemelingen   D 299
Herz-Jesu-Kirche, Geestemünde
   D 447
Hohentorsgemeinde   D 41
Horn   D 36

Immanuel-Gemeinde   D 113,
   D 228

Jacoby, Ludwig S.   D 253, D 429

Kalthoff, Albert   D 80, D 138,
   D 382, D 410
Katholischer Fürsorgeverein
   D 320
Kleiner Frauenverein   D 219
Kolpinghaus   D 143
Kolpingwerk   D 217

Kreuzkirche, Bremerhaven
  D 289, D 335
Krummacher, Friedrich Adolph
  D 59
Krummacher, Friedrich Wilhelm
  D 126

Landesverband der Evangelischen
  Frauenhilfe D 235
Laurent, Johannes Theodor
  D 141

Mallet, Friedrich   D 60, D 263,
  D 453
Martin-Luther-Gemeinde   D 375
Mauritz, Oscar   D 118
Menken, Gottfried   D 24, D 62,
  D 124, D 166
Methodistische Missionsanstalt
  D 122
Missionsverein   D 421
Müller, Wilhelm Christian
  D 444

Nagel, Wilhelm   D 443
Nicolai, Johann David   D 231,
  D 317
Nößler, Eduard   D 291
Norddeutsche Missionsgesell-
  schaft   B 26, B 27, B 28, D 3,
  D 17, D 98, D 134, D 192,
  D 269, D 286, D 331, D 332,
  D 333, D 341, D 342, D 407,
  D 408

Oberhof, Johannes   D 42
Oberneuland   D 5, D 255
Ordemann, Elard   D 357
Oslebshausen   D 251
Osterholz   D 241

Paniel, Carl Friedrich Wilhelm
  D 411
Pröhl, Richard Theodor   D 361

Rahm, Hermann   D 316
Riem, Wilhelm Friedrich   D 445

Salzmann, Max   D 125
Schramm, Rudolf   D 418
Schreiber, August   D 298
Schütte, Franz Ernst   D 312
Schwalb, Moritz   D 194
Seehausen   D 203, D 227
Smidt, Johann   D 32, D 162,
  D 264, D 356
St. Ansgarii   D 72, D 99,
  D 238, D 394
St. Elisabeth   D 283
St. Georg   D 184
St. Godehard   D 392
St. Hedwig   D 111
St. Jakobi   D 65
St. Johann   D 77, D 372
St. Johannes, Arsten   D 290
St. Johannis-Waisenhaus   D 145
St. Joseph-Stift   D 131
St. Marien   D 146, D 190
St. Martini   D 374
St. Martini, Lesum   D 220,
  D 230, D 373
St. Michael, Grohn   D 109
St. Michaelis   D 412
St. Nikolai, Mahndorf   D 112
St. Pauli   D 78, D 95, D 197,
  D 347
St. Petri-Dom   D 75, D 176,
  D 187, D 252, D 292, D 300,
  D 313, D 314, D 318, D 321,
  D 438, D 464
St. Remberti   D 279, D 285,
  D 340, D 376
St. Stephani   D 1, D 84, D 114,
  D 130, D 221, D 223, D 247,
  D 297, D 460
St. Vinzenzverein   D 92, D 93

Steudel, Friedrich   D 277
Stolz, Johann Jakob   D 343, D 416

Thimme, Magdalene   D 127, D 225
Tiefenthal, Paul   D 226
Traktathaus   D 402
Treviranus, Georg Gottfried   D 61, D 323, D 324, D 325, D 326, D 396, D 427

Uexküll, Conrad von   D 163
Unser Lieben Frauen   D 64, D 74, D 288, D 420

Veeck, Otto   D 236, D 359
Vegesack   D 135, D 259, D 270, D 377, D 378

Verein für Innere Mission   D 26, D 108, D 167, D 186
Vietor, Cornelius Rudolf   D 7, D 55

Weidemann, Heinz   D 158, D 353
Wilhadi-Gemeinde   D 18, D 185, D 461
Wimmer, Gottlieb August   D 324

Zahn, Michael   D 58, D 408
Zauleck, Paul   D 237
Zions-Gemeinde   D 268

Konfessionelle Statistik

1. *Die konfessionelle Entwicklung 1864—1987*

Die jeweils erste Zahl steht für die Stadt Bremen, die in Klammern für das ganze Land, das im 19. Jahrhundert das Landgebiet um die Stadt und die Hafenstädte Vegesack und Bremerhaven einschloß. Die Stadt dehnte sich auf Kosten des Landgebiets aus und verleibte sich schließlich auch Vegesack ein. 1939 erhielt Bremen beträchtlichen Gebietszuwachs durch die ehemals preußischen Gemeinden nördlich der Lesum (Farge, Blumenthal, Aumund, Schönebeck, Grohn, Lesum) und am südöstlichen Stadtrand (Hemelingen, Mahndorf). Das nach dem Zweiten Weltkrieg neu entstandene Land Bremen besteht aus der Stadt Bremen und der um das ehemals preußische Wesermünde vergrößerten Stadt Bremerhaven.

Eine konfessionelle Statistik wurde in Bremen regelmäßig seit 1862 geführt. Die Angaben stützen sich auf die statistischen Unterlagen — insbesondere die Ergebnisse der Volkszählungen — im Staatsarchiv Bremen. Die Einordnung mancher Religionsgesellschaften unter „Evangelisch-freikirchlich" und „Sonstige christliche Bekenntnisse" scheint schwankend. 1987 wurde bei sonstigen religiösen Bekenntnissen nicht mehr zwischen christlichen und anderen unterschieden. Bei allen Prozentzahlen wurde die zweite Stelle hinter dem Komma gerundet.

	1864	1880	1895	1910
Wohnbevölkerung insgesamt	70 603 (104 006)	111 940 (155 831)	141 133 (195 510)	244 875 (295 715)
Evangelisch (landeskirchl.)	68 077 (100 965)	106 563 (149 393)	132 230 (184 360)	210 867 (257 916)
% der Wohnbev.	96,4 (97,1)	95,1 (95,9)	93,7 (94,3)	86,1 (87,2)
Röm.-katholisch	2185 (2591)	4480 (5322)	7420 (9328)	18 231 (21 074)
% der Wohnbev.	3,1 (2,5)	4,0 (3,4)	5,3 (4,8)	7,4 (7,1)
Evangelisch (freikirchl.)	91 (151)	215 (260)	444 (503)	1070 (1199)
% der Wohnbev.	0,1 (0,2)	0,2 (0,2)	0,3 (0,3)	0,4 (0,4)
sonstige christl. Bekenntnisse	70 (73)	110 (127)	836 (1016)	42 (45)
% der Wohnbev.	0,1 (0,1)	0,1 (0,1)	0,6 (0,5)	—
Juden	179 (225)	570 (726)	725 (947)	985 (1251)
% der Wohnbev.	0,3 (0,2)	0,5 (0,5)	0,5 (0,5)	0,4 (0,4)
sonstige rel. Bekenntnisse	1 (1)	2 (3)	keine Angabe	1466 (1535)
% der Wohnbev.	—	—	—	0,6 (0,5)
ohne Bekenntnis bzw. ohne Angabe	keine Angabe	13 (16)	keine Angabe	12 214 (12 695)
% der Wohnbev.	—	—	—	5,0 (4,3)

1925	1933	1950	1961	1970	1987
294 966 (338 846)	323 331 (371 558)	444 549 (558 619)	564 517 (706 366)	582 275 (722 718)	533 455 (660 084)
250 754 (290 446)	271 384 (314 330)	375 592 (469 427)	471 257 (589 803)	467 332 (582 551)	319 919 (402 401)
85,0 (85,7)	83,9 (84,6)	84,5 (84,0)	83,5 (83,5)	80,3 (80,6)	60,0 (60,1)
19 576 (21 871)	21 376 (24 122)	41 015 (49 721)	58 153 (70 187)	61 073 (73 497)	54 948 (65 914)
6,6 (6,4)	6,6 (6,5)	9,2 (8,9)	10,3 (9,9)	10,5 (10,2)	10,3 (10,0)
1501 (1680)	2576 (2858)	3636 (4715)	3125 (4181)	10 538 (12 796)	4310 (5384)
0,5 (0,5)	0,8 (0,8)	0,8 (0,8)	0,6 (0,6)	1,8 (1,8)	0,8 (0,8)
217 (243)	43 (44)	237 (294)	5038 (6480)	4071 (4852)	8 398 (10 374) auch nichtchristl.
0,1 (0,1)	—	0,1 (0,1)	0,9 (0,9)	0,7 (0,7)	1,6 (1,6)
1328 (1508)	1314 (1438)	96 (106)	112 (122)	156 (166)	259 (289)
0,5 (0,4)	0,4 (0,4)	—	—	—	—
2957 (3138)	281 (317)	17 (32)	1505 (1983)	7298 (8698)	19 628 (24 357) nur Islam
1,0 (1,0)	0,1 (0,1)	—	0,3 (0,3)	1,3 (1,2)	3,7 (3,7)
18 633 (19 960)	26 357 (28 449)	23 956 (34 324)	25 327 (33 610)	31 807 (40 158)	126 252 (151 652)
6,3 (5,9)	8,1 (7,7)	5,4 (6,1)	4,5 (4,8)	5,5 (5,6)	23,7 (23,0)

2. Die Religionsgesellschaften und Weltanschauungsgemeinschaften in den Gebietsteilen des Landes Bremen bei den Volkszählungen 1910 und 1925

Religionsgliederung	Stadt Bremen (jeweiliger Umfang)		Landgebiet (jeweiliger Umfang)		Vegesack		Bremerhaven		Land Bremen	
	1910	1925	1910	1925	1910	1925	1910	1925	1910	1925
1. Evangelische Landeskirchen	210867	250754	22474	15021	3940	3942	20635	20729	257916	290446
darunter mit der Benennung										
Evangelisch-Lutherische	138 632	182 902	8461	7467	2230	2723	13 140	15 004	162 463	208 096
Evangelische	41 790	57 835	3700	4411	673	736	2 408	3 243	48 571	66 225
Lutherische	8 657	482	413	11	219	17	925	46	10 214	556
Reformierte	19 914	7 945	9435	3023	370	201	1 545	694	31 264	11 863
Unierte	1 487	1 403	348	60	427	254	2 609	1 728	4 871	3 445
2. Evangelische Freikirchen	11	75	3	—	—	2	—	6	14	83
3. Sonst. evang. Religionsgesellschaften	1 059	1 426	18	33	11	18	97	120	1 185	1 597
darunter										
Baptisten	305	388	8	1	—	—	40	26	353	415
Methodisten	212	207	—	7	9	17	40	45	261	276
Angehörige des Neuapostol. Bekenntnisses	369	542	—	5	5	—	—	14	19	388	566
Adventisten	71	222	5	17	—	—	—	25	76	264
4. Römisch-Katholische	18 231	19 576	793	199	191	229	1859	1867	21 074	21 871
5. Griech.-, russ.- u. orient.-Orthodoxe	16	74	—	—	—	—	—	3	16	77
6. Altkatholiken	13	17	—	—	1	1	2	—	16	18
7. Sonst. christl. Religionsgesellschaften (Bibelforscher, Heilsarmee, Heilige der letzten Tage u. a.)	13	126	—	—	—	3	—	19	13	148
8. Israeliten	985	1 328	51	8	63	49	152	123	1 251	1 508
9. Buddhisten, Muhamedaner	11	3	—	—	—	—	5	8	16	11
10. Personen, die keiner Religionsgesellschaft, aber einer Vereinigung zur gemeinschaftlichen Pflege einer Weltanschauung angehören	1 455	2 954	49	31	5	30	10	112	1 519	3 127
darunter										
Freireligiöse	1 374	2 791	49	27	5	27	10	108	1 438	2 953
Monisten	81	134	—	—	—	3	—	—	81	137
Anthroposophen	—	9	—	4	—	—	—	4	—	17
Theosophen	—	18	—	—	—	—	—	—	—	18
11. Personen, die keiner Religionsgesellschaft und keiner Vereinigung zur gemeinschaftlichen Pflege einer Weltanschauung angehören	10 128	17 992	194	285	24	74	134	789	10 480	19 140
darunter										
Keiner Gemeinschaft angehörig	—	10 852	—	157	—	14	—	334	—	11 357
Konfessionslose	7 995	582	160	12	20	—	112	10	8 287	604
Religionslose	907	474	11	8	1	—	4	4	923	486
Freidenker	753	3 241	15	42	—	52	6	333	774	3 668
Atheisten	228	7	5	—	—	3	—	—	233	7
Ausgetretene	—	424	—	5	—	2	—	2	—	434
Freie Dissidenten	151	391	1	18	3	2	12	28	167	439
Freie	—	35	—	—	—	—	—	6	—	41
Freisinnige	80	4	2	—	—	—	—	82	4
Nichtgetaufte	—	12	—	—	—	—	—	1	—	13
Pantheisten	—	2	—	—	—	—	—	—	—	2
Ohne Glauben	—	23	—	—	—	—	—	1	—	24
Andere Bezeichnungen	14	—	—	—	—	—	—	—	14	—
Absichtlich nicht geantwortet oder Angabe verweigert	—	1 933	—	43	—	3	—	70	—	2 049
12. Ohne Angabe	2 086	641	76	47	24	12	29	120	2 215	820

Zusammenfassung

	1910	1925	1910	1925	1910	1925	1910	1925	1910	1925
Evangelische	211937	252255	22495	15054	3951	3962	20732	20855	259115	292126
Römisch-Katholische	18 231	19 576	793	199	191	229	1859	1867	21 074	21 871
Andere Christen*)	42	217	—	—	1	4	2	22	45	243
Israeliten	985	1 328	51	8	63	49	152	123	1 251	1 508
Sonstige	13 680	21 590	319	363	53	116	178	1029	14 230	23 098
Wohnbevölkerung	244875	294966	23658	15624	4259	4360	22923	23896	295715	338846

Von je 100 der Wohnbevölkerung waren

	1910	1925	1910	1925	1910	1925	1910	1925	1910	1925
Evangelische	86,55	85,52	95,09	96,36	92,78	90,81	90,44	87,28	87,63	86 22
Römisch-Katholische	7,44	6,64	3,35	1 27	4,48	5,25	8,11	7,81	7,13	6,45
Andere Christen*)	0,02	0,07	—	—	0,02	0,09	0,01	0,09	0,01	0,07
Israeliten	0,40	0,45	0,21	0,05	1,48	1,12	0,66	0,51	0,42	0,44
Sonstige	5,59	7,32	1,35	2,32	1,24	2,73	0,78	4,31	4,81	6,82

*) Andere Christen: Griechisch-Katholische, Altkatholiken, Heilsarmee, Bibelforscher.

Quelle: Statistisches Jahrbuch der Freien Hansestadt Bremen, Bremen 1930, S. 12

3. Die Religionsgesellschaften und Weltanschauungsgemeinschaften im Lande und in der Stadt Bremen am 16. Juni 1933

Religionsgesellschaften und Weltanschauungsgemeinschaften	Land Bremen Anzahl der Angehörigen			Stadt Bremen Anzahl der Angehörigen		
	überhaupt	männlich	weiblich	überhaupt	männlich	weiblich
Evangelische (unierte, lutherische, reformierte) Landes- oder Freikirchen	314 382	149 929	164 453	271 433	128 674	142 759
darunter						
Deutsche Christen	16	10	6	12	8	4
Englische Hochkirche	17	4	13	14	3	11
Christengemeinschaft	103	47	56	96	42	54
Unierte	623	294	329	520	244	276
Sonstige evangelische Religionsgesellschaften	2 806	1 250	1 556	2 527	1 113	1 414
darunter						
Christliche Wissenschaft	132	50	82	124	47	77
Mennoniten	32	19	13	29	17	12
Mormonen	20	8	12	20	8	12
Bischöfliche Methodistenkirche	7	2	5	7	2	5
Christen ohne besonderes Bekenntnis	120	56	64	116	55	61
Gemeinde gläubig getaufter Christen	7	—	7	7	—	7
Altapostolische	7	3	4	7	3	4
Freikirche evangelischer Gemeinschaft	11	7	4	11	7	4
Bibelforscher	18	8	10	11	5	6
Neuapostolische	951	457	494	860	408	452
Apostolische	104	45	59	98	43	55
Katholisch-Apostolische	175	80	95	164	75	89
Baptisten	486	217	269	448	200	248
Adventisten	107	31	76	93	22	71
Adventisten vom 7. Tage	246	91	155	231	85	146
Methodisten	313	147	166	252	116	136
Heilsarmee	11	4	7	11	4	7
Römisch-Katholische Christen (einschl. der unierten)	24 122	12 491	11 631	21 376	10 949	10 427
darunter						
Griechisch-Katholische	78	49	29	74	47	27
Andere Christen	44	20	24	43	19	24
darunter						
Griechisch-Orthodoxe	17	8	9	16	7	9
Altkatholische	22	11	11	22	11	11
Glaubensjuden	1 438	693	745	1 314	634	680
Andere nichtchristliche Religionsgesellschaften und Angehörige (lediglich) von Weltanschauungsgemeinschaften	317	193	124	281	170	111
darunter						
Deutschvolk (Ludendorff)	216	130	86	193	114	79
Monisten (Monistenbund)	7	5	2	7	5	2
Buddhisten	5	5	—	4	4	—
Freireligiöse	39	23	16	35	22	13
Mohammedaner	4	4	—	3	3	—
Deutsch-Gläubige	29	16	13	23	12	11
Theosophische Gesellschaft	4	3	1	4	3	1
Masdasnan	6	4	2	6	4	2
Gemeinschaftslose	25 167	14 573	10 594	23 377	13 457	9 920
Ohne Angabe der Religionszugehörigkeit	3 282	1 921	1 361	2 980	1 735	1 245

Quelle: Bremen. Volks-, Berufs- und Betriebszählung 1933, hrsg. v. Statist. Landesamt, Bremen 1936, S. 37

Zusammenstellung der in den Jahren 1900 bis 1951 entstandenen Kirchen- und Kapellenbauten

Baujahr		Ortsteil	Architekten
1902/03	luth. Kirche in Blumenthal	Bremen-Blumenthal	Karl Mohrmann, Hannover
1903	kath. Kapelle zur hl. Familie	Bremen-Grohn	Herzig, Hildesheim
1905	ref. Kapelle in Farge	Bremen-Farge	Otto Blendermann †, Bremen
1905/06	ev. Christuskirche in Woltmershausen	Bremen-Woltmershaus.	Abbehusen † & Blendermann †, Bremen
1906/08	ev. Kirche in Grohn	Bremen-Grohn	Karl Mohrmann, Hannover
1908	ev. Immanuel-Kapelle	Bremen-West	Joh. Rippe, später Albert Thölken, Bremen
1922	kath. St.-Willehad-Kirche	Bremen-Aumund	Herzig, Hildesheim
1924	Kirche der Baptistengemeinde	Bremen-Oslebshausen	August Abbehusen †, Bremen
1927/28	ev. Luther-Kapelle	Bremen-Findorff	A. Moritz Streller, Bremen
1928	ev. Kapelle in Föhr	Bremen-Aumund-Föhr	Johann Meyer
1928/29	ev. Kirche in Oslebshausen	Bremen-Oslebshausen	Walter Görig, Bremen
1930/31	kath. St.-Elisabeths-Kirche	Bremen-Hastedt	Theo Burlage, Osnabrück (1945 zerstört, 1948 wieder aufgeb.)
1931/32	ev. Kirche der Hohentorsgemeinde	Bremen-Neustadt	Rud. Jacobs †, Bremen (zerstört)
1932	kath. Christkönigkirche	Bremen-Neurönnebeck	Michael Fischer, Bremen-Blumenthal
1937	kath. Herz-Jesu-Kirche	Bremen-Neustadt	Dominikus Böhm, Köln/Rh.
1938	ev. Dankeskirche Gröpelingen	Bremen-Gröpelingen	Friedr. Schumacher, Bremen (zerstört)
1938	ev. Dankeskirche Sebaldsbrück	Bremen-Sebaldsbrück	Heinz Logemann, Bremen
1938	ev. Dankeskirche Osterholz	Bremen-Osterholz	Heinz Logemann, Bremen
1947/48	ev. St.-Ansgarii-Notkirche	Bremen-Schwachhausen	Fritz Brandt, Bremen
1948	Kirche der Baptistengemeinde	Bremen-West	Wilhelm Bülow, Bremen
1948/49	ev. Notkirche Gröpelingen	Bremen-Gröpelingen	Bartning-Schumacher, Bremen
1949	Philadelphia-Kapelle der Christlichen Gemeinschaft Bremen	Bremen, Hamburger Str.	Schwedische Stiftung
1950	Erlöserkirche der Methodistengemeinde	Bremen-Schwachhausen	Eberhard Gildemeister, Bremen
1950	Kirche der Neuapostol. Gemeinde	Bremen-Findorff	Wilhelm Möller, Bremen
1950	ev. St.-Remberti-Notkirche	Bremen-Schwachhausen	Eberhard Gildemeister, Bremen
1950/51	Adventshaus der Advent-Gemeinde	Bremen, Osterdeich	Friedmar Rusche, Bremen
1951/52	Kirche der Baptistengemeinde	Bremen, Hohenlohestr.	Ernst Becker-Sassenhof, Bremen

Quelle: Bremen und seine Bauten 1900—1951, hrsg. v. Carl Thalenhorst, Bremen [1952], S. 277

Abkürzungsverzeichnis

Allgemein gebräuchliche Abkürzungen wie z. B., sog., z. T., u. a. werden durchweg nicht mit aufgeführt.

a. D.	=	außer Dienst
AG	=	Aktiengesellschaft
AKW	=	Atomkraftwerk
Art.	=	Artikel
BEK	=	Bremische Evangelische Kirche
BG	=	Bekenntnisgemeinde, -gemeinschaft
BKZ	=	Bremer Kirchenzeitung
CDU	=	Christlich Demokratische Union
CVJM	=	Christlicher Verein junger Männer (später: Menschen)
D.	=	Doktor der Theologie
DC	=	Deutsche Christen, deutschchristlich
DDP	=	Deutsche Demokratische Partei
DDR	=	Deutsche Demokratische Republik
DEK	=	Deutsche Evangelische Kirche
DEKB	=	Deutscher Evangelischer Kirchenbund
d. h.	=	das heißt
DJK	=	Deutsche Jugendkraft
DNVP	=	Deutschnationale Volkspartei
DVP	=	Deutsche Volkspartei
EKD	=	Evangelische Kirche in Deutschland
ev.	=	evangelisch
Gestapo	=	Geheime Staatspolizei
GVP	=	Gesamtdeutsche Volkspartei
HJ	=	Hitler-Jugend
Hl.	=	Heilig (mit Deklinationsformen)
IG	=	Industriegewerkschaft
KAB	=	Katholische Arbeiterbewegung
KFG	=	Katholische Frauengemeinschaft
KJG	=	Katholische Jungmännergemeinschaft
KKV	=	Katholischer Kaufmännischer Verein, später: Verband der Katholiken in Wirtschaft und Verwaltung
KPD	=	Kommunistische Partei Deutschlands
KZ	=	Konzentrationslager
Lic.	=	Licentiat
luth.	=	lutherisch (mit Deklinationsformen)
NATO	=	North Atlantic Treaty Organization
NS	=	Nationalsozialistisch (mit Deklinationsformen)
NSDAP	=	Nationalsozialistische Deutsche Arbeiterpartei

NSV	= Nationalsozialistische Volkswohlfahrt	S.M.	= Seine Majestät
OMGUS	= Office of Military Government for Germany, United States	SPD	= Sozialdemokratische Partei Deutschlands
		SS	= (NS-)Schutzstaffel
		St.	= Sankt
Pg.	= (NS-)Parteigenosse	US	= United States (of America)
prim.	= primarius		
ref.	= reformiert (mit Deklinationsformen)	v.	= von
		YMCA	= Young Men's Christian Association
Rt.	= Reichstaler		
SA	= (NS-)Sturmabteilung		

Bildquellennachweis

Bistumsarchiv Osnabrück 323, 347, 348, 351, 356, 357, 373 (rechts), 375, 390, 391(2)
Bremische Evangelische Kirche, Archiv 247(2)
— , Bauabteilung 63, 252
— , Landeskirchliche Bibliothek 141, 143, 254
Ev.-ref. Kirchengemeinde Bremen-Aumund 303
Ev. Gemeinde der Friedenskirche 193 (unten)
St.-Stephani-Gemeinde 64, 74, 193 (oben), 213, 230 (links), 233, 235, 241, 295
Ev. Kirchengemeinde der Christus-Kirche Woltmershausen 51
Ev. Zionsgemeinde 50
Katholische Gemeinde 325, 343(2), 354, 372, 373 (links), 381

Sammlung Herbert und Inge Schwarzwälder 79, 93, 121, 122(2), 123, 174, 175, 176, 364, 365
Sammlung Karl Heinz Voigt 411, 413, 416, 417(3), 418(2), 419(2), 421, 422(2), 423, 424, 426, 434
Sonstiger Privatbesitz 183, 221, 230 (rechts), 237, 259, 271, 289, 291, 296 (oben), 307, 314
Staatsarchiv Bremen 2, 23(2), 43, 45, 47, 49, 53, 54, 55, 58, 60, 61, 62, 67(2), 71(2), 78(2), 83(2), 89(2), 92(2), 97(2), 99(2), 109, 145, 153(2), 159, 195, 197, 199, 200, 203, 211, 225(2), 253, 255, 260, 278, 296 (unten), 297, 311, 316, 350, 363, 387, 395, 433

Indices

1. Index der Personennamen

Auf die Angabe akademischer Titel wurde verzichtet. Berufsangaben erscheinen nur dann, wenn sie zur Identifizierung der Personen benötigt werden — in der Regel werden die Vornamen zu dem Zweck als ausreichend angesehen.
Jesus Christus und Martin Luther wurden nicht ausgeworfen. *Kursiv* gedruckte Seitenzahlen weisen auf Abbildungen der betreffenden Personen hin.

Abbehusen, August 52
Abraham, Familie 269
Achelis, Ernst 46, 83
Adenauer, Konrad 313-315
Ahlers, Richard 279, 281, 286, 288, 310
Albers, Anton Daniel 44
Albers, Georg Wilhelm 413
Albrecht, Beta 126
Althaus, Paul 180
Apelt, Hermann 274
Appel, Arnold 292
Arberg, Reichsgraf Philipp Karl v. 128
Arlt, Erwin *193*, 218, 231
Arnd-Quentin, Gisela 311
Arnold, Max 431 f
Aron, Jude 126
Baars, Ernst 185
Bamberger, Julius 190
Bargholz, Architekt 397
Bargmann, Dietrich 434
Barkhorn, Heinrich 335
Barth, Karl 145, 179 f, 192, 194, 207, 217, 228, 232, 263, 430
Baudert, Hedwig 270

Beckmann, Johann Heinrich 334
Bellstedt, Erich 240
Bengel, Johann Albrecht 70
Berning, Hermann Wilhelm 370, 378 f, 400
Bertram, Adolf Kardinal 378
Bertram, Franz 361
Bertuleit, Johann 198, 213, 277
Besch, Günter 435
Binder, Heinz Georg 435
Bippen, Wilhelm v. 101
Bismarck, Otto v. 168
Blendermann, Otto 52
Boche, Ernst 51, 133, 184, 196, 226
Bock, Friedrich 96
Bode, Julius 181, 207
Bodelschwingh, Friedrich v. 215
Böhm, Dominikus 376
Böhmcker, Heinrich 250 f, 258, 266 f, 382 f
Böhme, Jacob 69
Bormann, Martin 243, 263, 265, 377
Bornemann, Walter 186, 275

Bornkamm, Heinrich 206
Bote, Albert 231, 266, 281
Brahms, Johannes 111
Braukmann, Heinrich 385
Brendel, Emilie 110
Brinkmann, Johann Bernard 342
Brock, Rudolf 265
Brockgertken, Clemens 345
Brölsch, Werner 283, 309
Bruns, K. H., Architekt 394
Büttner, Karl 149, 181 f, *183*, 184, 428
Burggraf, Carl Julius 95 f, *97*, 105, 118, 142, 155
Burlage, Theo 376
Burlage & Niebuer, Architekten 394
Busch, Karl August 56
Buß, Pfarrer 155
Capelle, Ernst 77
Cölle, Georg 267 f, 275 f, 287
Collmar, Rudolf 246, 287
Consalvi, Ercole 324
Contag, Luise 309
Coorssen, Heinrich 57
Crabill, (US-)Major 280
Cremer, Martin 218
Cuntz, Friedr. Philipp Ferdinand 149 f
Dammers, Richard Kornelius 322, 335
Darwin, Charles 167
David, Johann Nepomuk 258
Deetjen, Henrich 60
Delitzsch, Franz 156
Denkhaus, Friedrich 218 ff, 222, 231, 236, *237*, 238, 240, 250, 263, 285, 318
Dibelius, Otto 179, 210, 427

Dietsch, Walter 247, 251, 274, 277, 285 ff
Dietz, Carl 178
Dinter, Artur 190
Distler, Hugo 258
Dittrich, Anneliese 270
Doering, Carl H. 410, 413, 420
Donandt, Ferdinand 136, 231, 245, 281, 288, *291*, 292, 300
Donandt, Martin 204
Dräseke, Johann Heinrich Bernhard 43, *67*, 69, 73, 115
Dreier, Alexander 149
Droste zu Vischering, Klemens August Freiherr 330
Dulon, Rudolph 33, 64, 74, 76, 80 ff, *83*, 142, 414
Duntze, Michael 332
Dutschke, Rudi 316
Ebert, Friedrich 177
Edzard, Hermann 274, 281, *291*, 292
Ehlers, Adolf 399
Ehlers, Erich 298
Ehmck, Dietrich R. 28, 40, 90, 95, 108, 113, 119
Ehrhardt, Ernst 59
Eichhorn, Carl Friedrich 23
Emde, Reinhold 89, 96, 145, 162
Engeln, Joseph 341 f, 352
Ernst August, König v. Hannover 333
Ewald, Johann Ludwig 66, *67*, 68, 140
Fehlig, Diözesan-Oberbaurat 397
Fehlings, M., Vikar 342
Fehsenfeld, Paul 251

Felden, Emil Jakob 36, *92*, 94, 138, 178, 180 f, 184 f, 188 ff, 201, 208, 215, 226, 313
Fichte, Johann Gottlieb 20
Fiedeldey, Stephan 342, *343*, 353
Finke, Friedrich 247
Fischer, Hans Jochen 267, 382
Fischer, Herbert Werner 248, 270, 289
Fitger, Arthur 102
Fliedner, Pastor 157 f
Flor, Wilhelm 225
Forck, Beate 262
Forck, Daniel 156
Forck, Elisabeth 262, 270
Forck, Tusnelde 271
Fraedrich, Gustav 304
Francke, August Hermann 156
Franz Joseph, Kaiser 362
Franzius, Ludwig 339
Freese, Nikolaus 181, 225 f
Frick, Constantin 149 f, 159, 181, 222, 238
Frick, Wilhelm 209
Frickhöffer, Heinrich 26 f, 29, 100, 106, 116
Friedrich, Erzbischof v. Bremen 20
Friedrich Wilhelm III., König v. Preußen 69, 104
Friedrich Wilhelm IV., König v. Preußen 334
Friemann, Bernhard Heinrich 327, 341
Friese, Werner 248
Fürstenberg, Franz Egon, Freiherr v. 322
Funcke, Otto Julius 34, 48, 98, *99*, 100, 147, 167 f

Galen, Clemens August Graf v. 380
Galen, Maximilian Graf v. 346
Galland, Joseph 342 f, 346
Garlipp, Wilhelm 290, 316
Gebert, Hugo 266
Gebhardt, Ernst 422, 425 f
Gehrke, Superintendent 301 f
Gensch, Rudolf 257
Georg V., König v. Hannover 360
Gerlach, Friedrich 290, 315 f
Gerlach, Simon-Peter *316*
Gildemeister, Eberhard 297, 432 f
Gildemeister, Eduard 60
Gildemeister, Otto 172
Goebbels, Joseph 243
Görig, Walter 194
Görres, Joseph 342
Goethe, Johann Wolfgang v. 90, 95, 189
Golombeck, Architekt 397
Goltermann, Karl August 344 f
Gorsemann, Ernst 254
Graeber, Friedrich 231
Graeber, Martin 196
Grave, Friedrich 27
Gregor XVI., Papst 329 f
Greiffenhagen, Gustav 207 f, 216, 218, 230 ff, 234 f, 238- 242, 244, 248, 263 ff, 269 f, *271*, 285, 290, 315 f, 318
Gröning, Hermann Georg Wilhelm Heinrich 126
Gronheid, Georg 342
Groscurth, Reinhard 112, 115, 162, 218, 231
Große-Kreutzmann, Heinrich 380

Gruben, Karl Klemens, Freiherr v. d. 322
Gruner, Carl 181
Gürtner, Franz 386
Gustav II. Adolf, König v. Schweden 161
Gwinner, Volker 298
Haase, Heinrich Engelbert 152
Hachez, Joseph 346, 350 f
Hackländer, Emil 281, *291*, 292
Haeckel, Ernst 36, 88, 189
Häfeli, Johann Caspar 66-69
Haenchen, Ernst 206
Händel, Georg Friedrich 114
Hardinghaus, Friedrich *372, 373*, 381 ff
Hartke, Robert 306
Hartmann, Charlotte 430
Hartwich, Otto 33, 175, 181, 184, 203, 207 f
Hasselbach, Ulrich v. 304 f
Heckrott, Architekt 397
Heider, Johannes 246
Heider, Otto 209, 212, 215 ff, 223 f, *225*, 226 ff, 230, 236, 238 f, 245, 249 f, 287
Heine, Heinrich 410
Heineken, Christian Abraham 106
Heintze, Hans 298
Henrici, Hermann 84, 126, 157
Herder, Johann Gottfried 70
Hess, Rudolf 250
Hesse, D., Pastor 214
Heyberger, Georg Werner 130
Heydrich, Reinhard 271
Heyne, Bodo 150
Hildebrand, Hermann 91, 150
Hilgerloh, Christoph 416
Himmler, Heinrich 243, 246, 377

Hindenburg, Paul v. 378
Hirsch, Emanuel 180, 206 f, 255, 257, 272
Hitler, Adolf 205 f, 209 f, 212, 216 f, 236, 242, 263 f, 378
Höting, Johann Bernard 346
Hoff, Richard v. 382
Hohenzollern, Joseph v. 322
Hoops, Heinrich 181
Horn, Friedrich 18
Hossenfelder, Joachim 205 f, 215
Hoyermann, Wilhelm 198
Humpers, Karl 343
Huntemann, Johann Albert 161
Hurst, John F. 422
Ibsen, Henrik 189
Ihme, Johann 186
Iken, Heinrich F. 414
Iken, Johann Adolf 167
Isenberg, Paul 148
Jacobs, Rudolf 196
Jacoby, Amalie Therese *421*
Jacoby, Ludwig Sigismund 409 f, *411*, 413-416, 420, *421, 423*, 424
Jäger, August 227, 235 f, 429
Jahn, Philipp 379
Jakobsmühlen, Hermann zur 415
Janes, Edmund S. 424
Janssen, Heinrich Maria 401
Jepp, Walter *221*, 222, 238, 245, 248, 285
Jonker, Hilbert 420
Jung, Carl 221
Junker, Hermann, Pastor 301
Junker, Studienrat 249
Kaisen, Wilhelm 204, 280, 400
Kaiser, Gebhard 298

Kalthoff, Albert 36, 85-88, *89*, 90, 92, 94, 96, 98, 119, 169, 313
Kaminski, Georg 379
Kampffmeyer, Karl 299, 316
Kant, Immanuel 66 f
Kapler, Hermann 214
Karl Alexander, Großherzog v. Sachsen-Weimar 155
Kayser, Christoph 366
Keip, Bernhard 427
Keller, Heinrich 214
Keller, Karl 364, 366
Kerrl, Hanns 242 f, 245, 265 ff, 274
Kierkegaard, Sören A. 180
Kirchner, Anna Elisabeth 346
Kleinhempel, Erich 110
Klemann, Wilhelm 204
Knief, Johann 178
Knittermeyer, Hinrich 194, 256
Koch, Johann Ludwig 326 f, 331 f
Köppe, Johann August 137
Kohlrausch, August 277
Kohlschein, Joseph 341
Kolping, Adolf 353
Koschnick, Hans 400
Kradolfer, Johann Jakob 88, 105, 138, 159
Kramer, Aeilt 218, 231, 263, 290
Kröger, Jürgen 56
Krummacher, Friedrich Adolph 74, 77, 409
Krummacher, Friedrich Wilhelm 77
Künkler, Rudolph 29, 170, 172
Künnicke, Gustav 196
Küpper, Gerhard 309
Kulenkampff, Geschwister 50

Kulenkampff, Wilhelm 148
Kulenkampff-Pauli, Reinhold 240
Kurth, Heinrich 111
Lahusen, Familie 61
Lammers, Heinrich 246, 251
Lange, Hermann *372, 373*
Lange, Karl 245
Laue, Theodor 381
Laurent, Johann Theodor 330-333
Ledebur, Friedrich Klemens Freiherr v. 330
Leist, Otto 245, 281, 284 f, 292
Leo XII., Papst 333
Leonhardt, Robert 202 f
Liesche, Richard 111, 258, *259*, 260, 298
Lindemann, Helmut 310
Lipsius, Friedrich 92, 94
Loewe, Carl 111
Logemann, Heinz 252
Loose, Bernhard 167
Loschen, Simon 44, 48
Lüpke, Karl Anton 333 f, 338, 341, 349
Lürhsen, Johann 420
Lürmann, Theodor 28, 119, 181, 184
Luschwitz, Otto 246
Machens, Joseph Godehard 384
Mac Mahon, franz. General 115
Mallet, Friedrich Ludwig 22, 52, 61, 73 f, *75*, 77, 79, 81, 117, 131, 140 ff, 148, 151, 158, 160 f, 409, 414
Mallow, Anton 57, 247
Manchot, Carl 105, 126, 144
Mann, Ernst 415

Marahrens, August 214, 232, 236, 250, 264, 267
Markert, Richard 209, 212, 214, 239, 258, 379
Marx, Karl 167 f
Mauritz, Oscar Heinrich 33, 36, 87 f, 90 f, *92*, 93, 119, 178, 189, 257, 285
Max I., König v. Bayern 322
Meentzen, Paul 281
Meier, Johann D. 413
Meiser, Hans 233, 236
Melchers, Paulus Ludolf 334
Menken, Gottfried 32 f, 69 f, *71*, 72 f, 156
Menz, Willy 109 f, 199
Merkel, Otto Philipp 137
Metternich, Klemens Fürst v. 333
Meyer, A. C. Wilhelm 434
Meyer, Carl Eduard 274
Meyer, Gerhard 44
Meyer, Gustav *230*, 231 f, 240, 270, 281
Mießner, Robert 213, 309
Minor, Ernst 191, 214, 249
Mißler, Friedrich 150
Mohr, Carl Friedrich Gottfried 28
Moltmann, Jürgen 309
Moschner, Franz Maria 372, 380
Mose, Hans 277
Muckermann, Hermann 385
Müller, Heinrich 59 f, 62
Müller, Hermann 73, 76, 151, 156 f
Müller, Ludwig, Pastor 73, 76, 79, 214 f, 217 ff, 225, 227 f, 255, 418

Müller, Ludwig, Reichsbischof 236
Müller, Wilhelm, Pastor 384
Müller, Wilhelm Christian, Domkantor 111, 151
Münkel, Konrad K. 412
Muhs, Hermann 245 f, 250, 266 f, 274 f
Nacken, Theodor 327, 341
Nagel, Bartholomäus 341
Nagel, Carl August Wilhelm 59, 74, 77, *78*, 79 f, 140, 167
Napoleon 20, 115
Napoleon III. 115, 362
Nast, Wilhelm *422*, 424
Neander, Joachim 103
Neuhaus, Agnes 352
Nicolai, Johann David 21 f, *23*, 32, 43, 66, 114
Niemöller, Martin 217, 236, 261, 280, 286, 288, *289*, 313
Nietzsche, Friedrich 90, 189
Nippert, Ludwig 410, 415, 420
Nölle, Heinz 176, 215, 245, 285, 292
Nößler, Eduard 111, 198
Noltenius, Familie 61
Noltenius, Jules Eberhard 277
Nonweiler, Otto 125
Nuelsen, John Louis 428
Nürnberg, Wilhelm 362, 366
Oberhof, Johannes 287, 313, *314*, 315
Oberlies, Wilhelm 246
Ordemann, Elard 57
Orsenigo, Cesare 378
Ostermann, H., Architekt 394
Otten, Eime 302
Otto, Gebrüder, Glockengießer 101, 361
Ozanam, Antoine-Frédéric 352

Palm, Stadtmissionar 50, 133
Pampus, Friedrich 276
Paniel, Carl Friedrich Wilhelm
  74, 77, *78*, 80
Papke, Traute 309
Pauli, Alfred 88, 113
Pauli, Emil August 79
Paulus, H. E. G., Professor 20,
  77
Penzel, Max 310
Pepping, Ernst 258
Pestalozzi, Johann Heinrich 67,
  140
Peter Friedrich Ludwig,
  Herzog v. Oldenburg 322
Pfalzgraf, Erich 177, 194
Pfleiderer, Otto 95
Piersig, Johannes 177, 231,
  247, 425
Pius IX., Papst 144
Pius X., Papst 162
Pius XI., Papst 378, 386
Plettenberg, Walter Graf v. 386
Pletzer, Ludwig 73, 148
Polzin, Jacob Ephraim 43
Popken, Minna 85
Poppe, Eberhard Chr. 420
Portig, Adalbert 34
Post, Simon Hermann 30
Prachar, Franz 355
Probst, Franz 332, 338, 341,
  343, 344, 352
Quidde, Rudolph 181, 184,
  214, 224
Rahm, Hermann 208, 212 f,
  220 f, 247, 257, 285 ff, 309
Ramsauer, Erich 299
Raphael, Günter 258
Raschke, Hermann 191 f, 214
Refer, Karl 194, 213, 215, 226,
  247, 255 ff, 274, 285 f

Reger, Max 298
Reinhold, Karl Leonhard 20
Reinthaler, Karl 105, 111
Reißmann, Gottfried 158
Reke, C. F., Schachtmeister 361
Richtmann, Adolf 226 f, 248,
  263
Riedemann, Wilhelm Anton
  345
Riem, Wilhelm Friedrich 111
Riemenschneider, Engelhart
  415
Rippe, Johann, 48, 52
Rodemeyer, August 420
Rölker, Johannes Joseph 336
Röver, Carl 209, 239, 250 f,
  258
Ropp, Margarethe Freiin v. d.
  299 f
Rosenberg, Alfred 206, 243,
  377, 380
Rosenboom, Wiard *193*, 216,
  218, 231, 239, *241*, 242, 244,
  248
Rotermann, Hermann 344
Rotermund, Heinrich
  Wilhelm 114
Rothe, Moritz 77
Salzmann, Max 59
Sankey, Ira David 425
Schenkel, Bernhard 90
Schiller, Friedrich v. 95
Schilling, Eduard 245
Schipper, Fritz 248, 290
Schirach, Baldur v. 219 f
Schlegel, Missionar 157
Schleiermacher, Friedrich Daniel
  Ernst 86
Schlösser, Pfarrer 355
Schluttig, Volkmar 33, 90, 164
Schmidt, Walter 194

Schmidt, Wilhelm 304 f
Schneck, Wilhelm Karl 432, 434
Schneider, Bürgermeister v. Hemelingen 384
Schnitger, Arp 110
Schodde, Gerhard 430
Schoene, Christian Hermann 24, 114
Schöttler, Hans 255
Schomburg, Walter 213, 256 f
Schrage, Ludwig 158
Schramm, Karl Rudolf 97 f, 106, 155
Schröder, Maria 270
Schroers, Johannes 280
Schümann, Max 279
Schünemann, Walther 292
Schütte, Franz 59, 90, 110, 113, 273
Schultz, Charlotte 306, *307*, 308
Schultz, Johannes 276 f, 306
Schumacher, Friedrich 253
Schumacher, Hermann Albert 74
Schwalb, Moritz 26, 33, 36, 73, 82, *83*, 84 ff, 119, 138
Schwanenflügel, Curt v. 231
Schwarz, Wilhelm 420, *423*
Schweitzer, Albert 92
Senft, Anton 389
Simon, Gestapo-Kommissar 430
Smidt, Heinrich 19
Smidt, Hermann 151
Smidt, Johann 15 f, 18-22, *23*, 24 ff, 28 ff, 37, 42 f, 66, 68 f, 74 f, 77, 79 ff, 104, 135 f, 151, 161, 170, 187, 324, 327, 331 f, 334
Smidt, Wolf-Udo 435
Sommer, Emil 204
Sonntag, Waldemar 99 f, 139, 145, 169
Spieth, Missionar 153, 157
Spinner, D., Pfarrer 155
Spitta, Friedrich 110
Spitta, Lotte 308
Spitta, Theodor 170, 181, 194, 244 f, 280 f, 428
Spitta, Walter 308
Stählin, Wilhelm 247, 279, 281, 304, 308
Steudel, Friedrich Eduard 87 f, *89*, 90, 94, 178, 189 f, 215
Stoecker, Adolf 85, 119, 169
Stoevesandt, Familie 61
Stoevesandt, Karl 194, *230*, 232, 238, 240, 242, 244, 261 f, 266, 281 f, *289*, 290, 318
Stöwesand, Max 134
Stolz, Johann Jacob 66, 69
Strasser, Otto 192
Straube, Karl 258
Strauß, David Friedrich 76, 78, 167
Strieder, J., Domprediger 322
Sulzberger, Arnold 420
Sunder-Plaßmann, L., Architekt 394
Suttner, Bertha v. 87
Täger, Martin 420
Tappenbeck, Friedrich 191
Tellmann, Arend 226
Thiele, Ernst 335
Thikötter, Julius 143
Thimme, Magdalene 231 f, 239, 262, 270
Thomas, Kurt 258

Thyssen, Paul, Dr. med. 226
Thyssen, Paul, Pastor *193*, 208, 212 ff
Tidemann, Daniel 156
Tidemann, Franz 151
Tiefenthal, Paul Gerhard 52, 132, *193*
Tiesmeyer, Ludwig 36 f, 142 f, 424 f
Tietze, Gerhard 299, 301
Toel, Adolph 78 f, 140, 415
Treviranus, Georg Gottfried 33, 69, *71*, 72 f, 76, 79, 83, 102, 117, 140, 146-149, 151 f, 157, 409, 414
Tricht, Käte van 258, 298
Tüshaus, Joseph 342, 351
Uexküll, Ehepaar v. 50 f, 133
Uhlig, Ewald 190 f, 201, 257
Urban, Erich *193*, 194, 202 f, 218, 224, 231, 261, 263, 281, *291*, 292, 306, 309, 311
Urlsperger, Johann August 408
Vagts, Erich 258, 280 f
Veeck, Otto 41, 56 f, 85, 96, *97*, 145, 168
Vietor, Familie 61
Vietor, Cornelius Rudolf 22, 46, 52, 137, 143, 160, 163 f
Vietor, Johann Carl 76, 155
Vietor, Otto 198
Vietor, Rudolf *193*
Vincent, John H. 426
Völker, Heinrich 343
Vogeler, Heinrich 110
Vogt, Waldemar *193*, 196
Voigt, Karl Heinz 435
Volkmann, Gustav 48, 130, 142
Vollmer, Bauunternehmer 346
Vollmers, Johann 156
Voß, Hubert 338, 346

Vrintz von Treuenfeld, Egon, Freiherr 322
Wahle, Richard 213
Waigand, Ludwig 169
Warren, Wiliam F. 420
Wedekin, Eduard Jakob 361 f
Wedemeyer, Diakon 119
Wegener, Paul 212
Wehmeyer, Heide 309
Wehowsky, Wolfgang 251, 287
Wehrhan, O. F., Pfarrer 106
Weidemann, Heinz 210 ff, 214-218, 223 f, *225*, 226 ff, 230, 232 f, 236, 238, 245-251, 254-257, 263-269, 272-277, 287, 289, 306, 430
Weiss, Bruno 108, 117 f, 159
Wemer, Bernhard 332, 341
Wenig, Otto 19
Werdermann, Hermann 255
Werner, Friedrich 263
Wesley, Charles 407 f, 426
Wesley, John 407 f, 427
Wessels, Albert 218, 231
Weyhe, Wilhelm 46
Wichern, Johann Hinrich 48, 72, 131, 134, 147 f, 223, 414
Wilken, Gustav 218, 222, 225, 231, 238, 281
Willich, Otto 266
Wilson, (US-)Lieutenant 280
Windthorst, Zentrumspolitiker 119
Wittler, Helmut Hermann 401
Wolf, Heinrich 44
Wunderlich, Ehrhardt 415
Wunderlich, Friedrich 431
Wurm, Theophil 233 f, 280, 288

Zahn, Franz Michael   143, 152, *153*, 155
Zauleck, Paul   34, *99*, 100, 108, 112, 133, 138, 142 f, 162, 425
Zoellner, Wilhelm   243

2. Index der Orts- und Ländernamen

Bremer Stadt- und Ortsteile wurden nicht aufgenommen.

Aachen 330
Achim 361, 410, 412
Afrika 154
Ahausen b. Rotenburg/Wümme 88
Alfhausen 344
Altona 334
Alt-Strelitz (Mecklenburg) 410
Amerika 82, 112
Arolsen 97
Augsburg 16
Aumund 385
Aurich 267
Bad Oeynhausen 243
Baden (Land) 326, 427
Baden b. Achim 410
Barmen 228 ff, 232, 234, 244
Basel 151-154, 160
Bawinkel (Kreis Lingen) 344
Bayern 126, 427
Belgien 330
Berne 410
Berlin 56, 69, 86, 90, 95, 97, 106, 119, 144 f, 147, 151, 156 f, 170, 205, 209, 211 f, 218, 222, 246, 275 f, 280, 298, 316, 343, 420, 427 f
Bersenbrück 333, 342
Bethen 385
Birkenfeld 96
Blumenthal 360, 362, 364, 366, 385
Bonn 90, 98, 148, 180, 306, 330
Boston (USA) 422
Brandenburg (Provinz) 86

Braunfels b. Wetzlar 73
Braunschweig 69
Bremerhaven 27, 31 f, 44 f, 108, 149 f, 182, 191, 214, 232, 249, 267 f, 277, 297, 302, 334, 339, 344 f, 368, 398, 409, 413 f, 431, 434
Brinkum b. Bremen 410
Bückeburg 334, 344
Chersones (Kreta) 330
China 156
Cloppenburg 394
Colmar 94
Dänemark 329 f, 333 f, 370
Dahlem (Berlin) 236, 244
Deichhorst (Delmenhorst) 410
Delmenhorst 410, 432
Den Haag 208
Detmold 67
Dingstede b. Kirchhatten 410
Dinklage 335
Dortmund 255
Dresden 179, 410
Düren 355
Düsseldorf 394
Duisburg 70, 90
Dwoberg b. Delmenhorst 410
Eichsfeld 340
Eichstätt 342
Eickedorf b. Worpswede 410
Eisenach 29, 59, 91, 107, 288, 292
Elberfeld (Wuppertal) 77, 146, 214
England 82, 112, 151, 407, 428
Erfurt 161, 168

Erlangen 97, 180
Essen 231
Fähr (Bremen) 362
Flensburg 258
Frankfurt/Main 24, 66, 81, 144, 255, 324, 326, 415 f, 420, 422 f, 432, 435
Freiburg (Breisgau) 343, 372 f, 420
Fulda 373
Geestemünde (Bremerhaven) 344 f
Gemmenich (Belgien) 330
Genf 431
Gieboldehausen 366
Glarus (Schweiz) 138
Glückstadt 341
Görsdorf b. Wörth 410
Göteborg (Schweden) 161
Göttingen 23, 72, 180, 207, 211, 245, 255, 257, 272
Grohn (Bremen) 362, 364 ff, 385
Großbritannien s. auch England 18
Halle/Saale 78, 80, 86, 88, 98, 156 f, 420, 422, 428
Hamburg 29, 48, 72, 74, 127, 129, 144, 147 f, 152, 184, 202, 276, 326, 329, 331 f, 334, 344, 359, 397, 410, 415
Hannover, Stadt u. Territorium 18-21, 31, 69, 88, 111, 164, 214, 267 f, 301 f, 324, 339, 359 f, 383, 412
Hasbergen b. Delmenhorst 410
Haste (Osnabrück) 403
Heidelberg 15, 19, 38, 68, 77, 81, 83, 85, 96, 144, 275 f, 420
Heilbronn 415
Helgoland 82, 161

Helmstedt 69
Hemelingen (Bremen) 360
Hemer (Westfalen) 310
Hepstedt 410
Herrnhut 151, 171
Hessen-Darmstadt 326
Hessen-Nassau 326
Hildesheim 319, 322, 333, 344, 359 f, 362, 366, 371, 375 f, 384, 389, 396-403
Hohenzollern-Sigmaringen 326
Holdorf b. Thedinghausen 415
Holpe 99
Holstein 329
Hoya 37
Iburg 344
Indien 152
Jade (Oldenburg) 308
Japan 155 f
Jena 20, 69, 77, 87, 96, 324
Kaiserswerth 157
Kamerun 153
Karlsbad 69
Kiautschou 156
Kiel 98
Köln 330, 334, 361, 370, 376
Königsfeld (Schwarzwald) 85
Kurhessen 326
Lage 344
Lahr (Baden) 365
Langeoog 283
Lauenburg (Hzgt.) 329
Lausanne 415, 420
Leer 341, 343
Lehe (Bremerhaven) 344 f
Leipzig 115, 140, 156, 161, 225, 258, 410
Lengerich (Hannover) 343
Lilienthal 360 f, 398
Limburg 326, 331
Lingen 342

Litzmannstadt/Lodz (Polen) 270
Loccum 435
Löningen 341
Lome (Togo) 153
London 151, 156, 408, 425
Lübeck 29, 184, 326, 329, 334
Lüttich 330
Lützen 161
Madison (New Jersey) 407, 422
Magdeburg 69, 80, 276
Mainz 92
Manchester 90
Mannheim 77
Marburg 306
Matgendorf (Mecklenburg) 372
Mecklenburg 326, 329
Minsk 271
Moorhausen 361
Morsum b. Verden 410
München 287, 432
Münster 180, 247, 279, 306, 328, 333, 342 f, 346, 349 f, 362, 371-373, 380, 394, 403
Neerstedt b. Wildeshausen 410
Neuenkirchen b. Bremen 362
Neurönnebeck (Bremen) 362
Neuseeland 152
Nürnberg 140, 156
Nuttel b. Oldenburg 410
Österreich 333, 340
Oiste b. Verden 412
Oldenburg, Stadt u. Territorium 126, 209, 248, 271, 281, 322, 326, 371, 412, 415
Osnabrück, Stadt u. Bistum 322, 333 f, 336, 338, 341 f, 344-346, 353, 358 f, 370-374, 376, 378 f, 381, 386, 389, 392, 394, 396 f, 399-402, 404

Osterholz-Scharmbeck 361, 398
Ostpreußen 340
Otterstedt 410
Paderborn 322, 330, 335, 341, 346, 361
Papenburg 373
Paris 83, 420
Pirmasens 415
Polen 364, 366, 371
Potsdam 209
Preußen 104, 113, 119, 126, 162, 206, 215, 267, 324, 334, 360, 427
Quedlinburg 246
Recke (Westfalen) 342
Reutlingen 407
Rheinfelden b. Basel 86
Riemsloh 342
Rönnebeck (Bremen) 362
Rom 324, 330, 333, 370
Rulle 385
Sachsen 415
Sachsen-Weimar 155, 326
Sachsenhausen 269
St. Chrischona b. Basel 152
St. Louis (USA) 410, 423
Schaumburg-Lippe 164, 329
Schlesien 340
Schleswig 329, 343
Schleswig-Holstein 334, 370
Schottland 172
Schweden 161
Schweiz 138, 155, 415
Schwerin 89, 334
Sowjetunion 202
Speyer 246
Springe (Deister) 410
Stade 18 ff, 31, 384
Stadtlohn 341
Stendal 80
Stettin 431

Stockholm 428
Stolp (Pommern) 301
Straßburg 83, 85, 92, 96, 110
Stuttgart 29, 156 f, 312, 415, 432
Surheide 410
Tailfingen 432
Tarmstedt 410
Thedinghausen 361, 410, 412, 420
Thüringen 206, 254
Thuine 350, 359, 403
Togo 152 f
Tove (Togo) 153
Treysa b. Kassel 288
Tübingen 72, 83, 90, 98
Tuttlingen 88
Tweelbäke b. Oldenburg 410
Twistringen 342
Uenzen 410
Unna 305
Vegesack 27, 31, 42, 182, 214, 362, 364, 371, 375, 382, 413 f, 420, 434
Verden 361, 371, 397
Warburg 341
Warendorf 341
Warschau 313
Weimar 155, 415
Weinsberg 88
Wesermünde s. Bremerhaven
Westafrika 152
Westerholt b. Buer (Westfalen) 342
Westfalen 340
Wetzlar 71
Wien 69, 355
Wittenberg 72, 147, 217
Witzenhausen 150
Wülfrath 98
Württemberg 326, 415

Wuppertal 86, 415
Zeven 361, 410
Zürich 155, 415, 425

3. Index der Kirchen und Gemeinden in Bremen und Bremerhaven

Katholische Kirchen und Gemeinden sind durch ein nachgestelltes (kath), methodistische durch ein (meth), reformierte und lutherische durch (ref) bzw. (luth) gekennzeichnet, letztere aber nur, wenn es zur Vermeidung von Verwechslungen nötig ist. Abbildungen sind durch *kursiv* gesetzte Seitenzahlen hervorgehoben. Kirchen und Gemeinden außerhalb Bremens und Bremerhavens müssen über den Ortsindex aufgesucht werden.

Alt-Hastedt s. Hastedt
Arbergen   267, 302
— s. auch St. Barbara
Arsten   39, 213, 277, 294
Aumund (kath)   375
Aumund (ref)   *303,* 317
Aumund-Fähr   267, 302
Blumenthal (kath)   376, 401
— St. Marien   362, 388, 397
Blumenthal (luth)   267, 302
Blumenthal (ref)   267, 302 f, 317
Bockhorn   317
Borgfeld   60, 213
Bremerhaven, Friedenskirche (meth)   *413,* 424, 434
Bremerhaven (kath)   401
— St. Marien   345, 370, 396
Bremerhaven, Kreuzkirche   29, 32, 44, 191, 214, 232, 249, 268, 301 f
— Vereinigte evangelische Gemeinde, Bürgermeister-Smidt-Gedächtniskirche   32, 43 f, *45,* 59, 191, 268, 277, 297, 301
Bürgermeister-Smidt-Gedächtniskirche s. Bremerhaven
Christ-König, Rönnebeck (kath)   376, 397

Christ-König, Vegesack (kath)   371, 375
Christuskirche Vegesack (meth)   *434*
Dankeskirche s. Gröpelingen, Osterholz, Sebaldsbrück
Dom s. St.-Petri-Dom
Dreifaltigkeit   317
Erlöserkirche (meth)   432, *433,* 435
Friedenskirche   28, 34 f, 44, *47,* 48, 59, 98 ff, 105, 108, 112, 116, 118, 122, 133 f, 147, 162, 165, 167, 192 ff, 203, 213, 218, 222, 224, 231, 238, 243, 266, 277, 281, 291, 306-309, 317, 435
— s. auch Bremerhaven
Grambke   60, 72, 181, 246
Gröpelingen, St. Nikolaus   28, 57, 174, 194, 213, 247, 251, 257, 277, 294, 298
— Dankeskirche   250 f, *253,* 277, 298
— St. Andreas   294
— St. Philippus   294
— St. Nikolaus (kath)   390, 394, *395,* 396
Grohn (kath)   375
— s. auch Heilige Familie
Grohn (luth)   267, 302

Hastedt 28, 34, 46, 48, 89, 96, 162, 247, 300, 415
Heilige Familie, Grohn (kath) 364, 397
Heilig-Geist 317
Heilig-Kreuz, Bockhorn (kath) 397
Hemelingen 267, 300, 302
— s. auch St. Godehard u. St. Joseph
Herz Jesu, Neustadt (kath) 370, 376, 388, 393 f, 405
Hohentor 50 f, 65, 133, 184, 192, 196, *197,* 222, 226, 231, 246, 248, 277, 297 f
Horn 43, 60, *61,* 244, 251, 276, 279, 281, 304 ff
Huchting s. St. Georg
Immanuel 52, *54,* 131 ff, 192 f, 218, 222, 226, 231, 236 ff, 243, 246, 290, 295, 300, 312, 317
Jona 317
Kreuzkirche s. Bremerhaven
Lesum 267, 302
Lüssum 317
Martin-Luther, Findorff 56, 147, 196, 198, 213, 277, 295
Mittelsbüren 72
Oberneuland, St. Johannis 38 ff, 60, *62,* 244, 251, 298, 300, 309
Oslebshausen 57, 194, *195,* 196, 277, 317
Osterholz, Dankeskirche 250 f, *252,* 287, 394
Rablinghausen 213, 226, 247, 277
Rönnebeck-Farge (ref) 303, 317
St. Andreas s. Gröpelingen

St. Ansgarii 15, 17, 21, 28, 32, 34, 42 f, 67, 69, 74, 76 ff, 95, 97, 104-106, 118, 136, 144, 155, 164, 181, 198, 202, 207, 218, 225, 244 f, 274, 277, 279, 281, 294, *296,* 298, 409
St. Antonius, Osterholz (kath) 394, 396, 400, 405
St. Barbara, Arbergen (kath) 396
St. Benedikt, Woltmershausen (kath) 393 f, 396, 405
St. Birgitta, Burgdamm (kath) 397
St. Bonifatius (kath) 392, 394
St. Elisabeth, Hastedt (kath) 370, 372, 374, 376, 386, 389, 393 f
St. Franziskus, Grolland (kath) 393 f
St. Georg, Horn (kath) 392, 394, 405
St. Georg, Huchting 39, 60, *63,* 218, 231
St. Godehard, Hemelingen (kath) *363,* 396, 397
s. St. Joseph
St. Hedwig, Neue Vahr (kath) 393 f, 405
St. Hildegard, Obervieland (kath) 394, 396, 405
St. Jakobi 35, 48, *49,* 130, 147, 169, 192, 218, 224, 231, 244 f, 277, 280, 300
St. Johann (kath) 282, 319, 321 f, *323, 325,* 327, 328, 335, 339, 342, 344 ff, 352, 360, 362, 368, 370, 372 ff, 376, 381, 385 f, *387,* 388 f, 392 ff, 405
St. Johannes s. auch Arsten u. Oberneuland

Index der Kirchen und Gemeinden

St. Joseph, Hemelingen (kath) 361, 388, 394, 396
St. Joseph, Oslebshausen (kath) 370, 372, 374, *375,* 388
St. Katharinen (kath) 320, 431
St. Laurentius (kath) 396, 405
St. Marien, Walle (kath) 344, 346, *347, 348,* 350, 358, 370, 372-376, 386, 389, *390, 391,* 394
St. Marien s. auch Blumenthal u. Bremerhaven
St. Markus 309
St. Martini 15, 26, 28, 31 ff, 35 f, 42, 69, 71 f, 76, 79, 83 f, 86, 94, 103, 106, 116, 118 f, 124, 136, 138, 162, 165, 178, 180, 184, 188, 190, 215, 218, 224 ff, 246 f, 277, 287, 292, 294, 313 f, 317, 392, 409
St. Michaelis 15, 17, 28, 30, 35, 42, 54, *55,* 56, 59, 73, 96 f, 106, 112 f, 118, 136, 143, 167, 196, 198, 218, 244, 246, 277, 281, 291, 295, 298
St. Michaelis-Kapelle (kath) 319 f
St. Nikolaus s. Gröpelingen
St. Pauli, Neustadt 15, 22, 27, 30 ff, 35, 42, 48, 50 f, 65, 71, 105, 111 f, 116 f, 129, 136, 143, 167, 177, 192, 196, 212, 218, 224, 231, 238, 244, 246, 277, 297 f
St. Peter und Paul, Lesum (kath) 397

St.-Petri-Dom 16 ff, 20 f, 23, 25, 27 ff, 31, 35, 37, 41-44, 57, 59, 69, 76, 87, 90-93, 96 f, 99-108, 110-115, 117 ff, 130, 135 ff, 139, 149, 155, 161, 164 f, 169, *175,* 177 f, 181, 184, 186, 194, 198, 203, 207, 210 f, 217 f, 244, 247 f, 257 ff, 273 f, 277, 281 f, 285, 292, 298 f, 306, 311, 431
St. Philippus s. Gröpelingen
St. Pius, Huchting (kath) 393 f, 396, 400
St.-Raphaelskapelle 355, *356, 357,* 388
St. Remberti 2, 15, 28, 30 f, 35, 42, 46, 48, 57, *58,* 59, 74, 76, 78, 87 f, 100, 104 ff, 108, 111, 117, 121, 123, 125 f, 129, 135 f, 140, 144, 159, 167, 176, 178, 190 f, 201, 213, 215, 218, 225, 244 f, 256 f, 277, 281, 285, 292, 294, *297,* 298, 305, 349, 415
St. Stephani 15, 17, 22, 27 f, 35 f, 42, 52, 54, 59, 61, *64,* 67, 73, 76, 79, 84, 105, 110 ff, 116, 126, 131 f, 136, 139 f, 142, 148, 151, 157, 164, 181, 184, 186, 192 f, 196, 198, 201, 212, 216, 218, 222, 224 ff, 230 ff, 234 f, 238, 241-244, 246, 248, 262, 265, 269 ff, 277, 281 f, 289 f, 292, 294 f, 298, 312, 315 ff, 414, 418, 424 f, 428
St. Thomas v. Aquin, Blockdiek (kath) 394, 396, 405
St. Ursula, Schwachhausen (kath) 393-396, 405, 432, 435

St. Willehad, Aumund (kath) 376, 397
Sebaldsbrück, Dankeskirche 250 f
Seehausen 17, 29, 37, 40, 213
Tenever 317
Unser Lieben Frauen 15, 22, 27, 32 f, 35, 42, 46, 64, 74, 77, 79, 80, 83, 105, 112 f, 115, 122, 127, 129 ff, 136 f, 143, 149 f, 159, 161-165, 181, 183 f, 192, 194, 212, 218, 221 f, 224 ff, 230-233, 238, 240, 243 ff, 248, 266, 276 f, 281, 294, 298 ff, 311, 316 f, 414, 430 f
Vegesack 42, *43,* 59, 184, 287, 414
Vegesack (kath) 396 f
Vegesack (meth) 303, 424
— s. auch Christuskirche
Walle 28, 39 f, 56, 244, 277, 297 f
— Fleetkirche 297
Wasserhorst 108, 161, 208, 303, 309
Wilhadi 42, 52, *53,* 131 f, 150, 192 f, 218, 226, 231, 238, 243, 246, 277, *278,* 290, 292, 295, 298, 310, 312, 317
Woltmershausen, Christuskirche *51,* 52, 277, 294
— s. auch St. Benedikt
Zion 42, *50,* 51, 65, 192, 218, 231, 277, 290, 292, 297 f, 315 f, 317

4. Index der Sachbegriffe

Der Sachindex soll vor allem eine zusätzliche Erschließungsebene unterhalb des Inhaltsverzeichnisses bieten. Er erfaßt die Sachbegriffe nicht vollständig, sondern in einer Auswahl, die sicher nicht frei von Willkür ist. Begriffe wie Bremer Rat bzw. Senat, die praktisch durchgängig eine wichtige Rolle spielen, wurden nicht aufgenommen. *Kursiv* gesetzte Seitenzahlen weisen auf Abbildungen hin.

Abendmahl 117 f, 164 f, 189
Abendmotetten 198
Abrüstungsinitiative Bremer Kirchengemeinden 317
Adelenstift 158
Afrikamission 152
Albertus-Magnus-Werk 403
Almatastift 158
Altenheim d. Erlöserkirche 435
Altenheim St. Birgitta, Burgdamm 403
Altenzentrum s. St. Michael
Amtstracht 103 f
Anker-Verlag 432
„Ansgarius", Wochenzeitung 373, 380, *381*
Antikriegsbewegung 315
Antisemitismus 190, 268 f
Apostolisches Vikariat der Nord. Missionen 319 , 328 ff, 334, 370
Arbeiter- und Soldatenrat 177 f
Arbeiterverein St. Johann 376
Arbeitsgemeinschaft der Katholiken Bremens 403
Arbeitsgemeinschaft der kath. Vereine 356
Arbeitshaus 128
Arierparagraph 217 f
Armenhaus 17, 128 ff
Armeninstitut 127-130
Armenpflege 127-130

Armensteuer 129
Athenäum (Schule) 110
Augsburgische Konfession 16, 38
Ausländerseelsorge 404
Auswandererbetreuung 149, 355
Auswandererhaus 149
Auswanderermission 150
Auswandererseelsorge 372
Bachfest, Deutsches 258, 260, 298
Bahnhofsmission 149
Barmer Erklärung 317 f
Barmer Synode 228 ff
Bauherren, -verfassung 16 f, 188
Bekennende Kirche 229, 231 f, 236, 243 f, 248, 261, 263, 265
Bekenntnisgemeinden, -gemeinschaft 230, 232 ff, 236, 238-244, 261, 290
Bekenntnisschulen 201, 384 f, 399
Bekenntnissynode 228 f
Berneuchener Bewegung 279
Besatzungsregierung, amerikanische 279-288
Besoldung der Prediger 30
Bevölkerungswachstum 340
Bibelanstalt, Cansteinsche 156
Bibelgesellschaften 72, 156 f, 409, 418, 425

Bibelschule, Bremer s. Bremer
  Bibelschule
Bibelstunden 132
Bibelübersetzung 256
Bibliothek, Landeskirchliche
  186, 310
Biblizismus, neupietistischer
  68-76
Bildungsverein „Lessing" 86
Bildungswerk der BEK 310
Bildungswerk der
  Katholiken 404
Bombenkrieg 277 ff, 386 f
Bonifatiusverein 161, 361 f, 389
Borromäus-Enzyklika 162
„Bremer Beiträge zum Ausbau
  und Umbau der Kirche" 95,
  142
Bremer Bibelschule 256 f
„Bremer Flugschriften" 94
Bremer Katholikentag 378
„Bremer Kirchenblatt" 26, 96,
  143 f, *145*
„Bremer Kirchenbote" 74, 76,
  140, *141,* 381
„Bremer Kirchenstreit" 76-80
„Bremer Kirchenzeitung" 139,
  202, *203*
„Bremer Nachrichten" 145 f
„Bremer Post" 76, 141
Bremer Studienhaus 272
Bremer Volkshilfe 282
Bremer Wollkämmerei 364
„Brot für die Welt" 431
Bürgerrecht 320
Bürgerschule 67 f
Bundesakte 320
Buß- und Bettag 115 f
Calvinismus 15
Camerata Vocale 298

Cansteinsche Bibelanstalt
  s. Bibelanstalt
Caritasverband 353
Christlicher Verein Junger
  Männer (CVJM) 76, 148,
  160, 220, 283
Dahlemer Synode 235 ff
„Der Evangelist", Sonntagsblatt
  418, *419,* 432
„Der Kinderfreund" 418, *419*
Deutsche Christen 205 f,
  211 ff, 216, 224-228
Deutsche Friedensgesellschaft
  s. Friedensgesellschaft, Dt.
Deutscher Ev. Kirchenbund 179
Deutscher Protestantentag
  s. Protestantentag, Dt.
Deutsches Bachfest s. Bachfest,
  Deutsches
Diakonien 17, 127-131
Diakonissen 152
Diakonissenanstalt, Ev.
  157—*159*
Diakonissenhaus 144, 150,
  222 f
Domchor 111, 258, 298
Domlandgesellschaft 59
Egestorff-Stiftung 130
„Einkehr", Kirchenzeitung 140,
  283, *311*
Eisenacher Kirchenkonferenz
  29, 91, 107
Eisenacher Regulativ 59
Einzelkelch 117 f
Elisabethverein 352
Ellener Hof 148
Entkonfessionalisierung
  261-264, 377
Entnazifizierung 284 ff, 312
Enzyklika „Mit brennender Sorge"
  386

Enzyklika s. auch Borromäus-Enzyklika
Erntedankfest 115 f
Erstkommunionsschein *364*
Erweckungsbewegung 68, 72, 76, 131, 151, 407 f
Eschenhof 320
Evangelisation 408
Ev. Allianz 172, 409
Ev. Bund 161 f
Ev. Gemeinschaft 434
Ev. Jugendwerk 219 ff
Ev. Verein 50 f, 54, 56 f, 144
Ev. Vertriebenenhilfe 299 ff
„Evangelist" s. „Der Evangelist"
Familienbibel s. Glarner Familienbibel
Ferdinandeische Missionsstiftung 328, 331, 346
Festgottesdienste 112
Feuerbestattung 127
Flüchtlinge 299, 388
Franziskanerinnen 359
Französische Revolution 70
Frauenstimmrecht, kirchliches 34 f
Freidenkerverband 200 f
Freimaurer 69, 430
Friedensbewegung 316 f
Friedensgesellschaft, Deutsche 87, 185, 190
Fronleichnamsprozession 376, 381, 403
Führerprinzip 217 ff, 265, 267
Fürsorgeverein (kath) 352
Gefangenenseelsorge 309
Geheime Staatspolizei (Gestapo) 430
Gemeindeautonomie 224
Gemeindeblätter 142
Gemeindeführer 224

Gemeindehäuser 61, 64 f, 131, 134
Gemeindeordnungen 188
Gemeindeschulverein 136
Gemeindeschwester 129, 158
Gemeinschaftsbewegung, Deutsche 426
Gemeinschaftsschulen 384 f
Gesandtschaft, kaiserliche 319
Gesangbuch 28, 107 f, *109,* 110, 189, *199,* 256, 272, 418, 425 ff
Gesellenverein (kath) 354
Gewerkschaften, Christliche 379
Glarner Familienbibel 138 f
Glaubens-, Gewissens- und Lehrfreiheit 15, 37, 288-294
Glocken 101 f, 272
Görresgesellschaft 342
Goethe-Bund 87
Gottesdienst 101-127
Gottesdienstbesuch 164
Gottesdienstordnung 103 f
Gottesdienstzeiten 103
Gründung der BEK 180-185
Grundgesetz 293
Gustav-Adolf-Hauptverein 161
Gustav-Adolf-Standbild 161
Gymnasium Illustre 20
Handelskammer 103
Hanseatisches Magazin 15
Hartmannshof 148
Heidelberger Katechismus 15, 38
Heimatvertriebene 299
„Herberge zur Heimat" 148
Herrnhuter Brudergemeinde 171
Hilfswerk der Ev. Kirchen 431
Hitler-Jugend (HJ) 219-222, 256
„Horst-Wessel-Gedächtniskirche" 250

Innere Mission 48, 54, 72, 99, 102, 112, 131, 134, 147-151, 159, 192, 194, 196, 202 f, 222 f, 273, 276
Jahrhundertwendefeiern 113
Jesuiten 405
Johann-Heinrich-Stift 133
Johannisverein 354
Judenmission 156
Judenmord 268-271
Jünglingsverein 61, 76, 131, 160
Jugendarbeit 219, 227
Jugendorganisationen (kath) 379 f
Jugendweihe 165
Kahrwegs Asyl 158
Katholikentag s. Bremer Katholikentag
Kath. Arbeiterbewegung 355, 392
Kath. Frauengemeinschaft 403
Kath. Jungmännergemeinschaft 403
Kath. Kaufmänn. Verein 354 f
„Kinderfreund" s. „Der Kinderfreund"
Kindergottesdienst 112, 133, 142, 425
Kirchenausschuß (BEK) 182-184
—, Vorläufiger 281 f
Kirchenausschüsse 243-246
Kirchenaustritt 169 f, 198, 200, 262, 371
Kirchenbauten 41-65, 194-198, 479
Kirchenbesuch 405 f
„Kirchenbote" s. „Bremer Kirchenbote"
Kirchenchor 111, 427

Kircheneintritte 210
Kirchenfinanzen 227
Kirchengemeinden, Landgebiet 37-41
Kirchengemeinden, Stadt 30-37
Kirchengemeinden (kath), Umgebung 359-367
Kirchengesang 106 f
Kirchenjuraten 38
Kirchenkanzlei 186, 310
Kirchenkonzerte 198
Kirchenmusik 198, 258-261, 298
Kirchensteuer 33, 185 f, 198, 339, 368 f, 398
Kirchentag (BEK) 182, 184, 224
— Deutscher Ev. 72
Kirchenverfassung 19-29, 182, 292, 338, 368, 396
Kirchenvertretung, Bremische 27 f, 99, 102 f, 108, 120, 137
Kirchenvisitationen 16
Kirchenvorsteher 327
Kirchenwahlen 1933 216
Kirchenzeitung s. Presse
Kirchenzucht 16
Kirchliche Arbeitsgemeinschaft 244 ff, 250
Kirchlichkeit 163-171
Kirchspielschulen 135
Kollegialismus 22
Kolonialgedanke 152
Kolonialpolitik 154
Kolpinghaus 354, 403
Kolpingverein 353
„Kommende Kirche", Reformbewegung 251, 254-257, 273
„Kommende Kirche", Zeitschrift 255

Konfessionstaler 130
Konfirmation, -sschein 93, 120 f, *122, 123,* 165, *174, 175, 176*
Konzentrationslager Mißler 379
Krankenhausseelsorge 308 f
Krankenpflege 157 f
Krematorium 127
Kriegsbeginn 264
Kriegsdienstverweigerung 315, 317
Landesbischof 225, 228, 246-254
Landesbruderrat 234, 236, 239, 240, 242 f
Landesjugendpfarrer 227, 309
Landeskirchenausschuß 243
Landeskirchengesetz 228
Landeskirchenreform 214
Landgemeindeordnung 40
Landpredigerkonferenz 106, 127
Landschulgesetz 136
Laurent-Affäre 329-334
Lehrlingsverein 148
Lehrschriften (meth) 418
Liberalismus (theologischer) 94-98
Lichtfreunde 80
Liturgie 104 ff
Lokalgemeindeprinzip 32
Lutherfeiern 115
Luth. Gemeindeverband 302
Lutherwoche 1946 283
Machtergreifung (NS-) 209-214
Männer- und Jünglingsvereine 131 f, 134
Maifeier 1933 178, *179*
Marthasheim 148 f
Mischehen 125, 340
Mission, äußere 151-156

Mission s. Norddeutsche Missionsgesellschaft
Missionshaus (meth) 420, *422,* 423, 425
Missions-Konferenz, Kontinentale 152 f
Missionsverein 151
Missionsverein, Allgem. Ev.-prot. 155
Monismus 189
Monistenbund 36, 88 ff, 94, 185
Nationalsozialismus 377-388
Nationalsozialisten 205, 209, 429
Nationalsoz. Volkswohlfahrt 222 f
Neugotik 59
Norddeutsche Missionsgesellschaft 19, 72, 142, 144, 152 f, 155 f, 430
Norddeutsches Protestantenblatt s. Protestantenblatt
Ökumenischer Arbeitskreis 435
Ordensgeistliche 405
Ordensschwestern 349 f, 352, 366, 403
Ordinationsurkunde (meth) *424*
Orgelmusik 258
Orgeln 110
Orthodoxie (theologische) 98 ff
Ostermarsch 316
Passionsgottesdienst 116
Pastorinnengesetz 308
Perikopen 106
Personalgemeindeprinzip 23, 33, 187
Pfarreigründungen 344-349, 388-398
Pfarrernotbund 217 f, 230
Pfarrerwahlrecht 15, 30

Pfarrzwang 39
Predigerseminar (meth) 424
Predigerunterricht 120, 136
Presse (religiöse) 139-146, 202, 310 f
  s. auch Ansgarius, Bremer Beiträge, Bremer Flugschriften, Bremer Kirchenblatt, Bremer Kirchenbote, Bremer Kirchenzeitung, Bremer Post, Einkehr, Der Evangelist, Der Kinderfreund, Kommende Kirche, Protestantenblatt, Roland, Wecker
Preußenkonkordat 370
Priestermangel 405
Propsteikirche 392
Protestantenblatt, Norddt., Dt. 26, 89, 96, 143 ff
Protestantentag, Deutscher 144
Protestantenverein 83-86, 90, 96 f, 99, 105, 144, 162
Quellen, kirchengeschichtliche 18 f
Radikalismus (theologischer) 82-94
Radio Bremen 311 f
Räterepublik 178
Rationalismus (theologischer) 66 ff
Rauhes Haus, Hamburg 129, 147 ff, 202
Rechtslage im Vormärz 319-329
 — nach 1848 336-339
Reformationsjubiläum 1817 42, 104, 113 f
Reformationstag 113
Reichsbruderrat 232, 236, 242 f
Reichskirche 215-219
Reichskirchenausschuß 243, 245

Reichskirchengesetz 220
Reichskonkordat 377 f, 383
Religionsunterricht 68, 85, 87, 136 f, 177, 201, 210, 293, 383, 399, 401 f
„Roland", Sonntagsblatt 342
Rundfunk, kirchlicher 203, 311 f
Rundfunkbeauftragter 287, 311
St.-Agnes-Wohnheim 403
St.-Elisabethhaus 352, 402
St.-Johannis-Kinderheim 402
St.-Johannis-Schule 336, 353, 356, 358, 388, 400
St.-Joseph-Schule 400
St.-Joseph-Stift *350, 351,* 352, 372, 380, 388, 392, 403
St.-Marien-Schule 358, 400
St. Michael, Caritas-Altenzentrum 402 f
St.-Raphaels-Verein 355
St.-Theresienhaus, Vegesack 353, 375, 381 f, 397, 402
Schillerjubiläum 1905 95
Schlageterfeier 191
Scholarchat 136
Schulbibel 138 f
Schulgesangbuch 110
Schulstreit, Bremer 137
Schulwesen 135-139
 — (kath) 335, 356, 358 f, 366 f, 369 f, 382 f, 398-402
Sedanfeier 115
Seelsorge 402-406
Seemannsmission 150
Senatskommission f. kirchl. Angelegenheiten 24, 26, 28 f, 31, 34, 39 f, 76, 91
Siegel der BEK *247*
Silvestergottesdienst 113
Singakademie 111

Sondergerichtsverfahren 265
Sonntagsruhe 102 f
Sonntagsschule 112, 133, 413, 424 f
Sozialdemokratie 94, 168 f, 178, 204
Sozialwohnungen 299
Spruchkammern 286
Staatskirchenrecht 327
Stadtmission 147
Stolgebühren 21, 39, 46, 320
Studentengemeinde 309
Stuttgarter Erklärung 312 f
Summepiskopat des Rates 15
Talar 104
Taufe, Taufpraxis 91, 118 f, 165
Theresienhaus s. St.-Theresienhaus
Totensonntag 116
Traktate (meth) 418
Traktathaus *416, 417,* 420, 424 f
Trauerfeiern 126 f
Trauschein (kath) *365*
Trauung 124 f, 165
Treueid (auf Hitler) 263
Unionsbewegung 42 f
Venerandum Ministerium 16 f, 20, 24 ff, 37, 40, 74 f, 77, 79 ff, 83 f, 88, 92, 116
Verein für Innere Mission s. Innere Mission
Vereine, gemeindliche 130-134
Vereinskrankenhaus 159
Vereinswesen, katholisches 349 ff
Verfassung der BEK s. Kirchenverfassung
Vertriebenengottesdienste 300
Vertriebenenhilfe s. Ev. Vertriebenenhilfe
Vietor, Handelshaus 152

Vinzenzverein 350, 352 f, 378
Volksbibliotheken 147
Volkshilfe s. Bremer Volkshilfe
Volksschulwesen 135 f
  s. auch Schulwesen
Volkswohlfahrt s. NS-Volkswohlfahrt
Vormärz, Rechtslage im 319-329
Waisenhäuser 134, 349 f
Wallfahrten 385
„Wecker", Sonntagsblatt 81 f, 142
Weihnachtsfest 112
Weimarer Republik 367-376
Weltfriedenskongreß 313
Wiederaufbau 389
Wiener Kongreß 320
Willehadhaus s. Vereinskrankenhaus
Winterhilfswerk 223
Witwenhäuser 130
Wollkämmerei s. Bremer Wollkämmerei
Zensurkommission des Senats 69, 74
Zentrumspartei 374
Zeugen Jehovas 169
Zirkumskriptionsbulle 324, 326
Zivilehe 125 f
Zivilstandsregister 39, 124 f, 320
Zwangsdeportierte 430
Zweites Vat. Konzil 404

Zu den Autoren

Aschoff, Hans-Georg, Prof. Dr. phil. habil., Hochschullehrer

Geb. 1947 in Duderstadt. Studium der Anglistik und Geschichte, seit 1975 Akademischer Rat am Historischen Seminar der Universität Hannover, 1986 Habilitation für das Fachgebiet Neuere Geschichte und Kirchengeschichte.

Meyer-Zollitsch, Almuth, Dr. phil., Referentin am Goethe-Institut

Geb. 1957 in Bremen. Studium der Geschichte und Germanistik, 1984 Promotion. Danach Referendariat und Tätigkeit in verschiedenen Bereichen der Erwachsenenbildung, ab 1985 Dozentin am Goethe-Institut Freiburg/Breisgau, seit 1993 Referentin für Spracharbeit am Goethe-Institut Brüssel.

Nielsen, Hilke, Diplom-Bibliothekarin

Geb. 1964 in Altena. Seit 1989 Bibliothekarin in der Landeskirchlichen Bibliothek der Bremischen Evangelischen Kirche.

Röpcke, Andreas, Dr. phil., Archivdirektor

Geb. 1946 in Eutin (Ostholstein). Studium der Anglistik und Geschichte, seit 1974 Archivar am Staatsarchiv Bremen.

Schwebel, Karl H., Dr. phil., Ltd. Archivdirektor i. R.

Geb. 1911 in Grohn bei Bremen, gest. 1992 in Bremen. Studium der Geschichte, Anglistik und Romanistik, seit 1939 Archivar am Staatsarchiv Bremen, 1956 bis 1975 als dessen Leiter.

Voigt, Karl Heinz, Superintendent der Evangelisch-methodistischen Kirche

Geb. 1934 in Delmenhorst. Nach kaufmännischer Lehre Studium im Theologischen Seminar der Evangelisch-methodistischen Kirche in Frankfurt/Main, nach Tätigkeiten in Hamburg und Frankfurt von 1968 bis 1984 Pastor an der Erlöserkirche in Bremen, 1984 bis 1993 Superintendent in Berlin, dann Kiel.